Hannes Hartung

Kunstraub in Krieg und Verfolgung

Schriften zum Kulturgüterschutz

Cultural Property Studies

Schriften zum Kulturgüterschutz
Cultural Property Studies

Herausgegeben von
Edited by

Professor Dr. Wilfried Fiedler, Saarbrücken
Professor Dr. Dr. h.c. Erik Jayme, Heidelberg
Professor Dr. Kurt Siehr, Hamburg

Hannes Hartung

Kunstraub in Krieg und Verfolgung

Die Restitution der Beute- und Raubkunst im Kollisions- und Völkerrecht

W DE G RECHT

De Gruyter Recht · Berlin

Dr. Hannes Hartung,
Rechtsanwalt in München

⊗ Gedruckt auf säurefreiem Papier,
das die US-ANSI-Norm über Haltbarkeit erfüllt.

Abdruck der der Rechtswissenschaftlichen Fakultät der Universität vorgelegten Dissertation.

ISBN 3-89949-210-2

Bibliografische Information Der Deutschen Bibliothek

Die Deutsche Bibliothek verzeichnet diese Publikation in der Deutschen Nationalbibliografie; detaillierte bibliografische Daten sind im Internet über <http://dnb.ddb.de> abrufbar.

Printed in Germany
Einbandgestaltung: +malsy kommunikation und gestaltung, Willich,
unter Verwendung eines Fotos von Hansjörg Ulf Schneider, Bad Münster
Datenkonvertierung: Werksatz Schmidt & Schulz GmbH, Gräfenhainichen
Druck und Bindung: Hubert & Co., Göttingen

Jenen, die durch Krieg und Verfolgung verloren haben,
was ihnen lieb und teuer ist.

Zum Gedenken an die Opfer der
Nationalsozialistischen Gewaltherrschaft.

Meinen Eltern und Geschwistern
in Liebe und Dankbarkeit

Zum Umschlagbild

Das Umschlagbild zeigt ein Detail aus der Rekonstruktion des Bernsteinzimmers im Katharinenpalais in Zarskoje Selo (St. Petersburg, Russische Föderation). Das Original dieses „achten Weltwunders“ wurde 1716 vom Soldatenkönig Friedrich Wilhelm I. an den russischen Zaren Peter den Großen geschenkt – als Dank für 55 Grenadiere für Friedrichs Soldatengruppe „Lange Kerls“. In der Folgezeit wurde es durch Nachlieferungen Friedrichs des Großen in den Jahren 1755–1763 für Elisabeth I., der Tochter Peter des Großen, mit Material aus Palmnicken an der Ostsee fertiggestellt und in das Sommerschloss der Zarin integriert. Wegen des zunehmenden Verfalls des Zimmers durch Temperaturschwankungen und die Ofenheizung entschloss man sich Anfang 1941, die Intarsien wegen ihrer Zerbrechlichkeit nicht auszulagern, sondern lediglich mit Papierbahnen und Baumwolle zu umhüllen. Noch im selben Jahr wurde das Bernsteinzimmer im Zuge der Invasion von St. Petersburg von deutschen Truppen unter Verletzung der Haager Landkriegsordnung komplett ausgebaut und in das Schloss Königsberg verbracht. Seit der Bombardierung Königsbergs in der Nacht vom 26. zum 27. August 1944 gilt das Bernsteinzimmer als verschollen. Im Mai 2003 konnte eine vollständige Rekonstruktion des Bernsteinzimmers, gefördert durch die deutsche Ruhrgas AG, an Ort und Stelle eingeweiht werden.

Das Bernsteinzimmer bildet sowohl das Zeugnis einer langjährigen Geschichte gedeihlicher deutsch-russischer Diplomatie als auch den Prototyp einer kriegsbedingten Verlagerung. In der öffentlichen Meinung ist es das markanteste und faszinierendste Zeichen der Beutekunst, umrankt von unzähligen Mythen und Spekulationen um die Umstände seiner Verlagerung und seinem jetzigen Aufenthaltsort. Hierdurch eignet es sich in besonderer Weise als Symbol für die gesamte Thematik. Dieses Buch beschäftigt sich indes nur insoweit mit einer juristischen Würdigung von Fragmentstücken des Bernsteinzimmers, als ein authentisches Marmormosaik und eine Empirekommode auf dem deutschen Kunstmarkt aufgetaucht sind. Im Jahre 2000 wurden diese Stücke an die Russische Föderation zurückgegeben.

So reizvoll es wäre, das Bernsteinzimmer in dem Bestand nach seiner Wiederauffindung, was nach Brand und Zerfall in langer Lagerzeit noch übrig geblieben ist, rechtlich zu beleuchten, bleibt der große Rest dieses kunsthistorisch einmaligen Ensembles vorerst den Schatzsuchern und den vielen Reportagen und Veröffentlichungen (in der Übersicht einzusehen in der Bibliographie von Peter Bruhn, Berlin 2003) vorbehalten. Demgegenüber finden sich die bislang bedeutendsten juristischen Fälle des Kunstraubs in Krieg und Verfolgung aus den Jahren 1933 bis 1949 in diesem Buch.

Vorwort

Die vorliegende Arbeit wurde am 30. Juni 2004 als Dissertation von der Rechtswissenschaftlichen Fakultät der Universität Zürich auf Antrag von Professor Dr. Kurt Siehr angenommen.

Im Zuge des Zweiten Weltkriegs und in der sich anschließenden Besatzungszeit fand ein Kunstraub in einem nie gekannten Ausmaß statt. Nationalsozialistische Organisationen haben in den besetzten Gebieten rücksichtslos aus öffentlichen und privaten Sammlungen, insbesondere aus jüdischem Besitz, geplündert, konfisziert und geraubt. Im Gegenzug haben sowjetische Trophäenbrigaden und Mitglieder der westalliierten Besatzungstruppen während der Besatzungszeit deutsche Kulturgüter verschleppt. Die Schweiz war als neutrales Land mitunter als Handelsplatz von Raubgut betroffen. Aus diesen Kriegsverbrechen und Verbrechen gegen die Menschlichkeit sind völlig neuartige Problemstellungen entstanden, die sich im soft law wie den Washingtoner Prinzipien, der neuartigen Disziplin „Provenienzforschung“ und der datenbankgestützten Dokumentation von Kulturgutverlusten wiederfinden.

Das Werk wendet sich an alle von diesen Geschehnissen noch heute betroffenen Anspruchstellern- und Gegnern, Privatpersonen und Institutionen im diplomatischen Dienst und der Verwaltung, in den Museen, Auktionshäusern, Versicherungen, Sammlungen und Galerien, die eine umfassende Darstellung des Restitutionsrechts nach deutschem Privat- und Sonderrecht, des deutschen Internationalen Privatrechts sowie des Völkerrechts benötigen. Es beschreibt und klärt fallbezogen in Form eines systematischen Kompendiums alle wesentlichen juristischen Fragen, die sich im Zusammenhang mit der Restitution kriegsbedingt verlagerter Kulturgüter (insbesondere der Beutekunst in der deutsch-russischen Rückführungsdebatte) in wertender Gegenüberstellung zur Restitution der NS-verfolgungsbedingt entzogenen Kulturgütern (so genannte Raubkunst insbesondere aus jüdischer Provenienz) stellen.

Nach Darstellung zeitgeschichtlicher Fragen werden Fragestellungen aus dem intertemporalen Sonderrecht der Rückerstattung und Wiedergutmachung, dem Völkerrecht, im einzelnen anwendbaren innerstaatlichem, insbesondere deutschem bürgerlichen Recht und dem darauf bezogenen internationalen Privatrecht einschließlich rechtsvergleichender Bezüge erörtert. Die Arbeit ist von zwei grundsätzlich voneinander zu trennenden Anspruchssystemen im Völkerrecht (aus Staatenverantwortlichkeit) und im zur Anwendung berufenen Privatrecht geprägt, was in die Frage mündet, auf welcher Ebene beide Anspruchssysteme einander begegnen und sich am Einzelfall befruchten können.

Mein erster Dank gilt meinem verehrten akademischen Lehrer, Herrn Professor Dr. Kurt *Siehr*, dem ich für seine fachkundige und kritische, mitunter zeitintensive Betreuung und der Abnahme als Dissertation an der Universität Zürich danke. Herr Professor Dr. Burkhard *Heß* (vormals Universität Tübingen, jetzt Direktor am Institut für Internationales

Privatrecht an der Universität Heidelberg) hat mich auf diese hochinteressante Thematik aufmerksam gemacht und die Arbeit zu Beginn begleitet. Hierfür möchte ich mich bei ihm bedanken. Den Herren Professoren Siehr, Fiedler und Jayme danke ich für die Aufnahme in die Schriften zum Kulturgüterschutz.

Ohne die weitreichende Unterstützung namhafter Experten hätten die verschiedenen, häufig völlig neuartigen Facetten der Problematik nicht erarbeitet werden können. Mein besonderer Dank gilt daher allen im Anhang genannten und den vielen ungenannten Gesprächspartnern für Ihre Gesprächsbereitschaft und den hieraus gewonnenen Informationen und Unterlagen. Die Württembergische Landesbibliothek in Stuttgart gewährte mir durch Überlassung eines Studios den notwendigen Freiraum und die Basis für die Recherchen und die Erstellung der Arbeit.

Diese Arbeit ist in großer Dankbarkeit meinen lieben Eltern, denen ich unendlich viel verdanke, und meinen beiden Geschwistern gewidmet. Ohne ihre vorbehaltlose, nachhaltige und fortwährende Unterstützung hätte diese Dissertation nicht geschrieben werden können.

München, Januar 2005 *Hannes Hartung*

Inhaltsübersicht

Inhaltsverzeichnis

Kapitel 2
Beute- und Raubkunst: Eine Bestandsaufnahme

Kapitel 3
Rückerstattung und Wiedergutmachung

Kapitel 4
Der Restitutionsanspruch im Völkerrecht

Kapitel 6
Der Kunstraub im Internationalen Privatrecht

Kapitel 7
Die Geltung völkerrechtlicher Standards im Kollisionsrecht

Anlagen

Abkürzungsverzeichnis

a.A.	andere Ansicht
aaO	am angegebenen Ort
AAM	American Association of Museums
AAMD	Association of Art Museum Directors
AAL	Art Antiquity and Law
ABGB	Allgemeines Bürgerliches Gesetzbuch für Österreich
A.C.	Appeal Cases
AcP	Archiv für die civilistische Praxis
A.D., A.D. 2d	Appelate Division Reports (Second Series)
a.E.	am Ende
a.F.	alter Fassung
Aff'd	Affirmed
All E.R.	All England Law Reports
AJIL	American Journal of International Law
ALR	Art Loss Register
Am.J. Int'l L.	American Journal of International Law
Anm.	Anmerkung
AöR	Archiv des öffentlichen Rechts
Art.	Artikel
BDKA	Bundesverband des Deutschen Kunst- und Antiquitätenhandels e.V.
BDGV	Berichte der Deutschen Gesellschaft für Völkerrecht
Beutekunstgesetz	Bundesgesetz der Russischen Föderation über die infolge des Zweiten Weltkrieges in die UdSSR verbrachten und im Hoheitsgebiet der Russischen Föderation befindlichen Kulturgüter vom 15. April 1998
BGBl.	Bundesgesetzblatt
BGE	Entscheidungen des Schweizerischen Bundesgerichts
BKM	Beauftragter der Bundesregierung in Angelegenheit der Kultur und der Medien (Bezeichnung für den Kulturstaatsminister der Bundesrepublik Deutschland und seine Behörde)
BRüG	Bundesrückerstattungsgesetz vom 19. Juli 1957
BT-Drs.	Bundestagsdrucksachen
BYIL	British Yearbook of International Law
B.W.	Burgerlijk Wetboek
C.A.	Court of Appeal (England)
CC	Code civil, codigo civil
C.c.i.	Codice civile italiano
CCP	Central Collecting Points
cert.	Certioari
Civ. Ct.	Civil Court (New York)

CORC	Coordinating Comitee
Col.J.Transnat'l L.	Columbia Journal of Transnational Law
Ct. App.	Court of Appeal(s)
DA	Deutschland-Archiv
DDR	Deutsche Demokratische Republik
den.	Denied
ders.	Derselbe
d.h.	das heißt
Dpa	Deutsche Presse-Agentur
Dick. J. Int'l Law	Dickinson Journal of International Law
dies.	Dieselbe
Diss.	Dissertation
EAC	European Advisory Commission
E.D.N.Y.	Eastern District of New York
EGBGB	Einführungsgesetz zum Bürgerlichen Gesetzbuch
EGMR	Europäischer Gerichtshof für Menschenrechte
EPIL	Encyclopedia of Public International Law
ERR	Einsatzstab Reichsleiter Rosenberg
EuGRZ	Europäische Grundrechte (Zeitschrift)
ERMK	Europäische Konvention zum Schutz der Menschenrechte und Grundfreiheiten
f./ff.	und folgende Seite/Seiten (in englischen Publikationen: et. seq.)
FAZ	Frankfurter Allgemeine Zeitung
FN	Fußnote
FS	Festschrift
F.2d, F.3d	Federal Reporter (Second, Third Series)
F.Supp.	Federal Supplement
GG	Grundgesetz
GYIL	German Yearbook of International Law
HLKO	Haager Landkriegsordnung – Anlage zum Abkommen betreffend die Gesetze und Gebräuche des Landkrieges von 1907 (IV. Haager Abkommen-HA IV)
Hrsg.	Herausgeber
HuV	Humanitäres Völkerrecht
ibid.	ibidem
ICC	International Criminal Court (Internationaler Strafgerichtshof)
ICC-Statut	Statut des International Criminal Court
ICOM	International Council of Museums
IFAR	International Foundation of Art Research
IGH	Internationaler Gerichtshof
IJCP	International Journal of Cultural Property
IPRax	Praxis des Internationalen Privat- und Verfahrensrechts
ILC	International Law Commission
ILM	International Law Materials

ILR	International Law Reports
IMT	Prozess gegen die Hauptkriegsverbrecher vor dem Internationalen Militärgerichtshof (International Military Tribunal)
i.V.m.	in Verbindung mit
IPR	Internationales Privatrecht
IPRax	Praxis des Internationalen Privat- und Verfahrensrechts
IPRspr	Die deutsche Rechtsprechung auf dem Gebiet des IPR
IstGH	Internationaler Strafgerichtshof (siehe auch ICC)
ISWA	International Sales of Works of Art
KG	Kammergericht Berlin
KK	Veröffentlichungen der Koordinierungsstelle für Kulturgutverluste
KPdSU	Kommunistische Partei der Sowjetunion
KRG	Kontrollratsgesetz
KUR	Kunstrecht und Urheberrecht
LA Siehr	Liber Amicorum Kurt Siehr
lit.	Littera
LM	Lindenmaier-Möhring, Nachschlagewerk des BGH
MFA & A	Monuments, Fine Arts and Archives
MPI	Max-Planck-Institut
Müko	Münchener-Kommentar zum Bürgerlichen Gesetzbuch
mwN	mit weiteren Nachweisen
No. / Nr.	Numéro, Numero, Number
NS	Nationalsozialismus, nationalsozialistisch
NSDAP	Nationalsozialistische Deutsche Arbeiterpartei
NSPA	National Stolen Property Act
NJW	Neue Juristische Wochenschrift
NZZ	Neue Zürcher Zeitung
OFD	Oberfinanzdirektion
OMGUS	Office of Military Government for Germany
OLG	Oberlandesgericht
ORG	Oberstes Rückerstattungs-Gericht
OVG	Oberverwaltungsgericht
Q.B.D.	Queens Bench Division
Q.C.	Queen's Council
RdC	Recueil des Cours de l'Academie de droit international de La Haye
REG	Rückerstattungsgesetz
RGBl.	Reichsgesetzblatt
RGDIP	Revue générale de droit international public
RIW	Recht der Internationalen Wirtschaft
rem.	remanded
rev'd	Reversed
Rn.	Randnummer
RzW	Rechtsprechung zum Wiedergutmachungsrecht

S.	Seite
SBZ	Sowjetische Besatzungszone
S.Ct.	Supreme Court Reporter
S.D.N.Y.	Southern District of New York
SJZ	Schweizerische Juristen-Zeitung
SüdJZ	Süddeutsche Juristenzeitung
sog.	sogenannt
Supp.	Supplement
u.a.	unter anderem (inter alia)
UCC	Uniform Commercial Code
UCLA	University of California at Los Angeles
UEK	Unabhängige Experten-Kommission Schweiz Zweiter Weltkrieg (sogenannte Bergier-Kommission)
UN	United Nations
UNESCO	United Nations Educational, Scientific and Cultural Organization
UNESCO	United Nations Organization for Educational and Scientific Cooperation
UNIDROIT	Institute for the Unification of Private Law
UNIDROIT	Institut international pour l'unification du droit privé
UNTS	United Kingdom Treaty Services
U.N.T.S.	United Nations Treaty Series
vgl.	Vergleiche
VIZ	Zeitschrift für Vermögens- und Immobilienrecht
VLA	Volunteer Lawyers for the Arts
WVK	Wiener Vertragsrechtskonvention
ZaöRV	Zeitschrift für ausländisches öffentliches Recht und Völkerrecht
z.B.	zum Beispiel
Ziff.	Ziffer
ZGB	Zivilgesetzbuch
ZGB RF	Zivilgesetzbuch der Russischen Föderation
ZVglRWiss.	Zeitschrift für vergleichende Rechtswissenschaften

Anmerkungen zu den internen Querverweisen

Die internen Querverweise sind wie folgt zu verstehen:
Die erste Ziffer kennzeichnet das jeweilige Kapitel (1–8), in welchen die Ausführungen zu suchen sind. Die darauf folgenden Zahlen ensprechen in ihrer Reihenfolge den einzelnen Gliederungszeichen der jeweiligen Abschnitte.

Beispiele:
a) 6 D IV 2 c = 6. Kapitel, Abschnitt D, Unterabschnitt IV, Punkt 2, Lit. c,
b) Bisweilen werden mehrere Unterabschnitte oder Punkte gemeinsam genannt. Dann kann es beispielsweise heißen: 6 D IV 1–3, also Unterabschnitte 1 bis einschließlich 3.

Einführung

Manches Herrliche der Welt ist in Krieg und Streit zerronnen:
Wer beschützet und erhält, hat das schönste Los gewonnen.
Johann Wolfgang von Goethe

A. Die Gegenwart der Vergangenheit: Beute- und Raubkunst in öffentlichen und privaten Sammlungen

Beutekunst kam zu Beginn der Neunziger Jahre wieder ans Tageslicht, als die Kunsthistoriker Konstantin Akinscha und Grigori Koslow herausgefunden hatten, dass die seit Ende des Zweiten Weltkrieges als verschollen geglaubten deutschen Kunstschätze sich in russischen Geheimdepots befinden.[1] Rein zufällig fand Koslow im September 1987 im Keller des Kulturministeriums Listen, die den Verbleib berühmter Kulturgüter deutscher Provenienz in der Sowjetunion dokumentieren.[2] 1994 wurden berühmte impressionistische Einzelstücke dieser lange versteckten Kunstschätze in der großen Sonderausstellung „Twice saved" in St. Petersburg der Öffentlichkeit präsentiert.[3]

Im Grunde genommen zeigte diese Entdeckung aber nur eine Facette eines weitreichenden Themenkomplexes, da sich die durch Krieg und Verfolgung in der Zeit zwischen 1933 und 1949 entzogenen Kulturgüter in alle Herren Länder verstreuten. So kann man Beute- und Raubkunst in vielen Museen und staatlichen Institutionen, im Firmen – oder Privatbesitz antreffen.[4] Oft weiß der Aussteller gar nicht, was da an seinen Wänden hängt, weil er das Exponat irgend-

---

1 Akinscha/Koslow „Spoils of War: The Soviet Union's Hidden Art Treasures", ARTnews 90, No. 4 (April 1991), S. 130–141.

2 Akinscha/Koslow, Beutekunst, 16f.

3 Hierzu Kostenevich, Hidden Treasures Revealed, Impressionist Masterpieces and other important French Paintings preserved by the State Hermitage Museum, St. Petersburg, der weniger auf Rechtsfragen, sondern auf die Authenzität der gezeigten Meisterwerke, insbesonders aus den Sammlungen Otto Krebs und Otto Gerstenberg eingeht, S. 14ff.

4 Mitunter wird Raubkunst auch im Sperrmüll wieder aufgefunden, so beim Gemälde August Mackes „Waldrand", das von einem Archäologen nahe Bonn-Godesberg am Wegesrand entdeckt und dem August-Macke-Museum in Bonn zur Ausstellung gegeben wurde, das von den Erben des ehemaligen Besitzers Oberländer [einem jüdischen Kaufmann] derzeit beim Landgericht Bonn verklagt wird, vergleiche Hefty, Ein Macke auf Gegenseitigkeit, in der FAZ vom 3. Juni 2002, S. 12.

wann nach dem Zweiten Weltkrieg gekauft hat.[5] Ganz ähnlich verhält es sich mit den Kulturgütern, die jüdischen Bürgern von den Nationalsozialisten geraubt wurden, oft einhergehend mit den schrecklichen Ereignissen im Holocaust.

Schon seit Menschengedenken ist in Zeiten des Krieges, aber auch des Friedens Beute gemacht worden. Dem Ausdruck menschlicher Schaffenskraft entsprechend, übten Kulturgüter stets eine besondere Anziehungskraft auf Menschen aus. Die Geschehnisse während und nach dem Zweiten Weltkrieg bilden den historischen Rahmen dieser Arbeit. Die massiven und zahlenmäßig unglaublichen Verschleppungen von Kulturgütern aus dieser Zeit sind bis heute nicht zufriedenstellend aufgearbeitet und belasten die Beziehungen der Staaten zueinander und ihrer Bürger untereinander bis heute. Die damit verbundenen Schicksale all dieser Kulturgüter sind mannigfaltig; viele von ihnen sind bislang nur unzureichend aufgeklärt oder überhaupt nicht bekannt.

Die vorliegende Arbeit kann und will von daher gar nicht abschließend sein. Sie versucht, einen Überblick zu geben über die Rechtslage und die „typischen" Fragen und Probleme, die im Zusammenhang mit der Forderung nach Restitution dieser Kulturgüter an das Ursprungsland oder seinen Eigentümer (respektive seiner Rechtsnachfolger) aufgeworfen werden.

Ziel der Abhandlung ist es, Wege und Hindernisse der Rückgabe von im Krieg und in der Verfolgung geraubten Kunstschätzen in ihrem historischen und juristischen Kontext aufzuzeigen. Ein besonderes Augenmerk gilt dabei den ermordeten Menschen, die nicht nur um ihr Leben, sondern auch um ihre Kunstschätze beraubt wurden (Raubkunst oder Holocaust Looted Art) und dem Verhältnis der Bundesrepublik Deutschland zur Russischen Föderation im Hinblick auf die Rückführung der Kriegsbeute (Beutekunst oder auch World War II Looted Art).

Es sollen mögliche Ansätze zur Lösung der mannigfaltigen rechtstatsächlichen wie rechtlichen Fragestellung dargestellt und erörtert werden. Die Arbeit sucht dabei dem Umstand Rechnung zu tragen, dass die Fälle Fragestellungen zunächst des Völkerrechts wie auch häufig des Internationalen Privatrechts in sich tragen. Ein besonderes Augenmerk gilt hier denjenigen, die als Besitzer kriegsbedingt verlagerter oder verfolgungsbedingt entzogener Kulturgüter „an den Pranger" geraten, insbesondere dann, wenn sie keine Vorstellung von der Vorgeschichte „ihres" Kulturguts haben.

Ihre Rechtsstellung gegenüber dem Anspruchssteller (dem ehemaligen Eigentümer oder seinem Rechtsnachfolger) ist von besonderem Interesse: Besitzer von NS-Raubgut insbesondere jüdischer Herkunft sind neben renommierten Mu-

---

[5] Vergleiche etwa HERSTATT, Claudia, Die Schuld der Käufer, Der Handel mit NS-Raubkunst wird erschwert – aber das ist erst der Anfang, Die Zeit (Nr. 30) vom 19. 7. 2001, S. 39.

seen auch öffentliche und private Sammlungen in den Vereinigten Staaten[6], Frankreich, der Schweiz[7], Österreich und dem Vereinigten Königreich.[8] Das Problem der Beute- und insbesondere Raubkunst wurde auch in der Bundesrepublik Deutschland erkannt und in jüngster Zeit auf mehreren Konferenzen diskutiert.[9] Die Reihe der von Restitutionsfragen betroffenen Staaten, Institutionen und Personen ließe sich fast noch beliebig in den Niederlanden, Belgien, der Tschechei, Polen und natürlich Russland als Hüter umfangreicher Beutekunstdepots fortsetzen.

---

6 Nach Aussage *Lauders* (Beirats-Vorsitzender des MET in New York) stellt nahezu jedes westliche Museum NS-Raubgut aus. Auf der Washingtoner Konferenz gab er bekannt, das eine Durchsicht von Katalogen in 225 westlichen Museen allein 1 700 gestohlene Kunstwerke ergab. Siehe hierzu beispielhaft die Empfehlungen des AAM zur Behandlung von zweifelhaften Erwerben in Anlage 2.

7 Nach dem Bergier Bericht der Unabhängigen Expertenkommission der Schweiz, der zu dem Teilaspekt des Kunstraubs unter dem Titel Fluchtgut – Raubgut veröffentlicht wurde, ist die Schweiz jedoch zu stark als Haupttäter angeprangert worden, vergleiche Tancini/Heuss/Kreis, 2001.

8 Am 13. Mai 2002 wurde das Britische Museum gebeten, die Provenienz von vier Exponaten näher zu überprüfen und dann gegebenenfalls zurückzugeben. Bei den Museumsstücken handelt es sich wahrscheinlich um verfolgungsbedingt entzogene Exponate von Dr. Feldmann aus der ehemaligen Tschechoslowakei:
- The Holy Family by Niccolò dell'Abbate, Italian 16th Century
- St Dorothy with the Christ Child by a follower of Martin Schongauer, German 1508
- Virgin and Child adored by St Elizabeth and the infant St John by Martin Johann Schmidt, German 18th Century,
- An Allegory on Poetic Inspiration with Mercury and Apollo by Nicholas Blakey, English 18th Century, nachzulesen unter www.lootedart.com.

9 Das vom *Wallraf-Richartz-Museum* in Köln einberufene Kolloquium „Museen im Zwielicht – Ankaufspolitik 1933 bis 1945" präsentierte neueste Forschungsergebnisse hauptsächlich zum Thema der Sammlungspolitik (hier: Matthias Frehner in der NZZ vom 15. Dezember 2001). In der Hamburger Kunsthalle fand vom 20. bis 22. Februar 2002 eine internationale Fachtagung zum Thema Provenienzrecherche zum hauptsächlichen Zwecke des Erfahrungsaustausches im Umgang mit Restitutionsansprüchen statt, von Klitzing, in: NJW 2002, Heft 15, XIV. Zu nennen ist schließlich die internationale Arbeitstagung der Koordinierungsstelle für Kulturgutverluste in Magdeburg über die datenbankgestützte Dokumentation von Kulturgutverlusten (siehe hierzu die Beiträge in Spoils of War 2002, Nr. 9) im November 2001, die eine Abschlußerklärung verabschiedete, in welcher eine weitreichende Kooperation der verschiedenen betroffenen europäischen Institutionen im Bereich der Verlustdokumentation angestrebt wurde (wiedergegeben nach dem Konferenzbericht von Franz in KUR 2002, 10).

B. Der Umgang mit wiederaufgefundenen geplünderten Kulturgütern im In- und Ausland

I. Österreich: Die Auktion Mauerbach[10]

In der Kartause Mauerbach bei Wien lagerten über Jahrzehnte hinweg 8422 Einzelstücke überwiegend jüdischer Herkunft, darunter 657 Gemälde, 84 Aquarelle und 250 Zeichnungen. Es waren dies Restbestände aus den Central Collectings Points, dem Auslagerungsort Altaussee und weiteren Bergungs- sowie Auslagerungsorten.[11]

Die österreichischen Behörden gingen lange Zeit einer effektiven Behandlung dieses Rückgabeproblems aus dem Weg.[12] Ein prominentes Beispiel bilden in diesem Zusammenhang die Bemühungen der Familie Rothschild, ihr von den Nationalsozialisten entzogenes Eigentum – nunmehr durch Verbringung in die Vereinigten Staaten – vom österreichischen Staat zurückzuerlangen. Noch unter dem Eindruck von den Ereignissen während des Zweiten Weltkrieges weigerten sich die österreichischen Behörden, Ausfuhrgenehmigungen zu erteilen oder machten diese von der Zahlung einer hohen Abstandssumme abhängig.[13]

Insgesamt zeichnete sich aber erst Mitte der Achtziger Jahre eine Wende in der Behandlung von Raubkunst in der Republik Österreich ab. Mittels des zweiten Kunst- und Kulturbereinigungsgesetzes konnte zumindest allgemein die Rückgabe verfolgungsbedingt entzogener Kulturgüter nach der Erbringung von entsprechenden Eigentumsnachweisen eingefordert werden. Von den 367 Antragsstellern gelang dies aber gerade einmal 21.[14] Die meisten „Rückstellungen" blieben also noch immer aus. Schlussendlich entschied man sich, die Restbestände der Kartause Mauerbach zugunsten der jüdischen Nachfolgeorganisationen, die den Gewinn der Auktion erhalten sollten, zu versteigern. In den Ver-

---

10 Grundlegend Seidl-Hohenveldern, The Auction of the „Mauerbach Treasure", IJCP Vol 6 (1997) No. 2, 247–266. Siehe weiterhin Andrew Decker: „A Legacy of Shame", ARTnews 83 (December 1984): 55–75. Andrew Decker, „How Things Work in Austria: Stolen Works of Art", ARTnews 92 (Summer 1993): 198–200.; Josephine Leistra, „The Mauerbach Case", Spoils of War, 3 (December 1996): 22–27. Paul Grosz, „Introduction", in Christie's, The Mauerbach Benefit Sale, Vienna, October 29–30, 1996, Auction 5638.

11 Sailer in Brückler 37f.

12 Hierzu ausführlich Bailer-Galanda, Die Entstehung der Rückstellungs- und Entschädigungsgesetzgebung, 47ff. und 557ff.

13 Eine ausführliche Schilderung des Schicksals der Sammlung Rothschild in Österreich findet sich nunmehr bei Krois, Die Restitution von Kunst- und Kulturgütern am Fall der Familie Rothschild, Wien 2001, 10ff. Zum Schicksal der Familie in der Schweiz Speck, der Fall Rothschild, 44ff.

14 Haslinger in Brückler 46f.

steigerungen durch Christie's vom 29. und 30. Oktober 1996 wurde ein fulminanter Erlös erzielt. Mit der Beschlagnahmung zweier Gemälde von Egon Schiele aus der Wiener Sammlung Leopold in New York flammte aber bereits 1998 die öffentliche Debatte erneut auf.[15]

II. Frankreich: 2000 geplünderte Kulturgüter in öffentlicher Treuhand

Auch in Frankreich hielt sich das Bemühen um die Rückgabe von bislang nicht restituierten Kunstgegenständen lange Zeit in Grenzen. Vielmehr wurden die aufgefundenen Restbestände jüdischer Herkunft, insgesamt exakt 2058 Kunstgegenstände, auf öffentliche Einrichtungen zu Repräsentationszwecken verteilt, die diese „treuhänderisch" verwahren sollten.[16]

Erst massiver öffentlicher Druck, insbesondere durch eine Veröffentlichung des Journalisten Hector Feliciano[17], veranlasste die französische Regierung, umfangreiche Recherchen über die Herkunft der so verwahrten Bilder ins Leben zu rufen. Die vorläufige Bilanz aus dem Jahr 2000 besagt, dass 10% dieser Objekte Gegenstand nationalsozialistischer Plünderungsaktionen (insbesondere der M-Aktion des ERR[18]) waren, 65% mehr oder weniger freiwillig auf dem Pariser Kunstmarkt zur Besatzungszeit verkauft worden seien[19] und der Restbestand (25%) nicht eindeutig zugeordnet werden könne.[20] Insgesamt sind seit 1951 aus

---

[15] Vergleiche zum Ganzen ANDERL/CARUSO, NS-Kunstraub in Österreich und seine Folgen, 10ff. Als Reaktion auf die Schiele-Affäre wurde in Österreich eine Kommission für Provenienzforschung eingerichtet und das Bundesgesetz über die Rückgabe von Kunstgegenständen aus den Österreichischen Bundesmuseen und Sammlungen am 5.11.1998 vom Nationalrat verabschiedet, vergleiche hierzu KROIS 95f. Die wichtigsten Passagen dieses Gesetzes finden sich in Anlage 5.

[16] Noch im Jahre 1998 befanden sich 2058 Gemälde, die als „Musees Nationaux – Récuperation" Gegenstände klassifiziert worden waren, in öffentlichen Gebäuden in Frankreich. Dieser Umstand wurde insbesondere von *Feliciano* in seinem Buch „Le Musée diparu" (das verlorene Museum) hervorgehoben und als skandalös bezeichnet. Zum aktuellen Stand der Aufarbeitung dieses Problems in Frankreich ISABELLE LE MASNE DE CHERMONT Le pillage de l'art en France pendant l'occupation et la situation des 2000 œuvres confiées aux musées nationaux, Paris 2000.

[17] Im Original: Le musée disparu (das verlorene Museum).

[18] In den so genannten *„M-Aktionen"* wurden systematisch das zurück gelassene Wohnungsinventar (hierzu zählten auch Kulturgüter) durch deutsche Finanzbehörden im Inland und vom ERR im Ausland nach der Deportation seines Besitzers verwertet.

[19] Gemeint sind hier Ankäufe nationalsozialistischer Kunsthändler und Museumsdirektoren wie Professor Posse für das Museum Linz, Göring für seine Privatsammlung und Ankäufe deutscher Museen für ihre Sammlungen.

[20] Siehe hierzu Isabelle LE MASNE DE CHARMONT, 65ff.

diesem Bestand gerade einmal 60 Kunstwerke an ihre berechtigten Eigentümer zurückgegeben worden, davon allein 19 im Jahre 1999.[21]

III. Die Aufgabenstellung als Resultat der gegenwärtigen Situation in Deutschland

Die Ausführungen lassen erkennen, dass nicht nur die Bundesrepublik Deutschland mit der Aufarbeitung des Kunstraubs im Zuge des Zweiten Weltkrieges Schwierigkeiten hat. Unzählige Kulturgüter sind in den Verlustkatalogen betroffener Staaten verzeichnet und warten noch immer auf ihren rechtmäßigen Eigentümer. In den letzten Jahren sind verstärkt Kulturgüter auf dem Kunstmarkt aufgetaucht, die ihrem Eigentümer in Krieg oder Verfolgung entzogen worden sind. In vielen Fällen taucht ein im zweiten Weltkrieg geplündertes Kunstwerk Jahrzehnte nicht auf, weil es im Privatbesitz dem öffentlichen Zugriff entzogen ist. Oft ist auch zu konstatieren, dass die betroffenen öffentlichen Museen auf der ganzen Welt sich erst jetzt dieses Problems bewusst werden[22] und ihre Bestände kritisch überprüfen.

Eine Haupteinwendung aus öffentlichen Museen oder auch privaten Sammlungen verlautet häufig dahingehend, dass sechzig Jahre nach dem Geschehen eine Rückgabe aufgrund der derzeitigen Rechtslage nur noch auf moralischer, nicht aber auf juristischer Grundlage erfolgen kann. Betroffene Institutionen und Personen stützen sich dabei gerne auf die eigene Gutgläubigkeit und den Zeitablauf. Die Arbeit hat zum Ziel, die Berechtigung dieser Aussage unter Berücksichtigung aller denkbaren rechtlichen Problemstellungen zu hinterfragen.

1. Zweistufige Fallprüfung

Die Bewertung eines Restitutionsanspruchs vollzieht sich in aller Regel in zwei Phasen.

a. Erste Phase: Der Entzugsvorgang

Zu Beginn steht der Entzugsvorgang, der durch die Wegnahme eines Kulturguts im besetzten Gebiet oder auf eigenem Territorium (so die Wegnahme jüdischer Kulturgüter auf deutschem Territorium) gekennzeichnet ist. In der wertenden Betrachtung des Raubvorgangs spielt es eine gewichtige Rolle, ob es sich um Kriegsbeute handelt oder um die Wegnahme von Kulturgütern ethnischer Gruppen, die von den Nationalsozialisten aus rassischen, politischen etc. „Gründen"

---

[21] Isabelle LE MASNE DE CHARMONT, 97ff.

[22] Dies ist auch legitim, solange nicht die Museen schon in der damaligen Zeit in entsprechende Transaktionen involviert waren.

verfolgt worden sind. Die Würdigung beider Vorgänge bestimmt sich überwiegend nach den Vorgaben des Völkerrechts, solange die Entzüge in einem kriegerisch besetzten Gebiet stattfinden. Nur bei Entzügen im Inland (insbesondere bei von den Nationalsozialisten verfolgten ethnischen Gruppen) ohne Wechsel des Staatsgebiets, sind an Stelle völkerrechtlicher Normen von vornherein die privatrechtlichen Normen des Entzugsorts sowie naturrechtliche Erwägungen ausschlaggebend.

b. Zweite Phase: Das weitere Schicksal des Kulturguts

Gedanklich hiervon zu trennen ist die zweite Phase, die durch das weitere Schicksal des Kulturguts nach seiner gewaltsamen Wegnahme geprägt ist. Ereignet sich nichts weiteres, als dass das geplünderte Kulturgut eingelagert oder versteckt wird, verkompliziert sich die rechtliche Bewertung nicht weiter. Es bleibt dann bei der Bewertung des Sachverhalts im Sinne der ersten Phase. Die meisten Fälle kriegsbedingt verlagerter Kulturgüter zählen dazu, so auch zu großen Teilen in der deutsch-russischen Beutekunstdebatte.

Wechselt das Kulturgut aber erneut seinen Besitzer, vollzieht sich dies grundsätzlich nach denjenigen Sachnormen des Privatrechts, an dessen Belegenheitsort die Transaktion stattfindet (lex rei sitae). Da solche Vorgänge sich in verschiedenen Staaten abspielen können, befindet man sich hier auf dem Gebiet des Internationalen Privatrechts. Die Ausgangslage ist dann dadurch gekennzeichnet, dass zunächst Fragen des Völkerrechts, sodann aber auch solche des Kollisions- wie des anzuwendenden Sachrechts zu erörtern sind.

2. Die grundsätzliche Fragestellung

Die geschilderten zwei Phasen haben aber auch gemeinsame Fragestellungen: Der lange Zeitablauf zwischen der Wegnahme in Krieg und Verfolgung und der erstmaligen Geltendmachung eines Anspruchs stellen seine Berechtigung durch die Verjährung in Frage.

Ein Anspruch auf Rückgabe eines kriegsbedingt verlagerten oder verfolgungsbedingt entzogenen Kulturguts bezieht sich je nach dem eingeschlagenen Verfahren entweder

- auf die Wiedergutmachung *völkerrechtlichen* Unrechts (etwa durch Naturalrestitution) zwischen zwei souveränen Staaten oder
- auf die Herausgabe des Eigentums an den berechtigten Besitzer durch die rei vindicatio nach den Vorgaben des (internationalen) *Privatrechts*.

Im Grundsatz sind die genannten Anspruchssysteme strikt voneinander zu trennen. Jedoch sind ausnahmsweise zwischen den Anspruchssystemen Übergänge möglich, etwa wenn ein Staat ein Beutegut auf dem privaten Kunstmarkt veräußert und ein direkter Zugriff auf das Exponat dann nur noch im privatrechtlichen Wege möglich ist. Erschwerend kommt hinzu, dass die Ausgangslage von einem Spannungsfeld zwischen den Geschehnissen in der Vergangenheit und einer Gegenwart geprägt ist, in welcher die gegenwärtigen Besitzer häufig keine Vorstellungen von der schweren Vergangenheit ihres Exponats haben. Es ist dann außerordentlich schwierig, eine für alle Beteiligen akzeptable Lösung zu finden: Während Anspruchssteller auf einer Rückgabe oder den Wert des Exponats erreichende Abfindungen beharren, fühlen sich viele Besitzer, bei denen das Raubgut aufgefunden wird, zu Unrecht an den Pranger gestellt (wenn es sich nicht um Beutekunst handelt, dass in ausländischen Institutionen bewusst versteckt gehalten wurde). Letzten Endes gilt es in jedem (Einzel-)Fall die Frage zu beantworten, ob die Geschehnisse in der Vergangenheit so gravierend waren, dass sie trotz dazwischenliegender Vorkommnisse noch immer berücksichtigt werden und damit den Fall entscheiden. Dementsprechend gilt es zu ermitteln, ob die nachfolgenden Ereignisse den im Regelfall schweren Verstoß gegen die damaligen völkerrechtlichen Bestimmungen „aufgehoben" haben, sodass unter dem Eindruck der nachfolgenden Ereignisse eine Rückgabe nicht (mehr) zu befürworten ist. Dies bestimmt sich danach, ob nunmehr eine Rechtslage eingetreten ist, die von einer endgültigen Befriedung der Angelegenheit mit rechtlichen Mitteln ausgeht. Neben moralischen Erwägungen geht es also immer auch um rechtliche Fragen.

Der Schwerpunkt der Abhandlung liegt nicht ausschließlich in den Kellergewölben der russischen Museen, die noch immer wichtige Bestandteile des kulturellen Erbes Deutschlands beherbergen. Diese Hauptfacette kriegsbedingt verlagerter Kulturgüter hat ihre eigene Geschichte, die zu erzählen und zu lösen den Rahmen der hier vorliegenden Abhandlung sprengen würde.[23] Allerdings bildet dieses Phänomen das beste Beispiel für manche Rechtsfragen, auf die näher eingegangen wird, weshalb bestimmte Ausschnitte dieses Problemkomplexes deutlich gemacht werden.

Die noch zu lösenden Fälle geben den Beteiligten die Chance, ihrer Verantwortung aus Vergangenheit und Gegenwart Rechnung zu tragen und vielleicht auch im Einklange mit den in der Arbeit geschilderten juristischen Rahmenbedingungen zu handeln. Dabei ist es gleichgültig, ob der oder die in Anspruch genommene in Deutschland oder in Rußland weilt, solange die Wurzel des Übels aus dem gleichen Brackwasser der Geschichte gespeist wird.

Grundsätzlich wird sich die Arbeit an den (Rechts-)Stand des Kulturgüterschutzes in der Zeit des zweiten Weltkriegs vor der Neuregelung des Umgangs

---

[23] Siehe hierfür die völkerrechtlich geprägten Dissertationen von Jenschke, Pienkny, Schoen und Stumpf. Mit der deutsch-russischen Beutekunstdebatte unter besonderer Berücksichtigung der Perspektive der Russischen Föderation beschäftigt sich zudem die Arbeit von Elena Syssoeva, die dem Verfasser zur Drucklegung nicht vorlag. Zur Restitution jüdischer Kulturgüter nach dem Zweiten Weltkrieg siehe i. ü. Rühling.

mit Kulturgütern im Krieg durch die Haager Konvention von 1954 orientieren. Das bedeutet jedoch nicht, dass allgemeine juristische Institute – insbesondere solche des bürgerlichen Rechts, des Internationalen Privatrechts und des Völkerrechts – der kritischen Prüfung entzogen sind, soweit sie Bestandteil der damaligen Rechtslage waren und noch heute fruchtbar gemacht werden können.

Eine sachgerechte juristische Bewertung der aufgeworfenen Fragen erfordert eine sorgfältige Recherche und Aufarbeitung der historischen Fakten. In diesem Rahmen werden Hintergründe bedeutsam, die den Disziplinen der Zeitgeschichte (Entzugsumstände) und der Kunstgeschichte (Identifikation des Verhandlungsgegenstands) entstammen. Schließlich soll die Arbeit auch Ansätze berücksichtigen, die aus grundlegenden Maximen der Ethik, Moral und Philosophie entstammen. Vor dem Hintergrund dieser Interdisziplinarität steht im Zentrum der Überlegungen die juristische Bewertung der Restitution des *kriegs*bedingt verlagerten Kulturguts (Beutekunst) in einer Gegenüberstellung zur Restitution von *verfolgungs*bedingt entzogenen Kulturgütern (Raubkunst).

Doch eines darf nicht unerwähnt bleiben: Jeder, der sich mit Fragen des Holocaust beschäftigt, weiß um die Sensibilität dieses Themas. Dies gilt auch für den Juristen. Dieser kann zwar Vorgänge der Vergangenheit nicht ungeschehen machen. Er besitzt aber die Chance, zumindest die noch heute spürbaren Folgen zu mildern, gerade wenn es um das Vermögen der Verfolgten, Ermordeten und ihrer Nachkommen geht. Auf der Washingtoner Konferenz über die Vermögenswerte des Holocausts wurden die Kunstgegenstände jüdischer Herkunft „die letzten Kriegsgefangenen" genannt. Hier Gerechtigkeit zu schaffen, ist ein kleines Stück Wiedergutmachung.

Der zweite Weltkrieg hat unvorstellbares Leid über die beteiligten Völker gebracht. Angesichts des menschlichen Leides, das mit dem Schicksal dieser Kulturgüter verbunden ist, besitzen wir eine besondere Verantwortung in der Diskussion um die Rückführung von Beute- und Raubkunst. Wir müssen uns gerade hier noch mehr als sonst bemühen, so objektiv und unparteiisch wie möglich zu recherchieren und zu bewerten. Nur so ist es möglich, diesen sog. „letzten Kriegsgefangenen" eine würdige Behandlung zukommen zu lassen.

Kapitel 1: Der Gang der Geschichte zur Entwicklung der Restitutionsfrage

Rei magnitudo me breviter perstringere atrocitatem criminis non sinit.
Marcus Tullius Cicero[24]

A. Ein historischer Überblick

Der Raub von Kulturgütern ist so alt wie die Menschheit selbst. Die Gründe hierfür sind recht schnell ausgemacht, liegen sie doch im „typischen" Verhalten der Menschen in Konfliktsituationen begründet. Zu nennen sind insbesondere das Bedürfnis, die Macht als Sieger zu demonstrieren, den Gegner zu demütigen und dabei ganz nebenbei die eigene Lebenssphäre mit fremden Federn zu schmücken.[25]

Dass hierdurch dem Gegner für lange Zeit seine Unterlegenheit demonstriert wird, verdeutlicht die besondere Stellung des Kulturgutraubs in der Entwicklung zwischenstaatlicher Beziehungen im Gang der Weltgeschichte.

Begonnen wurde damit auf dem Schlachtfeld. Besonders das gegnerische, kunstvoll verzierte Feldzeichen respektive Banner war ein begehrtes Ziel des Siegers.[26] Dabei wusste er sich durch das damals geltende Kriegsrecht bestätigt, hatte er doch eine *praeda bellica* an sich genommen, einen wichtigen Bestandteil des kriegerischen Instrumentariums zwischen den Völkern.[27] Kriegsbeute war häufig nichts anderes als ein Anreiz für die Söldner und Soldaten zu aggressivem Vorgehen bis hin zur Belohnung für den Sieg. Im Plünderzug durch die Stadt konnte dem Gegner noch eine weitere Wunde geschlagen werden, indem ihm das weggenommen wurde, was ihm besonders lieb und teuer war: Die eigene Kunst, oft Zeichen seiner Identität und der Entwicklung seiner Zivilisation.

---

24 Das Gewicht der Sache erlaubt mir nicht, das abscheuliche Verbrechen nur kurz zu streifen, aus: Actionis in C. Verrem Secundae Liberum Quartum, Ziffer 105. In seinen Reden gegen den Statthalter Gaius Verres klagt Cicero die massiven Rechtsbeugungen, Steuererpressungen und Kunsträubereien an, die Verres in den Jahren 73 bis 71 vor Christus in seiner Provinz Sizilien beging. Das Zitat entstammt der actio secunda; einer Prozessrede, die nie gehalten wurde.

25 Strebel 38, Visscher 253.

26 Als Beispiele mögen Feldzeichen und die Fahnenreihe Napoleons gegnerischer Fahnen im Invalidendom zu Paris dienen.

27 Herdegen in Dolzer 162.

Schließlich lässt sich sagen, dass die systematischen Plünderungen von Kunst, die sich fast wie ein roter Faden durch die Weltgeschichte ziehen, Teil einer ausgeklügelten Kulturpolitik, ja einer eigenen Staatsideologie sind[28]: Insbesondere diejenigen, welche die Herrschaft über ein weitreichendes Territorium, wenn nicht sogar die Weltherrschaft anstreben, wollen möglichst viele Artefakte „zu Hause" ausstellen. Der Kunstraub war zum Ausdruck der Macht, des monumentum imperatoris, geworden. So nahm es nicht wunder, dass die römische Nobilitas ihre Villen gerne mit geplünderten Kunstgegenständen schmückte und den Grad ihres Ansehens an dem Umfang ihrer Sammlungen maß.[29]

Schließlich diente der Kunstraub als Medium zur einfachen und praktischen Materialbeschaffung. Die Restitution vormals geplünderter Gegenstände kennzeichnete dann das endgültige Scheitern solcher Großmachtpläne oder diente schlicht als ein diplomatisches Mittel zur Umsetzung politischer Bestrebungen.[30]

I. Kunstraub in der Antike

Der wohl älteste bekannte Fall des Kulturgutraubs spielte sich im achtzehnten oder neunzehnten Jahrhundert vor Christus ab. Der elamitische Herrscher Kuter-Nahunte I verwüstete das Reich von Akkade in Babylonien und entführte dabei die Fruchtbarkeits- und Siegesgöttin Nananja in seine Hauptstadt Susa. Dies wissen wir aus der Inschrift des Assyrerkönigs Assurbanipal (669 bis 631 vor Christus), der seinerseits Elam plünderte.[31]

Im Jahre 480 vor Christus war Griechenland erstmals im Krieg gegen die Perser unter ihrem König Xerxes im Jahre 480 vor Christus Opfer von Plünderungen geworden.[32] Andererseits sahen die Griechen selbst die Plünderung als legitimes Mittel der Kriegsführung, ja gar als Ehre an. Der wohl bekannteste Fall des Kunstraubes in der Antike ist die systematische Plünderung und Ausbeutung durch das römische Reich bei und nach der Eroberung Griechenlands.[33] Die Zerstörung des Tempels in Jerusalem und seine Plünderung im Jahre 70 nach Christus bilden ein weiteres signifikantes Beispiel.[34] Doch auch in den eigenen Reihen Roms blieb der Kunstraub nicht ungerügt. In seinen Reden gegen Gaius Verres klagt Marcus Tullius Cicero die systematische Plünderung Siziliens während der Statthalterschaft des Verres an. Auch Marcus Antonius und Octavian (Kaiser

---

28 Wahl in Strocka S. 29.

29 Maier in Frehner 26ff.

30 Maier aaO, Strocka aaO, Pienkny 132.

31 Vergleiche zum Ganzen Strocka in Strocka, 9ff.

32 Müller-Katzenburg 30.

33 Byrne-Sutton 10.

34 Siehr Art Trade 109 mwN.

Augustus) griffen im Bürgerkrieg auf die Kulturgüter des Gegners zu.[35] Schließlich war Cicero selbst wertvollen Gegenständen aus Griechenland für seine Villa im Tusculum nicht abgeneigt.

II. Motive für den Kunstraub

Vorstehende, exemplarische Ausführungen lassen den Schluss zu, dass der Kunstraub bereits in der Antike gang und gäbe war, eine Art „anthropologische Konstante".[36] Dies ist zumindest in der Geschichte Roms damit zu begründen, dass das Beuterecht, die praeda bellica, einen festen Bestandteil des damaligen Kriegsrechts bildete.[37] Es herrschte damals die Vorstellung vor, dass ein Feind oder Fremder keinerlei rechtliche Beziehung zu seinem Eigentum haben könne (res nullius), wenn er besiegt worden war. Aus diesem Grund bedurfte es keiner weiteren gesetzlichen Grundlage zum Beutemachen.[38] Schon in dieser Zeit gab es erste Museen, in welchen die Herrscher ihre erbeutete Kunst der Öffentlichkeit zeigten.[39] Zwar sind vereinzelte Fälle von Restitutionen bekannt. Im Regelfall verblieben aber die Beutestücke bei den Siegern.[40]

Ein aggressiver Kunstraub offenbart eine direkte ideologische Auseinandersetzung mit dem Gegner zum erklärten Ziel, ihn nicht nur militärisch, sondern insbesondere auch moralisch zu besiegen. Gedeutet wird dies als ein Ausdruck von Staatsideologie[41], die im Kunstraub den deutlichsten Ausdruck absoluter Überlegenheit findet. Solange ein solches Verlangen nicht ausstirbt, wird es den planmäßigen Kunstraub in zwischenstaatlichen wie zwischenmenschlichen Auseinandersetzungen geben.

---

35 Strocka, Kunstraub – Ein Siegerrecht? Historische Fälle und juristische Einwände, 21.

36 Strocka aaO.

37 Engstler 79 spricht hier von der „res nullius" des Besiegten und dem natürlichen Recht, wie ihn Cicero nennt: „Non Scripta, sed nata lex".

38 Brandt 31.

39 Jote 26, Unesco Information Bulletin: Return or restitution of cultural property (ohne Datumsangabe).

40 Berndt 13. Allerdings finden sich bereits im Codex Justinianus Bestimmungen der römischen Kaiser, die der Erhaltung und Gestaltung bedeutender öffentlicher Gebäude und dem Schutz wertvoller Kunstwerke dienen, Hammer in Fechner 48. Sie verbieten die Entfernung von Bauverzierungen zur Erhaltung des bestehenden Stadtbildes und fordern die Ausbesserung der Fassaden beschädigter Gebäude. Raber 10 bezieht sich auf ein Dekret des Kaisers Theodosius vom 1. 1. 398.

41 So Wahl in seinem Beitrag: Kunstraub als Ausdruck von Staatsideologie, bei Strocka 37.

III. Die Entwicklung bis zur Französischen Revolution

Schon seit dem Mittelalter sind erste Gegenpositionen gegen die Plünderung von Kulturgütern bekannt. Karl der Große (747–814) anerkannte in seiner Kulturpolitik wohl als Erster die Bindung eines Kunstwerkes an sein Ursprungsland. Daher durften unter seiner Ägide Kunstwerke nicht ohne Zustimmung des berechtigten Inhabers entfernt werden.[42] Thomas von Aquin entwickelte die Lehre vom „bellum iustum", die derjenigen Kriegspartei, die einen „gerechten" Krieg führte, das Kriegsbeuterecht zusprach.[43]

Auf Betreiben der Venezianer wurde der vierte Kreuzzug im Jahre 1204 geführt, bei dem es zu einer weitreichenden Plünderung Konstantinopels kam.[44] Erst nach drei Tagen kam es zu einem Ende der Plünderungen.[45] Noch heute sind in Venedig die „Pferde von San Marco" zu bewundern, die wohl ursprünglich im Hippodrom von Konstantinopel aufgestellt waren.[46]

In der Bulle vom 28. April 1462 erklärte Papst Pius II bestimmte Kulturwerte des Vatikan zur *res extra commercium* und verbot ihre Ausfuhr.[47] Dies mochte aber auch nicht die berühmte mehrmonatige *„Sacco di Roma"* der Landsknechte von Kaiser Karl V. im Jahre 1527 verhindern, von welcher auch der Petersdom nicht verschont blieb.[48] Schließlich gewann auch in den völkerrechtlichen Schriften das Postulat der Achtung fremden Eigentums und der Kulturgüter im Landkriegsrecht an Bedeutung. Eindrücklich kritisierte Francisco de Victoria bereits 1532 das Beutegebaren der Spanier in der neuen Welt, in welcher sie die Kulturen der Inkas und Azteken zerstörten und durch den Raub ihres Goldes zur Weltmacht aufstiegen. Seine Mahnung, das Eigentum der Indianer zu respektieren, verhallte weitgehend ungehört.[49]

Jacub Przyluski forderte im Jahre 1553 erstmals auf globaler Ebene, die Kulturgüter des Gegners zu respektieren und zu schonen.[50] Im Westfälischen Frieden von 1648 wurde erstmals die Restitution von Archiven, Dokumenten und anderen

---

42 Engstler 84, Berndt 12.

43 Müller-Katzenburg 32.

44 Treue 38ff.

45 Mitunter wird die „abrupte" Beendigung nach drei Tagen mit einer Sonnen- oder Mondfinsternis begründet, so bei Treue 42 (Mond) und Engstler 85 (Sonne). Tatsächlich dürfte es sich aber um ein planmäßiges Ende gehandelt haben, Pienkny 115.

46 Pienkny aaO.

47 Fraoua 42.

48 Nahlik 65ff., 70.

49 Prott/O'Keefe 803.

50 Wyss 86.

unbeweglichen Gegenständen vereinbart.[51] Im Frieden von Oliva vom 23. April und 3. Mai 1660 zwischen Brandenburg, Polen und Schweden wurde die Rückgabe von Kulturgütern, Archiven und Bibliotheken geregelt. Zudem vereinbarten Frankreich und Spanien im Vertrag von Nymwegen am 17. September 1678 die Rückführung von Archiven und im Vertrag von Ryswik vom 20. September 1678 die Rückgabe der Akten an das Reichskammergericht nach Speyer.[52]

Im Zusammenhang mit der Eroberung Heidelbergs am 15. September 1622 während des dreißigjährigen Kriegs fiel die Bibliotheca Palatina dem katholischen Feldherrn Johann Tserclaes Graf von Tilly (1559–1632) in die Hände. Auf Bitte des Vatikans schenkte Kurfürst Maximilian die Kriegsbeute der Bibliotheca Vaticana, wohin sie 1623 transportiert wurde.[53]

In diese Zeit fällt in Deutschland, begünstigt durch die Begründung juristischer Fakultäten[54], eine zunehmende Rezeption des römischen Rechts, nachdem im germanischen Recht noch der Grundsatz „Hand wahre Hand" in dessen „Gewere" gegolten hatte.[55]

Indes herrschte im Völkerrecht dieser Zeit noch immer die Vorstellung des allgemeinen Beuterechts des Siegers vor.[56] So verteidigte Hugo Grotius (1583–1645) in seinem Grundwerk „De iure belli ac pacis" [57] das Beuterecht im Kriege, ohne jedoch auf Kulturgüter explizit einzugehen.

Erste zumindest tendenziell kritische Stimmen zum Beuterecht im Kriege finden sich bei Emer de Vattel (1714–1767)[58] sowie bei Jean-Jacques Rousseaus (1712–1778)[59]. Rousseau war es, der von den Kriegen zwischen den Staaten (und nicht

---

[51] So in § 110 des Vertrags von Münster und wortgleich im Teil XVI, § 15 des Vertrages von Osnabrück, ENGSTLER 87, RABER 11, SCHMEINCK 33. Dennoch wurde kurz nach Unterzeichnung des Westfälischen Friedens als Kriegsbeute 33 000 Stücke einer Münz- und Medaillensammlung, 470 Bilder, 170 Marmorstatuen, 197 Elfenbeinschnitzereien und wertvolle Handschriften aus der Prager Bibliothek nach Stockholm verschifft, WESCHER 11, 22f.

[52] ENGSTLER 88, STUMPF 42.

[53] Vergleiche zum Ganzen DOEHRING, „War die Universität Heidelberg verpflichtet, die Bibliotheca Palatina dem Vatikan zurückzugeben?", Ruperto Carola, Heidelberger Universitätshefte 1987, S. 138ff. und RUDOLF in FS Doehring, 853f. sowie SCHOEN 25f.

[54] Heidelberg 1387, Tübingen 1477.

[55] Nach dem Grundsatz „Wo Du Deinen Glauben gelassen hast, musst Du ihn suchen" konnte sich der Eigentümer nur an denjenigen halten, in dessen Gewährschaft (Gewere, Treuhand) er den Gegenstand belassen hatte, vgl. IMBUSCH 16ff.

[56] DOEHRING aaO.

[57] In Buch III Kapitel 6 des genannten Werks schließt sich *Grotius* erkennbar dem römischen Beuterecht an, vergleiche bei NAHLIK 65ff, 74, Rn 29.

[58] In „The Law of Nations" verurteilt *de Vattel* die Zerstörung von Kunstwerken und lässt die Aneignung nur derjenigen Gegenstände zu, die zur Durchführung des Krieges oder der Wiederherstellung des Friedens unentbehrlich sind, vergleiche JÄGER 14.

[59] FORAMITTI 19f., SCHMEINCK 33.

ihren Bürgern) sprach und, inspiriert vom Hauptwerk Montesquieus „De l'esprit des lois", das Privateigentum des Bürgers von dem staatlichen Eigentum im Kriege trennte.[60] Auf diesem Trennungsgedanken und dem Schutz des Privateigentums fußen die erst Jahrhunderte später geschlossenen völkerrechtlichen Vereinbarungen.

Das Allgemeine Preußische Landrecht von 1794 (ALR) hatte das römische Vindikationsprinzip mit den Begriffen Eigentum und Besitz rezipiert[61]. Dennoch sah es noch immer das Beuterecht des Siegers vor (ALR 9 V § 193 und § 194)[62].

IV. Von Napoleon bis zur Haager Landkriegsordnung von 1907

Eine besondere Dimension nahm der Kunstraub nach weitreichenden Plünderungen während der Französischen Revolution[63] in den Feldzügen Napoleon Bonapartes an. Allein aus Italien entführten Napoleon und sein Gefolge die Venus von Medici, die Laokoon-Gruppe sowie die oben bereits genannten Pferde von San Marco.[64] Auch die Quadriga auf dem Brandenburger Tor zählte zwischenzeitlich (Abtransport am 17. Mai 1807) zu Napoleons großem Weltmuseum in Paris. Napoleon regelte zudem teils in Friedensverträgen und Waffenstillstandsabkommen die Auslieferung von Kulturgütern nach Frankreich, um den Raub in formelle Rechtstitel zu kleiden.[65]

Die Restitution der Beute Napoleons verlief äußerst schleppend. Der Diplomatie Englands (Lord Castlereagh) ist es zu verdanken, dass die öffentliche Meinung zugunsten der Restitution der von Napoleon erbeuteten Kulturgüter umschwenkte.[66]

Antonio Canova hat sich später dann besonders erfolgreich für die italienischen Interessen und die Rückführung der Artefakte von Frankreich nach Italien ver-

---

[60] „La guerre n'est donc pont une relation d'homme à l'homme, mais une rélation d'etat à etat", aus: Contrat social, livre I, cap. 4, abgedruckt in: Rousseau, Jean-Jacques, Vom Gesellschaftsvertrag oder Grundsätze des Staatsrechts, Amsterdam 1762, Reclam, Stuttgart 1986, zitiert nach Engstler 90, FN 204.

[61] Imbusch 32.

[62] Siehr SJZ 189, 193, in dem ALR heißt es: „Das Recht, im Kriege Beute zu machen, kann nur mit Genehmigung des Staates erlangt werden. Wem der Staat dieses Recht erteilt hat, der erwirbt durch die bloße Besitzergreifung das Eigentum der erbeuteten Sache."

[63] Wescher 31, Pienkny 121 f.

[64] Jäger 15, Wescher 131 ff., Schoen 27–29.

[65] So insbesondere in Art. 13 des Friedensvertrages von Tolentino vom 19. Februar 1797, siehe bei Engstler, 109 ff.

[66] Eingehend hierzu Engstler (dort eigenes, IV. Kapitel).

wendet.[67] Er wird als ein herausragender Vertreter des Gedankens der nationalen Zuordnung von Kulturgütern angesehen.[68] In dieser Zeit wurde auch die Bedeutung von geraubten Kunstgegenständen als Faustpfand erkannt, um in den darauf folgenden Friedensverhandlungen die eigenen Reparationsforderungen in die Höhe treiben zu können. Die Reaktion in Gesamteuropa zeigt, dass das Beutegebaren Napoleons den wohl entscheidenden Auslöser für ein Umdenken im Kulturgüterschutz bildete. So beginnt denn auch in diesem Zeitalter die Entwicklung des gewohnheitsrechtlichen Schutzes von Kulturgütern im Rahmen des humanitären Völkerrechts.[69]

1. Berühmte Stellungnahmen zum Kunstraub

Antoine Chrystosome Quatremère de Quincy (1755–1849) forderte in seinen Briefen an General Miranda im Jahre 1796, dass kein einzelner Staat oder Mensch das Recht haben solle, über den allen Völkern gehörenden Besitz an Kulturgütern selbständig zu verfügen:[70] Quatremère de Quincy wird deshalb als Nestor des Gedankens vom Weltkulturerbe angesehen.[71] In diesem Kontext äußert sich Quatremère de Quincy auch zum Beuterecht dahingehend, dass er wegen der „besonderen Natur" der „propriété communitaire" der „république générale des arts et des sciences" ablehnt, so dass kriegsrechtliche Erwerbstitel nicht in Frage kommen.[72]

Der Richter Sir Alexander Croke greift diesen Gedanken in seinem Urteil[73] vom 21. April 1813 auf und entwickelt ihn zu der berühmten Sentenz:

> *"The same law of nations, which prescribes that all property belonging to the enemy shall be liable to confiscation, has likewise its modifications and relaxations of that rule. The arts and sciences are admitted among all civilzed nations, as forming an exemption to the*

---

[67] Hierzu Jayme, in: Liber Amicorum Siehr, 285f.

[68] Jayme, 20ff. (zu Werken und Wirken *Canovas*), 68ff.

[69] Eine genaue dogmatische Zuordnung folgt in Abschnitt 4 D 4ff.

[70] Buhse 2, Genius-Devime 169ff., Fiedler in: FS Doehring 205.

[71] So etwa Wyss 121, Herdegen in Dolzer Jayme 163f., Turner in Fiedler 53 und Genius-Devime 171ff.

[72] Auszug aus dem ersten Brief: „Vous m'invitez aussi à traiter la question sous le rapport des principes genéraux de la morale universelle, auxquels, sans doute se rattache naturellement la discussion que je vous promets. (...) Je sais bien aussi qu'il existe sur l'objet de cette discussion des maximes de droit public, que quelques ésprits pervers où pervertis feignent d'ignorer, et dont l'oubli, s'il pouvoit avoir lieu, feroit retrograder l'Europe, et rentrer son droit de gens de gens dans le chaos de la politique leonine des anciens Romains", zitiert aus: Lettres au général Miranda sur le préjudice qu'occassioneraient aux arts er à la science le déplacement des monuments de l'art de l'Italie, ..., Paris 1796, hier Rom 1815, S. 7–11.

[73] The Marquis de Somerueles, Vice-Admirality Court of Halifax, Nova Scotia Stewart's Vice Admirality Reports 482 (1813), *Second Case, upon Petition of Mr. Black*. Das Urteil ist abgedruckt in IJCP 1996, 319ff. (Zitat auf S. 319, dritter Absatz).

> *severe rights of walfare, and as entitled to favour and protection. They are considered not as the peculium of this or that nation, but as property of mankind at large, and as belonging to the common interest of the whole species."*[74]

Mit diesen Worten ordnete Sir Croke die Rückgabe von 21 Gemälden und 52 Drucken aus dem Schiff „Marquis de Somerueles" von England nach Philadelphia in den Vereinigten Staaten an.[75]

Die besondere Bedeutung des Urteils liegt auch in der Bewertung des Sachverhalts, der sich nicht wie sonst auf dem Lande, sondern auf hoher See abspielte. Nach heute noch geltendem Seekriegsrecht begründet die Wegnahme feindlicher Schiffe und ihrer Ladung Eigentum für den Plünderer, das so genannte Prizenrecht. Dies gilt auch für feindliche Privatschiffe, die dem erbeutenden Staate zufallen, womit sich im Seekriegsrecht der besondere Schutz von Privateigentum nicht durchsetzen konnte.[76]

Aus dieser Zeit stammt der auch wohl berühmteste Präsedenzfall, den Lord Elgin durch die Enfernung des Frieses und weiterer Artefakte auf der Akropolis in Athen auslöste: Die „Elgin Marbles" – ein Fall, der bis heute nicht abschließend geklärt ist.[77] Lord Elgin hatte am 6. Juli 1801 von Abdullah Kaimacan die Erlaubnis durch ein Schreiben (firman) erhalten „to remove *some*[78] stones with inscription and figures." Der Ausführende Lusieri wurde von Elgin angehalten, „... to be a little barbarous".[79] So wurde denn auch verfahren.[80] 1983 forderte Griechenland auf der Weltkulturkonferenz erneut offiziell die Rückgabe vom Vereinigten Königreich.[81] Bis heute befinden sich die Elgin Marbles im Britischen Museum in London.[82] Abgesehen vom hier recht eindeutigen Aspekt des Zeitablaufs existieren bis dato keine verbindlichen völkerrechtlichen Regelungen

---

[74] Hervorhebung durch den Verfasser, zitiert nach HOLLANDER 250.

[75] Eine eingehende Schilderung des Falles findet sich bei MERRYMAN IJCP 1996, S. 321 ff., siehe auch FIEDLER in FS Doehring 204 f., TURNER in Fiedler 61, HOLLANDER 23.

[76] ENGSTLER, S. 120, weist hierauf unter Berufung auf das Werk *Charles Molloys* aus dem Jahre 1682 (!) hin.

[77] Vergleiche ausführlich bei William SAINT CLAIR: Lord Elgin and the Marbles [3. Auflage, 1998].

[78] Dies ist die Übersetzung von GREENFIELD 43.

[79] Brief von Lusieri an Elgin bei MERRYMAN 27.

[80] Vergleiche die Darstellung der Fakten bei WALTER 137 ff.

[81] WALTER 136, die damalige griechische Kulturministerin *Mercouri* begründete die Rückforderung wie folgt: „The Parthenon Marbles are our pride. They are our ancestry. They are our cultural heritage. They are our soul." (Zitat nach WALTER 143).

[82] Auf den Fall näher einzugehen, hieße wirklich, Eulen nach Athen zu tragen. Vergleiche daher zur derzeitigen und seit nunmehr 200(!) Jahren schwelenden Diskussion Merryman, Thinking about the Elgin Marbles, in MERRYMAN 24 ff. und die eingehende Schilderung bei GREENFIELD, 42–90 sowie jüngst Antoniou in GORNIG 97 ff.

im Hinblick auf die Rückgabe vom Fundort gelöster archäologischer Kulturgüter. Daher wird die Diskussion um die Zuordnung der Kultur im nationalen (kultureller Nationalismus) respektive internationalen Kontext (kultureller Internationalismus) hier besonders leidenschaftlich geführt.[83]

2. Erste Regelungsversuche zum Schutz von Kulturgütern in bewaffneten Konflikten

Zu Beginn des neunzehnten Jahrhunderts fanden sich erste Regelungen zum präventiven Schutze von Kulturgütern in bewaffneten Konflikten. Der erste dieser „Meilensteine"[84] war der *Lieber Code* von 1864[85], der Dienstvorschriften für das amerikanische Heer enthielt.[86]

Dem Lieber Code folgten der Entwurf von Brüssel im Jahre 1874 (Brüsseler Deklaration)[87], der kirchliches Eigentum und Einrichtungen der Kunst und Wissenschaft als privates Eigentum deklarierte und damit vom Beuterecht ausschloß[88] und das *Manual d' Oxford*: Handbuch über die Regeln und Gebräuche des Landkrieges.[89] Die genannten Werke enthielten explizite Verbote der Beschlagnahme, des Beutemachens und Plünderung fremder Gegenstände in kriegerisch besetzten Gebieten.[90] Explizite Vorschriften über mögliche Rechtsfolgen

---

83 Antoniou in Gornig 99.

84 Schorlemer 261ff.

85 Als „Instructions for the Government of Armies of the United States in the Field, General Orders No 100" abgedruckt bei Friedman 158–186.

86 Der Washingtoner Rechtsgelehrte Francis *Lieber* begrenzte die zulässigen Mittel der Kriegsführung nach der militärischen Notwendigkeit (Art. 14). Nach Artikel 37 ist das Privateigentum generell geschützt und eine Zuwiderhandlung strafrechtlich ahndbar. Jedoch kann Öffentliches Eigentum beschlagnahmt und eingezogen werden (Art. 31). Das Eigentum der Kirchen, Universitäten und anderer wissenschaftlicher Einrichtungen und Museen wird bereits hier nicht als öffentliches Eigentum angesehen. Art. 35 untersagt jede Zerstörung oder Beschädigung von Kulturgütern und nennt hierfür klassische Werke der Kunst, Bibliotheken, wissenschaftliche Sammlungen und Instrumente. Zwar dürfen nach Artikel 36 eigene Kulturgüter im besetzten Gebiet weggenommen werden, eine endgültige Regelung hierüber bleibt aber einem Friedensvertrag vorbehalten. Relevante Normen (englische Fassung) abgedruckt bei Simpson, Spoils of War 272ff.; siehe auch Würdigung bei Jote 47 und Williams 15f.

87 „Projet d'un déclaration internationale concernat les lois et coutumes de la guerre", AJIL 1 (1907), Supp., S. 96–103, vergleiche hierzu Hönes 985ff., Lattmann 40.

88 In ihm wurden Beschlagnahmen von Kulturgütern (Art. 38) und Plünderungen (Art. 17 und 39) ausdrücklich verboten, vergleiche i.ü. Williams 16, Buhse 2, Kilian NZW 47, Stumpf 47.

89 Abgedruckt in AnnIDI Éd. Abrégée 1 (1928), S. 710–727, erstellt von *Gustave Moynier* und neun andere Völkerrechtsgelehrten im Auftrag des *Institut de Droit International*, das seit 1873 existierte. Vergleiche hierzu Lattmann 39f. und Stumpf 48.

90 Stumpf 47.

zum Plünderungsverbot, insbesondere der Restitution, sucht man in den genannten Regelungen aber vergebens, da hierüber in einem nachfolgenden Friedensvertrag entschieden werden sollte.[91]

So stand eine völkerrechtlich verbindliche Regelung über die Behandlung von Kulturgütern im Falle eines bewaffneten Konfliktes und mögliche Ansprüche betroffener Staaten noch immer aus. Sowohl der Lieber Code, die Brüsseler Erklärung als auch das Manual d'Oxford[92] verstanden sich lediglich als Anweisungen mit Bindungswirkung für einzelne Staaten respektive als wissenschaftliche Veröffentlichung (so das Manual d'Oxford). Immerhin waren sie aber dogmatischer Wegbereiter und Vorbild eines völkerrechtlichen Vertrags, der im Rahmen der Haager Friedenskonferenzen in den Jahren 1899 und 1907 die Ziele des humanitären Völkerrechts erstmalig ausdrücklich aufnahm.

3. Die Haager Landkriegsordnung

Die Haager Landkriegsordnung (kurz: HLKO) wurde als Anlage zum IV. Haager Abkommen auf Grundlage der Konvention von 1899 auf der Zweiten Haager Friedenskonferenz 1907 endgültig fixiert.[93] Der Grund für diesen langen Zeitraum liegt darin, dass der Kulturgüterschutz in dieser Zeit allenfalls im Zusammenhang mit dem Kriegsrecht gesehen wurde.[94] Dabei sollte nicht die allgemeine politische Lage in Europa ausgeklammert werden, wenn man die Balkankrise 1871, das allgemeine Wettrüsten etc., kurzum das Zeitalter des Imperialismus und Kolonialismus berücksichtigt. In juristischen Kategorien ist der Wandel vom Positivismus zum Liberalismus, sowie die Aufgabe der Idee, dass Recht sich nur auf Macht stützen kann, besonders hervorzuheben.[95]

In der HLKO wurde das bis dahin entwickelte völkerrechtliche Gewohnheitsrecht, insbesondere Plünderungs-, Wegnahme- und Zerstörungsverbote, weitestgehend fixiert.[96] Ihre Regelungen sind, soweit sie nicht durch nachfolgende völkerrechtliche Verträge verdrängt wurden, noch heute wirksam. Die HLKO sieht ihre Entstehungsquelle ausdrücklich im öffentlichen Gewissen („la conscience publique"), basierend auf dem Grundgedanken der Heteronomie des Rechts.[97]

---

91 Siehe Artikel 26 des Lieber Code, Stumpf aaO.

92 Auch dieses weitere Vorbild der Haager Landkriegsordnung erlangte nie völkerrechtliche Geltung, vergleiche hierzu Schorlemer 263, Hipp 107.

93 RGBl. 1910, 107ff., der Vorläufer im II. Haager Abkommen findet sich in RGBl. 1901, 423f. (im Folgenden wird die Abkürzung HLKO verwendet).

94 Mussgnug in Kunst und Recht 16.

95 Laun 19.

96 Schulze 33.

97 Heteronomie bedeutet die Fremdgesetzlichkeit. Der Gedanke von der Autonomie des Rechts war zu dieser Zeit noch nicht bekannt. Im Übrigen ist der völkerrechtliche Terminus

Gefunden werden sollte ein angemessen balancierter Ausgleich zwischen der Souveränität der Machtstaaten und den Menschenrechten des Individuums, insbesondere der Freiheits- und Vermögensrechte (Artikel 2, 12, 13, 46 bis 50). Eine weitere wichtige Säule der HLKO bildet der Gedanke der Menschlichkeit, ausgeprägt im Selbstbestimmungsrecht der Völker und der Verurteilung des Völkermords, der demnach niemals militärisch notwendig sein kann.[98]

Als zentraler Regelungsmechanismus, der schon von Jean-Jacques Rousseau entwickelt wurde, werden Kulturgüter dem Privateigentum zugeordnet, um sie einem eventuell bestehenden Beuterecht zu entziehen. Außerdem entfaltete die HLKO aufgrund der Vielzahl ihrer Unterzeichnungen[99] eine nahezu weltweite Geltung; dies auch im Hinblick auf ihre Allbeteiligungsklausel, welche die Anwendbarkeit der HLKO auf die Unterzeichnerstaaten begrenzte. Nach dieser Klausel entfaltete die HLKO nur dann seine Wirksamkeit, wenn alle an den kriegerischen Auseinandersetzungen beteiligten Staaten *auch* Vertragspartner waren (Artikel 2).[100] Die Allbeteiligungsklausel wurde von Beginn als eine Achillesferse für die Wirksamkeit und Durchsetzbarkeit der Konvention im bewaffneten Konflikt angesehen. Allerdings stellte in der späteren Anwendungspraxis das Internationale Militärtribunal fest, dass die HLKO zu völkerrechtlichem Gewohnheitsrecht entgegen der Eingrenzung durch die Allbeteiligungsklausel erstarkt sei.[101]

Im Gegensatz zur Brüsseler Deklaration wurde die HLKO aber durch ihre Ratifikation in 25 Staaten unmittelbarer Bestandteil des Völkerrechts[102]. Sie bildet damit die wesentliche dogmatische Grundlage für die Behandlung der Restitutionsfälle, die durch die Verlagerungen der Kulturgüter in und nach dem Zweiten Weltkrieg sich erst in jüngster Zeit in aller Klarheit offenbarten.[103]

Bekanntester Verfechter des – damals schon im Völkerrecht bestehenden – humanitären Schutzgedankens in der HLKO war der außenpolitische Regierungsberater Russlands, (Fedor Fedorowitsch) Friedrich von Martens.[104] Bereits

---

„öffentliches Gewissen" durchaus mit „Treu und Glauben" im Zivilrecht, § 242 BGB, vergleichbar, Laun 27.

98 Vergleiche zu allem sehr eingehend und instruktiv Laun 32ff.

99 In Europa fehlten nur die vier Zwergstaaten Andorra, Liechtenstein, Monaco und San Mariono, vergleiche Laun 9. Von den 44 an der Konferenz teilnehmenden Staaten hatten 41 das Abkommen unterzeichnet, Buhse 4f.

100 Hipp 107.

101 Zur Allbeteiligungsklausel und seine völkerrechtlichen Auswirkungen Schorlemer 275f., Hönes 985 ff., Schoen 41 und 46, Stumpf 51.

102 Lattmann 43.

103 Fiedler Kriegsbeute 19.

104 Fiedler Kriegsbeute 30 mwN.

sein Vorfahre Georg Friedrich von Martens (1756–1821) hatte die prinzipielle Unantastbarkeit des Privatbesitzes im Landkriege gefordert.[105] Sein besonderer Verdienst ist die in der HLKO enthaltene sogenannte „Martens'sche Klausel" im neunten Absatz der Präambel der Konvention von 1907[106], welche die von der HLKO nicht geregelten Fälle erfasst. Nach ihr bleiben auch diejenigen Fallgestaltungen unter dem Schutze der allgemeinen Grundsätze des Völkerrechts,

> *„solange, bis ein vollständigeres Kriegsgesetzbuch festgestellt werden kann, halten es die hohen vertragsschließenden Teile für zweckmäßig, festzusetzen, dass in den Fällen, die in den Bestimmungen der von ihnen angenommenen Ordnung nicht einbegriffen sind, die Bevölkerung und die Kriegführenden unter dem Schutz und der Herrschaft der Grundsätze des Völkerrechts bleiben,*
> *wie sie sich ergeben aus den unter gesitteten Völkern feststehenden Gebräuchen, aus den Gesetzen der Menschlichkeit und aus den Forderungen des öffentlichen Gewissens.*[107]".

Die Marten'sche Klausel bildete eine wesentliche Grundlage für das humanitäre Völkerrecht.[108] Inbesondere wurde sie zur Begründung der strafrechtlichen Verantwortlichkeit von NS-Verbrechern herangezogen.[109]

Die wesentlichen Bestimmungen der Anlage zur Haager Landkriegsordnung (Anlage zum Abkommen Ordnung der Gesetze und Gebräuche des Landkriegs, im Folgenden: HLKO) werden in der für die unterzeichnenden Staaten verbindlichen französischen Fassung und zum besseren Verständnis in der deutschen Übersetzung wiedergegeben.

Section III De l'autorité militaire sur le territoire de l'Etat ennemi	Dritter Abschnitt Militärische Gewalt auf besetztem Feindlichem Gebiete
Article 46 L'honneur et les droits de la famille, la vie des individus et la propriété privée, ainsi que les convictions religieuses et l' exercice des cultes, doivent être respectés. La propriété privée ne peut pas être confisquée.	Artikel 46 Die Ehre und die Rechte der Familie, das Leben der Bürger und das Privateigentum sowie die religiösen Überzeugungen und gottesdienstlichen Handlungen sollen geachtet werden. Das Privateigentum darf nicht eingezogen werden.

105 So in seinem Werk „Précis du droit des gens moderne de l'Europe", 1964, S. 252, vergleiche auch Foramitti I S. 20.

106 In der Präambel der Konvention von 1899 war die Klausel im 10. Absatz enthalten. Friedrich von Martens hatte dies auf der Sitzung der Kommission am 20. Juni 1899 gefordert, Schircks, 13.

107 Der entscheidende Teil der Klausel lautet im französichen Original: „... tels qu'ils resultent des usages établis *entre nations civilisées*, des *lois de l'hiumanité* et des exigences de *la conscience publique*", Schircks 132, deutsche Fassung bei Fiedler in Strocka 57.

108 Ausführlich Schircks 37ff.

109 Schircks 45ff.

Fortsetzung

Article 47 Le pillage est formellement interdit.	Artikel 47 Die Plünderung ist ausdrücklich untersagt.
Article 56 Les biens des communes, ceux des établissements consacrés aux cultes, à la charité et à l'instruction, aux arts et aux sciences, même appartenant à l'état, seront traités comme la propriété privée. Toute saisie, destruction ou dégradation intentionnelle de semblables établissements, de monuments historiques, d'œuvres d'art et de science, est interdite et doit être poursuivie.	Artikel 56 Das Eigentum der Gemeinden und der dem Gottesdienste, der Wohltätigkeit, dem Unterrichte, der Kunst und der Wissenschaft gewidmeten Anstalten, auch wenn diese dem Staate gehören, ist als Privateigentum zu behandeln. Jede Beschlagnahme, jede absichtliche Zerstörung oder Beschädigung von derartigen Anlagen, von geschichtlichen Denkmälern oder von Werken der Kunst und Wissenschaft ist untersagt und soll geahndet werden.

Der materielle Gehalt der wiedergegebenen Bestimmungen wird im Kontext der jeweiligen Restitutionsfrage erläutert werden.[110] Die HLKO erfasste jedoch nicht die Bombardierung von Kulturgütern durch Kriegsschiffe etc. zur See. Diese Lücke suchte das IX. Haager Abkommen betreffend die Beschießung durch Seestreitkräfte vom 18. Oktober 1907 zu schließen.[111] Artikel 7 enthält eine den Bestimmungen der HLKO (27, 54, 56) vergleichbare Regelung und untersagt die Preisgabe von Städten und Ortschaften zur Plünderung, selbst wenn sie im Sturm genommen werden.

4. Lehren aus dem Ersten Weltkrieg: Fortentwicklungsversuche

Auch wenn die obigen Bestimmungen den Streitkräften der europäischen Achsenmächte zur Kenntnis gebracht wurden, waren die Zerstörungen von Kulturgütern im Ersten Weltkrieg verheerend.[112] Mit Sicherheit waren aber planmäßige Verlagerungen von Kulturgütern im Ersten Weltkrieg gegenüber dem Zweiten Weltkrieg ein Einzelfall.

Dementsprechend dominierte in der Rückabwicklung des Versailler Friedenvertrages mit Deutschland[113] eher die Reparation, nicht aber die Restitution, auch wenn Artikel 238 des Versailler Vertrags eine Restitutionsklausel enthielt, die sich auch auf Kulturgüter bezog[114]: Die Sonderbestimmungen der Artikel 245–

110 So insbesondere im vierten Kapitel.

111 In RGBl. 1910, 256ff, vergleiche Schorlemer 266, Hipp 109.

112 Paul Clemen, Kunstschutz im Kriege, Band 1: Die Westfront, Band 2: Die Kriegsschauplätze in Italien, im Osten und Südosten (beide 1919); eine ausführliche Analyse der juristischen Gründe hierfür bietet Buhse 20ff., der insbesondere die mangelnde Bestimmtheit der HLKO, ihre mangelnden Differenzierungen in der Terminologie („historische Denkmäler", „.... gewidmete Gebäude in Art. 27) und mangelnde Kontrolle als Gründe ansieht, siehe auch Hipp 108.

113 RGBl. 1919, 687ff.

114 Vergleiche im Einzelnen Pienkny 165–169.

247 enthielten die präzise Auflistung ganz bestimmter Kulturgüter, die Deutschland an Belgien zurückzugeben hatte.[115] Zudem regelten sie die Verpflichtung Deutschlands, die Schäden, die durch einen Brand im September 1914 in der Universitätsbibliothek von Leuven entstanden waren, durch Ersatzgegenstände zu kompensieren.[116] In Artikel 247 II des Versailler Vertrags wurde zudem bestimmt, dass legal erworbene Kulturgüter von deutschen Museen nach Belgien zu verschaffen seien, um die dortigen Kriegsverluste auszugleichen.[117] Da diese Kulturgüter im rechtmäßigen Eigentum deutscher Museen standen, war dies eine Reparation an Stelle einer Restitution, welche vom Fortbestand einer ursprünglichen Eigentumsposition ausgeht.

Aufgrund der umfangreichen Zerstörungen von Kulturgütern kam es in der Zeit nach dem Ersten Weltkrieg zu weiteren Vorschlägen für Schutzvorkehrungen zu Gunsten von Kulturgütern. Diese richteten sich weniger gegen eine Wegnahme, sondern sollten einen erweiterten Integritätsschutz ermöglichen. Zu nennen sind die Schutzvorschläge der Niederländischen Archäologischen Gesellschaft aus dem Jahre 1919[118], die einen besonderen Ensembleschutz vorsahen, sowie die Haager Luftkriegsregeln von 1923, welche eine Beschränkung der Luftbombardements durch eine genaue Trennung von militärischen und zivilen Objekten erzielen wollten.[119]

5. Bekannte Abkommen kurz vor Ausbruch des Zweiten Weltkriegs

Die bekanntesten in Kraft getretenen Abkommen, die noch heute gültig sind, bilden der Roerich-Pakt[120] und das Washingtoner Abkommen vom 15. April 1935 zum Schutz von beweglichem Eigentum von geschichtlichem Wert[121], der allerdings nur die 21 Mitglieder der panamerikanischen Union verpflichtete.[122] In Artikel 8 des Washingtoner Abkommens heißt es:

---

[115] Fiedler Deutsche Frage 62, Engstler 126ff., Treue 302ff., Wahl in Frank 131, Schoen 30–34, Stumpf 53.Vergleiche zur Reparations-Problematik statt aller Kent, The Spoils of War, Oxford 1989.

[116] Vgl die Darstellung der Vorgänge bei Garner, AJIL 9 (1915), S. 72, 101ff.

[117] Vergleiche hierzu ausführlich Engstler 128f. und Williams 19.

[118] Schorlemer 267, Lattmann 49.

[119] Hipp 110, Stumpf 55.

[120] „Vertrag über den Schutz von Kunst- und Wissenschaftsinstitutionen und historischen Monumenten“, abgedruckt in ZaöRV 1955, 78f., hierzu Buhse 27 f., Körbs 138–141 und Pienkny 172.

[121] Grundlegend Dörrmann „The Protection of Cultural Property as laid down in the Roerich-Pact of 15. April 1935“, 230ff. und E. Alexandrov, Der Roerich-Pakt und der internationale Schutz der Kulturgüter und Institutionen, Sofia 1979.

[122] In der Literatur wird bisweilen der Roehrich-Pakt als für den Kulturgüterschutz wichtige Grundlage suggeriert. Nur der Washingtoner Vertrag, der zum 17. Juli 1937 in Kraft trat, ist

„The Signatory Governments declare that movable monuments may not be treated as spoils of war.“ [123]

Interessant kann der Washingtoner Vertrag somit in dem Fall werden, in dem es um die Verlagerung eines Kulturgutes durch ein Mitglied der US – amerikanischen Streitkräfte geht. Das Washingtoner Abkommen konkretisiert als Rechtsquelle des Völkerrechts die Rechte und Pflichten eines Mitglieds der amerikanischen Streitkräfte und derjenigen Staaten, welche das Abkommen ratifiziert haben.

Kurz vor Ausbruch des Zweiten Weltkrieges wurde auch ein Entwurf des Internationalen Museumsbüros veröffentlicht.[124] Dieser Entwurf differenzierte jedoch nicht zwischen einfachem Schutz und Sonderschutz von Kulturgütern, weil er lediglich von „monuments et œuvres d'art“ spricht. Der Vorentwurf hierzu aus dem Jahre 1933 enthält jedoch Bestimmungen zur Repatriierung abhanden gekommener „movable or immovable objects of an artistic, historical or scientific character“, ergänzt durch die zweite Fassung des Völkerbunds von 1936 zu „objects of remarkable paleontogical, archaeological, historic or artistic interest“.[125]

Der Washingtoner Vertrag und der Entwurf des Internationalen Museumsbüros von 1938 entsprechen in ihrer Grundstruktur schon recht eingehend der Haager Konvention von 1954, weshalb sie als ihr Vorbild gelten. Die nach Kriegsbeginn veröffentlichte Zehn-Punkte-Erklärung des International Museum Office über die Grundlagen des Kulturgüterschutzes[126], wurde von keinem Staat unterzeichnet, weshalb es mit dem zuvor geschriebenen Rechtsstand sein Bewenden hatte.

6. Dienstanweisungen zum Ausbruch des Zweiten Weltkriegs

Das deutsche Oberkommando der Wehrmacht (OKW) gab am 29. Juni 1939 eine Dienstanweisung heraus, die jede Art des Beutemachens und der Bereicherung im Kriege unter Strafe stellte. In Artikel 2 I dieser Anweisung findet sich auch ein besonderer Hinweis auf den Denkmalschutz.

Das Internationale Museumsbüro publizierte 1939 ein Handbuch für praktische Maßnahmen zum Schutz von Kulturgütern im Kriegsfall, welches eine große

---

aber für Verlagerungen von Kulturgütern in Kriegszeiten von Interesse. Vergleiche zu den genannten Verträgen Lattmann 52, Engstler 209, Hipp 109, Walter 46ff.

[123] Zitat nach Engstler 210.

[124] Das Handbuch, das in der Besorgnis des erwarteten Kriegs im Jahre 1938 verfasst wurde, trägt den Titel: „La protection des monuments et œuvres d'art en temps de guerre“, Foramitti 28, Strebel 35–43.

[125] Strebel 43.

[126] Unesco Doc 5C/PRG/6 Annex I nimmt hierauf Bezug.

praktische Bedeutung erlangen sollte.[127] Die Vereinigten Staaten von Amerika veröffentlichten 1940 das Handbuch Rules of Land Warfare, welches sich an dem Manual of Military Law der britischen Streitkräfte aus dem Jahre 1929 orientierte. Da beide Handbücher die Bestimmungen der HLKO übernahmen, sind auch diese Richtlinien sehr weit und damit zu unbestimmt und wenig effektiv im Hinblick auf den Kulturgüterschutz formuliert worden.[128] Immerhin enthielten sie damit auch die wesentlichen Aussagen der HLKO und somit insbesondere das Plünderungsverbot aus Artikel 56.

Die gemeinsame Londoner Erklärung der Alliierten vom 5. Januar 1943 sprach sich ausdrücklich gegen die Verlagerung und den Erwerb von Kulturgütern in den besetzten Gebieten aus. Absatz 3 behält sich vor, *jede Übertragung und Veräußerung von Eigentum (...) für nichtig zu erklären* („to declare invalid any transfers of, or dealings with, property").[129] Diese Erklärung spielte in der Restitutionspraxis der Alliierten nach dem Zweiten Weltkrieg eine entscheidende Rolle, weshalb auf sie noch des öfteren zurückgegriffen werden wird.

In seinem Befehl vom 29. Dezember 1943 legte der Oberbefehlshaber der alliierten Streitkräfte, General Eisenhower, jedem Armeeführer die Pflicht auf, das kulturelle Erbe der von den Truppen betretenen Länder zu respektieren „since that heritage truly symbolizes the civilization which the Allies went to war to defend."[130]

B. Der nationalsozialistische Kunstraub in Krieg und Verfolgung

I. Raub- und Sammelsucht der Nationalsozialisten[131]

Es ist bekannt, dass die Nationalsozialisten gerne seriöse und rechtsstaatlich anmutende Fachbegriffe als Bezeichnung für ihre Maßnahmen verwendeten. Hierdurch suchten sie ihr Handeln gegenüber der Außenwelt durch Gesetze und Ver-

---

127 Lattmann 53f.

128 Foramitti I 27 und 29.

129 Zur Londoner Erklärung ausführlich unten 3 B I, 1–5. Strebel 44 merkt an, dass dies die Strafbarkeit der Wegnahme von Kulturgütern im Nürnberger Internationalen Militärtribunal begründet habe.

130 Strebel 44. Die Zerstörung des Klosters Monte Cassino zeigte aber, dass scheinbaren Kriegsnotwendigkeiten und dem Leben der Soldaten (dies wurde häufig als Argument angeführt) stets Vorrang vor dem Kulturgüterschutz eingeräumt wurde. Ob aber bei der Zerstörung wichtiger Kulturmonumente stets rein militärische Erwägungen ausschlaggebend waren, lässt sich stark anzweifeln, vergleiche etwa Nicholas, 322–326.

131 Allgemeine Darstellungen auch bei Pienkny 18–24, Schoen 35f. und Stumpf 73–75.

ordnungen zu legitimieren; sie waren der festen Überzeugung, dass ihre neue Ordnung dem „wahren Recht“ entspreche. So nannten sie den Raub von Kulturgütern eine „Sicherstellung“, sei dies die Sicherstellung des Eigentums ihrer verfolgten und ermordeten inneren (Juden, Zigeuner, politische Gegner) oder äußeren Feinde, der Alliierten.

Nachfolgend werden die juristischen und historischen Gesichtspunkte der Sicherstellungen im Hinblick auf die so genannte „entartete Kunst“[132] außer Betracht bleiben.[133] Das Gesetz über die Einziehung von Erzeugnissen entarteter Kunst vom 31. Mai 1938 (Einziehungsgesetz) spielt für die vorliegende Abhandlung keine Rolle, da ihr Anwendungsbereich auf die „entartete Kunst“ beschränkt bleibt, § 1 Einziehungsgesetz. Dies ergibt sich nicht zuletzt aus der Tatsache, dass der Entzug entarteter Kunst primär auf dem Gebiet des Deutschen Reiches erfolgte. Zielrichtung, Motivationslage und der typologisch äußere Vorgang der Einziehung „entarteter Kunst“ sind nicht mit den Wegnahmen von Kulturgütern in den besetzten Gebieten und bei von den Nationalsozialisten verfolgten ethnischen (rassischen) Gruppen zu vergleichen: Während die Wegnahmen in besetzten Gebieten sich auf Desiderate nationalsozialistischer Kulturpolitik bezog, wurde die „entartete Kunst“ kulturpolitisch pervertiert und als Tauschmittel verwertet.[134]

Auf Grundlage des bekannten rechtstatsächlichen und historischen Forschungsstandes lassen sich einige grundsätzliche Aussagen über den Kulturgutraub in Krieg und Verfolgung treffen, die für das Verständnis und die Einordnung der Restitutionsproblematik im Ganzen unerläßlich sind. Zumal die historischen Hintergründe nationalsozialistischen Unrechts allgemein bekannt sind, soll hier nur ein sehr knapper historischer Überblick geboten werden, welche die Problematik der verfolgungsbedingt und kriegsbedingt entzogenen Kulturgüter aus (kunst-)historischer Perspektive aufzeigen soll. Hingewiesen sei an dieser Stelle auch auf die Aufarbeitung der Rolle neutraler Drittstaaten, die nicht am zweiten Weltkrieg beteiligt waren.[135]

Bis heute konnte die Geschichtswissenschaft kein zuverlässiges Bild vom Kunstraub auf Seiten aller Beteiligten zeichnen, da die Quellenlage nur unzureichend

---

[132] Der zunächst medizinisch verwendete Begriff „Entartung“ stammt vom jüdischen Schriftsteller Max *Nordau* aus seinem gleichnamigen Hauptwerk, vergleiche i.ü. KUNZE S. 11ff.

[133] Vergleiche zur Problematik der Restitution sogenannter „entarteter Kunst“ die Dissertationen von Boris GRELL und Hans Henning KUNZE.

[134] Entartete Kunst konnte aber in besetzten Gebieten ebenso zur Raubkunst werden, um es für die Akquisition von begehrten Objekten zu verwerten, GRELL 73f. So diente die von den Nationalsozialisten so empfundene degenerierte, entartete Kunst als Tauschmittel für bevorzugte Objekte, insbesondere alte Meister. Als völlig untauglich empfundene Werke entarteter Kunst wurden mitunter vernichtet, so etwa beim Jeu de Paume, NICHOLAS 229.

[135] Insbesondere Schweiz und Schweden.

ist. Selbst das Ausmaß des Kunstraubs ist bis heute nicht bekannt.[136] Von daher beschränkt sich die Forschung auf der Rekonstruktion einiger Beispielsfälle. Eine vollständige Aufklärung und Aufdeckung der gesamten „Wahrheit" ist indes nicht realistisch.[137] Dieser Befund darf auch für die juristische Bewertung nicht ohne Belang sein. Aufgrund des Rückgriffs auf rechtstatsächliches Material werden jedoch die Namen der Täter und Opfer genannt, die historisch gesichert sind. Es wird ausdrücklich darauf hingewiesen, dass die Nennung dieser Namen nur der transparenten Illustration, nicht aber der wertenden Eingrenzung der Beteiligten dient.[138]

---

[136] Bis heute existieren keine zuverlässigen Zahlen über den NS-Kunstraub, wie auch über andere staatlich veranlassten Verlagerungen. Es können in dieser Spalte daher nur grobe Schätzungen, ja „Hochrechnungen" wiedergegeben werden. Eine bekannte Schätzung stammt von *Petropoulos* in einer Stellungnahme vor dem House Banking Committee in den USA, Hearing am 10. 2. 2000, die von folgenden Zahlen ausgeht:
"This stems in part from the wide variation in figures provided by different countries: statistics have significant (and often political) implications, and they have been calculated in different ways. The figures below are based on my own secondary research and do not represent the findings of the PCHA – it is still too early to report any of our findings. The Germans stole between 1933–1945: 600,000 artworks (paintings, sculpture, objets d'art, tapestries, but excluding furniture, books, stamps, or coins). This includes some 200,000 works in Germany and Austria, some 100,000 in Western Europe and 300,000 objects from Eastern Europe and the Soviet Union.
The Germans stored in mines, castles and other depots between 1939–1945: 5 million objects in over 1,500 depots (2.5 million were in the US occupation zones; 2 million were in the Russian zones, and 500,000 in other places). The Americans and British restituted (both stolen and stored works) between 1945–1950: 2.5 million cultural objects, of which 468,000 were paintings, drawings, and sculptures. The Americans alone returned 250,000 objects via the Central Collecting Point in Munich.
The Soviets removed from occupied zones, 1944–1947: 1.8 million cultural objects. The Soviets restituted to the German Democratic Republic and other Warsaw Pact countries between 1955–1958: 1.5–1.6 million. The Russians today still have in storage depots: 200,000. This number is somewhat sketchy. Some believe the number to be even higher.
The number of French MNRs (works held in trusteeship by the French government: 2,000 (1,000 which are paintings). The Germans have today 1,532 paintings (1,076 of which hang in museums and the remainder in government offices and embassies) that came from the collections of Hitler, Goering, Bormann, and other leaders, and were deemed not to have come from victims' collections. The number of displaced works still missing from World War II apart from those in Russian depots: 10,000 to 110,000."

[137] Vergleiche die Einführung Eichwedes in Eichwede/Hartung: Betr.: Sicherstellung, S. 2ff.

[138] Die wiedergegebenen Fakten beruhen nicht auf eigenen Nachforschungen, sondern auf der Wiedergabe des derzeitigen Forschungsstandes juristischer und vor allem historischer Abhandlungen.

II. Die Beteiligten am Kunstraub

1. Die Hintermänner

Warum der Kunstraub der Nationalsozialisten solch ungeheure Dimensionen annahm, lässt sich dann am leichtesten beantworten, wenn man dessen Hauptakteure kennt: Adolf Hitler und Hermann Göring.[139] So meint *Jonathan Petropoulos*, dass „das Führerprinzip im Dritten Reich seinen lebendigsten Ausdruck in der Kunst" fand.[140]

Adolf Hitlers Interessen lassen sich schlagwortartig wie folgt zusammenfassen: Macht und Krieg sowie Kunst und Musik.[141] Berühmt sind die Pläne Hitlers zur Schaffung eines großen Führermuseums in Linz nach dem Vorbild von Napoleons Weltmuseum in Paris, in welchem Hitler durch Ausstellung der herausragendsten Exponate aus seiner Kriegsbeute der Nachwelt das Bild des erfolgreichen und kultivierten Staatsmanns vermitteln wollte.[142] Gleichsam spiegelbildlich plante Josef Stalin seit 1944 den Aufbau eines riesigen Trophäenmuseums in Moskau.[143]

Mit Hitler „konkurrierte" Hermann Göring, der sich mit seinem „Waldhof Carinhall" eine eigene „Sammlung Göring" nahe Berlin zum Andenken an seine verstorbene und von ihm so geliebte Frau Carin Gräfin von Kantzow geschaffen hatte.[144] Tatsächlich gelang es Göring, die seinerzeit größte Privatsammlung

---

[139] Zur leidenschaftlichen Sammlertätigkeit Hitlers und Görings und ihren Erwerbsmethoden siehe die Dokumentationen von Günter HAASE, „die Kunstsammlung Adolf Hitler" und „Die Kunstsammlung des Reichsmarschalls Herrmann Göring". Hitlers Sammlung hatte Schätzungen zufolge einen Wert von etwa 100 Mio Pfund Sterling, Görings reine Privatsammlung immerhin noch 60 Mio. britische Pfund, HAASE, Kunstsammlung Hitler 114 und 170.

[140] PETROPOULOS Kunstraub und Sammelwahn, 370.

[141] Hitler schreckte nicht davor zurück, seine privaten Vorlieben mit „staatsideologischen Zielen" zu vermengen und entsprechend zu instrumentalisieren, PETROPOULOS aaO.

[142] Vergleiche hierzu die Monographie Charles DE JAEGER: Das Führermuseum, 10ff. und Günther HAASE, Kunstraub und Kunstschutz, Hildesheim 1991, 15ff.; HAASE, Kunstsammlung Hitler 9ff., FRIEMUTH 18.

[143] Die erste Verfügung Stalins, die den Befehl, Kriegsbeute im besetzten Gebiet zu machen enthielt (geheime Verfügung Nr. 9256), datiert vom 16.6.1945 und bezieht sich auf die wertvollsten Kunstgegenstände im Raum Dresden, KNYSCHEWSKIJ, 152. Zu den Plänen eines Trophäenmuseums AKINSCHA/KOSLOW 54ff. Es ist darauf hinzuweisen, dass auch in Russland umfangreiche „Ziellisten" für originär russisches „Eigentum" erstellt wurden, die in der gleichen Absurdität argumentierten wie gleichartige, vom Nationalismus durchtränkte deutsche Beutelisten. Dies mag eine weitere Stütze für das Ziel sein, die Beutekunstproblematik in diesen Tagen mit Vernunft und Besonnenheit in dem Bewusstsein zu lösen, dass die menschlichen Schwächen auf beiden Seiten seinerzeit im gleichen Maße ausgeprägt waren.

[144] HAASE, Die Kunstsammlung des Reichsmarschalls Hermann Göring, S. 9, 15ff. Dieses Buch schildert das Sammelverhalten Görings unter Ausnutzung seiner Stellung als Reichsfeldmarschall.

Europas zusammenzutragen, die größtenteils freilich nicht in seinem Eigentum stand. Im Gegensatz zu Hitler sammelte Göring aber nur für sich selbst.[145] Im Pariser „Jeu de Paume" suchte Göring sich häufig gerne persönlich die in Frankreich beschlagnahmten Kulturgüter jüdischer Herkunft für seine Privatsammlung aus.[146] Von Hermann Göring weiß man, dass er seine Privatsammlung prinzipiell durch (Zwangs-)Käufe zu erweitern suchte. Hingegen war Adolf Hitler jedes Mittel zum Ausbau des Bestandes seines Führermuseums in Linz recht und billig. Die Erwerbsmethoden Hitlers reichten von legalen Ankäufen zu angemessenen Marktpreisen[147] bis hin zur zwangsweisen Konfiskation von Kulturgü-

---

[145] Hitler wollte eine herausragende Repräsentation des Deutschen Reiches durch eine in kunstgeschichtlicher Bedeutung und Umfang überragenden Sammlung zur Veranschaulichung des Anspruchs einer kulturellen Vormachtstellung in Europa. Er meinte hierzu in seinem Testament: „Ich habe meine Gemälde in den von mir im Laufe der Jahre angekauften Sammlungen niemals für private Zwecke, sondern stets nur für den Ausbau einer Galerie in meiner Heimatstadt Linz an der Donau gesammelt", Zitat bei HAASE, Kunstsammlung Hitler, 124.

[146] Nach welchen Prioritäten vorgegangen wurde, belegt ein Befehl *Görings* an den ERR vom 5. November 1940 (aus http://residence.aec.at/rax/KUN_POL/):
„In Fortführung der bisher getroffenen Maßnahmen zur Sicherstellung des jüdischen Kunstbesitzes durch den Chef der Militärverwaltung Paris und durch den Einsatzstab Rosenberg (Der Chef des Oberkommandos der Wehrmacht 2f 18.14 d.Z. Nr. 3812/40 g) wird mit den in den Louvre gebrachten Kunstgegenständen in folgender Weise verfahren.
1. Diejenigen Kunstgegenstände, über deren weitere Verwendung sich der Führer das Bestimmungsrecht vorbehalten wird,
2. diejenigen Kunstgegenstände, die zur Vervollständigung der Sammlungen des Reichsmarschalls dienen,
3. diejenigen Kunstgegenstände und Bibliotheksbestände, deren Verwendung beim Aufbau der Hohen Schule und im Aufgabenbereich des Reichsleiters Rosenberg angebracht erscheinen,
4. diejenigen Kunstgegenstände, die geeignet sind, deutschen Museen zugeleitet zu werden, werden unverzüglich durch den Einsatzstab Rosenberg ordnungsgemäß inventarisiert, verpackt und mit Unterstützung der Luftwaffe nach Deutschland gebracht.
5. Diejenigen Kunstgegenstände, die geeignet sind, den französischen Museen und dem deutschen und französischen Kunsthandel zugeleitet zu werden, werden an einem noch zu bestimmenden Zeitpunkt versteigert und der dafür einkommende Erlös dem französischen Staat zu Gunsten der französischen Kriegshinterbliebenen überlassen.
6. Die weitere Erfassung jüdischen Kunstbesitzes in Frankreich geschieht in der bisher bewährten Form durch den Einsatzstab Rosenberg in Zusammenarbeit mit dem Chef der Militärverwaltung Paris. Paris, den 5. November 1940
Ich werde diesen Vorschlag dem Führer vorlegen. Bis zu seiner Entscheidung gilt diese Regelung.
gez. Göring".

[147] Ein bekanntes Beispiel ist der Verkauf des berühmten Vermeer „Der Künstler in seinem Atelier" aus der Sammlung des jüdischen österreichischen Grafen Czernin am 4. Oktober 1940 an Adolf Hitler, nachdem Göring sich bereits erfolglos um den Ankauf bemüht hatte. In diesem Fall konnte ein Schriftstück vorgelegt werden, aus dem eindeutig hervorgeht, dass ein freiwilliger Verkauf stattgefunden hat. In ihm bedankt sich Jaromir Graf Czernin bei Adolf Hitler mit den Worten: „Ich bitte meinen aufrichtigen Dank entgegennehmen zu wollen mit dem Wunsche, das Bild möge Ihnen, mein Führer, stets Freude bringen", vergleiche HAASE,

tern.[148] So wurde denn auch jüdisches Eigentum spezifisch ausgewählt und per Führererlass oder aufgrund eigener Anweisung Hitlers beschlagnahmt.[149] Die Selbstdarstellung des Reiches und seiner Führungsriege war ein tragendes Element der nationalsozialistischen Kulturpolitik. Ein besonderer Ausdruck dieser offenen Konkurrenz innerhalb der nationalsozialistischen Führungsspitze[150] um die wertvollsten Kunsterzeugnisse war der Führervorbehalt, der seit seinem Erlass im Juni 1938 Adolf Hitler den Erstzugriff auf die erbeuteten Kulturgüter sicherte.[151]

Neben diesem rücksichtslosen Streben nach kulturellem Reichtum waren rein wirtschaftliche Erwägungen ein Hauptmotiv für den Kunstraub.[152] In diesem ersten großen Wirtschaftskrieg bildeten Kulturgüter für die Nationalsozialisten wegen ihrer Wertbeständigkeit und hervorragenden Markttauglichkeit ein perfektes Druck- und Austauschmedium.

So etablierten die Nationalsozialisten in den besetzten Gebieten florierende Kunstmärkte, auf welchen sie das Raubgut entweder umsetzten oder diese gegen ihnen gefällige Kunstwerke umtauschten. Das Zentrum dieser Bemühungen lag in Paris, das durch das beschriebene Unterfangen seine Stellung als erster Handelsplatz der Kunstwelt zu dieser Zeit sogar noch auszubauen vermochte.[153]

Kunstsammlung Hitler, 112f. Aus diesem Grunde wurde ein Restitutionsgesuch der österreichischen Erben von einem österreichischen Gericht abgelehnt, NICHOLAS, the rape of Europa, 47–49, 422.

148 Ein bekanntes Beispiel hierfür ist die Beschlagnahme der Sammlung Schloss, hierzu u.a. HAASE, Kunstsammlung Hitler 108ff.

149 So meinte *Hitler* bereits am 23.12.1941 (aus http://residence.aec.at/rax/KUN_POL/): „Die Linzer Galerie wird, glaube ich, heute schon den Vergleich mit einer der neuen Galerien in Amerika aufnehmen können. Sammeln konnte man noch in der Zeit von 1890 auf 1900. Danach sind die ganz großen Perlen nicht mehr auf den Markt gekommen. Juden stürzten sich auf jedes Objekt. Hätte ich früher Geld gehabt, so hätte ich noch vieles in Deutschland halten können, das abgewandert ist. Es ist ein Glück, dass ich gekommen bin, sonst hätten wir eines Tages nur mehr Wertloses bei uns gehabt, während alles Gute in die Hand des Judentums gekommen wäre."

150 Neben Hitler und Göring suchten auch weitere NS-Führer sich umfangreiche Kunstsammlungen nach gleichem Muster anzueignen, vergleiche PETROPOULOS, Kunstraub und Sammelwahn 231–301, der u.a. über Goebbels, von Ribbentrop und Himmler berichtet.

151 PETROPOULOS in SIMPSON 107; der Führervorbehalt wurde seitdem von Hitler häufig als Legitimation für seine Anordnungen benutzt. Heinrich Himmler folgte diesem Vorbild im Rahmen seines Machtbereiches (SS, SD, Kommando Mühlmann etc.) mit sogenannten Runderlassen.

152 Über die besondere Stellung von Kunsthändlern, Journalisten, Historikern, Künstlern und Museumsdirektoren berichtet PETROPOULOS, The Faustian Bargain, The Art World in Nazi Germany, 2000, 15ff.

153 Abdruck des Kommentars von Reinhard BRAUN: Der Kunstmarkt, abzurufen unter http://residence.aec.at/rax/KUN_POL/:
„Der Erwerb bzw. die aus verschiedenen Gründen vorübergehende Aneignung von Kunstwerken in diesem Ausmaß wurde allein durch die Kriegsumstände möglich. Innerhalb des

Gleichzeitig war der Kulturgutraub ideologisch motiviert: Die Hauptopfer des Kunstraubs waren in Frankreich und der Sowjetunion die jüdische Bevölkerung sowie die Vertreter des Kommunismus, die von den Nationalsozialisten propagandistisch zum „jüdischen Bolschewismus" zusammengeführt worden waren.[154] Um die hierfür notwendigen und ehrgeizigen „Akquisitionsziele" zu verwirklichen, bedurfte es eines aufwendigen Organisationsapparats.[155]

2. Die Vollstrecker

Die Auswahl geeigneter Exponate für den Kulturgutraub oblag zumeist den Experten aus dem Bereich der Kunstgeschichte, die in den besetzten Ländern ideale Rahmenbedingungen für ihre Forschungen vorfanden – in Friedenszeiten wäre es sicher nicht möglich gewesen, weitgehend ungehindert Kunstschätze zu rauben und dies damit zu begründen, dass man lediglich dem Deutschen Reich ursprünglich „gehörende" Kunstschätze zurückführe.

Ein bekannter Vertreter dieser Spezies von Kunsthistorikern war Dr. Kai (Kajetan) *Mühlmann*[156], „arguably the single most prodigous art plunderer in the

---

Reiches wurden sehr bald gesetzliche Möglichkeiten geschaffen, um jüdischen oder allgemein staatsfeindlichen Besitz zu beschlagnahmen. Diese Regelungen galten auch für alle besetzten Gebiete – in diesem Sinne waren sie keinerlei Handelsbeschränkungen unterworfen, es gab also keine Ausfuhrbeschränkungen, die Kulturgüter betroffen hätten. Aber dies waren nicht die einzigen Konsequenzen für den Kunstmarkt. Viele – auch kleinere – Sammler sahen sich aufgrund der Situation zur Emigration gezwungen und versuchten vorher, ihre Sammlungen zu verkaufen oder, sofern das nicht gelang, mitzunehmen und zuletzt zurückzulassen. Deshalb gab es zahlreichen herrenlosen Besitz und vor allem große Mengen an Kunst im Handel. Als es zudem offenkundig wurde, dass das Deutsche Reich umfangreiche Käufe tätigte, reagierten auch die Händler in ganz Europa auf diese Konjunktur und boten Hitler bzw. dessen Agenten ihre Objekte an. Im Windschatten des Krieges zeigte sich die Möglichkeit zum Profit, den zahlreiche Händler in Europa auszunutzen versuchten und verstanden. Ein Kunstmarkt wurde gewissermaßen erzeugt: Ein Ergebnis der machtpolitischen Verschiebungen in Europa, deren Auswirkungen sich nicht nur auf der Landkarte ablesen ließen, sondern auch und vor allem das wirtschaftliche und kulturelle Leben in Europa kurzfristig völlig neu bestimmten. Diese Neuverteilung erzeugte gleichzeitig ein Netz von Intrigen, Interessen, Machtkämpfen, Profitstreben usw., dessen Gegenstand Kunst bzw. Kunstgegenstände im weitesten Sinn waren – ein Netz, das ganz Europa parallel zum Kriegsgeschehen überzog und sozusagen dessen permanenten Hintergrund bildete."

[154] Heuß 345.

[155] Petropoulos hat diese Kunstbürokratie der Nationalsozialisten in Diagrammen ausdrücklich veranschaulicht, Petropoulos Kunstraub und Sammelwahn, S. 376 und 377.

[156] Am 16. Dezember 1939 erließ „Generalgouverneur" Hans Frank eine erste Verordnung, durch die der gesamte öffentliche Kunstbesitz im „Generalgouvernement" beschlagnahmt werden konnte. Mit den zur Durchführung dieser Verordnung erforderlichen Vorschriften wurde – auf Anweisung Görings – SS-Obergruppenführer Dr. Kajetan Mühlmann betraut. Der „Sonderbeauftragte" Mühlmann befand sich schon seit dem 6. Oktober 1939 in Polen. Die erste Durchführungsvorschrift wurde am 15. Januar 1940 erlassen. Der Zweck der Gesetzgebung war die systematische Erfassung der Kunstgüter in Polen, deren Inventarisierung

history of human civilization".[157] Er tat sich insbesondere bei der systematischen Brandschatzung als Sonderbeauftragter des Generalgouvernements in Polen hervor.[158] Innerhalb weniger Monate identifizierte er mit einer Gruppe von Fachleuten Polens erstklassige Kulturgüter und verbrachte einen Teil von ihnen nach Deutschland.[159] Zu nennen sind des Weiteren Niels von Holst und Herrmann Bunjes, welche federführend die Auswahl der zu raubenden Kulturgüter im Osten vornahmen.

Die eigentliche praktische Durchführung des Kulturgutraubs, also die Wegnahme in den besetzten Gebieten, wurde durch den Einsatzstab Reichsleiter Rosenberg, dem Devisenschutzkommando, der pseudowissenschaftlichen Organisation „Ahnenerbe" der SS sowie durch den Kunstschutz selbst durchgeführt.

Alfred Rosenberg war am 29. Januar 1940 zum Leiter der Zentralstelle für nationalsozialistische Weltanschauungs- und Erziehungsforschung ernannt worden. Er strebte die Bildung einer „Hohen Schule" in Frankfurt an, die schwerpunktmäßig als zentrale Stätte der nationalsozialistischen Forschung in den Hauptdisziplinen Rassenkunde, Erbbiologie und der wissenschaftlichen Erforschung des „arischen" Volks dienen sollte.

Die dahinter stehende Konzeption belegt den immensen Umfang des NS-Kunstraubs: Die Schule sollte den Forschungsstand des Gegners, insbesondere des sowjetischen „Bolschewismus" ausforschen und seine Lehren kennen, um diesem zu seiner effizienten Bekämpfung intellektuell überlegen zu sein. Hierzu war nach Ansicht der Nationalsozialisten die Aneignung des gesamten wissenschaftlichen Apparats erforderlich. Komplementär hierzu wollten die Nationalsozialisten die zu erobernden Völker in ihrem kulturellen Entwicklungsstand um Jahrhunderte zurückwerfen. Dies erklärt das rigorose Vorgehen in den besetzten Ostgebieten, in denen nur die wertvollen Gegenstände mitgenommen, der Rest aber zumeist einfach zerstört wurde.

Eine weitere Schlüsselfigur für die Plünderung sowjetischer Kulturgüter bildete Baron Eberhard von Künsberg und sein gleichnamiges Sonderkommando.[160]

Der Absatz und die Distribution der Kunstgegenstände lag dann in den Händen einiger weniger, aber umso einflussreicherer Kunsthändler: Karl Haberstock als

---

und Auswahl „reichswichtigster Kunstgegenstände zugunsten des Reiches". Neben staatlichen Museen und kirchlichen Einrichtungen wurden in weiterer Folge auch private Museen durch die Gesetzgebung erfasst, hier besonders das Czartoryski-Museum in Krakau.

[157] Petropoulos, The Faustian Bargain, 170.

[158] Mezynski 9ff. Instruktiv auch die Ausführungen Kowalskis, der sich als Jurist für polnische Belange engagiert, in: Spoils of War 235ff.

[159] Kurtz, Nazi Contraband 41, Nahlik 109.

[160] U. Hartung, Künsberg, 3ff.; Eichwede/U. Hartung 25.

Agent Hitlers, Walter Andreas Hofer (Kunsthändler Görings) und die Schweizer Kunsthändler Wendland und Fischer (um nur die Erfolgreichsten zu nennen). In diesen Kontext fallen auch die Tätigkeiten der Museumsdirektoren Hans Posse und seines Nachfolgers Hermann Voss, Otto Kümmel und Ernst Buchner, der später im Nachkriegsdeutschland weiterhin Karriere machen sollte.[161]

Hans Posse, Leiter der Staatlichen Sammlungen zu Dresden, war von Hitler beauftragt worden, die Sammlung für sein Führermuseum in Linz nach kunsthistorischen Gesichtspunkten zusammenzustellen und aufzubauen. Posse tat sich durch umfangreiche Ankäufe von Gemälden in den besetzten Gebieten hervor.[162] Otto Kümmel zeichnete sich verantwortlich für die Erstellung einer gleichnamigen Liste, die sämtliche Gegenstände beinhaltete, die seit 1500 „unrechtmäßig“ aus Deutschland entfernt worden waren. Diese Liste war mit einer solchen Akribie erstellt worden, dass sie für die Beutepraxis nicht geeignet war.

Zumindest ein Teil der genannten Täter ist später dafür auch tatsächlich strafrechtlich belangt worden. Das Nürnberger Tribunal wertete den Kunstraub als Kriegsverbrechen und Verbrechen gegen die Menschlichkeit.[163] Unter dem Eindruck der schweren Kriegsverbrechen und Verbrechen gegen die Menschlichkeit (Verbotener Angriffskrieg, gravierende Verstöße gegen allgemeines Kriegsvölkerrecht und dem Genozid) wurden Hermann Göring, Joachim von Ribbentrop, Hans Frank und Alfred Rosenberg zum Tode verurteilt.[164]

3. Typologische Einordnung

Bereits Williams[165] hat den nationalsozialistischen Kunstraub im Krieg in zwei wesentliche Phasen eingeteilt. Die erste Phase beginnt mit dem Einfall in Polen zu Beginn des Zweiten Weltkrieges.

In dieser Zeit fällt auf, dass Hitler seine Kunstliebe zunächst dadurch zu befriedigen suchte, dass er Kulturgüter in besetzten Gebieten zur „Sicherstellung“ vor Verlagerung und Zerstörung beschlagnahmen ließ, um ein Druckmittel für spätere Friedensverhandlungen in Händen zu halten.[166]

---

[161] Alle Fakten stammen aus Petropoulos: The Faustian Bargain, Oxford 2000.

[162] Zur Bedeutung Posses als Einkäufer für das Führermuseum Linz Nicholas, 64–69 und Petropoulos, The faustian bargain, 52–55.

[163] Trial of the Major Criminals before the International Military Tribunal 411, S. 411, 486, 540, Lauterpacht in Oppenheim, International Law, Volume II, 400 (§ 138b). Lippman, Matthew, „Art and Ideology in the Third Reich: The Protection of Cultural Property and the Humanitarian Law of War“, Dickinson J. Int'l L. 17 (1998), S. 46.

[164] Zur Relevanz des Kulturgutraubs beim IMT Nowlan, Cultural Property and the Nuremberg War Crimes Trial, S. 221 ff.

[165] Williams 24.

[166] 7 Nuremberg Trials, S. 59; Williams 25 unten.

Erst mit der Ernennung Alfred Rosenbergs zum Leiter der „Hohen Schule“ und des „Einsatzstabs Reichsleiter Rosenberg“ (im Folgenden: ERR) im Januar 1940 beginnt in dieser zweiten Phase ein systematischer Kunstraub beispiellosen Ausmaßes: Im Vergleich zu Napoleons Raubzügen wurde mehr als das Doppelte erbeutet.

III. Die Beutepraxis der Nationalsozialisten in den besetzten Gebieten, insbesondere in der Sowjetunion

1. Typologie des Beuteverhaltens der Nationalsozialisten

Grundsätzlich sind signifikante Unterschiede in dem Beuteverhalten der Nationalsozialisten gegenüber Russland im Unterschied zu dem Beuteverhalten gegenüber Frankreich auszumachen.[167]

War im Westen durchaus Respekt für fremde Kulturgüter festzustellen, ging es den Nationalsozialisten im Osten um die Zerstörung der slawischen Kultur[168] und die Rückführung „arischer“ Kunst in den Westen.[169] Besonders Polen hatte unter der NS-Herrschaft von Hans Frank und dem *Sonderkommando Paulsen*[170], bei denen Raub und insbesondere die Zerstörung an der Tagesordnung standen, sehr zu leiden.[171] In den bilateralen Rückführungsverhandlungen ist dies bis zum heutigen Tage auf polnischer Seite spürbar.[172]

---

167 Dies ist eine elementare Aussage aus der Dissertation von HEUSS auf S. 346f.

168 VOLKERT S. 55.

169 Eine Sonderstellung nimmt daneben der nationalsozialistische Kunstraub in der Ukraine ein, GRIMSTED, Trophies of War and Empire, Harvard 2001. Dort wurden insbesondere umfangreiche Archive entwendet (S. 51 ff.). Trotz umfangreicher Plünderungen auf beiden Seiten (über ukrainische Trophäenbrigaden S. 251 ff.) ist das deutsch-ukrainische Verhältnis als vergleichsweise erfreulich einzustufen. Dies belegen erste Rückführungen nach Deutschland (Am 18. und 19. 1. 2001 wurde die Rückgabe des Archivs der Berliner Sing-Akademie vereinbart, zu diesem Archiv GRIMSTED 276) und die Bereitschaft zu einem konstruktiven Dialog (So Prof. Dr. Tono *Eitel*, der für die BRD die Verhandlungen mit der Ukraine führt, in einem Vortrag vor Studenten der Universität Münster am 20. 11. 2001).

170 Siehe hierzu MĘŻYŃSKI, Andrzej, Kommando Paulsen, Organisierter Kunstraub in Polen 1942–45, S. 92 (zum Schicksal der von ihnen geraubten Kulturgüter).

171 Eine eingehende Schilderung des Verlusts und der Zerstörung polnischer Kulturgüter während des Zweiten Weltkriegs ist nachzulesen bei KOWALSKI, Liquidation of the Effects of World War II in the Area of Culture.

172 So leidet das sonst gute deutsch-polnische Verhältnis sehr an der Beutekunstfrage. Mit der Einrichtung der deutsch-polnischen Kopernikusgruppe (FAZ vom 1. 12. 2001, S. 1) konnte man zumindest einen ersten Schritt zur Annäherung tun. Es ist jedoch fraglich, ob sich die Konzeption, die sich aus Wanderausstellungen, der Rückführung von Archiven insbesondere zur Stiftung Preußischer Kulturbesitz in Berlin und die Beibehaltung von Musikalien (u.a. das Originalskript von Beethovens Siebter Sinfonie in Krakau) zusammensetzt, durchsetzen wird. Das *Arbeitspapier der Kopernikusgruppe* findet sich in der Anlage 7.

Während im Westen[173] der Kunstschutz aktiv[174] tätig war, zumal meist nur herrenloses und jüdisches Eigentum von den Rauborganisationen sequestriert werden durfte, hatten die Brigaden der SS vom Einsatzstab Reichsleiter Rosenberg (ERR), das Sonderkommando Künsberg und das „Ahnenerbe" der SS im Osten

---

173 Zum Kunstraub im Westen FRIEMUTH 20ff. und KURTZ, Nazi Contraband, 24ff.

174 Rein formal kannte auch das „Operationsgebiet Ost" einen Kunstschutz. Dieser beschränkte sich aber zumeist darauf, den Abtransport der erbeuteten Kulturgüter abzusichern, vergleiche HEUß S. 164 ff. und VOLKERT S. 57. Zur Tätigkeit des Kunstschutzes lässt sich folgendes sagen (siehe unter http://residence.aec.at/rax/KUN_POL/):
Der „Kunstschutz" wird im Mai 1940 gegründet. Zu seinem ersten Leiter wird am 11. 5. 1940 der Kunsthistoriker Franz Graf Wolff Metternich [1893–1973, Anmerkung des Verfassers] bestellt. Organisatorisch gehört der „Kunstschutz" zum Oberkommando des Heeres-Generalquartiermeister, also nicht zum Oberkommando der Wehrmacht. Ein wesentlicher Grund für die Gründung des „Kunstschutzes" mag darin bestanden haben, dass in den Prinzipien für die Ausübung der deutschen Militärverwaltung in den besetzten Gebieten ein Passus enthalten war, der besagte, das entsprechend den Bestimmungen der „Haager Landkriegsordnung" Kulturwerte zu schonen und pfleglich zu behandeln seien. Der „Kunstschutz" ist auch ausschließlich für die besetzten Gebiete, die unter Militärverwaltung stehen, vorgesehen. Das OKW anerkennt in der Folge die Kunstschutzorganisation, die nicht Teil der kämpfenden Truppe ist. Metternichs Amtssitz ist Paris. Hier muss er bald feststellen, dass man sich von verschiedenen Seiten über ihn und seine Organisation hinwegzusetzen versucht. Er muss sich zuallererst mit dem deutschen Botschafter in Paris, Otto Abetz, auseinandersetzen, der, laut einem Führerbefehl, mit der Sicherstellung des französischen staatlichen und privaten Kunstbesitzes zur Verwahrung bei der Besatzungsmacht beauftragt ist. Später werden es der ERR, die GESTAPO und das Devisenschutzkommando sein, die in Frankreich ihre eigenen Ziele verfolgen und sich beim Umgang mit dem „Feindvermögen" naturgemäß wenig um die Bestimmungen der „Haager Landkriegsordnung" kümmern. Bei seiner Arbeit wird er einzig von Generalfeldmarschall von Brauchitsch unterstützt. Im Sommer 1941 werden allein in Frankreich vom „Kunstschutz" rund 500 Schlösser und historische Wohnbauten besichtigt und unter Schutz gestellt. Diese Gebäude dürfen somit einer militärischen Nutzung nicht zugänglich gemacht werden und dürfen nicht für Einquartierungen herangezogen werden. Bei beweglichen Kunstgütern versucht der „Kunstschutz" seiner Aufgabe darin gerecht zu werden, dass Museen und öffentliche Sammlungen von jeder militärischen Nutzung ausgenommen werden sollen. Im Juli 1942 wird Metternich aus nicht bekannten Gründen – wahrscheinlich auf Betreiben Görings – auf Befehl Hitlers seines Postens enthoben [Anmerkung des Verfassers: Der Grund lag in der gewissenhaften Wahrnehmung der Aufgabe des Grafen Metternich als Kunstschützer im besetzten Frankreich]. Sein Nachfolger wird sein bisheriger Stellvertreter Dr. von Tieschowitz.In Italien gibt es den „Kunstschutz" seit November 1943, seit es also auch in Italien eine deutsche Militärverwaltung gibt. Neben der Zentrale in Rom gibt es auch eine Filiale in Florenz. Die Aktivitäten des „Kunstschutzes" in Italien konzentrieren sich darauf, die schützenswerten Bauwerke zu katalogisieren, italienische Stellen bei der Reparatur und beim Wiederaufbau der beschädigten Bauwerke zu unterstützen, sowie bewegliche Kunstgegenstände aus der Gefahrenzone zu bringen und sicherzustellen. In den sowjetischen Gebieten ist der „Kunstschutz" wenig erfolgreich, da auch hier dem ERR in gewisser Weise diese Aufgabe zufällt. Laut einem Führerbefehl ist jeder Abtransport und jede Entfernung von Kulturgut aus den Ostgebieten streng verboten und die Sicherstellung und Inventarisierung obliegt allein dem ERR. In Polen ist der Generalgouverneur Hans Frank allein für die Verwaltung des besetzten Gebietes verantwortlich. Zum Sonderbeauftragten für die Sicherung der Kunstschätze wird auf Vorschlag Görings Kajetan Mühlmann bestellt.

bei Raub und Zerstörung der „minderwertigen“ und „degenerierten“ Kulturgüter weitestgehend freie Hand.

Aus diesem Grunde finden sich die meisten Zwangsankäufe und Beschlagnahmen im Westen, während der ERR etc. im Osten (Polen, Russland) meist keine vorgeschobenen vertraglichen Vereinbarungen bemühte oder fingierte. In der Propaganda der Nationalsozialisten und auch der Alliierten (insbesondere Russland) wurden die Kulturgüter daher denn auch vor den Kriegsgefahren, Plünderungen und schlechten Lagerbedingungen „gerettet“.

Der Kunstschutz wurde aber auch hier nur zur Erfassung der Bestände zum Zwecke ihres späteren Raubes vorgeschaltet und auf diese Weise pervertiert.[175]

2. Die Anatomie des Kunstraubs

Das übliche Vorgehen der genannten Rauborganisationen lässt sich mit folgenden Maßnahmen beschreiben: Zunächst wurde der gesamte Kunstbestand im besetzten Gebiet – mitunter recht sorgfältig in einer Kartothek – erfasst. Dabei wurde nach den Vorgaben des Kunstschutzes in der Regel strikt zwischen öffentlichem und privatem Eigentum unterschieden. Kulturgüter jüdischer Provenienz galten nicht als schutzwürdig. Im Rahmen des Führererlasses PS-143 vom 1. 3. 1942 war die ERR ermächtigt worden, alle Kulturgüter von Juden und Freimaurern zu erfassen und in eigener Zuständigkeit zu beschlagnahmen.[176] Allerdings war die Geheime Feldpolizei von solchen Beschlagnahmungen zu unterrichten. In Frankreich war auch das Devisenschutzkommando (Deschuko) für solche Tätigkeiten eingesetzt worden.[177]

Die geraubten Güter wurden zentralen Sammelstellen auf deutschem Territorium zugeführt und dort eingelagert. Bekannt sind insbesondere die Kartause Buxheim (bei Memmingen, Schwaben), das Schloss Colmberg (Ansbach/Franken), Schloss Höchstädt (Dillingen/Donau), Schloss Neuschwanstein (Bayern) und Schloss Banz. Diese Bestände konnten dank ihrer genauen Inventarisierung leicht der Sowjetunion und weiteren Kriegsparteien zugeordnet werden und wurden zwischen 1945 und 1952 durch die OMGUS an die SMAD übergeben. Es bleibt jedoch festzuhalten, dass durch die Rückgabe der 534 120 Gegenstände nur ein geringer Teil des Gesamtverlustes restituiert werden konnte.[178]

---

[175] So ausdrücklich WILLIAMS 25.

[176] GÜNTHER-HORNIG 27. Da die Darstellung historischer Fakten von dieser Autorin aus dem Jahre 1958 recht einseitig erfolgt und dazu neigt, den Kunstschutz überzubewerten, wird diese Quelle mit der gebotenen Zurückhaltung zitiert.

[177] GÜNTHER-HORNIG 28.

[178] Die Ausführungen dieses Absatzes entstammen der Darstellung von EICHWEDE/U. HARTUNG 104ff.

Nach der Wende des Kriegsgeschehens im Jahre 1943 konnte kein „geregelter" Transport des Raubguts gen Westen mehr durchgeführt werden. Deshalb befindet sich noch heute Beutekunst russischer Provenienz in Polen und in den nunmehr selbständigen Staaten Estland, Lettland und Litauen. Die nun folgende Karte[179] vermittelt eine geographische Übersicht über den national-sozialistischen Kunstraub in der Sowjetunion und als Schutzreaktion die Auslagerung sowjetischer Kulturgüter weit in östliche Landesteile hinein:

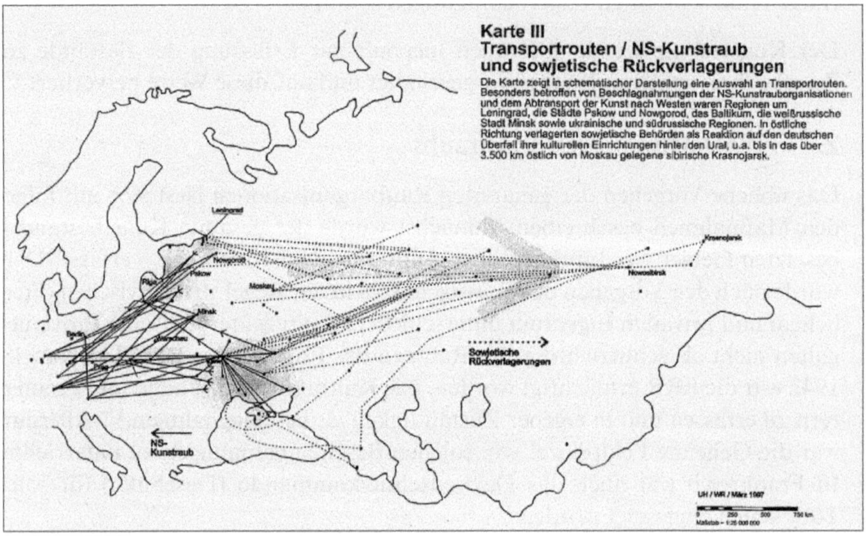

© Wolfgang Eichwede/Ulrike Hartung (Hrsg.), „Betr.: Sicherstellung": NS-Kunstraub in der Sowjetunion, Bremen 1998

You ask did they kill, yes they killed. They killed for art, when it suited them.
Fritz Gutmann[180]

C. Kunstraub im Völkermord

In unmittelbarem Zusammenhang mit der systematischen Vernichtung menschlichen Lebens in den Konzentrationslagern nahm der Kunstraub für die Nationalsozialisten die Aufgabe wahr, dem Verbrechen, Zynismus und der unglaublichen Grausamkeit gegenüber den verfolgten Völkern noch eine weitere Kom-

[179] Abgedruckt im Anhang als Karte 3 bei Ulrike Hartung/Eichwede, „Betr.: Sicherstellung" – NS-Kunstraub in der Sowjetunion, Bremen 1998; abzurufen unter www.forschungsstelle.uni-bremen.de.

[180] Zitiert bei Schwartz, New Attitude Towards Artworks Stolen, 32 Columbia Journal of Law and Social Problems, S. 1 (1998).

ponente hinzuzufügen: Es sollten nicht nur Menschen und ganze Völker vernichtet werden, sondern auch deren kulturelle Identität, die in dezidierten Fällen durch eine überdurchschnittliche Teilhabe am Bestand bedeutender Kulturgüter auf dem Globus gekennzeichnet war.

Kunstwerke in jüdischem Eigentum waren nach der NS-Propaganda „Ausdruck der bolschewistischen Unterwanderung durch das Weltjudentum." Gerhard Utikal, die rechte Hand Rosenbergs im ERR, führte sogar aus, dass jüdische Kulturgüter ursprünglich deutschen Ursprungs seien, weil die Juden sich die Kulturgüter aufgrund ihres weltweiten politischen Einflusses angeeignet und damit die deutschen Kulturgüter geraubt hätten.[181]

Dabei berief er sich in pervertierter Weise auf den Talmud, der vorgesehen hatte, dass das Eigentum von Nichtjuden als herrenlos anzusehen sei, weshalb das „spiegelbildliche" Vorgehen der NS-Organisationen auf den Bestimmungen des Internationalen Rechts, insbesondere der Repression, beruhe.[182] *Kempner*[183] schildert in seinen Ausführungen die Beweggründe für das Handeln der nationalsozialistischen „Gesetzgeber":

> *„... Es waren Raubmorde, die das nationalsozialistische Regime an ihnen ausübte, nur ein Teil konnte entkommen. [...] Sie glaubten, keine Raubmörder zu sein, wenn sie ihren Verbrechen gegen die jüdischen Bürger „gesetzliche" Mäntelchen umhängten und jede Missetat an Juden in die Form von Verordnungen, Erlasse, Verfügungen usw. verpackten. Die Verfasser all dieser Bestimmungen hatten einen Horror davor, etwa als Kriminelle oder Mafioten erkannt zu werden. Von Vernichtungseinheiten der Gestapo, in der SS und in den Gaskammern versuchten sie sich abzusetzen."*

Die Verfolgung begann bereits unmittelbar nach der Machtergreifung mit dem Gesetz über die Einziehung kommunistischen Vermögens vom 26. Mai 1933[184] sowie dem Gesetz über die Einziehung volks- und staatsfeindlichen Vermögens vom 14. Juli 1933.[185] Die nachfolgenden Dokumente belegen den Versuch des NS-Machthabers, die Einziehung jüdischen Eigentums bei, vor und nach ihrer Deportation in Gesetzesform zu fassen.[186]

---

[181] Aalders 96.

[182] So Williams 28.

[183] Kempner in Walk, Das Sonderrecht für die Juden im NS-Staat, Eine Sammlung der gesetzlichen Maßnahmen und Richtlinien, Inhalt und Bedeutung, Abschnitt XII.

[184] RGBl. I, S. 293, Wogersien 51.

[185] RGBl. I, S. 497; dieses Gesetz richtete sich insbesondere gegen die deutsche Sozialdemokratie.

[186] Vergleiche grundlegend die Schriftenreihe des Bundesamtes zur Regelung offener Vermögensfragen in Form eines nicht im Buchhandel erhältlichen Manuskripts: Behandlung der vermögensrechtlichen Ansprüche der NS-Verfolgten, Heft 6, Berlin 1994.

1. Verordnung über die Anmeldung des Vermögens von Juden vom 26. April 1938[187] (sogenannte „Tarnverordnung")

Diese Verordnung ermöglichte eine weitestgehende Transparenz der Feststellung der tatsächlichen Vermögensverhältnisse der jüdischen Opfer. Die diesem Feststellungsvorgang folgenden Beschlagnahmen konnten sich dann auch zielgerichtet auf gewünschte Objekte aus dem Vermögensverzeichnis des Opfers beziehen.[188] Die Normen lauteten:

> § 1
> Jeder Jude (...) hat sein gesamtes in- und ausländisches Vermögen nach dem Stande vom Tage des Inkrafttretens dieser Verordnung gemäß den folgenden Bestimmungen anzumelden und zu bewerten. ...
>
> § 2
> (1) Das Vermögen im Sinne dieser Verordnung umfasst das gesamte Vermögen des Anmeldepflichtigen ohne Rücksicht darauf, ob es von irgendeiner Steuer befreit ist oder nicht.
> (2) Zum Vermögen gehören nicht bewegliche Gegenstände, die ausschließlich zum persönlichen Gebrauch des Anmeldepflichtigen bestimmt sind, ...
>
> § 7
> Der Beauftragte für den Vierjahresplan kann die Maßnahmen treffen, die notwendig sind, um den Einsatz des anmeldepflichtigen Vermögens im Einklang mit den Belangen der deutschen Wirtschaft sicherzustellen.

Unter dem „Einsatz des anmeldepflichtigen Vermögens" verstanden die Nationalsozialisten im Regelfall die Konfiskation der jüdischen Kulturgüter in Form der Sicherstellung oder – als „milderes Mittel" – den Zwangskauf oder auch die Auferlegung eines Treuhänders.[189]

Diese Verordnung bildet ein weiteres Beispiel die *ex post factum* „Legitimierung" nationalsozialistischer Eingriffe. Eigentlicher Anlass dieser Verordnung war die Konfiskation einer aus 4000 Exponaten bestehenden Sammlung des Barons Louis Rothschild in Wien am 16. März 1938 in der Nacht vor dem „Anschluss".[190]

2. Verordnung über den Einsatz des jüdischen Vermögens (RGBl. 1938 I, 1709)

Um den ungehinderten Zugriff auf jüdisches Kunsteigentum zu ermöglichen, regelte § 14 der Verordnung auf Grundlage des § 7 der Verordnung über die Anmeldung des Vermögens von Juden folgendes:

---

187 RGBl. I 414.

188 du Sold 51 f.

189 Durchführungsverordnung zur Verordnung über den Einsatz des jüdischen Vermögens vom 16. 1. 1939, RGBl. I S. 37, vergleiche im übrigen du Sold, 51.

190 Petropoulos in Simpson, Spoils of War 107; auch beim Einziehungsgesetz für den Entzug entarteter Kunst wurde so verfahren.

(1) Juden ist es verboten, Gegenstände aus Gold, Platin oder Silber sowie Edelsteine und Perlen zu erwerben, zu verpfänden oder freihändig zu veräußern. ... Das gleiche gilt *für sonstige Schmuck- und Kunstgegenstände*, soweit der Preis für den Gegenstand 1 000 Reichsmark übersteigt.

(2) Die Vorschrift gilt nicht für Juden ausländischer Staatsangehörigkeit.

Diese Verordnung steht im Kontext mit den Pogromen der Reichskristallnacht am 9. November 1938 und der Verordnung über die Einziehung volks- und staatsfeindlichen Vermögens. Mit der 5. DVO vom 25. April 1941 entfiel auch die Eingriffsgrenze in Höhe von 1 000 Reichsmark.

In den besetzten Gebieten wurden entsprechende Verordnungen erlassen und veröffentlicht.[191]

a. Rundschreiben des Reichswirtschaftsministeriums vom 31.1.1939

Jüdische Betriebe kulturwirtschaftlicher Art (in der Anweisung beschrieben) sind in einem, im einzelnen beschriebenen Verfahren, zu enteignen.[192]

b. Vertraulicher Runderlass des Reichswirtschaftsministeriums vom 21.2.1941: Verwertung der Schmuck- und Kunstgegenstände aus jüdischem Besitz[193]

Die Pläne zur Errichtung einer besonderen Stelle zur Behandlung jüdischen Kulturguts werden der Reichskammer für bildende Künste übertragen. Diese Stelle soll auch entscheiden, wem Kunstgegenstände zum Verkauf angeboten werden sollen, und ob sie in Deutschland oder im Ausland verkauft werden.

Das Reichspropagandaministerium erließ im April und Mai 1941 Verordnungen, die der Reichskulturkammer die Kompetenz zusprach, über die freihändige Veräußerung von Kunstgegenständen aus jüdischem Besitz zu entscheiden. Des Weiteren wird das Verfahren, insbesondere bezüglich der Zwangsausübung beim Ankauf jüdischer Kulturgüter, geregelt.[194]

3. Die 11. Verordnung zum Reichsbürgergesetz vom 25. November 1941

Mit der 11. Verordnung zum Reichsbürgergesetz vom 25. November 1941[195] wurde schließlich auf das Eigentum der zwangsweise deportierten nebst der

---

[191] Auf Anordnung des Leiters der deutschen Besatzung in Frankreich vom 18. Oktober 1940 musste das gesamte jüdische Vermögen angemeldet werden. Eine ähnliche Anordnung gab es in den Niederlanden am 9. August 1941, Lemkin, Axis Rule, 76.

[192] Walk III 126, S. 278.

[193] Walk IV 168, S. 335.

[194] RGBl. 1941 I 218, 245, vergleiche im Übrigen die Erfassung des an den NS-Staat verfallenen Vermögens nach dem Tod eines jüdischen Bürgers bei Walk, S. 387.

[195] RGBl. 1941 I S. 722.

zuvor schon emigrierten oder geflohenen Juden zugegriffen. Diese Verordnung hatte den einzigen Zweck, jüdischen Bürgern ihre Lebensgrundlage in Deutschland nach dem Wegzug aus Deutschland im Wege einer „Legalenteignung" zu entziehen.

Aus nationalsozialistischer Sicht wurde mit dieser Regelung die Legitimation und Eingriffsgrundlage für den wirtschaftlichen Teil der „Endlösung der Judenfrage" geschaffen: Gemäß den §§ 1 und 2 dieser Verordnung verlor ein jüdischer Bürger seine Staatsangehörigkeit, wenn er seinen gewöhnlichen Aufenthalt im Ausland hatte oder diesen nach Inkrafttreten der Verordnung im Ausland nahm. Besonders verwerflich ist dabei der Umstand, dass im Regelfall dieser „Wegzug" durch Deportation in die Konzentrationslager in zumeist östliche Gebiete außerhalb der Reichsgrenzen gewaltsam erzwungen und gleichzeitig gesetzlich fingiert wurde.[196]

Nach § 3 I verfällt das gesamte Eigentum des Juden, der durch die §§ 1 und 2 seine Staatsangehörigkeit verloren hat oder ohnehin schon staatenlos ist, ans Deutsche Reich.

Diese Verordnung ist ein in der Geschichte des Rechts einzigartig grausames Beispiel für die gesetzliche Verknüpfung von Rassenverfolgung und Völkermord in Gesetzesform. So diese Verordnung beim Raub jüdischer Kulturgüter eine Rolle spielte, wird auf sie im Laufe der Abhandlung Bezug genommen werden müssen.

4. Führererlass vom 1. März 1942

Der Führererlass, der „an alle Dienststellen der Wehrmacht, der Partei und des Staates" erging, machte den Kunstraub im Reich und in den besetzten Gebieten zu einer „offiziellen Staatsaufgabe".[197] Er lautet wie folgt[198]:

> *„Juden, Freimaurer und die mit ihnen verbündeten weltanschaulichen Gegner sind die Urheber des jetzigen gegen das Reich gerichteten Krieges. Die planmäßige geistige Bekämpfung dieser Mächte ist eine kriegsnotwendige Aufgabe. Ich habe daher den Reichsleiter Alfred Rosenberg beauftragt, diese Aufgabe im Einvernehmen mit dem Chef des Oberkommandos der Wehrmacht durchzuführen.*
> *Sein Einsatzstab für die besetzten Gebiete hat das Recht, Bibliotheken, Archive, Logen und sonstige weltanschauliche und kulturelle Einrichtungen aller Art nach entsprechendem Material zu durchforsten und diese für die weltanschaulichen Aufgaben der NSDAP und*

---

[196] VON TROTT ZU SOLZ, Die Behandlung nichtiger Enteignungen im Rahmen von § 1 Abs. 6 VermG, dargestellt am Beispiel der Vermögensentziehungen nach § 3 der 11. VO zum Reichsbürgergesetz, ZOV 1998, S. 165ff.

[197] Bundesarchiv NS 8/260, Bl. 110, abgedruckt bei U. HARTUNG 71; im Vorfeld wurde bereits im Jahr zuvor eine ähnliche Direktive von Göring erlassen, der die Unterstützung der ERR durch die Wehrmacht an der Ostfront einforderte.

[198] Abgedruckt als Dokument I/16 bei ULRIKE HARTUNG, S. 25, 71.

die späteren wissenschaftlichen Forschungsarbeiten der hohen Schule beschlagnahmen zu lassen. Der gleichen Regelung unterliegen Kulturgüter, die im Besitz oder Eigentum von Juden, herrenlos oder nicht einwandfrei zu klärender Herkunft sind.“

5. Die Opfer: Jüdische Kunstsammler aus allen Schichten[199]

Der Kunstraub betraf jüdische Sammlungen auf dem damals deutschen Reichsgebiet und in den von den Nationalsozialisten besetzten Gebieten. Zum Ausbruch des zweiten Weltkriegs befand sich der größte Teil des Pariser Kunsthandels in den Händen bedeutender jüdischer Sammler: Die Barone Rothschild[200], die Familien Bernheim-Jeune, Alphonse Schloss[201], von Levy de Benzion, Al-

[199] Als Beispiel für die Opfer des NS-Kunstraubs zu Lasten jüdischer Sammler wurde aus Gründen der Übersichtlichkeit Paris wegen seiner besonderen Bedeutung als Kunsthandelsplatz gewählt. Damit sollen aber nicht die umfangreichen systematischen Entzüge jüdischen Eigentums in den besetzten Gebieten in Ost wie in West oder auch im annektierten Österreich ausgeklammert sein.

[200] Allein die *Sammlung Rothschild* in Frankreich (von der österreichischen Linie abgesehen) verlor etwa 5 000 Objekte. Zum Schicksal der Rothschilds in Österreich, deren Rückführungsbemühungen von den österreichischen Behörden lange Zeit durch die Aufforderung, die Sammlung als nationales Kulturerbe österreichischen Museen zu widmen, vereitelt wurden, die auch auf die korrupte Haltung der Behörden ausführlich eingehen, die Abhandlung von TRENKLER, Thomas, Der Fall Rothschild – Chronik einer Enteignung, Wien 1999 und die Ausführungen in der Einführung.

[201] Die *Sammlung „Schloss“* (Zitat aus http://residence.aec.at/rax/KUN_POL/) umfasst eine große Anzahl von Werken niederländischer Malerei des 17. Jahrhunderts. Sie befindet sich im unbesetzten Teil Frankreichs, ihr genaues Versteck ist sowohl Hans Posse wie dem „ERR“ unbekannt. Auch die Bemühungen zweier französischer Agenten im Auftrag von Karl Haberstock an die Sammlung heranzukommen, sind vergeblich. Die Vichy-Regierung betrachtet sich auf Grund des Gesetzes, dass jüdisches Vermögen beschlagnahmt werden kann, als Eigentümer der Sammlung. Pierre Laval, der französische Regierungschef, lässt Henri Schloss und seine Frau in Nizza verhaften und kann den geheimen Aufenthaltsort der Sammlung, ein Schloss bei Limoges, erpressen. Die französische Regierung möchte, allerdings unter gewissen Bedingungen (u.a. Transport durch deutsche Truppen, Erstoption des Louvre), die Sammlung verkaufen. Bruno Lohse berichtet darüber, Hermann Göring, der sich sofort sehr interessiert zeigt. Als es beim Abtransport der Sammlung nach Paris zu Auseinandersetzungen mit lokalen Behörden kommt, zieht Göring sein Interesse zurück. Die Sammlung wird zunächst in einer Bank in Limoges deponiert. Kurze Zeit später wird Martin Bormann von den Vorgängen rund um die Schloss-Sammlung durch ein Telegramm in Kenntnis gesetzt. Er beauftragt einen gewissen Dr. Göpel, Einkäufer für den „Sonderauftrag Linz“, bei der französischen Regierung das Interesse des „Deutschen Reichs“ am Erwerb der Sammlung anzumelden. Zu den schon zuvor gestellten Bedingungen werden die Kaufverhandlungen eingeleitet. In Paris machen die Behörden des Louvre von ihrem Recht der ersten Wahl Gebrauch und wählen 49 Gemälde aus. Der verantwortliche Einkäufer Dr. Göpel erwirbt 262 Bilder für die Führersammlung, die daraufhin nach München gebracht werden. Der Erlös aus dem Verkauf wird der Familie Schloss von Seiten der französischen Regierung vorenthalten.Bei Kriegsende wird der Führerbau in München geplündert. Unter den gestohlenen Kunstwerken befindet sich ein großer Teil der Schloss-Sammlung. Bis zum Jahr 1988 gelten immer noch 170 von den über 300 Gemälden der Sammlung als vermisst. Laut Sol Chaneles, Professor für Kriminalrecht an der Rutgers University in New Jersey sollen sich ein Teil davon im Depot der National Gallery in Washington befinden.

phonse Kann, David David-Weill[202], Georges Wildenstein[203], Fritz Mannheimer[204], Paul von Mendelssohn-Bartholdy und Paul Rosenberg[205], um nur die Bedeutendsten zu nennen.

Es wäre aber unzutreffend, davon auszugehen, dass nur die 50 reichsten Familien der etwa 6 Millionen jüdischen Opfer vom NS-Kunstraub betroffen waren.[206] Vielmehr wurden auch weitgehend systematisch Kulturgüter mit wenig musealem, aber doch emotionalem Wert von Bürgern der Mittelschicht, etwa im Rahmen der sogenannten M-Aktionen, geraubt.[207] Insgesamt hat der ERR mindes-

---

202 Feliciano 87–93.

203 Die Rolle der Familie *Wildenstein* ist besonders interessant, da sie zwischen der Täter- und Opferrolle schwankt. Erst in jüngster Zeit stellte sich heraus, dass die Wildensteins auch regen Kunsthandel mit den Nationalsozialisten betrieben, hierzu Wiedmann, in: Der Spiegel 37/2001, S. 150. Die Familie Wildenstein hat Hector Feliciano aufgrund seiner Darstellung ihrer Rolle in seinem Buch „Le Musée disparu" (das verlorene Museum) auf Unterlassung und Widerruf der sie belastenden Äußerungen verklagt. Diese Klage wurde indes von dem Tribunal de Paris abgewiesen.

204 Zur Sammlung Mannheimer auch hier die informative Präsenz http://residence.aec.at/rax/KUN_POL/:Fritz Mannheimer (1891 in Stuttgart geboren) besaß eine der wertvollsten Privatsammlungen in Europa. Zu seiner Sammlung gehörten u.a. Gemälde von Rembrandt, Vermeer, Watteau, Fragonard, Crivelli und Canaletto. Als Jude musste er Deutschland verlassen und ging nach Amsterdam, wo er Teilhaber der Bank Mendelssohn & Co wurde. Sein Kapital wurde Mitte der Dreißiger Jahre auf 20 Millionen Pfund geschätzt, zu jener Zeit ein ungeheures Vermögen. Mannheimer geriet jedoch im Zusammenhang mit dem französischen Staat gewährten Anleihen in Schwierigkeiten. Am 9. August 1939 stirbt Fritz Mannheimer unter ungeklärten Umständen. Das Bankhaus Mendelssohn & Co stellt alle Zahlungen ein, Mannheimers Privatvermögen wird eingefroren und die Gläubiger legen die Hand auf seine Sammlungen. Seine Frau bringt den sich in Frankreich befindlichen Teil der Sammlung nach Vichy, der andere Teil der Sammlung bleibt in Amsterdam. Anfang 1941 ordnet Hitler den „umgehenden Kauf der Sammlung Mannheimer" durch seinen „Sonderbeauftragten" Hans Posse an. Posse, der sich zu dieser Zeit in Holland aufhält, führt aber nicht selbst die Kaufverhandlungen, sondern es ist Kajetan Mühlmann, der mit den Gläubigern verhandelt. Zwar sind Seyss-Inquart und Mühlmann der Auffassung, die Sammlung Mannheimer sei jüdisches Eigentum, aber eine Beschlagnahme durch die „Dienststelle Mühlmann" kommt nicht in Betracht, da weder Mannheimers Witwe noch die Gläubiger Juden sind. Die Gläubiger der Mendelssohn Bank verlangen für den holländischen Teil der Sammlung siebeneinhalb Millionen Gulden, Mühlmann bietet fünfeinhalb. 1941 wird die Sammlung zum von Mühlmann gebotenen Preis erworben und zunächst nach München, später ins Stift Hohenfurth und schließlich nach Altaussee gebracht. Mühlmann erklärt nach dem Krieg, er habe seinem Angebot mit der Drohung Nachdruck verliehen, die Sammlung werde als Feindvermögen beschlagnahmt, sofern man seine Offerte nicht akzeptiere. Den nach Vichy verbrachten Teil der Sammlung zu erwerben, gelingt Hitler erst drei Jahre später – wiederum mit Hilfe Mühlmanns und seiner Mittelsmänner in Frankreich. Bei Kriegsende ist die Sammlung in Altaussee wieder vereint."

205 Nicholas 544–553, nicht zu verwechseln mit dem nahezu gleichnamigen Leiter des ERR, Alfred Rosenberg.

206 So aber das emotionale Statement eines jüdischen Ungarn, Palmer 2.

207 Chesnoff 40, beispielsweise auch zu Musikinstrumenten ibid. 144–146.

tens 21788 Objekte aus dem besetzten Frankreich verschleppt[208] oder anderen Behörden wie etwa dem Devisenschutzkommando oder der Deutschen Botschaft[209] übergeben.

Der nationalsozialistische Kunstraub war in seinen Aneignungsmethoden einem dynamischen, immer aggressiver werdenden Prozess unterworfen, spiegelbildlich zur allgemeinen Behandlung jüdischer Bürger durch das Regime. Es lassen sich – stark vereinfacht – drei verschiedene Phasen der Arisierung und damit auch des Kunstraubs durch die Nationalsozialisten bei jüdischen Opfern auf deutschem Territorium unterscheiden:[210] Von der Machtergreifung bis zu den Pogromen der Reichskristallnacht im November 1938 (erste Phase), sodann bis zum Erlass der X. Verordnung zum Reichsbürgergesetz (zweite Phase) im November 1941 bis hin zur auch „kulturpolitischen Endlösung“. In den besetzten Gebieten war der Zugriff auf jüdisches Eigentum eng verbunden mit dem Besatzungsstatus nach militärischen Erfolgen: Erst als die Niederlande, Frankreich und Polen militärisch kontrolliert waren, erließ der nationalsozialistische Besatzer Verordnungen[211], welche die Anmeldung und den Entzug jüdischen Vermögens vorsahen.

6. Von der Machtergreifung bis zur Reichskristallnacht

In den Jahren 1933 bis 1935 waren zunächst allgemeine repressive Maßnahmen vorherrschend. So mussten jüdische Eigentümer ihren Besitz nicht auf Grundlage von Beschlagnahmen, sondern wegen der allgemeinen Zwangslage aufgeben: Diejenigen, die über die entsprechenden Mittel verfügten und das aufkeimende Übel richtig einschätzten, emigrierten und verkauften zuvor einen Teil ihres Eigentums, gleichwohl schon hier aufgrund des Drucks zuweilen weit unter ihrem tatsächlichen Marktwert oder verbrachten es in das sicher geglaubte Aus-

---

[208] Zahlenangabe nach Heuß 118, welche die Originalinventare der ERR im Bundesarchiv Koblenz überprüft hat.

[209] Der deutsche Botschafter Otto Abetz spielte eine tragende Rolle im NS-Kunstraub in Frankreich. Zu seinen offiziellen Aufgaben zählte die „Sicherstellung und Erfassung des öffentlichen Kunstbesitzes, ferner des privaten und vor allem jüdischen Kunstbesitzes ...“, Schreiben des Außenministers von Rippentrop, zitiert bei Heuß 298 (dort auch weiterführende Informationen über Abetz).

[210] Die Darstellung bezieht sich auf das Inland. Mit einer gewissen zeitlichen Verschiebung kann sie aber durchaus auch auf die von den Nationalsozialisten besetzten Gebiete, insbesondere Frankreich, übertragen werden.

[211] Die Frage nach Zulässigkeit und Reichweite der Gesetzgebungsbefugnisse des Besatzers beantwortet sich danach, ob es sich um eine occupatio bellica im Sinne des Artikels 43 HLKO handelte oder nicht, was zumindest für alle von dem Deutschen Reich nicht annektierten Gebiete der Fall gewesen sein dürfte. Im Rahmen des Kunstraubs spielte die Besatzungsgesetzgebung ohnehin keine Rolle und soll deshalb auch nicht weiter behandelt werden. Hingewiesen sei aber auf die Dissertation von Otto Grassmann, Die deutsche Besatzungsgesetzgebung während des 2. Weltkrieges, Tübingen, Februar 1958, welche die damit verbundenen Einzelfragen erschöpfend behandelt.

land, insbesondere in die Schweiz. Die gegenwärtige Literatur charakterisiert solche Kulturgüter denn auch als so genanntes „Fluchtgut“[212].

Mit dem Erlass der sogenannten Nürnberger Gesetze begann eine neue Phase der Judenverfolgungen. Versteigerungen jüdischen Eigentums (sogenannte „Judenauktionen“) wurden nun immer häufiger durchgeführt. Die Zwangausübung auf die jüdischen Bürger wurde auch von der allgemeinen Bevölkerung nunmehr immer stärker wahrgenommen. Im Rahmen dieses Greuels bemühten die Nationalsozialisten auch hier scheinbar legale Instrumente, um der Kulturgüter ihrer (weltanschaulichen) Gegner habhaft zu werden. So wurden manche Kulturgüter durch Tausch erworben, wobei der Vertragspartner zu einem solchen Geschäft in der Regel nicht willens war, weil er kein angemessenes Äquivalent zu dem eingetauschten Gegenstand erhielt.[213] Bisweilen schalteten die Nationalsozialisten auch Strohmänner oder Agenten ein (Kommissionsgeschäfte durch Kunsthändler), um durch Verschleierung der wahren Verhältnisse an die begehrten Kunstgegenstände zu gelangen.[214] Häufigste Mittel des „Kulturguterwerbs“ waren jedoch die Beschlagnahme zur „Sicherstellung“ sowie der Zwangskauf. Zuvor wurden hierzu die Vereine und Stiftungen, die bisweilen Eigentümer der Kunstschätze waren, zwangsweise aufgelöst.

7. Die Reichskulturkammer

Die Reichskulturkammer spielte bei der Enteignung jüdischen Eigentums vor dem Ausbruch des zweiten Weltkriegs eine führende Rolle.[215] Wie Aktenfunde aus der jüngsten Vergangenheit belegen[216], überwachte die Reichskulturkammer die Gleichschaltung des Versteigerungswesens und koordinierte die in der damaligen Zeit so genannten „Judenauktionen“. In diesen wurde jüdisches Eigentum, meist wertvolle Kunstschätze, versteigert. Viele bekannte jüdische Privatsammlungen fielen solchen Maßnahmen zum Opfer.[217]

---

212 Francini/Heuß/Kreis S. 317 nennt als Beispiel für Fluchtgut Alfred Flechtheims Plastiken von Aristide Maillol. Das Schicksal der Sammlung des bedeutenden jüdischen Kunsthändlers ist bis heute ein Rätsel. Zum Schutze seiner Sammlung vor nationalsozialistischen Übergriffen hatte Flechtheim mehrere Maillol-Plastiken in die Schweiz verbracht.

213 Zu Tauschgeschäften in der Schweiz und Italien Haase, Kunstraub, 135ff.

214 Insbesondere der „Renaissancemensch“ Goering nutzte dieses Mittel, um (teils durch Zwischenschaltung eines weiteren Händlers) Kunstgegenstände zu erwerben, die dann offiziell dann keinen jüdischen Verkäufer mehr haben sollte, Haase, Kunstraub 87.

215 Zu Aufbau, Funktion und rechtlichen Grundlagen der Reichskulturkammer vergleiche Uwe Julius Faustmann: Die Reichskulturkammer (Diss. Jur. Aachen 1995).

216 Viele der hier wiedergegebenen Informationen sind sehr aktuell, weil die Akten erst in den letzten Jahren öffentlich zugänglich gemacht wurden. Die historische und damit einhergehend juristische Aufarbeitung steht diesbezüglich daher erst am Anfang.

217 So die Sammlungen *Silberberg, Arnhold, Littmann*. Vergleiche im Übrigen Heuer NJW 99, 2558ff. und Berger IPRax 00, 320.

Bis April 1938 waren Exponate jüdischer Herkunft schon häufig auf freiwilliger Basis mit einem Judenstern gekennzeichnet worden. Durch die Tarnverordnung vom 22. 4. 1938 wurde eine Kennzeichnungspflicht bei Gegenständen jüdischer Provenienz eingeführt, um den Handel mit jüdischem Eigentum und damit die Einsicht in deren Vermögensverhältnisse besser gewährleisten zu können. Mit der Verordnung zur Anmeldungspflicht jüdischen Vermögens vom Dezember 1938 wurde das jüdische Vermögen schließlich lückenlos erfasst.[218]

8. Der NS-Kunstraub nach dem 9. November 1938

Die geschilderte Entwicklung mündete in die – auch kulturpolitische – „Endlösung", die durch die Pogrome der Reichskristallnacht am 9. November 1938 eingeläutet wurden. Von nun an wurde auf Grundlage der Verordnungen und Erlasse praktisch nur noch beschlagnahmt; der zwangsweise Ankauf entfiel fast gänzlich. Erst jetzt kann in letzter Konsequenz von einem engen Zusammenhang mit dem Völkermord gesprochen werden. Die rechtstatsächlichen Einzelheiten sollen Gegenstand der Erörterung der jeweils damit verbundenen Rechtsfragen sein.[219]

D. Die Rolle der Schweiz

Über die Rolle und das Verhalten der Schweiz im Zweiten Weltkrieg gegenüber dem nationalsozialistischen Nachbarn Deutschland wird seit dem Bekanntwerden der namenlosen Vermögen (dormant accounts) und dem Schicksal des Raubgolds eine lebhafte Debatte geführt. Auch wenn diese Erscheinung der jüngeren Vergangenheit zeigt, dass die Schweiz zuvor doch eher zu Beschönigungen und zur Verdrängung der eigenen Vergangenheit neigte, kann im Umkehrschluss nicht die Aussage getroffen werden, dass die Schweiz der Umschlagplatz für Raubgut im Zweiten Weltkrieg schlechthin war.[220]

Diesen Befund belegen die jüngsten Forschungsergebnisse der vom Schweizer Parlament und der Regierung im Dezember 1996 eingesetzten *„Unabhängigen Expertenkommission Schweiz – 2. Weltkrieg"* (die so genannte Bergier-Kommis-

---

[218] Heuß in Frehner 98 ff.

[219] So etwa im Fall Goodman v. Searle (2. Kapitel), im Recht der Rückerstattung und Wiedergutmachung (3. Kapitel), die völkerrechtliche Bewertung des Kunstraubs zu Lasten verfolgter Juden (4. Kapitel) sowie zivilrechtliche Fragen (5. Kapitel).

[220] Das Resumee Buombergers in seinem Buch *Raubkunst-Kunstraub* (1998) kritisiert eine oberflächliche Suche nach Raubkunst und eine sehr „legalistische" Art der Verwaltung in der Behandlung von Anfragen nach 1947, S. 386. Das Buch diente zum Zeitpunkt seines Erscheinens (1998) der Sensibilisierung der Schweizer Öffentlichkeit für das Raubkunstproblem und würde in Anbetracht der Ergebnisse der Bergier Kommission wahrscheinlich nicht mehr in der gleichen Schärfe formuliert werden.

sion, kurz: UEK), deren Nachforschungen und Ergebnisse insbesondere in der Schweiz mit Interesse verfolgt wurden.[221] Die Ergebnisse der Kommission über den Umgang der Schweiz mit verfolgungsbedingt entzogenen Kulturgüterm sollen im Folgenden im Überblick nachgezeichnet werden.

I. Der Raubgutbeschluss

Unter dem Eindruck der Londoner Erklärung vom 5. Januar 1943 und insbesondere auf massiven Druck von Seiten der Alliierten hin erließ der Schweizer Bundesrat am 10. Dezember 1945 den so genannten Raubgutbeschluss.[222] Auf der Grundlage dieses Beschlusses konnten im Zuge des Zweiten Weltkrieges in besetzten Gebieten geplünderte Kulturgüter auch dann restituiert werden, wenn der Gegenstand in der Zwischenzeit von einem Dritten gutgläubig erworben oder ersessen worden war. Eine zentrale Voraussetzung war jedoch, dass sich der zu restituierende Gegenstand mittlerweile auf Schweizer Territorium befand. Bis zum 31. Dezember 1947 konnten Klagen vor der Raubgutkammer, einer Spezialkammer des Bundesgerichts, auf Rückgabe geltend gemacht werden; danach traten die das Schweizer ZGB verdrängenden Regelungen außer Kraft.[223]

Der Schwerpunkt des im Raubgutbeschluss festgelegten Verfahrens lag in der Ermittlung der Gutgläubigkeit des Erwerbers. Diese war nämlich Voraussetzung für die Gewährung einer angemessenen Entschädigung, die von öffentlichen Geldern getragen wurde.

II. Schweizer Rechtsprechung nach dem Zweiten Weltkrieg

Der Schweizer Waffenfabrikant- und Händler Emil Bührle erhielt von der Raubgutkammer eine Entschädigung zugesprochen[224], obwohl zumindest er mit Sicherheit gewusst hatte, dass seine Erwerbungen vom Kunsthändler Wendland

---

[221] Siehe insbesondere die Veröffentlichungen Fluchtgut-Raubgut (UEK Bd. 1), Die Schweiz, der Nationalsozialismus und das Recht (UEK Bd. 18: Öffentliches Recht, Bd. 19: Privatrecht).

[222] Weiss, „Beutegüter aus besetzten Ländern – Die privatrechtliche Stellung des schweizerischen Erwerbers", SJZ 42 (1946), S. 265ff.

[223] Siehr in UEK 19, 162.

[224] Am 5.7.1951 entschied die Raubgutkammer sich für eine volle Entschädigung Bührles durch Regress an der Eidgenossenschaft nach § 4 III des Raubgutbeschlusses [unveröffentlicht]. Siehr stellt zutreffend fest, dass aus heutiger Sicht ein Regress Bührles gegenüber dem nicht weniger beschlagenen Kunsthändler Fischer (bekanntgeworden durch die Versteigerungen entarteter Kunst in der Schweiz) nur schwer vermittelbar ist, da nur wenige tatrichterliche Nachfragen ein Bild vom Kenntnisstand Bührles vermittelt haben, Siehr in UEK 19, 178f. Auch die zumindest partielle Entschädigung des Kunsthändlers Fischer am 25. 6. 1952 hinterlässt ein ähnliches Unbehagen, vergleiche etwa Buomberger 65f.

aus dem besetzten Frankreich stammen, in welchem jüdisches Eigentum konfisziert worden war.[225]

Vor dem Hintergrund eines noch weiter gehenderen Gutglaubenschutzes im Schweizer ZGB, als er in der Bundesrepublik Deutschland ohnehin schon üblich ist, formierte sich in der Schweiz ein breiter Widerstand gegen den Raubgutbeschluss.[226] Man wollte nicht akzeptieren, dass die bewährten Regelungen des Gutglaubensschutzes durch eine solche Regelung derart ausgehebelt worden waren. Heute bemüht sich die Schweiz um einen offenen und kritischen Umgang mit der Problematik der „namenlosen Kunstwerke", was nicht zuletzt in der Einsetzung der Unabhängigen Expertenkommission erkennbar wurde. Aus ihren Forschungsergebnissen wird deutlich, dass die Schweiz außerhalb bekannter Transaktionen von Kulturgütern als neutrales Land nicht die führende Rolle als Umschlagplatz für geraubte Kulturgüter spielte, wie es mit Beginn der Debatte um die dormant accounts zunächst angenommen worden war.

E. Beutekunst: Die Verschleppung deutscher Kulturgüter in die Sowjetunion

I. Motive für den weitreichenden sowjetischen Kunstraub in Deutschland zum Ende des Zweiten Weltkriegs

Die Sowjetunion sah sich durch die massiven nationalsozialistischen Raubzüge in ihrer Heimat berechtigt, spiegelbildlich und gar noch darüber hinaus im besetzten Deutschland bis zum Ende des Krieges und insbesondere während der Besatzungszeit zu agieren. Noch heute befinden sich etwa 2,5 Millionen Artefakte deutscher Provenienz im heutigen Russland und seinen Nachbarstaaten.[227]

---

[225] So auch Georg Kreis: Wie war das denn mit dem Kunsthandel in den 50er Jahren?, in: Basler Zeitung vom 16. Juli 2002, S. 29f.

[226] Dies liegt zum einen daran, dass der Raubgutbeschluss keinen gutgläubigen Erwerb zuließ (vergleiche aber Art. 933 und 934 ZGB) und keine Ersitzung (Art. 728 ZGB) möglich war. Der Hauptgrund dürfte aber darin zu finden sein, dass man die externe Einflussnahme (seit dem Briefwechsel im Currie-Abkommen vom 8. Mai 1945), die den Auslöser für den Raubgutbeschluss bildete, nicht akzeptieren wollte und darin eine Preisgabe des eigenen, unabhängigen Rechts sah, Siehr, in UEK 19, 164. Trotzdem wird man nicht sagen können, dass die Maßnahmen des Raubgutbeschlusses über die Staatenpraxis in Europa zu dieser Zeit hinausging, hierzu eingehend Frowein in UEK 18, 623f.

[227] Genaue Zahlen über das Ausmaß des Kunstraubs lassen sich weder bei der Beutekunst noch bei der Raubkunst treffen, da die Exponate sehr stark im privaten wie auch im öffentlichen Besitz, häufig auch unbekannterweise, verstreut sind. Deutschland benannte in der bisher letzten Konferenz mit Russland 200 000 Kunstobjekte, 15 Mio. Bücher und 3 km Archivmaterial als Verhandlungsgegenstand, Fiedler, Kriegsbeute, 9.

Schon während des Krieges hatte eine Expertenkommission unter dem Vorsitz von Igor Grabar[228], Viktor Klasarev und Sergej Troickij eine Zielliste deutscher Kulturgüter ausgearbeitet[229], welche den Ersatz für die Kriegsverluste der Sowjetunion als Leitvorgaben für die Trophäenkommission darstellen sollten.[230]

Grundlage der Einstufung deutscher Kunstwerke als Äquivalent war der wertende Vergleich zu ähnlicher, respektive im Range vergleichbarer russischer Kunst zum Weltmarktpreis in US-Dollar. Dass eine sachgerechte Bewertung von Kulturgütern auf materieller Basis unter Hinzuziehung von gemeinsamen kulturellen Vergleichsparametern zwischen zwei Kulturnationen (mangels deren Vorliegen) nicht zu leisten ist, dürfte auf der Hand liegen. Die Bewertung russischer Verluste geriet hierdurch mal zu hoch, mal zu niedrig.[231]

Geradezu grotesk war der Versuch, russische Verluste mit anderen Kulturgütern aus einem völlig anderen kulturhistorischen- und soziologischen Hintergrund gleichzustellen. So sollte für den Verlust der Kirche des Erlösers von Neredica die Kathedrale von Reims als Entschädigung dienen. Im Ergebnis einigte man sich damals dann doch auf den Pergamonaltar.[232]

II. Die Symmetrie des Verbrechens

Auch hier begann, wie zuvor in Deutschland, die Suche nach Gemälden russischen Ursprungs im besetzten Deutschland. Auch hier wurden teilweise völlig unzutreffende Argumente bemüht, um eine „Heimkehr" von Kulturgütern deutscher Herkunft durchzusetzen.[233]

Führende Persönlichkeiten aus der Akademie der Wissenschaften (Dr. Piceta und Professor Detjanin) wurden beauftragt, eine Auswahl deutscher Kulturgüter zu treffen, die aus Deutschland in die Sowjetunion verschleppt werden sollten. So nahmen die Wegnahmen und Demontagen, welche die Sowjetunion in ihrer Besatzungszone (SBZ) durch ihre verschiedenen Beuteorganisationen durch-

---

228 Igor *Grabar* leitete die Expertenkommission der Staatlichen Sonderkommission, welche zwischen 1943 und 1945 die Listen für die abzutransportierenden Kunstwerke erstellte, Stumpf 106.

229 „Bericht zur Erfassung von Ausgleichsstücken in deutschen Museen, die zur Verlegung in die UdSSR erbeten werden, um für die Verluste der sowjetischen Museen zu haften", Abdruck bei Akinscha/Koslow/Toussaint, Operation Beutekunst 63f. (auf russisch).

230 Volkert 95, Akinscha 16.

231 So wurde der Pergamonaltar mit gerade 7,5 Mio. Dollar bewertet, die Gesamtsumme belief sich auf 70 587 200 US $, Akinscha Operation Beutekunst 16.

232 Volkert 97; mittlerweile verhandelt Russland den Pergamonaltar als Tauschobjekt zum Schatz des Priamos (Troja).

233 Siehe ausführlich bei Knyschewskij, Pawel Nikolaewitsch, Moskaus Beute – Wie Vermögen, Kulturgüter und Intelligenz nach 1945 aus Deutschland geraubt wurden, 10ff.

führte, ein gewaltiges Ausmaß an. Eingesetzt wurden hierfür insbesondere die Trophäenbrigaden und die SMAD, welche der Kontrolle des Sonderkomitees im Verteidigungskomitee unterlagen.[234] Insbesondere wurde „herrenloser Besitz" gesucht und anschließend „sichergestellt". Hierbei bereicherten sich insbesondere höchste Militärs der roten Armee persönlich, so die Generäle Serow, Klepow, Beshanow und Sidnjew.[235] Die Unrechtseinsicht beschränkte sich dabei aber darauf, gegen die berechtigte Eigentümerstellung des sowjetischen Staates gehandelt zu haben.

Entsprechend dem ERR zählte auch die russische Trophäenbrigade viele Kunsthistoriker und Fachleute aus der Kunstwelt zu ihren Mitgliedern. Die Effizienz ihrer Arbeit wurde dadurch sichergestellt, dass ihnen Militärränge und weitgehende Vollmachten zur Konfiszierung aufgefundener Kulturgüter verliehen wurden.

Die Abschlussberichte der deutschen Kunstbeauftragten sprechen eine sehr deutliche Sprache:

> *„Die sowjetische Besatzungsmacht hat nahezu sämtliche Bestände aus Museen, die in ihrem Machtbereich lagen, zunächst sichergestellt, sodann gesichtet, und alles, was auf dem internationalen Markt Kurswert hatte, abtransportiert. In einer Reihe von Fällen wurde auch der Gesamtbestand weggeführt. Bei Rückgabe der Restbestände (...) wurde, wie schon beim Abtransport selbst, ohne Verantwortungsgefühl und ohne tiefgreifende Organisation verfahren, sodass zahlreiche Verluste entstanden sind."*[236]

Man kann sogar von einem Wettlauf mit den Westalliierten um die besten Beutestücke sprechen. Dies wurde dadurch gefördert, dass auch beispielsweise die Amerikaner selbst eines der größten deutschen Raubgolddepots, welches sich jedoch in sowjetischer Besatzungszone befunden hatte, leergeräumt und nach Frankfurt am Main in ihre eigene Besatzungszone verbracht hatten.[237]

Nach Ankunft der Beutekunst in der Sowjetunion und die Verteilung der Exponate wurde über ihre weitere Verwendung diskutiert.[238] Nachdem vom Kunstkomitee zunächst eine „diskrete Verschmelzung" mit den eigenen Museumsbeständen geplant war, kam man doch überein, den Besitz der Beutekunst gegenüber der Weltöffentlichkeit geheim zu halten.[239] Dementsprechend wurde die Beute-

---

[234] AKINSCHA/KOSLOW 61, FIEDLER in Strocka 47ff., AKINSCHA/KOSLOW/TOUSSAINT, Operation Beutekunst 24ff.

[235] Aus dem Interview des Autors KNYSCHEWSHKI mit Sidnjew, 209ff.

[236] Abschlussbericht des Sonderauftrags DEHIO-GALL, Deutsches Zentralinstitut für Kunstgeschichte, Professor Gall vom 30.4.1955 in EA 3/201, Aktenbündel 129 des Hauptstaatsarchivs Stuttgart.

[237] WERMUSCH 80.

[238] AKINSCHA/KOSLOW/TOUSSAINT Operation Beutekunst 37–40.

[239] Ibid.

kunst nicht in sowjetische Bestandslisten überführt, sodass ein offizieller Eigentumsanspruch an der Beutekunst bis zu seiner Wiederentdeckung nie proklamiert wurde.[240]

III. Die Tragweite des sowjetischen Kunstraubs in Deutschland

Einen Einblick in das Ausmaß des Kunstraubs in der Sowjetischen Besatzungszone vermittelt die Statistik „über den Bestand von Kulturgütern der Deutschen Demokratischen Republik, die sich zur vorübergehenden Aufbewahrung in der UdSSR befinden“ aus dem Jahre 1957. In einer Gesamtbilanz von insgesamt 2 614 874 Objekten von künstlerischem Wert werden 108 338 Objekte aus Privatbesitz und etwa 50 000 Objekte unbekannter Provenienz ausgewiesen.[241]

So konnten etwa allein aus dem Berliner Leuchtturm Friedrichshain, einem bekannten Auslagerungsort der Berliner Museen, mehr als 10 000 Exponate „sichergestellt“ werden. Wie ein Kunsthistoriker der Trophäenbrigade ausführte, waren diese Stücke geeignet, „... unseren Museen ... denselben Rang wie die besten Museen der Welt“ zu verleihen.[242]

Auch der Bestand der Dresdner Staatsgalerie, der in drei Auslagerungsorten nahe Dresden gefunden wurde, fiel den Plünderungen zum Opfer, wobei große Teile bereits zehn Jahre später wieder zurückgeführt werden sollten.[243] Zu nennen sind weiterhin die Verluste des Magdeburger Kaiser-Friedrich-Museums (heute kulturhistorisches Museum) aus den Salzstöcken bei Magdeburg.[244] Als rechtstatsächliche Beispiele werden der Raub des Triptychons von Hans von Marées aus Magdeburg ins Puschkin-Museum nach Moskau und das der deutschen Öffentlichkeit in jüngster Zeit gut bekannte Schicksal des Meisterwerks „Tarquinius und Lucretia“ von Peter Paul Rubens aus der Sammlung Stiftung preußischer Schlösser und Gärten geschildert werden.[245]

Im Gegensatz zur oben geschilderten Beutepraxis der Nationalsozialisten fand eine genaue Inventarisierung der darüber hinaus geraubten Kulturgüter, die nicht sowjetischen Ursprungs waren, im Regelfall nicht statt. Daher gestaltet sich heute die Rekonstruktion des Weges der Kulturgüter durch die Staaten und

---

240 BOGUSLAVSKIJ in Simpson 189, DOLZER NJW 2000, 560 ff., FIEDLER, Kulturgüter als Kriegsbeute 13.

241 AKINSCHA/KOSLOW Operation Beutekunst 44.

242 AKINSCHA 121, VOLKERT 116; zu den Abtransporten STUMPF 113–115.

243 Eingehend hierzu Staatliche Kunstsammlungen Dresden, Uta NEITHARDT (Redaktion), Zurück in Dresden, Ausstellungskatalog.

244 VON ELSNER 3 ff., VOLKERT 120.

245 Unten 2 D.

die Zuordnung der in die Sowjetunion verbrachten Kulturgüter als äußerst schwierig, soweit überhaupt bekannt ist, wo sich diese heute befinden.[246]

Wie hoch der Anteil an privaten Plünderungen auf russischer Seite war, kann nur ansatzweise geschätzt werden. Zwar wurden von Januar bis März 1945 allein 548 Offiziere wegen Eigentumsdelikten verurteilt. Dies blieb aber sicher nur ein Tropfen auf dem heißen Stein, wenn man bedenkt, dass Stalin erst am 9. 6. 1945 per geheimer Verfügung 9036 dem ungehemmten Plündern dadurch ein Ende machen wollte, indem er den hohen Angehörigen der Militärs jeweils einen erbeuteten Pkw zusprach.[247]

Dass sich die Ereignisse kurz nach Ende des Zweiten Weltkrieges heutzutage nur schwer rekonstruieren lassen, zeigt die Beweisaufnahme des High Court im Fall City of Gotha vs. Sotheby's.[248] So konnte Justice Moses vom Londoner High Court lediglich feststellen, dass das Gemälde Joachim Wtewaels im Zeitraum von Juni 1945 bis Juli 1946 von Schloss Friedenstein in Gotha entfernt worden war. Wann und von wem dies durchgeführt wurde, blieb im Dunkeln.[249]

Schließlich sei angemerkt, dass nicht nur deutsche Kulturgüter nach wie vor in der Sowjetunion anzutreffen sind. Betroffen sind auch niederländische, italienische und französische Kulturgüter, die teilweise zuvor in deutschen Händen waren.[250] Mehrere umfangreiche und wertvolle Archive jüdischer Gemeinden (u.a. Berlin und ein Teil der gesamtdeutschen Gemeinde) und Logen sowie der Nachlass Walter Rathenau's lagern im Moskauer „Sonderarchiv".[251] Mit Hilfe der ausführlichen Listen, welche die Nationalsozialisten von den in der Sowjetunion geraubten Kulturgütern erstellt hatten, konnten Kunsterzeugnisse russischer Herkunft sicher identifiziert und zurückgeführt werden. Doch im Hinblick auf den von der Sowjetunion vertretenen Kompensationsgedanken (Vergeltung

---

246 VOLKERT 122f. zitiert den Leiter der Kaliningrader Forschungsstelle zur Suche nach verschollenen Kulturgütern, Avenir Ovsjaninov.

247 KNYSCHEWSKIJ 198.

248 Zum Fall siehe ausführlich 2 B.

249 Am wahrscheinlichsten schien dem High Court die Wegnahme durch einen hohen Offizier der SMERSH. Aufgrund der vielschichtigen Organisationsstrukturen für den organisierten Kunstraub (siehe soeben) ist diese Annahme sicher genauso wahrscheinlich wie andere Sachverhaltsvarianten.

250 Der zurzeit bekannteste Fall bildet die Sammlung des holländischen Juden *Franz Koenigs*. Russland stellt sich hier auf den Standpunkt, dass die Bundesrepublik Deutschland und nicht die Niederlande zur Herausgabeforderung aktivlegitimiert sei, weil Posse die Sammlung von Koenigs über Dr. Hannema wirksam erworben habe – vergleiche KOENIGS in SIMPSON 237ff.

251 „Es ist nicht alles deutsch, was glänzt". HEUß in Frehner 111ff. Im „Sonderarchiv" befinden sich die von der Roten Armee in Deutschland erbeuteten Akten (Archive), u.a. auch zum „Führermuseum Linz" sowie umfangreiche Akten der ERR und des Ostministeriums, Heuß 23.

für 30 Millionen russische Kriegsopfer) verblieb es nicht bei einer Rückführung in eigener Regie. Die Sowjetunion hatte vielmehr sein Augenmerk auf ganz bestimmte deutsche Kulturgüter von herausragendem Wert gerichtet, um eigene kulturelle Großmachtbedürfnisse zu stillen.[252] In den „Kriegstrophäen" sah und sieht man auch heute das hierfür geeignete Medium. Dementsprechend vertritt der Nachfolgestaat Russland noch immer zumindest offiziell die Ansicht, dass eine Rückführung der Kriegstrophäen nicht in Frage komme, weil nur die Beutekunst den einzig legitimen und angemessenen Preis für den Sieg über das nationalsozialistische Deutschland darstellen und zudem als angemessener Ausgleich für die eigenen hohen menschlichen und materiellen Kriegsverluste dienen könne. Beutekunst zu restituieren hieße dann, eine gerechte Geschichte rückgängig zu machen und den sowjetischen Sieg über den Faschismus in Frage zu stellen.

Die Gegenstimmen in Russland gegen diese Ansicht, die zur Mäßigung im Lichte des nunmehr fruchtbaren deutsch-russischen Verhältnisses aufrufen, werden immer lauter. Es ist zu wünschen, dass sie eines Tages auch auf höchster Ebene offiziell Gehör finden.

F. Der Kunstraub durch West-Alliierte

I. Die Vereinigten Staaten von Amerika

Die Geschichte zeichnete ein mannigfaches Bild vom Verhalten der West-Alliierten im Hinblick auf Kulturgüter auf deutschem Territorium während und nach dem Zweiten Weltkrieg auf. So kann man sicher nicht pauschal sagen, die Sowjetunion habe staatlich koordiniert geplündert und die Vereinigten Staaten hätten nur einige private „Ausreißer" zu beklagen:[253] Auch die Kulturpolitik der Vereinigten Staaten erlebte nach dem zweiten Weltkrieg in Bezug auf deutsche Kunstschätze Höhen und Tiefen.[254]

In der amerikanischen Besatzungszone wurden die Kulturgüter in verschiedene Verfahrenswege segmentiert, um die Verteilung und Rückgabe aus den Central Collecting Points (CCP) zu steuern.[255] Kulturgüter der Klasse A waren solche,

---

[252] Besonders hervorzuheben sei AKINSCHA/KOSLOW, Beutekunst und ibid., Operation Beutekunst sowie RITTER: Kulturerbe als Kriegsbeute?

[253] Berühmte Beispiele für private Raubzüge sind der Quedlinburger Domschatz und Weimar v. Elicofon (Zwei Dürer-Gouachen), die mit Rechtsprechungsnachweisen noch skizziert werden.

[254] Zu Letzterem die sehr kritische Darstellung von Kenneth D. ALFORD, The Spoils of World War II, The American Military's Role in the Stealing of Europe's Treasures, 1994.

[255] Zur Vorarbeit der Roberts-Commission, insbesondere der Gründung der MFA & A-Einheit Ruth K. Meyer in FARMER, 136f. Zu den Central Collecting Points SMYTH, Repatriation of Art from the Collecting Point in Munich after World War II, 30ff.

dessen früherer Eigentümer eindeutig feststand. In Klasse B waren diejenigen Kulturgüter aufgenommen worden, die zwischenzeitlich von einem Dritten erworben worden sind, weshalb dieser für die Rückgabe eine Entschädigung erhalten sollte. Unter Klasse C verstand man Kulturgüter in deutschem Eigentum.

In praxi wurden die Kulturgüter der Klasse A an das Ursprungsland in dem Zustand zurückgegeben, in welchem sie aufgefunden worden waren, so etwa in den Kisten der ERR. Die Suche nach den Eigentümern der Klasse B gestaltete sich als äußerst schwierig und lebt als Problemcharakteristikum bis in die heutige Zeit fort.

Tatsächlich haben selbst die Vereinigten Staaten eine beachtliche Sammlung von 202 Gemälden, die in deutschem Eigentum stand und damit der Gruppe C zugehörte, zeitweise (vom 14.11.1945 bis zum März 1948) in die Nationalgalerie nach Washington überführt. Sie begründeten die Verlagerung dieser Gemälde, die unter anderem von Künstlern wie Dürer, Guardi, Breughel, Rembrandt, Tizian geschaffen worden waren, mit einem Sicherungsinteresse, da nur die dortige National Gallery durch entsprechend klimatisierte Räume angemessene Lagerbedingungen aufweisen könne.[256] In diesen sorgsam ausgewählten Meisterwerken erblickten also auch die Vereinigten Staaten zwar keine legitime Kriegstrophäe, aber zunächst doch ein geeignetes Mittel für Reparationszwecke, später als zur Sicherstellung würdige Exponate.[257] Nach einer heftigen Diskussion, flankiert durch immense Besucherzahlen, welche die Meisterwerke in Washington und an anderen Orten dieser Wanderaussstellung bewunderten, wurden die Gemälde schließlich im März 1948 nach Deutschland zurückgegeben. Dieses Beispiel verdeutlicht die Faszination von Kulturgütern für den Sieger einer kriegerischen Auseinandersetzung. Es lässt auch die großen Unsicherheiten und Wirren erkennen, die im Zusammenhang mit der Restitution von Kulturgütern nach dem Zweiten Weltkrieg auftraten.

Wegen der positiven Vorbildwirkung sei aber auch der Leitsatz aus dem Wiesbadener Manifest vom 7. November 1945 wiedergegeben, das von amerikanischen Kunstschutzoffizieren (Walter I. Farmer, Elizabeth Standen) aus Anlass des Transports der 202 Meisterwerke nach Washington erstellt worden war:

> „… *3. We wish to state that from our knowledge, no historical grievance will rankle so long, or be the cause of so much justified bitterness, as the removal, for any reason, of a part of the heritage of any nation, even if that heritage may be interpreted as a prize of war. And though this removal may be done with every intention of altruism, we are none the less convinced that it is our duty, individually and collectively, to protest against it, and that our obligations are to the nation which we owe allegiance, there are yet further obligation to common justice, decency, and the establishment of the power of right, not of expediency of might, among civilised nations.*“[258]

---

[256] Haase Kunstraub und Kunstschutz 240.

[257] Turner in Fiedler, Kulturgüterschutz, 119f.

[258] Farmer 148.

Es ist nicht beabsichtigt, über das Verhalten der USA in der Besatzungszeit ein abschließendes Bild zu vermitteln. Daher wird auf die hierfür einschlägige Literatur verwiesen.[259]

II. Kunstraub von Mitgliedern der französischen Besatzung in Süddeutschland

Das Beuteverhalten der französischen Besatzungsmacht beschränkte sich im Wesentlichen auf private Aktionen, wie auch das sogleich folgende Fallbeispiel zeigen wird.[260] Tatsache ist jedoch, dass noch heute viele Exponate in französischen Museen und öffentlichen Einrichtungen auf ihren rechtmäßigen Eigentümer warten und das Restitutionsbemühen Frankreichs erst ab 1998 klar erkennbar wurde.[261]

Im Land Württemberg-Hohenzollern, heute Teil des Bundeslands Baden-Württemberg, waren ebenfalls illegale Verbringungen von Kulturgütern aus der französischen Besatzungszone zu beklagen. Die folgende Darstellung konzentriert sich insbesondere auf die Verluste der Staatsgalerie Stuttgart, die innerhalb von Baden-Württemberg auch heute noch die größte und bedeutendste Sammlung besitzt.[262] Wie üblich, war auch bei der Staatsgalerie Stuttgart der Bestand der Sammlung genau inventarisiert worden. Bei der Bombardierung des Kronprinzenpalais, in welcher die graphische Sammlung bis dato untergebracht war, verbrannte der größte Teil der Inventurlisten. Der eigentliche Bestand war indes bereits in der näheren Umgebung Stuttgarts und ins Oberland ausgelagert worden.

Die graphische Sammlung befindet sich deshalb heute in der misslichen Lage, ihre Verluste nicht genau spezifizieren und damit suchen zu können, weil die Listen, auf welchen die meisten Druckgrafiken, Stiche, Reproduktionen o.ä. verzeichnet sind, heute fehlen. Allerdings wurde auf jedem der Exponate hinten ein

---

259 So etwa bei Farmer, S. 55ff.; zur genannten Problematik, insbesondere zur amerikanischen Besatzung Alford, Kenneth D., The Spoils of World War II, The American Military's Role in the Stealing of Europe's Treasures, 10ff. Siehe im Übrigen die demnächst in dieser Schriftenreihe erscheinende Dissertation von Armbruster.

260 In diesem Bereich ist zunächst insbesondere in historischer Hinsicht eine genaue Aufarbeitung der Ereignisse erforderlich. Aus diesem Grunde kann bislang nicht, soweit ersichtlich, aus entsprechenden Publikationen zitiert werden.

261 Vergleiche die Zwischenbilanz französicher Stellen in: Le Masne de Chermont/Schulmann, Didier Le Pillage de l'art en France pendant l'occupation et la situation des 2000 œuvres confiées aux musées nationaux, und bei Lorentz, La France et les restitutions allemands au lendemain de la seconde guerre mondiale (1943–1954).

262 Die wiedergegebenen Fakten entstammen den Aktenbeständen des Hauptstaatsarchivs Stuttgart und insbesondere auf Gesprächen mit der Leitung der Graphischen Sammlung in der Staatsgalerie Stuttgart.

Eigentümerstempel der Galerie dergestalt angebracht, dass seine Entfernung nur unter erheblichen Aufwand und Verletzung der Sachsubstanz (meist des Pergamentpapiers) möglich ist.

Dass es in Württemberg-Hohenzollern und Baden einen massiven, meist privaten Raub von Kulturgütern aus den Auslagerungsorten gab, belegen zeitgenössische Dokumente. So wurden ausweislich der rechtskräftigen Verurteilung des französischen Militärtribunals vom französischen Kunstschutzoffizier Engel mehrere Exponate geraubt. Gleichzeitig belegen weitere Dokumente, dass dieser sich gleichzeitig für die Rückführung von Exponaten, die von Mitgliedern der französischen Besatzungsmacht gestohlen worden waren, verwendete. Von den etwa 14 000 vermissten Gegenständen der Staatsgalerie sind insgesamt 1 001 Exponate, die zwischenzeitlich in Tübingen lagerten, zurückgeführt worden. Der Verbleib der übrigen Werke ist ungewiss.

Kapitel 2: Beute- und Raubkunst: Eine Bestandsaufnahme

A. Terminologie und grundsätzliche Rechtsfragen

Im Folgenden werden diejenigen Grundbegriffe erklärt, die für das Verständnis der ganzen Arbeit von Bedeutung sind.

I. Kriegsbedingt verlagerte Kulturgüter („Beutekunst")

Das Schlagwort „Beutekunst" steht als Bezeichnung für die nach dem Zweiten Weltkrieg in die damalige Sowjetunion verschleppten und dort mittlerweile zu Eigentum erklärten Kulturgüter, Gemälde, Bücher und Archivalien. Er wurde und wird zumindest auch von der Sowjetunion und der Russischen Föderation verwendet, da diese im Zuge des Zweiten Weltkrieges geraubten Kulturgüter als „rechtsmäßige Kriegsbeute" oder Kriegstrophäen (*trophy art*) bezeichnen, um ihrem Handeln einen Anstrich von Legitimität zu geben.

Die vorliegende Arbeit ist zwar in historischer Hinsicht auf die Geschehnisse im Zuge des Zweiten Weltkrieges eingegrenzt. Übersetzt man „Beutekunst" jedoch mit der Bezeichnung kriegsbedingt verlagertes Kulturgut[263], kann man sagen, dass jeder in einem unmittelbar zu kriegerischen Ereignissen stehende Kunstraub „Beutekunst" zum Gegenstand hat.

Deshalb ist mittlerweile dieses Schlagwort wesentlich weiter zu verstehen, als es sein eigener Wortlaut vermuten ließe: „Beutekunst" ist die Bezeichnung für im Zuge von Kriegen verschleppten Kulturgüter (z.B. Archivalien, Bibliotheksbestände, Kunstgegenstände), besonders die Wegnahme von Kulturgütern im oder nach dem Zweiten Weltkrieg.[264] Jedoch sind solche Plünderungen, die erst in den letzten Jahren zu beklagen waren, nicht als „Beutekunst" zu verstehen: In Abgrenzung zu der kulturellen Ausbeutung der ehemaligen Kolonien steht „Beutekunst" insbesondere für alle Wegnahmen von Kulturgütern im Rahmen kriegerischer Auseinandersetzungen, insbesondere im Zweiten Weltkrieg.[265] Beutekunst

[263] Von Berg, in: Ministerium für Kultur der Russischen Föderation, 125. Die gebräuchliche Terminologie der kriegsbedingten „Verlagerung" mutet sich als sehr schmeichelhaft an, wenn man sich das damit verbundene rigorose Vorgehen der Plünderungseinheiten vor Augen hält.

[264] Brockhaus Bibliographisches Institut, Der Brockhaus 2001 multimedial, CD-ROM 2001, Schlagwort „Beutekunst". Siehe auch im Brockhaus „Kunst", S. 114f.

[265] Von Berg aaO grenzt dies ein „seit Bestehen der Haager Landkriegsordnung".

ist mithin Kriegsbeute, die im Zuge der beiden großen Weltkriege des 20. Jahrhunderts einschließlich der ihr folgenden Besatzungszeiten gemacht wurde, ungeachtet des Staates, dem die Wegnahmen im (kriegerisch) besetzten Gebiet zuzurechnen sind. Nicht zu folgen ist der bisweilen formulierten Aussage, bei Beutekunst handele es sich ausschließlich um die von sowjetischen Trophäeneinheiten verschleppten Kulturgüter[266]: An dem Verbrechen, Beute in den besetzten Gebieten gemacht zu haben, waren viele weitere Staaten in ähnlicher Weise unmittelbar wie mittelbar beteiligt. Eine Eingrenzung auf das deutsch-russische Verhältnis empfiehlt sich daher nicht, auch wenn das Schlagwort in diesem Verhältnis gebildet wurde.

Der von Historikern bisweilen verwendete Begriff des „Kulturgutraubes"[267] ist begrifflich genauer als das Schlagwort „Beutekunst", da er keine Fehlassoziationen im Hinblick auf die Rechtmäßigkeit der Wegnahme zulässt. Er ist aber insoweit ungenauer, als er auch den Entzug jüdischer Kulturgüter erfassen soll, der mit dem im Folgenden definierten Terminus verfolgungsbedingter Kulturgutverluste umschrieben wird.

II. Verfolgungsbedingt entzogene Kulturgüter („Raubkunst")

Während die Beutekunst schon rein begrifflich einen kriegerischen Kontext bis hin zu einer sich anschließenden kriegerischen Besetzung (occupatio bellica) offenbart, handelt es sich bei den verfolgungsbedingt entzogenen Kulturgütern ausschließlich um solche, die dem Mitglied einer verfolgten ethnischen Gruppe entzogen worden sind.[268]

Gemeint sind damit alle Kulturgüter natürlicher Personen, die einer Personengruppe angehören, die von den Nationalsozialisten zwischen 1933 und 1945 aus rassischen, religiösen und politischen Gründen verfolgt worden sind.[269] Das besondere Augenmerk gilt hier den Juden Europas, deren Kulturgüter durch die Nationalsozialisten entzogen worden sind, oft in einem erkennbaren Zusammenhang[270] zu ihrer Ermordung in den Konzentrationslagern.

---

266 Vergleiche etwa BERGER 318ff.

267 HEUß, Kunst- und Kulturgutraub, 8ff.

268 Zu dieser Unterscheidung bereits RASCHÈR, Richtlinien im Umgang mit Raubkunst, AJP/JPA 1999, S. 155.

269 Zu eng daher die Definition, die in der Raubkunst im Wesentlichen die so genannte „entartete Kunst" sieht, welche auf Grundlage des Einziehungsgesetzes vom 31.05.1938 entzogen worden ist, VON BERG in Ministerium für Kultur der Russischen Föderation, 125.

270 An dieser Stelle soll nicht die Diskussion begonnen werden, welche zeitlichen, räumlichen und sachlichen Zusammenhänge aus juristischer Sicht bestehen, siehe aber unter 4 F. Im Gedankengut der NS-Verbrecher war der Kunstraub an jüdischen Bürgern ein wesentlicher Bestandteil ihres Vorgehens war, dass von Mord, Verfolgung, Diskriminierung und Vernichtung geprägt war.

Jedoch wird grundlegend nicht zwischen spezifisch jüdischen Kulturgütern, so insbesondere Judaica (Jewish cultural property) und Kulturgütern jüdischer Eigentümer (the cultural property of Jews) unterschieden, da dies wiederum eine gewisse Wertung implizieren würde.[271] Als wesentlicher Unterschied zur Beutekunst bleibt indes anzumerken, dass es eine ausdrückliche territoriale Zuordnung im Sinne des Völkerrechts aufgrund der nationenübergreifenden Existenz jüdischer Kultur *in den Staaten Europas* (nicht etwa Israel) nicht geben kann. Kann ein Nachfahre eines Verfolgten nicht mehr ermittelt werden, wird deshalb mitunter empfohlen, das kulturelle Erbe an den Staat Israel zu restituieren.[272]

Das Phänomen „Raubkunst“ nur als einen Teil des NS-Kunstraubs oder auch als Kulturgutraub zu bezeichnen, vermag die Tragweite der Verwerflichkeit dieses Handelns nicht ausreichend zu erfassen. Auch der aus nationalsozialistischen Kreisen stammende Begriff der „Arisierung“, der sich als Schlagwort in der historischen Literatur wiederfindet, mag allenfalls eine Überschrift für die verwerfliche Bereicherung auf Kosten der jüdischen Bürger zu bilden.[273]

In Österreich und der Schweiz versteht man die verfolgungsbedingt entzogenen Kulturgüter als Raubkunst, weswegen der Einfachheit halber dieses Schlagwort gleichfalls verwendet wird. Die begriffliche Trennung dieser beiden Entzugsgruppen schlägt sich auf den Gang der Darstellung nieder, der dieser Trennung in der Beschreibung des tatsächlichen Tatbestands und seiner rechtlichen Würdigung Rechnung trägt. Wegen des Bekanntheitsgrades des Terminus „Beutekunst“ wird dieser als Leitbegriff der Arbeit neben den NS-verfolgungsbedingt entzogenen Kulturgütern, der Raubkunst, dienen. In der englischsprachigen Fachwelt wird in Zusammenführung beider Entzugsgruppen schlicht von (Nazi confiscated) „looted art“ – geplünderte Kunst – gesprochen.[274]

Eine weitere Gemeinsamkeit soll auch nicht verschwiegen werden, nämlich das Zielobjekt des Raubes: Das Kulturgut selbst.

---

[271] BLUM, On the restitution of jewish cultural property looted in World War II, 89.

[272] Erwägungen hierzu auch bei BLUM, LJIL, 262 et. seq. und bei WEISS, 19 et seq.

[273] Vergleiche hierzu neuerdings das Werk von Werner MÖNNINGHOFF: Enteignung der Juden – Wunder der Wirtschaft, Erbe der Deutschen, Wien 2001.

[274] Vergleiche zum Beispiel in den Beiträgen von KAYE, Looted Art: What can and should be done, 20, Cardozo Law Review, S. 657–670 (1998) und GARRETT, Rebecca L., Time for a Change? Restoring Nazi-looted Artwork To Its Rightful Owners, 12, Pace Int'l Law Review, S. 367–395 (1999).

III. Kulturgüter als verkörperte Gegenstände der „Beute"- und Raubkunst

Einen Terminus wie „Kulturgut" näher zu definieren bereitet erhebliche Schwierigkeiten. Welchen Weg man auch zur näheren Umschreibung dieses Begriffes beschreitet, kommt man nicht umhin, eine Art Wertigkeit zur Abgrenzung zu nicht schutzwürdigen Gegenständen festlegen zu müssen, welche einen bestimmten ästhetischen Gestaltungsgrad noch nicht erreicht haben. Dies hat auch *von Schorlemer* erkannt, die verschiedene Kriterien zur Annäherung an den Begriff des Kulturgutes aufgezeigt hat.[275]

Welche Kriterien und Vorgaben erfüllt sein müssen, um vom Vorliegen des Begriffs des Kulturguts und damit auch der Beute- und Raubkunst ausgehen zu können, hängt von dem Blickwinkel der Teilnahmestaaten einer völkerrechtlichen Vereinbarung, sprich ihrer Verfasser, ab.[276] In der hier interessierenden Haager Landkriegsordnung aus dem Jahre 1907 wird lapidar von „Anstalten und Anlagen" gesprochen, die der Kunst gewidmet sind oder schlicht von „Werken der Kunst".[277]

Hierdurch sollte man sich nicht dazu verleiten lassen, unter Werken der Kunst lediglich solche der *bildenden* Kunst zu verstehen, wie es einer engeren Auffassung des Kunstbegriffs entsprechen würde. Bereits die Vorfahren der Haager Landkriegsordnung, so namentlich der Lieber-Code, die Brüsseler Erklärung und das Oxford Manual unterscheiden zwischen verschiedenen Ausdrucksformen des Terminus „Kunst".[278] Unter den Begriff Kulturgut zum Zeitpunkt des Kunstraubs im Zweiten Weltkrieg fallen demnach alle Gegenstände, die der Befriedigung ästhetisch – individueller Bedürfnisse dienen und in einem nationa-

---

275 SCHORLEMER 46ff. bis zum Resümee auf S. 82.

276 HÖNES 994 weist aber zu Recht darauf hin, dass viele Konventionen keinen gewohnheitsrechtlichen Rang besitzen und deshalb aus Gründen der Rechtssicherheit- und Klarheit ein Rückgriff auf die Kulturgutbegriffe der Haager Konventionen von 1899 und 1907 zu empfehlen ist.

277 Artikel 56 HLKO. Interessant sind auch folgende Definitionsversuche aus der Brüsseler Erklärung und einer amerikanischen Militäranweisung: Declaration of Brussels Conference, 1874, Article 8: … the property of … institutions dedicated to religion, charity, and education, to the arts and to the sciences, even where they belong to the State shall be treated as private property. All seizures of, destruction or wilful damage done to institutions of this character, historic monuments, works of art or of the sciences, should be prosecuted by the competent authorities. United States Secretary of War General Order No. 101 (on orders of President William McKinley): "… All churches and buildings devoted to religious worship and to the arts and sciences, … are, so far as possible, to be protected, and all destruction or intentional defacement of such places, or of historic monuments or archives, or of works of science or art is prohibited, save when required by urgent military necessity."

278 KÖRBS 139f.; Artikel 53 des Oxford Manual spricht von „property … of institutions devoted to art", wortgleich zur Brüsseler Erklärung von 1874, die niemals in Kraft trat.

len, kulturellen oder individuellen Kontext zu demjenigen stehen, der seine Herausgabe begehrt. Damit soll jedweder körperliche Gegenstand erfasst sein, der eine personale oder soziale Funktion ausüben kann und somit einer Zuordnung zu einer individualisierbaren Gruppe zugänglich ist.[279]

Einer Eingrenzung des Begriffs Kulturguts und damit der Beute- und Raubkunst ist zu widersprechen, da der Anspruchsteller darüber entscheiden können soll, was für ihn bedeutsam ist. Es sind dies als „Werke der Kunst" alle Gegenstände, die einen körperlichen Ausdruck der Schaffenskraft des Menschen in seiner Gesamtheit in jeglicher Form gefunden haben, ohne einer Funktion eindeutig zuortbar zu sein oder sich darin zu erschöpfen.

Nach dem auch damals geltenden Verständnis der Haager Landkriegsordnung lassen sich Werke der Kunst nicht formal eingrenzen, aber doch zumindest seinen Teilbereichen zuordnen: Darstellende und bildende Kunst sowie Literatur und Musik. Zumal die Übergänge zwischen diesen Bereichen fließend sind, fallen auch Bibliotheken[280], Archive, Inkunabeln (Wiegendrucke aus dem Spätmittelalter), Skulpturen und ähnliches darunter.

Wird von einem kriegsbedingt verlagerten und verfolgungsbedingt entzogenen Kulturgut gesprochen, so bezieht sich das weniger auf den Gegenstand selbst in seiner Wertigkeit, sondern auf sein Schicksaal, dass es durch die Ereignisse erfahren hat, die ihn von seinem „Ursprungsland" oder seinem ursprünglichen Eigentümer gelöst haben. Im Folgenden wird daher nur noch nach den Rahmenbedingungen, Hintergründen und Fakten der Verlagerung dieses Gegenstands unterschieden, um eine Zuordnung zu den zwei wesentlichen Entzugsgruppen zu ermöglichen.

In diesem eher geschichts- und handlungsbezogenen Kontext sind die in Frage kommenden *objets d'art* zu fassen. Dabei überschneidet sich die Terminologie „Kulturgut" in den beiden bedeutenden Rechtsgebieten: Was im Völkerrecht als Kulturgut aufzufassen ist, gilt auch im deutschen wie im ausländischen (internationalen) Privatrecht als solches.[281]

---

[279] Hempel berichtet von den Schwierigkeiten, Kunst in rechtliche Kategorien zu fassen und entscheidet sich deshalb dafür, keine wertende Eingrenzung vorzunehmen, siehe dort S. 10ff., S. 16ff.

[280] Hierzu ausführlich Kühn-Ludewig, Displaced Books, insbesondere im Hinblick auf Polen S. 34ff., die Sowjetunion 42ff. sowie „Fundstücke" jüdischer Herkunft, die zurückgegeben wurden aus Bremen 75ff. und 90ff.

[281] Selbstverständlich auch vice versa. Abgesehen von Interpretationsdivergenzen in völkerrechtlichen Verträgen ist aber bislang – soweit ersichtlich – im Bezug auf die Frage der Restitution nie in Streit gestanden, ob es sich hierbei um ein Kulturgut handelt. Dies ist ein weiterer praktischer Beleg für die Annahme, den Begriff „Kulturgüter" unabhängig von geschriebenen und ungeschriebenen Regelungen weit zu fassen.

IV. Reparation, Repatriation, Return, Restitution

1. Die Reparation

Die Reparation liegt einem Schadensersatzanspruch als Wiedergutmachung für ein völkerrechtliches Delikt zugrunde[282] und wird regelmäßig in Friedensverträgen als Pflicht zur Lieferung von Geld und gattungsmäßig bestimmten Sachen festgelegt.[283]

Die Reparation bezieht sich im Gegensatz zur Restitution nicht auf die Rückgabe als Primäranspruch, sondern auf die Entschädigung für die Unmöglichkeit der Rückgabe des Gegenstandes (etwa aufgrund seiner Zerstörung, Unbrauchbarmachung oder starken Beschädigung). Der Reparation kommt damit im Wesentlichen ein ausgeprägter Entschädigungscharakter ohne dinglichem Zusammenhang zum eigentlichen schädigenden Ereignis zu[284]: Im Grundsatz zur Restitution ist der Reparation bereits die genaue Individualisierung des zurückzugebenden Gegenstands fremd, weil eine Individualisierung aufgrund der auf den Gegenstand bezogenen Entschädigung entbehrlich ist. Aus vorstehenden Gründen ist die Reparation als Sekundäranspruch für diese Arbeit nicht von weiterem Interesse.

2. Die Repatriierung (repatriation)

Die Repatriierung ist eine eingrenzende Fortentwicklung des Begriffes Restitution. Es bezeichnet die Restitution solcher Kulturgüter, die durch eine besondere territoriale Verbundenheit[285] gekennzeichnet sind.[286] Damit vertieft der Begriff der Repatriierung den Gedanken des Herkunftslandes und des genuinen Eigentums ethnischer Gruppen. Die Repatriierung (in freier Übersetzung: Wiedereingliederung ins *Vaterland*) steht damit für die Restitution von Kulturgütern mit einem ausgeprägten regionalen Bezug zum Zwecke der Wiederherstellung des kulturellen Erbes im Ursprungsland[287].

Typische Beispiele eines Falles der Repatriierung sind die Rückgabe von Archiven mit einem ausgeprägten regionalen Bezug und entwendeter Denkmäler,

---

[282] GREWE 156.

[283] TURNER in Fiedler 19ff., 37 und STUMPF 77.

[284] Beispiele für Reparationsklauseln finden sich im Versailler Friedensvertrag in Artikel 247. Dort wurde festgehalten, dass Deutschland eine bestimmte Anzahl an Handschriften, Wiegendrucke etc. als Ersatz für die zerstörte Bibliothek der Universität Löwen zu erbringen habe, PIENKNY 167f. Siehe hierzu bereits oben *S. 23* (1 A IV 4).

[285] Zu weiteren völkerrechtlichen Implikationen der territorialen Verbundenheit (lien) von Kulturgütern siehe unter 4 B I.

[286] So WOJICECH W. KOWALSKI, Repatriation, in: AAL 2001, p. 143.

[287] KOWALSKI, Repatriation, 143 et seq.

grundsätzlich also die Restitution von Kulturgegenständen mit ausgeprägtem nationalen oder regionalen Bezug. In den bilateralen Verträgen, welche die Bundesrepublik Deutschland als Ausdruck der Freundschaft und guten Zusammenarbeit mit Russland, Polen und der Ukraine geschlossen hat, ist der Gedanke der Repatriierung in besonderer Weise verankert, stipulieren diese Verträge doch die jeweils selbst auferlegte Verpflichtung der Staaten, in den eigenen Ländern nach verschollenen Kunstgegenständen als Teil des Kulturerbes des Vertragspartners zu suchen und diese dann zurückzugeben, genauer: zu repatriieren.[288] Damit wird eine Eingrenzung des Repatriierungsbegriffes auf die kriegsbedingt verlagerten Kulturgüter – die Beutekunst – notwendig.

In aller Regel weisen verfolgungsbedingt entzogene Kulturgüter bestimmte regionale Bezüge, insbesondere als ein lebendiges Zeugnis einer ethnischen Gruppe, insbesondere der jüdischen Kultur in Europa, auf. Nach den Grundsätzen einer Repatriierung müsste dieser territoriale Bezug aber so stark sein, dass hier jüdische Kunst das überaus prägende Merkmal ganzer Kulturlandschaften bilden würde. Dies kann aber nur für die *spezifisch jüdischen* Kulturgüter gelten, so etwa deren sakralen Gegenstände und Synagogen, insbesondere auch Judaica. Vom Repatriierungsbegriff können aber gerade nicht die in der Raubkunstdebatte überwiegend anzutreffenden Kunstwerke im *Eigentum* von jüdischen Bürgern (Gemälde, Plastiken) erfasst sein, die als solche gerade keinen besonderen Bezug zur Geschichte und Tradition des jüdischen Volkes als ethnische Gruppe aufweisen.[289] Daher wird bisweilen gefordert, solch erbenloses Vermögen nach Israel zu restituieren.[290]

3. Die Rückgabe (return, retour)

Dem Begriff „restitution" steht weiterhin die „return" (Rückkehr) eines Kulturguts gegenüber, meist im Rahmen eines Kulturgutaustausches durch eine Leihgabe.

Der Terminus „return" hat sich ursprünglich im Zusammenhang mit den illegalen Im- und Exporten[291] von Kulturgütern aus ehemaligen Kolonien[292] und Ent-

---

[288] So heißt es in Artikel 16 Abs. 2 des deutsch-sowjetischen Vertrages über gute Nachbarschaft, Partnerschaft und Zusammenarbeit vom 9.11.1990: „Die BRD und die UdSSR werden sich für die Erhaltung der in ihrem Gebiet befindlichen Kulturgüter der anderen Seite einsetzen. Sie stimmen darin überein, dass verschollene oder unrechtmäßig verbrachte Kunstschätze, die sich auf ihrem Territorium befinden, an den Eigentümer oder seinen Rechtsnachfolgern zurückgegeben werden." Der bilaterale Vertrag der Bundesrepublik Deutschland mit der Ukraine enthält fast gleichlautende Regelungen.

[289] Hierzu dezidiert BLUM, On the restitution of jewish cultural property looted in World War II, 89 und 92.

[290] So bei BLUM, vorherige Fußnote, 93.

[291] KOWALSKI, restitution 92ff., 98 mwN.

[292] FRAOUA 170.

wicklungsländern (illicit trade) als Bezeichnung für die Rückführung illegal verbrachter Kunstgegenstände im Rahmen des internationalen Kulturgüterschutzes herausgebildet.[293] Vor diesem Hintergrund ist er für diese Abhandlung nicht von besonderem Interesse.

Da zudem eine „return“ die Rechtsposition des Berechtigten in keiner Form zu verbessern vermag, weil er nicht über die endgültige Zuordnung eines Kulturguts entscheidet, erübrigt sich eine weitergehende Erörterung.[294]

4. Der Grundbegriff Restitution

Das Wort Restitution entstammt dem lateinischen „restituere“, was soviel bedeutet wie „wiederherstellen“.[295] Die Restitution ist nach vorherrschender Ansicht in der deutschen Nachkriegsliteratur die Wiederherstellung einer Rechtslage, die durch außerordentliche, der normalen Abwicklung des Rechtsverkehrs nicht entsprechende Umstände gestört worden war, kurz: eine Form der Wiedergutmachung völkerrechtlichen Unrechts.[296] Bis zum Zweiten Weltkrieg waren Restitutionen in der Regel dezidiert in völkerrechtlichen Verträgen, insbesondere Friedensverträgen, aufgenommen worden und wurden nicht separat auf diplomatischem Wege verhandelt.[297]

Als Terminus des Völkerrechts beschreibt es die Wiedergutmachung völkerrechtswidriger Wegnahmen von Gegenständen durch die Besatzungsmacht in einem kriegerisch besetzten Gebiet.[298] Diese wird als völkerrechtlicher Anspruch von Staat zu Staat auf Regierungsbasis abgewickelt.[299] Freilich gilt die Rechtsfigur der Restitution unter ähnlichen Voraussetzungen im innerstaatlichen Rechtsgefüge entsprechend, so etwa bei Konfiskationen jüdischen Vermögens auf deutschem Territorium.[300]

---

[293] Schulze S. 15, 21.

[294] Prott/O’Keefe, Movement, § 1536 meinen zum Begriff „return“: „... not a term of art, either in international or in national law“.

[295] Kaufmann 1; Fiedler, in: Liber Amicorum Siehr, 200, Kowalski, restitution, 24.

[296] Kaufmann, Die völkerrechtlichen Grundlagen und Grenzen der Restitution, AöR 1949, 13f.: Kaufmann begründet das Erfordernis einer rein völkerrechtlichen Rückabwicklung unter anderem mit Regelungen des Versailler Vertrags als Vorbild (Artikel 297ff.) und dazu gehörender Rechtsprechung (Schiedsgericht des Dawes-Planes), dass die völkerrechtliche Natur der Restitution besonders hervorgehoben habe. Vergleiche ebenso Schmoller/Maier/Tobler, Band I, § 52, 3.

[297] Schmoller/Maier/Tobler aaO.

[298] Engstler 224.

[299] Stumpf 78.

[300] In diesem Fall begründet sich jedoch die Pflicht zur Rückgewähr aus allgemeinen Gerechtigkeitsmaximen und Grundsätzen des Naturrechts mit den immanenten Grenzen des Willkürverbots.

V. Die Anspruchssituationen: Die Restitution im Völkerrecht und die Vindikation im einzelstaatlichen Privatrecht

1. Der Wiedergutmachungsanspruch im Völkerrecht

Der Anspruch auf materielle Wiedergutmachung eines völkerrechtswidrigen Verhaltens bewirkt abhängig von der Ausgangslage verschiedene Formen der Rückabwicklung. Diese sind im Wesentlichen: Die restitutio in integrum (Naturalrückgabe), die restitution in kind (Hingabe eines dem entzogenen Kulturguts äquivalenten Gegenstands) sowie gegebenenfalls eine Entschädigung, falls die Naturalrückgabe unmöglich und eine Ersetzungsbefugnis nicht vertraglich vereinbart wurde.[301]

In der ausländischen Literatur[302] wurde der Begriff der Restitution bewusst in den Bezugsrahmen des Völkerrechts gesetzt, um einer Flucht eines vormaligen Aggressorstaates aus seiner Verantwortung und dessen Abwälzung auf Privatpersonen zu begegnen. Gegenläufig waren noch die Ansichten deutscher Rechtsgelehrter nach dem Zweiten Weltkrieg: Ausgehend von der Tatsache, dass der herauszugebende Gegenstand im Regelfall im Privatbesitz aufgefunden wurde, stellte man fest, dass Adressat der Rückgabepflicht nicht der Staat, sondern die den zu restituierenden Gegenstand besitzende Person ist, weshalb der Begriff der Restitution im privatrechtlichen Sinne interpretiert wurde.[303] Auch Langen und Sauer setzten bei einer Restitution die Rechtsverfolgung durch den berechtigten Eigentümer voraus.[304] Nach ihrer Ansicht war der Restitutionsanspruch nichts anderes als ein Herausgabeanspruch, der wegen seiner Auslandsberührung im Rahmen des (internationalen) Privatrechts geltend gemacht werden sollte.[305] Mittlerweile hat sich jedoch einhellig die Ansicht durchgesetzt, dass die Verpflichtung zur Restitution oder auch der Rückführung (return) in dem besprochenen Zusammenhang originär dem Völkerrecht entspringt[306], solange es sich

---

[301] Vergleiche statt aller Kowalski, art treasures, S. 33ff., 70ff.

[302] Vasarhelyi restitution in international law, 87: „Restitution is not an obligation of Private International Law, but of Public International Law".

[303] So Schmoller § 52, 4, 6: Der Restitutionsanspruch begründe sich auf einem fortbestehenden privatrechtlichen Eigentumsanspruch des Staatsbürgers des besetzten Gebietes.

[304] Langen/Sauer 20ff.

[305] Unter dem noch sehr präsenten Eindruck der Vorkommnisse im „dritten Reich" interpretierten deutsche Rechtsgelehrte die damals gebrauchten Termini häufig aus einer ganz anderen Perspektive heraus als ihre ausländischen Kollegen. Während auf alliierter Seite das Interesse auf Durchsetzung von Ansprüchen stand, war in der deutschen Literatur ein starkes Bedürfnis nach fairer Behandlung und die Achtung eines eigenständigen, sich von der Vergangenheit bewusst absetzenden Standpunktes klar erkennbar.

[306] So auch Artikel 4 des Beutekunstgesetzes: „Restitution" ist die Art der materiellen *völker-*

um die Wiedergutmachung von Verstößen gegen geltendes Völkerrecht handelt.[307]

Der Regelfall der Restitution im Völkerrecht bleibt die Rückgabe von genau den *Gegenständen in natura*, wie sie aus dem Hoheitsgebiet der betroffenen Partei unter ganz bestimmten Umständen entfernt worden sind.[308] Als „Recht der Völker" entspricht das Restitutionsrecht eines Staates der völkerrechtlichen Sachzuordnung von Kulturgütern, die durch das dingliche Recht und dem Recht eines Staates an Objekten im eigenen Territorium bestimmt wird.[309]

Kann ein Kulturgut einem Staate nicht zugeordnet werden, kann nicht mehr im völkerrechtlichen Sinne restituiert, das heißt zurückerstattet, werden. In diesem Fall der Unmöglichkeit der Restitution muss gegebenenfalls eine geldwerte Kompensation (Entschädigung) auf Grundlage einer völkervertragsrechtlichen Vereinbarung gewährt werden. Solche Reparationszahlungen erfolgten bisweilen in Gold.

2. Abgrenzung zum Vindikationsanspruch im (internationalen) Privatrecht

Der Kunstraub in besetzten Gebieten (Beute- wie Raubkunst) und ein hieraus resultierendes Restitutionsgebot ist originär eine Frage völkerrechtlicher Verantwortung.[310] Dennoch befinden viele Gegenstände sich zum Zeitpunkt der Gel-

---

rechtlichen Haftung eines Staates, der einen Aggressionsakt oder einen anderen völkerrechtswidrigen Akt begangen hat, die in der Verpflichtung dieses Staates zur Beseitigung oder Verminderung des dem anderen Staat zugefügten materiellen Schadens durch Wiederherstellung des früheren Zustands besteht, insbesondere durch Rückgabe des Vermögens, das von ihm aus dem von seinen Truppen besetzten Gebiet des anderen Staates geraubt und unrechtmäßig ausgeführt wurde.

[307] Umgekehrt besteht ein rein privatrechtliches Rechtsverhältnis in den Fällen, in welchen Plünderungen von vornherein ohne jede staatliche Veranlassung oder Duldung auf rein privater Ebene vorgenommen wurden. Dies ist denkbar, wenn die Plünderung nicht durch ein Mitglied der Besatzungsmacht erfolgte.

[308] FIEDLER, in: Liber Amicorum Siehr, 200.

[309] Ausführlich zu diesem Problem TURNER, Das Restitutionsrecht des Staates nach illegaler Ausfuhr von Kulturgütern: Eigentumszuordnung und völkerrechtliche Zuordnung, S. 10ff.

[310] KOWALSKI, restitution, 27ff. Bei kriegsbedingt verlagerten Kulturgütern spielt staatliches Eigentum eine besondere Rolle. Hingegen verrät schon der Begriff „verfolgungsbedingt" verlagertes Kulturgut seine private Herkunft und die natürliche Person als potentiellen Eigentümer und Anspruchssteller. Auf der anderen Seite wiederum stehen die Besitzer der Beutekunst, so sie bis heute überhaupt bekannt sind. Sehr häufig wird jedoch Beutekunst in öffentlichen Sammlungen wieder aufgefunden. Seit der oben abgedruckten Washingtoner Erklärung findet in öffentlichen Museen auf der ganzen Welt eine genauere Prüfung der Provenienz der Sammlungsstücke im Hinblick auf einen möglichen verfolgungsbedingten Entzug statt. Dieser Vorgang ist noch lange nicht abgeschlossen und wird aufgrund einer mangelnden Personaldecke die Museen noch lange Zeit beschäftigen.

tendmachung des Anspruchs auf Rückgabe im Besitz einer Privatperson. Für das zu beschreitende Verfahren muss die grundlegende Entscheidung getroffen werden, ob der Restitutionsanspruch im originär völkerrechtlichen Gewande als klassischer Wiedergutmachungsanspruch oder als Herausgabeanspruch (rei vindicatio) des (internationalen) Privatrechts geltend gemacht werden kann. Formal ist dies anhand der Beteiligten an einem Verfahren sowie dem gegenwärtigen Aufenthaltsort des im Streit stehenden Kulturguts zu ermitteln: Macht ein Staat einen Anspruch auf Rückgabe seines Eigentums bei einem anderen souveränen Staate geltend, geschieht dies in einem völkerrechtlichen Verfahren. Möchte er seinen Anspruch auf gerichtlichem Wege durchsetzen, so müssen sich beide Parteien der Jurisdiktion des Internationalen Gerichtshofs (IGH) unterworfen haben. Ist nur einer der Beteiligten eine Privatperson, bleibt im Regelfall nur noch der ordentliche – private – Rechtsweg vor staatlichen Gerichten offen. Im Unterschied zu einem rein völkerrechtlichen Verfahren entfällt hier aber das Erfordernis der Unterwerfung unter die Jurisdiktion des Gerichts.[311]

Im Hinblick auf den Verhandlungsgegenstand gilt es dabei zu ermitteln, ob der zu restituierende Gegenstand sich noch immer in einem *staatlich zurechenbaren Besitz* befindet. Der zur Herausgabe geforderte Staat muss praktisch überhaupt in der Lage sein, das gewünschte Kulturgut zu restituieren. Es stellt sich daher die Frage, ob ein Kulturgut *völkerrechtlich einem Staate zugeordnet* werden kann[312]. Dies ist unproblematisch, wenn dieselben Kulturgüter, die auf dem Territorium des anspruchsstellenden Staates belegen waren, nunmehr in Institutionen des neuen Belegenheitsstaates, insbesondere staatliche Mussen, verwahrt, versteckt oder auch ausgestellt werden, die im Besitz oder angeblichen Eigentum dieses Staates respektive seiner behördlichen Träger (als Bundes- oder Landesbesitz) stehen. Artikel 6 des Beutekunstgesetzes der Russischen Föderation erklärt alle aus ehemaligen Feindstaaten stammenden Kulturgüter zu staatlichem Eigentum. Hier liegt ganz zweifellos ein staatlich zurechenbarer Besitz zu, berühmt sich die Russische Föderation kraft einseitiger Gesetzgebung des Eigentums an den in der Sowjetischen Besatzungszone entwendeten Kulturgütern.

Umgekehrt gilt dies natürlich nicht für Kulturgüter, die im alleinigen Eigentum einer Privatperson stehen, auf die aber der Herkunftsstaat mangels Bereitschaft des gegenwärtigen Aufenthaltsstaats zur Rückgabe aber nicht auf völkerrechtlichem Wege zugreifen kann. Dann bleibt dem Privateigentümer nichts anderes übrig, als den privatrechtlichen Herausgabeanspruch (die *rei vindicatio*) gegen den gegenwärtigen Besitzer zu erheben (der nicht notwendigerweise der gegenwärtige Aufenthaltsstaat ist).

---

[311] Vergleiche hierzu ausführlicher 4 H I ff.

[312] Das Restitutionsrecht eines Staates kraft der Zuordnung eines Kulturguts ergibt sich im Wesentlichen aus seiner faktischen Beherrschung, oder als Pertinenz seines Territoriums, oder aus der Nationalität der Sache, vergleiche ausführlich unter 4 B I.

Allein die rei vindicatio kann auch von einem Individuum selbst geltend gemacht werden. Das völkerrechtlich geprägte Restitutionsverfahren bleibt den betroffenen Staaten vorbehalten, auch wenn sich das in Streit stehende Kulturgut in Privatbesitz befindet.[313]

3. Unmöglichkeit der Rückgabe im völkerrechtlichen Verhältnis

Ein Anspruch auf Restitution ist möglich und durchsetzbar, sofern ein völkerrechtlich relevanter Unrechtstatbestand (insbesondere eine widerrechtliche Wegnahme von Kulturgütern in besetzten Gebieten zu Kriegszeiten[314]) vorliegt, kraft dessen der verlagerte Gegenstand sich identifizierbar im Territorium des inanspruchgenommenen Staates befindet.

a. Tatsächliche Unmöglichkeit

Ist einem Staate, in welchem das völkerrechtswidrig verschleppte Kulturgut sich zuletzt befand, die Restitution aus tatsächlichen Gründen unmöglich, etwa weil die Sache untergegangen ist, erwirbt der anspruchstellende Staat nach allgemeinem Völkerrecht[315] und auf Grundlage von Artikel 3 HLKO einen Schadensersatzanspruch. Dieser geht auf den tatsächlichen Verkehrswert der Sache zum Zeitpunkt der völkerrechtswidrigen Wegnahme.[316]

b. Rechtliche Unmöglichkeit

Nach Weiterverkauf eines Kulturguts an eine Privatperson kann ein völkerrechtswidrig verlagertes Kulturgut nicht mehr dem unmittelbaren staatlichen Eigentum zugeordnet werden. Dies ist jedoch kein Fall rechtlicher Unmöglichkeit[317], da der zur Restitution verpflichtete Staat *theoretisch* intern zur Ermög-

---

[313] Zur territorialen Zuordnung eines Kulturguts ausführlicher unter 4 B I ff.

[314] Prott/O'Keefe, S. 827, Rz. 1528.

[315] Thomsen EPIL 10 (1987), S. 375, 377.

[316] Brownlie, State Responsibility, 231 mwN. Die Schadensermittlung ist ein schwieriges Unterfangen, weil bei Kulturgütern aus bestimmten Regionen ideelle Werte eine entscheidende Rolle spielen können. Der eigentliche Schaden liegt im Besitzverlust eines Kulturguts, dass auf den Verkehrswert zum Zeitpunkt der Erhebung des Anspruchs ermittelt werden solle, da sich der Wiedergutmachungsanspruch auf die Wiederherstellung des status quo ante bezieht. Der für eine Region besondere ideelle Wert lässt sich indes hierdurch nicht kompensieren. Eine Entschädigung wird daher nur in den seltesten Fällen den tatsächlichen Verlust ausgleichen können. Zudem besteht hier die Gefahr, dass der Anspruchsverpflichtete seine wirtschaftlichen Interessen zu Lasten des Berechtigten einstellen wird und eher den vergleichsweise niedrigsten Wert als Entschädigung zu zahlen bereit sein wird. Schon aus diesem Grund zielt diese Abhandlung auf die Restitution, so diese noch möglich ist.

[317] Eine zwangsweise Enteignung gegen Entschädigung zur Erfüllung des Restitutionsanspruchs bei der im Staat ansässigen Privatperson kann aber unter Umständen eine hinreichende Verbindung zu staatlichem Eigentum bilden. Es kann noch keine rechtliche Unmög-

lichung der Restitution verpflichtet ist[318], so etwa durch Zahlung einer Entschädigung an den gutgläubigen Erwerber.[319]

Indes ist es in der völkerrechtlichen Praxis häufig schwierig, den vorherigen ununterbrochenen staatlichen Besitz nachzuweisen, insbesondere dann, wenn dieser bewusst verheimlicht worden ist. Letztlich geht es auch hier wieder um die Frage des einzuschlagenden Verfahrens. Ein Staat, der sich bereits vom Grundsatz her weigert, völkerrechtswidrig verschleppte Kulturgüter herauszugeben, wird sich kaum von dem anspruchsstellenden Staate dazu anhalten lassen, mittels Entschädigung bei seinem die Sache nunmehr besitzenden Staatsangehörigen die Restitution zu Gunsten des anspruchsstellenden Staates durchzuführen.[320]

VI. Die allgemeinen Grundlagen eines Restitutionsanspruchs am Beispiel des alliierten Rückerstattungsrechts

Der Begriff der Restitution fand in besonderer Weise im intertemporalen Sonderrecht[321] der Rückerstattungsregelungen der einzelnen Besatzungszonen Eingang.[322] Sachlogisch wurde in den alliierten Verordnungen[323] *allgemeine Tatbestandsvoraussetzungen* für das Vorliegen eines Restitutionsanspruchs entwickelt.

---

lichkeit zur Rückgabe im völkerrechtlichen Sinne vorliegen, wenn ein Staat, der nach völkerrechtlichen Normen für den Raub der Kriegsbeute zur Verantwortung gezogen werden kann, mit eigenen Mitteln, insbesondere im Wege der Enteignung, noch auf den kriegsbedingt verlagerten Gegenstand zugreifen kann. Dies gilt ganz besonders für den Fall, in welchem sich der in Anspruch genommene Staat durch bewusste Verbringung des zu restituierenden Gegenstandes in die privatrechtliche Sphäre seinen völkerrechtlichen Verpflichtungen entziehen möchte.

318 Verdross/Simma, § 1295. Becher 96, 98 sagt hierzu ausdrücklich: „No State is entitled to refuse to return such property by basing the refusal on existing internal statutes and competences."

319 Hierzu Mráz, 235 unter Bezugnahme auf Artikel 934 II des Schweizerischen ZGB.

320 Deshalb ist es natürlich etwas ganz Anderes, wenn von vornherein eine private Plünderung stattgefunden hat, die mangels Kenntnis dem in Anspruch genommenen Staate nicht angelastet (zugerechnet) werden kann. Auf das Problem der Objektabgrenzung und Titelproblematik eingehend Turner, Restitutionsrecht, 10ff. und 102ff.

321 Zu den Besonderheiten siehe etwa Heß, Intertemporales Privatrecht, 250ff.

322 Siehe ausführlicher im Dritten Kapitel: Rückerstattung durch die alliierten Besatzungsmächte und Wiedergutmachung in der Bundesrepublik Deutschland.

323 Die Grundprinzipien für die Restitution entstammen bereits der Londoner Erklärung von 1943 und den verschiedenen Direktiven des alliierten Besatzers, so insbesondere die MGR 18-106 und 110, 18-107.1 und 107.2. In den Fußnoten zu den einzelnen Prinzipien wird deshalb die jeweils einschlägige Rechtsquelle, insbesondere aus der amerikanischen Besatzungszone, nachgewiesen.

Maßgeblich waren hiernach die Identifikation des zu restituierenden Kulturguts sowie die Territorialität.[324] Diese Voraussetzungen kennzeichnen Grundpfeiler jeder Restitution und sind daher für jeden Restitutionsanspruch als zu beachtende Mindestvoraussetzungen unbeschadet des anzuwendenden Rechtsgebiets (intertemporales Sonderrecht, Völkerrecht, internationales Privatrecht) anzusehen.

1. Die Identifikation eines unter Gewalt und Zwang entzogenen Kulturguts

Die Identifikation eines Kulturguts hat zum Ziel, dass nur derjenige Gegenstand herauszugeben ist, der im Zuge von Krieg und Verfolgung auch tatsächlich weggenommen wurde.[325] Dies führt aber mitunter zu großen praktischen Problemen etwa kunsthistorischer Art, wenn zu ermitteln ist, ob der in Streit stehende Gegenstand, etwa aus einer Serie von Lithographien, Graphiken und Zeichnungen eines Meisters, genau derjenige ist, der auch entwendet wurde. Die Frage, ob es sich um „clearly identified looted material" (so beispielsweise in MGR 18–106, 110, 445.3) handelt, vermochte der jeweils hierfür zuständige Kunstschutzoffizier nicht immer eindeutig zu beantworten.[326]

2. Territorialität und formalisiertes Verfahren

Die Rückführung von in besetzten Gebieten geraubten Kulturgütern war stets an den Ort durchzuführen, an welchen sich das Kulturgut zuletzt vor seiner kriegs- oder verfolgungsbedingten Verlagerung befunden hat (Prinzip der *Territorialität*[327]). Dabei war ein *streng formalisiertes Verfahren* einzuhalten, insbesondere im Hinblick auf die Darlegung und den Beweis des Verlagerungsvorgangs und der Berechtigung des Antragsstellers.[328]

Entscheidend für das Restitutionsrecht in der Zeit der Rückerstattung und Wiedergutmachung war die Unterscheidung mittels des Charakters des Entzuges: Nur Wegnahmen unter Gewalt oder Zwang waren restitutionspflichtig.[329] Als

---

[324] Kowalski, art treasures, 48 ff.

[325] Unter anderem MGR 18–106; 110; 225.3; 400 sowie Law No. 52 in der amerikanischen Besatzungszone.

[326] So etwa die amerikanischen Experten bei der MFA&A (Monuments, fine arts & archives) respektive im OMGUS (Bezeichnung für die amerikanische Militäradministration in Deutschland).

[327] MGR 18–106 und 110 [„in existence and located in an occupied territory"], MGR 19–203 a.5 [Erfordernis des „last known resident of a claimant country"], vertiefend Kowalski, art treasures, 54.

[328] MGR 18–101 und 103, siehe hierzu Kowalski, art treasures, 56 mwN.

[329] Siehe insbesondere unter MGR 19–100 (2a). Grundlegend hierzu Kowalski art treasures 52, der als "Criteria of Force" das Memorandum on Restitution as affected by Reparations,

eine allgemeine Voraussetzung für eine Restitution darf das in den alliierten Rückerstattungsregeln übliche Erfordernis des Entzugs unter Gewalt und Zwang (*force and duress*) heute nicht mehr angesehen werden: Es wurde ein zweites Mal der selbe Fehler einer groben Verallgemeinerung gemacht, der aus Gründen einer effektiven und schnellen Rückabwicklung im Zeitalter der Rückerstattung und Wiedergutmachung praktiziert wurde. Ansonsten blieben nämlich erneut diejenigen Vorgänge ausgeklammert, die durch ein äußerlich legales Erscheinungsbild eines einvernehmlichen rechtsgeschäftlichen Transfers gekennzeichnet waren, obgleich die allgemeine Zwangslage den eigentlichen Hintergrund bildete.

VII. Die „Restitution in kind"

1. Begriff

Über Zulässigkeit und Notwendigkeit einer „restitution in kind" haben die Alliierten bereits vor Ende des Zweiten Weltkriegs diskutiert. Dabei haben sie sich zumindest auf einen gemeinsamen Anwendungsbereich einigen können, dessen Voraussetzungen eine eingrenzende Beschreibung seines Anwendungsbereichs gestatten.

Die restitution in kind bedeutet die Befugnis, den kriegsbedingten Verlust eines besonders bedeutenden Kulturguts durch Aneignung eines gleichwertigen Gegenstandes auszugleichen.[330] Insoweit ähneln sich also der oben geschilderte Reparationsbegriff und die restitution in kind als derselbe Terminus für eine „gattungsmäßige Wiedergutmachung".[331]

Ist die Rückgabe nicht möglich, weil das geforderte Kulturgut zerstört wurde, stellt sich die Frage, ob die Möglichkeit der Hingabe eines äquivalenten Gegenstands besteht. In diesem Kontext ist die Auseinandersetzung mit der Frage geboten, ob eine Restitution von Kulturgütern auch andere Kriegsverluste zuläs-

---

Force and the German Minimum Economy der U.S. Property Division and Restitution Branch des OMGUS zitiert: "1. Force in a physical sense. 2. The threat of physical force, although the presence of the occupation army was not sufficient to constitute such a threat. 3. Requisition. 4. Public sale after confiscation (sale by sequestrator). 5. Involuntary acceptance of payment (…). 6. The removal of objects during the German withdrawal from the occupied territory, except the removal of personal property of the colloborators who were leaving the country together with the German army."

330 Der Begriff ist irreführend, ist er doch die englische Übersetzung der „restitutio in specie", also der Rückgabe derselben (!) Sache. Die Literatur verwendet diesen „schillernden Begriff" auch als *„restitution à l'equivalent", restitution par remplacement, restitution par replacement und kompensatorische Restitution*, vergleiche zum Ganzen STUMPF 79 mwN. Dies mag daher rühren, dass die r.ik. insbesondere im Hinblick auf die auch damals schon geführte Raubgolddebatte verwendet wurde. Deshalb wird heute gerne der spezifischere Terminus restitution by replacement verwendet (O'KEEFE/PROTT, S. 828f., Rz. 1530 und D'ARGENT Spoils of War, No. 4, August 1997, S. 20, 24ff.).

331 GATTINI 67, 71 und HARTWIG EuGRZ 1999, 553.

sigerweise ausgleichen kann.[332] Da die restitution in kind wie die Reparation einen Ersatz für zerstörte Kulturgüter vorsehen kann, wird die restitution in kind auch als eine besondere Form der Reparation angesehen.[333]

2. Keine gewohnheitsrechtliche oder vertragliche Verfestigung

Grundlegend liegt die Schlussfolgerung nahe, dass die restitution in kind im Völkerrecht sich nicht über die bloße Rechtsidee hinaus zu einem allgemeinen ungeschriebenen (gewohnheitsrechtlichen) Grundsatz verfestigt hat.[334] Lediglich eine von den Alliierten gemeinsam erlassene Kontrollratsdirektive vom 21. Januar 1946[335] sah eine Regelung vor, welche eine restitution in kind für denkbar hält:

> „Bei Gütern von einmaligem Charakter, deren Rückführung unmöglich ist, wird eine besondere Anweisung die Art von Gütern festsetzen, bei denen ein Ersatz in Frage kommt, die Art dieses Ersatzes und die Bedingungen, unter denen diese Güter durch gleichwertige Gegenstände ersetzt werden können."

Die Befugnis zur *restitution in kind*[336] bedarf daher einer ausdrücklichen vertraglichen Vereinbarung auf völkerrechtlicher Ebene, in welcher das Bedürfnis zum Ersatz der für den Verluststaat wertvollen Kulturgüter festgestellt wird.[337] Eine besondere Anweisung, wie in der vorgenannten Anweisung stipuliert, ist aber nie ergangen.[338]

Dies spricht dafür, dass das Vorgehen der restitution in kind als allgemeine Praxis in den deutschen Besatzungszonen in einem offenen Kontrast zur Praxis der Alliierten in den Friedensverträgen mit den Achsenmächten[339] weder gewünscht noch anerkannt war. Nicht zuletzt äußert sich das an den sehr unterschiedlichen

---

332 Gedanke der kompensatorischen Restitution, der Kulturgüter als Ersatz für Zerstörungen und Kriegstote ansieht.

333 Seidl-Hohenveldern RGDIP 1993, 395ff., differenzierend Engstler 163f.

334 Kurtz, in: Simpson, Spoils of War 146ff.

335 CONL/P (46) 3, abgeänderte Fassung (abgedruckt bei Vásárhelyi, S. 82f. und in von Schmoller/Maier/Tobler, § 52, S. 23).

336 Die r.i.k. ähnelt insoweit der aus dem Zivilrecht bekannten Ersetzungsbefugnis, die im Regelfall nicht einseitig ausgeübt werden darf. Jedenfalls vermochte das Besatzungsstatut, gleich auf welcher Grundlage er beruhte [siehe hierzu 4 D III], keine völkerrechtliche Befugnis zur r.i.k. begründen.

337 Vgl. Ziff. 3 der Kontrollratsdirektive vom 21. Dezember 1946 (abgedruckt in von Schmoller/Maier/Tobler, § 52, S. 23); Minutes of the Sixty-Third CORC meeting, 8 July 1946, File „CORC/M46(50–67)", Records of the Allied Control Council, Germany, 1941–1950, RG 43 zitiert bei Kurtz in Simpson, S. 149. Vgl. beispielsweise auch Art. 24 Abs. 3 des Friedensvertrages mit Ungarn (UNTS 41, 135).

338 Kowalski, art treasures, 73 und Stumpf 190ff.

339 In den folgenden Friedensverträgen der Alliierten waren restitution in kind Regelungen enthalten: Art. 75 Abs. 9 des Friedensvertrages mit Italien vgl. auch Art. 12 Abs. 3; Art. 22 Abs. 3 des Friedensvertrages mit Bulgarien; Art. 24 Abs. 3 des Friedensvertrages mit Ungarn.

Haltungen der Alliierten in den verschiedenen Besatzungszonen. Die USA nahmen von der restitution in kind Abstand, weil sie die Einheit des kulturellen Erbes Deutschlands durch ein solches Verfahren gefährdet sahen.[340] Unbestritten scheint deswegen im Besonderen, dass eine restitution in kind, wie sie von der Sowjetunion als eine *en masse replacement*[341] praktiziert worden war, schon deswegen unzulässig ist, weil der alliierte Kontrollrat eine restitution in kind nur im begründeten Einzelfall für zulässig hielt.[342]

3. Das Problem der Vergleichbarkeit

Eine tatsächliche Vergleichbarkeit von Kunstgegenständen im Rahmen der restitution in kind ist schon vom Grund her nur in den seltesten Fällen möglich.[343] Im Gegensatz zur Reparation muss nämlich ein sachlicher Zusammenhang zwischen dem zerstörten und zum Zwecke der restitution in kind weggenommenen Kulturgut bestehen: Eine Reparationsleistung verkörpert nur einen bestimmten materiellen Sekundärwert in Form des Schadensersatzes, der mit dem ursprünglichen Schadensposten nichts (mehr) gemein hat. Was für ein sachlicher Zusammenhang aber zwischen dem zerstörten und/oder weggenommenen Gegenstand zum Ersatzgegenstand bestehen muss, konnte bis heute nicht in zufriedenstellender Weise geklärt werden.[344] Die praktischen Schwierigkeiten in der Festlegung der Vergleichbarkeit von Kulturgütern konnten denn auch nicht zufriedenstellend ausgeräumt werden.[345] Dies ist am Einfachsten mit der Einzigartigkeit eines jeden Kulturguts zu erklären.[346]

VIII. Die kompensatorische Restitution

Die kompensatorische Restitution ist ein Begriff, der erst lange Zeit nach den Plünderungen durch nationalsozialistische und russiche Sondereinheiten in Artikel 6 des *Federal'nyj zakon „O kult'turnych cennostjach, peremeščennych v Sojus*

---

340 Text of Directive to Commander-in-Chief of U.S. Forces of Occupation, Regarding the Military Government of Germany, July 11, 1947, abgedruckt in Dep't St. Bull. 17 (1947), No. 421, S. 186, 190.

341 LÅNGSTRÖM 290, KURTZ in Spoils of War, 113.

342 Akte CORC/M (46), Record Group 43, Records of the Allied Control Council, Germany 1941–1950.

343 STUMPF 193ff.

344 Als mögliche fünf Kategorien schlugen die Amerikaner im CORC vor: Kunstwerke von Meistern der Malerei, der Kupferstecherei und der Bildhauerei; wichtige Arbeiten von Meistern der angewandten Kunst und besonders bedeutende Beispiele nationaler Kunst; historische Überreste; Manuskripte und seltene Bücher und Objekte von Bedeutung für die Geschichte der Wissenschaft (Kurtz, S. 149f.), vgl. i.ü. ENGSTLER 163.

345 ENGSTLER 163, GATTINI 67–82 (82).

346 Hierzu eingehend STUMPF 195.

SSR v rezul'tate Vtoroj mirovoj i nachodjaščichsja na territorii Rossikskoj Federacii"[347] – *Sobranie zakonodatel'stva* RF 1998, Nr. 16, Pos. 1799 (im Folgenden: Beutekunstgesetz vom 15. April 1998[348] bekannt werden sollte.

Die *kompensatornaja restitucija* beinhaltet nach Ansicht des Beutekunstgesetzes der Duma und des russischen Verfassungsgerichts die Grundlage für die völkerrechtliche Verantwortlichkeit eines Aggressorstaates für von ihm rechtswidrig verursachte Schäden durch Raub oder Zerstörung von Kulturgegenständen im angegriffenen Staat.[349] Die kompensatorische Restitution wird in Artikel 4 im Beutekunstgesetz wie folgt definiert:

---

[347] Föderales Gesetz über die im Zuge des Zweiten Weltkriegs in der Sowjetunion verbrachten und auf dem Gebiet der Russischen Föderation befindlichen Kulturgüter .

[348] Die Übersetzung des Auswärtigen Amts ist einzusehen in ArchVR 38 (2000), S. 85–115 und abgedruckt hinten als Anlage 7.

[349] Schröder 32, Dolzer 561, Hartwig 554. Im Zweiten Beutekunsturteil von 1999 heißt es hierzu (Übersetzung von Tigran B. Beknazar, Heidelberg, *Hervorhebungen* durch den Verfasser): „Das Auferlegen der Pflicht sowohl zur gewöhnlichen als auch zur kompensatorischen Restitution von Kulturgütern auf die ehemaligen Feindstaaten ist durch das Prinzip der völkerrechtlichen Verantwortung eines Aggressorstaates für den Beginn und die Führung eines Angriffskrieges, das im Völkerrecht noch vor dem Beginn des Zweiten Weltkriegs Anerkennung erfahren hat, bedingt. Die Rechtskraft der Maßnahmen, die durch die Siegermächte gegen Deutschland und seine ehemaligen Militärverbündeten getroffen wurden, wurde in der *Satzung der UNO* bestätigt, welche gemäß *ihres Art. 107* „Maßnahmen, welche die hierfür verantwortlichen Regierungen als Folge des Zweiten Weltkriegs in bezug auf einen Staat ergriffen oder genehmigt haben, der während des Zweiten Weltkrieges Feind eines Unterzeichnerstaats dieser Satzung war, keinesfalls außer Rechtskraft setzt oder diesen Maßnahmen entgegensteht." Dies bezieht sich auf den gesamten Komplex der Normen, die die Verantwortung Hitlerdeutschlands und seiner ehemaligen Militärverbündeten festgelegen, und folglich auch auf die kompensatorische Restitution der Kulturgüter, die für die Zwecke der Entschädigung der Verluste durchgeführt wurde, die der Union der SSR als betroffenem Staat durch die Vernichtung und Plünderung ihrer Kulturgüter in den besetzten Gebieten zugefügt wurden. Kraft dieser Normen haben die ehemaligen Feindstaaten – Deutschland, Bulgarien, Italien, Ungarn, Rumänien und Finnland – das Eigentumsrecht an denjenigen, ihnen ehemals gehörenden Kulturgütern verloren, *die rechtmäßig entzogen und von ihrem Territorium auf das Territorium der Union der SSR in Verwirklichung ihres Rechts auf kompensatorische Restitution verbracht wurden; ihrerseits hat die Union der SSR das Recht auf Besitz, Nutzung und Verfügung über diese erhalten. An die Russische Föderation als Rechtsnachfolgerin der UdSSR sind die entsprechenden Rechte an diesen, sich auf ihrem Territorium befindenden Kulturgütern übergegangen.* Der Verzicht der ehemaligen Feindstaaten, auch im Namen ihrer Staatsangehörigen, auf alle Ansprüche beliebigen Charakters gegenüber den Alliierten und Vereinten Mächten, die unmittelbar mit dem Krieg zusammenhängen oder sich aus den Maßnahmen ergeben, die aufgrund des Bestehens eines Kriegszustandes getroffen wurden, *ist in den Friedensverträgen* von 1947 (Art. 28 Abs. 1 des Friedensvertrags mit Bulgarien, Art. 32 Abs. 1 des Friedensvertrags mit Ungarn, Art. 30 Abs. 1 des Friedensvertrags mit Rumänien, Art. 76 Abs. 1 des Friedensvertrags mit Italien, Art. 29 Abs. 1 des Friedensvertrags mit Finnland) unmittelbar festgelegt. Die Unwiderruflichkeit der Maßnahmen zur Vermögensentziehung, die aufgrund der Rechte und der Verantwortlichkeiten der Besatzungsmächte in Deutschland (in den Jahren 1945–1949) getroffen wurden, wurde auch in der Gemeinsamen Erklärung der Regierungen der Bundesrepublik Deutschland und

> „Kompensatorische Restitution" ist die Art der materiellen völkerrechtlichen Haftung eines Aggressorstaates, die in den Fällen angewandt wird, in denen die Durchführung seiner Haftung in Form einer gewöhnlichen Restitution nicht möglich ist, und die in der Verpflichtung dieses Staates besteht, den einem anderen Staat zugefügten materiellen Schaden durch Übergabe (oder Einzug durch den geschädigten Staat zu seinen Gunsten) von Gegenständen der gleichen Art wie die geraubten und von dem Aggressorstaat unrechtmäßig aus dem Hoheitsgebiet des geschädigten Staates ausgeführten zu kompensieren.

Das Völkerrecht kennt die Restitution als Form der Wiedergutmachung völkerrechtlichen Unrechts und völkerrechtlicher Delikte. Kann diese Wiedergutmachung nicht, wie bei Kulturgütern erforderlich, durch eine Rückgabe in natura (restitutio in integrum) erzielt werden, verbleibt noch die Möglichkeit einer angemessenen Entschädigung durch Zahlung einer entsprechenden Geldsumme als Kompensation. Die Kompensation ist also kein Mittel der Restitution, sondern ein aliud.

Weiterhin bleibt festzuhalten, dass ein rein innerstaatliches Recht wie das russische Beutekunstgesetz keine Rechtsquelle des Völkerrechts begründen kann[350]: Zu einer nachträglichen Legalisierung einer vormals völkerrechtswidrigen Lage bedarf es der Zustimmung des von der Rechtsveränderung betroffenen Staats. Hierfür genügt nicht eine einseitig erlassenes Gesetz, dass die Auffassung eines Staates zum Völkerrecht widerspiegelt. Mit dem Beutekunstgesetz wird vom russischen Gesetzgeber zudem ein Völkerrecht in den Jahren der Besatzungszeit von 1945–1949 als existent suggeriert, dass in dieser Form[351] überhaupt nicht exis-

---

der Deutschen Demokratischen Republik zur Regelung offener Vermögensfragen vom 15. Juni 1990, welche Bestandteil des Vertrages zwischen der Bundesrepublik Deutschland und der Deutschen Demokratischen Republik über die Herstellung der Einheit Deutschlands vom 31. August 1990 (Einigungsvertrag) ist, bestätigt. Kraft dessen kann die Rückgabe von denjenigen verlagerten Kulturgütern, die sich im Eigentum Deutschlands und seiner ehemaligen Militärverbündeten befanden – in staatlichem, privatem, kommunalen Eigentum und im Eigentum der gesellschaftlichen und anderer Organisationen und Vereinigungen – und die in die Union der SSR im Rahmen der kompensatorischen Restitution auf gesetzmäßiger Grundlagen eingeführt wurden, *entweder im Zuge eines beiderseits vorteilhaften Austauschs im Rahmen der internationalen Zusammenarbeit aufgrund des Abschlusses völkerrechtlicher Verträge oder als freundlicher Akt seitens Rußlands einem ehemaligen Feindstaat gegenüber oder als Akt des guten Willens und Humanismus, wie dies insbesondere durch Art. 8 Punkt 3 des Gesetzes für Eigentümer vorgesehen worden ist, die Opfer des Nazismus in den ehemaligen Feindstaaten waren, stattfinden.*

350 BROWNLIE, Principles, S. 35, siehe auch Art. 27 der Wiener Vertragsrechtskonvention von 1969.

351 Zu diesem Aspekt erschöpfend und ausführlich PIENKNY 243–273, sodass sich an dieser Stelle eine eingehendere Erörterung erübrigt. PIENKNY untersucht die Zulässigkeit der kompensatorischen Restitution und kommt zum Schluss, dass gerade die Akte, die aufgrund der Rechte und Verantwortlichkeit durch die Besatzungsmächte in Deutschland in den Jahren 1945–1949 ergangen sind, eine kompensatorische Restitution nicht zu rechtfertigen vermögen (Ergebnis auf S. 274 entgegen der Argumentation des russischen Verfassungsgerichts –

tierte.[352] Das mag man bereits daraus ersehen, dass das russische Beutekunstgesetz die diametral entgegengesetzten völkerrechtlichen Termini Restitution und Kompensation zur kompensatorischen Restitution verbindet und damit scheinbar bedenkenlos den völkerrechtlichen Primär- mit dem Sekundäranspruch vermengt. Bereits dies ist aus völkerrechtlicher Sicht nicht hinnehmbar.

Zweifelhaft ist auch die Rechtfertigung, die auf russischer Seite für das Procedere der Kompensation vertreten wird: Das ist nicht etwa die Entgegennahme äquivalenter Geldzahlungen, sondern die eigenmächtige Wegnahme deutscher Kulturgüter als Ersatz für eigene Kulturgutverluste. Dies wäre aber keine Frage der Kompensation, sondern der völkerrechtlichen Ersetzungsbefugnis im Sinne der restitution in kind.

Eine allgemeine Übung der Alliierten, die eine einseitige, freie Auswahl und Wegnahme von Kulturgütern als Ersatz für Kriegsschäden vorsieht, hat es im besetzten Deutschland niemals und schon gar nicht zum Zwecke der kompensatorischen Restitution gegeben.[353] Aus diesem Grunde zeugt der russische Sprachgebrauch von einem erneuten Bemühen, sein eigenes Verhalten nach Ende des Zweiten Weltkrieges rückwirkend (ex post factum) zu legitimieren. Des weiteren definiert sich die kompensatorische Restitution ganz anders als die restitution in kind: Während die restitution in kind sich auf die Befugnis zur Ersetzung eines durch Zerstörung verloren gegangenen Kulturguts durch einen *gleichwertigen* Gegenstand bezieht, verleiht die von Rußland eingeführte Idee der kompensatorischen Restitution die Befugnis, *jegliche* Verluste auszugleichen, auch wenn diese mit dem weggenommenen Kulturgegenstand überhaupt nichts gemein haben.[354]

Die völkerrechtliche Zulässigkeit der kompensatorischen Restitution kann ohnehin weder aus den nach dem Zweiten Weltkrieg geschlossenen Friedensverträgen zwischen den Alliierten und den ehemaligen Achsenstaaten (insbesondere in den darin aufgeführten Verzichtserklärungen[355]) noch aus dem damals geltenden völkerrechtlichen Gewohnheitsrecht[356] hergeleitet werden. Auch eine nachträgliche völkerrechtliche Anerkennung der kompensatorischen Restitution hat nicht stattgefunden.[357]

---

wiedergegeben u.a. in der vorletzten FN – in seinem Beschluss Nr. 12 P vom 20. Juli 1999 auf Grundlage des russischen Beutekunstgesetzes).

[352] So auch Dolzer, NJW 2001, 560f.

[353] So bereits Fiedler, Kulturgüter als Kriegsbeute, 28.

[354] Gemeint ist beispielsweise ein Ausgleich von Kriegstoten, zerstörten Anlagen etc.

[355] Zum Gedanken der kompensatorischen Restitution auf völkervertraglicher Basis und zur Möglichkeit gewohnheitsrechtlicher Anerkennung in erschöpfender Darstellung Pienkny 276ff. und 280ff.

[356] Hierzu ausführlich Pienkny 276–278.

[357] Vgl. im Einzelnen bei Pienkny 285–289.

B. Bundesrepublik Deutschland und Stadt Gotha gegen Cobert Finance S.A. und Sotheby's

I. Einleitung

Das Gemälde „Heilige Familie mit dem Heiligen Johannes und Elisabeth und Engel" des bedeutenden holländischen Manieristen Joachim Wtewael entstand zwischen 1603 und 1608 und sollte erst Jahrhunderte später mit den Wirren zum Ende des Zweiten Weltkrieges erneut ein wechselhaftes Schicksal erfahren.[358]

In einem Musterprozess hatte sich der Londoner High Court mit der Frage zu befassen, ob an gestohlenen oder abhanden gekommenen Kunstgegenstände durch Verjährung ein Rechtserwerb durch Zeitablauf möglich ist. Zudem galt es, den rechtmäßigen Eigentümer des Gemäldes zu ermitteln. Auf Grundlage des Urteils und der hierzu publizierten Stellungnahmen treten die mannigfachen und vielschichtigen Schwierigkeiten und auch Lichtblicke bei der Lösung dieses Falles eindrucksvoll zutage und können im Folgenden deshalb nur im Überblick nachgezeichnet werden.[359]

Besonders kompliziert war die Nachzeichnung des Weges des Bildes nach seinem Diebstahl aus der Gemäldesammlung im Schloß Friedenstein, dessen Rechtsträger nunmehr die Stadt Gotha ist, am Ende des Krieges im Jahre 1945 bis hin zum Erwerb durch den Beklagten im Jahre 1989, zumal die „Verkehrsfähigkeit" – und damit der ungehinderte illegale Transfer des Bildes durch seine geringe Abmessungen (21 mal 15,7 cm) nicht unbeträchtlich gefördert wurde.

Das Bild wurde lebhaft in der Unterwelt lanciert und so beispielsweise von Drogenhändlern, Waffenschiebern und professionellen Kunstschmugglern, so auch der ehrenwerten togolesischen Diplomatengattin Dikeni, transportiert. Dementsprechend erwies sich die Rekonstruktion der Wahrheit bei diesen „betrogenen Betrügern" – der Vorsitzende, Justice Moses, nennt sie dramatis personae – als äußerst schwierig: So verloren allein zur Zeit der Vernehmungen von Zeugen,

---

[358] Urteil des High Court of Justice vom 9. September 1998, abgedruckt bei CARL/GÜTTLER/SIEHR ab S. 78. Das Bild war indes bereits im 30-jährigen Krieg Kriegsbeute gewesen und war im 17. Jahrhundert vom Herzog von Gotha in München erworben worden, siehe die Einleitung bei CARL/GÜTTLER/SIEHR, Kunstdiebstahl vor Gericht.

[359] In dem Buch von CARL/GÜTTLER/SIEHR, „Kunstdiebstahl vor Gericht" wird die Entscheidung *vollständig* im englischen Original und in seiner deutschen Übersetzung abgedruckt. Zudem finden sich dort noch weitere Materialien und Hintergrundinformationen zu dem Gerichtsverfahren. Die Darstellung dieser Abhandlung muss sich auf die für sie wesentlichen Gesichtspunkte beschränken, ohne aber mit der Auslassung bestimmter Fragestellungen eine Wertung über deren Bedeutung abgeben zu wollen. Zur vertieften Recherche zu den Detailfragen und zu den hier nicht aufgeworfenen Fragestellungen sollte das Werk unbedingt heangezogen werden.

drei nicht involvierte Ikonenhändler in Berlin ihr Leben, weshalb der betroffene Zeuge sich nur bereiterklärte, sich in seinem als Schallplattenladen getarnten Etablissement in Berlin-Wedding befragen zu lassen.[360] Das Verfahren dauerte insgesamt acht Jahre.

Im Verfahrensstadium des „pre-trials“, der allein fünf Jahre in Anspruch nahm konnte der Kläger von der Beklagten die zur Ermittlung der Wahrheit erforderlichen Unterlagen einfordern (*discovery*) – ein für hiesige Verhältnisses wegen des Verbots des Ausforschungsbeweises unzulässiges, im Vereinigten Königreich aber übliches Verfahren. Besonders wichtig und interessant waren hier die bei Sotheby's befindlichen Unterlagen, zumal das Auktionshaus den Anwälten von Cobert Finance noch lange vor der beabsichtigten Versteigerung des Bildes geraten hatte, der Stadt Gotha von dem geplanten Verkauf keinerlei Mitteilung zu machen. Wegen des „common interest“ – Privilegs, das die Weigerung der Herausgabe von Unterlagen, die den Mitangeklagten belasten könnte, gestattet, konnte Sothebys die Herausgabe der Unterlagen zunächst verweigern. Erst ein Urteil des Court of Appeal vom Juli 1997 machte den Weg zu den begehrten Unterlagen frei.[361] Interessanterweise beschreibt das Auktionshaus Sotheby's in seinem Ausstellungskatalog selbst recht eindeutig die zweifelhafte Herkunft des Gemäldes und zitiert dabei einschlägige Literatur zur Beutekunst.[362] Der Vollständigkeit halber sei noch angemerkt, daß der gesamte Prozess wegen seiner hohen Kosten immer wieder zu platzen drohte und nur durch eine Kostenübernahme des Bundes im Hinblick auf den Vorschuss „gerettet“ werden konnte, welcher später gänzlich zurückerstattet werden sollte.[363]

II. Das Schicksal des Gemäldes

1. Der Raub in die Sowjetunion

Nachdem das Gemälde bis November 1927 im Besitz des Herzogs von Sachsen-Coburg war, wurde es durch eine Schiedsvereinbarung in eine Kunststiftung mit Sitz in Gotha, vergleiche § 1 des Abkommens, eingegliedert.

Es kann mit Sicherheit davon ausgegangen werden, dass das Gemälde in seinem Auslagerungsort Schloß Reinhardsbrunn in der Nähe von Gotha von der ameri-

---

[360] Carl in Carl/Güttler/Siehr 37.

[361] Vergleiche zum Ganzen Carl 39ff.

[362] Carl 33: „Aquired as a gift by Adolf Kozlenkov in Germany circa 1945“, in: Sotheby's. Old Master Paintings, London, Wednesday 1st April 1992, S. 16. Gleichzeitig wird auf das für Kenner der Materie bekannte Standardwerk für Kriegsverluste von *Bernhard*, Verlorene Werke der Malerei, verwiesen.

[363] Vergleiche hierzu ausführlich die Beiträge von Carl und Güttler in Carl/Güttler/Siehr, Kunstdiebstahl vor Gericht.

kanischen Militäradministration unberührt blieb, die im Hinblick auf die baldige Besetzung Thüringens durch die Sowjetunion ab 3. Juli 1945 keinerlei Interesse mehr daran zeigten, es in westliche Gefilde, etwa nach Coburg, zu „retten".

Sehr streitig ist, wann und von wem das Gemälde vom Schloss Friedenstein in die Sowjetunion verschleppt worden ist. Nach Ansicht des High Court ist es am Wahrscheinlichsten, dass das Gemälde einer„offiziellen" Plünderung zum Opfer fiel, da der militärische Geheimdienst SMERSH, ein Vorläufer der KGB, die absolute Leitungsmacht über alle Soldaten der Roten Armee mit dem Recht zur sofortigen Exekution innehatte und eine Privataneignung des wertvollen Gemäldes durch einen Soldaten sicher nicht geduldet hätte. Es ist jedoch durchaus denkbar, dass ein hoher Offizier der roten Armee mit Zustimmung der SMERSH das Gemälde bis zum Juli 1946 an sich nahm. Festzuhalten bleibt damit, dass das Gemälde – gegebenenfalls von einem Besitzdiener der Stiftung – auf Verlangen einem Mitglied des sowjetischen Militärs entweder ausgehändigt worden war[364] oder entwendet wurde.

2. Rechtliche Würdigung

Der High Court brachte unter Berücksichtigung des Grundsatzes der lex rei sitae deutsches Recht zur Anwendung.[365] So konnte es feststellen, dass in allen oben geschilderten Sachverhaltsvarianten ein Fall des § 935 I 2. Variante BGB zu erblicken ist:

Wurde das Bild von einem Besitzdiener der Stiftung herausgegeben, so ist das Bild abhanden gekommen, weil der Besitzherr – die Stiftung – den Besitz ohne seinen Willen verloren hat. Auf den Willen des Besitzdieners, § 855 I BGB, kommt es insoweit nicht an.[366] Der Erwerb des Bildes von einer Kontrollperson würde an seiner Verfügungsbefugnis scheitern sowie am guten Glauben des russischen Erwerbers. Viel näher liegt indes in dieser Situation die Variante der Wegnahme des Bildes (sei es durch Diebstahl, Raub oder räuberische Erpressung), welcher der High Court zutreffend folgt und damit § 935 BGB problemlos bejahen kann.

III. Fragen der Rechtsnachfolge des Klägers als Eigentümer

Die folgende Darstellung zeigt anschaulich, auf welche Schwierigkeiten, Unwägbarkeiten und Hindernisse die Fallösung bei der Bewertung von Kulturgutverlusten nach dem Zweiten Weltkrieg stößt.

---

364 Diese vom High Court nicht angenommene Sachverhaltsvariante prüft Jayme gutachtlich im Auftrag von Carl, vgl. JAYME S. 225ff.

365 CARL/GÜTTLER/SIEHR 117.

366 OLG München NJW 1987, 1830.

Zwischen dem 6. Juli 1945 und dem 24. Juli 1946 wurden in der sowjetischen Besatzungszone, der Gotha angehörte, mehrere Verfügungen und auch Gesetze erlassen. So wurde das Bild am 6. 7. 1945 per Polizeiverfügung des Regierungspräsidenten von Thüringen auf Grundlage einer Verordnung beschlagnahmt.

Am *9. Oktober 1945* erließ die sowjetische Militäradministration (SMAD) ein Gesetz zur Enteignung und Sicherstellung von Nazieigentum, insbesondere gegen prominente Mitglieder der NSDAP, zu denen auch der Herzog von Sachsen-Coburg-Gotha gezählt wurde. Auf Grundlage des *§ 19* dieses Gesetzes ist Wtewaels Gemälde als enteignet zu betrachten, da § 19 die durch die Besatzungsbehörde beschlagnahmten Gegenstände als enteignet ansieht. Hierdurch ist das *Land Thüringen* später nach der Wiedervereinigung im Wege der Universalsukzession (dieses Institut kennt das englische Recht allerdings nicht) Eigentümerin des Bildes geworden. Allerdings steht das Bild mit Wirkung der Artikel 21 und 22 des Einigungsvertrages das Bild nach der deutschen Wiedervereinigung noch immer im Finanzeigentum des Bundes: Die Oberfinanzdirektion Thüringen hat bis heute noch keinen verbindlichen Zuweisungsbescheid an die Stadt Gotha erlassen.[367] Bis zum Ende des Prozesses war die eigentliche Aktivlegitimation umstritten, weswegen die Stadt Gotha und der Bund gemeinsam im Wege subjektiver Klagehäufung agiert hatten. Erst zum Ende der Verhandlung stellte die Beklagte die Frage der Aktivlegitimation unstreitig.

Kurz darauf wurde dieses Gesetz am *4. Dezember 1945* außer Kraft gesetzt. Es stellt sich daher die Frage, ob hierin eine Rückgängigmachung der Enteignung als actus contrarius zu erblicken ist. In Zusammenschau mit den SMAD – Befehlen Nr. 124 und 38, der die Bilder der Kunststiftung erfaßt, läßt sich cum grano salis[368] sagen, dass das Gesetz vom 4. 12. dazu diente, die Vorgehensweise im Rahmen der Beschlagnahmeverfügung vom 9. Oktober 1945 durch den Befehl Nr. 124 zu ersetzen und dadurch insbesondere die für die Beschlagnahme und Inventarisierung der Gemälde zuständigen Behörden auszuwechseln. Die Ergänzung des SMAD Befehls Nr. 124, mit der Nr. 38, die sich auf das Gemälde Wtaewals als Teil der Kunststiftung bezieht, wurde nur zufällig im Rahmen einer discovery in einer anderen Angelegenheit zugunsten des Beklagten aufgefunden.[369]

Der Rechtsstatus des Gemäldes als beschlagnahmt und damit enteignet blieb hiervon unberührt, womit es bei der späteren Universalsukzession sein Bewenden hatte.

Mit Gesetz vom 24. Juli 1946 wurden dann solche Gemälde an das Land Thüringen übereignet, die an das Land Thüringen *tatsächlich übergeben* worden sind,

---

[367] Carl in Carl/Güttler/Siehr 45.

[368] Ausführliche Begründung nachzulesen bei Carl/Güttler/Siehr, 125–145.

[369] Carl spricht von der „fehlenden Brücke“, Carl/Güttler/Siehr 36.

§ 1. Da dieses Gesetz jedoch nur solche Vermögenswerte erfasst, die tatsächlich noch nicht „übergeben" worden sind, kann es wegen des unstreitigen Verlustes seit Juli 1945 nicht mehr greifen.

Am *14. Oktober 1950* wurde die Kunststiftung nach Maßgabe des § 87 I BGB vom thüringischen Justizministerium aufgelöst, da mangels finanzieller Grundlage in dieser Zeit die „Erfüllung des Stiftungszwecks unmöglich geworden" war. Würde man die enteignende Wirkung der Beschlagnahme vom 6. Juli und 9. Oktober 1945 verneinen, wäre spätestens zu diesem Zeitpunkt auf Grundlage des § 14 der Durchführungsbestimmungen Thüringens zu § 87 BGB das Eigentum andem Bild an das Land gefallen. Im Prozess war heftig umstritten, ob eine solche Auflösung überhaupt wirksam war, weil nach der Satzung der Kunststiftung seine Auflösung nur durch einstimmigen Beschluss des Vorstands denkbar war, vergleiche § 10 dieser Satzung.

Zumal allerdings zu dieser Zeit kein Vorstand der Kunststiftung in Gotha existierte und auch kein Begünstigter der Stiftung festgelegt worden war, verblieb es nach Ansicht des High Court bei dem Eigentumsübergang an das Land Thüringen mit Auflösung der Kunststiftung. Beachtenswert ist hier die Ansicht des Gutachters der Beklagten (Prof. Dr. Brunner aus Köln), der in dieser Vorgehensweise eine unzulässige Umgehung der Gründer der Stiftung sieht. Dagegen argumentierte der High Court, dass die Auflösung der Kunststiftung nicht eine Enteignung bedeutete, sondern lediglich seinen Rechtsstatus änderte, da der Zweck der Stiftung nicht mehr zu erreichen gewesen wäre, vergleiche § 87 BGB.[370] Sicher wäre aber auch eine Diskussion im Hinblick auf die Verhältnismäßigkeit der Auflösung, insbesondere durch Wahl milderer Mittel durch Zusammenlegung mit einer anderen Stiftung, sachdienlich gewesen.[371]

IV. Der Verkauf des Bildes in die Bundesrepublik als möglicher Eigentumsverlust des Klägers

Wie und auf welchem Wege das Bild nach Berlin gelangt ist, ist zwischen den Parteien sehr umstritten.

1. Klägerdarstellung

Die Kläger gehen davon aus, dass das Gemälde im Rahmen eines sorgfältig geplanten Schmuggels nach Berlin gelangte. Das Gericht fasste die klägerische Darstellung mit folgenden Worten zusammen:[372]

---

370 Diese Diskussion wird erneut bei der Frage der Zuständigkeit des Gerichts virulent, siehe unten.

371 Vergleiche hierzu die Rechtsprechung in BVerwG NJW 1991, 713, BGHZ 99, 344.

372 Abdruck aus Carl/Güttler/Siehr (deutsche Übersetzung), 105 ff.

Die klägerseitigen Beweise dazu, wie das Bild nach Westberlin gelangt ist

Die Darstellung der Kläger hängt von den Aussagen von Zeugen ab, die in den Kunstschmuggel aus der Sowjetunion verwickelt waren. Dabei handelte es sich um die Zeugen Machin, Greschnikow und Helmut Fürst, einen deutschen Staatsbürger. Machin und Greschnikow wurden vom Leningrader Strafgerichtshof wegen Schmuggels von Kunstwerken, darunter auch des Gemäldes, zu fünf Jahren Gefängnis verurteilt. Das Milieu ihres Metiers war so trübe, daß man sich auf ihre Aussagen nur stützen sollte, wenn sie genauester Überprüfung standhalten.

Machin machte seine Aussage mit Hilfe eines Dolmetschers. Er führte aus, er habe das Gemälde zum ersten Mal in der Wohnung von Herrn Bischkinski gesehen, wo er erfahren habe, daß Herr Bischinski und sein Partner Besuewski das Gemälde auf Rechnung eines russischen Eigentümers verkaufen wollten. Er behauptet nicht, daß er den Eigentümer jemals gesehen habe, sagt jedoch, er kenne dessen Namen, wolle jedoch nicht durch dessen Preisgabe sein eigenes Leben aufs Spiel setzen. Er sagte aus, er könne bestätigen, daß der Eigentümer ein Offizier in der sowjetischen Armee war. Machin habe Greschnikow gebeten, Nachforschungen anzustellen, da Machin nicht wußte, ob das Gemälde ein Original sei. Greschnikow habe Kontakt zu Fürst aufgenommen, der unter dem Deckmantel seines Reiseunternehmens, das Gruppenreisen nach St. Petersburg organisierte, Kunstwerke schmuggeln konnte. Nach Aussage von Machin rief Fürst ihn an, um zu bestätigen, daß das Gemälde echt sei. Er habe gesagt, daß es im Krieg verschollen sei und es deshalb schwierig sein werde, es im Westen zu verkaufen. Nach Aussage von Machin sagte Fürst, er sei nicht sicher, ob er es kaufen wolle. Einige Tage später habe er sich damit einverstanden erklärt, dies zu tun. Machin habe dann Kontakt zu einer gewissen Frau Mariouena Dikeni aufgenommen, der Frau des togolesischen Botschafters in Moskau, die in der Vergangenheit Kunstwerke, unter anderem Ikonen, für Machin geschmuggelt hatte. Er habe sie überredet, sich mit Fürst zu treffen. Nach Aussage von Machin fand ein Treffen in einem Botschaftswagen statt. Er sagte aus, Fürst habe anschließend erklärt, daß er Frau Dikeni vorgeschlagen habe, sie solle DM 50.000 zahlen, und Fürst werde ihr diesen Betrag zuzüglich einer Provision von DM 30.000 zurückzahlen. Ansonsten,wenn sie nicht gewillt sei, DM 50.000 zu investieren, werde ihre Provision DM 10.000 betragen. Anscheinend hatte Fürst Greschnikow bereits DM 50.000 gegeben. Frau Dikeni habe sich Bedenkzeit ausgebeten und später eingewilligt, als Kurier zu fungieren, habe jedoch kein Geld investieren wollen.

Nach Aussage von Machin händigte er Anfang Februar 1987 Herrn Besuewski in Herrn Bischkinskis Wohnung 130.000 Rubel aus und willigte ein, 20.000 Rubel Provision zu zahlen, nachdem Früst das Gemälde veräußert hätte. Seiner Aussage zufolge übergab er das Gemälde eines Nachts zu später Stunde in Moskau an Frau Dikeni und kehrte nach St. Petersburg zurück. Seiner Aussage zufolge teilte Greschnikow Fürst mit, daß er das Gemälde eine Woche später bekommen werde. Nach einer Woche habe Fürst angerufen, um mitzuteilen, daß er das Gemälde nicht erhalten habe. Machin habe zu Frau Dikeni keinen Kontakt herstellen können. Im März 1987, d.h. zwei bis drei Wochen später, habe sie ihn angerufen und ihm mitgeteilt, sie sei krank und nicht in der Lage gewesen, das Bild nach Berlin zu bringen. Drei Tage später habe sie gesagt, sie sei wieder gesund und bereit, das Bild nach Berlin zu bringen. Machin sagt aus, er habe eine Nachricht auf Fürsts Anrufbeantworter hinterlassen und später erfahren, daß Fürst in den USA sei. Frau Dikeni habe bei ihrer Rückkehr nach Moskau gesagt, sie habe das Bild einer Verwandten in Berlin übergeben. Er habe erfahren, daß Fürst das Bild niemals wiedererlangt habe. Greschnikow, der ebenfalls vor mir als Zeuge aussagte – jedoch ohne Übersetzer –, unterstützt Machins Aussage.

Fürst machte eine mündliche Zeugenaussage, der zufolge er Greschnikow DM 50.000 als Vorauszahlung für einen Kauf übergeben hat. Er war jedoch zweifellos Teil der Organisation gewesen, die Kunstwerke aus der Sowjetunion herausschmuggelte. Er gab zu, daß er dies nicht getan habe, um damit einen Orden zu verdienen. Nach seiner Aus-

sage bot Greschnikow das Gemälde, das er anhand der Signatur als Wtewael erkannte, zum Kauf an. Er habe Greschnikow beauftragt, das Gemälde für ihn zu sichern und die DM 50.000 als Anzahlung für den Kauf zu verwenden. Der Preis, zu dem das Gemälde angeboten wurde, sei 150.000 Rubel (etwa DM 100.000 zum Schwarzmarktkurs) gewesen. Er bestätigt, daß er sich mit Frau Dikeni getroffen habe, die „Big Mamma" genannt wurde. Nach seiner Aussage sagte sie, sie müsse die Angelegenheit mit ihrem Mann besprechen. Er sagt, die Abmachung habe darin bestanden, daß er DM 80.000 an sie zahlen würde, wenn er das Gemälde in Besitz nehmen würde.
Fürst sagt aus, er sei nach Deutschland zurückgekehrt und habe erfahren, daß das Gemälde aus dem Schloßmuseum Gotha weggenommen worden war, als er in München ein Exemplar des Buches „Verlorene Werke der Malerei" sah. Er habe Greschnikow in Leningrad angerufen und ihn gebeten, die Transaktion rückgängig zu machen, da er nichts mit Kunstwerken zu tun haben wolle, die durch Plünderung aus Ostdeutschland verschwunden seien. Nach seiner Aussage teilte Greschnikow ihm mit, das Gemälde sei bereits von Machin an „Big Mamma" übergeben worden. Im März und April 1987 habe er Greschnikow mehrere Male angerufen, um Näheres über den Besuch von „Big Mamma" in Berlin herauszufinden. Greschnikow teilte ihm mit, „Big Mamma" habe zu Machin gesagt, ihre Kinder seien krank, und ihre Reise nach Berlin habe sich verschoben. Fürst sagte aus, er habe den Sommer 1987 hindurch nichts gehört und dann erfahren, daß Machin und Greschnikow vom KGB wegen ihrer Schwarzmarktaktivitäten verhaftet worden waren. Im März 1993, kurze Zeit nach Greschnikows Entlassung aus dem Gefängnis, habe er erfahren, daß „Big Mamma" nur die Hälfte des vereinbarten Betrags, nämlich DM 25.000, gezahlt habe und daß sie sie nie wieder gesehen hätten.
Auf ziemlich verschlungenen Wegen, die hier nicht näher erläutert werden müssen, kam Fürst im November 1988 in Berlin mit Peter Rohde zusammen. Wie ich bereits erwähnt habe, handelte Rohde mit russischen Ikonen. Nach Aussage von Fürst habe Rohde schließlich zugegeben, daß er das Gemälde in seinem Besitz hatte und habe ihm ein Geschäft angeboten, mit dem er das Geld wiedererlangen könne, das er bei der Vermarktung des Gemäldes verloren hatte. Nach seiner Aussage sah er das Gemälde im Dezember 1988 in Rohdes Geschäft. Die Verhandlungen mit Rohde scheiterten. Nach Fürsts Aussage suchte er im Januar 1990 das Museum in Gotha auf und sprach mit dem Museumsdirektor. Das Museum sei nicht in der Lage gewesen, den Preis von DM 400.000, den Rohde verlangte, zu zahlen. Nach Fürsts Aussage hatte Rohde ihm im Herbst 1989 mitgeteilt, daß er das Gemälde gegen eine Anzahlung weggegeben habe, daß er es jedoch wiederbeschaffen könne. Nach Aussage von Fürst sagte er zu Rohde, als das Gemälde im Juni oder Juli 1990 nicht wiederbeschafft worden war, er könne seine Ausflüchte nicht länger akzeptieren und verlangte die Zahlung eines Geldbetrages. Nach seiner Aussage erhielt er schließlich DM 25.000. Dr. Hebecker, der Fachdirektor des Schloßmuseums, bestätigt, Fürst habe sich an ihn gewandt, er sei jedoch nicht in der Lage gewesen, die DM 400.000 aufzubringen.
In einer schriftlichen Erklärung gegenüber dem Kulturattaché der Deutschen Botschaft in Togo vom 23. Juni 1993 sagte Frau Dikeni aus, sie habe das Gemälde in der Tat auf Bitte von Fürst nach Berlin gebracht. Dort habe sie Kontakt zu Rohde aufgenommen, der ihr riet, das Gemälde untersuchen zu lassen. Nach ihrer Aussage übergab Rohde das Gemälde an Martin; es sei ihr nie zurückgegeben worden. Nach ihrer Aussage verlor sie den Besitz an dem Gemälde gegen ihren Willen."

2. Beklagtendarstellung

Nach der Darstellung der Beklagten sei das Bild von einer deutschen Familie an einen russischen General namens Koslenkow als Gegenleistung für Lebensmittel u.ä. geschenkt (!) worden. Im Jahr 1982 sei General Koslenkow in der damaligen

UdSSR verstorben und habe das Gemälde an seinen Sohn Alexander weitervererbt.[373]

Dieser habe schließlich das Bild an den Ingenieur Sunguza, der in Berlin lebte, in Moskau verkauft. Auf Bitte des Käufers habe Frau Mukoko, eine afrikanische Diplomatin, 1985 das Bild nach Berlin mitgebracht. Im Jahre 1987 sei das Gemälde schließlich auf Betreiben Suzungas von Herrn Martin (Kunsthändler in Berlin) auf seinen Wert hin geschätzt worden. Schließlich habe Mina Breslaw 1988 das Gemälde erworben, die ihrerseits das Gemälde an die Beklagte Cobert weiterveräußert hatte. Die Beklagte habe schließlich das Bild der Zweitbeklagten Sotheby's übergeben, welche das Bild am 1. April 1992 versteigern wollte. Abgesehen von der Tatsache, dass ein General Koslenkow nach den Archivunterlagen überhaupt nicht existiert, waren die Aussagen vor dem High Court über den Kaufvertrag zwischen Mina Breslaw und Suzunga, insbesondere was die Höhe des Kaufpreises angeht, höchst widersprüchlich. Das Gericht würdigte die Darstellungen der Parteien wie folgt:[374]

> Tatbestandsfeststellung im Hinblick auf Unterschlagung
>
> Der entscheidende Punkt ist, ob entweder Frau Dikeni oder Rohde, nachdem sie in den Besitz des Gemäldes gelangt waren, das Gemälde unterschlugen, in anderen Worten, ob sie es gegen den Willen der Person, die das Gemälde an sie übergeben hatte, in Besitz hielten oder darüber Verfügungen trafen. Da die Tatsachenbehauptung hinsichtlich einer Unterschlagung jedoch von der Glaubwürdigkeit, insbesondere von Fürst, teilweise aber auch von Machin und Greschnikow, abhängt, war es erforderlich, deren Darstellung wiederzugeben; ich werde über ihre Glaubwürdigkeit entscheiden müssen. Ich war nicht der Auffassung, daß Machin ein Zeuge ist, auf dessen Aussagen ich mich stützen könnte. Frau Stephanie Burras, die zu diesem Zeitpunkt bei den Anwälten der Kläger angestellt war, gab eine Erklärung ab, wonach Machin bei einem Treffen im Februar 1993 gefragt habe, was ihm als Gegenleistung für eine Aussage angeboten werden würde. Sie erinnert sich auch daran, daß Fürst die Frage aufwarf, ob er eventuell Anspruch auf einen Finderlohn habe. Machin bestritt, daß er um Geld gebeten habe, sagte jedoch, er habe als Gegenleistung für Unterstützung um politisches Asyl gebeten. Er gab auch zu, daß er $10.000 von Solomon Breslaw, Mina Breslaws Sohn, angenommen habe. Solomon Breslaw wurde hauptsächlich als Zeuge präsentiert, um eine Plattform für einen Angriff auf Machins Glaubwürdigkeit zu bieten. Er sagte, Machin habe um Geld gebeten, und er habe Machin im Februar 1988 im Foyer des Hotels Savoy $10.000 gegeben. Er bestritt, daß dies mit Einverständnis Montgomerys geschehen sei, obwohl Montgomery anscheinend kurz vor der Geldübergabe in dem Hotel gewesen war. Zur gleichen Zeit habe er ihm eine Liste mit Fragen ausgehändigt. Diese Fragen seien von Montgomery gekommen und hätten die Überschrift getragen: „Fragen, die Breslaw Machin stellen sollte“. Die Fragen seien daraufhin ausgerichtet gewesen, Machins Aussage auf die Probe zu stellen und hätten, gekoppelt mit der Zahlung, die Absicht verfolgt, zu versuchen, Machin zur Unterstützung der Sachverhaltsdarstellung der Firma Cobert zu gewinnen. In Solomon Breslaws schriftlicher Aussage gab es keinen Hinweis auf die Zahlung von Geld. Es gab darin auch keinen Hinweis auf die Fragen. Meines Erachtens sollte Absatz 20 von Breslaws schriftlicher Aussage dazu dienen,

---

373 Carl/Güttler/Siehr 99 ff.

374 Abdruck aus Carl/Güttler/Siehr (deutsche Übersetzung), 109 ff.

die Tatsache zu verheimlichen, daß Montgomery bei dem Vorfall, bei dem Geld an Machin gezahlt wurde, anwesend war. Ich schenkte Breslaws Versuchen, Montgomery von der Zahlung, die ich als Bestechungszahlung an Machin betrachtete, zu distanzieren, keinen Glauben. Montgomery blieb nicht lange genug im Gerichtsraum, um seine Erklärung zu dem Fragenkatalog abgeben zu können. Während dies, ganz unabhängig von meinen Beobachtungen bezüglich Breslaw, Breslaws Glaubwürdigkeit zerstörte, wird dadurch die Darstellung der Kläger nicht unterstützt und erst recht nicht die Glaubwürdigkeit von Machin. Als er am Ende seiner Aussage gefragt wurde, ob er bereit sei, seine Aussage an den Meistbietenden zu verkaufen, antwortete er:

> „Was würden Sie anderes von einem Menschen erwarten, der fünf Jahre im Gefängnis war, hinter Gittern im Lager zum Invaliden wurde und 150.000 Rubel investiert hat?"

Ich habe Mitgefühl für jeden, der zur damaligen Zeit in der Sowjetunion eine Gefängnisstrafe verbüßte. Dieses Mitgefühl darf jedoch auf die Beurteilung seiner Glaubwürdigkeit keinen Einfluß haben. Seine eigene Aussage enthielt Widersprüche, die nicht erklärt wurden. Ich glaube ihm nicht, wenn er sagt, daß er anhand der „Verlorenen Werke der Malerei" feststellte, um was für ein Gemälde es sich handelte, wenn er, wie er zugab, kein Deutsch spricht. Seine Versuche, mich davon zu überzeugen, daß er nur sicherstelen wollte, daß das Gemälde seinem rechtmäßigen Besitzer zurückgegeben werde, waren erfolglos. Wie die anderen, war auch er an diesem Unternehmen nicht beteiligt, „um einen Orden zu verdienen".

Greschnikows Aussage war überzeugender. Ich akzeptiere seine Aussage dazu, wie Fürst durch Bischkinski und Bezuewski an das Bild kam, und seine Aussage zu der Vermittlung des Kontakts mit Frau Dikeni. Seine Aussage ist wichtig bei der Beurteilung der Aussage von Fürst, denn er sagt, Fürst habe keine Abneigung gezeigt, das Bild zu kaufen, auch wenn er sehr wohl sagte, daß es schwierig zu verkaufen sein werde. Darüber hinaus sagt er aus, nachdem das Bild Frau Dikeni übergeben worden sei, habe Fürst angerufen, um mitzuteilen, daß er das Bild nicht erhalten habe. Diese beiden Aussagen stehen in Widerspruch zu der Aussage von Fürst. Greschnikow bestritt, daß er jemals eine Anzahlung von DM 50.000 erhalten habe, um das Gemälde zu zeigen.

Es ist Fürsts Aussage, die von zentraler Bedeutung für die Behauptung der Kläger ist, daß eine Unterschlagung vorlag, sobald das Gemälde in Frau Dikenis Hände gelangte. Es gibt reichlich Gründe dafür, seine Glaubwürdigkeit anzuzweifeln. Er war in erheblichem Ausmaß daran beteiligt, Kunstwerke aus der Sowjetunion herauszuschmuggeln. 1993 behauptete Fürst, der Kurier habe Frau Sunguza geheißen (nach einer schriftlich beeidigten Erklärung, die im September 1993 von Dr. Carl, einem Partner in der Rechtsanwaltskanzlei der Kläger, abgegeben wurde). Seine Aussage, er sei nicht daran interessiert gewesen, das Gemälde zu verkaufen, wird durch Greschnikows Aussage nicht unterstützt. Es ist wichtig, daß Fürst zugab, daß er ein Honorar für die Unterstützung der Kläger im Rechtsstreit erwartete. Ungeachtet dieser Erwägungen, die kein gutes Licht auf seine Glaubwürdigkeit werfen, glaube ich Fürst, nachdem ich ihn gesehen und gehört habe, wenn er sagt, daß er das Gemälde Frau Dikeni übergeben habe, und daß es ihm, entgegen seinen Anweisungen, nie zurückgegeben worden sei. Für die Firma Cobert wurde vorgetragen, daß seine Vertrautheit mit Rohdes Geschäft, die Tatsache, daß ihm DM 25.000 gezahlt wurden, und daß Frau Dikeni im Namen von Rohde als Kurier tätig war, zeigten, daß Fürst von Anfang an davon ausging, daß Rohde am Verkauf des Gemäldes beteiligt sein werde, und daß der nachfolgende Verkauf an Mina Breslaw mit stillschweigender Einwilligung Fürsts geschah. Demzufolge habe es keine Unterschlagung gegeben.

Ich bin nicht der Auffassung, daß Fürsts Aussage, daß er DM 25.000 von Rohde annahm, die Schlußfolgerung stützt, daß Rohde den Besitz mit Fürsts Erlaubnis oder stillschweigender Einwilligung innehatte. Ganz im Gegensatz dazu erscheint es mir, daß

Fürsts Einräumung, er habe in der Tat DM 25.000 von Rohde erhalten, einen Hinweis darauf darstellt, daß er die Wahrheit gesagt hat. Ich sehe keinen Grund, warum Fürst offenbaren müßte, daß er überhaupt eine Zahlung von Rohde erhalten hatte. Ich akzeptiere, daß Fürst ein Motiv dafür gehabt hätte, jegliche Mitwirkung bei der Überlassung des Gemäldes an Rohde und jede Verantwortung seinerseits dafür, daß das Gemälde in die Hände der Firma Cobert gelangte, zu verheimlichen. Wenn er sich selbst von diesen Vorgängen distanziert hätte, hätte er eventuell erwarten können, von den Klägern in günstigerem Licht gesehen zu werden und seine Aussichten auf ein Honorar dadurch zu vergrößern. Wenn dies jedoch ein Motiv für seine Aussage gewesen sein sollte, verstehe ich nicht, warum er tatsächlich so viel über seine Verhandlungen mit Rohde und die Annahme von DM 25.000 zugegeben hat. Auch wenn ich seine Aussage mit Mißtrauen betrachtet habe, glaube ich ihm doch, was seine Beziehungen zu Frau Dikeni angeht.
Dementsprechend stelle ich als gegeben fest, daß das Gemälde 1987 Frau Dikeni übergeben und von ihr unterschlagen wurde. Wäre sie selbst Opfer einer Unterschlagung gewesen, hätte ich erwartet, daß sie dies damals Fürst mitgeteilt hätte. Auf jeden Fall ist es für die streitige Frage der Verjährung nicht von Belang, ob sie oder ein späterer Besitzer, das Gemälde unterschlagen hat."

3. Die Wirkung der Unterschlagung

Alle bisherigen Vorgänge (Wegnahme des Bildes in Gotha und Unterschlagung des Bildes durch Frau Dikeni) schließen die Möglichkeit einer Ersitzung nach § 937 BGB aus. Möglich wäre es, dass der Sohn des Generals – so er wirklich existiert hat (!) – das Bild seit 1982 binnen der Zehnjahresfrist gutgläubig ersessen hätte. Da jedoch gemäß § 943 BGB eine ununterbrochene Kette gutgläubiger Eigenbesitzer vorliegen muss, wird diese durch die Unterschlagungshandlung von Big Mamma im Jahre 1987 gegenüber Fürst unterbrochen.[375]

V. Wesentliche Rechtsfragen im Verfahren

1. Verjährung des Anspruchs aus dem Eigentum auf Herausgabe

Die grundlegende juristische Diskussion des High Court würdigt die bereits aufgeworfene Frage, ob deutsches Recht bezüglich der Frage der Verjährung Anwendung findet und ob im Falle der Bejahung dieser Frage die Restriktion des Herausgabeanspruchs auf eine Verjährungsdauer von 30 Jahren des Anspruchs aus dem Eigentum nicht dem englischen ordre public widerspricht, der eine solche Verjährung bei gestohlenen oder abhanden gekommenen Sachen nicht akzeptiert.

Das streitbefangene Gemälde des niederländischen Manieristen Joachim Wtewael wechselte häufig seinen Besitzer und wurde als „heiße Ware" rege in der Unterwelt lanciert. Nach § 198 BGB n.F. (§ 221 BGB a.F. zum Entscheidungszeitpunkt) beginnt die Verjährungsfrist des Vindikationsanspruchs des Eigen-

[375] OLG Frankfurt MDR 1976, S. 223.

tümers gegen den neuen Besitzer, der im Wege der *Rechtsnachfolge* den Besitz an der Sache erlangt, erneut zu laufen. Der High Court in London hatte deshalb die Frage zu beantworten, welche die deutsche Rechtslehre in den vergangenen Jahrzehnten mit verschiedenen Ansätzen aufgriff: Was ist unter dem Begriff der „Rechtsnachfolge" in § 221 BGB (§ 198 BGB n.F.) zu subsumieren?

Eine Rechtsnachfolge setzt einen willentlichen Besitzübergang vom bisherigen auf den neuen Besitzer voraus.[376] Zunächst wird man deshalb denknotwendig davon auszugehen haben, dass mindestens *ein* unberechtigter Besitzentzug am Anfang der Besitzerkette stehen muss. Tritt jedoch ein *weiterer unberechtigter Entzug* hinzu, so soll sich der neue Besitzer sich hierauf im Hinblick auf den Lauf der Verjährung nicht zu Lasten des Eigentümer berufen dürfen. Allerdings ist die Frage der Berechtigung des Besitzwechsels für den berechtigten Eigentümer nur schwer zu beantworten, weil er als Außenstehender die Rahmenbedingungen des erneuten Besitzwechsels wohl kaum nachzeichnen kann und dies eigentlich auch nicht soll. Sodann ist § 198 BGB dahingehend zu verstehen, dass nicht jede Rechtsnachfolge, sondern die Besitznachfolge im Vindikationsverhältnis gemeint ist, auf die sich der Regelungszweck der Norm bezieht.[377]

Damit ist der Anspruch des Klägers wegen § 198 I BGB nicht verjährt, da davon ausgegangen werden muß, dass der Sohn des Generals im Jahre 1982 den Besitz am Gemälde durch Erbschaft als Rechtsnachfolge nach § 198 BGB erlangt hat und der Anspruch des Eigentümers hierdurch vom Neuen zu laufen begann.[378]

Die Unterschlagung durch Frau Dikeni schließlich kam der Beklagten wegen § 198 BGB erneut nicht bei der Zeitberechnung zustatten, weil ab der abredewidrigen Verwendung des Gemäldes durch „Big Mama" im Wege der Unterschlagung für die Anrechnung der Verjährungszeit kein Raum ist, da keine Rechtsnachfolge im Sinne des § 198 BGB stattgefunden hat.[379] Dieses Ergebnis würde sich sogar noch verstärken, wenn man der Aussage von Frau Dikeni Glauben schenkt, sie sei bestohlen worden.

Der High Court stützt sich hier entgegen der Aufassung moderner Autoren auf eine Kommentierung von Professor Coing aus dem Jahre 1957, der eine Unterbrechung in der Kette rechtmäßigen Besitzes der Besitznachfolge stets darin sieht, wenn eine unerlaubte Handlung (Unterschlagung) stattgefunden hat.[380]

---

[376] Von Feldmann in Müko § 198 Rn. 2, Dilcher in Staudinger § 198 Rn. 3.

[377] Ganz herrschende Meinung, vgl. Finkenauer JZ 2000, 241, 243, Plambeck 122.

[378] Walter in Soergel § 198 Rn. 1.

[379] Müller-Katzenburg NJW 1999, S. 2557.

[380] Coing in Staudinger 10. Auflage, § 198 Rn. 5.

2. Verstoß gegen die englische public policy

Nach Ansicht des High Court liegt ein Verstoß der Beklagten gegen den ordre public darin, dass sie sich nach einer Reihe von Maßnahmen, die Herkunft des Bildes gegenüber dem Kläger vorsätzlich zu verschleiern, sich dennoch in der Verhandlung auf die Einrede der Verjährung nach deutschem Recht berief, obgleich sie selbst zuvor schon ihre eigene Bösgläubigkeit eingeräumt hatte. Im Urteil[381] heißt es:

> *"The law favours the true owner of property which has been stolen, however long the period which has elapsed since the original theft.*
> *If German limitation law is not disapplied the result will be to favour a purchaser with no title to the painting who does not even contend that it or its predecessors purchased the painting in good faith.*
> *To permit a party which admits it has not acted in good faith to retain the advantage of lapse of time during which the plaintiffs had no knowledge of the whereabouts of the painting and no possibility of recovering it, is, in my judgment, contrary to the public policy which finds statutory expression in Section 4.*
> *To allow Cobert to succeed, when, on its own admission it knew or suspected that the painting might be stolen or that there was something wrong with the transaction or acted in a manner in which an honest man would not, does touch the conscience of the court."*

Mit anderen Worten: Die Untragbarkeit des durch die Anwendung deutschen Verjährungsrechts sich ergebenden Resultats liegt darin, dass es den Grundgedanken der ordre public unterläuft, der in keinem Fall den Erwerb gestohlener oder abhanden gekommener Kulturgüter zulässt, dessen Rückgabeansprüche im englischen Recht unverjährbar sind: Es existiert hier kein schutzwürdiges Vertrauen, welches der Rechtssicherheit den Vorrang vor der materiellen Gerechtigkeit einräumen würde.[382] Somit konnte der Kläger insbesondere wegen der Heranziehung der Vorbehaltsklausel der ordre public auch nach Ablauf der deutschen Verjährungsfrist von 30 Jahren noch immer die Herausgabe des Gemäldes fordern.[383]

---

[381] Im englischen Original, bei CARL/GÜTTLER/SIEHR 212.

[382] HEUER NJW 1999, S. 2564.

[383] Siehe in der Berichterstattung der FAZ: CRÜWELL, Konstanze, „Hände weg von Beutekunst – Diebesgut verjährt nicht mehr: Ein Londoner Musterprozeß trocknet den grauen Markt aus“, FAZ vom 4. November 1998, S. 41.

C. Goodman v. Searle: Der Streit um Edgar Degas' Pastell „Landschaft mit Schornsteinen"

Das Verfahren Goodman[384] v. Searle steht für die typischen tatsächlichen und rechtlichen Fragen, die sich bei der möglichen Rückgabe NS-verfolgungsbedingt entzogener Kulturgüter stellen.[385]

I. Das Bild

Das Pastell „Paysage avec fumées de cheminées" steht in der Reihe vieler Werke dieses Typs, die Edgar Degas in seiner Schaffenszeit hervorgebracht hat.[386] Degas hatte viele Pastelle erstellt, meist jedoch in Form von Portraits. Die Darstellung einer Landschaft wählte er hingegen äußerst selten.[387] So nimmt es nicht weiter Wunder, dass das Art Institute in Chicago (Vereinigte Staaten von Amerika), welches über eine weltweit beachtliche Sammlung von Degas' Werken verfügt, besonders stark am Ankauf der *landscape with smokestacks* interessiert war. Jedoch mangelte es an ausreichenden finanziellen Mitteln, das Pastell zu erwerben, zumal das Angebot des New Yorker Kunsthändlers Wolf im März 1987 bei 900 000 US-$ stand.

In dieser Situation wendete sich das Art Institute of Chicago an den wohlhabenden Kunstmäzen Daniel C. Searle und bat ihn, das Werk für das Art Institute zu erwerben. Die Provenienzliste (sogenanntes *pedigree*) wies folgende Vorbesitzer auf: Atelier Degas, Collection of S.S., Lutjens Collection (Holland), Hans Wendland, Hans Frankhauser und zuletzt, seit 1951, Emile Wolf. Weiterhin war das Pastell auf mehreren Ausstellungen öffentlich gezeigt worden.

In Kenntnis dieser Tatsachen erwarb Searle das Pastell im Juli 1987 für 850 000 $, einem vergleichsweise hohen Preis, in der Annahme einer klar ermittelten Herkunft und der Kenntnis der verschiedenen Ausstellungen, auf welchem das Pastell öffentlich gezeigt worden war.[388] Nachdem Searle das Pastell an mehrere Ausstellungen entliehen hatte, entschloss er sich, es wieder zu verkaufen und

---

[384] Die Kläger führen den Namen ihrer Familie von der einst deutschen (*Gutmann*) nunmehr in der englischen Form.

[385] *Goodman v. Searle*, No. 96-C-6459 (N.D. Ill., filed Sept. 24, 1996).

[386] Es lässt sich deshalb nicht genau datieren. Man nimmt an, dass es zwischen 1890 und 1893 entstanden ist, vgl. Eugenia P. Janis, Degas Monotypes: Essay, Catalogue and Checklist, 1968.

[387] Eine Abbildung des Werkes findet sich bei den Farbtafeln hinten.

[388] Über das Verfahren hat der Prozessvertreter der Beklagten, Howard J. Trienens eine Monographie mit dem Titel Landscape with Smokestacks, The Case of the *allegedly plundered* Degas geschrieben.

schickte es 1995 entgegen dem Widerstand des Art Institute dem Kunsthändler Schab zum Verkauf nach New York. Im Dezember 1995 erhielt Searle ein anwaltliches Schreiben, in welchem er zur Rückgabe des Degas aufgefordert wurde. Die Goodmans hatten das Pastell in den Katalogen aus dem Jahre 1994 von Museen in New York und Houston entdeckt, welche das Pastell ausgestellt hatten.[389] Nachdem sich Searle geweigert hatte, den Degas zurückzugeben, erhoben die Gutmanns Klage beim Bezirksgericht New York.[390]

II. Die Gutmanns und ihr Degas

Was der pedigree (die Provenienzliste) nicht vermerkt, ist die Tatsache, dass Friedrich Gutmann den Degas über die niederländische Firma Cassirer im Jahre 1932 erworben hat und dass das Pastell bis zu seiner Entsendung im April 1939 nach Paris ununterbrochen in den Räumlichkeiten des Gutmannschen Landsitzes in den Niederlanden hing.

Das Schicksal der Familie Gutmann ist wie das vieler anderer jüdischer Familien im Holocaust sehr tragisch. Obwohl sich die Familie bereits um 1912 dazu entschlossen hatte, zum Christentum zu konvertieren, galten sie in den Augen der Nationalsozialisten wohl noch immer als Juden.[391] Friedrichs Großvater Bernhard Gutmann hatte seinerzeit die Dresdner Bank gegründet. Die Gutmanns

---

389 TRIENENS 15.

390 Vergleiche zum Ganzen die Darstellung des Klägers, *Complaint in Goodman, et.al. v. Searle, no. 96 CIV. 5310 (S.D.N.Y filed July 17, 1996):*
"This is an action to recover personal property, for declaratory relief ant for damages arising from defendant Daniel C. Searle's ("Searle") unlawful detention of a unique piece of art, to wit: Landscape with Smokestacks, a pastel by Edgar Degas (hereinafter sometimes referred to as the "Pastel"), which was stolen from the plaintiffs' ancestors during the Second World War and was ultimately purchased by Searle in 1987. Plaintiffs Nick and Simon Goodman, brothers, joined by their aunt, plaintiff Lili Vera Collas Gutmann (collectively, the "Goodman family"), have recently located Landscape with Smokestacks after many years of searching begun by Nick and Simon Goodman's late father, Bernard Goodman and by plaintiff Lili Vera Collas Gutmann. Prior to the Second World War and Nazi Germany's occupation of Holland and France, Landscape with Smokestacks belonged to Friedrich Bernhard Gutmann and his wife, Louise Gutmann (plaintiffs Nick and Simon Goodman's grandfather and grandmother and plaintiff Lili Vera Collas Gutmann's father and mother). Friedrich and Louise Gutmann had sent the Pastel and other works of art to Paris *for safekeeping* prior to Nazi Germany's invasion and occupation of Holland. Friedrich and Louise Gutmann perished in Nazi concentration camps and their possessions, including the Pastel, were *taken by Nazi agents and collaborators.* After learning that defendant Searle possesses Landscape with Smokestacks, the Goodman family, through plaintiff Nick Goodman, demanded the return of the Pastel. Upon Searle's refusal of this demand, the Goodman family commenced this lawsuit to seek return of the Pastel."

391 TRIENENS 17 zitiert den Enkel von Friedrich Gutmann, Nick Goodman: "My great-grandfather decided it would be better, for socioeconomic reasons, for them not to be Jews anymore".

zählten spätestens zur Jahrhundertwende mit dem Aufstieg der Bank zur deutschen und europäischen Hochfinanz. Aufgrund ihrer vielfältigen Kontakte zu Politik und Diplomatie fühlte sich die Familie Friedrich Gutmann auch nach Kriegsausbruch an ihrem Wohnsitz in den Niederlanden sicher.[392] Gleichwohl steckte sie schon seit der Weltwirtschaftskrise 1929 in massiven wirtschaftlichen Schwierigkeiten. Aus diesem Grunde war Friedrich Gutmann gezwungen, große Teile seiner umfangreichen Kunstsammlung in den Jahren 1933–1935 zu veräußern. „Landscape with smokestacks" war hiervon jedoch nicht betroffen.

III. Streitfragen im Verfahren

Es konnte nie geklärt werden, ob Friedrich Gutmann den Degas (neben einem Renoir) zum Auktionshaus Graupe in Paris zum Verkauf oder zur Sicherungsverwahrung gesendet hat. Für beide Möglichkeiten finden sich stichhaltige Argumente und Belege[393], sodass eine eindeutige Entscheidung für eine der beiden Alternativen nach heutigem Kenntnisstand nicht getroffen werden kann.[394] Würde man von einem Raub des Gemäldes durch den ERR ausgehen, so stellt sich dann die weitere Frage, ob die Erben von Friedrich Gutmann überhaupt noch ein Anrecht auf das Gemälde hatten, zumal es über Jahrzehnte hinweg offen ausgestellt wurde und sich auch in einschlägiger Fachliteratur wiederfand.[395]

---

[392] Friedrich Gutmann nahm zudem an, die Niederlande würden neutral bleiben, so wie sie es im ersten Weltkrieg waren, Trienens 18.

[393] Für eine Entsendung des Degas zum Verkauf spricht die Tatsache, dass das Pastell beim Eingang im Hause Graupe in Paris den Vermerk „en commission" erhielt und kein ERR Beschlagnahmestempel auf dem Pastell zu finden ist (Trienens, 41). Letzteres ist aber neben der Tatsache, dass das Pastell sich nicht auf Beschlagnahmelisten der ERR weiderfindet weder für noch gegen eine Beschlagnahme fruchtbar zu machen (in diese Richtung aber Trienens 44). Ein weiteres Indiz ist die Tatsache, dass der Sohn Graupes Landscape with smokestacks nach dem Zweiten Weltkrieg nachweislich von der Restitutionsliste bei der dafür zuständigen französischen Kommission streichen ließ. Dass aber das Auktionshaus Graupe keine Empfangsbestätigung der Entgegennahme eines Kaufpreises für den Degas erstellt hat, spricht zumindest gegen einen offiziellen Verkauf in diesem Hause. Es gibt einen handschriftlichen Vermerk, den der Vater Friedrich Gutmann über den Verbleib bestimmter Kunstwerke seiner Tochter erstellt hat und den diese als Beweis gegen einen Verkauf und für eine (Sicherungs-)Verwahrung ansieht, Trienens 38 f.

[394] Dies sieht der Prozessvertreter des Beklagten Trienens anders. Er tendiert stark dahin, dass das Bild zum Verkauf nach Paris gesendet wurde, ohne aber die andere Option zuverlässig ausschließen zu können.

[395] Trienens 73. Nach deutschem Recht wäre hier neben der Frage der Verjährung insbesondere solchen der Verwirkung des Herausgabeanspruchs nachzugehen; explizite „Verfolgungspflichten" für die Frage der Verjährung wie bei der discovery rule gibt es hier nicht (siehe hierzu im Fußnotenapparat bei 5 D II 3). In DeWeerth v. Baldinger lastete Judge Newman der Klägerin an, sie habe nicht den catalogue raisonée von Monet konsultiert, mit dessen Hilfe sie das Bild sehr leicht hätte ausfindig machen können, DeWeerth v. Baldinger, 836 F.2d. p. 110 and 112.

Fest steht jedoch, dass das Pastell von Graupe zum Schutze vor NS-Konfiskationen an das Lagerhaus des Händlers Wacker-Bondy weitergegeben worden war. Unter den 28 Kunstgegenständen, die im Oktober und November 1942 bei Graupe durch den ERR beschlagnahmt worden waren, befand sich Gutmanns Degas unstreitig nicht mehr.[396] Ob aber das Pastell zum Zeitpunkt der kompletten Konfiskation des Lagerbestandes durch den ERR bei Wacker-Bondy im April 1943 bereits verkauft war, lässt sich abermals nicht zuverlässig feststellen. Im gleichen Jahr wurde Friedrich Gutmann in Theresienstadt erschlagen, als er sich geweigert hatte, einen Verzicht auf sein gesamtes Vermögen zu unterzeichnen. Seine Frau Louise wurde kurze Zeit später in Auschwitz ermordet.

Mit diesen Ereignissen konfrontiert, musste das Gericht feststellen, dass eine zuverlässige und damit lückenlose Rekonstruktion des Gemäldeschicksals seit seiner Verbringung im April 1939 nicht mehr möglich ist. Dieses Defizit gilt in vielen Verfahren um die Rückgabe der NS-verfolgungsbedingt entzogenen Kulturgütern. So wird in der Regel zur Verteidigung – wie hier geschehen – vorgetragen werden, dass das Kunstwerk freihändig veräußert, mithin also nicht konfisziert wurde.

In jedem dieser Fälle gilt es zu untersuchen, ob der Raub des Kulturguts in einem inneren Zusammenhang zur Ermordung seines Eigentümers steht. Hierbei kann es freilich nicht darauf ankommen, ob die Ermordung des Eigentümers adäquatkausal für die Wegnahme seines Vermögens sein konnte. Vielmehr gilt es herauszuarbeiten, ob die Wegnahme des Kulturguts als ein weiterer wesentlicher Bestandteil der Verfolgung bis hin zur Vernichtung einer ethnischen Gruppe anzusehen ist.[397]

Allerdings hat es praktisch nie den Fall gegeben, dass ein jüdischer Bürger zeitlich kurz nach der Beschlagnahme seiner Sammlung ermordet worden wäre. Tatsächlich liegt aber trotz einer regelmässig längeren zeitlichen Trennung zwischen beiden Ereignissen ein innerer Zusammenhang: Der Kunstraub der Nationalsozialisten an Juden war aus der gleichen Ideologie gespeist wie ihre systematische und bestialische Vernichtung. Dies sollte man stets im Rahmen der rechtlichen Bewertung des Kunstraubs an Juden im Dritten Reich unter Berücksichtigung all seiner Tatumstände im jeweiligen Einzelfall bedenken.

In jedem Falle sollte man aufgrund der erwiesenermaßen einzigartigen historischen Ausnahmesituation andere Maßstäbe anzusetzen als jene, die das Zivilrecht des betroffenen Forumstaats üblicherweise verwenden würde.[398] Auf

---

[396] Francini/Heuß/Kreis 313, eine Akte des Bundesarchivs Koblenz zitierend [B 232/271 und B 232/278]. Im Bundesarchiv Koblenz finden sich umfangreiche Aufzeichnungen der NS- Rauborganisationen.

[397] Zum „kulturellen Genozid“ noch ausführlich unter 4 G III 1.

[398] So auch pointiert Blum, Yehuda Z., „Restitution of Jewish Cultural Property Looted in World War II: To Whom?“, LJIL 11 (1998), auf S. 262ff.

Grundlage vorstehender Erwägungen darf im vorliegenden Verfahren von einem Präsedenzfall gesprochen werden. Abweichungen ergeben sich im jeweiligen Einzelfall dieser Gruppe freilich bei der Ermittlung der sonstigen Rahmenbedingungen des Abhandenkommens und der Motive und Hintergründe eines Besitzerwechsels, soweit nicht eine offensichtliche Beschlagnahme jüdischen Kulturguts stattgefunden hat.[399]

IV. Der Vergleich

Begleitet von einem großen Medieninteresse, welches die Darstellung auf die Sachverhaltsvariante beschränkte[400], dass es sich um einen NS- Kunstraub handeln müsse, verwies Judge Sprizzo vom Bezirksgericht New York nach Chicago. Zuständig wurde dort Judge Lindberg, der eine mündliche Verhandlung der Streitsache für November 1997 ansetzte.

Die Parteien vermochten sich dann überraschend schnell zu einigen. Einer der Gründe hierfür war sicher der schon zu Prozessbeginn erkennbare immense Kostenanfall, der bei einem längeren Verfahren zu überhaupt keinem Verhältnis zum Verkehrswert des Bildes mehr gestanden hätte.[401] Außerdem konnte eine verlässliche Sachverhaltsrekonstruktion nicht gelingen; auch ein Nachweis einer etwaigen Bösgläubigkeit des Beklagten schien kaum erbringbar zu sein.[402]

Der Vergleich vom 13. August 1998 sprach das Bild zunächst je zur Hälfte den beiden Parteien zu. Gleichzeitig wurde dem beklagten Museum das Bild belassen: Die Hälfte des von unabhängigen Gutachtern ermittelten Verkehrswertes des Bildes wurde dem Museum vom Beklagten Searle geschenkt, die verbleibende Hälfte musste der Familie Gutmann ausbezahlt werden.[403] Unter dem

---

[399] So geschehen bei der Sammlung des Barons Lois Rothschild in Wien, über die umfangreiche historische und juristische Untersuchungen von *Krois* und *Trenkler* vorliegen.

[400] Das schien den Prozessvertreter der Beklagten, Howard Trienens, dazu bewegt zu haben, das Buch zu schreiben, siehe dort S. 1, und S. 97ff. („post mortem").

[401] Der Prozessverteter der Kläger Kline resümierte, dass sich erst ab einem Verkehrswert von 3 Mio Dollar eine Klage wirklich lohnen könne. Auch im bekannten Fall City of Gotha um die Rückgabe des Manieristen Wtewael drohte das Verfahren wegen der vergleichsweise hohen Kosten zu platzen, vergleiche Güttler in Carl/Güttler/Siehr, 25.

[402] Auch wenn der Pedigree (Stammbaum) des Bildes den Namen Wendland enthielt, ließ dies nicht den zwingenden Schluss zu, dass es sich um ein durch NS-Einheiten konfisziertes Raubgut handelt (anderer Ansicht der in Beutekuntkreisen bekannte Kunsthistoriker und Rechtsanwalt Dr. Korte, der mit dem Namem Wendland den wesentlichen Beweis für einen Kunstraub als erbracht ansah, vergleiche hierzu kritisch Trienens 30 ff.).

[403] Der Mittelwert betrug dann 487 500 US-$, wovon die Gutmanns 243 750 $ ausbezahlt bekamen. Dieser Wert blieb weit unter den Erwartungen der Kläger zurück. Handelt es sich aber in anderen Fällen um ein sehr wertvolles Kunstwerk, erscheint ein solcher Kompromiss bei einer solch unsicheren Beweislage als sehr gelungen.

Pastell findet sich nunmehr ein Schild, das diesen Prozessausgang – in freier Übersetzung – mit folgenden Worten dokumentiert:

> *Kauf aus der Sammlung von Friedrich und Louise Gutmann, als ein Geschenk von Daniel C. Searle.*

Auch ein Verfahren zwischen der jüdischen Familie Gentili di Guiseppe[404] und dem Princeton University Museum kam mit einer ähnlichen Vereinbarung erfolgreich zum Abschluss.[405] Der hier dargestellte Kompromiss, der durch die Entrichtung einer Entschädigungssumme maßgeblich geprägt wird, wurde insbesondere in der US-amerikanischen Literatur als „salomonisches“ Leitmodell für den Umgang mit NS-Raubkunst gepriesen.[406]

Sicherlich haben viele Nachfahren verfolgter Familien häufig auch finanzielle Interessen, die sie dazu bewegen, eine Klage gegen den gegenwärtigen Besitzer in die Wege zu leiten. Auch ist es grundsätzlich zu begrüssen, dass Werke von künstlerisch hohem Rang der Allgemeinheit durch das Medium Museum zugänglich gemacht werden.[407] All diese Argumente dürfen aber nicht den Blick darauf ver-

---

[404] Über die Familie ausführlicher im fünften Kapitel: Nach einem erfolgreichen Verfahren um die Rückgabe von fünf Exponaten aus dem Pariser Louvre forderten die Nachfahren von di Guiseppe nunmehr auch die Herausgabe eines Pinturicchio.

[405] Presseerklärung des Museums unter www.princeton.edu vom 13. Juni 2001: “Princeton, N.J. – The Art Museum at Princeton University has reached an agreement with the heirs of the Nazi-era owner of St. Bartholomew, an Italian Renaissance painting by Bernardino Pinturicchio. The agreement with the heirs of Federico Gentili di Giuseppe ensures that the museum will retain and display the painting, which has been in its collection since 1994. The painting was acquired by The Art Museum from French and Co., a reputable art gallery in New York City. Since its acquisition, the painting has been on public display in the museum and featured in museum publications. Gentili di Giuseppe was a Jewish resident of France who died of natural causes in 1940. In 1941, his art collection was sold at a public auction in Paris under the order of a French court in German-occupied France. In 1998, the Gentili di Giuseppe heirs brought legal action in France against the Museé du Louvre and the State of France to have the April 1941 auction sale declared null and void. On June 2, 1999, the Court of Appeals of Paris declared the sale of five paintings in the April 1941 auction null and void. The French court held that the then-living descendants of the late Gentili di Giuseppe had been prevented from attending to the administration of the estate due to the German occupation of France. After resolution by the French court, The Art Museum and the heirs of Gentili di Giuseppe began discussions about Pinturicchio’s St. Bartholemew, which came from the Gentili di Giuseppe collection but was not one of the five paintings adjudicated by the French court.From the outset of those discussions, the heirs acknowledged that The Art Museum acquired the work in good faith, and they expressed a strong desire to leave the painting in the collection for scholars and the public to enjoy. To determine the value of the painting, the museum and the heirs commissioned independent art appraisals, and the museum agreed to compensate the heirs for the agreed-upon value. French and Co. generously participated in the compensation agreement between the museum and the heirs. [...]”.

[406] So insbesondere von Elmer, A Question of Dignity: An Equitable Solution to the Trophy Art Debate, 20, N.Y.L. Sch. J. Int’l & Comp.L., S. 132ff. (2000).

[407] Hierfür spricht sich insbesondere Kirby, Christa L., Stolen Cultural Property; Available

sperren, dass es Anspruchssteller gibt, die gerade das Kulturgut selbst zurück haben wollen. Das vorliegende Modell würde nämlich umgekehrt von einem beraubten Museum sicher nicht akzeptiert werden und passt damit nur in einen eingegrenzten Zusammenhang. Auch gibt es Anspruchssteller, für die ein Kunstwerk mehr bedeutet als eine Kapitalanlage, insbesondere dann, wenn es sich um im Zuge der Verfolgung und des Holocaust entzogene Kulturgüter handelt.

In diesen Fällen sollte die Restitution einen Vorrang vor der Entschädigung genießen. Zudem passt ein solcher Vergleich freilich nur in den eingegrenzten Rahmen von Raubkunstvindikationen im Rahmen des (internationalen) Privatrechts; die Masse der Fälle und ein begrenztes (Staatskultur-)Budget verhindern von vornherein ein solches Vorgehen im Umgang mit der Beutekunst in völkerrechtlich geprägten Restitutionsdebatten.[408]

Hieraus ist zu folgern, dass bei jeder neuen Herausforderung, in einem Beute- oder Raubkunstfall zu einem für alle Seiten akzeptablen Lösung zu kommen, über weitere Alternativen zum dargestellten Vergleich zu reflektieren ist.

D. Peter Paul Rubens: Tarquinius und Lucretia

I. Rubens' Meisterwerk in russischem Privatbesitz ...

Das nach einem berühmten Sagenmotiv gefertigte Meisterwerk „Tarquinius und Lucretia“ von Peter Paul Rubens (1577–1640) zählt zu den kunsthistorisch herausragenden Verlusten der Stiftung Preußische Schlösser und Gärten Berlin-Brandenburg. Das zwischen 1609 und 1612 entstandene Bild zählt zu den besten Arbeiten der frühen flämischen Schule. Es zeigt den Raub der Lucretia durch den Sohn des römischen Kaisers, Tarquinius Superbus. Das erst um 1930 in seiner Bedeutung erkannte Gemälde wurde angeblich 1765 von Friedrich dem Großen erworben und um 1760/1770 im Verzeichnis der Bildergalerie des Berliner Schlosses aufgeführt. Seit 1930 befand es sich in der Bildergalerie Sanssouci. 1942 wurde das Gemälde zum Schutz vor Kriegsschäden nach Schloss Rheinsberg ausgelagert, von wo es in den Nachkriegswirren entwendet worden ist. Seit 1945 galt es als verschollen und ist erst 2003 wieder im Besitz eines Kunstsammlers in der Russischen Föderation aufgetaucht. Sein Zustand hat aufgrund der Verlagerungen in der Zwischenzeit nachhaltig gelitten.

Museum Responses to an international Dilemma, 104, Dickinson Law Review, auf S. 744ff. (2000), aus.

[408] Hier irrt sich ELMER aaO.

II. Eine Leihgabe an den Propagandaminister Goebbels?

Aus Sicht der Stiftung Preußischer Schlösser und Gärten kann das Bild sowohl während des Krieges als auch danach nicht im Besitz von *Joseph Goebbels* oder seiner Geliebten gewesen sein.[409] Der gegenwärtige Besitzer behauptet, dass der Rubens offiziell an Goebbels verliehen worden sei. Dieser habe das Gemälde dann an seine Geliebte weitergegeben, aus deren Villa ein russischer Offizier das Bildnis nach 1945 nach Russland verbracht habe. Die Leihverträge der früheren Preußischen Schlösserverwaltung zwischen 1924 und 1944 sehen aber gerade keine Leihgabe von *Tarquinius und Lucretia* an Josef Goebbels oder dem Propagandaministerium vor. Vielmehr wurde das Bildnis, das 1930 zu den absoluten Spitzenstücken der Preußischen Schlösserverwaltung gehörte, niemals ausgeliehen. Das Bild befand sich nachweislich bis 1942 in der Bildergalerie und wurde von dort aufgrund seines hohen Wertes und seiner kunsthistorischen Bedeutung nach Schloss Rheinsberg ausgelagert. Auch in den letzten Kriegsjahren wurden keine Kunstwerke aus diesem Bestand willkürlich herausgegeben; vielmehr wurde der Leihverkehr nach wie vor sorgfältig überwacht.

III. Das Verfahren um Rückgabe

In einer Stellungnahme des BKM vom 30. März 2004[410] heißt es zu dem Herausgabebegehren der Bundesrepublik Deutschland gegen die Russische Föderation:

> *„Der deutsche Rückführungsanspruch in dieser Sache wird aufrechterhalten und auf politischer Ebene weiter verfolgt. Staatsministerin Weiss wird das Thema auch bei den am 2. bis 4. April stattfindenden deutsch-russischen Kulturkonsultationen in Moskau gegenüber dem russischen Kulturminister Alexander Sokolov ansprechen. Nach den Erkenntnissen der deutschen Staatsanwaltschaft muss weiterhin davon ausgegangen werden, dass der derzeitige Besitzer kein Eigentum an dem Gemälde erwerben konnte. Das Gemälde steht also nach wie vor im Eigentum der Stiftung Preußische Schlösser und Gärten Berlin-Brandenburg und muss dorthin zurückgegeben werden.*
>
> *Das Rechtshilfeersuchen ist von deutscher Seite formell und inhaltlich korrekt und überzeugend durchgeführt worden. Behauptungen in der russischen Presse, die deutsche Seite habe die lange Dauer der staatsanwaltlichen Ermittlungen zu vertreten, treffen nicht zu, da die zuständige deutsche Staatsanwaltschaft alle Fristen eingehalten hat.*
>
> *Das Rubens-Bild „Tarquinius und Lucretia", das seit Kriegsende als verschollen galt, war erst im September 2003 von den russischen Behörden sichergestellt worden. Der Beschlagnahme ging ein offizielles Rechtshilfeersuchen der Bundesregierung voraus, das sich auf Vorwürfe wegen Hehlerei gegen den bisherigen Besitzer stützt. Nach Berichten in den russischen Medien hat nun die russische Generalstaatsanwaltschaft das Rechtshilfeersuchen*

---

409 Vergleiche zum Ganzen die Stellungnahme von Herrn Lars Bahners, Stiftung Preußischer Schlösser und Gärten, an den Verfasser vom 23. 09. 2004.

410 Pressemitteilung Nr. 143 des Presse- und Informationsamts der Bundesregierung, nachzulesen unter *http://www.bundesregierung.de* [Stand: April 2004].

der deutschen Seite entschieden und festgestellt, dass Wladimir Logwinenko das beschlagnahmte Rubens-Gemälde gutgläubig und damit legitim erworben habe."

Nach Intervention der beiden Staatsoberhäupter Wladimir Putin und Gerhard Schröder im September 2003 und der Beschlagnahme auf Ersuchen der Bundesrepublik Deutschland hatte es lange Zeit noch danach ausgesehen, dass eine positive Präsedenz durch die Restitution eines bedeutenden Exponats geschaffen werden könnte. Doch der Kooperationswille der Russischen Föderation erlahmte mit dem Zeitpunkt, als der gegenwärtige Besitzer darauf bestand, das Gemälde gutgläubig erworben zu haben und die Bundesrepublik Deutschland zudem nicht lückenlos seine Eigentumsstellung sowie genaue Entzugsumstände einer kriegsbedingten Verlagerung nachzuweisen vermochte.

Die russische Gegendarstellung liest sich wie folgt[411]:

Die Tagenszeitung „Iswestija" veröffentlichte am Montag ein Exklusiv-Interview mit dem Besitzer des zu Beginn des 17. Jahrhunderts entstandenen Meisterwerks von Pieter Paul Rubens (russland-aktuell.RU berichtete vor kurzem über das Bild und die Umstände seines Verschwindens). Der 37jährige Moskauer Geschäftsmann Wladimir Logwinjenko sammelt seit fünf Jahren Kunst und beschäftigt sich ansonsten mit Immobilienhandel und juristischem Consulting. Seine angebliche Zugehörigkeit zur „Mafia" weist er entschieden zurück. Laut Logwinjenko hatte er im Laufe der zwei Jahre währenden Restaurierung des Bildes zunächst geglaubt, es handele sich um eine Kopie.

Eine Expertise der Ermitage ergab dann, dass es sich um genau das Bild handeln müsse, das 1942 aus dem Museum in Potsdam verschwunden war. Daraufhin habe er zwei Experten aus Potsdam eingeladen, die das Ergebnis der Expertise bestätigen sollten. Angereist kamen der Direktor des Museums, Gerd Bartoschek, und eine Restauratorin. Sie untersuchten das Bild und reisten wieder ab, ohne sich geäußert zu haben. Logwinjenko habe angeboten, das Bild gegen eine Entschädigung in Höhe von 25 Prozent des Wertes zurückzugeben, es aber vorher in einer eingängigen Kunstzeitschrift zu veröffentlichen. Die Deutschen hätten jedoch darauf bestanden, alle weiteren Verhandlungen unter Ausschluss der Öffentlichkeit zu führen. Um so mehr war er verwundert, als Vertreter des FSB mit einer Haussuchung kamen und sich auf eine internationale Fahndung beriefen, erlassen vom Bezirksgericht Potsdam wegen „Beihilfe zum Erwerb von Gütern auf verbrecherische Weise".

Nun ist der Moskauer Kunstsammler bis auf Weiteres nicht zu Verhandlungen bereit und wartet auf eine Entschuldigung seitens der deutschen Behörden. Das Gemälde befindet sich inzwischen zur Verwahrung bei der russischen Generalstaatsanwaltschaft. Logwinjenko würde es am liebsten in einem der großen Museen des Landes sehen, z. B. der Ermitage in St. Petersburg. Dem russischen Gesetz über die Rückführung von im Krieg entwendetem Kulturgut unterliegt es seiner Ansicht nach nicht, da es 1945 nicht aus einem Museum, sondern einer Privatsammlung entführt worden war. Sollte es dennoch an Deutschland zurückgegeben werden, sähe die im Westen übliche Praxis die Zahlung einer Entschädigung vor.

Das Landgericht Potsdam hob am 04.10.2004 den Beschluß des Amtsgerichts mit der Bitte um Beschlagnahme des Bildes im Wege des Rechtshilfeersuchens auf. Nach Auffassung des Landgerichts gebe es keine Anhaltspunkte, die den

---

[411] http://www.aktuell.ru/rukul0010/morenews.php?iditem=225.

Verdacht einer Straftat des russischen Kunstsammlers begründeten.[412] Demgegenüber hat ein Gutachten des Münchener Instituts für Ostrecht ergeben, dass der derzeitige Besitzer das Gemälde nicht guten Glaubens auf dem russischen Kunstmarkt habe erwerben können.[413] Vor diesem Hintergrund werden auf deutscher Seite die Chancen auf eine Rückgabe nunmehr wieder skeptisch bewertet. Im Falle des Erhalts des Bildes in Russland will der gegenwärtige Besitzer *Wladimir Logwinjenko* das Bild dem Emeritage Museum übergeben.

E. Das Tryptichon von Hans von Marées aus Magdeburg im Moskauer Puşkin-Museum

Die nachfolgenden Absätze berichten über ein vergleichbar überschaubares Fallbeispiel aus dem Bereich der Beutekunst, das noch immer auf eine Lösung – sprich die Rückführung aus Moskau nach Magdeburg – wartet[414].

Unter der Inventarnummer GK 735 findet sich die Beschreibung des Erwerbs des Kaiser-Friedrich-Museums zu Magdeburg[415] bei der Galerie Heinemann in München am 3. Juli 1928:

> *Marées, Hans von (1837–1887)*
> *Drei auf je eine Holztafel gemalte und in einem Rahmen zusammengesetzte Putten. Roter Hintergrund. Zwei Kinder sitzend mit an den Kopf erhobenem rechten Arm, das mittlere stehend. Gehören zum Paris-Urteil von 1880.*[416]
> *Größe der Tafeln: 0,325: 1,08*

Zum Schutz vor Kriegseinwirkungen wurden die wertvollsten Exponate in das Salzbergwerk Neustaßfurt sowie in den Kellertresor der Reichsbank ausgelagert. Bei Akinscha/Koslow[417] heißt es dann:

> *„Andrei Tschegodajew*[418] *verlor in Magdeburg auch die Interessen des Puschkin Museums nicht aus den Augen. Im Keller einer zerstörten Bank entdeckte er ein wunderbares Tryptichon von Hans von Marées, das drei nackte Jünglinge zeigt. Dem Militärkommandanten*

[412] Siehe hierzu Hannes Hartung, Weitergeschoben an die nächste Generation, in: Die Welt, 26.10.2004, S. 28.

[413] Heinrich Wefing, Wenig Hoffnung für den Rubens, in: Frankfurter Allgemeine Zeitung, 20.12.2004, Nr. 297, Feuilleton Seite 31.

[414] Über den Fall berichtet auch Michael Bock, „Russischer Trophäenoffizier flog wertvolles Gemälde aus", in: Magdeburger Volksstimme vom 11.10.1995.

[415] Vorgängerin des heutigen Kulturhistorischen Museums.

[416] Das Tryptichon gehörte ursprünglich zur Installation des Maréeschen Dreiflügelbildes „Das Urteil des Paris" aus den Jahren 1880/1881.

[417] Akinscha/Koslow 214 erster Absatz.

[418] Tschetodajew war damals Offizier der Trophäenbrigade des Zentralkommitees der KPdSU und wurde 1989 vor seinem Tode von Akinsha zum Sachverhalt befragt.

der Stadt gefiel das Bild so gut, daß er ein Flugzeug zur Verfügung stellte, um es nach Moskau bringen zu lassen.“

Die Darstellung scheint ein wenig zu übertreiben, weil aus einem handschriftlichen Vermerk hervorgeht, dass das Tryptichon gemeinsam mit weiteren Kulturgütern (insbesondere Bibliotheksgüter) am 15. November 1945 nach Moskau unter Aufsicht von Major Dorogutina nach Moskau verbracht wurde.[419] Von der Kommission des Generals Poryaev war es bereits für das Staatliche Puşkin-Museum der bildenden Künste vorgesehen worden.[420] Das Tryptichon wurde dann auf der Beuteausstellung „Zweimal gerettet“ im Moskauer Puschkin Museum 1994 erstmals wieder der Öffentlichkeit gezeigt.

Auch wenn Hans von Marées dieses Motiv in verschiedenen Varianten in seinen verschiedenen Fassungen im Urteil des Paris verarbeitet hat, bestehen hinsichtlich der genauen Identifizierung des Bildes keine Zweifel.[421]

Es handelt sich hier um einen besonders einfachen Fall der kriegsbedingten Verlagerung von Kulturgütern, weil er auf direktem Wege ohne die mitunter häufigen Besitzerwechsel stattfand. Die Beweisführung gestaltet sich von daher in diesem Fall besonders klar und eindeutig. Aus diesen Gründen wird dieser aktuelle Fall als typologisches Beispiel bei der Prüfung verschiedener Rechtsfragen immer wieder herangezogen werden.

Alle bisherigen Bemüngen des Kulturhistorischen Museums zu Magdeburg um eine Rückführung des Tryptichons an seinen angestammten Platz scheiterten an der Blockadehaltung der russischen Besitzer. In den künftigen deutsch-russischen Konsultationen könnte dieses Schicksal ein gutes Beispiel dafür bilden, dass es Fälle gibt, die eine Blockadehaltung Russlands[422] aus juristischer wie auch aus tatsächlicher Sicht nach keiner Betrachtungsweise rechtfertigen können.

---

[419] Lehmann/Kolosa 41 f.

[420] Ibid.

[421] Auch die *Stiftung preußischer Kulturbesitz* vermisst weitere Fragmente aus dem Urteil des Paris sowie die Studie „Drei ruhende Kinder“, die in kunsthistorischer Hinsicht viele Parallelen zu den „Drei Putten“ aufweist.

[422] Die derzeitige Direktorin des Puşkin-Museums, *Antonova*, war seinerseits selbst als Kustodin mit der Inventarisierung der Kriegstrophäen (der Marées zählte zu diesen Beutestücken) betraut worden, was ihre stark ablehnende Haltung zu einem konstruktiven Dialog erklären mag.

F. Das soft law der internationalen Konferenzen

Nachdem die Weltöffentlichkeit mit Ende des Kalten Krieges zunehmend mit der Existenz verschollen geglaubter Kulturgüter konfrontiert wurde, vermochte sich erst allmählich ein gewisser gemeinsamer Konsens, insbesondere in den auch heute noch westlich orientierten Staatengemeinschaften durchzusetzen. Dieser ist zunächst einmal von dem Wunsche geprägt, das vor über sechsig Jahren begangene Unrecht erneut aufzugreifen und einer abschließenden sowie möglichst adäquaten Lösung zuzuführen. Aus diesem Grunde berieten sich Historiker, Juristen, Diplomaten und Politiker in internationalen Konferenzen zum Thema „Beutekunst“ und insbesondere auch zur Behandlung der in der Zeit des Dritten Reiches entzogenen jüdischen Vermögenswerte.

I. „Weiches“ Recht (soft law)

Ausgangspunkt für die Rechtsquellen des Völkerrechts ist Artikel 38 I IGH-Statut. Die Enumeration der Rechtsquellen in Artikel 38 I des IGH-Statuts ist jedoch nicht abschließend, womit auch unverbindliche Erklärungen internationaler Organisationen berücksichtigt werden können. Ob aber die Deklarationen der im Folgenden geschilderten Beutekunstkonferenzen als Rechtsquelle des Völkerrechts bezeichnet werden dürfen, ist aus folgenden Erwägungen heraus höchst fragwürdig: Zum einen stammen diese Erklärungen meist nicht aus der Feder staatlicher, sondern lediglich international ausgerichteter Interessensorganisationen[423]. Zum anderen formulieren die Absichtserklärungen selbst nicht den Anspruch, völkerrechtliche Bindungswirkungen zu erzeugen. Sie möchten aber in Anbetracht der verschiedenen materiellrechtlichen Systeme als unverbindliche Empfehlung verstanden werden, ohne aber einen direkten Einfluss im Sinne einer Rechtsquelle auf mögliche Restitutionsverfahren nehmen zu wollen.

Den wiedergegebenen Erklärungen geht es nicht um eine allgemein-verbindliche rechtliche Regelung, sondern um die *Durchsetzung eines gemeinsamen, faktischen Procedere* in der rechttatsächlich bereits realisierten Dokumentation und Auffindung von verfolgungsbedingt entzogenen und kriegsbedingt verlagerten Kulturgütern.[424] Aufgrund ihrer rechtlichen Unverbindlichkeit mit einer starken moralischen Wirkung nennt man dies überwiegend *soft law*.[425] Mitunter werden solche rechtlich unverbindliche Prinzipien auch als *narrative Normen* charakteri-

---

[423] Mit einer Ausnahme: Der Washingtoner Konferenz, die sich sowohl aus nichtstaatlichen (NGOs) wie staatlichen Institutionen und Interessensgruppierungen zusammensetzte.

[424] Allerdings wäre es zu begrüßen, wenn im Hinblick auf Beutekunst Regelungen getroffen würden, die im Rechtsgewand des soft law zumindest den Standards der Unidroitkonvention von 1995 und der Unesco-Konvention 1970 entsprechen.

[425] Kurt Siehr in J. Basedow, Aufbruch nach Europa, 819.

siert.[426] Narrative Normen sollen auf verbindliche Normen des materiellen Privatrechts (insbesondere Generalklauseln) und allgemeinen Prinzipien des Völkerrechts konkretisierend einwirken und damit moralischen Vorstellungen im Recht Raum gewähren.[427]

In den Konsultationen[428] zeichneten sich zudem zwei wesentliche Problemfelder ab, die mit zunehmender Schärfe gezeichnet wurden. Zum einen war dies die Schwierigkeit der Auffindung von entzogenen Kulturgüter und ihrer (potentiellen) Anspruchssteller (Identifikation). Nicht weniger augenfällig wurde das Problem divergierender Rechtssysteme und damit uneinheitlicher Problemlösungen erörtert. Die wichtigsten Ergebnisse der Konferenzen, die den aktuellen Stand der derzeitigen internationalen Diskussion wiedergeben, sollen nun vorgestellt werden.

II. London (2. bis 4. 12. 1997)

Die Londoner „Nazi-Gold-Konferenz"[429] bildete den Beginn der Aufarbeitung der in der Zeit des Dritten Reichs entzogenen „Holocaust-Vermögenswerte". Auffällig war, dass neben den geladenen staatlichen Vertretern und Institutionen die jüdischen Nichtregierungsorganisationen (NGO) eine tragende Rolle spielten.[430] Erklärtes Ziel der Konferenz war die Diskussion um die Restitution von Vermögenswerten (insbesondere das sogenannte Raubgold, nicht aber Kulturgüter) und insbesondere die von Stuart Eizenstat geprägte Formulierung, alle beteiligten Länder zu ermutigen, „die Archive zu öffnen und Dokumente freizuge-

---

[426] Der Begriff stammt von Erik JAYME, Narrative Normen im Kunstrecht, in: FS Rehbinder, 543 und in dem Sammelband KK II, 251. Die Narration, das Erzählen, solle eine „Brücke zu einer Geistesströmung der Postmoderne" schlagen. Der eigentliche Grund der Unverbindlichkeit der Normen liegt indes insbesondere in divergierenden Rechtssystemen und der mangelnden Bereitschaft beteiligter Staaten, sich solchen gemeinsam formulierten Regelungen verbindlich zu unterwerfen. Der von JAYME ebenfalls verwendete Begriff „faktische Normen" (in FS Rehbinder, 539) im Wechselspiel zwischen Recht und Sozialleben scheint hier besser zu passen, da die Normen trotz rechtlicher Unverbindlichkeit praktische (faktische) Wirkungen entfalten sollen.

[427] JAYME in KK II, 252, 255 führt aus, dass narrative Normen in Generalklauseln und allgemeinen Rechtsbegriffen Berücksichtigung finden können. Vergleiche auch SCHULZE in JAYME, Kulturelle Identität, 171, der darauf abhebt, dass narrative Normen die anzustrebenden normativen Inhalte beschreibt und damit einen Begründungszwang für den auslösen, der einen Rechtssatz entgegen dem Gehalt narrativer Normen zur Anwendung bringen will.

[428] Die Konferenzen fanden (chronologisch geordnet) in London, Washington und Vilnius statt.

[429] Vergleiche grundlegend den Bericht im Sammelband Foreign & Commonwealth Office (Hrsg.): Nazi Gold – The London Conference, 2–4 December 1997, London 1998.

[430] EITEL in FS Ipsen 60, vergleiche im Übrigen Heft Nr. 0 (erste Ausgabe) der Zeitschrift Spoils of War von 1994.

ben." Man kann sagen, dass die Konferenz neben der Erreichung dieses doch eher bescheidenen Ziels einen entscheidenden Impuls zur Wiederaufarbeitung und tiefgreifenden Diskussion an die beteiligten Staaten aussendete.[431] Dies zeigt auch die Einberufung der nachfolgenden Washingtoner Konferenz, welche die Problematik des Entzugs jüdischen Vermögens im Dritten Reich im Einzelnen abhandeln sollte.

III. Die Washington Conference on Holocaust Era Assets[432]

Die Washingtoner Konferenz über Holocaust-Vermögenswerte vom 30. November bis 3. Dezember 1998 bildete den bisher wichtigsten Meilenstein in der internationalen Diskussion um die Raubkunst, den NS-verfolgungsbedingt entzogenen Kulturgütern.[433] Ihre Bedeutung liegt neben der großen medialen Wirkung, manifestiert durch eine breitgefächerte, ja fast globale Beteiligung, in der Verabschiedung gemeinsamer Prinzipien, die in klar erkennbare Bemühungen der beteiligten Staaten zur Auffindung der NS-verfolgungsbedingt entzogenen Kulturgüter in den Folgejahren münden sollte.[434]

Die von der „Art Dealers Association of America" und von Mitgliedern der „U.S.-Association of Art-Museum Directors" (AAM) von Eizenstat vorgestellten elf Prinzipien bildeten die Diskussionsgrundlage. Konnte man sich trotz der klar erkennbaren Unverbindlichkeit der niedergelegten Prinzipien nicht darauf verständigen, dass diese zur uniformen Anwendung in allen beteiligten Staaten vorgelegt werden solle, einigte man sich auf die Formulierung, „dass es unter teilnehmenden Staaten unterschiedliche Rechtssysteme gibt und dass Staaten im Rahmen ihrer eigenen Gesetze handeln."[435]

Bevor die von der Konferenz verabschiedeten elf Prinzipien wiedergegeben werden, sei erneut mitgegeben, dass es sich bei ihnen um bloße Empfehlungen, nicht aber um völkerrechtlich verbindliche Regelungen handelt.[436]

---

[431] Vergleiche auch die Bewertung des Konferenzteilnehmers und ehemaligen deutschen Botschafters Tono EITEL in FS Ipsen, 62f.

[432] Vergleiche J. D. BINDENAGEL, Department of State (Hrsg.), Washington Conference on Holocaust Era Assets, November 30 December 3, 1998, Proceedings, Washington 1999.

[433] Die Originalprotokolle „Nazi – confiscated Art Issues" sind einzusehen im Internet unter http://www.state.gov/www/regions/eur/holocaust/heac4.pdf. Ein Konferenzbericht einschließlich der Prinzipen im englischen Original ist nachzulesen bei RASCHÈR, The Washington Conference on Holocaust-Era Assets (November 30 December 3, 1998), IJCP 1999, S. 338 et seq.

[434] Der Konferenzteilnehmer Philipp *de Montebello* meinte hierzu prophetisch: „Der Geist ist, endlich, aus der Flasche, und weder Widerstand noch Apathie oder Schweigen werden ihn in die Flasche zurückzwingen."

[435] Siehe sogleich unten in der Wiedergabe dieser Erkenntnis vor den Prinzipien.

[436] So auch ausdrücklich EITEL in FS Ipsen, 70; RASCHÈR Richtlinien 159, MESSERSCHMIDT 290.

I. Grundsätze der Washingtoner Konferenz in Bezug auf Kunstwerke, die von den Nationalsozialisten beschlagnahmt wurden

Veröffentlicht im Zusammenhang mit der Washingtoner Konferenz über Vermögenswerte aus der Zeit des Holocaust, Washington, D.C., 3. Dezember 1998[437]

Im Bestreben, eine Einigung über nicht bindende Grundsätze herbeizuführen, die zur Lösung offener Fragen und Probleme im Zusammenhang mit den durch die Nationalsozialisten beschlagnahmten Kunstwerken beitragen sollen, anerkennt die Konferenz die Tatsache, dass die Teilnehmerstaaten unterschiedliche Rechtssysteme haben und dass die Länder im Rahmen ihrer eigenen Rechtsvorschriften handeln.

1. Kunstwerke, die von den Nationalsozialisten beschlagnahmt und in der Folge nicht zurückerstattet wurden, sollten identifiziert werden.
2. Einschlägige Unterlagen und Archive sollten der Forschung gemäß den Richtlinien des International Council on Archives zugänglich gemacht werden.
3. Es sollten Mittel und Personal zur Verfügung gestellt werden, um die Identifizierung aller Kunstwerke, die von den Nationalsozialisten beschlagnahmt und in der Folge nicht zurückerstattet wurden, zu erleichtern.
4. Bei dem Nachweis, dass ein Kunstwerk durch die Nationalsozialisten beschlagnahmt und in der Folge nicht zurückerstattet wurde, sollte berücksichtigt werden, dass aufgrund der verstrichenen Zeit und der besonderen Umstände des Holocaust Lücken und Unklarheiten in der Frage der Herkunft unvermeidlich sind.
5. Es sollten alle Anstrengungen unternommen werden, Kunstwerke, die als durch die Nationalsozialisten beschlagnahmt und in der Folge nicht zurückerstattet identifiziert wurden, zu veröffentlichen, um so die Vorkriegseigentümer oder ihre Erben ausfindig zu machen.
6. Es sollten Anstrengungen zur Einrichtung eines zentralen Registers aller diesbezüglichen Informationen unternommen werden.
7. Die Vorkriegseigentümer und ihre Erben sollten ermutigt werden, ihre Ansprüche auf Kunstwerke, die durch die Nationalsozialisten beschlagnahmt und in der Folge nicht zurückgegeben wurden, anzumelden.
8. Wenn die Vorkriegseigentümer von Kunstwerken, die durch die Nationalsozialisten beschlagnahmt und in der Folge nicht zurückgegeben wurden, oder ihre Erben ausfindig gemacht werden können, sollten rasch die nötigen Schritte unternommen werden, um eine gerechte und faire Lösung zu finden, wobei diese je nach den Gegebenheiten und Umständen des spezifischen Falls unterschiedlich ausfallen kann.

---

[437] Erklärung bei RASCHÈR Richtlinien 159 (Anhang), eine weitere deutsche Übersetzung findet sich dort unter S. 160, abgedruckte Fassung entnommen aus www.lostart.de.

9. Wenn bei Kunstwerken, die nachweislich von den Nationalsozialisten beschlagnahmt und in der Folge nicht zurückgegeben wurden, die Vorkriegseigentümer oder deren Erben nicht ausfindig gemacht werden können, sollten rasch die nötigen Schritte unternommen werden, um eine gerechte und faire Lösung zu finden.
10. Kommissionen oder andere Gremien, welche die Identifizierung der durch die Nationalsozialisten beschlagnahmten Kunstwerke vornehmen und zur Klärung strittiger Eigentumsfragen beitragen, sollten eine ausgeglichene Zusammensetzung haben.
11. Die Staaten werden dazu aufgerufen, innerstaatliche Verfahren zur Umsetzung dieser Richtlinien zu entwickeln. Dies betrifft insbesondere die Einrichtung alternativer Mechanismen zur Klärung strittiger Eigentumsfragen.

2. Alternative Streitlösung und zentrale Verlustdokumentation

Die Washingtoner Konferenz wurde als Meilenstein und entscheidender Impulsgeber für die Aufarbeitung des NS- Kunstraubs und ihre notwendige Restitution gewertet.[438] Ein gravierender Fortschritt wurde darin gesehen, dass die betroffenen Staaten sich insbesondere um alternative Streitlösungen (alternative dispute settlement) bemühen sollten, wenn juristische Mittel allein nicht mehr ausreichten (Prinzipien 9 und 11).[439] Dabei lag ein besonderes Augenmerk auf einer *moralischen* Verpflichtung zum Handeln, um in möglichst kurzer Zeit eine „faire und gerechte Lösung" zu finden.

Die besondere Bedeutung der vorgestellten Prinzipien ist darin zu sehen, dass sie die entscheidenden Impulse zur Dokumentation und Recherche der Schicksaale der NS-verfolgungsbedingt entzogenen Vermögenswerte an die an der Konferenz teilnehmenden Staaten aussendete (Prinzip 5).

Noch immer ist diese Aufgabe aber bei Weitem nicht abgeschlossen. Neben der Bundesrepublik Deutschland gehen auch in weiteren betroffenen Staaten die Bemühungen dahin, eine möglichst weitreichende Verlustdokumentation zu etablieren. Dies geschah und geschieht mit Hilfe der Einrichtung von Verlustdatenbanken im Internet, die mittels verschiedener Recherchemöglichkeiten (Bild und/oder Text, deskriptive Merkmale, Künstler, Verlustort- und Zeit) Transparenz schaffen wollen. Was bleibt, ist das Ziel eines zentralen Verlustregisters im Internet, welches aufgrund mittlerweile auf mehreren Internetdatenbanken weltweit verstreuten Datenbestandes die größte Gewähr für eine Wiederauffindung eines geplünderten Kulturgutes bieten könnte (so auch Prinzip 6).

---

[438] The Art World will never be the same, so der Direktor des New Yorker Metropolitan Museum of Art, Philippe de Montebello. Die derzeitigen Bemühungen des MET um die Aufarbeitung des Problems spiegelt sich in ihrem jüngst von Yeide veröffentlichten Restitution guide wieder.

[439] So auch der Chairman der Washingtoner Konferenz Bindenagel in Spoils of War 2000, S. 65.

Im November 2001 hat in Magdeburg eine internationale Fachkonferenz aller wesentlichen mit der Aufgabe der Verlustdokumentation betrauten Institutionen stattgefunden.[440] Dort war man sich einig, dass der Ausbau von Kooperationen in der Verlustdokumentation zwischen den Staaten bis hin zur Schaffung eines effizienten Metasuchsystems die geeigneten Mittel seien, um das Ziel eines allgemeinen Informationszugangs und allgemeiner Datentransparenz zu verwirklichen. Es ist zu hoffen, dass die beteiligten Staaten und Institutionen diesen Weg der Kooperationen weiter gehen und ausbauen.[441]

Geht es aber um die Frage nach der rechtlichen Durchsetzbarkeit einer Rückgabeforderung, ist mehr als ein Ausdruck guten Willens in den Washingtoner Prinzipien nicht zu erblicken. Immerhin wird die Heranziehung alternativer Konfliktlösungsmethodem mit Nachdruck empfohlen (Prinzipien 10 und 11).

In diesen Bahnen wird seit April 2001 auf Anstoss des damals amtierenden Kulturstaatsministers Julian Nida-Rümelin über die Einrichtung einer nationalen Schiedstelle für Raubkunst diskutiert. Im Juli 2003 wurde eine solche beratende Kommission schliesslich eingerichtet. Diese soll sich all jener Fälle annehmen, welche ihnen von beiden Seiten anvertraut werden und die aufgrund rechtlicher Restriktionen in der Verjährung, Ersitzung und dem gutgläubigen Erwerb allein mit juristischen Mitteln nicht gelöst werden können.[442]

3. Faire und gerechte Lösungen

„Faire und gerechte Lösungen" im Sinne des Prinzips 9 der Washingtoner Erklärung können das Ergebnis eines gerichtlichen wie auch außergerichtlichen Verfahrens im Sinne der angedachten Mediation durch eine Fachkommission sein.

So kann als gerechte und faire Lösung im Sinne der Ziffer 11 für den Berechtigten neben der Naturalrückgabe auch eine wirtschaftlich angemessene Entschädigung von Interesse sein.[443] Sofern sich das zu restituierende Kulturgut in einem Museum befindet, könnte es nach Abschluss eines entsprechenden Leihvertrages

---

[440] Der Verfasser war als Referent an dieser Konferenz beteiligt. Ihre Ergebnisse und die Referate finden sich in der Ausgabe von Spoils of War 2002 (special edition).

[441] Vergleiche den Konferenzbericht von FRANZ in KUR 2002, 7ff. Die Entwicklung befindet sich diesbezüglich im Fluss. Die vorliegende Arbeit kann deshalb nur den Stand zum Ende des Jahres 2003 wiedergeben.

[442] Einen ähnlichen Vorschlag formulierte *Raue* anlässlich eines Treffens von Provenienzforschern im Februar 2002 in Hamburg. Siehe zum Ganzen im 8. Kapitel.

[443] Man sollte sich vor Augen halten, dass die Nachfahren einst sehr wohlhabender Juden verständlicherweise wirtschaftliche Interessen bei der Geltendmachung des Herausgabeanspruchs verfolgen, zumal sie heute infolge der nationalsozialistischen Unterdrückung und Verfolgung nicht mehr den Lebensstandard haben, denn sie sonst haben könnten.

und gegen Zahlung des vollen gegenwärtigen Verkehrswertes dort verbleiben. Ist man sich aber nicht ganz sicher, welchen Gang das Kulturgut genommen hat, insbesondere ob es überhaupt geplündert wurde, kann man die zu zahlende Abstandssumme quotenmäßig zwischen den Parteien aufteilen.[444]

Die ohnehin schwierige Beweisführung soll das vierte Prinzip erleichtern, das anregt, Lücken und Auslassungen nicht so zu bewerten, dass diese den Beweis des ersten Anscheins (prima facie) zu erschüttern geeignet wären.[445] Auch gilt es zu bedenken, dass neben Quittungen oder Inventarverzeichnissen, die in der Regel nicht mehr vorhanden sind, auch Tagebucheinträge, Versicherungslisten, Unterlagen aus dem Archiv einer Kunstkommission oder von Widerstandsbewegungen der damaligen Zeit (etwa die französische *resistance*) als Beweismittel geeignet sind.[446] Das dann trotz des langen Zeitablaufs noch immer recht präzise Rekonstruktionen eines Gemäldeschicksaals möglich sind, zeigen gerade die jüngsten Ergebnisse aus der Provenienzforschung.[447]

Die Washingtoner Prinzipien stellen, wie bereits angedeutet, keine verbindliche Rechtsquelle des Völkerrechts nach Artikel 38 Ic IGH-Statut dar. Sie sind aber als soft law eine wichtige Orientierung für die beteiligten Staaten, ohne aber eine objektive Verpflichtung zu begründen, die im Kontext internationaler Beziehungen durchsetzbar wäre. Jedenfalls ist mit solchem soft law ein unverbindliches Postulat geschaffen, die eine öffentlich fixierte Diskussionsgrundlage bereitstellt, die bis hin zu einer völkerrechtlich verbindlichen Regelung anwachsen kann. Es gilt in diesem Zusammenhang zu bedenken, dass die Rechtsprechung bereits in Herausgabeverfahren (hier aus conversion oder replevin) das vergleichbare soft law der Museen (codes of ethics) wertend in ihren Entscheidungen herangezogen hat. Hierin liegt eine nicht zu unterschätzende Reflexwirkung des soft law.[448] Jedoch bleibt abzuwarten, ob die Rechtsprechung diesem Beispiel im Rahmen der soeben geschilderten Erklärungen folgen wird.

---

[444] So geschehen imoben geschilderten Fall Goodman v. Searle, der bislang als bestes Vorbild für die Lösung dieser Problemlage gilt.

[445] Dies würde zumindest für die Beweiswürdigung nach deutschem Recht gelten (§§ 138, 279 ZPO). Auch andere Rechtssysteme ankennen typische Geschehnisabläufe zur Ermittlung des Beweis des ersten Anscheins.

[446] Raschèr Richtlinien 158.

[447] Dieser Befund gilt nicht nur für Beweisfragen, sondern insbesondere für Fragen der Verjährung.

[448] So zitierte der britische Richter Sir Browne-Wikinson in der Chanvery Division des High Court im Fall Kingdom of Spain v. Christie's den Code of Practice of UK Fine Art und versagte dem Kläger Spanien die Berufung auf diesen code, weil er „not a party to the code" sei, vgl. 3 All E.R. 28(Ch.SD.) 30f.

IV. Resolution Nr. 1205 des Europarats vom 4. 11. 1999: Looted Jewish cultural property

In den ersten neun Grundsätzen der Empfehlung 1205 des Europarats[449] wird die gegenwärtige Situation prägnant dargestellt und betont, dass die Konfiskation jüdischen Eigentums mit den Plünderungen der Sowjetunion in den besetzten Gebieten zu vergleichen sei. Erneut wird auf die Notwendigkeit einer weitgehend lückenlosen Dokumentation hingewiesen. Die Rückgabe jüdischen Eigentums sei elementar für die Wiederherstellung des Stellenwerts jüdischer Kultur in Europa.

Entscheidender Wert wird in Artikel 8 der Rückführung an den Ursprungsort beigemessen, auch wenn der dortige Besitzer mittlerweile verstorben oder verschwunden ist, da man der jüdischen Kultur selbst wieder den Stellenwert einräumen möchte, die es seit jeher innehatte.[450] Die Erklärung fährt dann fort:[451]

> 9. A number of European countries have already made moves in this direction, notably Austria and France.
> 10. The Assembly invites the parliaments of all member states to give immediate consideration to ways in which they may be able to *facilitate the return* of looted Jewish cultural property.
> 11. Attention should be paid to the removal of all impediments to identification such as laws, regulations or policies which prevent access to relevant information in government or public archives, and to records of sales and purchases, customs and other import and export records. Russia in particular should keep open its files on Jewish heritage
> 12. Bodies in receipt of government funds which find themselves holding looted Jewish cultural property should return it. Where such works have been destroyed, damaged or are untraceable, or in other cases where restitution may not be possible, such bodies should be assisted to pay compensation at the full market value.

Die Erklärung des Europarats zeichnet sich dadurch aus, dass sie die Notwendigkeit einer Gesetzesänderung in den betroffenen Nationalstaaten zur Lösung der Probleme ausdrücklich fordert. So führt sie aus:

> 13. It may be necessary to facilitate restitution by providing for *legislative change with particular regard being paid to*:
> i. extending or removing statutory *limitation periods*;[452]

---

[449] Abgedruckt in: IJCP 2000, 199 und bei PALMER 275. Patrick J. O'KEEFE, einer der Väter dieser Resolution, hat in London im November 1999 auf dem Seminar „Art, Law and the Holocaust" die Hintergründe dieser Prinzipien in seinem Vortrag „The Draft Resolution on looted jewish cultural property produced by the parliamentary assembly of the Council of Europe" (im Folgenden: O'Keefe) geschildert. Der Verfasser ist Frau Rechtsanwältin Dr. Müller-Katzenburg für die freundliche Überlassung der Unterlagen zu Dank verpflichtet.

[450] O'KEEFE 3.

[451] Kursive Hervorhebungen durch den Verfasser. Die sich anschließenden kurzen Kommentierungen (auch in den Fußnoten) sollen die Bedeutung des jeweiligen Vorschlags verdeutlichen.

[452] O'KEEFE, 6, nimmt hier insbesondere auf dem im Zweiten Kapitel ausführlich geschilderten Fall City of Gotha v. Cobert Finance Bezug. Zur Umsetzung des Ansinnens, die Wirkung

ii. removing restrictions on *alienability*;
iii. providing *immunity* from actions for breach of duty on the part of those responsible for collections;[453]
iv. waiving export controls.

14. Such legislative change may *require modification and clarification of human rights laws* in relation to security and enjoyment of property.
15. Consideration should also be given to:
    i. providing guarantees for those returning looted Jewish cultural property against subsequent claims;
    ii. relaxing or reversing anti-seizure statutes which currently protect from court action works of art on loan;
    iii. annulling later acquired titles, that is, subsequent to the divestment.
16. The Assembly encourages co-operation in this question of non-governmental organisations, and in particular the European Jewish communities, at both national and European levels. Such encouragement extends to the exploration and evolution of out of court forms of dispute resolution such as *mediation and expert determination*.[454]

Der Europarat erkennt das Problem des gutgläubigen Erwerbs von verfolgungsbedingt entzogenen Kulturgütern. Die nun folgende Bestimmung will *allen* Erwerbern von Kulturgütern zum Schutze von Eigentümerrechten entsprechende Sorgfaltspflichten auferlegen:

17. Due diligence should be imposed on purchasers and the art world by the implementation of the Unidroit convention on stolen or illegally exported cultural objects.
18. In circumstances where dealers, agents or intermediaries know or suspect a work they have in their possession to be looted, provision should be made in law requiring them to hold on to it and alert the relevant authorities, and every effort should be made to locate and alert the dispossessed owner or his or her heirs.

Die letzt genannte Ziffer 18 soll sicherstellen, dass wiederaufgefundene geplünderte Kulturgüter nicht wieder im grauen Markt entschwinden.

19. The Assembly calls for the organisation of a European conference, further to that held in Washington on the Holocaust era assets, with special reference to the return of cultural property and the relevant legislative reform.

---

der Verjährung einzudämmen, schlägt er die Anwendung der Unidroit Konvention von 1995 vor, zumal deren äußere Grenze von 75 Jahren zur Zeit noch ausreiche. Das diese Konvention nicht rückwirkend anwendbar ist, ist O'Keefe aber freilich bewußt. Zur genannten Konvention ausführlich 4. Kapitel, C III.

[453] Häufig sind Kulturgüter in öffentlichen Sammlungen stark an diese gebunden und dürfen nur unter ganz bestimmten Voraussetzungen weitergegeben werden. Diese Immunität darf für Raubkunst natürlich nicht gelten, O'KEEFE 7.

[454] Es gibt viele verschiedene Wege, eine Einigung über den Umgang mit Raubkunst im Ausgleich zwischen den Berechtigten und dem derzeitigen Besitzer zu finden. O'Keefe zieht die *Mediation* der Wahl eines *Schiedsgerichts* vor, weil dann einem mit den speziellen Anforderungen der Problematik vertrauten Fachmann die Problemlösung in einer streng vertraulichen, der Öffentlichkeit nicht zugänglichen Atmosphäre angetragen werden kann. Weitere Alternativen sind freilich weitere außergerichtliche Mittel wie die klassische Vergleichsverhandlung (negotiation) und die *conciliation*, O'KEEFE 10f.

V. Erklärung der Bundesregierung, der Länder und der kommunalen Spitzenverbände zur Auffindung und zur Rückgabe NS-verfolgungsbedingt entzogenen Kulturgutes, insbesondere aus jüdischem Besitz

vom 14. Dezember 1999[455]

Die Bundesrepublik Deutschland hat nach dem Zweiten Weltkrieg unter den Voraussetzungen der alliierten Rückerstattungsregelungen, des Bundesrückerstattungsgesetzes und des Bundesentschädigungsgesetzes begründete Ansprüche wegen des verfolgungsbedingten Entzugs von Kulturgütern erfüllt sowie die entsprechenden Verfahren und Institutionen zur Verfügung gestellt, damit die sonstigen Rückerstattungsverpflichteten von den Berechtigten in Anspruch genommen werden konnten. Die Ansprüche standen in erster Linie den unmittelbar Geschädigten und deren Rechtsnachfolgern oder im Fall erbenloser oder nicht in Anspruch genommenen jüdischen Vermögens den in den Westzonen und in Berlin eingesetzten Nachfolgeorganisationen zu. Die materielle Wiedergutmachung erfolgte im Einzelfall oder durch Globalabfindungsvergleiche. Das Rückerstattungsrecht *und das allgemeine Zivilrecht*[456] der Bundesrepublik Deutschland regeln damit abschließend und umfassend die Frage der Restitution und Entschädigung von NS-verfolgungsbedingt entzogenem Kulturgut, das insbesondere aus jüdischem Besitz stammt.

In der DDR war die Wiedergutmachung von NS-Unrecht nach alliiertem Recht über gewisse Anfänge nicht hinausgekommen. Im Zuge der deutschen Vereinigung hat sich die Bundesrepublik Deutschland zur Anwendung der Grundsätze des Rückerstattungs- und Entschädigungsrechts verpflichtet. NS-verfolgungsbedingt entzogenes Kulturgut wurde nach den Bestimmungen des Vermögensgesetzes und des NS-Verfolgtenentschädigungsgesetzes zurückgegeben oder entschädigt. Dank der globalen Anmeldung seitens der Conference on Jewish Material Claims against Germany, Inc. (JCC) als der heutigen Vereinigung der Nachfolgeorganisationen sind im Beitrittsgebiet gelegene Ansprüche im Hinblick auf Kulturgüter jüdischer Geschädigter geltend gemacht worden. Wie früher in den alten Bundesländern wurde auch hier soweit wie möglich eine einzelfallbezogene materielle Wiedergutmachung und im übrigen eine Wiedergutmachung durch Globalvergleich angestrebt.

---

455 Die Erklärung wurde zuletzt durch einen *Appell vom 27. 01. 2005* der Bundesregierung, der Länder und der kommunalen Spitzenverbände nachhaltig bekräftigt. Beides einzusehen unter www.lostart.de. Rechtlich und praktisch bedeutsame Passagen wurden vom Verfasser kursiv hervorgehoben. Die dort angeschlossenen Fußnoten verweisen für den ersten Zugriff unter Benutzung von Themenschlagwörtern auf die einzelnen Kapitel in dieser Abhandlung.

456 Zur Abgrenzung zwischen dem intertemporalen Recht der Wiedergutmachung und allgemeinem Zivilrecht siehe 3 C II, 1–2.

I.

Die Bundesrepublik Deutschland hat – ungeachtet dieser materiellen Wiedergutmachung – auf der Washingtoner Konferenz über Holocaust-Vermögen am 3. Dezember 1998 erneut ihre Bereitschaft erklärt, auf der Basis der verabschiedeten Grundsätze[457] und nach *Maßgabe ihrer rechtlichen und tatsächlichen Möglichkeiten*[458] nach weiterem NS-verfolgungsbedingt entzogenen Kulturgut zu suchen und gegebenenfalls die notwendigen Schritte zu unternehmen, *eine gerechte und faire Lösung* zu finden. In diesem Sinne wird der Stiftungsratsbeschluss der Stiftung Preußischer Kulturbesitz vom 4. Juni 1999 begrüßt. Die Bundesregierung, die Länder und die kommunalen Spitzenverbände werden im Sinne der Washingtoner Erklärung in den verantwortlichen Gremien der Träger einschlägiger öffentlicher Einrichtungen darauf hinwirken, dass *Kulturgüter, die als NS-verfolgungsbedingt entzogen identifiziert und bestimmten Geschädigten zugeordnet werden können, nach individueller Prüfung den legitimierten früheren Eigentümern bzw. deren Erben zurückgegeben werden.* Diese Prüfung schließt den *Abgleich*[459] mit bereits erfolgten materiellen Wiedergutmachungsleistungen ein. Ein derartiges Verfahren ermöglicht es, die wahren Berechtigten festzustellen und dabei Doppelentschädigungen (z.B. durch Rückzahlungen von geleisteten Entschädigungen) zu vermeiden.

Den jeweiligen Einrichtungen wird empfohlen, mit zweifelsfrei legitimierten früheren Eigentümern bzw. deren Erben über Umfang sowie Art und Weise einer Rückgabe oder anderweitige materielle Wiedergutmachung (z.B. gegebenenfalls in Verbindung mit Dauerleihgaben, finanziellem oder materiellem Wertausgleich) zu verhandeln, soweit diese nicht bereits anderweitig geregelt sind (z.B. durch Rückerstattungsvergleich[460]).

II.

Die deutschen öffentlichen Einrichtungen wie Museen, Archive und Bibliotheken haben schon in der Vergangenheit die Suche nach NS-verfolgungsbedingt entzogenem Kulturgut unterstützt:

1. durch Erschließung und Offenlegung ihrer Informationen, Forschungsstände und Unterlagen,
2. durch Nachforschungen bei konkreten Anfragen und eigene Recherchen im Falle von aktuellen Erwerbungen,

---

[457] Siehe soeben die Washingtoner Erklärung.

[458] Aus diesem wohl wichtigsten Passus der Erklärung leiten die deutschen Behörden die Möglichkeit einer freiwilligen Selbstverpflichtung ab, also der Durchführung eines erneuten Rückerstattungsverfahrens unter Verzicht auf die längst verstrichenen Anmeldefristen, insbesondere im BRüG. Siehe hierzu 3 IV 1–4.

[459] Zur Bedeutung der Vergleiche im Rückerstattungsverfahren 3 C VI 1–5.

[460] Ibid.

3. durch eigene Suche im Rahmen der Wahrnehmung der Aufgaben der jeweiligen Einrichtung,
4. durch Hinweise auf die Geschichte von Kulturgütern aus NS-verfolgungsbedingt entzogenem Besitz in den Sammlungen, Ausstellungen und Publikationen.

Diese Bemühungen sollen – wo immer hinreichend Anlass besteht – fortgeführt werden.

III.

Darüber hinaus prüfen Bundesregierung, Länder und kommunale Spitzenverbände im Sinne der Washingtoner Grundsätze ein *Internet-Angebot*[461] einzurichten, das folgende Bereiche umfassen sollte:

1. Möglichkeiten der beteiligten Einrichtungen, Kulturgüter ungeklärter Herkunft zu veröffentlichen, sofern NS-verfolgungsbedingter Entzug vermutet wird.
2. Eine Suchliste, in die jeder Berechtigte die von ihm gesuchten Kulturgüter eintragen und damit zur Nachforschung für die in Frage kommenden Einrichtungen und die interessierte Öffentlichkeit ausschreiben kann.
3. Informationen über kriegsbedingte Verbringung NS-verfolgungsbedingt entzogener Kulturgüter in das Ausland.
4. Die Schaffung eines virtuellen Informationsforums, in dem die beteiligten öffentlichen Einrichtungen und auch Dritte ihre Erkenntnisse bei der Suche nach NS-verfolgungsbedingt entzogenen Kulturgütern eingeben können, um Parallelarbeiten zu gleichen Themen (z.B.: Bei welcher Auktion wurden jüdische Kulturgüter welcher Sammlung versteigert?) auszuschließen und im Wege der Volltextrecherche schnell zugänglich zu machen.

IV.

Diese Erklärung bezieht sich auf die öffentlich unterhaltenen Archive, Museen, Bibliotheken und deren Inventar. Die öffentlichen Träger dieser Einrichtungen werden aufgefordert, durch Beschlussfassung in ihren Gremien für die Umsetzung dieser Grundsätze zu sorgen. *Privatrechtlich organisierte Einrichtungen*[462] und Privatpersonen werden aufgefordert, sich den niedergelegten Grundsätzen und Verfahrensweisen gleichfalls anzuschließen.

VI. Konferenz von Vilnius 2000

Auf Grundlage der Resolution Nr. 1205 des Europarats diskutierte man in Litauen über den Stand des Umgangs mit den verfolgungsbedingt entzogenen Kulturgütern in den teilnehmenden Staaten und notwendige Entwicklungen für die Zukunft.[463]

---

[461] Zu den Verlustdatenbanken in Deutschland und im Ausland siehe die Ausführungen direkt im Anschluss.

[462] Die Erklärung ist neben seinem sehr unverbindlich gehaltenen Charakter allenfalls für das Handeln in der öffentlichen Verwaltung als „verbindlich" anzusehen. Privaten Institutionen und Museen steht es völlig frei, sich diesen Maximen anzuschließen, so dass über den Ausdruck guten Willenshinaus nichts erzielt ist.

[463] Ein Konferenzbericht findet sich bei O'Keefe, Patrick J., Vilnius International Forum on

Ein besonderer Schwerpunkt lag in der Transparenz bei der Ermittlung der historischen Faktenlage, welche nur mittels der konsequenten Öffnung der Archive zu erzielen sei.[464] Die Erklärung von Vilnius[465] entspricht dennoch in ihrem Regelungsgehalt weitgehend der Washingtoner Erklärung. Als wirklich neu hat lediglich die ausdrückliche Einbeziehung privater Institutionen in Ziffer 2 und die ausdrückliche Erwähnung der Notwendigkeit eines Internet-Zentralregisters (*general reference*) zu gelten. Eine darüberhinaus gehende Erörterung erübrigt sich damit.

VII. Entschließung des Europäischen Parlaments zu einem rechtlichen Rahmen für den freien Verkehr von Gütern im Binnenmarkt, bei denen ein Streit um den Eigentumsstatus absehbar ist (2002/2114 (INI))[466]

17.12.2003

Das Europäische Parlament,

- unter Hinweis auf seine Entschließungen vom 14. Dezember 1995 zur Rückgabe geraubten Eigentums an jüdische Gemeinden und vom 16. Juli 1998 zur Rückgabe des Vermögens von Holocaust-Opfern,
- unter Hinweis auf das Europäische Übereinkommen vom 23. Juni 1985 über Straftaten im Zusammenhang mit Kulturgut und die Richtlinie 93/7/EWG des Rates vom 15. März 1993[467] über die Rückgabe von unrechtmäßig aus dem Hoheitsgebiet eines Mitgliedstaats verbrachten Kulturgütern,
- gestützt auf Artikel 163 seiner Geschäftsordnung,
- in Kenntnis des Berichts des Ausschusses für Recht und Binnenmarkt (A5-0408/2003),

---

Holocaust-Era Looted Cultural Assets, Vilnius, Lithuania (October 3–5, 2000), IJCP 2001 [conference reports], pp. 127 et seq. Der Autor stellt in diesem Konferenzbericht die Erklärung von Vilnius der von ihm mitinitiierten Resolution Nr. 1205 des Europarats gegenüber und kritisiert insbesondere eine mangelnde Praktikabilität bestimmter Regelungen in der Vilnius Declaration. Er nennt insbesondere den aus seiner Sicht zu schwach formulierten Willen der Notwendigkeit von Gesetzesänderungen in den Nationalstaaten, siehe dort p. 131.

464 O'Keefe, Vilnius, 129.

465 Wiedergegeben als Anlage 2 am Ende der Abhandlung. Die Erklärung enttäuscht die in sie gesetzten Erwartungen, objektive Kriterien für die Behandlung von Restitutionsfragen mit auf den Weg zu geben. Die Konferenz ist ausführlich im Internet unter www.Vilniusforum.lt dokumentiert.

466 Wiedergabe der Entschließung des Europaparlaments, abzurufen unter http://www2.europarl.eu.int/omk/sipade2?L=DE&OBJID=31357&LEVEL=3&MODE=SIP&NAV=X&LSTDOC=N [Stand: Dezember 2003].

467 ABl. C 120 E vom 24. 4. 2001, S. 182–183.

A. in der Erwägung, dass bald nach Ende des Zweiten Weltkriegs Schritte unternommen wurden, um geraubtes Vermögen aufzuspüren und wieder in das Herkunftsland zu verbringen,
B. in der Erwägung, dass ein großer Teil dieses Vermögens nicht an die Eigentümer oder deren Erben zurückgegeben wurde,
C. in der Erwägung, dass die Prozessbeteiligten oft mit schwierigen Problemen konfrontiert wurden wie beispielsweise Kollision von Rechtsvorschriften, unterschiedlichen Verjährungsfristen und anderen Schwierigkeiten, und dass dies eine rasche und effiziente Lösung, bei der den Interessen aller Beteiligten Rechnung getragen wird, erschwert und behindert,
D. in der Erwägung, dass es sich hier um ein wichtiges menschliches und ein rechtliches Problem handelt, da die Opfer weiterhin mit rechtlichen und technischen Problemen konfrontiert werden,
E. in der Erwägung, dass am 18. März 2003 eine öffentliche Anhörung stattgefunden hat,
F. in der Erwägung, dass es sich hier um ein weit verbreitetes rechtliches Problem auf europäischer Ebene handelt,

1. begrüßt die Tatsache, dass diverse Regierungen anerkennen, dass die einzigartigen Probleme im Zusammenhang mit Kulturgütern (also öffentliches oder privates Eigentum, das als künstlerische Schöpfung oder Kulturgut angesehen wird), die zu Kriegszeiten durch Gewaltakte, Beschlagnahme oder scheinbar rechtmäßige Transaktionen oder Auktionen entwendet wurde, angegangen werden müssen;
2. erkennt an, dass das Problem dieser Güter zwar allgemein bekannt ist, es sich für private Anspruchsteller jedoch oft als außerordentlich schwierig erwiesen hat, ihr Eigentum zurück zu erlangen und dessen Herkunft zu klären;
3. begrüßt die von Drittländern (insbesondere den Vereinigten Staaten von Amerika und der Russisches Föderation) unternommenen Anstrengungen, parallele oder gegenseitige Maßnahmen zu ergreifen;
4. fordert die Europäische Kommission auf, unter Einhaltung der Bestimmungen nach Artikel 295 des EG-Vertrags gegen Ende des Jahres 2004 eine Studie über folgende Aspekte durchzuführen;
   - Einführung eines gemeinsamen Katalogisierungssystems, das sowohl von staatlichen Stellen als auch von privaten Kunstsammlungen genutzt werden kann, um Daten über die Situation geraubter Kulturgüter und den genauen Stand der bestehenden Forderungen sammeln zu können;
   - Entwicklung gemeinsamer Grundsätze über den Zugang zu öffentlichen oder privaten Archiven, die Informationen über die Identifizierung und Lokalisierung von Vermögen enthalten, sowie über die Verknüpfung von Datenbanken, die Informationen über Vermögen enthalt, bei dem ein Streit über den Eigentumsstatus anhängig ist;
   - Ermittlung gemeinsamer Grundsätze in Bezug auf die Frage, wie Eigentum oder Rechtsanspruch entstehen, sowie in Bezug auf Verjährung, Nor-

men für die Beweisführung und das Recht, erstattete Eigentümer zu exportieren oder zu importieren;
- Erkundung möglicher Streitbeilegungsmechanismen, mit denen lange und unsichere Rechtsverfahren vermieden und die Grundsätze der Fairness und der Gerechtigkeit berücksichtigt werden können;
- Möglichkeit der Einsetzung einer grenzüberschreitenden, koordinierenden Behörde, die für Streitigkeiten in Bezug auf den Rechtsanspruch auf Kulturgüter zuständig ist;

5. fordert die Mitgliedstaaten und die Beitrittländer auf, alle notwendigen Anstrengungen zu unternehmen, um Maßnahmen anzunehmen, um die Schaffung von Mechanismen zu gewährleisten, die der Erstattung der Güter, auf die sich diese Entschließung bezieht, förderlich sind, und der Tatsache Rechnung zu tragen, dass die Erstattung der im Rahmen eines Verbrechens gegen die Menschlichkeit geraubten Kunstgegenstände an die rechtmäßigen Anspruchsteller eine Angelegenheit von allgemeinem Interesse im Sinne von Artikel 1 des Protokolls Nr. 1 zur Europäischen Menschenrechtskonvention ist;
6. fordert den Vorsitz der Europäischen Union auf, im Rat eine Arbeitsgruppe mit dieser Angelegenheit zu befassen;
7. beauftragt seinen Präsidenten, diese Entschließung dem Rat, der Kommission, den Mitgliedstaaten, den Beitrittsländern und dem Europarat zu übermitteln.

I. Begründung

a. Hintergrund: Die Natur des Problems

Verschiedene Aspekte des Problems der während des Zweiten Weltkriegs geraubten Vermögen waren Gegenstand internationaler Übereinkommen. Dabei ist ein Problem noch immer ungelöst: das der Kulturgüter, bei denen ein Streit um den Eigentumsstatus absehbar ist.

Das Problem der „Raubkunst" oder „Beutekunst" (also öffentlichen oder privaten Eigentums, das als künstlerische Schöpfung oder Kulturgut angesehen wird), die zu Kriegszeiten durch Gewaltakte, Beschlagnahme oder scheinbar rechtmäßige Transaktionen oder Auktionen entwendet wurde, ist leider auch zu Beginn des 21. Jahrhunderts noch immer ein dunkles Kapitel der Menschheitsgeschichte. Solche Plünderungen hat es zu allen Zeiten gegeben, sie traten jedoch im 19. und 20. Jahrhundert besonders häufig auf. Während des Zweiten Weltkriegs wurden Kulturgüter in einem nie zuvor erlebten Ausmaß geraubt. Der Umfang der Plünderungen wurde während des Kriegs und nach dem Krieg ausreichend dokumentiert und von allen Mitgliedstaaten bestätigt und anerkannt. Nach dem Krieg erstellte Inventarlisten zeigen ‚dass mehrere Millionen Gegenstände geraubt wurden, darunter Kunstwerke von Museumsqualität, Möbel, Bücher, religiöse Objekte und andere Güter von kulturellem Wert. Aus den

Aktenverzeichnissen der Ansprüche, die Überlebende und ihre Familien und die Mitgliedstaaten angemeldet haben, wird ersichtlich, dass Tausende von im Umlauf befindlichen bedeutenderen Kunstwerken (einige davon in Museumssammlungen) Lücken in ihrer Herkunftsgeschichte aufweisen, die auf die Zeit des Zweiten Weltkriegs in Europa (1939–1945) zurückzudatieren sind. Von offizieller Seite wurde auch bestätigt, dass auf dem Kunstmarkt eine beträchtliche Zahl von Kunstwerken gehandelt wurde, bei denen Eigentumsstatus und Herkunft nicht eindeutig geklärt waren. Museen und Kunsthändler bestätigen die Notwendigkeit, Rechtssicherheit zu schaffen, um die Herkunft ihrer Sammlungen und erworbenen Objekte zu klären.

Obwohl das Problem der geraubten Kulturgüter allgemein bekannt ist, hat es sich für private Anspruchsteller oft als außerordentlich schwierig erwiesen, ihr Eigentum zurück zu erlangen. Dies liegt zum einen daran, dass viele europäische Staaten das internationale Recht betreffend den Status dieses Eigentums einfach ignorieren und es einem Dieb (oder denjenigen, die Teil der nachfolgenden Erwerbskette sind) gestatten, gemäß nationalem Recht Eigentum zu übertragen. Darüber hinaus werden Rechtssachen in Zusammenhang mit geraubten Kulturgütern oft durch Streitigkeiten über das anzuwendende Recht und Verjährungsbestimmungen verkompliziert, je nachdem, wo das Kunstwerk gestohlen wurde, wo es sich in der Zwischenzeit befunden hat oder wo es gefunden wurde. Nicht zuletzt sahen sich die Kläger beim Recherchieren ihrer Forderungen aufgrund der unterschiedlichen Bestimmungen, die innerhalb Europas für den Zugang zu Archiven gelten, vor beträchtliche Hürden gestellt.

Unmittelbar nach dem Zweiten Weltkrieg wurden verschiedene nationale Gesetze verabschiedet, die speziell das Problem des geraubten Eigentums betrafen. Viele dieser gesetzlichen Bestimmungen sind inzwischen jedoch verjährt. Das Thema kehrte mit dem Fall der Berliner Mauer, als die Archive in Osteuropa und Russland geöffnet wurden, ins Zentrum der öffentlichen Aufmerksamkeit zurück. Viele private Organisationen fingen an, sich aktiv mit der Frage geraubter Kulturgüter zu befassen, und verschiedene nationale Ausschüsse und Arbeitsgruppen wurden eingerichtet, um die Archive zu durchforsten, Nachforschungen über die Herkunft von Kunstwerken anzustellen und in einigen Fällen individuelle Anträge auf Rückerstattung zu prüfen.

Leider ist es eine allgemein anerkannte Tatsache, dass das Problem der „Raubkunst" in Europa auch nach 1945 fortbesteht. So hat beispielsweise die Kommission für Ansprüche auf Rückerstattung von Grundbesitz in Bosnien-Herzegowina Forderungen betreffend verlorenes Eigentum in Zusammenhang mit den „ethnischen Säuberungen" Serbiens in Bosnien anerkannt. Bedauerlicherweise ist damit zu rechnen, dass sich ähnliche Forderungen auch aus zukünftigen Konflikten ergeben werden.

b. Derzeitiger Stand

Das Naziregime war verantwortlich für den Raub von wertvollen Kulturgütern in gewaltigem Umfang, nicht nur in Deutschland, sondern in jedem Land, das mit diesem Regime verbündet war oder von ihm besetzt wurde, darunter Österreich, Belgien, die Tschechoslowakei, Frankreich, Ungarn, Italien, Luxemburg, die Niederlande, Norwegen, Polen, Rumänien und die von der deutschen Wehrmacht besetzten früheren Sowjetrepubliken (baltische Republiken, Russland, Ukraine und Weißrussland). Nach dem Völkerrecht waren diese Plünderungen ungesetzlich. Während des Krieges stellten die Vereinten Nationen klar, dass von den Staaten wiedererlangtes geraubtes Eigentum dem Herkunftsstaat zurückerstattet werden müsse, um es den ursprünglichen Eigentümern zurückzugeben. Dieses geraubte Eigentum erhielt später durch den Nürnberger Gerichtshof einen Sonderstatus. So wurde in Artikel 6b der Nürnberger Charta ausdrücklich bestimmt, dass der Raub von Privateigentum während des Krieges nach dem Völkerrecht ein Verbrechen darstellen kann. In seinem abschließenden Urteil entschied der Gerichtshof, dass die Plünderung von Eigentum nach dem 1. September 1939 in bestimmten Fällen ein Verbrechen gegen die Menschheit darstellt.[468] (Der Gerichtshof hat die Plünderung von Gütern aus jüdischem Besitz vor diesem Datum nicht entschuldigt, sondern lediglich festgestellt, dass sie kein Kriegsverbrechen darstellt. Deutschland selbst hat das Plündern von Vermögen vor diesem Zeitpunkt in mehreren Nachkriegs-Übereinkommen als ungesetzlich anerkannt). In zahlreichen Übereinkommen nach dem Krieg wurde auch festgestellt, dass die Staaten verpflichtet sind, geraubtes Eigentum wiederzuerlangen, auch wenn es sich inzwischen im Besitz von dem Anschein nach unschuldigen Käufern befindet, und für dieses Eigentum zu sorgen und es instand zu halten, bis es an den Herkunftsstaat zurückgegeben wird. Nach internationalem Recht wurden die Staaten also als Hüter des geraubten Eigentums und nicht als seine Eigentümer angesehen. Einzelstaatliche Gesetze, die nach dem Krieg in der Schweiz, in Belgien, Frankreich, Deutschland, Griechenland, Italien und den Niederlanden erlassen wurden, erkannten diesen Sachverhalt an und schufen eine Rechtsvermutung zugunsten der ursprünglichen Eigentümer des in dieser Zeit geraubten Vermögens. Heute sind diese einzelstaatlichen gesetzlichen Bestimmungen jedoch ausgelaufen oder aufgrund von Verjährungsfristen außer Kraft getreten, und es gibt kein internationales Übereinkommen, das auf die Zeit des Zweiten Weltkriegs anwendbar ist. Da das Problem ein allgemein anerkanntes ist, bemühen sich die Staaten weiterhin um die Schaffung von Rechtsinstrumenten zur Angleichung der nationalen Gesetze. Auf institutioneller Ebene hat die Parlamentarische Versammlung des Europarates eine Entschließung zu geraubtem Kulturgut aus jüdischem Besitz verabschiedet[469]. Darüber hinaus

---

[468] Siehe Urteil des Internationalen Militärgerichtshofs vom 30. September 1946.

[469] Entschließung 1205 vom 4. November 1999.

nahmen anlässlich einer diplomatischen Konferenz in Washington am 3. Dezember 1998 über Kunstwerke, die in der Holocaust-Ära beschlagnahmt wurden, 44 Staaten einschließlich aller EU-Mitgliedstaaten „nicht bindende" Grundsätze an und verpflichteten sich moralisch zur Rückerstattung geraubter Kulturgüter. Die teilnehmenden Staaten erkannten den gewaltigen Umfang der immer noch im Umlauf befindlichen geraubten Kulturgüter an und verpflichteten sich im Rahmen von 11 Empfehlungen,

(i) alle Maßnahmen zu ergreifen, um eine Liste von Kunstwerken zweifelhaften Ursprungs zu erstellen und zu veröffentlichen,
(ii) Verfahren zu entwickeln, die die Klärung strittiger Eigentumsfragen ermöglichen und die Schwierigkeiten berücksichtigen, denen sich die Kläger oft gegenüber sehen, wenn sie ihren Rechtsanspruch geltend machen wollen, und
(iii) die Auflagen hinsichtlich der Beweislast zu erleichtern, die die Kläger tragen, welche die Rückerstattung von geraubtem Eigentum fordern.

Beim nachfolgenden Internationalen Forum über geraubte Kulturgüter der Holocaust-Ära im Oktober 2000 in Wilna wurde versucht, die in Washington vereinbarten Grundsätze und die Entschließung des Europarates in die Praxis umzusetzen[470]. Einige EU-Mitgliedstaaten und Drittstaaten wie Russland[471] haben vor kurzem Maßnahmen zugunsten der von Kunstraub Geschädigten erlassen, wie beispielsweise die Prüfung von Anträgen auf Rückführung[472], Lockerung der gesetzlichen Bestimmungen über unerlaubte Handlungen und Eigentum, wie Verjährungsfristen, und die Einsetzung parlamentarischer Ausschüsse zur Prüfung dieser Frage.

Auf europäischer Ebene behandelt Richtlinie 93/7/EWG vom 15. März 1993 die Frage der Rückgabe von unrechtmäßig aus dem Hoheitsgebiet eines Mitgliedstaats verbrachten Kulturgütern. Ziel der Richtlinie ist eine Zusammenarbeit zwischen den Mitgliedstaaten und eine gegenseitige Anerkennung der einschlägigen einzelstaatlichen Rechtsvorschriften im Bereich der nationalen Kulturgüter. Es wurde jedoch keine einheitliche rechtliche Grundlage für individuelle Ansprüche geschaffen, die immer noch auf sehr unterschiedlichen nationalen gesetzlichen Voraussetzungen beruhen. Das Parlament hat darüber hinaus zwei Entschließungen zum Thema geraubte Kulturgüter angenommen, die Entschließung von 1995[473] zur Rückführung geraubter Vermögen an die jüdischen

---

[470] Der Hinweis auf die Holocaust-Ära sollte nicht so verstanden werden, dass diese Initiativen sich nur mit geraubten Kunstwerken aus jüdischem Besitz befasst haben. Im fraglichen Zeitraum wurde eine große Zahl von Einzelpersonen und Gruppen in ganz Europa Opfer dieser Plünderungen, die von verschiedenen Tätern verübt wurden.

[471] Das russische Parlament hat sein Gesetz über Kulturgüter im Jahr 2000 geändert.

[472] Eine Entschließung des Bundesrates zum Gesetz zur Modernisierung des Schuldrechts bestätigte die Erklärung von Berlin und machte deutlich, dass mit der neuen gesetzlichen Regelung keine Änderung des deutschen Rechts beabsichtigt wird, um Ansprüche im Zusammenhang mit geraubtem Kulturgut abzuweisen (Herbst 2001).

[473] ABl. C 17 vom 22.01.1996.

Gemeinden und die Entschließung von 1998[474] zur Rückerstattung der Vermögen von Holocaust-Opfern. Somit hat die Europäische Union Schritte zur Anerkennung des historischen Tatbestands des Kunstraubs zwischen 1933 und 1945 unternommen, aber bisher keinen umfassenden Rahmen zur Lösung der weiterhin bestehenden rechtlichen Probleme geschaffen, die Auswirkungen auf den freien Verkehr aller Kunstwerke im Binnenmarkt haben.

2. Notwendigkeit des Tätigwerdens der EU bei einem europäischen Rechtsproblem

Die rechtliche Lage in diesem Bereich ist z.Z. völlig unklar, so dass Museen, Kunsthändler, Opfer und Erben nicht in der Lage gewesen sind, Beutegut zurückzuerlangen oder die Lücke in der Frage der Herkunft von Kunstbesitz zu füllen. Kläger stehen oft einem unübersichtlchen Gewirr von *rechtlichen* Problemen gegenüber, von denen viele einfach von dem schieren Zufall abhängen, wo das Beutegut vielleicht gefunden wird. Der Zugang zu Daten ist von Staat zu Staat verschieden, ebenso wie die Rechtsstandards im Zusammenhang mit so grundlegenden Fragen wie der Festlegung des anwendbaren Rechts, des Besitznachweises, der Feststellung, wann Klage erhoben werden muss und der Auswirkungen der zwischenzeitlichen Übereignung auf angeblich unschuldige Erwerber. Es besteht die Notwendigkeit eines rechtlichen und institutionellen Rahmens, der für die Kläger die derzeitigen Besitzer und staatseigene und gemeinnützige Einrichtungen fairer sein wird. Darüber hinaus ist dies ein sehr europäisches Problem, das einer europäischen Lösung bedarf, und die bevorstehende Erweiterung der Europäischen Union macht die Frage noch bedeutender, da sie eine Reihe von Beitrittsländern unmittelbar betrifft.

Ungefähr 170 Klagen sind derzeit in Gerichten in ganz Europa, auch in Russland, anhängig. Bei allen geht es um die gleichen *rechtlichen* Probleme: Bestimmung der Herkunft eines Kulturgutes, Festlegung der Art und Weise, wie der Rechtslücke in der Frage des Besitzes zwischen 1933 und 1945 Rechnung getragen wird, Definition der anwendbaren Rechtsprechung, Entscheidung darüber, wer ein „gutgläubiger" Erwerber sein und welche Rechte dieser Erwerber haben kann, gegebenenfalls Entscheidung darüber, ob Verjährungsfristen gelten sollten usw. Darüber hinaus führen Unterschiede zwischen Zivilrecht und „common law" (Gewohnheitsrecht) in den Mitgliedstaaten zu unterschiedlichen Ergebnissen, zu endlosen Rechtsstreitigkeiten und einer verzwickten rechtlichen Situation für die Opfer und die Erben von kulturellem Beutegut. Zwar sind einige dieser Probleme offensichtlich kultureller Natur, aber Ziel eines europäischen rechtlichen und institutionellen Rahmens für erbeutete Kulturgüter muss es sein, eine rechtliche Lösung für eindeutig rechtliche Probleme zu finden, anstatt zuzulassen, dass dies zu einem kulturellen Problem wird.

---

474 ABl. C 292 vom 21.09.1998.

Zweifellos ist dies ein *rechtliches* Problem. Zunächst einmal war und bleibt die systematische und diskriminierende Plünderung von Eigentum durch totalitäre Regime eine schwere Verletzung des vom Europäischen Menschenrechtsgerichtshofs und der Charta der Grundrechte der Europäischen Union anerkannten Menschenrechts auf friedliche Nutznießung von Eigentum. Die Entscheidung darüber, wie die Rechte der von diesen Verletzungen Betroffenen behandelt werden sollten, wirft ganz entschieden rechtliche Fragen auf.

Zweitens, rührt das durch einen solchen Raub entstandene Problem von der Kollision von Rechtsvorschriften, die innerhalb der EU zu einer unterschiedlichen Behandlung von Klägern führt, die sich in einer ähnlichen Situation befinden, und zwar abhängig davon, wo ihr Eigentum letztendlich verblieben ist.

Drittens, führt die Beschäftigung mit Beutekunstfragen auch dazu, sich mit rechtlichen Fragen im Zusammenhang mit dem Völkerrecht, der Geltung verschiedener Verträge, dem internationalen Privatrecht, dem Zugang zu Informationen, Eigentumsrechten, der Beweislast und von Verjährungsfristen zu befassen.

Abschließend stellen sich in Fällen von erbeutetem Kulturgut generell die folgenden Fragen, die alle voneinander abweichenden *rechtlichen* Normen entsprechend den Rechtsvorschriften der Mitgliedstaaten unterliegen:

1.) Wie wird der Besitz oder der Eigentumstitel festgelegt und welchen Zugang zu den erforderlichen Informationen bieten die Mitgliedstaaten den Klägern?
2.) Wann muss ein Antrag auf Rückgabe von Eigentum gestellt werden und welche diesbezügliche Verjährung sollte gelten?
3.) Welche Rechte haben gegebenenfalls „gutgläubige" Erwerber an erbeuteten Kulturgütern?
4.) Welche Ansprüche können gegen professionelle Verkäufer, wie z.B. Kunsthändler, geltend gemacht werden, die erbeutete Kunstgüter gekauft oder verkauft haben? und
5.) Falls ein erbeutetes Kulturgut wiedererlangt wird, kann es dann Beschränkungen für die Möglichkeit des Eigentümers geben, dieses Gut zu exportieren?

Die verschiedenen Antworten auf diese Fragen in den Mitgliedstaaten stellen einen Rechtsmangel dar und verhindern den freien Verkehr von Kulturgütern auf dem Binnenmarkt.

3. Bewertung möglicher Initiativen des EP

Das derzeitige Rechtssystem im Zusammenhang mit erbeuteten Kulturgütern ist weder einheitlich noch berechenbar; es führt weder zur Förderung einer freiwilligen oder wirkungsvollen Regelung von Ansprüchen, noch zum Schutz der Rechte der Opfer, die sich um die Rückgabe des Beuteguts bemühen, oder erreicht die erklärten Ziele des von den Nationen der Welt nach dem Zweiten Weltkrieg festgelegten Völkerrechts. Um die Fragen im Zusammenhang mit erbeuteten Kulturgütern voll und ganz zu würdigen, hielt das Europäische Parlament im März 2003 eine Anhörung ab, um sowohl die Öffentlichkeit stärker zu sensibilisieren als auch mögliche Lösungen der EU für die vorliegenden Probleme zu finden. Damit der Weg für einen umfassenden europäischen Rahmen für die faire Lösung von Streitigkeiten über den Besitz erbeuteter Kulturgüter geebnet wurde, umfasste diese Anhörung Folgendes:

- Bewertung der Bemühungen um Verwirklichung der auf der Washingtoner Konferenz, in der Entschließung 1205 des Europarates und auf dem Vilnius-Forum dargelegten Grundsätze;
- Überprüfung der bestehenden Programme der Mitgliedstaaten für die Ermittlung und Rückgabe erbeuteter Kulturgüter;
- Bewertung der bestehenden oder geplanten Datenbanken im Zusammenhang mit Beutekunst und der Möglichkeit der Erweiterung öffentlicher Datenbanken, um umfassendere Vermögensnachforschungen im Zusammenhang mit spezifischen Werken und/oder Ansprüchen zu erlauben;
- Beurteilung der Rechtsvorschriften und Verordnungen der EU im Zusammenhang mit dem Zugang zu Archiven über a) Kulturgüter, b) Enteignung, Vermögensveräußerungen oder Raub in der Zeit des Zweiten Weltkriegs, c) Nachkriegslisten erbeuteter Gegenstände, an die „Herkunftsländer" zurückgegebener Gegenstände, registrierter Klagen und erledigter Klagen, d) Unterlagen von Museen und Händlern über in Europa zwischen 1933 und 1945 gekaufte oder verkaufte Objekte. Eine Schlüsselfrage ist das Verhältnis zwischen der Achtung der Privatsphäre des Einzelnen und der Garantie dafür, dass die Kläger ungehindert gerichtlich vorgehen können;
- Festlegung einheitlicher Normen für die Auffindung und Behandlung von erbeuteten Kulturgütern, einschließlich von Beutekunst, die Herkunftsfragen aufwirft;
- Bewertung des derzeitigen Geltungsbereichs der EU-Regelung und von intereuropäischen Verträgen oder Vereinbarungen im Zusammenhang mit Import/Export und Zollregelungen, die die Festlegung einheitlicher Normen für das Auffinden und die Behandlung von erbeuteten Kulturgütern betreffen können;
- Überprüfung der derzeitigen Anstrengungen zur Verwirklichung einer parallelen Zusammenarbeit mit den Behörden in Russland, den Ländern in Mittel- und Osteuropa und anderen Gerichtsinstanzen im Zusammenhang mit der Auffindung und Rückgabe von Beutekunst;
- Bewertung der Anwendung und Entwicklung der Konvention von Lugano und der derzeitigen Praxis im Zusammenhang mit der Anwendung dieser Konvention zur Durchsetzung von Urteilen im Zusammenhang mit beweglichem Eigentum (oder Kulturgütern);
- Erörterung darüber, wie die Europäische Menschenrechtskonvention, die Charta der Grundrechte und die Rechtssprechung, die der Europäische Gerichtshof und der Gerichtshof für Menschenrechte entwickelt hat, auf gestohlene oder erbeutete Kulturgüter Anwendung finden könnte.

4. Allgemeine Schlussfolgerungen

Aus der Anhörung ging sehr deutlich hervor, dass bei der derzeitigen Lage ein großer Mangel an Rechtssicherheit, Transparenz und einer kohärenten Vorgehensweise herrscht. Es handelt sich hier um eine grenzüberschreitende Frage, die auch einer grenzüberschreitender Lösung bedarf.

Hauptziel der Initiative des Europäischen Parlaments ist es, die Entwicklung transparenter Rechtsbehelfsstrukturen vorzuschlagen, die im Einklang mit den geltenden Prinzipien des europäischen und des Völkerrechts stehen sollten. Die Europäische Union sollte eine führende Rolle bei der Schaffung einer grenzüberschreitenden, koordinierenden Behörde spielen, die das derzeitige System, bei dem diese Probleme auf Einzelfallbasis nach nationalem Recht behandelt werden, ersetzen soll. Um diese Führungsrolle spielen zu können, sollte die Europäische Union einheitliche Vorschriften zur Lösung von Streitigkeiten im Zusammenhang mit dem Auffinden, dem Besitz und der Rückgabe von erbeuteten Kulturgütern festlegen. Zu diesem Zweck ist es dringend notwendig, eine zentrale Datenbank einzurichten und allgemeinen Zugang zu öffentlichen und privaten Archiven vorzusehen. Diese Maßnahmen tragen nicht nur zu einem konsistenteren und besser vorhersehbaren Binnenmarkt für Kunstwerke bei, sondern verbessern ebenfalls den Zugang zum Recht und die Achtung der Rechtsstaatlichkeit.

Letztendlich ist eine moralische und ethische Frage, die dringend einer moralischen und ethischen Lösung bedarf. Es bedarf einer klaren und kohärenten Vorgehensweise, nicht nur auf der Grundlage von Regeln und rechtlichen Bestimmungen, sondern ebenfalls anhand von Grundsätzen wie Gerechtigkeit und Moral. Dies ist gegebenenfalls im Rahmen einer koordinierenden Verwaltungsbehörde auf europäischer Ebene möglich, die gemeinsame Regeln festlegt. Grenzüberschreitende Probleme erfordern grenzüberschreitenden Lösungen.

[Ende des Dokuments]

5. Erste Anmerkungen zur Entschließung Nr. 804 vom 17.12.2003

Mit der vorliegenden Resolution wird ein weiterer wichtiger Schritt in Richtung einer umfassenden, rechtlich eigenständigen Lösung der aufgeworfenen Problemkonstellationen vollzogen. Die Besonderheit dieser Entschließung liegt in der ausdrücklichen Anerkennung des Umstands, dass nur *rechtlich verbindliche* Spezialregelungen auf überstaatlicher Ebene die zum Teil noch genauer zu erörternden Probleme sachgerecht lösen können. Vor einer solchen Aussage hatte man noch fünf Jahre zuvor in den Washington Principles zurückgeschreckt, insbesondere damals noch deshalb, weil ein rechtlich verbindlicher Konsens sich dort (noch) nicht herstellen ließ.[475]

---

[475] EIZENSTAT, The Imperfect Justice, 96ff.

Es bleibt abzuwarten, inwieweit jetzt auf europäischer Ebene nach dieser Resolution Taten folgen und sachgerechte Normen entwickelt werden. Der Zeitplan für ein solches Unterfangen auf europäischer Ebene schien zu kurz gesteckt[476]: Die europäische Kommission sollte sich mit einer bis Ende 2004 komplettierten Studie nach Artikel 295 EGV der Sache annehmen. Jedenfalls ist eine solche Studie und seine Verfasser bislang nicht einmal angekündigt worden. Immerhin könnte für die sich anschließende Normsetzung die schon im Jahre 1999 verabschiedete Entschließung Nr. 1205 des Europarats eine schon recht differenzierte Arbeitsgrundlage bereithalten. Weitaus schwieriger erscheint es jedoch, den in der Entschließung zum Ausdruck kommenden Konsens der Durchbrechung althergebrachter einzelstaatlicher Sachnormen zugunsten europaweit einheitlicher transparenter Rechtsbehelfsstrukturen den betroffenen Mitgliedstaaten zu kommunizieren. Unklar bleibt in diesem Zusammenhang, welche Rolle die koordinierende Verwaltungsbehörde in dem kommenden Gesetzgebungsverfahren spielen soll („gegebenenfalls") und wie die Zusammenarbeit dieser Behörde mit den schon bestehenden nationalen Initiativen und bei den Regierungen angesiedelten Organisationen von Statten gehen soll.

Die schon häufig erhobene Forderung, eine europaweit zentrale Datenbank zur Verlustdokumentation einzurichten, ist bislang an den nationalstaatlichen Partikularismen und der mangelnden Bereitschaft zu einer echten, übergreifenden Kooperation gescheitert.[477] Schon jetzt gibt es viele einzelstaatliche private Initiativen mit dem Ziel einer europaweiten Dokumentation, ohne jedoch eine wirklich erschöpfende Erfassung der fraglichen Verlust- und Fundbestände vorweisen zu können. Bislang scheint kein Staat ein wirkliches Interesse daran zu haben, seinen eigenen Lösungsansatz und seine spezifische Herangehensweise zu diesem Themenkomplex zu Gunsten einer gemeinsamen und damit effektiveren Lösung zu opfern.[478] Dass hier ein Umdenken einsetzen muss, wird durch die jüngste Resolution des Europäischen Parlaments erneut ausdrücklich bestätigt. Es bleibt zu hoffen, dass diese Entschließung eines Tages in einer für alle Mitgliedstaaten unmittelbar verbindlich gefassten Richtlinie umgesetzt wird.

---

[476] SCHRÖDER bezeichnet die Initiative als „ungewöhnlich, wenn nicht revolutionär. [...] Bevor sie verwirklicht werden kann, müssen das Plenum des Europäischen Parlaments [Anm. des Verfassers: dies ist nunmehr erfolgt], die Europäische Kommission und schließlich wohl auch die qualifizierte Mehrheit der Mitgliedstaaten dafür gewonnen werden", Spoils of War 2003, 20f.

[477] Hannes HARTUNG, PPP Volume 7, 330.

[478] Ibid.

G. Der Umgang mit Raub- und Beutekunst in Deutschland

I. Die Provenienzforschung

1. Zielsetzung und Hintergründe

In der Arbeit eines Kunstsachverständigen spielte seit jeher die Überprüfung der Echtheit eines Gemäldes zur Absicherung der Integrität des Kunsthandels und des Wertes eines Werkes als Grundlage für den zu veranschlagenden Kaufpreis eine bedeutende Rolle. Neben der Authenzität eines Kunstwerks gilt es nunmehr zunehmend die Provenienz (Herkunft und Vorbesitzer) eines Werkes zu beachten, wie er typischerweise aus Begleitdokumenten wie dem *pedigree* (Besitzerstammbaum) und aus dem *catalogue raisonné* (Werksverzeichnis) eines Kunstwerks ersichtlich wird.[479]

Vor dem Hintergrund der Ereignisse im und nach dem Zweiten Weltkrieg muss nunmehr jeder, der sich mit dem Handel respektive der Leihgabe von Kulturgütern beschäftigt oder sich im Kulturaustausch engagiert, der Gefahr begegnen, ein möglicherweise zuvor abhanden gekommenes Gemälde in seinem Katalog zu führen oder eventuell bereits schon aufgekauft zu haben. Wegen der räumlichen Zerstreuung und Verlagerung der im Zuge von Krieg und Verfolgung entzogenen Kulturgüter kann theoretisch jeder Erwerber weltweit, der über 80 Jahre alte Kulturgüter erwirbt, Raubgut erwerben. Zur Klärung dieser Frage bedarf es eines ganz anderen Begutachtungsansatzes als in einer klassischen Kunstexpertise.[480]

Waren klassische Gutachten bislang neben der entscheidenden, aber doch subjektiven Stilkritik von objektiven naturwissenschaftlichen Zuschreibungsmethoden geprägt, welche die Authentizität eines Kulturguts ermitteln und ihrem Schöpfer zuordnen sollen (dies sind neben der kunsthistorischen Stilkritik Untersuchungen mit Hilfe von Streiflicht, ultravioletten Strahlen, Infrarot, Röntgen, oder auch Analysen von Gemäldepunkten, Pigmenten, Grundierungsschichten, Bindemitteln und Bildträger[481]), lohnt zur Klärung der Herkunft eines Kultur-

[479] Literatur zur Provenienzforschung ist bislang eher spärlich anzutreffen, da diese Disziplin vergleichsweise jung ist. Siehe aber Yeide/Akinsha/Walsh The AAM Guide to Provenance Research und bei Wechsler, Helen J.; Coate-Saal, Teri; Lukavic, John, Museum Policy and Procedures for Nazi-Era Issues, American Association of Museums. Sehr umfassend zu den NS-Enteignungen in Wien Lillie, Sophie, was einmal war, Handbuch der enteigneten Kunstsammlungen Wiens, Wien 2003.

[480] Vorreiter in der Provenienzforschung waren die Vereinigten Staaten von Amerika, die hierdurch am Schnellsten auf Raubkunst in eigenen Museen reagierten, vergleiche hierzu Garrett, Time for a Change? Restoring Nazi-looted Artwork To Its Rightful Owners, 12, Pace Int'l Law Review, S. 372f. (1999) und Tyler, The Stolen Museum: Have United States Art Museums Become Inadverted Fences for Stolen Artworks looted by the Nazis in World War II?, 30, Rutgers Law Journal, S. 442f. (1999).

[481] Zu den genannten Methoden ausführlich Gerlach 34ff.

guts ein Gang in einschlägige Archive von Bund, Länder, Kommunen oder weiteren geeigneten Institutionen.[482]

Zwar gibt es zwischen der Echtheit und Herkunft eines Werkes insoweit Überlappungen, als eine lückenlose Dokumentation der Provenienz Rückschlüsse auf die Originalität gestattet.[483] Im Hinblick auf den Fehlerbegriff des Kaufrechts in § 459 I BGB (jetzt § 434 BGB n.F.) sei aber angemerkt, dass hierunter nur die mangelnde Echtheit[484], nicht aber die Herkunft zu fassen ist. Dies lässt sich am Einfachsten damit begründen, dass die Provenienz die eigene Beschaffenheit des Bildes als wechselnden Umständen unterliegenden, externer Faktor nicht zu beeinflussen vermag und allenfalls ein subjektives Auswahlkriterium für den Erwerber darstellen kann.[485] Bei kriegsbedingt verlagerten und verfolgungsbedingt entzogenen Gegenständen wird man aber ohnehin davon ausgehen dürfen, dass es sich bei ihnen um (häufig recht wertvolle) Originale handelt, zumal sie ja gerade nur deswegen seinerzeit geraubt worden sind.

Der internationale Kunsthandel hat das Problem der kriegs- und verfolgungsbedingt abhanden gekommenen Kulturgüter über Jahrzehnte hinweg geradezu ignoriert. Dies sollte sich erst ein halbes Jahrhundert später ändern, nachdem renommierte internationale Auktionshäuser im Zweiten Weltkrieg geraubte Kulturgüter in ihren Katalogen verzeichnet hatten und Rückgabeansprüchen ausgesetzt wurden. Auch in öffentlichen Museen wurde Raubgut aufgefunden: In Österreich löste dies „bereits" 1998 eine weitreichende Debatte um die Behandlung NS-verfolgungsbedingt entzogener Kulturgüter aus.[486]

Spätestens mit der Verabschiedung der Washingtoner Prinzipien wurde die Ermittlung der Herkunft eines Kulturguts als der zunächst wichtigste Schritt im Bemühen um die späte Aufarbeitung der Kriegsfolgeschäden angesehen. In den renommierten Kunsthäusern der Vereinigten Staaten warten Hunderte von Exponaten, die unter unregelmäßigen Umständen während des Zweiten Weltkriegs ihre Besitzer wechselten, auf ihren rechtmäßigen Eigentümer.[487] Die Provenienzforschung wird dort ohnehin schon länger betrieben als in der Bundesrepublik Deutschland.

---

482 Zum Themenkomplex der verfolgungsbedingt entzogenen Kulturgüter siehe die Hinweise in der Handreichung, 55ff.

483 Braunfels 106f.

484 Zur umfangreichen Rechtsprechung exemplarisch RGZ 135, 139 (Ruisdael), OLG Düsseldorf NJW 1992, 1326 (Warhol).

485 Schneider 136f., 140; Braunfels 29.

486 Anlässlich einer Leihgabe der Wiener Sammlung Leopold wurden in New York die Werke Tote Stadt und das Bildnis Wally III von Egon Schiele mit dem Verdacht, Raubgut zu sein, beschlagnahmt. Zum Verfahren ausführlich 5 H (anti-seizure-statutes). Ausführlich zur Arisierung jüdischer Kunstsammlungen in Wien, Lillie aaO.

487 In Zahlen ausgedrückt: Das New Yorker Metropolitan Museum of Modern Art beherbergte im April 2002 etwa 400 Exponate mit zweifelhafter Provenienz.

Die Arbeitsweise eines Provenienzforschers gleicht der eines Juristen, der um eine präzise Ermittlung des Tatbestands bemüht ist. Die Einzelfallprüfung zweifelhafter Erwerbsvorgänge ist denn auch das tatsächliche Pendant zur rechtlichen Anspruchssubsumtion.[488] Hierfür bedient sich der Provenienzforscher aller öffentlich zugänglichen Erkenntnisquellen, also insbesondere Archive, Bibliotheken, Interviews mit Sammlern und Fachleuten etc.

In den großen deutschen Museen sind mittlerweile Kunsthistoriker für den Zweck eingestellt worden, die Sammlungszugänge zwischen 1933 und 1945 auf ihre Herkunft hin zu untersuchen.[489] Indikatoren für einen unrechtmäßigen Entzug sind Unregelmäßigkeiten in den eigenen *Akzessionsjournalen* oder das Auftauchen einer *red flag* im pedigree, also einer Person, die im damals gewerbsmäßigen Handel mit Raubgut involviert war.[490] Die weitere Recherche ist darauf ausgerichtet, den so ermittelten Verdacht durch handschriftliche Belege in Einziehungsakten der Raubeinheiten, aber auch in Rückerstattungs- und Entschädigungsakten zu untermauern. Die Provenienzforschung steht in der Bundesrepublik Deutschland erst am Anfang. Dies ergibt sich bereits daraus, dass Provenienzforschung bislang nur sehr vereinzelt in den größeren Museen professionell betrieben wird. Es scheinen bislang die öffentlichen Mittel dafür zu fehlen, die eigene gemeinsame Erklärung aus dem Jahre 1999 auch tatsächlich in die Tat umzusetzen.[491] Dann müsste aber die Provenienzforschung in jedem Bundesland betrieben werden, was einer entsprechenden Finanzierung bedarf. Zudem sind sogar in den großen Häusern die Stellen zeitlich befristet und daher schon mancherorts nicht mehr besetzt.[492]

---

488 Das Kulturgut wird primär nach seinen Besitzern in chronologischer Reihenfolge, was den Stammbaum (pedigree) ergibt, untersucht. Im Falle von Unregelmäßigkeiten ist dann zu fragen, wann (Zeitpunkt), wo (Ort), wie (Art und Weise des Erwerbs oder alle bekannten Begleitumstände des Entzugs) und von wem es unrechtmäßig entzogen wurde.

489 Die Berichterstattung zu diesem Thema ist unter www.faz.net und www.spiegel.de als empfehlenswert einzustufen.

490 Ein Verzeichnis der im Handel mit verfolgungsbedingt entzogenen Kulturgütern involvierten Kunsthändlern und Auktionshäuser findet sich in der deutschen Handreichung, Anlage II e und sehr ausführlich in der red flag Liste bei Yeide/Akinsha/Walsh, Abdruck der Art Looting Investigation Unit/ALIU-Liste, 259ff. mit ausführlicher Beschreibung besonders verdächtiger Personen auf S. 293ff.

491 Zur Tätigkeit des *Arbeitskreises Provenienzforschung* Haug in KK II, 363ff. Der Arbeitskreis Provenienzforschung besteht als loses Netzwerk für den Erfahrungsaustausch zwischen den wenigen deutschen Provenienzforschern seit November 2000 und setzt sich im Kern derzeit aus Mitarbeitern in Museen aus Köln, Hamburg und München zusammen.

492 Kritisch hierzu Hannes Hartung in ‚Die Welt' vom 26. 10. 2004, Seite 28 (‚Weitergeschoben an die nächste Generation').

2. Provenienzforschung in einem internationalen Auktionshaus

Zumindest in den beiden größten und umsatzstärksten internationalen Auktionshäusern sind im aufkeimenden Bewusstsein der Problemstellung Raub- und Beutekunst Stellen zur möglichst lückenlosen Ermittlung der Herkunft der anzubietenden Kunstwerke eingerichtet worden. Als Beispiel sei an dieser Stelle skizziert, wie sich die Provenienzforschung im Auktionshaus *Christie's* darstellt.[493]

Im ureigenen Interesse eines jeden Auktionshauses liegt die Identifizierung problematischer Provenienzen bereits im Vorfeld der Auktion, um das Risiko zu begrenzen, dass Raubkunst oder Beutekunst überhaupt zur Auktionierung kommt. Freilich ist der Nachweis einer lückenlose Provenienz eines Kunstwerkes ein Idealzustand, der sich nur in Einzelfällen realisieren läßt. Historische Umstände und die spezifischen Eigenschaften des Kunstmarktes über die Jahrhunderte setzen die möglichst vollständige Dokumentation in eine direkte Proportionalität zur Bedeutung des Kunstwerkes. Dabei zählen Werke der europäischen Malerei, die in umfangreichen Werkkatalogen erforscht und dargestellt wurden, zu den relativ „am einfachsten“ zu recherchierenden Kunstobjekten. Doch selbst hier erschweren wechselnde Zuschreibungen und inkonsistente Titel (besonders bei Altmeistergemälden) eine sichere Identifizierung des Einzelwerks.

Provenienzforschung bei *Christie's* wird als Teamarbeit organisiert, wobei die Recherchen zwischen den Spezialisten und Katalogbearbeitern der jeweiligen Abteilung in Abstimmung mit der Rechtsabteilung des Hauses durchgeführt werden.[494] Für ein international operierendes Haus wie *Christie's* ist es möglich, sowohl intern durch die Mitarbeiter weltweit als auch extern von Individuen und Institutionen Informationen zur Herkunft des Kunstwerks einzuholen, seien es nun relevante Fachleute oder Bibliotheken und Archive. Intern dient neben der üblichen kunsthistorischen sowie der inzwischen zur Verfügung stehenden themenrelevanten Literatur und dem Internet (z.B. Datenbanken zur Raub- und Beutekunst) eine vertrauliche, ausschließlich für den eigenen Gebrauch bestimmte Datenbank, die auf publizierten Quellen beruht, zur Überprüfung der *red flag names*. Diese Datenbank wird laufend aktualisiert. Nach dem Abschluss der Recherchen werden alle bekannten, relevanten Daten im Auktionskatalog

---

[493] Vgl. Andreas RUMBLER u. Stephanie TASCH, „Provenienzforschung aus der Perspektive des internationalen Kunsthandels“, in: Museen im Zwielicht. Ankunftspolitik 1933–1945/die eigene Geschichte. Proveneinzforschung an deutschen Kunstmuseen und im internationalen Vergleich, Tagungsband Köln Hamburg 2001/2002, 195–203. Zur Provenienzforschung beim internationalen Auktionshaus *Sotheby's* siehe Lucian J. SIMMONS, „Verkehrsübliche Sorgfalt bei Untersuchungen der Herkunft: Die Sichtweise eines Auktionshauses“, in: Ministerium für Kultur der Russischen Föderation – Staatliche Bibliothek für Ausländische Literatur Ministerium für Kultur der Russischen Föderation, Moskau 2002, Das Schwierige Schicksal von Kulturgütern, 169–176.

[494] Der Verfasser dankt Frau Dr. Stephanie *Tasch*, Provenienzforscherin bei Christie's in Berlin, für die zahlreichen Informationen, welche die Grundlage für diese Darstellung bilden.

publiziert, der vor seinem Erschienen noch einmal vom Art Loss Register gegengeprüft wird. Bereits der begründete Verdacht, bei einem angebotenen oder eingelieferten Kunstwerk könnte es sich um Raubgut handeln, führt dazu, dass das Objekt bei *Christie's* nicht zum Verkauf gelangt, bis – wenn möglich – eine Klärung der Eigentumsverhältnisse stattgefunden hat. In einigen Fällen konnte das Auktionshaus hier als Vermittler zwischen Einlieferer und den Vertretern der rechtmäßigen Erben agieren.[495]

Unabhängig von seiner institutionellen Zuordnung ist die Arbeit eines jeden Provenienzforschers sehr zeitaufwendig, anspruchsvoll und mitunter aufreibend, da so manche Fährte sich erst nach Monaten als Schritt in die falsche Richtung erweist. Je ungenauer aber das am Ende der Bemühungen stehende Ergebnis ist, desto unbefriedigender wird denknotwendig auch die juristische Bewertung ausfallen.[496] Eine wichtige Informationsquelle ergibt sich aber für jeden Provenienzforscher aus den im Internet anzutreffenden Verlustdatenbanken, deren Aufbau und Funktionsweise nachfolgend geschildert wird.

II. Die datenbankgestützte Dokumentation von Kulturgutverlusten

Die älteste und renommierteste, vom Kunstmarkt weltweit anerkannte Datenbank ist das Art Loss Register (www.artloss.com). Dieses privat geführte Unternehmen erfasst seit Januar 1991 sämtliche unrechtmäßigen Entzüge von Kulturgütern, so auch von Beute- und Raubkunst.[497]

1. Die Koordinierungsstelle für Kulturgutverluste in Magdeburg

Hintergrund der Einrichtung der Koordinierungsstelle für Kulturgutverluste[498] war insbesondere eine unbefriedigende Situation bezüglich der Dokumentation und Recherche kriegsbedingt verbrachter Kulturgüter deutscher öffentlicher Einrichtungen. Aus diesem Grunde wurde 1994 in Bremen von fünf Ländern die Koordinierungsstelle der Länder für die Rückführung von Kulturgütern gegrün-

---

495 Anthony Streatfeild, „Das Auktionshaus als Vermittler?", in: Ministerium für Kultur der Russischen Föderation – Staatliche Bibliothek für Ausländische Literatur Ministerium für Kultur der Russischen Föderation, Moskau, S. 185ff.

496 Die betroffenen Institutionen sind deshalb gut beraten, ihre Bemühungen in der Provenienzforschung noch weiter auszubauen. Dabei gilt es zunächst, die Finanzierung dieser notwenigen Bemühungen auf sichere Füße zu stellen.

497 Siehe hierzu bereits ausführlich in den Dissertationen von Franz und Müller-Katzenburg, weswegen eine ausführlichere Darstellung unterbleibt.

498 Grundlegend Franz, Die Koordinierungsstelle für Kulturgutverluste, in: Petsch, Peter (Hrsg.), Bücher als Beute, Zur Geschichte der Stadtbibliothek Magdeburg zwischen 1925 und 1999, Halle/Saale, auf S. 251ff.

det, um ebendiese Verluste deutscher Einrichtungen zu erfassen. 1998 erfolgte die Beteiligung dann aller 16 Länder, verbunden mit der Umsiedelung der Stelle in das Kultusministerium des Landes Sachsen-Anhalt nach Magdeburg.

Im Bewusstsein der Washington Principles 1998 und der Gemeinsamen Erklärung 1999 wurde die Koordinierungsstelle ab 2001, nunmehr unter Beteiligung der Bundesrepublik Deutschland, inhaltlich und personell erweitert: Als Koordinierungsstelle für Kulturgutverluste hat sie als öffentliche, von allen Ländern und dem Bund finanzierte Stelle die Aufgabe, Such- und Fundmeldungen zu NS-verfolgungsbedingt entzogenen bzw. kriegsbedingt verbrachten Kulturgütern zu dokumentieren. Diese Dokumentation geschieht insbesonders durch die Internet-Datenbank www.lostart.de. Um den Stand dieser Meldungen zu erweitern, betreibt die Koordinierungsstelle zudem eine intensive Öffentlichkeitsarbeit in Form von Publikationen, Pressearbeit und dem Ausrichten von Veranstaltungen.

2. Die Internet-Datenbank www.lostart.de

Bis zum Durchbruch des Computerzeitalters war es üblich, Verluste von Kulturgütern hauptsächlich durch Publikationen in Fachzeitschriften oder in eigenen Veröffentlichungen bekannt zu machen. Die Suche nach einem speziellen Objekt gestaltete sich von daher als schwierig, örtlich begrenzt und zeitaufwendig, zumal mehrere Quellen berücksichtigt werden mussten. Die Vorteile des Internet im Hinblick auf die Speicherung, Erfassung, internationale Transparenz und schnelle Dokumentation von Daten nebst ihrer komfortablen Recherche sind daher offenkundig.[499] Insbesondere können Verluste mittlerweile ständig, nunmehr auch online, aktualisiert werden.

Nachdem durch die ursprüngliche Koordinierungsstelle der Länder für die Rückführung von Kulturgütern anfänglich zunächst ausschliesslich die kriegsbedingten Verluste öffentlicher Einrichtungen Sachen-Anhalts dokumentiert wurden[500], werden durch die von der Koordinierungsstelle für Kulturgutverluste betriebene site www.lostart.de mittlerweile u.a. sukzessive sämtliche Verluste insbesondere der öffentlichen Hand in der Bundesrepublik Deutschland erfasst.

Damit bietet die Internet-Datenbank www.lostart.de[501] die Möglichkeit zur Dokumentation und Recherche aller der Stelle bisher gemeldeten kriegs- und

---

499 Hierzu bereits O'Keefe, databases, AAL 1997, 357, 362 et seq.

500 So auch auf der seit 1998 nicht mehr aktualisierten Seite www.beutekunst.de.

501 Ausführliche Vorstellung des Datenbankprojektes durch Franz www.LostArt.de – A new initiative, Spoils of War, No. 7, August 2000, S. 13–15 und *ders.*, in Petsch, Peter (Hrsg.), Bücher als Beute, Zur Geschichte der Stadtbibliothek Magdeburg zwischen 1925 und 1999, Halle/Saale, auf S. 251ff. Siehe auch die Hinweisblätter der Koordinierungsstelle für Kulturgutverluste zur Suche nach Raubkunst („Kulturgüter, die aufgrund nationalsozialisti-

neuerdings[502] auch NS-verfolgungsbedingten Such- und Fundmeldungen an. Darin sind auch die kriegsbedingt verbrachten Kulturgüter Privater, die von einem Referat der Beauftragten der Bundesregierung für Kultur und Medien erfasst werden, enthalten.[503]

Durch eine derartige Dokumentation ist es zum einen wesentlich wahrscheinlicher geworden, dass die in der Datenbank enthaltenen in- und ausländischen Meldungen zu Artefakten in Anbetracht der hohen Abrufraten[504] faktisch dem öffentlichen und legalen Verkehr entzogen sind. Zumindest wird die Möglichkeit zum Weiterverkauf außerhalb des „grauen Markts" erheblich erschwert. Zum anderen konnten mit Hilfe von www.lostart.de bereits erste Restitutionen erfolgen.[505]

3. Ausländische Datenbanken und notwendige Kooperationen

Die bedeutendsten Schwesterdatenbanken der deutschen Website Lostart.de stammen aus den Niederlanden (www.originsunknown.org), Belgien, Frankreich, der Tschechei und insbesondere das Central Registry of Looted Art in Europe mit Sitz in Großbritannien (www.lootedart.com).[506]

Es ist für einen Nutzer kaum mehr überschaubar, wo er welche Informationen erhalten kann. Im Hinblick auf mögliche Erkundigungs- und Nachforschungspflichten (due diligence) ist es unbeschadet der anzuwendenden Rechtsordnung notwendig, die verschiedenen Datenbestände auf einer gemeinsamen Plattform zusammenzuführen. Der Nachweis der verkehrsüblichen und zumutbaren Sorgfalt eines Veräußerers wie eines Erwerbers könnte dann dadurch geführt werden, indem ein ausgedrucktes Suchergebnis dieser Zentraldatenbank vorgelegt wird.[507] Eine solche zentrale Datenbank könnte mittels einer Metasuchmaschine verwirklicht werden, welche die Datenbestände der jeweils voneinander unabhängig bleibenden Verlustdatenbanken miteinander abgleicht und das Suchergebnis dann auf einer Ergebnisliste darstellt. Obgleich man im November 2001

---

scher Verfolgung entzogen wurden") und der Arbeit im Bereich der Beutekunst („im Bereich kriegsbedingt verbrachter Kulturgüter") vom April 2001.

502 Seit März 2001.

503 Franz, Datenbanken abhanden gekommener Kulturgüter am Beispiel der Koordinierungsstelle der Länder für die Rückführung von Kulturgütern", KUR 1 (1999), S. 347.

504 Franz KUR 99, 349 bzw. www.lostart.de/statistics.

505 So wurde etwa im Sommer 2001 ein Gemälde von Adrian van de Velde (1636–1672) restituiert, dass sich im Restbestand der CCP und damit im Datenbestand von Lostart befunden hat, Franz in KK II, 398.

506 Siehe die Übersicht unter www.saztv.com (unter stolen art).

507 Vergleiche zu diesem Problemkreis im Rahmen des gutgläubigen Erwerbs und der Ersitzung ausführlich 5 D (gutgläubiger Erwerb); 5 E (Ersitzung).

beschlossen hatte, auf diesem Gebiet zu kooperieren, hat sich in den darauf folgenden Jahren trotz engagierter Bemühungen der Koordinierungsstelle für Kulturgutverluste nichts bewegt.[508]

Allerdings gibt es derzeit abgesehen von Artikel 4 IV der Unidroit-Konvention 1995 keine Rechtsgrundlage, die sich mit der Wechselwirkung zwischen der Informationsbeschaffung und den Gutglaubenswirkungen vor dem Hintergrund von Verlustdatenbanken im Internet befasst. De lege lata besteht in diesem Bereich deshalb ein erhöhter Handlungsbedarf.[509]

III. Bundesbehörden

1. Der Beauftragte der Bundesregierung für Angelegenheiten der Kultur und der Medien

Die federführende Stelle für die laufenden bilateralen Rückführungsverhandlungen mit der Russischen Föderation[510], Polen, Ukraine und Estland ist das Auswärtige Amt, deren Entscheidungen auf der fachlichen Aufbereitung des Beauftragten der Bundesregierung in Sachen Kultur und Medien (BKM) beruhen. Zwei Referate im Hause beschäftigen sich ausschließlich mit Fragen der Kulturgüterrückführung und des internationalen Kulturgutaustausches. Der BKM ist als „Bundeskulturministerium" neben dem Engagement für Belange der Kulturgüterrückführung mit allen kulturellen Aufgaben befasst[511], die nicht in die aus-

---

[508] Vergleiche demgegenüber die Abschlusserklärung der Konferenz, abgedruckt in Spoils of War 2002.

[509] Zu den einzelnen Rechtsfragen wird an geeigneter Stelle noch ausführlich Stellung bezogen.

[510] Richtige Verhandlungen um die Rückgabe von „Beutekunst" werden auf diplomatischer Ebene mit der russischen Föderation nicht geführt. Zur Zeit handelt es sich eher um das einseitige Bemühen der Bundesrepublik Deutschland, mit der Russischen Föderation wieder in einen nachhaltigen Dialog, wie er bereits zwischen 1990 und 1995 bestand, zu treten (Details hierzu unter 8 A I ff.).

[511] Zu den Aufgaben des BKM siehe folgende eigene Tätigkeitsbeschreibung (abzurufen unter www.bundesregierung.de):
„Innerhalb der Bundesregierung liegt die Verhandlungsführung in Rückführungsfragen beim Auswärtigen Amt, für die konzeptionelle Vorbereitung ist der BKM federführend. Der BKM ist für die Umsetzung der Verhandlungsergebnisse im Inland und für folgende Teilbereiche zuständig:
- Mitwirkung bei der Vorbereitung der Rückführungsverhandlungen auf Regierungsebene bezüglich der innerstaatlichen Koordinierungen,
- Öffentlichkeitsarbeit zu politischen und rechtlichen Fragen der Rückführung kriegsbedingt verbrachter Kulturgüter und Dokumentation deutscher Kulturgutverluste während und nach dem 2. Weltkrieg,
- Verhinderung des illegalen Handels mit deutschem kriegsbedingt verbrachten Kulturgutes,
- Unterstützung der Eigentümer/Sammlungen bei der Wahrnehmung ihrer Rechte im Ausland und Beantwortung von Einzelanfragen,

schließliche Zuständigkeit der Länder nach dem Grundgesetz fallen und insbesondere der Förderung der Belange des Bundes in Angelegenheiten der Kunst und der Medien dienlich sind.

2. Das Bundesamt für offene Vermögensfragen

Eine besonders heikle Aufgabe kommt der Bundesvermögensverwaltung beim Bundesamt für offene Vermögensfragen Berlin zu[512]: Sie verwaltet die Restbestände der Central Collecting Points, insbesondere die Exponate aus dem Sonderauftrag Linz, die von den Nationalsozialisten für das Führermuseum Linz[513] in den besetzten Gebieten aufgekauft worden waren und sich zunächst beim OFD München befanden. Derzeit (Stand: Juni 2002) handelt es sich um 2200 Exponate, die sich zum größten Teil zur Leihgabe in öffentlichen Museen in Deutschland befinden.

Gemäß Artikel 134 GG und – bezogen auf das Beitrittsgebiet – Artikel 21 III des Einigungsvertrages ging nämlich das rechtmäßig erworbene ehemalige Reichsvermögen in das Bundesvermögen über. Hier gilt es dann zu unterscheiden, ob es sich in den Beständen der CCP um legale Ankäufe mit Mitteln des Reiches handelte, die sich heute als legitimes Bundesvermögen darstellen oder ob eine Restitution in die Wege geleitet werden muss. Im Bezug auf die umfangreiche Privatsammlung Goerings aus *Carinhall* einigten sich die Oberfinanzdirektionen München und Berlin auf eine hälftige Aufteilung der Bestände.[514] Im Juli 2004 kündigte der amerikanische Anwalt Ed Fagan nach Gründung einer eigenen jüdischen Nachfolgeorganisation („APHRAM") eine Sammelklage an, die zum Ziel hat, diese Bestände zu restituieren respektive eine Entschädigung hierfür (nach seiner Vorstellung 18 Milliarden US-$) zu erhalten.[515] Eine solche Klage ist indes bis Dezember 2004 nicht eingereicht worden.

- Anregung und Unterstützung von Forschungsvorhaben innerhalb dieses Themenbereiches,
- Hilfe bei der Erstellung von Verlustkatalogen, Vorbereitung für die Aufnahme der Kulturverluste ins Internet,
- Abwicklung von Rückgaben von Kulturgütern aus dem Ausland.

[512] Die einschlägige Rechtsgrundlage für die Arbeit dieser Behörde ist das Finanzverwaltungsgesetz.

[513] Vergleiche hierzu auch die sogenannte „Linzer Liste", abrufbar unter www.Lostart.de.

[514] Alle wiedergegebenen Informationen entstammen aus Ferngesprächen mit Herrn Harald *König* (zuletzt am 4.6.2002), Zuständiger Mitarbeiter beim OFD Berlin.

[515] Höchst zweifelhaft ist hier aber bereits die Aktivlegitimation, da die Claims Conference in der BRD primär anspruchsberechtigt ist, vergleiche hierzu im dritten Kapitel.

H. Verhandlungsstand und Entwicklungsmöglichkeiten[516]

Die aktuelle Situation lässt sich dadurch kennzeichnen, dass engagierte, gerechte und faire Lösungen bei der Behandlung der Raubkunstproblematik in der Bundesrepublik Deutschland noch immer[517] gesucht werden. Die Diskussion in der Bundesrepublik Deutschland tendiert gegenwärtig dahin, moralischen Erwägungen den Vorzug vor einer rechtlichen Prüfung zu geben. Man geht im Grundsatz davon aus, dass der Herausgabeanspruch verjährt oder das Kulturgut mittlerweile ersessen ist.

Eine wesentliche Aufgabe ist sicher eine gründliche Untersuchung und Aufarbeitung der schwierigen Vergangenheit von Krieg und Verfolgung, um eine solide Grundlage für eine umfassende Bewertung zu schaffen. Dass aber rechtliche Rahmenbedingungen in jedem Falle geprüft und gegebenenfalls geschaffen werden müssen, um eine gerechte Lösung zu finden, wird gerne hinter moralischen Erwägungen versteckt, die den Zugang zu dieser höchst sensiblen Materie erleichtern sollen.[518] Recht und Moral sind keine Gegensätze[519]; zu aus dem Recht entspringende Ergebnisse wie „summum ius summa iniuria" muss es nicht kommen[520], zumal die Versäumnisse und Regelungsdefizite deutlich zu Tage getreten sind und noch immer einer Korrektur zugänglich sind. Hierzu bedarf es aber der Schaffung eines legal framework for restitution als rechtlich verbindlicher und zuverlässiger Rahmen für die Restitutionsdebatte.[521] Zu begrüßen ist deshalb insbesondere die Resolution des Europarats aus dem Jahre 1999 und der Entschluss des Europäischen Parlaments vom 17. 12. 2003, die weit über den „frommen" und unverbindlichen Wunsch fairer Lösungen gehen und die Entwicklung echter, geeigneter rechtlicher Rahmenbedingungen anmahnen.

Solange aber kein international verbindliches normatives Gebäude für die Restitution geschaffen wurde, gilt es auf die existenten nationalen und internationalen Rechtsgrundlagen zurückzugreifen. Genau diese Rechtsgrundlagen und ihre immanenten Grenzen bilden den Rahmen der vorliegenden Arbeit. Die aus ihnen

---

516 Aufgrund des Entwicklungsstands der bisher entwickelten Inhalte kann hier nur ein erster Überblick gegeben werden. An verschiedenen Stellen wird indes die Kenntnis dieser Inhalte vorausgesetzt.

517 Nach dem Endstand der Bearbeitung im August 2003.

518 Die Bundesrepublik Deutschland muss im Umgang mit der Raubkunst jüdischen Ursprungs dabei genauso verantwortungsvoll vorgehen wie bei der Wahrung eigener Interessen im Hinblick auf die Beutekunst.

519 So auch ausdrücklich Jayme in KK II, 255.

520 Dies befürchtet Raue in KK II, 291.

521 Hannes Hartung in Peace Palace Papers 2003, p., ders. in Die Welt vom 26. 10. 2004, S. 28.

offenbar werdenden Unzulänglichkeiten und Lücken bestimmen den genauen gesetzgeberischen Handlungsbedarf und die Grundlage zur deren Auffüllung in der weltweiten Debatte um die Rückgabe von Beute- und Raubkunst. Die vorstehenden Erwägungen vervollständigen sich aber erst dann zu einem stimmigen Bild, wenn die bisherigen Bemühungen (das intertemporale Sonderrecht der Wiedergutmachung, sein Verfahren, seine Ziele und seine Erfolge) erschlossen sind. Durch diese Bestandsaufnahme wird der Umfang der noch immer zu bewältigenden Aufgaben sichtbar.

Kapitel 3: Rückerstattung und Wiedergutmachung vom Ende des Zweiten Weltkriegs bis heute

„Demokratie ist gewiß ein preisenswertes Gut,
Rechtsstaat aber ist wie das tägliche Brot,
wie Wasser zum Trinken und wie Luft zum Atmen …“
Gustav Radbruch[522]

A. Bewertung der NS-„Gesetzgebung“ zum Entzug jüdischer Kulturgüter auf deutschem Territorium

Die Gesetzgebung im Dritten Reich zum Entzug jüdischen Vermögens stellt einen gewichtigen Teil des dunkelsten Kapitels in der Geschichte Deutschlands zum Ende des 20. Jahrhunderts dar. Es darf an dieser Stelle nicht unerwähnt bleiben, dass die vorgetragenen Quellen nicht abschließend sind. Ein weiteres Beispiel bildet das von *Kunze*[523] und *Grell*[524] vorgestellte Einziehungsgesetz, dass die Einziehung der sogenannten „entarteten Kunst“ anordnete. In den Schriften der genannten Autoren findet sich eine eingehende Bewertung des Einziehungsgesetzes, sodass diese nicht erneut vorgenommen werden muss.

In diesem Abschnitt werden hingegen die im ersten Kapitel vorgestellten NS-Verordnungen zu Lasten jüdischer Bürger, wie sie auf deutschem Territorium erlassen wurden, näher untersucht. Zu diesem Zwecke bedarf es zunächst eines Rückgriffs auf das damals geltende normative Gebäude, wie es in den Bestimmungen der Weimarer Verfassung und den damals niedergeschriebenen Rechtsanschauungen aufgestellt war. Daneben sind die rechtswissenschaftlichen Überlegungen zur Wiedergutmachung begangenen Unrechts nach Untergang des Dritten Reichs von besonderem Interesse: Hier tritt die Formel des Heidelberger Rechtsgelehrten und – Philosophen *Gustav Radbruch* in den Mittelpunkt.

---

522 RADBRUCH, Rechtsphilosophie, 350.

523 KUNZE § 3, S. 67ff.

524 GRELL S. 26ff. Der Autor erwähnt auf S. 23ff. noch einen Befehl von Joseph Goebbels, der die Beschlagnahme von etwa 16500 Werken von 1400 Künstlern aus 101 Sammlungen anordnete (darunter Emil Nolde [1052 Werke], Heckel [729] und Kirchner [639]).

I. Die Radbruchsche Formel[525]

In seinem Leitaufsatz „Gesetzliches Unrecht und übergesetzliches Recht"[526] stellt Radbruch, inspiriert von einer Entscheidung des Amtsgerichts Wiesbaden[527] Thesen auf, die bis heute in der deutschen Jurisprudenz als maßgeblich für die Bewertung der Geltung von Recht in Unrechtsstaaten gelten. Das AG Wiesbaden hatte festgestellt, dass es Rechte gibt, die ein Staat auch durch Gesetze nicht aufheben kann, da es hierfür keinerlei Begründung gibt. Dementsprechend verstoße es gegen das Naturrecht, wenn das Eigentum von unbescholtenen Bürgern durch die 11. VO ohne jeden Anlass willkürlich entzogen wird. Ein solches Gesetz sei daher schon zum Zeitpunkt seines Erlasses nichtig.[528]

Die Radbruchsche Formel beabsichtigt die Antinomie zwischen den Parametern Gerechtigkeit und Rechtssicherheit, klassischem Naturrecht sowie dem Rechtspositivismus aufzulösen. Ausgehend von der Tatsache, dass jedes Gesetz, auch wenn es im höchsten Maße unzweckmäßig, willkürlich und ungerecht erscheint, dennoch allgemeine Geltung erlangt, müssen sich die Wertungen Radbruchs von allgemeinen Interpretationsmaßstäben lösen.[529] Prägende Elemente sind daher die Thesen von der Unerträglichkeit und der Verleugnung.[530] Hierzu heißt es[531]:

> *„Der Konflikt zwischen der Gerechtigkeit und der Rechtssicherheit dürfte dahin zu lösen sein, dass das positive, durch Satzung und Macht gesicherte Recht auch dann den Vorrang hat, wenn es inhaltlich ungerecht und unzweckmäßig ist, es sei denn, dass der Widerspruch des positiven Gesetzes zur Gerechtigkeit ein so unerträgliches Maß erreicht, dass das Gesetz als „unrichtiges Recht" der Gerechtigkeit zu weichen hat. (...)*
> *Wo Gerechtigkeit nicht einmal erstrebt wird, wo die Gleichheit, die den Kern der Gerechtigkeit ausmacht, bei der Setzung positiven Rechts bewusst verleugnet wurde, da ist das Gesetz nicht etwa nur „unrichtiges Recht", vielmehr entbehrt es überhaupt der Rechtsnatur."*

Diese mittlerweile berühmten Gerechtigkeitserwägungen Radbruchs sind später in einigen höchstrichterlichen Entscheidungen aufgegriffen worden. Auch ist insbesondere im Bereich der Rechtsphilosophie, bisweilen als „Naturrechtsrenaissance" betitelt, so manches über den Sinngehalt dieser Sätze nachgedacht worden.[532] So ist häufig angemerkt worden, dass die Formel nur eine punktuelle

---

[525] Begriff geprägt von EVERS JZ 1961, 241, 246. Zum unkritischen Naturrechtsbewusstsein in der Rechtsprechung der Gegenwart.

[526] Süddeutsche Juristen-Zeitung (SüdJZ) 1946, 105ff.

[527] AG Wiesbaden SüdJZ 1946, 36.

[528] Ibid.

[529] LAAGE in Kritische Justiz, Unrechtsstaat 266.

[530] Vergleiche SCHUMACHER 25ff.

[531] RADBRUCH, Rechtsphilosophie, 8. Auflage 1973, 345f., herausgegeben von Erik Wolf und Hans-Peter Schneider.

[532] Eine Übersicht findet sich bei SALIGER, 4ff.

Entlegitimierung des NS-Unrechtsstaats erreiche, weil sie insbesondere die Benachteiligung und Verfolgung der „Untermenschen" und die damit verbundenen Strafandrohungen bis hin zur physischen Vernichtung herausgreife. Insoweit gehen Kirchheimer und Neumann[533] ein Stück weiter, wenn sie dem NS-Staat ohnehin jede Rechtsqualität absprechen, da dieser Recht als solches gar nicht mehr wahrgenommen habe sondern lediglich für seine eigenen Zwecke zum „Funktionsmodus der Macht" instrumentalisierte. Diese Feststellung stellt aber freilich den Geltungsgehalt der Radbruch'schen Formel nicht in Frage, sondern verdeutlicht und vertieft sein Gedankengut.

Es darf nämlich nicht vergessen werden, dass der Ansatz Radbruchs gerade die Vorzüge und Nachteile des Gesetzespositivismus, der in der deutschen Jurisprudenz damals zweifellos vorherrschte[534], aufzugreifen suchte, um diese kritisch zu hinterfragen. Außerdem entzog auch er dem nationalsozialistischen System *in toto* seine Rechtsnatur, wenn er sagt: „... Nationalsozialistisches ‚Recht' ... ist nicht etwa unrichtiges Recht, sondern überhaupt kein Recht."[535] Zumal die Formel sich strukturell unabhängig von Naturrecht und Rechtspositivismus bewegt, greift sie gleichsam von außen denjenigen Gesetzespositivismus an, der unter Zuhilfenahme seines Strukturtypus klar erkennbares Unrecht in Gesetzesform gießt. Für solche Gesetze darf keine Rechtssicherheit entstehen. Wann aber liegt ein solch klar erkennbares Unrecht vor? Dies ist eine Frage der Maßstäbe fundamentaler Moralprinzipien und wie man diese anlegt. In der dritten der „Fünf Minuten Rechtsphilosophie" fordert Radbruch dazu auf, Gesetze, die den Willen zur Gerechtigkeit bewusst verleugnen, z.B. Menschenrechte den Menschen willkürlich gewähren und versagen, ihren Rechtscharakter abzusprechen.[536]

II. Die Rezeption der Formel in der Rechtsprechung

Das Bundesverfassungsgericht beantwortet die Frage nach der Qualifikation von Unrecht in dem Staatsangehörigkeitsbeschluss[537] wie folgt:

> *„Nationalsozialistischen Rechtsvorschriften kann die Geltung als Recht abgesprochen werden, wenn sie fundamentalen Prinzipien der Gerechtigkeit so evident widersprechen, dass der Richter, der sie anwenden oder ihre Rechtsfolgen anerkennen wollte, Unrecht statt Recht sprechen würde."*[538]

---

533 Kirchheimer, Die Rechtsordnung des Nationalsozialismus, 1941, S. 141 und Neumann, Demokratischer und autoritärer Staat, 1984, S. 7.

534 Radbruch war zuvor selbst bekennender Positivist gewesen.

535 Radbruch Rechtsphilosophie 346.

536 Radbruch, Rechtsphilosophie, 328.

537 BVerfGE 23, 98; Beschluss des BVerfG vom 14. 2. 1968.

538 Gängige Formel, zitiert etwa bei Müller-Katzenburg NJW 99, 2552 Fn. 16.

Erläuternd hebt das Bundesverfassungsgericht hervor, dass der Versuch, nach rassischen Kriterien bestimmte Teile der eigenen Bevölkerung mit Einschluss der Frauen und Kinder physisch und materiell zu vernichten, mit Recht und Gerechtigkeit nichts zu tun habe.[539] Dabei betonte das Bundesverfassungsgericht, dass die 11. Verordnung auch nicht durch seine Ausübung oder sogar mit dem Einverständnis der Betroffenen wirksam werden könne: „Denn einmal gesetztes Unrecht, das offenbar gegen konstituierende Grundsätze des Rechts verstößt, wird nicht dadurch zu Recht, dass es angewendet und befolgt wird.“[540]

Diese vom Naturrecht und der Radbruch'schen Formel getragenen Erwägungen der moralischen Geltungskontrolle finden auch in der Rechtsprechung des Bundesgerichtshofs ihre Fortsetzung. Der Bundesgerichtshof hat allen wesentlichen, dem Entzug jüdischen Vermögens dienenden Verordnungen ihre Rechtswirksamkeit abgesprochen und damit der Überwindung des Gesetzespositivismus zugunsten eines übergeordneten Gerechtigkeitsmaßstabs in der Tradition Radbruchs besonderen Ausdruck verliehen. Dergestalt sprach der BGH folgenden Verordnungen jede Rechtswirksamkeit von Anfang an ab:

- Die sogenannte Tarnverordnung[541]
- Die Verordnung über den Einsatz des jüdischen Vermögens[542]
- Die 11. DVO zum Reichsbürgergesetz über den Verfall des Vermögens emigrierter oder deportierter Juden an das Reich[543].

In den Entscheidungsgründen betonte der Bundesgerichtshof, dass solche Gesetze so sehr dem allgemeinen Rechtsempfinden widersprechen würden, dass alle Kulturnationen es seit Jahrhunderten ablehnten, diese als Recht anzuerkennen.[544] Deshalb seien solche Eingriffe und Enteignungen niemals Recht, sondern bereits zu Zeiten ihrer formalen Geltung Unrecht gewesen. Schon zuvor hatten das MRG 1 und das KRG 1 der Alliierten die genannten Verordnungen zumindest mit ex nunc Wirkung außer Kraft gesetzt.[545]

Neben der Radbruch'schen Formel fanden dort also die gemeinsamen Wertvorstellungen der Kulturvölker, dem ordre public im „Bewußtsein der Allgemeinheit“ als „unantastbarer Kernbereich des Rechts“[546], der erstmals in den Nürn-

---

[539] Zur weiteren, vertiefenden Begründung vergleiche SCHUMACHER 86 mwN.

[540] BVerfGE 23, 89 (106).

[541] BGHZ 9, 34, 44.

[542] BGHZ 10, 340, 344 (NJW 1953, 1909).

[543] BGHZ 9, 34, 44 (NJW 1953, 542), Beschluss des großen Senats für Zivilsachen, zuvor schon BVerfGE 23, S. 89, 106.

[544] Wie zitiert (vorstehende drei Fußnoten) unter Berufung auf ARNDT SüdJZ 1948, 133.

[545] BGH NJW 1953, 544.

[546] So auch BGHSt 2, 238 ff.; 2, 177; 3, 362 f.

berger Prozessen formuliert worden war, großen Anklang.[547] Bei der Bewertung nationalsozialistischen Unrechts im Hinblick auf die Regelungen des Vermögensgesetzes hat das Bundesverwaltungsgericht im Urteil vom 18. Mai 1995[548] die Rechtsprechung des Bundesgerichtshofs erneut aufgegriffen. Im Anschluss an die obigen Ausführungen betonte es, dass die 11. Verordnung zum Reichsbürgergesetz „wegen Widerspruchs gegen fundamentale Grundsätze der Gerechtigkeit von Anfang an nichtig gewesen" sei.

In Konsequenz der Nichtigkeit der genannten Entzugsgesetze ist die Rechtsposition des Berechtigten niemals erloschen. Aus diesem Grunde genügte nach Ansicht der Rechtsprechung[549] zur Bereinigung der Entziehungen der alleinige Umstand, dass durch den Wandel der Verhältnisse und den damit einhergehenden Wegfall der Zwangsmittel des nationalsozialistischen Willkürregimes der Berechtigte nunmehr ungehindert seine Rechte, etwa durch Geltendmachung eines Herausgabeanspruchs nach § 985 BGB, durchsetzen kann. Eine ausdrückliche gesetzliche Regelung zu diesem Zwecke sei deshalb nicht notwendig. Dies ist dahingehend zu verstehen, dass der Rechtsanspruch auf Korrektur der rechtswidrigen Entziehungsmaßnahmen ohnehin auf Grundlage der gesetzlichen Regelungen (§§ 985, 894 und 816 BGB) durchsetzbar ist.[550]

Aus Gründen der Information und Transparenz wäre es jedoch angebracht gewesen, diesen Befund noch eindringlicher dem juristischen Laien zu präsentieren. Leider zeichnete sich das Wiedergutmachungsrecht im Ganzen nicht gerade durch eine solche Transparenz aus, sondern eher durch das Bemühen, begangenes Unrecht möglichst schnell und geräuschlos abzuwickeln.[551] Es soll deshalb auch nicht unerwähnt bleiben, dass die Rechtsprechung kurz nach dem Kriege, meist besetzt mit dem gleichen Spruchkörper wie im Dritten Reich, nationalsozialistische Gesetze faktisch aufrechterhielt, indem sie die nationalsozialistischen Intentionen des Gesetzgebers schlichtweg ignorierte und deren Gesetze damit „bereinigend" auslegte.[552] Zusammenfassend lässt sich aber an dieser Stelle festhalten, dass der Entzug des jüdischen Vermögens auf deutschem Belegenheitsgebiet jeder Rechtsgrundlage entbehrte und von Anfang an nichtig war.

Auch in der ausländischen Rechtsprechung wurden nationalsozialistischen Gesetzen und Verordnungen die Anerkennung verwehrt. Im Verfahren Oppen-

---

547 Schumacher 91.

548 BVerwG ZOV 1995, S. 311 in Bestätigung des Urteils des VG Berlin VIZ 1994, 353 ff.

549 BGHZ 16, 350, 355 f.

550 Von Trott zu Solz ZOV 1998, 163, 166.

551 Vergleiche hierzu die Ausführungen zum Schluss dieses Kapitels.

552 So beispielsweise OLG Neustadt MDR 1949, 702; OLG Dresden DRZ 1946, 158, OGHZ 2, 35, 39 und 259, 263.

heimer v. Cattermole in Großbritannien ging es um einen Juden, dessen Staatsbürgerschaft aberkannt worden war.[553] Auch die australische Rechtsprechung ist der Auffassung, NS-Gesetzen die Anerkennung zu versagen.[554]

B. Die Restitution von Beute- und Raubkunst durch die alliierte Besatzung nach dem Zweiten Weltkrieg

I. Die alliierte Erklärung vom 5. Januar 1943 über die in den vom Feinde besetzten oder unter seiner Kontrolle stehenden Gebieten begangenen Enteignungshandlungen[555]

„Die Regierungen der Süd-Afrikanischen Union, der Vereinigten Staaten von Amerika, Australiens, Belgiens, Kanadas, Chinas, der Tschechoslowakischen Republik, des Vereinigten Königreichs von Großbritannien und Nordirland, Griechenlands, Indiens, Luxemburgs, der Niederlande, Neuseelands, Norwegens, Polens, der Union der Sozialistischen Sowjet-Republiken, Jugoslawiens und der Französische Nationalausschuss:

Warnen hiermit ausdrücklich sämtliche in Frage kommenden Personen und insbesondere diejenigen, die in neutralen Ländern wohnhaft sind, dass sie mit allen Mitteln danach streben werden, die Enteignungsmethoden zu vereiteln, die von den Regierungen, mit denen sie in Feindseligkeiten begriffen sind, den schimpflich angegriffenen und beraubten Nationen und Völkern gegenüber gebraucht werden. Infolgedessen behalten sich die diese Erklärung abgebenden Regierungen und der Französische Nationalausschuss das Recht vor, jede Übertragung und Veräußerung von Eigentum, Guthaben, Rechten und Anrechten, welcher Natur sie auch seien, für nichtig zu erklären, die sich in den von den Regierungen, mit denen sie in Feindseligkeiten begriffen sind, besetzten oder mittelbar oder unmittelbar kontrollierten Gebieten befinden oder befunden haben, oder die im Besitz von den in den betreffenden Gebieten wohnhaften Personen (einschließlich der juristischen Personen) sind oder gewesen sind.

Die gegenwärtige Warnung gilt auch, wenn solche Übertragungen oder Veräußerungen unter der Form eines offensichtlichen Raubes oder scheinbar gesetzmäßiger Geschäfte vorgenommen worden sind, und selbst, falls es angegeben

---

[553] Oppenheimer v. Cattermole [1976] A.C. 249, 278.

[554] Sykes v. Cleary (1992) 176 C.L.R. 77.

[555] Erklärung mit amtlicher Übersetzung bei SCHMOLLER/MAIER/TOBLER § 52, S. 5f., abgedruckt auch bei FIEDLER, Kulturgüterschutz, 282f. und FIEDLER, in: Liber Amicorum Siehr, 198f.

wird, dass die besagten Übertragungen oder Veräußerungen ohne jeden Zwang getätigt worden sind. Die diese Erklärung abgebenden Regierungen und der Französische Nationalausschuss stellen ihre Solidarität in dieser Frage ausdrücklich fest.[556]

London, den 5. Januar 1943."

I. Die Bedeutung der Londoner Erklärung

Die Londoner Erklärung stammt aus einer Zeit, in welchem der Kriegsausgang noch ungewiss war. Die Rechtswissenschaft ist sich in dem Punkte einig, dass die Londoner Erklärung sich lediglich als Ankündigung und Vorbehalt späterer Restitutionen verstand.[557]

Gleichwohl diente sie als Ideengeber und Grundlage[558] alliierter Rückerstattungsgesetze und insbesondere als wichtiger Leitfaden in der allgemeinen Restitutionspraxis der Besatzungszeit. In Friedensverträgen der Alliierten mit Ungarn, Rumänien und Bulgarien wurde die Londoner Erklärung implementiert.[559] Bis

[556] Im Original (Nachweise siehe vorherige FN) lautet die Erklärung wie folgt: "The Union of South Africa, the United States of America, Australia, Belgium, Canada, China, The Czechoslovak Republic, the United Kingdom of Great Britain and Northern Ireland, the Union of Soviet Socialist Republics, Greece, India, Luxembourg, the Netherlands, New Zealand, Norway, Poland, Yugoslavia, and the French National Committee; Hereby issue a formal warning to all concerned, and in particular to persons in neutral countries, that they intend to do their utmost to defeat the methods of dispossession practiced by the Governments and peoples who have been so wantonly assaulted and despoiled. Accordingly, the Governments making this declaration and the French National Committee reserve the right to declare invalid any transfers of, or dealing with, property, rights and interests of any description whatsoever which are, or have been, situated in the territories which have come or which belong or have belonged, to persons, including juridical persons, resident in such territories. This warning applies whether such transfers or dealings have taken the form of open looting or plunder, or of transactions apparently legal in form, even when they purport to be voluntarily effected. The Governments making this declaration and the French National Committee solemnly record their solidarity in this matter."

[557] Graf 11, Verdross/Simma 618ff.

[558] Kaufmann 1 spricht etwas lapidar von einem „Ausgangspunkt".

[559] Dies sei am Beispiel des Friedensvertrages mit Ungarn [Treaty of Peace with Hungary (UNTS 41, 135)] vom 10. Februar 1947 aufgezeigt, ausführlich zum Vertrag Vásárhelyi, 138ff. Der Vertrag wird in Teilen abgedruckt, weil er Bestimmungen zur „restitution in kind" (Nr. 3) enthält und auch umfassende Restitutionsbestimmungen (Nr. 5ff.) mit aufgenommen hat. Zudem waren auch die weiteren alliierten Friedensverträge ähnlich ausgearbeitet und enthielten spezifische Restitutionsvorschriften, so mit Italien: Art. 75 (UNTS 49, 3), Bulgarien: Art. 22 (UNTS 41, 21), Rumänien: Art. 23 (UNTS 42, 3) und schließlich Finnland: Art. 24 (UNTS 48, 203):
1. Hungary accepts the principles of the United Nations Declaration of January 5, 1943, and shall return, in the shortest possible time, property removed from the territory of any of the United Nations
2. The obligation to make restitution applies to all identifiable property at present in Hungary which was removed by force or duress by any of the Axis Powers from the territory of any of the

zu deren Erlass im Jahre 1948 hatten die Alliierten sich auf keine gemeinsame Restitutionspolitik einigen können: Die Aussage der Kontrollratsabkommen vom Januar und März 1946, die Frage der Rückerstattung des Eigentums im Lichte der Erklärung vom 5. Januar 1943 zu prüfen, ist ein gewichtiger Beleg für die Annahme, dass die Alliierten zu diesem Zeitpunkt nicht auf ein genaues, rechtlich verbindliches Procedere vereinbart hatten, ja sich auch nicht vereinbaren wollten.[560] Aus dieser Perspektive heraus ist ihr Regelungsgehalt von besonderem Interesse, auch wenn sie aus heutiger Perspektive als völkerrechtlich unverbindliches soft law[561] angesehen werden würde. Hierfür spricht entscheidend das erläuternde Memorandum[562] gleichen Datums, dass der Londoner Erklärung beigefügt ist.

United Nations, irrespective of any subsequent transaction by which the present holder of any such property has secured possession.
3. If in particular cases, it is impossible for Hungary to make restitution of objects of artistic, historic or archaeological value, belonging to the cultural heritage of the United Nations from whose territory such objects were removed by force or duress by Hungarian forces, authorities or nationals, Hungary shall transfer to the United Nations concerned objects of the same kind as, and of approximately equivalent value to, the objects removed, in so far as such objects are obtainable in Hungary.
4. The Hungarian Governement shall return the property referred to in this Article in good order and, in this connection, shall bear all costs in Hungary relating to labour, materials and transport.
5. The Hungarian Government shall co-operate with the United Nations in, and shall provide at its own expense all necessary facilities for, the search for and restitution of property liable to restitution under this Article.
6. The Hungarian Government shall take the necessary measures to effect the return of property covered by this Article held in any third country by persons subject to Hungarian jurisdiction
7. Claims for the resitution of property shall be presented to the Hungarian Government by the Government of the country from whose territory the property was removed, it being understood that rolling stock shall be regarded as having been removed from the territory to which it originally belonged. The period during which such claims may be presented shall be six months from the coming into force of the present Treaty.
8. The burden of identifying the property and of proving ownership shall rest on the claimant Government, and the burden of proving that the property was not removed by force or duress shall rest on the Hungarian Government.

560 Fiedler Liber Amicorum Siehr 202, Kaufmann 1ff., Schmoller/Maier/Tobler § 52, S. 23.

561 Heusel, Weiches Völkerrecht, 125. Eine gegenseitige völkerrechtlich bedeutende Verpflichtung ist darin keinesfalls zu sehen, nicht einmal eine außerrechtliche. Erst durch die spätere Bezugnahme der Allierten auf diese Erklärung sollte sie die Bedeutung inkorporieren, die im Folgenden besprochen wird.

562 Abgedruckt in deutscher Übersetzung bei Bauer 59f. Darin heißt es u.a.: „Die Deklaration hat die Form einer allgemeinen Erklärung über die Haltung der teilnehmenden Regierungen … Für eine Deklaration dieser Art ist es offenkundig unmöglich, genau festzulegen, welche Maßnahmen ergriffen werden müssen, wenn der Sieg errungen und die Okkupation oder die Kontrolle fremden Gebietes beendet worden ist. … Die Deklaration bringt jedoch die Solidarität aller teilnehmenden Regierungen … zum Ausdruck."

2. Reichweite des Nichtigkeitvorbehalts

Die Erklärung richtet sich in Absatz 2 an die Bewohner neutraler Staaten und betont, dass die Erklärenden die Enteignungen der Achsenmächte mit allen Mitteln rückgängig machen werden. In diesem Sinne spricht der dritte Absatz den Vorbehalt aus, jede Übertragung von Eigentum und sonstigen Vermögenspositionen, die in den von den Achsenmächten besetzten Gebieten stattgefunden hat, für nichtig zu erklären. In der Literatur der Nachkriegszeit war umstritten, ob der Nichtigkeitsvorbehalt sich auf alle („jede") Übertragungen im Sinne des Beginns des Absatzes 3 erstreckt oder nur auf solche, die am Ende des gleichen Absatzes in den Bereich der „Form eines offensichtlichen Raubes oder scheinbar gesetzmäßiger Geschäfte" gestellt worden waren.

Bereits Stimmen alliierter Rechtsgelehrter sprechen sich für letztere Alternative aus. So geht der Amerikaner Woolsey[563] kurz nach Veröffentlichung der Erklärung davon aus, dass mit der Erklärung diejenigen Geschäfte gemeint sind, „which are illegal or which are directly or indirectly the result of undue military pressure and compulsion." In einem zweiten Schritt führt er aus, dass die Erklärung nicht weiter gehe, als den Erklärenden dann ausdrücklich das Recht vorzubehalten „to declare suchs dealings invalid."[564] Dass die Verfasser der Londoner Erklärung die Bestimmungen und die Systematik der HLKO gekannt und beherrscht haben müssen, ist daran zu erkennen, dass ihre Erklärung gleichsam über eine Fortentwicklung des Sanktionssystems des Artikels 3 der HLKO (Schadensersatz) unter Vertiefung des Plünderungsverbots des Artikels 56 HLKO reflektiert.[565] Entsprechend diesem Gedanken hat auch die amerikanische Militärgerichtsbarkeit im Nürnberger IG-Farben-Prozess judiziert und ausgeführt, dass die HLKO gerade keine Bestimmung kennt, die das Handeln in den besetzten Gebieten verbiete.[566]

---

563 WOOLSEY, in: 37 AJIL 282, 283.

564 WOOLSEY aaO. Diesem Befund hat sich die deutsche Rechtslehre mit Ausnahme von Dabelstein, Der Betriebsberater, 1949, 49, 22f., angeschlossen. Seine Annahme, die Erklärung beruhe auf dem anglo-amerikanischen Grundsatz, der „trading with the enemy" verbietet, ist jedoch nicht haltbar, weil das damals geltende Völkerrecht, insbesondere die HLKO, eine solche Bestimmung nicht vorsah.

565 FIEDLER, in: Liber Amicorum Siehr, 207 nennt darüber hinaus die Fallgruppe des nach dem äußeren Anschein nach formell wirksamen rechtsgeschäftlichen Handelns, dass aufgrund seiner äußeren Umstände dennoch als ein Verstoß gegen Artikel 46 HLKO anzusehen sei. Eine über den Kernbestand der HLKO hinausgehende Beschreibung einer *opinio juris vel necessatis* sei hierin aber mangels Nachweis einer allgemeinen Rechtsüberzeugung nicht zu erblicken, FIEDLER, Liber Amicorum Siehr, 208.

566 Zitiert bei LANGEN/SAUER, Die Restitution im internationalen Recht, 1949, S. 12 und 20, *dieselben* in Der Betrieb 1949, 274.

3. Verhinderung des gutgläubigen Erwerbs in besetzten Gebieten

Nach dem Wortlaut der Erklärung soll nach Ansicht von *Fiedler*[567] auch der gutgläubige Erwerb von dem Nichtigkeitsvorbehalt erfasst sein. Dies stützt er auf den Teil der Erklärung, die sich auf diejenigen Gegenstände bezieht, die sich im besetzten Gebiet befunden haben und anschließend übertragen wurden. Die Frage des gutgläubigen Erwerbs sollte später ein prägendes Streitelement in der Diskussion um die Normierung der Rückerstattungsgesetze in den einzelnen Besatzungszonen bilden. Zudem trifft die vormalige Belegenheit eines Gegenstandes in einem besetzten Gebiet keine Aussage über den Kenntnisstand des späteren Erwerbers.[568] Allerdings war die Londoner Erklärung derart weit gefasst, dass man hierunter auch den gutgläubigen Erwerb fassen kann. Daher erstreckt sich zumindest nach grammatischer Auslegung der Nichtigkeitsvorbehalt der Londoner Erklärung *auch* auf den gutgläubigen Erwerb in den besetzten Gebieten.

4. Völkerrechtlicher Gehalt

Fiedler sieht in den Bestimmungen der Erklärung Neuansätze für die Auslegung des Artikels 46 HLKO, der den Umgang des Okkupanten mit der Zivilbevölkerung im besetzten Gebiet regelt.[569] Ein über den Bestimmungen der HLKO hinausgehender, in Völkergewohnheitsrecht erstarkender Konsens, der auch das Verhalten von Privatpersonen außerhalb des Adressatenbereichs der HLKO erfasst, ist aber nicht erkennbar. Auch wenn beispielsweise der Friedensvertrag mit Italien Gedanken der Londoner Erklärung aufgriff[570], bedeutet dies noch lange nicht, dass deren Bestimmungen zu allgemein gültigem Gewohnheitsrecht erstarkten: Derjenige, dem die Pflicht zur Restitution auferlegt wird, ist von der Notwendigkeit dieser Last sicher nicht überzeugt.[571] Mithin kann eher davon gesprochen werden, dass es sich bei der Londoner Erklärung im Wesentlichen um eine Ausgestaltung und Konkretisierung der Bestimmungen der Haager Landkriegsordnung handelt, ohne aber bereits einen Anwendungsbefehl an Privatpersonen auszusprechen.[572] Die Erklärung suchte kein neues Völkerrecht zu etablieren,

---

[567] Fiedler, Liber Amicorum Siehr, 205 mit Bezug auf H. Weber, 40, der ausführt, dass die Rückgabe jedweden Eigentums gefordert wurde „selbst wenn es der letzte deutsche Besatzer durch klipp und klare Zahlung erworben hatte."

[568] Fiedler bezweifelt in der Liber Amicorum Siehr nach seiner Feststellung auf S. 205 (FN supra) später auf S. 215 auch die vorbehaltlose Geltung des Nichtigkeitsvorbehalts, wenn er ausführt, dass sich „die Frage des gutgläubigen Erwerbs nach dem Recht des Veräußerungsorts richtet, d.h. gutgläubiger Erwerb grundsätzlich möglich ist."

[569] Fiedler, Liber Amicorum Siehr, 206.

[570] Im Jahre 1947 schloss Deutschland mit Italien, Bugarien und Ungarn Friedensverträge, siehe Kolwalski, art treasures, 72.

[571] Hierauf weist H. Weber, S. 45f. hin.

[572] In Anlehnung an die Erwägungen Fiedlers, Liber Amicorum Siehr 208.

sondern füllte seine schon bekannten Inhalte mit einerseits zulässigen Vertiefungen (im Hinblick auf die Artikel 3, 46, 56 HLKO), andererseits mit Bestimmungen ohne jede rechtliche Bindungswirkung (im Hinblick auf die angekündigte Sanktionswirkung gegenüber Privatpersonen) aus.

Die Londoner Erklärung bleibt also eine einseitige programmatische Erklärung, deren Besonderheit darin liegt, dass die unterzeichnenden Staaten die Notwendigkeit in der Unterstützung der Belange ihrer Bürger im Hinblick auf ihr Privateigentum, ausgelöst durch die Ereignisse eines weitreichenden Wirtschaftskriegs, erkannt haben.[573]

5. Einflüsse auf das Kollisionsrecht

Es ist fragwürdig, ob die Aussagen der Londoner Erklärung Einfluss auf das Gefüge des Internationalen Privatrechts und Völkerrechts im Gewand der vorliegenden Abhandlung haben. Schon zu Beginn dieses Abschnitts ist die Frage gestreift worden, in welcher auf den deklaratorischen Charakter der Erklärung hingewiesen wurde. Ein weiterer völkerrechtlicher Restitutionstatbestand außerhalb der Haager Landkriegsordnung existierte nicht und wurde auch nicht durch die Londoner Erklärung begründet[574].

Das jeweilige innerstaatliche Privatrecht, verknüpft mit dem eigenen Kollisionsrecht, musste die Aufgabe übernehmen, völkerrechtliche Verstöße im zivilrechtlichen Verhältnis aufzugreifen und für Fragen der dinglichen Zuordnung zu würdigen, ohne aber vom Völkerrecht hierfür angemessene Wertungsrahmen an die Hand zu bekommen.[575] Langen und Sauer[576] bemerken zum Verhältnis des Völkerrechts zum Privatrecht im Hinblick auf die Londoner Erklärung, dass es

> *„die Regierungen gelernt haben, unter der Maske privatwirtschaftlicher und privatrechtlicher Maßnahmen Krieg zu führen. Infolgedessen wird die private Rechtssphäre damit belastet, derartige maskierte Räuber zu kennzeichnen und aus ihrem Gebiete zu verweisen Hierbei muss, um das höhere Gut eines friedlichen und gesicherten privaten Eigentums zu erhalten, notfalls mit Schärfe vorgegangen werden."*

Dieser Ausspruch mag dazu verleiten, die Londoner Erklärung nur als unverbindliche völkerrechtliche Erklärung zu betrachten. Doch selbst die genannten Autoren treffen eine andere Aussage: Das Privatrecht soll lediglich zum Zeitpunkt des kriegerischen Eingriffs in den Hintergrund treten, da es nicht die auf

---

573 Langen/Sauer 14, 28; Bauer 63f.

574 H.Weber 45, Fiedler Liber Amicorum Siehr 208, insbesondere 209.

575 Fiedler in Liber Amicorum Siehr 208 beklagt aus völkerrechtlicher Sicht, dass „die Suche nach einer akzeptablen Rechtsgrundlage für die Vielzahl der in Deutschland gerade bei Privatpersonen restituierten Güter [...] durch die Abwesenheit eines Friedensvertrags jedenfalls nicht erleichtert" sei.

576 Langen/Sauer S. 28.

diese Situation typischerweise zugeschnittenen Schutzelemente kennt. Wird aber das Privatrecht dazu missbraucht, völkerrechtswidrige Ziele im rechtsgeschäftlichen Gewande zu verwirklichen, soll es im Rahmen seiner Abwehrmöglichkeiten einschreiten („Räuber kennzeichnen und aus ihrem Gebiet ... verweisen")[577].

Hier tritt insbesondere im Bezug auf das Zivilrecht eine nähere Eingrenzung der rechtlichen Reichweite des Abhandenkommens in den Mittelpunkt des Interesses. Als mögliche Umgehungsmittel werden in der Londoner Erklärung „scheinbar gesetzmäßige Geschäfte ... ohne jeden Zwang" genannt. Unter Bezugnahme auf die rechtstechnischen Abhandlungen zur Problematik des Abhandenkommens im Privatrecht[578] lässt sich festhalten, dass es dem *Wunsche* der Unterzeichner entsprach, dem genannten, mitunter völkerrechtswidrigen Verhalten auch im Bereich des rechtsgeschäftlichen Erwerbs abhanden gekommener Kriegsbeute (in Deutschland: § 935 BGB) zu begegnen und einen Solchen so weit als möglich zu verhindern.

Diesen Ansatz haben die Alliierten dann später konsequent in die Praxis umgesetzt, in welcher sie in den Rückerstattungsgesetzen weitreichende Vermutungen etwa eines verfolgungsbedingten Entzugs unter Gewalt und Zwang formulierten und diese Vermutung nur unter restriktiven Voraussetzungen widerlegt werden konnte. Im Hinblick auf das Kollisionsrecht beabsichtigte die Erklärung, einen weitgehenden Entscheidungsgleichklang zur Verhinderung von rechtsgeschäftlichen Erwerben unter Ausnutzung des Rechtssystems der neutralen Forumstaaten (insbesondere in der Schweiz) den Weg zu bereiten. Relevanz hatte dies insbesondere im Rahmen der Auslegung des Begriffes von Gewalt und Zwang, dass im Lichte der Londoner Erklärung nicht mehr die rein physische Gewaltanwendung, sondern auch den mittelbaren Zwang, etwa durch Ausnutzung der Besatzungssituation, ansah.

Die Alliierten haben aber niemals von dem die Erklärung tragenden Nichtigkeitsvorbehalt Gebrauch gemacht, war ihnen doch bewusst, dass sie bestehende zivilrechtliche Regelungssysteme der Nationalstaaten nicht würden ändern können.[579] Zusammenfassend kann festgehalten werden, dass die *praktische* Bedeutung der Londoner Erklärung in der Bewertung von Vorgängen im Rahmen der alliierten Rückerstattung nicht zu unterschätzen ist.[580] Es wäre deshalb für eine effektivere und gerechtere Abwicklung der Restitutionen in der Zeit von 1945 bis 1948 wünschenswert gewesen, die aufgezeigten Grundsätze und weitere wichtige

---

577 Langen und Sauer 28.

578 Siehe hierzu 5 B I.

579 Wilmanns 6, Fiedler Liber Amicorum Siehr 205.

580 Fiedler, Liber Amicorum Siehr 216, meint hierzu: „[...] Erscheint die Erklärung mehr [als] ein Memorandum darüber, was die Allierten im Falle eines Sieges zu tun beabsichtigten."

Parameter (legal framework for restitution) in einem rechtlich verbindlichen Rahmen zu fixieren. Ob die Alliierten mit ihren weiteren Maßnahmen bis einschließlich der Einführung ihrer Rückerstattungsgesetze diesem Bedürfnis gerecht wurden, soll im Folgenden untersucht werden.

6. Bretton Woods

Eine weitere Ankündigung zur späteren Durchführung von Restitutionen im Geiste der Londoner Erklärung findet sich in der Erklärung von Bretton Woods vom 22. Juli 1944.[581] Ihr Regelungsgehalt geht jedoch nicht über das der Londoner Erklärung hinaus.

II. Die Entwicklung der cultural restitution in den Besatzungszonen

1. Alliierte Beratungen bis zur bedingungslosen Kapitulation

Die Diskussion über die Zukunft Europas wurde seit dem Sommer 1943 auf Arbeitsebene in der *European Advisory Commission* (EAC) in London geführt.[582] Jedoch konnten im Bereich der Restitutionsfrage von Kulturgütern keine greifbaren Ergebnisse erzielt werden: Während Frankreich sich mit Nachdruck für eine „restitution in kind"-Lösung aussprach, vertraten die Vereinigten Staaten hierzu offiziell keine Haltung und die Sowjetunion zeigte zu dieser Zeit wenig Interesse an Gesprächen über dieses Thema.[583] Auf Ebene der EAC konnte daher keine Einigung erzielt werden; die Sache wurde vertagt und der militärischen Führung überlassen.

Die Problematik der „cultural restitution" wurde in der Zeit von 1943 bis 1945 im Schatten der für die Alliierten verständlicherweise vordringlichen politischen und militärischen Probleme eher stiefmütterlich behandelt. Gleichzeitig war ihre Lösung aufgrund der Komplexität der Sachfragen und zu behandelnden Fälle nicht leicht zu entwickeln.

Das *Potsdamer Abkommen*, dessen Beschlüsse von Truman, Atlee und Stalin am 2. 8. 1945 unterzeichnet worden waren, legte die Grundlage für die Entmilitarisierung und Umgestaltung Deutschlands.[584] Für die Frage der Restitutionen nahm es auf die Londoner Erklärung Bezug[585] und entnahm die Regelungen aus

---

581 Abgedruckt in: US Department of State Bulletin, Vol. IX, No. 276, S. 384.

582 Zu den Beratungen KURTZ, Nazi Contraband, 86ff. und 106ff.

583 KURTZ in Simpson 113.

584 The Department of State Bulletin, XII, 213ff. und XIII, 153ff.

585 Die Problematik der Restitution von Kulturgütern wurde gleichwohl nicht aufgegriffen, vergleiche NAHLIK RdC 1967, 112.

der Pariser Reparationskonferenz vom 9.11. bis zum 21.12.1945, dessen Beschluss als Anlage in das Potsdamer Abkommen integriert wurde.[586] Die im Potsdamer Abkommen festgelegten Reparationsleistungen bezogen sich im Wesentlichen auf die Demontage „industrieller Ausrüstung“ und damit gerade nicht auf Kulturgüter.[587] Bei Unmöglichkeit der Rückgabe eines auf feindlichem Besatzungsgebiet geraubten Kulturguts sah dieses politische Regierungsabkommen die Möglichkeit zur restitution in kind vor. Das Hauptaugenmerk galt zu diesem Zeitpunkt der Identifizierung der geraubten Kulturgüter, die mittels Entsendung von Sachverständigenkommissionen aus den Siegermächten durchgeführt werden sollte, lit. F. Auch das *Pariser Reparationsabkommen* vom 14. Januar 1946, das von der Sowjetunion boykottiert[588] worden war, erfasste Kulturgüter nicht ausdrücklich, womit auch hieraus keine Billigung der Wegnahme von Kulturgütern in den besetzten Gebieten hergeleitet werden kann.[589]

2. Die Kontrollratsdirektiven vom 21. Januar und 8. März 1946

Im ersten Jahr nach dem Ende des Zweiten Weltkriegs waren keine weiteren gemeinsamen Strategien und Beschlüsse für die Frage der Behandlung der Restitutionsfrage zu verzeichnen. Bedingt durch das Heraufziehen des „Kalten Krieges“ zwischen den Vereinigten Staaten und der Sowjetunion zersplitterte die Kultur- und Restitutionspolitik entgültig in die einzelnen Besatzungszonen. Innerhalb des ACC (allied ground council) konnte am 21.1.1946 zumindest eine Vereinbarung geschlossen werden, welche erste Rahmenbedingungen für die Frage der Restitution und ihre Definition beinhaltete. Die wichtigsten Bestimmungen dieser Kontrollratsdirektive[590] lauten:

1. Die Frage der Rückerstattung von Eigentum, das von den Deutschen aus alliierten Ländern weggeführt wurde, ist in jedem Falle auf Grund der Erklärung vom 5.1.1943 zu prüfen
2. Die Rückerstattung hat sich in erster Linie auf identifizierbare Güter zu beschränken, die zur Zeit der Besetzung des betreffenden Gebietes vorhanden waren und vom Feind gewaltsam aus dem Gebiet des Landes weggeführt wurden. Unter die Rücklieferungsmaßnahmen fallen auch Güter, die während der Besatzungszeit hergestellt und durch Gewalt erworben wurden. [...]
3. Bei Gütern von einmaligem Charakter, deren Rücklieferung unmöglich ist, wird eine besondere Anweisung die Art von Gütern festsetzen, bei denen ein Ersatz in Frage kommt, die Art dieses Ersatzes und die Bedingungen, unter denen die Güter durch gleichwertige Gegenstände ersetzt werden können.

---

[586] SCHWARZ II 8.

[587] SCHADE in Strocka 63ff, 68.

[588] Vertragspartner des Pariser Reparationsabkommens waren die drei Westalliierten, Albanien, Ägypten, Australien, Kanada, Neuseeland, Indien, etc., nicht aber Deutschland, STUMPF 93 (FN 383).

[589] STUMPF aaO.

[590] Aus SCHMOLLER/MAIER/TOBLER § 52, 23.

Gerade die dritte Bestimmung zeigt, dass sich der Vorschlag der Sowjetunion, die Befugnis zur restitution in kind zugunsten aller Besatzungsmächte zu stipulieren, beim Koordinierungskomitee des alliierten Kontrollrats nicht durchzusetzen vermochte.[591] Die Erläuterung des Begriffs Restitution der eben wiedergegebenen Direktive findet sich in der Kontrollratsdirektive vom 8. 3. 1946. Der weitere Schlüsselbegriff „Gewalt und Zwang" wird sodann wie folgt definiert:

> „Der Ausdruck „Gewalt" umfasst Zwang mit und ohne Anwendung von Gewalttätigkeit. Dieser Begriff schließt auch Plünderung, Raub, Diebstahl und andere Formen der Wegnahme ein, gleichgültig, ob sie auf Anordnung deutscher Behörden oder von Beamten der deutschen Zivil- oder Militärverwaltung auch ohne Anordnung deutscher höherer Dienststellen oder auch von Einzelpersonen angewendet wurden. Dazu gehört auch der Erwerb unter Anwendung von Druck, wie z.B. durch Requisitionen oder andere Anordnungen der Militär – oder Besatzungsbehörden."

Die Alliierten stritten heftig über die Frage, ob Kulturgüter zum Zwecke der Reparation verwendet werden dürfen. Letztlich wurde jedoch auch dieser Ansatz verworfen. Desgleichen wurde die Befugnis zur restitution in kind, nachdem lange Zeit über deren Anwendungsbereich, insbesondere der Festlegung der Werthaltigkeit von Kulturgütern debattiert worden war, abgelehnt.

3. Die erweiterte Restitutionspflicht

In § 18–104 „looted cultural materials" der US Military Government Regulations Title 18, der sich speziell auf Kulturgüter bezieht, wird der Begriff „loot" oder „dispossession" auch dann angenommen, wenn Kulturgüter erworben wurden

> *„b) indirectly by purchase or orther transactions regardless of whatever considerations may have been employed."*[592]

Diese Regelung greift den weiten Restitutionsbegriff der Londonder Erklärung und aus dem Militärgesetz Nr. 52 auf, in welcher der Begriff „Zwang" nicht im Wortsinne verstanden wurde, sondern auch normale Handelsgeschäfte, mithin die freiwillige Veräußerung von Kulturgütern (auch auf Initiative des Verkäufers hin), umfasste.[593] Insbesondere die Restitution solcher freiwillig veräußerten Kulturgüter ist von der deutschen Literatur als völkerrechtswidrig angesehen worden.[594] Demgegenüber spiegelte die tatsächliche Restitutionspraxis der Alliierten in allen westlichen Besatzungszonen die Rechtsauffassung einer erweiterten Restitutionspflicht wieder.[595]

---

[591] Nevelev 355f., Kurtz in Simpson, the Spoils of War, 112ff. (114).

[592] Abgedruckt bei Fiedler 288.

[593] Stumpf 84.

[594] Kaufmann 21, Weber 90, 103, Turner in Liber Amicorum Siehr 221.

[595] Engstler 141, Schmoller I § 52, S. 8 und Weber 38.

Vor dem Hintergrund, dass Frankreich die generelle Rückgabe aller Gegenstände, die während der deutschen Besatzungszeit aus ihrem Territorium entfernt wurden, forderte und hieraus eine Diskussion mit der Sowjetunion entstand, die hierin eine Schwächung der deutschen Kaufkraft und damit eine Gefährdung der eigenen Reparationen sah, kamen die Alliierten überein, dass alle Kulturgüter als rückerstattungspflichtig angesehen werden sollen, solange nicht der handelsmäßige Erwerb nachgewiesen wurde.[596] Allerdings wurde ein solcher handelsmäßiger Erwerb nur dann angenommen, wenn bereits vor der deutschen Besatzungszeit eine geschäftsmäßige Beziehung im Bezug auf den zu erwerbenden Gegenstand bestanden hatte.[597] Der Beweis hierfür oblag dem Erwerber, bei dem das Kulturgut angetroffen wurde. Bei Kulturgütern wurde aufgrund der weitreichenden nationalsozialistischen Plünderungen immer von einer zwangsweisen Verbringung ausgegangen, ohne den Einzelfall näher zu prüfen.

4. Leitlinien der Alliierten über den Umgang mit kriegsbedingt verlagerten Kulturgütern

Besondere Bedeutung erlangte ein Dokument der European Advisory Commission, die EAC (45) 59: Alliierte Übereinkunft über die Leitprinzipien zur Restitution von Kulturgütern vom 11. Juni 1946, die in englischer Fassung in Auszügen wiedergegeben wird:

1. There shall be an unlimited obligation on Germany to restore identifiable looted works of art, books artistic or historic archives and other artistic or historic property. [...]
4. Looted property shall be returned in the condition in which it is found. If a claimant Government accepts a returned object in a damaged or detoriated condition it may enter a claim on reparation account for such damage or deterioation but may not demand replacement in kind in compensation therefore. [...]
7. All artistic or historic property removed to Germany during the period of German occupation shall *be deemed to have been transferred under duress and accordingly treated as looted property.*[598]
8. If works of art, books historic or artistic archives and other artistic or historic property known to have been looted can not be found within a period of two years after the unconditional surrender or defeat of Germany, there shall be an obligation on Germany to replace such articles by comparable objects from German public or private collections. [...]

---

[596] In Bezug auf den damaligen internationalen Kunstmarkt lässt sich heute nachweisen, dass deutsche Museen bereits vor der Besetzung Paris über gute Kontakte zum Pariser Kunstmarkt verfügten, die dann auf gleichen Wegen auch während der Besetzung weiter gepflegt wurden, vergleiche in der französischen Literatur bei Le Masne de Chermont/Schulmann 15 und 35.

[597] Schmoller I § 52, 10, siehe hierzu aber die FN supra.

[598] An dieser Bestimmung der für die Restitution von Kunstwerken wichtigsten Direktive der Alliierten entzündete sich in der Nachkriegszeit eine heftige Diskussion. Nach Ansicht der deutschen Rechtsgelehrten war eine derart weit gefasste Vermutung auch aus völkerrechtlicher Sicht nicht hinnehmbar.

Der amerikanische General Lucius Clay fasste dieses Vorgehen wie folgt zusammen: „Bei sämtlichen Kulturgütern war die Rückerstattung selbstverständlich.“[599] Diese Aussage sollte nicht etwa nur für die Gegenstände gelten, die tatsächlich geplündert worden waren, wie es die oben wiedergegebenen Verordnungen vermuten ließen. Vielmehr wurden diese derart weit ausgelegt, das sie nach Ansicht des amerikanischen Besatzers die Grundlage für Rückerstattung jedes identifizierten Kulturgutes bildeten.[600]

Nach dem Stand der historischen Forschung gilt es als gesichert, dass die Alliierten in allen wesentlichen Fragen betreffend der Restitution von Kulturgütern keine Einigung erzielen konnten. Insbesondere hatten sie nie eine gemeinsame Regelung im Hinblick auf die *restitution in kind* getroffen.[601] Im Hinblick auf die Raubkunst jüdischer Herkunft spricht man schon aufgrund der stark divergierenden Grundkonstellation von einer *Triangel der Interessen*.[602] Eine umfassende Darstellung müsste daher schon von vornherein strikt zwischen den Besatzungsmächten trennen und würde den Rahmen der vorliegenden Abhandlung bei weitem sprengen. Es lassen sich jedoch Gemeinsamkeiten in den Rückerstattungsgesetzen der westlichen Besatzungszonen feststellen, wie sie im Folgenden im Überblick nachgezeichnet werden.

III. Die alliierte Rückerstattungsgesetzgebung

Die bekanntesten Gesetze zum Zwecke der Rückerstattung feststellbarer Vermögensgegenstände an Opfer der nationalsozialistischen Unterdrückungsmaßnahmen sind:

- Die BK/O (49) 180 vom 26. Juli 1949 der alliierten Kommandantur Berlin
- Rückerstattungsgesetz Nr. 59 vom 10.11.1947 in der amerikanischen Zone

---

599 Clay, Entscheidung in Deutschland, 342.

600 Hierzu ausführlich Turner in Liber Amicorum Siehr, 218ff., insbesondere 223. *Turner* stellt fest, dass die Restitutionen bis zuletzt umfassend durchgeführt worden sind. Dies galt selbst im Falle freiwilliger Transaktionen von Kulturgütern, die mangels eines Eigentumseingriffs allenfalls eine Grundlage für Reparationen wegen der allgemeinen wirtschaftlichen Schädigung eines Staates bilden können.

601 Vergleiche im Hinblick auf die Beutekunst statt aller Kurtz in Spoils of War, 114ff. Siehe auch Nevelev 357, der die Haltung der „alliierten Rechtsgelehrten“ wiedergibt, welche die Grenzen der Besetzung auf dem Grund des Völkerrechts klar offenlegten, 359ff.

602 Unter dieser Triangel sind die alliierten Besatzer, das besetzte Deutschland und die jüdischen Interessensorganisationen zu verstehen. In den Vereinigten Staaten gab es denn auch eine heftige Diskussion zwischen jüdischen Gruppen (CJR, Conference on Jewish Relations) und den amerikanischen Verantwortlichen (MFA & A und OMGUS [amerikanische Militärregierung]) über den Umgang mit „erbenlosen“ jüdischen Kulturgütern. Die CJR konnte sich mit ihrem Vorschlag, diese Kulturgüter unter den jüdischen Orhganisationen und Gemeinden weltweit zu verteilen, nicht durchsetzen. Vergleiche hierzu ausführlich Michael J. Kurtz, Resolving a dilemma: The inheritance of jewish property, Cardozo Law Review [20: 625, 1998], S. 625ff.

- Rückerstattungsgesetz Nr. 59 vom 12. Mai 1949 in der britischen Zone
- Verordnung Nr. 120 vom 10.11.1947 in der französischen Zone

In der Sowjetischen Besatzungszone existierte kein Rückerstattungsgesetz, abgesehen von dem Wiedergutmachungsgesetz des Landes Thüringen vom 14. September 1945. Dogmatisch ist noch heute insbesondere die Anordnung BK/O (49) 180 betreffend der Rückerstattung feststellbarer Vermögensgegenstände an Opfer der nationalsozialistischen Unterdrückungsmaßnahmen (REAO) von Bedeutung, die in Berlin unter der Verwaltung der vier Mächte Gültigkeit hatte: Aus diesem Grunde dient sie auch als Vorbild für die Auslegung wesentlicher Fragen im Vermögensgesetz.

1. Gemeinsame Grundsätze

Die genannten Gesetze hatten das Ziel, in möglichst großem Umfang beschleunigt die Rückerstattung ungerechtfertigt entzogener Vermögensgegenstände zu bewirken. Die Feststellbarkeit dieser Gegenstände war wegen des Grundsatzes der Naturalrestitution von entscheidender Bedeutung, womit überhaupt nur solche Kulturgüter erfasst sein konnten, die in den einzelnen Besatzungszonen überhaupt bekannt waren und hierdurch in das Verfahren einbezogen werden konnten. Zuständig war dasjenige Wiedergutmachungsorgan, an dessen Ort das Kulturgut aufgefunden wurde, auch wenn ein Kulturgut – wie häufig – an einem anderen Ort in einer anderen Besatzungszone entzogen worden war (Territorialitätsprinzip)[603].

Angesichts sehr divergierender Schicksale NS-verfolgungsbedingt entzogener Kulturgüte konnten diese von der alliierten Gesetzgebung zur Wiedergutmachung nur dann erfasst sein, wenn sie sich in der jeweiligen Besatzungszone befanden. Praktisch wurde in vielen deutschen Museen, die zumindest zum Teil nicht die eigentlichen Provenienzen der erworbenen Stücke kannten und selbst insbesondere mit der Überprüfung der Verlustbestände und der Verfolgung eigener Ansprüche befasst waren, keine Restitutionen durchgeführt.

Die Frage der ungerechtfertigten Entziehung wurde daran bemessen, ob der zurückzugebende Gegenstand einer Handlung zuzuordnen ist, die als Verfolgungsmaßnahme oder als Teil hiervon anzusehen ist. Dies konnten insbesondere Verwaltungsakte oder Akte der NSDAP sein, die ausschließlich oder vorwiegend der Benachteiligung der Verfolgten dienten. Erfasst waren insbesondere Rechtsgeschäfte und auch Schenkungen, die unter dem Eindruck von Drohung und Zwang oder einer entsprechenden Lage abgeschlossen worden waren.

Da eine Rückgabe häufig nicht mehr möglich war (Zerstörung, unbekannter Aufenthaltsort) bekamen die Sekundär- und Nebenpflichten, die sich insbeson-

---

[603] SCHWARZ II 74 f.

dere in Ansprüchen neben dem Herausgabeanspruch manifestierten, eine besondere Bedeutung. So hatte derjenige, dem die Herausgabe des Gegenstands unmöglich geworden ist, dasjenige herauszugeben, was er aus dem Umstand erlangt hat, welcher ihm die Rückerstattung unmöglich gemacht hat, unbeschadet der Frage eines möglichen Verschuldens.

2. Der gutgläubige Erwerb von Kulturgütern in den Rückerstattungsgesetzen

Im britischen Rückerstattungsgesetz heißt es: „Der Rückerstattung entgegenstehende Vorschriften zum Schutze des gutgläubigen Erwerbers bleiben außer Betracht." Auch das amerikanische Rückerstattungsgesetz verwehrt den gutgläubigen Erwerb von „Kultgegenständen, Gegenständen von besonderem künstlerischen oder wissenschaftlichen Werte oder von persönlichem Erinnerungswert" (Artikel 19 Satz 2, in der BEG Art. 15 Satz 2). Dass man sich wegen dieser Bestimmung einen „Tummelplatz kasuistischer Fragen ausmalen" kann, wenn es um die Bewertung eines besonderen künstlerischen Wertes geht, liegt auf der Hand.[604]

Indessen hat bereits das britische und amerikanische Rückerstattungsgesetz den Entzug beweglicher Sachen gekannt, die „im Wege der Versteigerung oder des freihändigen Verkaufs in einem Unternehmen erworben worden sind, das sich in der Hauptsache mit der Verwertung ungerechtfertigt entzogener Vermögensgegenstände befasste."[605] In diesem Falle war der Rückerstattungsanspruch nicht verwehrt: Dies galt selbst dann, wenn der Ersteigernde das Kulturgut gutgläubig erworben hat.

3. Erfolg der Regelungen im Hinblick auf die Rückgabe von Kulturgütern

Aus der ex post Betrachtung soll im Folgenden eine kurze Bewertung der alliierten Rückerstattungsgesetzgebung aus dem Blickwinkel der Rückgabe von Kulturgütern vorgenommen werden. Zunächst wird darauf hingewiesen, dass die genannten Gesetze einen anderen Hauptzweck verfolgen mussten, als entzogene Kulturgüter zu restituieren – die Wahrung und Bergung der „schönen Künste" war einfach nicht die vordringliche zu lösende Aufgabe. Die Bewertung des Erfolgs der Restitutionen fällt in der zeitgenössischen ausländischen Literatur deshalb auch sehr differenziert aus. Zwar werden die großen Anstrengungen um eine Restitution von Kulturgütern im besetzten Deutschland immer lobend erwähnt.[606] So wurden in den Central Collecting Points insgesamt 3,45 Millionen

---

604 So im Zitat aus HACHENBURG 54 f.

605 DAMMANN/HEITKAMP 43, HACHENBURG 55.

606 KAYE, Laws in Force at the Dawn of World War II: International Conventions and National

Kulturgüter hauptsächlich in den Jahren 1945 bis 1949 an seine Herkunftsländer restituiert.[607] Gleichzeitig wird aber unisono kritisch angemerkt, dass im Ergebnis von einem Scheitern der alliierten Restitutionsmission auszugehen ist, weil ein effizientes gemeinsames Vorgehen nicht erreicht wurde.[608]

Dies mag aber auch damit entschuldigt werden, das in dieser wirtschaftlich schwierigen Zeit der alliierten Besatzung und dem Beginn des Wiederaufbaus Industrieanlagen, private Grundstücke und Anwesen von größerem Interesse waren als Kulturgüter, die keinen Beitrag zur Ernährung der Bevölkerung leisten konnten. Vor diesem Hintergrund wird es auch verständlich, dass die Rückerstattungsgesetze von vornherein nicht den besonderen tatsächlichen Rahmenbedingungen, der den Restitutionsprozess an entzogenen Kulturgütern bestimmt, gerecht werden konnten. So mögen beispielsweise kurze Anmeldefristen für wertvolles Immobiliarvermögen angemessen gewesen sein – nicht aber für leicht versteckbares Mobiliargut, so auch Kulturgüter. Im Gegenzug sei daran erinnert, dass die Versagung des gutgläubigen Erwerbs an Kulturgütern, die als Gegenstände von besonderem künstlerischen Wert bezeichnet wurden, ein richtiger Schritt war für den Versuch, auch in diesem Bereich eine gerechte Wiedergutmachung zu erzielen.

4. Das Ende der Verantwortung: Der Überleitungsvertrag

Den Abschluss alliierter Restitutionspolitik im Hinblick auf die Rückführung von Kulturgütern bildete der Pariser Vertrag zur Regelung der aus Krieg und Besetzung entstandenen Fragen vom 26. Mai 1952.[609] Mit ihm gingen die Kulturgüter auf deutschem Gebiet und aus den Central Collecting Points auch auf vertraglicher Grundlage auf die Bundesrepublik Deutschland über (daher der Name „Überleitungsvertrag"). Er sollte entsprechend seiner Bezeichnung einen Schlussstrich für die aus dem Zweiten Weltkrieg und der anschließenden Besatzungszeit entstandenen Ungewissheiten ziehen.[610]

Im Überleitungsvertrag verpflichtete sich die Bundesrepublik Deutschland, außerhalb des deutschen Territoriums weggenommene Kulturgüter zurückzugewähren. Auf eine direkte Verfolgungsmaßnahme kam es nicht an; es genügte die

---

Laws", in: Elizabeth Simpson (Hrsg.), The Spoils of War, World War II and Its Aftermath: The Loss, Reappearance, and Recovery of Cultural Property, S. 103ff.; HALL, „The Recovery of Cultural Objects Dispersed During World War II", Dep't St. Bull. 25 (1951), S. 340ff. und LIPPMAN, „Art and Ideology in the Third Reich: The Protection of Cultural Property and the Humanitarian Law of War", Dickinson J. Int'l L. 17 (1998), S. 40 f.

607 KURTZ, Nazi Contraband, 159 f., 163.

608 Besonders KAYE aaO trägt diese Kritik dezidiert vor.

609 BGBl. II 1955, 405.

610 SCHOEN 168–171.

Entziehung auf dem Boden einer allgemeinen Zwangslage. Daher waren auch Schenkungen von Kulturgütern auf direkten oder indirekten Druck erfasst (Artikel 1 und 4 des Überleitungsvertrages). Restitutionsansprüche gegen die Bundesrepublik Deutschland aus diesem Vertrag konnten bis zum 8. Mai 1956 gestellt werden, Artikel 2, § 2. Unter Berücksichtigung der historischen Hintergründe erscheint diese materielle Ausschlussfrist aber als wesentlich zu früh angesetzt.[611] Die praktische und wirtschaftliche Bedeutung der nach diesem Vertrag durchgeführten Restitutionen durch das *Bundesamt für die äußere Restitution* und der darüber in Koblenz judizierenden Schiedskommission war schon deshalb eher gering.[612]

Zentral ist der Anspruchsverzicht der Bundesrepublik Deutschland im sechsten Teil, Artikel 3 I bezüglich Handlungen, Duldungen und Unterlassungen der alliierten Besatzungsmächte (drei Mächte) in Bezug auf deutsches Eigentum gegenüber dem deutschen Staat und seinen Staatsangehörigen. Nach Absatz III werden hieraus eventuell bestehende Eigentumsansprüche gegen internationale Organisationen, ausländische Regierungen und damit organisatorisch-funktionell verbundener Privatpersonen nicht zugelassen.

So verzichtet die Bundesrepublik Deutschland in Artikel 3 III Teil VI des Überleitungsvertrages auf die Geltendmachung von Rechten ihrer Staatsbürger im Hinblick auf Vermögensgüter, die beschlagnahmt worden sind

> *„für Zwecke der Reparation oder Restitution oder auf Grund des Kriegszustandes oder auf Grund von Abkommen, die die Drei Mächte mit anderen alliierten Staaten, neutralen Staaten oder ehemaligen Bundesgenossen Deutschlands geschlossen haben oder schließen werden."*

Diese Regelung galt ausweislich Artikel 1 II Teil VI ursprünglich nur bis zu einer endgültigen Regelung der Reparationsfrage auf Grundlage eines Friedensvertrages oder eines besonderen Abkommens zwischen den Alliierten und der Bundesrepublik Deutschland. Da ein Friedensvertrag in diesem Sinne nie folgen sollte, ist der Überleitungsvertrag auch heute noch in Kraft.[613]

Es sprechen gewichtige Argumente dafür, dass die genannten Bestimmungen sich nicht auf kriegsbedingt verlagerte Kulturgüter beziehen[614], ganz zu schweigen von den verfolgungsbedingt entzogenen Kunstschätzen, die der Vertrag über-

---

611 So auch der Journalist Günter WERMUSCH, Kunstraub unter den Augen der Alliierten, 286ff, der allerdings von „Verjährung" (!) spricht.

612 SCHWARZ I 342 ff.

613 Einen Friedensvertrag in diesem Sinne hat es nie gegeben; der Zwei-plus-Vier-Vertrag ist bekanntermaßen kein Friedensvertrag. Vergleiche i.ü. SCHOEN 168–171.

614 Bestätigt durch das New Yorker Gericht im Fall Kunstsammlungen zu Weimar v. Elicofon, 678 F. 2d 1150 (2d Cir. 1982), der den Überleitungsvertrag nicht als Klagehindernis betrachtete, siehe auch SIEHR RdC 1993, 118.

haupt nicht erfassen kann. Hierzu mag eine erneute Gesamtschau der alliierten Restitutionspraxis eine wichtige Hilfestellung an die Hand geben. So haben sich die Alliierten mit Ausnahme Frankreichs von Anfang an von der Verwendung von Kulturgütern zu Reparationszwecken distanziert.[615]

Dass Frankreich lange Zeit ein umfangreiches *restitution in kind*-Programm durchführen wollte und die Sowjetunion umfangreiche Plünderungszüge durch die eigene Besatzungszone vornahm, ist ohne Belang: Reparationen sind als Wiedergutmachung völkerrechtswidrigen Verhaltens in einem formellen Verfahren, meist durch Friedensvertrag, dem Besiegten aufzuerlegen und durchzuführen. Restitutionen beziehen sich auf die Rückgabe von rechtswidrig entzogenem Feindeigentum. Daher konnten nur solche Kulturgüter zum Zwecke der Restitution beschlagnahmt werden, die von den Nationalsozialisten völkerrechtswidrig aus den besetzten Gebieten geraubt wurden. Alle weiteren Kulturgüter, die schon vor dem Zweiten Weltkrieg sich rechtmäßig auf deutschem Territorium befanden, können also denknotwendig nicht zum Zwecke der Restitution oder Reparation beschlagnahmt worden sein.

Rein terminologisch betrachtet handelt es sich zumindest bei Plünderungen von Kulturgütern, beispielsweise durch sowjetische Trophäenkommissionen, nie um Beschlagnahmen zum Zwecke der Reparation und Restitution im Sinne des Artikels 3 des Vertrags. Letzterer Terminus ist nicht einschlägig, weil er die Restitution im Sinne einer direkten Rückgewähr eines Kulturguts, nicht aber durch Ersatz mittels eines gegebenenfalls äquivalenten Gegenstands im Sinne der *restitution in kind* meint. Dass die Alliierten nicht zum Zwecke der Restitution deutsche Kulturgüter beschlagnahmt und außer Landes gebracht haben, zeigt ihre anschließende Rückgabe. So haben die USA die aus Deutschland verbrachten 202 Gemälde wieder zurückgegeben. Ebenso hat auch die Sowjetunion im Jahre 1955 im größerem Umfange Kulturgüter der Dresdner Gemäldegalerie sowie das Inventar des „Grünen Gewölbes“ der damaligen DDR zurückgegeben, auch wenn der damalige Sprachgebrauch einen Akt der Freundschaft und Aussöhnung beider Staaten bemühte.[616] Bereits durch eine teleologisch sachgerechte *Auslegung* des Überleitungsvertrags kommt man daher zum Schluss, dass der Klageausschluss im Überleitungsvertrag nicht als Einwendung gegen den bundesdeutschen Restitutionsanspruch der Beutekunst vorgetragen werden kann.

Einen offiziellen Eigentumsanspruch an den erbeuteten Kulturgütern hat die Sowjetunion jedoch niemals geltend gemacht, was sich eindrücklich an der Verheimlichung ihrer Existenz bis hinein in die Neunziger Jahre zeigt. Wie noch zu

[615] TURNER in Fiedler 151, HÖHN 30 mwN.

[616] Exemplarisch hierzu die Stellungnahme von GROTEWOHL, Otto, „Schöpferische Freundschaft“, in: Staatliche Museen zu Berlin (Hrsg.), Schätze der Weltkultur von der Sowjetunion gerettet, Berlin, Leipzig, Freiberg 1958, o.S.

zeigen sein wird, verstoßen solche – wie die eben genannten – Plünderungsmaßnahmen derart krass gegen die Bestimmungen des Völkerrechts[617], dass der Überleitungsvertrag eine Heilung solcher schweren Verstöße gegen das geltende Völkerrecht gar nicht anordnen durfte. Eine solche Vereinbarung, auch wenn sie durch Auslegung des Überleitungsvertrags gewonnen würde, wäre als Verstoß gegen zwingendes Völkerrecht (ius cogens) nämlich nicht nur rechtswidrig, sondern nichtig.[618] Nichtige Verträge können aber „naturgemäß"[619] nie zu einem Einwendungs- oder Klageausschluss führen.[620]

Außerdem wurde der Überleitungsvertrag durch neuere bilaterale Verträge, wie etwa die Verträge zwischen Deutschland und Russland, die eine gegenseitige Rückgabe der Kulturgüter vereinbaren, verdrängt (lex posterior derogat lege priori).[621] Festzuhalten bleibt damit, dass der Überleitungsvertrag nicht für die Restitutionsfragen im Kontext von kriegsbedingt verlagerten und verfolgungsbedingt entzogenen Kulturgütern von Bedeutung ist.[622]

VIII. Der Fall Liechtenstein als Prüfstein des Überleitungsvertrags

Am 10. 10. 1995 hatte das Landgericht Köln über den Herausgabeanspruch der Erben des Fürsten von Liechtenstein über ein Gemälde zu entscheiden, das von der Tschechoslowakei zum Ende des Zweiten Weltkrieges entschädigungslos enteignet wurde. Die Klage des Prinzen Adam II von Liechtenstein auf Rückgabe von Gemälden, welche auf Grundlage der Benes-Dekrete konfisziert worden waren, wurde mit der Begründung abgewiesen, der Prinz habe zwar die Staatsangehörigkeit Liechtensteins, sei aber deutscher Nationalität.[623]

---

617 Zu der völkerrechtlichen Qualifikation des Raubs in kriegerisch besetzten Gebieten und den darauf bezogenen Normen der HLKO als ius cogens ausführlich 4 F und 4 G.

618 Zur Qualifikation des Artikels 56 HLKO als zwingendes Recht (ius cogens) ausführlich unten 4 G.

619 Schoen, NJW 2001, 541.

620 Stumpf 249, Schoen 168 ff.

621 So ausdrücklich Schorlemer, stolen art, 317 ff. und 332 f. Stumpf 249 spricht insoweit von einer „Überlagerung". Zu den deutsch-russischen Verträgen über Partnerschaft und gute Zusammenarbeit siehe Kapitel 8.

622 Im Ergebnis ebenso Stumpf aaO und Schoen aaO. Dies ist ein weiterer Beleg dafür, dass Regelungen des intertemporalen Sonderrechts allgemeine zivilrechtliche Herausgabeansprüche (vergleiche Artikel 143 III GG) nicht verdrängen, vergleiche Mahr 114 ff.

623 Zum Verfahren Weber, Hermann, „Anmerkungen zur ‚Liechtenstein-Entscheidung' des Bundesverfassungsgerichts vom 28. Januar 1998", AVR 36 (1998), S. 188–197; Dolzer, Völkerrechtswidrige Konfiskation eines Gemäldes eines Fürsten von Liechtenstein als „deutsches Eigentum": Ein unrühmlicher Schlusspunkt, IPRax 1998, S. 465–467.

Auf dem Weg durch die Instanzen folgte schließlich auch das Bundesverfassungsgericht der Auffassung des Landgericht Kölns, der enteignende Staat selbst dürfe darüber befinden, ob es sich um „deutsches" Vermögen gehandelt habe. Die Verfassungsbeschwerde wurde unter Berufung auf Artikel 3 III Teil 6 des Überleitungsvertrages nicht zur Entscheidung zugelassen.[624] Mittlerweile ist über die Beschwerde beim Europäischen Gerichtshof für Menschenrechte entschieden worden. Die deutsche Judikatur hat sich in dieser Sache sicher kein Ruhmesblatt erworben, ja sogar streitentscheidende Rechtsansichten schlichtweg ignoriert:

Der Fürst von Liechtenstein hatte zwei Staatsangehörigkeiten. „Daß die effektivere Staatsangehörigkeit hier die von Liechtenstein ist, kann nicht bezweifelt werden. Also war der Fürst entsprechend den Regeln des völkerrechtlichen Fremdenrechts zu behandeln."[625] Wird aber die Angehörigkeit zu Liechtenstein angenommen, kann Artikel 3 III Teil 6 des Überleitungsvertrages gar nicht zur Anwendung kommen. Keinesfalls kann der Überleitungsvertrag diese Regelung zu Lasten von Bürgern Liechtensteins ausweiten, weil dies ein (unzulässiger) Vertrag zu Lasten Dritter wäre, Artikel 35 WVK. Dieser Befund hat indes nichts mit dem Prüfungsmaßstab des EGMR zu tun: Mangels Rechtsverletzung im Katalog der Menschenrechte hatte dieser die Beschwerde zurückzuweisen, da die Klagesperre für Gemälde, die auf Grundlage des Benes-Dekrets Nr. 12 entzogen wurde, keine Verletzung der Artikel 6 und 14 der EMRK sowie des Artikels 1 des ZP-EMRK beinhalte.[626] Im Juni 2001 hat das Fürstentum Liechtenstein die Bundesrepublik Deutschland wegen Verletzung staatlicher Souveränität verklagt. Klagegrund ist der Ausgleich für die Beschlagnahme von Familienbesitz in der ehemaligen Tschechoslowakei, u. a. auch das zuvor genannte Ölbild. In einem Artikel in der FAZ[627] heißt es zu der mündlichen Verhandlung vor dem IGH vom Juni 2004:

> *„Liechtenstein ist der Ansicht, daß die Benes-Dekrete, auf deren Grundlage Deutsche, aber auch Österreicher, Liechtensteiner und andere entrechtet und enteignet worden waren, nicht als Reparation für Kriegsschäden gedacht gewesen seien. Diese Auffassung habe auch der deutsche Staat stets vertreten. Doch seit der Entscheidung über das Bild und erfolglosen Verhandlungen mit der Bundesregierung sei klar, daß Deutschland liechtensteinisches Vermögen als deutsches Auslandsvermögen behandele und damit die Souverä-*

---

624 BVerfG 28.1.1998, 2 BvR 1981/97, in: IPRax 1998, 482, Nr. 50. Der Leitsatz lautet: „Eine Klage vor deutschen Gerichten, mit der die Rechtswidrigkeit einer tschoslowakischen Maßnahme geltend gemacht wird, durch die Vermögen des damaligen liechtensteinischen Staatsoberhauptes als „deutsches" enteignet wurde, ist unzulässig."

625 Doehring 467.

626 EGMR (Große Kammer), Urteil vom 12.07.2001 – 42527/98 (Prinz Adam II von Liechtenstein/Deutschland), abgedruckt in EuGRZ 2001, 466 mit Anmerkung von Fassbender, 459 und in NJW 2003, 649ff.

627 Franfurter Allgemeine Zeitung, 17.06.2004, Nr. 138, S. 41 „*Deutschland und Liechtenstein streiten über Folgen der Benes-Dekrete*, Verhandlung vor dem Internationalen Gerichtshof in Den Haag".

nität des Fürstentums verletze. Deutschland verschaffe sich hierdurch einen wirtschaftlichen Vorteil, zumal es noch Reparationsverpflichtungen aufgrund des Zweiten Weltkriegs gegenüber einer Reihe von Staaten habe. Das bestreitet die Bundesrepublik. Sie hatte der Klage Liechtensteins schon am Montag im Friedenspalast in Den Haag widersprochen. Sie sei unzulässig. Wie auch die Liechtensteiner hoben die deutschen Bevollmächtigten zwar die guten gegenseitigen Beziehungen hervor. Adressat der Vorwürfe sei allerdings im Grunde die Tschechoslowakei beziehungsweise deren Nachfolger, denn es gehe um die Rechtmäßigkeit der Benes-Dekrete. Es liege gar keine Streitigkeit im Sinne des Statuts des Internationalen Gerichtshofs vor. Der Klageausschluß im Überleitungsvertrag sei direkte Folge der besonderen rechtlichen Lage Deutschlands nach dem Zweiten Weltkrieg. Im übrigen sei unklar, in welchem Umfange Liechtensteiner Bürger von den tschechoslowakischen Maßnahmen betroffen seien und inwieweit sie vor dortigen Gerichten Rechtsschutz gesucht hätten. Deutschland, das wie Liechtenstein mit einem halben Dutzend Völkerrechtlern in Den Haag auftritt, machte in der Verhandlung klar, daß es die Benes-Dekrete für völkerrechtswidrig hält. Nach Ansicht des Fürstentums geht es freilich in diesem Rechtsstreit nicht um diese Unrechtsakte, sondern darum, wie Deutschland mit liechtensteinischem Vermögen umgeht."

Es darf mit Spannung abgewartet werden, wie der Internationale Gerichtshof den aufgeworfenen Fall bewertet.

C. Die Rückerstattung von Raubkunst in der Bundesrepublik Deutschland: Eine Bestandsaufnahme vom Ende des Zweiten Weltkriegs bis heute

Die bestehende Rechtslage ist bestimmt durch die Determinanten der Geschichte und damit entsprechend der Teilung Deutschlands zersplittert. Welche rechtlichen und praktischen Auswirkungen dies haben kann, sei am Schicksal der Sammlung von Max Silberberg erläutert. Max Silberberg war ein wohlhabender jüdischer Unternehmer in Breslau. Er zählte zu den herausragenden Sammlerpersönlichkeiten seiner Zeit, hatte er doch Exponate zusammengestellt, die wegen ihrer Vielfältigkeit und doch Ausgewogenheit von der damaligen Fachwelt hoch gelobt worden waren.[628]

Die Arisierung durch die Nationalsozialisten begann bereits zum Zeitpunkt der Machtübernahme. Weite Teile der Sammlung von Max Silberberg wurden auf mehreren Versteigerungen (so genannte „Judenauktionen") auktioniert. Max Silberberg wurde nach Auschwitz deportiert und ermordet.[629]

---

[628] Tatzkow/Henicke 67.

[629] Eine ausführliche historische Darstellung über das Schicksal Max Silberbergs und seiner Sammlung ist nachzulesen bei Heuß, Die Sammlung Silberberg, in: Pophanken/Billeter, Die Moderne und ihre Sammler, S. 311 ff.

Im Jahre 1998 wurden mehrere Exponate aus der Sammlung Silberberg wieder aufgefunden. Die Zeichnung „Olivenbäume vor dem Apillengebirge“ von *Vincent van Gogh* war im Jahre 1935 dem Kupferstichkabinett der Alten Nationalgalerie, die heute der Stiftung Preußischer Kulturbesitz angehört, geschenkt worden. Der Schenker, die Freunde der Nationalgalerie, hatte diese Zeichnung auf einer Versteigerung des Auktionshauses *Graupe* in Berlin erworben. Im Auktionskatalog fand sich als Herkunftsangabe der Vermerk „Sammlung S., Schlesien“.[630] Es ist nach heutigem Kenntnisstand davon auszugehen, dass die Zeichnung auf einer sogenannten „Judenauktion“ erworben wurde.

Diese Zeichnung, die auch mittlerweile ohne Umschweife nach dem Nachweis der Provenienz zurückgegeben wurde, befand sich in Ost-Berlin. Als Rechtsgrundlage hierfür wurde im Wesentlichen die Bestimmungen des Vermögensgesetzes, der nach § 1 VI eine Restitutionspflicht statuiert, herangezogen.[631] Ein weiteres Exponat aus der Sammlung Silberberg, ein Gemälde von Hans von Marées: Selbstbildnis mit gelbem Hut, 1874, war seinerzeit von der Nationalgalerie selbst im Jahre 1935 beim Auktionshaus Graupe ersteigert worden. Dieses Bild war 1945 zum Schutz vor Kriegseinwirkungen aus Berlin ausgelagert worden und wurde dort von amerikanischen Militärs aufgefunden, die es zum Central Collecting Point nach Wiesbaden verbracht hatten. Nach Übergabe Anfang der 60er Jahre an die Stiftung befand sich das Werk bis zur Wiedervereinigung in der Nationalgalerie der Staatlichen Museen zu Berlin im Westteil der Stadt.

Deshalb fand für dieses Exponat das Bundesrückerstattungsgesetz Anwendung. Da aber die Anmeldepflicht des Rückerstattungsgesetzes zum 1.4.1958 verstrichen war, bestand hier rein aus Sicht des Wiedergutmachungsrechts kein Anspruch auf Rückerstattung. Dass die Familie Silberberg wegen der Weitergabe des Bildes aus amerikanischen Besitz erst Anfang 1960 gar nicht rechtzeitig hätte anmelden können, sei nur am Rande erwähnt. Das gleiche gilt für die Tatsache, dass der Rückerstattungsanspruch mit genauesten Informationen über den vermissten Gegenstand nebst geeigneten Belegen versehen sein musste (siehe sogleich). Existierten diese nicht mehr, war eine Anspruchsstellung von vornherein zwecklos. Die Stiftung Preußischer Kulturbesitz hat das Gemälde freiwillig, insbesondere aus moralischen Erwägungen, an die Erbin Gerda Silberberg zurückgegeben.[632]

---

630 Kathmann 170 f.

631 Auch wenn die Stiftung Preußischer Kulturbesitz in diesem Zusammenhang irrtümlich von einer „freiwilligen Rückgabe“ sprach.

632 Die Haltung der Stiftung Preußischer Kulturbesitz kommt in ihrem Stiftungsratbeschluss vom 4. Juni 1999 deutlich zum Ausdruck. Die Stiftung Preußischer Kulturbesitz möchte unabhängig von der Rechtslage im Falle des zweifelfreien Nachweises der Legitimität des Antragsstellers Exponate aus ihrer Sammlung restituieren. Damit möchte sie ihrer politisch-moralischen Verpflichtung nachkommen, die zudem durch eine weitreichenden Unterstüt-

Schließlich wurde ein weiteres Kunstwerk aus der Provenienz Silberberg, ein Gemälde von Paul Cézanne, in der Emeritage zu Petersburg erneut der Öffentlichkeit zugänglich gemacht. Nach dem derzeit dort geltenden Beutekunstgesetz besteht zumindest in diesem Fall aufgrund der Exemtionstatbestände eine Möglichkeit zur Rückgabe.[633] Schon dieses Beispiel zeigt, wie ein und dieselbe Sammlung unterschiedlichen rechtlichen Wertungsmaßstäben im Gefüge des Wiedergutmachungsrechts unterliegt. Welche dies sind, wird im Folgenden aufgezeigt. Man möge sich bei der Lektüre aber stets vor Augen halten, dass die Ausführungen nur für die öffentlich-rechtlich geprägte Rückerstattung von Kulturgütern

---

zung der eigenen Sammlung durch jüdische Mäzene vor der Machtübernahme geprägt ist; eine Abwehr solcher Ansprüche hält sie daher für ein schlechthin undenkbares Ergebnis. Vergleiche zum Ganzen Kathmann in Beiträge der KK, 35f. und Zimmermann, Die Praxis der Restitution, in Beiträge der KK, Band 2, 313ff.

633 Anja Heuß schildert in ihrem Beitrag bei Pophanken/Billeter, Die Moderne und ihre Sammler, die genannten drei Bilder wie folgt: „Die sehr bedeutende Zeichnung von Van Gogh mit dem Titel „L'Olivette" (47×62,5 cm) stellt einen Olivenhain dar, den Van Gogh mehrfach in Zeichnungen festgehalten hat. Die Zeichnung wurde offensichtlich nach der Natur gezeichnet, als er sich 1889 in Saint-Rémy aufhielt. Das Gemälde von Hans von Marées mit dem Titel „Mann mit gelbem Hut", mehrfach auch als „Selbstbildnis" Marées bezeichnet, entstand 1874 in Florenz, als er seinen Freund, den Bildhauer Adolf von Hildebrand, dort besuchte. Im Hintergrund des Dargestellten ist eine toskanische Landschaft zu sehen. Das Porträt blieb im Besitz von Prof. von Hildebrandt und wurde 1907 in S. Francesco bei Florenz „wiederentdeckt". In München und Berlin wurde das Gemälde 1908/1909 auf zwei Hans-von-Marées-Ausstellungen gezeigt. Ebenfalls wurde eine braune Kreidezeichnung von Cézanne mit der Rückenansicht eines männlichen Aktes (47,5×31 cm) erworben. Cézanne hatte diese Zeichnung zwischen 1892 und 1895 erstellt. Das Motiv dieser Zeichnung ist eine Skulptur Jean-Antoine Houdons von 1792 mit dem Titel Écorché, die den Muskelaufbau eines männlichen Körpers zeigt. Cézanne hat in seiner Zeichnung den naturwissenschaftlichen Aspekt der Vorlage Houdons wieder zurückgenommen und das Körperliche des Aktes wieder in den Vordergrund gerückt. Die Zeichnung wurde 1927 und 1929 von der Galerie Flechtheim ausgestellt, bei der Max Silberberg sie vermutlich erwarb. Zwei ähnliche Zeichnungen befinden sich in einer privaten und einer öffentlichen Sammlung in New York. Alle drei Werke wurden der Nationalgalerie Berlin übergeben, die ihre Sammlungen während des Krieges in verschiedenen Depots auslagerte, um sie vor den Kriegshandlungen zu schützen. Es handelt sich gewissermaßen um einen historischen Zufall, dass der Marées nach dem Krieg in Westberlin landete, die Zeichnungen von Van Gogh und von Cézanne dagegen in Ostberlin. Dort beschlagnahmten die Sowjetischen Trophäenkommissionen den Cézanne, der seitdem als verschollen galt. Erst 1996 stellte sich durch eine Ausstellung mit sogenannter „Beutekunst" in der Eremitage, St. Petersburg, heraus, dass diese Zeichnung wohlbehalten über fünfzig Jahre dort gelegen hatte. Die anderen beiden Werke dieser Erwerbung wurden nach dem Krieg nicht restituiert, da nach dem Krieg die Sammlung Silberberg völlig in Vergessenheit geraten war. Auch der Auktionskatalog von 1935 sprach nur von einer Sammlung S. aus Schlesien, mit der folgende Generationen von Museumskustoden nichts mehr anfangen konnten. Ausgelöst durch die bereits erwähnte Publikation in der Neuen Zürcher Zeitung, wurden der Marées und der Van Gogh im Sommer 1999 der Erbin zurückgegeben. Der Marées verbleibt bis auf weiteres als Leihgabe in der Nationalgalerie, die Zeichnung von Van Gogh dagegen wurde im Dezember 1999 bei Sothebys in London veräußert und erzielte 8,5 Mio $. Sie wurde dort von Ronald S. Lauder gekauft und dem Museum of Modern Art in New York übergeben."

aus ehemals jüdischem Eigentum im Besitz respektive Eigentum staatlicher Institutionen der Bundesrepublik Deutschland gelten.[634] Eine besondere Aufgabe kommt dabei dem Bundesamt für offene Vermögensfragen zu, welche die nicht unerheblichen Restbestände aus den bislang nicht identifizierten und restituierten Kunstschätzen der Central Collecting Points verwalten. Allein aus dem CCP München sind dies 2200 Kunstwerke, also eine Zahl, die sich quantitativ durchaus im Rahmen der in französischen öffentlichen Einrichtungen befindlichen Gemälde bewegt.

I. Das Bundesrückerstattungsgesetz

Das Bundesrückerstattungsgesetz knüpft neben der Gewährung von Ansprüchen eigener Art an die alliierten Rückerstattungsgesetze an, § 11 Nr. 1 BRüG.[635] Maßgebliches Regelungsziel war die Vereinheitlichung des Rückerstattungsrechts, das durch die jeweils verschiedenen Regelungen in den westlichen Besatzungszonen zersplittert war, wodurch keine einheitliche Anspruchssituation gewährleistet war.[636] Die dogmatische Besonderheit des Gesetzes lag darin, dass durch hoheitsrechtliche Maßnahmen Privatrechtsverhältnisse gestaltet und durch einen Verwaltungsakt beschieden wurden.

Zentrale Regelung des Bundesrückerstattungsgesetzes war das schon in den alliierten Gesetzen festgelegte Anmeldeverfahren.[637] In ihm musste der Anspruchssteller binnen der anspruchsbezogenen Ausschlussfristen unmissverständlich zum Ausdruck bringen, dass er einen bestimmten Anspruch vermögensrechtlicher Art geltend macht. Dabei hatte er die entzogenen Gegenstände dergestalt zu spezifizieren, dass sie genau individualisierbar waren.[638] Die Anmeldefristen waren im Bundesrückerstattungsgesetz – wie auch in den anderen Rückerstattungsgesetzen mit gleicher Zielsetzung – sehr knapp bemessen. Dies folgte aus der damals politischen Notwendigkeit, die Rückerstattung im Interesse des Verfolgten und des Pflichtigen möglichst rasch durchzuführen, um den Rechtsfrieden in dem damals erst jungen demokratischen Deutschland nicht unangemessen zu gefährden.[639] Die Rechtssprechung begegnete der Versäumung dieser Anmeldefrist mit großer Härte; Ausnahmen wurden praktisch nie zugestanden.[640]

---

634 Vergleiche zum Ganzen Harald König: Erste Ergebnisse der Provenienzrecherche zu dem im Bundesbesitz befindlichen Restbestand CCP, in: Beiträge KK 17 ff.

635 Graf 50.

636 BT-Drucksachen 2/2677, 17.

637 Schwarz II 401 ff.

638 ORG Berlin, ORGE 19, 124 und 19, 120; die Feststellbarkeit des Anspruchs bezog sich darauf, dass der Vermögensgegenstand noch vorhanden sein musste, um durch körperliche Rückgabe restitutionsfähig zu sein.

639 Schwarz I 265, Groeger VIZ 95, 142.

640 Unter Bezugnahme auf das Gesetz Nr. 59 der britischen Militärregierung Wogersien 24.

Kunstgegenstände waren nach der Rechtsprechung Teil der Wohnungseinrichtung, respektive des Hausrats.[641] Dies galt auch für die Restitution von Kulturgütern, die in den westlichen Besatzungszonen belegen waren[642]. Wurde nach all den verfahrensrechtlichen Hürden ein Anspruch substantiiert dargelegt, kam es per Bescheid zum Erfüllungsverfahren, in welchem die Ansprüche des Opfers pro rata befriedigt wurden. Konnte ein Kulturgut nicht in natura zurückerstattet werden, so musste sein Entziehungswert für die Schadensersatzleistung nach § 16 BRüG ermittelt werden. Bei einzelnen Kunstwerken, insbesondere von bedeutenden Malern, konnten solche Vergleichswerte recht präzise ermittelt werden. Der Wert einer gesamten Sammlung wurde unter Berücksichtigung von glaubhaft gemachten Mengenangaben und dezidiert angegebenen Beispielen ihres Inhalts nach Schätzwerten ermittelt.[643] Dass ein solches Verfahren nur sehr ungenau war und daher zu einer Unterbewertung der Sammlung im Einzelfall führen konnte, dürfte auf der Hand liegen.

Ein ähnliches Problem war die Bewertung des künstlerischen Rangs eines Kunstwerks. So wurden Bilder eines verfolgten Malers, der nach eigenen Angaben gegenständliche (und nicht etwa abstrakte) Werke anfertigte, in das mittlere bis untere Preissegment für den Wiederbeschaffungswert im Kunsthandel verwiesen.[644] Im Übrigen ließ man den Wiederbeschaffungswert häufig mit Hilfe von Sachverständigen durch Bezugnahme auf die am 1. April 1956 bestehende Marktlage schätzungsweise ermitteln.[645]

Die Rechtssprechung hat in dem Streben um einen billigen Ausgleich bisweilen seltsame Kriterien für die Bewertung eines Kunstgegenstands entwickelt. So wurde ein Ruysdael, der für 35 000 Reichsmark ersteigert worden war, nicht etwa zu einem ähnlichem DM-Wert angesetzt, sondern ein vergleichbarer Kunstwert desselben oder anderer Künstler herangezogen; notfalls setzte das Gericht dann die Preise des Entziehungszeitpunkts zum Stichtag des 01. 04. 1956 in Vergleich.[646] Die Anmeldefristen des BRüG sind im Regelfall seit dem 01. 04. 1958[647] verstrichen, weshalb die Rückführung von Kulturgütern auf Grundlage des „ursprünglichen“ Rückerstattungsgesetzes schon lange nicht mehr möglich ist. Da der Ort, an welchem der Gegenstand entzogen wurde, maßgeblich war (Belegenheitsprinzip), ist eine Rückgabe im räumlichen Geltungsbereich des Rück-

---

641 Schwarz 418, ORGE 26, 290.

642 ORG RzW 1972, 248; ablehnend Meinecke RzW 1972, 329.

643 ORG/A/4687 und 4730, ORGE 26, 354 (L).

644 ORG/A/1129, ORGE 15, 97.

645 ORG/A/1525, ORGE 15, 172 (L).

646 ORG/A/1599, ORGE 15, 120.

647 Auch weitere Fristen für spezielle, der Abhandlung nicht dienenden Ansprüche sind inzwischen verstrichen, vergleiche hierzu Schwarz II 410 f.

erstattungsgesetzes, also den alten Bundesländern, längst ausgeschlossen. In Extremfällen, in welchen der Berechtigte die Anmeldefrist nicht eingehalten hatte, wurde ihm ein *Verschleuderungsschaden* bis zur Höhe von 75000 DM auf Grundlage der §§ 53ff. Bundesentschädigungsgesetz gewährt. Bei Sammlungen, deren Wert schon damals in die Millionen gehen konnte, konnte dies nur ein schwacher Trost gewesen sein.

II. Zum Verhältnis der Rückerstattungsgesetze gegenüber dem allgemeinen Zivilrecht

1. Die Problemstellung

Der Bundesgerichtshof hat in seinem Urteil vom 08.10.1953[648] entschieden, dass die Regelungen im Rückerstattungsgesetz als lex specialis abschließend sind und die allgemeinen Regeln des BGB im Hinblick auf den Entziehungsvorgang von daher grundsätzlich keine Anwendung finden.[649] Auch das Bundesverwaltungsgericht[650] merkte später hierzu an:

> *„Im ordentlichen Gerichtsweg dürfen Ansprüche auf Herausgabe von Vermögenswerten nur geltend gemacht werden, wenn sie nicht auf verfolgungsbedingte Gründe gestützt waren (vgl. etwa Art. 51 REAO). Auf die Unwirksamkeit der Vermögensentziehung gegründete zivilrechtliche Ansprüche waren selbst dann ausgeschlossen, wenn die Anmeldefristen für die Rückerstattung versäumt waren."*

Wegen der offenen Anspruchskonkurrenz zu den abschließend geregelten Normen in den Rückerstattungsgesetzen konnte ein Herausgabeanspruch aus § 985 BGB daher nicht geltend gemacht werden. Zuvor hatte die Rechtsprechung noch versucht, solchen Geschädigten im Herausgabeprozess mit dem Gedanken der Kollektivdrohung im Sinne des § 123 BGB[651] oder der sittenwidrigen Ausnutzung einer Zwangslage nach § 138 BGB[652] zu helfen.

Das OLG Dresden[653] sieht auch im Vermögensgesetz eine abschließende Regelung für Restitutionsfragen im Beitrittsgebiet. Dies solle auch dann gelten, wenn nicht Teilungsunrecht im Raume steht: Ein durch nationalsozialistische Repressionen erlittenes Vermögensunrecht im Sinne des § 1 VI VermG werde durch das Vermögensgesetz hinreichend ausgeglichen, was vom Zivilrecht hinzunehmen

---

648 BGH 10, 340; NJW 1953, 1909 ff.

649 So auch die aktuelle Kommentierung: Palandt, 60. Auflage, § 123 Rn. 18.

650 BVerfG ZOV 1999, 23–24.

651 KG SJZ 1947, 257.

652 OGH BrZ Urteil vom 9. 5. 1949, mitgeteilt von Delbrück in MDR 1949, 469.

653 OLG Dresden, VIZ 2000, 413ff. Auch der BGH hatte ausgeführt, dass zumindest die im Vermögensgesetz im Speziellen in §§ 1 I, III, VII aufgeführten Tatbestände das allgemeine Zivilrecht verdrängten, BGH ZIP 1998, 2116.

sei.[654] Selbst das Bundesverfassungsgericht sieht in der materiellen Präklusion des § 30a VermG bei Versäumung der Antragsfrist eine zulässige Inhalts- und Schrankenbestimmung.[655] Diese Rechtsansicht wird auch von der Verwaltung vertreten, die mit der gegenwärtigen Restitution verfolgungsbedingt entzogener Kulturgüter befasst ist.[656]

Gleichwohl hat der BGH in einem Urteil ausgeführt, dass die „Rechtswohltat" des BRüG[657] demjenigen nicht zugute kommen solle, der sich eines Tatbestands schuldig gemacht hat, der weit über die gewöhnlichen Entziehungsfälle hinausgeht, der sich also nicht im Rahmen der allgemeinen Verfolgungsmaßnahmen bewegt hat. Als Beispiel nennt er den „Diebstahl an einen Juden", so der Wegnehmende noch immer im Besitz der Sache ist.[658] Abgesehen von dieser noch vergleichsweise harmlos anmutenden Konstellation kann man mit Sicherheit nicht mehr von allgemeinen Verfolgungsmaßnahmen sprechen, in welchem jüdische Sammler nur aufgrund ihres reichhaltigen Kunstbesitzes verhaftet und

---

654 OLG Dresden VIZ 2000, 415 nimmt dabei auf die Argumentation des BVerwG in VIZ 1995, 522ff. Bezug. Es ist schon sehr befremdlich, dass mit einer Art Spiegelbildargument eine Begründung für die rigide (oder „besondere") gesetzliche Regelung bemüht wird: Das OLG Dresden führt unter anderem unter Berufung auf BGH NJW 1953, 542 aus, dass dem NS-Unrecht nicht ohne weiteres die rechtliche Beachtung versagt werden könne, da der NS-Staat dieses Verfahren über Jahre hinweg praktiziert habe und die Rückabwicklung der hierdurch entstandenen Verhältnisse nicht ohne weiteres möglich sei [eine m.E sehr unglückliche Argumentation]. Zwar ist es zutreffend, dass Ausnahmesituationen eine entsprechende gesetzliche Behandlung erfordern. In der Tat muss ein „Rechtswirrwarr" durch entsprechende Normen entheddert werden. Damit ist aber noch lange nicht belegt, dass eine solche besondere Aufarbeitung zeitlich eng begrenzt sein muss, ja sogar sein darf. Dass dann das Zivilrecht bemüht werden muss, um diesen Misstand auszugleichen, wird vom Senat mit keiner Silbe erwähnt.

655 BVerfG ZOV 1999, 23–24, zitiert bei BVerfG vom 10. 1. 2000, 1 BvR 1398/99.

656 Diese Rechtsansicht wird von der Verwaltung vertreten, die mit der gegenwärtigen Restitution verfolgungsbedingt entzogener Kulturgüter befasst ist, so insbesondere das *LAROV Berlin* und jetzt das *Bundesamt zur Regelung offener Vermögensfragen (BAROV)*. Gerade mit Einbindung der freiwilligen Selbstverpflichtung, die auf die Prüfung von Anmeldefristen verzichtet, seien die Rückerstattungsregeln die abschließende Regelung. Nach Ansicht der OFD Berlin gilt auf Ebene der gesetzlichen Ansprüche die ausschließliche Wirkung der Rückerstattungsgesetze. Nach Maßgabe der *freiwilligen Selbstverpflichtung* soll aber vor dem Hintergrund von Artikel 3 GG auf die materiellen Regeln der Rückerstattungsgesetze zurückgegriffen werden, um dem Gleichbehandlungsgrundsatz gerecht werden zu können. Das *BAROV* ist mit der Restitution der Restbestände der Central Collecting Points befasst. Diese belaufen sich derzeit [Stand: Januar 2005] auf etwa 2400 Gegenstände in deutschen öffentlichen Einrichtungen.

657 Der BGH meinte damit, dass ein Erwerber verfolgungsbedingt entzogener Kulturgüter nur binnen der Anmeldefrist zu befürchten hatte, mit Herausgabeansprüchen überzogen zu werden. Die „Rechtswohltat" einer möglichen Restitution trotz gutgläubigen Erwerbs kam dem Anspruchssteller nur binnen der Antragsfrist zu Gute, um dann auf den Besitzer des geraubten Kulturguts überzugehen.

658 BGH NJW 1953, 1909 ff. Leitsatz und am Ende der Ausführungen.

ermordet wurden, gleichzeitig aber ihr gesamtes Eigentum beschlagnahmt und „enteignet" wurde. Hätte sich der BGH schon seinerzeit mit dieser Fallgruppe beschäftigt, wäre er sicher zu einem ähnlichen Schluss gekommen, wie bei dem von ihm aufgeworfenen Beispiel.[659] Von großer Bedeutung war diese Entscheidung seinerzeit deshalb, weil ein Anspruchssteller nach Versäumung der materiellen Ausschlussfristen dann keinerlei Handhabe mehr hatte, eine Rückgabe des entzogenen Gegenstandes außerhalb der rückerstattungsrechtlichen Regeln zu bewirken. Begründet wurde die harte Folge der materiellen Präklusion damals mit dem vordringlichen Bedürfnis eines raschen Wiederaufbaus und der Wiederherstellung eines allgemeinen Rechtsfriedens. Insbesondere wollte man in Anbetracht der zu erwartenden immensen Vermögensverschiebungen schnell einen Schlussstrich ziehen, um einer baldigen Stabilisierung des allgemeinen Wirtschaftslebens nicht im Wege zu stehen.

2. Wertende Gegenüberstellung der beiden Anspruchssysteme

Es stellt sich die grundlegende Frage, ob nicht die Maßstäbe der Rückerstattungsgesetze (wie das BRüG und das VermG für das Beitrittsgebiet) einen Anspruchsvorrang[660] vor allgemeinen zivilrechtlichen Ansprüchen genießen. Hierfür spricht zumindest bereits eine entsprechende gesetzgeberische Entscheidung in den *alliierten* Rückerstattungsgesetzen, dass Entziehungen durch den nationalsozialistischen Machthaber abschließend nur nach ihren Gesetzen zu bewerten seien (Artikel 49 I 1 REG brit. Zone, Artikel 57 I REG amerikanische Zone)[661]. Die Erfahrung hatte nämlich gezeigt, dass das rein zivilrechtliche Instrumentarium die Entzugsfälle jedenfalls nicht abschließend zu erfassen vermochte.[662]

Auch der deutsche Gesetzgeber hat später ein stark formalisiertes Rückerstattungsverfahren für die zuständigen Verwaltungsbehörden gewählt, um in diesem besonders emotionsbehafteten Bereich ein klar festgelegtes Verfahren im Streit zwischen den Alteigentümern und gegenwärtigen Eigentümern respektive Besitzern anzubieten.[663]

---

659 Man darf daher mit Spannung auf ein Urteil der (höchstrichterlichen) Rechtsprechung warten, die mangels einer entsprechenden Herausgabeklage – die bekannten Streitigkeiten konnten bislang außergerichtlich geklärt werden – bislang sich über diese Frage nicht geäußert hat.

660 Siehe Fn. 656 supra.

661 Beide Normen lauten: „Ansprüche, die unter dieses Gesetz fallen, können, soweit in ihm nichts anderes bestimmt ist, nur in dem in diesem Gesetz vorgeschriebenen Verfahren und unter Einhaltung seiner Fristen verfolgt werden."

662 Für die Anwendung des § 138 II BGB (Ausnutzung einer Zwangslage) spricht sich OGH BrZ, mitgeteilt in MDR 1949, 469 aus.

663 So für das Vermögensgesetz BGHZ 118, 34, 36.

Unbeschadet der materiellrechtlichen Vorteile, die aus einer Anwendung der genannten Rückerstattungsgesetze entspringen, sprechen jedoch gewichtige Argumente gegen die Ansicht, dass die rückerstattungsrechtlichen Regeln abschließend sind: Die Rechtsprechung hat sich im Zuge der Abgrenzung zwischen den allgemeinen zivilrechtlichen Ansprüchen und solchen des Vermögensgesetzes zunächst eindeutig für den Vorrang des Vermögensgesetzes entschieden[664], um dann nach mitunter vehementer Kritik in der Literatur[665] neue Kriterien anzusetzen.

Man kann den Geist der Diskussion, der insbesondere im Zuge der Rückübertragung enteigneter Grundstücke geführt wurde, nicht ohne weiteres auf die Frage der Restitution von verfolgungsbedingt entzogenen Kulturgütern übertragen: Zwar ist auch hier insoweit das Teilungsunrecht betroffen, als eine Rückerstattung nach Ende des Zweiten Weltkriegs nicht stattgefunden hat. Neben dem Vermögensgesetz spielt aber in der Praxis der Rückerstattung von Raubkunst das Bundesrückerstattungsgesetz eine fast noch entscheidendere Rolle.

Formal sind in der sowohl das BRüG als auch das VermG immer noch in Kraft. Wegen der dort an zentraler Prüfungsstelle enthaltenen materiellen Präklusion des Anspruchs auf Rückerstattung nach Verstreichen der Anmeldefrist können sie heute jedoch keine Rechtswirkung mehr entfalten, um den dort intendierten „Rechtsfrieden“ nicht zu gefährden. Dies kommt im Bereich des Vermögensgesetzes im Wortlaut des § 1 III zum Ausdruck.[666]

Es wäre aber in der Tat ein faktischer Entzug der Anspruchsposition des vormaligen Eigentümers, wenn intertemporales Sonderrecht mit „Verfallsdatum“, der materiellen Präklusion, an die Stelle des allgemeinen Zivilrechts tritt. Hier ist zu bedenken, dass ein Anspruchssteller oft jahrzehntelang nichts vom Verbleib der Kulturgüter wusste und auch nicht wissen konnte. Zudem waren häufig den gesetzlichen Erben eines Verfolgten die Möglichkeit zur Geltendmachung von Ansprüchen überhaupt nicht bekannt, da er nicht wusste, welche Gegenstände überhaupt im Eigentum seines verfolgten Vorfahren standen. Dementsprechend konnten solch potentiell Anspruchsberechtigte entsprechende Ansprüche schon gar nicht sachgerecht anmelden.

Aus vorstehenden Gründen besteht nach Ansicht des Verfassers keine verdrängende Anspruchskonkurrenz des Rückerstattungsrechts gegenüber den allgemeinen zivilrechtlichen Regelungen mehr. Gegenwärtig sind dennoch noch einige Ansprüche nach dem Vermögensgesetz zu bescheiden, dass aus diesem Grunde in seiner wesentlichen Prüfungsfolge abgebildet werden soll.

---

664 BGH vom 3.4.1992, in: BGHZ 118, 34.

665 Nachweise bei Hess, Intertemporales Privatrecht, 279 ff.

666 Ann Marie Welker, Privatisierung und Restitution, Diss. Frankfurt am Main 1999, S. 44.

III. Das Vermögensgesetz

Eine Wiedergutmachung des nationalsozialistischen Unrechts hat in der sowjetischen Besatzungszone und der späteren DDR nie stattgefunden: Zwar wurden auf Grundlage der SMAD Befehle 124 und 126 (siehe oben) Vermögenswerte beschlagnahmt, die jüdischen Bürgern auf Grundlage nationalsozialistischer Entziehungsgesetze entzogen worden waren. Auch fanden unter dem Deckmantel der Entnazifizierung umfangreiche Enteignungen auf Grundlage alliierter Kontrollratsdirektiven statt.[667] Eine Rückgabe an die Berechtigten hat es jedoch nie gegeben, bedeutete für das SED-Regime doch die Demokratisierung in Wirklichkeit die Sozialisierung der gewünschten Gegenstände.[668]

Aus diesen Gründen wurde seit den Grundlagengesprächen am 18. und 19. Dezember 1989 zwischen Bundeskanzler Dr. Helmut Kohl und dem DDR-Ministerpräsidenten Hans Modrow die Klärung offener Vermögensfragen durch die Gründung einer deutsch-deutschen Kommission angestrebt. Die Verhandlungsergebnisse dieser Kommission flossen in die gemeinsame Erklärung vom 15. Juni 1990 ein, die sich zum Ziel setzte, die durch die Teilung Deutschlands entstandenen vermögensrechtlichen Probleme und Interessensgegensätze sozial wie wirtschaftlich vernünftig zu lösen.

Grundsätzlich soll auch im Vermögensgesetz die Restitution den Vorrang vor der Entschädigung genießen, § 3 I 1 VermG. Nach § 1 VIII lit. a VermG sind indes Enteignungen Privater auf besatzungsrechtlicher und besatzungshoheitlicher Grundlage ausgenommen. Damit bleibt der Ausgleich auf das nationalsozialistische und sozialistische Unrecht als Regelungsziel des Vermögensgesetzes beschränkt, § 1 VI VermG. In diesem Fall werden auch all diejenigen Vermögensentziehungen erfasst, die auf besatzungsrechtlicher Grundlage erfolgten und damit dem Eigentümer ein zweites Mal schadeten.

Das Bundesverfassungsgericht hat diese Grundaussagen in seinem Bodenreformurteil zum Einigungsvertrag für verfassungskonform erklärt.[669] Dort werden die Enteignungen[670] entsprechend den Bestimmungen des Vertrags während der sowjetischen Besatzungszeit hingenommen. Allerdings gebiete Artikel 3 GG die Schaffung und Entrichtung von adäquaten Ausgleichsregelungen.[671] Der Gesetzgeber hat dieser Forderung des Bundesversicherungsgesetzes mit der Schaffung des Ausgleichsleistungsgesetzes Folge geleistet.

---

667 Eingehend hierzu GRAF 58 ff.

668 WESEL VIZ 1992, 337 (339).

669 BVerfG NJW 1991, 1957 ff.

670 Besonders die Enteignung von Grund und Boden in der ehemaligen SBZ bildeten den Auslöser der geschilderten Diskussion. Vergleiche hierzu die Dissertation von Herbert GEISLER: Restitution nach der Wiedervereinigung, 20 ff.

671 DU SOLD 67 ff., GRAF 69 Fn. 53.

Auch die Anmeldefrist des § 30a VermG wurde später vom Bundesverfassungsgericht als eine von gewichtigen Gründen des öffentlichen Interesses gerechtfertigte zulässige Inhalts- und Schrankenbestimmung im Sinne des Artikels 14 I 2 GG angesehen.[672] Hiernach mussten Rückübertragungsansprüche bis zum 30. Juni 1993 angemeldet worden sein. Eine Verlängerung dieser Frist hat nicht stattgefunden, weshalb heutzutage eine behördliche Restitution nicht mehr in die Wege geleitet werden kann.

I. Der Restitutionsausschluss

§ 1 VI VermG, der den Restitutionsausschluss regelt, geht auf die Vereinbarungen mit der Sowjetunion zurück, die in der Gemeinsamen Erklärung vom 15. Juni 1990 verabschiedet wurden.[673]

Jedoch wird diese Vereinbarung vom deutschen Gesetzgeber dergestalt ausgelegt, dass sich der Restitutionsausschluss nicht auf Mobiliarvermögen erstreckt, welches auf besatzungshoheitlicher Grundlage entzogen wurde.[674] Die Gemeinsame Erklärung gibt für eine solche Auslegung, die zwischen Mobilien und Immobilien trennt, jedoch keine Anhaltspunkte. Aus Sicht der Berechtigten erscheint die gesetzgeberische Entscheidung, grobes Unrecht auszugleichen, das in der Besatzungszeit zwischen 1945 und 1949 begangen wurde, als begrüßenswert. Aus diesen Grunde eröffnet § 5 I des Ausgleichsleistungsgesetzes die Möglichkeit zur Rückübertragung (Restitution) entgegen dem Grundsatz der Ausgleichsleistung, nach dem das Gesetz benannt ist. In § 5 II werden jedoch Kulturgüter, die sich in öffentlichen Sammlungen befinden, mit einem unentgeltlichen öffentlichen Nießbrauch für die nächsten zwanzig Jahre versehen, wenn nicht private Affektionsinteressen gegenüber dem öffentlichen Interesse überwiegen.

De facto gilt der Restitutionsausschluss nicht für Kulturgüter, die auf besatzungsrechtlicher Grundlage entzogen wurden und sich noch immer auf dem Territorium des Beitrittsgebiets in Ostdeutschland befinden. Systematisch hätte dies allerdings als Ausnahmetatbestand in das Vermögensgesetz gehört, was freilich an seiner Rechtswirksamkeit nichts ändert.[675] Die Antragsfrist auf Leistungen nach diesem Gesetz lief als materielle Ausschlussfrist am 31. Mai 1995 ab, § 6 AusgleichsleistungsG.

---

[672] BVerfG WM 1999, 81 f., BVerfGE 83, 201 (212).

[673] Zur Entstehungsgeschichte und den Voraussetzungen dieser Norm eingehend Eck, Die Wiedergutmachung zwischen 1945 und 1989 und die Regelung der Ansprüche von Verfolgten des Nationalsozialismus in § 1 Absatz 6 VermG, II. Teil, A I und C I ff. Sehr kritisch zum Restitutionsausschluss unter Darstellung des politischen Entscheidungsprozesses zwischen der BRD und der Sowjetunion Paffrath, Macht und Eigentum, 260–343.

[674] BT-Drs. 12/4887.

[675] Zimmermann/Heller 184.

2. Der Anspruch auf Rückgabe aus § 1 VI Vermögensgesetz

a. Die Verfolgung aus „rassischen" Gründen

Wesentliche Voraussetzung in der Anwendung des § 1 VI VermG ist die Geltendmachung eines Vermögensverlustes aus „rassischen, politischen, religiösen oder weltanschaulichen Gründen" in der Zeit vom 30. Januar 1933 bis zum 8. Mai 1945.

Die Nationalsozialisten unterschieden zwischen arischer und nichtarischer Abstammung und legten dies in dem „Gesetz zum Schutze deutschen Blutes und der deutschen Ehre" und dem Reichsbürgergesetz vom 15. September 1935, den sogenannten Nürnberger Rassegesetzen, fest.[676] In der Ersten Verordnung zum Reichsbürgergesetz vom 14. November 1935 wurden die betroffenen Bevölkerungsgruppen willkürlicher und rassistisch motivierter Judenverfolgung in „Legaldefinitionen" niedergelegt.[677] Im Falle des Entzugs von Kulturgütern aus jüdischem Eigentum im Beitrittsgebiet bildet mithin § 1 VI des Vermögensgesetzes als lex specialis eine vorrangige Anspruchsgrundlage.

b. Geltungsbereich des Anspruchs aus § 1 VI Vermögensgesetz

Grundsätzlich erfasst § 1 VI VermG nur Ansprüche gegen öffentliche Träger. Die Vermutung der Verfolgungssituation gilt als Beweiserleichterung im Hinblick auf den Kausalzusammenhang zwischen Drohung und Vermögensverfügung.[678] Es ist in diesem Zusammenhang streitig, ob sich der verwaltungsrechtlich geprägte Restitutionsanspruch des § 1 VI VermG auch gegen Privatpersonen richten kann: Zumal das Vermögensgesetz materielles öffentliches Recht darstellt, werden dort vorrangig Ansprüche des Bürgers im Subordinationsverhältnis gegenüber der Exekutive geregelt.

Eine Anwendung des Vermögensgesetzes auf Ansprüche zwischen Bürgern würde durch eine analoge Anwendung des § 1 III VermG ermöglicht, der diejenigen Vermögenswerte erfasst, die aufgrund unlauterer Machenschaften von „Dritten" erworben wurden. § 1 III bezieht sich grundsätzlich jedoch nur auf die Fallgruppe unlauterer Rechtsgeschäfte in der ehemaligen DDR. Ein Teil der Literatur[679] spricht sich gegen eine Ausweitung des Restitutionstatbestands auf das Verhältnis zwischen Privatpersonen mit dem Argument aus, dass zwar durchaus parallele

---

[676] RGBl. 1935 Teil I S. 1146.

[677] RGBl. 1935 Teil I S. 1333, nachzulesen bei Eck 110.

[678] Zur gleichen Frage im Hinblick auf die alliierten Rückerstattungsgesetze siehe Krämer-Noppeney, Zum Kausalzusammenhang zwischen Drohung und Vermögensverfügung in den Rückerstattungsgesetzen der westdeutschen Besatzungszonen und in Österreich, Diss. Münster 1991.

[679] Groeger VIZ 95, 142 ff.

Konstellationen in § 1 III und § 1 VI VermG zu beobachten seien. Da jedoch die Rechtsfolgen der beiden genannten Normen derart unterschiedlich seien, könne man einem Privatmann gerade nicht die in § 1 VI genannten Rechtsfolgen aufbürden, da er zusätzlich durch § 4 II VermG mit der Möglichkeit zum redlichen Erwerb geschützt sei.

Dieser Ansicht kann nicht gefolgt werden, da diese Ansicht selbst darauf hinweist, dass die Interessenlage praktisch die gleiche ist. Nach den Motiven des Gesetzes sollen insbesondere die Fälle erfasst sein, in welchen Ausreisewillige der DDR zur Ermöglichung ihrer Ausreise Vermögenswerte veräußerten oder sogar auf ihr Eigentum verzichteten.[680] Des Weiteren wird in der Literatur die Fallgruppe genannt, dass der Eigentumsentzug durch willkürlich oder nur scheinbar durch Gesetz gedeckte Beschlagnahmen erfolgte.[681] Natürlich war die rassistisch motivierte Verfolgungssituation im Dritten Reich aufgrund der weitreichenden physischen Vernichtung noch wesentlich dramtischer als die rein politisch motivierte Verfolgung in der ehemaligen DDR. Worin aber aus dem Blickwinkel des *Regelungszwecks des § 1 III VermG* (Kompensation von Vermögensverlusten auf Grundlage einer Verfolgungssituation, sei diese rassisch oder auch politisch motiviert) ein elementarer Unterschied mit Ausnahme der Opfergruppen und Täter liegt, mag nicht recht einzuleuchten: § 1 III Vermögensgesetz ist deshalb analog anwendbar, was die Erhebung von Restitutionsansprüchen gegen Private wegen verfolgungsbedingter Entziehungen auf Grundlage des Vermögensgesetzes ermöglicht.

3. Die Rolle der Conference on Jewish Material Claims against Germany

Die Restitution derjenigen Gegenstände, die von der Conference on Jewish Material Claims against Germany (JCC)[682] als Rechtsnachfolgeorganisation für das Beitrittsgebiet[683] und von der JRSO (Jewish Restitution Successor Organization) für die westlichen Besatzungszonen[684] angemeldet wurden, ist auch noch heute durchführbar, zumal die regelmäßig in Frage kommende Globalanmeldung eine ausreichende Grundlage für die nachfolgende, präzisere Substantiierung des Anspruches bietet. Mit Schreiben vom 28. Juni 1993 hat die Claims Conference vor Ablauf der Ausschlussfrist des § 30a VermG am 30. Juni 1993

---

680 BT-Dr. 11/7831, S. 3 sowie BGH NJW 1992, 1157.

681 Geisler 124.

682 Zur claims conference bereits Eck 193f. Die jeweils geltende Organisationsstruktur ergibt sich aus den informativen Annual Reports, welche die Claims Conference New York jährlich herausgibt (entgegen Eck, FN 663).

683 Siehe zur Globalanmeldung die Stellungnahme der Claims Conference, in: Bundesamt zur Regelung offener Vermögensfragen (Hrsg.), Behandlung der vermögensrechtlichen Ansprüche der NS-Verfolgten, Schriftenreihe, Heft 6, Berlin 1994 [nicht veröffentlicht], S. 98ff.

684 Hierzu eingehend Weismann in Schwarz II 762 ff.

eine sogenannte Globalanmeldung für das Beitrittsgebiet vorgenommen. Für die alten Bundesländer hatte die JRSO zwei Tage vor Fristablauf des REG eine entsprechende Sammelanmeldung zum 27. 6. 1950 gemacht.[685]

Die JCC kann aus eigenem Recht auch heute Ansprüche zugunsten derjenigen jüdischen Berechtigten und deren Rechtsnachfolger erheben und konkretisieren, auch wenn diese selbst die Anmeldefrist versäumt haben.[686] Das bedeutet jedoch nicht, dass Anträge dieser Berechtigten nach dem 30. Juni 1993 im Ergebnis keine Aussicht auf Erfolg haben.[687] Die Claims Conference hat ein internes *goodwill-Verfahren* für jene Erben geschaffen, welche die Anmeldefrist des Vermögensgesetzes nicht eingehalten haben.[688] Die Regelungen zu diesem goodwill-Fonds sehen vor, dass Kunstobjekte von der Claims Conference an die berechtigten Erben weitergegeben werden.[689] Auch wenn aufgrund der „Gesetzessystematik und der Ausschlusswirkung des § 30 a VermG" der Claims Conference im Kollisionsfall der Vorrang zukommt, bedeutet dies lediglich, dass diese aufgrund der gesetzlichen Vorgaben als Vermittler das Restitutionsverfahren durchführt.[690]

IV. Die freiwillige Selbstverpflichtung

1. Gegenstand der freiwilligen Selbstverpflichtung

Die Problematik der kurzen Anmeldefristen im Bundesrückerstattungsgesetz und der damit einhergehenden materiellen Präklusionswirkung ist auch von den deutschen Behörden erkannt worden, die mit der Restitutionsproblematik gegenwärtig befasst sind.[691]

Auf Grundlage der gemeinsamen Erklärung[692] unterbreiten die Herausgeber der im Februar 2001 verabschiedeten *Handreichung zur Umsetzung der Erklärung der Bundesregierung, der Länder und der Kommunalen Spitzenverbände zur Auffindung und zur Rückgabe NS-verfolgungsbedingt entzogenen Kulturgutes, insbesondere aus jüdischem Besitz* (im Folgenden: Handreichung) die unverbindliche Empfehlung, das Procedere des Bundesrückerstattungsgesetzes mit Ausnahme des Erfordernisses der Anmeldefristen beizubehalten.[693] In der Handreichung findet

---

685 Angenommen vom ORG Berlin, RzW 1959, 213 No. 15.

686 Handreichung 103.

687 So aber Messerschmidt VIZ 2001, 291.

688 So die fernmündlich mitgeteilte Stellungnahme der Claims Conference Frankfurt durch Herrn Peter Heuß am 25. Juni 2002.

689 Handreichung 104; dabei werden keine Kosten geltend gemacht.

690 Messerschmidts Aufsatz, aaO, lässt hier eine andere Einschätzung verlauten.

691 Zur Arbeit des BKM und der OFD Berlin siehe 2. Kapitel, F III.

692 Abgedruckt oben 2 E 5.

693 Zur Handreichung Petra Kuhn in KK 2, S. 297 ff.

sich denn auch „die *Anregung*, bei der Prüfung des Herausgabeverlangens den Leitlinien der rückerstattungsrechtlichen Praxis der Nachkriegszeit zu folgen.“[694] Die freiwillige Selbstverpflichtung einer öffentlichen Institution soll also darin liegen, sich nicht auf die derzeit existente dingliche Rechtslage zu berufen, sondern sich *freiwillig* dem Procedere aus dem Bundesrückerstattungsgesetz zu verpflichten.[695]

2. Die Umsetzung der freiwilligen Selbstverpflichtung in der Verwaltungspraxis

Eine entsprechende Verwaltungsvorschrift im Sinne der freiwilligen Selbstverpflichtung existiert bis heute nicht, so dass zurzeit nicht von verbindlichen gesetzlichen Grundlagen, sondern allenfalls von gutgemeinten Empfehlungen im Hinblick auf das Restitutionsprocedere gesprochen werden kann.

Durch die freiwillige Selbstverpflichtung können zwar auch heute noch nach objektiven Kriterien die Voraussetzungen für eine Rückgabe NS-verfolgungsbedingt entzogenen Kulturguts nachvollziehbar geprüft werden. Hierdurch können die Vorteile, welche bei den Rückerstattungsregeln in der besonders weitreichenden und differenzierten Berücksichtigung des breitgefächerten nationalsozialistischen Entziehungsunrechts liegen, auch heute noch nutzbar gemacht werden.

Ein großer Nachteil besteht aber darin, dass eine Entscheidung der federführenden Stelle, etwa dem Träger eines Museums in den zuständigen Ministerien für Kunst in den einzelnen Bundesländern, nicht justitiabel ist. Sie kann daher auch nicht mit Rechtsmitteln angefochten respektive durchgesetzt werden. Auch ist eine um Prüfung eines Anspruchs gebetene Behörde gesetzlich nicht verpflichtet, dieser Bitte der moralischen Obligation entsprechend zeitnah nachzukommen[696].

---

694 HANDREICHUNG 23.

695 Petra KUHN merkt an, dass die Verfasser der Handreichung an den „imaginären Leiter eines kleinen Museums, der bislang nicht mit der Problemstellung NS-verfolgungsbedingt konfrontiert wurde“, gerichtet sein soll. Sodann resümiert sie: „Allerdings haben die Komplexität der Materie (insbesondere der rechtshistorische Hintergrund) und das Bemühen, die spezifischen Anforderungen der sehr unterschiedlichen Einrichtungen und Sammlungen zu berücksichtigen, dazu beigetragen, dass die Handreichung auf Grund ihrer komprimierter Aussagen (zum Teil immer noch von gewissem Abstraktionsgrad) keine einfache Lektüre darstellt“, KUHN in KK II, 306.

696 Dies mag in der Praxis die zuständigen Landesbehörden dazu verleiten, die Angelegenheit gerade nicht in der gebotenen Dringlichkeit zu behandeln. Jedenfalls ist ein Anspruchssteller auf Grundlage der Handreichung noch immer auf das *good will* der Träger der Institutionen in den einzelnen Bundesländern (zumeist das Ministerium für Wissenschaft und Kunst als Träger der öffentlichen Museen) angewiesen, welche das Landeseigentum verwalten. Erste Erfahrungen aus den Jahren 1999–2003 zeigen, dass Teile der Exekutive in bestimmten Bundesländern die bestehende Anspruchssituation dazu benutzten, nicht umgehend getreu ihrer moralischen Verpflichtung tätig zu werden. Die Adressaten der Gemeinsamen Erklärung

Allerdings kann ein von einer nachteiligen Entscheidung betroffener Anspruchssteller[697] zumindest nach einer gerichtliche Feststellung seiner Eigentümerstellung nach § 256 I ZPO gegebenenfalls doch noch eine für ihn günstige Entscheidung der öffentlichen Hand herbeiführen. Zudem besteht jetzt die Möglichkeit, die neu errichtete Beratende Kommission zur Durchführung eines Mediationsverfahrens anzurufen. Zu einem solchen Verfahren muss sich dann aber auch der in Anspruch genommene bereit erklären.[698]

3. Keine (antezipierte) Selbstbindung der Verwaltung in Restitutionsfragen

Grundsätzlich gilt es die Grundsätze der Selbstbindung der Verwaltung zu beachten: Hat eine Behörde in einem ähnlich gelagerten Sachverhalt zugunsten eines anderen Antragstellers entschieden, so ist sie auch in den folgenden Verfahren an die in der bezogenen Entscheidung prägenden Prüfungsgrundsätze nach rückerstattungsrechtlichen Kriterien gebunden. Hält sie sich nicht daran, so hat der Antragssteller unter Berufung auf die Selbstbindung der Verwaltung[699] dann einen Anspruch auf Gleichbehandlung im Sinne des Artikels 3 I GG, wenn sich nach außen eine entsprechende gleichmäßig betätigte Verwaltungspraxis herausgebildet hätte.

Hiervon kann gegenwärtig jedoch nicht die Rede sein. Einen wesentlichen Anhaltspunkt für die künftig zu erwartende Verwaltungspraxis gibt die Handreichung. Diese ist aber wegen ihres bewusst unverbindlich gehaltenen Charakters nicht als eine normeninterpretierende Verwaltungsvorschrift, sondern allenfalls als eine

---

sollten eigentlich ohne signifikante Verzögerungen in konkrete Verhandlungen mit dem Anspruchssteller treten, um ohne schuldhaftes Zögern eine *definitive Aussage* über den Herausgabewunsch des Anspruchsstellers treffen zu können. Gerade dies ist nicht der Fall, es werden vielmehr häufig weitere Nachweise über das genaue Schicksal und den pedigree eines Kulturguts eingefordert, obgleich bereits hinreichende Tatsachen nebst Belegen vorgetragen worden sind, welche die Vermutung eines verfolgungsbedingten Entzugs nachhaltig begründen. Man befindet sich de facto in einem rechtsleeren Raum. Von anwaltlichen Vertretern der Berechtigten gestellte Ansprüche werden mitunter jahrelang überhaupt nicht beschieden, obwohl es außer Zweifel steht, dass der Anspruchsberechtigte aktiv legitmiert ist. Eine Klage vor Zivilgerichten wird nach derzeitiger Rechtslage von den Berechtigten wegen des langen Zeitablaufs und der Möglichkeit einer Ersitzung in der Regel nicht erhoben. Den Zielen der gemeinsamen Erklärung nach fairen und damit auch zeitnahen Lösungen ist damit sicher nicht gedient.

[697] Eine nachteilige Entscheidung ist auch eine solche, über Monate hinweg nicht auf die Bitte, ein Herausgabebegehren nach Maßgabe der Handreichung zu prüfen und das Begehren zu bescheiden, einzugehen.

[698] Zur am 14. Juli 2003 neu errichteten Kommission 8 B V.

[699] Als Ausprägung und Ausdruck des Gleichheitssatzes bewirkt die Selbstbindung der Verwaltung das Gebot, eine allgemein geübte Verwaltungspraxis gleichmäßig auszuüben, BVerfGE 73, 280, 300.

unverbindliche Empfehlung zu bewerten, auf die sich der Anspruchssteller nicht zu seinen (mittelbaren) Gunsten berufen kann. Das darin enthaltene Prüfungsraster kann demnach *keine antezipierte* Selbstbindung bewirken. Übrig bleibt dann nur noch der Anspruch auf eine fehlerfreie Ermessensausübung.[700] Eine Verpflichtungsklage im Sinne des § 43 I VwGO auf Erlass eines begünstigenden Verwaltungsaktes scheidet damit aus: Die Handreichung begründet keine Anspruchsgrundlage für den Anspruchsteller.

Sodann ergeben sich weiter praktische Probleme, die aus einer Fortführung des Restitutionsverfahrens nach den Grundsätzen des BRüG resultieren: An die Grundsätze des Rückerstattungsrechts und auch der freiwilligen Selbstverpflichtung können *nur öffentliche Stellen* gebunden sein. Auch wenn ein Verfahren im Sinne der Handreichung durch eine Behörde (so etwa auch ein staatliches Museum) freiwillig durchgeführt würde, könnte ein Anspruchssteller im Zweifel mangels gesetzlicher Grundlage seinen Restitutionsanspruch nicht durchsetzen. Private Sammler und private Museen sind an die Grundsätze der freiwilligen Selbstverpflichtung ohnehin nicht gebunden. Sie dürfen sich aber dazu aufgefordert fühlen, sich den Empfehlungen anzuschließen, welche von den öffentlichen Stellen bislang auch nur halbherzig beachtet werden.

Es erscheint widersprüchlich, wenn man mittels der freiwilligen Selbstverpflichtung einerseits die Anwendung der Rückerstattungsregeln favorisiert, andererseits aber auf seine wesentlichen Bestandteile, insbesondere auf die Berufung einer materiellen Präklusion, freiwillig verzichten will.[701] Die Dimensionen des Kunstraubs an jüdischen Opfern sind erst seit wenigen Jahren in der Fachwelt im größeren Ausmaß bekannt und wurden sowohl beim BRüG wie auch beim VermG – soweit ersichtlich – nicht berücksichtigt.[702] Zuvor hatten aber bereits die Regelungen des alliierten Rückerstattungsrechts das Problem „looted art" ausdrücklich aufgegriffen und vom restlichen Regelwerk gelöst, so etwa in Artikel 19 des Gesetzes Nr. 59 in der amerikanischen Besatzungszone.[703] Die freiwillige Selbstverpflichtung zwingt den Rechtsanwender zu einem nach rechtsstaatlichen Grundsätzen inakzeptablen Schlingerkurs, wenn es ihm die Anwendung der Rückerstattungsregelung unter Außerachtlosung seiner materiellrecht-

---

[700] Hierzu BVerwGE 37, 112.

[701] Als Kompromiss wird vorgeschlagen, die hilfreichen Wertungen des Rückerstattungsgesetzes – insbesondere der Vermutung der verfolgungsbedingten Entziehung – in zivilrechtlichen Generalklauseln wie etwa der §§ 138 II und auch 242 BGB im Sinne des intendierten in dubio pro dominio wertend heranzuziehen.

[702] Ansonsten würden beispielsweise auch Ausgleichsansprüche im internationalen Sachenrecht geregelt.

[703] Schon durch die bloße Existenz der Central Collecting Points und die Arbeit der Kunstschutzoffiziere lagen erste Zahlen über das Ausmaß der kriegs- und verfolgungsbedingten Kulturgutverlagerungen vor.

lichen Präklusionsregelungen aufgibt, die insbesondere in den Anmeldefristen deutlichen Niederschlag fanden. Mangels Justiziabiltät kann die freiwillige Selbstverpflichtung keine geeignete Lösung zur Aufarbeitung der Raubkunstproblematik sein.

4. Fazit

Auch wenn es sich vorliegend um ein nicht vollkommen rechtsstaatliches Verfahren handelt, ist de lege lata ein Vorgehen über eine offene freiwillige Selbstverpflichtung noch immer zufälligen, ja willkürlichen Erwägungen vorzuziehen, die allein moralische Gründe für eine Rückgabepflicht heranziehen wollen. Aufgabe des Rechts ist es, gemeinsam konsentuierten moralischen Vorstellungen Geltung zu verschaffen. Moral entbindet nicht von der Verpflichtung, ein faires Verfahren durchzuführen, welches den Interessen aller Beteiligten gerecht werden soll. Ein solches Verfahren muss dann aber auch gesetzlich geregelt sein. Solange dies nicht der Fall ist, muss der Fall nach zivilrechtlichen Kategorien gelöst werden.

Aus vorstehenden Erwägungen ist es wünschenswert, über die freiwillige Selbstverpflichtung hinauszugehen und entsprechende Regeln in Gesetzesform zu fassen. In Österreich wurde das Problem zumindest partiell durch das Bundesgesetz für den Teilbereich der Kunstgegenstände aus den Österreichischen Bundesmuseen und Sammlungen in Angriff genommen.[704] Nur mit verbindlichen Gesetzen ist dann ein im Sinne des Artikel 19 IV GG angebrachter effektiver gerichtlicher Rechtsschutz außerhalb des anerkennenswerten Selbstverpflichtungsgedankens zu erzielen.

V. Die gegenwärtige Restitutionspraxis der öffentlichen Hand

Im Rahmen der freiwilligen Selbstverpflichtung, die auf das Erfordernis einer rechtzeitigen Anspruchsanmeldung verzichtet, vollzieht sich die Prüfung eines Anspruches auf Rückerstattung wie zu Zeiten der formalen Gültigkeit des Bundesrückerstattungsgesetzes[705]:

1. Wurde der Antragssteller oder sein Rechtsvorgänger in der Zeit vom 30. Januar 1933 bis zum 8. Mai 1945 aus rassischen, politischen, religiösen oder weltanschaulichen Gründen verfolgt?

Eine Berechtigung der Rechtsnachfolge hat durch Vorlage von Erbscheinen und Vollmachtsurkunden zu erfolgen. Liegt eine „gemischte" Erbengemeinschaft aus Verfolgten und „arischen" Mitgliedern vor, so empfiehlt sich die Sicherung des Verfahrens durch eine amtliche Pflegschaft nach §§ 1911, 1913 BGB.

---

704 Abgedruckt bei PALMER, Appendix I, S. 175 und als Anlage 5.

705 Die Handreichung, welche den deutschen öffentlichen Institutionen seit Februar 2001 ausgegeben wurde, bildet hierfür den Orientierungsrahmen.

2. Erfolgte im maßgeblichen Zeitraum ein Verlust eines Kulturgutes durch Zwangsverkauf, Enteignung oder auf sonstige Weise (Verfolgungsvermutung)?
3. Kann diese Verfolgungsvermutung widerlegt werden?
4. Greifen Ausschlussgründe ein?

Im letzten Prüfungspunkt ist insbesondere das Prioritätsprinzip zu beachten: Hat ein Kunstgegenstand mehrere Entziehungstatbestände erfahren, so ist nach § 3 II VermG nur der Erstgeschädigte anspruchsberechtigt. In Analogie zu § 6a des Bundesrückerstattungsgesetzes kann weiter die Rückgabe versagt werden, wenn der Antragssteller sich unlauterer Mittel bedient hat oder falsche Angaben gemacht hat.

I. Vermutung der verfolgungsbedingten Entziehung

Der materielle Vorteil der Rückerstattungsgesetze liegt in weitreichenden Beweiserleichterungen, so etwa in Artikel 3 BKO (49)180, der einen verfolgungsbedingten Entzug im Zeitraum zwischen dem 30.1.1933 und dem 8.1.1945 vermutet. Dies hat zur Folge, dass jeder Verkauf, der von einer durch die Nationalsozialisten verfolgten Person im genannten Zeitraum erfolgte, grundsätzlich als verfolgungsbedingter Entzug angesehen wird.

Auch ohne Anwendung der oben genanten Vermutungsregelung geht die Rechtsprechung unter Heranziehung des *Beweis der ersten Anscheins* („prima facie") davon aus, dass ein Verkauf auf „die allgemeine Diskriminierung und Verfolgung durch den NS-Staat zurückzuführen" war, „wenn die Veräußerung in engem zeitlichen Zusammenhang mit einer nachfolgenden Auswanderung aus Deutschland stand."[706] Im Bereich der verfolgungsbedingt entzogenen Kulturgüter respektive der sogenannten Fluchtgüter wird es vor diesem Hintergrund keine Schwierigkeiten bereiten, die Vermutung des verfolgungsbedingten Entzugs – auch nach dem damals typischen Geschehnisablauf – anzunehmen.

Im Fall der sogenannten „*entarteten Kunst*" hat die Rechtsprechung hingegen keine Verfolgungssituation gesehen, da grundsätzlich alle Reichsangehörigen und juristischen Personen von den Maßnahmen betroffen gewesen seien.[707]

---

706 BVerwG, Beschluss vom 22.10.1996, 7 B 254/96, in: VIZ 1997, 99.

707 ORG Berlin RzW 1967, 299 und 301, OLG München RzW 68, 58 und insbesondere OLG Karlsruhe RzW 1954, 225, 226, die darauf abstellten, dass ein Staat sich nicht selbst verfolgen könne, da die Museen selbst Körperschaften des öffentliches Rechts sind. Vergleiche die berechtigte Kritik bei KUNZE 250 mwN.

2. Der Entziehungstatbestand

Der Entziehungstatbestand ist vom bundesdeutschen Gesetzgeber weder im Rückerstattungsgesetz noch im Vermögensgesetz näher definiert worden.[708] Vielmehr beruft sich der Gesetzgeber auf die Vermutungen der alliierten Rückerstattungsgesetze, welche die Frage nach einer verfolgungsbedingten Entziehung näher beleuchten.

Die alliierten Rückerstattungsgesetze unterscheiden zwischen rechtsgeschäftlichen Vermögensverlusten und Verlusten aufgrund von Entziehungsmaßnahmen der Staatsgewalt. Artikel 3 I REAO (Anordnung BKO 49/180 der Alliierten Kommandantur Berlin) spricht die Vermutung aus, dass *jeder* Vermögensverlust zu Lasten der vom NS-Regimekollektiv[709] Verfolgten auf einer ungerechtfertigten Entziehung beruht.

3. Die Intensität nationalsozialistischer Verfolgung im Spiegel des Rückerstattungsrechts

Der Verfolgung jüdischer Bürger im Sinne einer Kollektivverfolgung begann nach ständiger Rechtsprechung mit der Machtübernahme der Nationalsozialisten am 30. Januar 1933[710]. Eingeschlossen ist aber auch jede Veräußerung oder Aufgabe von Vermögensgegenständen, die einem Personenkreis zuzuordnen war, die die nationalsozialistische Diktatur in seiner Gesamtheit vom kulturellen und wirtschaftlichen Leben ausschließen wollte.

Bis zum Inkrafttreten der Nürnberger Rassengesetze am 15. September 1935 kann diese Vermutung jedoch mit der Darlegung widerlegt werden, dass der Verfolgte einen angemessenen Kaufpreis für sein Kulturgut erhalten hat[711] *und* über dieses frei verfügen[712] konnte. Für Veräußerungen nach dem Inkrafttreten der Nürnberger Gesetze muss gegen diese „verschärfte" Vermutung noch zusätzlich vorgetragen werden, dass der Erwerber in besonderer Weise, die Vermögensinteressen des Veräußerers wahrgenommen hat, etwa durch Mitwirkung des Trans-

---

[708] Man kann ihn aber grob als jede dingliche Rechtsänderung bezüglich eines Vermögensgegenstandes beschreiben, Schwarz I 145.

[709] Hingegen kennt etwa § 123 BGB den Gedanken einer kollektiven Verfolgung nicht, Krämer-Noppeney 15, 57. Trotzdem hat das Kammergericht Berlin, SJZ 1947, S. 257f. die Existenz finaler Kollektivverfolgungen bejaht. Im Sinne der Kausalitätslehre kann hier aber allenfalls von einem adäquat-kausalen, nicht aber einem finalen Zusammenhang zwischen der Veräußerung von Wertgegenständen und der Verfolgung jüdischer Bürger zur NS-Zeit gesprochen werden.

[710] ORG Berlin RzW 1956, 210. Die Kollektivverfolgung jüdischer Bürger wurde von der Rechtsprechung u.a. in RzW 1956 207, Nr. 23 bestätigt.

[711] RzW 1954, 253.

[712] RzW 1954, 104.

fers des Kulturguts in das Ausland, Artikel 3 III lit. B REAO.[713] Als Alternative hierzu konnte auch der Nachweis geführt werden, dass der Kaufvertrag seinem wesentlichen Inhalte nach auch ohne die Herrschaft des Nationalsozialismus in seinen Modalitäten abgeschlossen worden wäre.[714]

Eine besondere Zäsur bildet die Einführung der Nürnberger Gesetze zum 15. September 1935 als „gesetzlicher" Beleg für die drastische Verschärfung der Verfolgungssituation. Kann nach diesem Zeitpunkt nicht der Beweis erbracht werden, dass das Kulturgut unter bewusster Ausklammerung der Existenz massiver nationalsozialistischer Usurpation und Agitation unter den gleichen Umständen (insbesondere im Hinblick auf die Höhe des Kaufpreises) verkauft worden wäre, so bleibt die Vermutung eines verfolgungsbedingten Entzuges erhalten.[715]

Spätestens mit Inkrafttreten der Verordnung über den Einsatz des jüdischen Vermögens am 3. Dezember 1938[716] kann der Beleg für eine freie Verfügung über das Kulturgut nicht mehr gelingen, da diese Verordnung jede freie Verfügung eines Juden über sein Eigentum unmöglich machte.

4. Ein Anwendungsbeispiel: Der „Buchsbaumgarten" aus der Sammlung Littmann

Die Stiftung Wilhelm Lehmbruck Museum in Duisburg hatte im Juni 2000 die Rückgabe des Ölbildes „Buchsbaumgarten" von Emil Nolde an die Erbengemeinschaft des jüdischen Anwaltnotars Dr. Ismar Littmann abgelehnt.[717] Sie berief sich insbesondere darauf, dass das Gemälde freihändig zu einem angemessenen Kaufpreis noch vor dem Inkrafttreten der Nürnberger Rassengesetze am 26./ 27. Februar 1935 von dem Auktionsinstitut Max Perl in Berlin versteigert worden sei, ohne dass ein Zusammenhang mit einer verfolgungsbedingten Weggabe vorliege. Aufgrund nachstehender Tatsachen sei die Verfolgungsvermutung im Sinne des Artikels 23 Nr. 2 REAO widerlegt:

---

713 RzW 1953, 93; 1952, 48, 145; 1956, 228, 316.

714 RzW 1956, S. 316, 196; 1954 S. 314, 195.

715 Im deutschen Zivilrecht gestaltet sich die Beweislage bei weitem problematischer. Hier streiten die Vermutungen (§§ 1006 I und 938 BGB) eher für den gegenwärtigen Besitzer, weshalb derjenige, der sich des entzogenen Eigentums berühmt, damit konfrontiert ist, Vermutungen, die gegen sein Eigentum sprechen, zu widerlegen (so insbesondere die Vermutung der Gutgläubigkeit des Erwerbers in § 932 II BGB). Dann kann allenfalls eine großzügige Anwendung des prima facie Beweises helfen. Eine Beweislastumkehr findet nicht statt, wäre der Sache nach aber wünschenswert.

716 Abgedruckt im ersten Kapitel, C I 1.

717 Rechtsanwalt und Notar Dr. Ismar Littmann gehörte neben dem Unternehmer Max Silberberg zu den berühmten und anerkannten jüdischen Kunstsammlern in Breslau.

Der jüdische Bankier, Mäzen und Kunstsammler Dr. Heinrich Arnhold hatte das Gemälde für nur 350 RM bei Perl ersteigert. Seine Witwe Lisa hatte das Bild schließlich nach dem Krieg im Jahre 1956 von New York aus beim Stuttgarter Kunstkabinett Ketterer zur Versteigerung freigegeben, wo es vom Duisburger Museumsdirektor Dr. Gehard Händler für 3.600 DM erworben worden war. Der heutige Marktwert beläuft sich auf etwa 500.000 Euro.

Der „Buchsbaumgarten" wurde von Perl zwar unter dem angegebenen Limit von 450 RM weitergegeben. Alle weiteren bekannten Dokumente sprechen in diesem Fall aber tatsächlich für einen freihändigen Verkauf durch die Witwe Littmanns nach dem Freitod ihres Mannes im September 1934. Die vorliegende Konstellation und Dokumentenlage ist aus Sicht des betroffenen Museumsdirektors *Brockhaus*[718] so außergewöhnlich und eindeutig, dass von einer Wiederlegung der Verfolgungsvermutung und der Versagung der Restitution ausgegangen werden müsse. Der dargestellte Fall zeigt erneut, wie viele Voraussetzungen kumulativ vorliegen müssen, um die Verfolgungsvermutung überhaupt wiederlegen zu können.

Die Erben von Ismar Littmann, die Familie Haller in Israel, sind mit dieser Entscheidung nicht einverstanden. Ob und wann es jedoch zu einem Verfahren vor der beratenden Kommission in Magdeburg („Raubkunstkommission") kommen wird, ist derzeit ungewiss. Aus Sicht des Verfassers kann nur ein solches Forum das letzte Wort sprechen.

5. Die Angemessenheit des Kaufpreises

Für die Frage der Angemessenheit des Kaufpreises ist der objektive Verkehrswert des Kulturgutes, der im Handel zwischen Nichtverfolgten gelten würde, heranzuziehen.

Kritisch ist die Anmerkung in der Handreichung[719] zu hinterfragen, die es im Fall von Auktionen der zuständigen Institution überlassen will, eine Einschätzung darüber zu treffen, ob aufgrund der fortschreitenden Verfolgung jüdischer Bürger das Preisniveau zu niedrig bemessen war oder nicht. In diesem Falle sollte vielmehr ein geeigneter sachverständiger (Kunst-)Historiker konsultiert werden, der die Rahmenbedingungen der Versteigerung untersuchen sollte. Handelt es sich bei der Versteigerung um eine sogenannte Auktionierung jüdischen Eigentums, so spricht der Beweis des ersten Anscheins und die gesetzlich ausgesprochene Vermutung eines verfolgungsbedingten Entzugs für ein erheblich zu niedriges Preisniveau.

---

[718] Christoph BROCKHAUS in Beiträge der KK, 85 f.

[719] Handreichung vom Februar 2001 zur Umsetzung der „Erklärung der Bundesregierung der Länder und der kommunalen Spitzenverbände zur Auffindung und zur Rückgabe NS-verfolgungsbedingt entzogenen Kulturgutes, insbesondere aus jüdischem Besitz", auf S. 100.

VI. Rechtswirkung der (Global-)Vergleiche in Rückerstattungsvergleichen

In vielen Rückerstattungsverfahren war es nicht möglich, die den jüdischen Bürgern und weiteren verfolgten Gruppen (etwa die Freimaurer) in Deutschland entzogenen Vermögensgegenstände in natura zurückzugeben. Da sich dieses Problem meistens auf mehrere Gegenstände erstreckte, pflegte man sogenannte Globalvergleiche abzuschließen, die als Entschädigung die Entrichtung einer bestimmten Geldsumme vorsah. Im Gegenzug sollten alle Ansprüche, auf die sich das Rückerstattungsverfahren bezog, erlöschen.

Freilich war die inhaltliche Ausgestaltung solcher Entschädigungsverträge stets von den Begebenheiten des jeweiligen Einzelfalls abhängig. Es lassen sich jedoch bestimmte Gemeinsamkeiten und neuralgische Punkte herausarbeiten, die charakteristisch für ein solches Verfahren sind. In diesem Sinne soll aufgezeigt werden, welche Kriterien und Voraussetzungen in den vertraglichen Bestimmungen enthalten sein müssen, um von einem Anspruchsverzicht auf Rückgabe eines bestimmten Kulturguts ausgehen zu können.

Nur in diesem Fall kann einem Anspruchssteller nunmehr entgegen gehalten werden, dass er durch den Erhalt der Entschädigung keinen Anspruch auf Rückgabe seiner Kunstgegenstände mehr hat. Die in den Rückerstattungsverfahren übliche Abfindungsklausel lautet wie folgt[720]:

> *„Zum Ausgleich aller unter das Bundesrückerstattungsgesetz fallenden Ansprüche des Antragsstellers zahlt der Antragsgegner an den Antragssteller nach Maßgabe des Bundesrückerstattungsgesetzes und der Devisenvorschriften vergleichsweise einen rückerstattungsrechtlichen Schadensersatzbetrag von … DM."*

1. Vertragliche Abfindungsregelungen: Zwei Bilder von Rubens

Die folgenden Erwägungen gelten nicht, wenn ein auf bestimmte Kulturgüter zugeschnittener (rückerstattungsrechtlicher) Vergleich vorliegt, so etwa bei den Bildern von Peter Paul Rubens in der Staatlichen Kunsthalle Karlsruhe (Bildnis der Marchesa Veronica Spinola Doria) und der Staatsgalerie Stuttgart (Marchesa Imperiale mit Tochter).[721] Der Anwalt der Familie Oppenheimer hatte seinerzeit die Verluste angemeldet und am 18. Oktober 1954 die Wiedergutmachungsbehörden informiert, dass mit dem gegenwärtigen Besitzer der Gemälde in der Schweiz ein Vergleich abgeschlossen worden sei, welcher die Bilder Oppenheims anlässlich der Auflösung der damals bekannten Berliner Galerie van Diemen beim Auktionshaus Graupe im Januar und April 1935 erworben hatte.[722]

---

[720] So auch wiedergegeben im Tatbestand in BGH, Beschluss vom 3. 8. 1995 – IX ZB 80/94 (KG) in VIZ 1995, 644.

[721] Beiträge der KK, 155 ff.

[722] Hierzu auch JAYME in Frankfurter Rundschau, Beutekunst als Rechtsfrage, Frankfurter Rundschau vom 13. 7. 2001, S. 19 (Feuilleton).

2. Die Reichweite der Abfindungsklausel

§ 11 in Verbindung mit § 2 BRüG nennt die in Frage kommenden Ansprüche und ihre gesetzlichen Grundlagen. Darunter fallen neben den eigenen Bestimmungen auch die historisch vorhergegangenen bekannten vier Rückerstattungsregelungen der vier Siegermächte[723] in den sachlichen Anwendungsbereich des Gesetzes. Nach dem sogenannten objektiv-sachlichen Territorialitätsprinzip im Bundesrückerstattungsgesetz erstreckt sich die sachliche Anwendbarkeit auf alle Entziehungstatbestände, die entweder im Belegenheitsgebiet des Gesetzes oder außerhalb des Gebietes des Deutschen Reiches in seinen Grenzen vom 31.12.1937 stattgefunden haben, sofern das Kulturgut später auf den Geltungsbereich des Gesetzes verlagert wurde.

In Übersetzung auf die bekannten Fallgruppen bedeutet dies, dass reine Auslandssachverhalte, die niemals einen Bezug zum Inland hatten, nicht Gegenstand eines Vertrages von rückerstattungsrechtlicher Natur sein können. Dies gilt insbesondere auch dann, wenn ein Kulturgut nach Ablauf der Anmeldefrist zum 1.8.1958 in das vom Gesetz erfasste Gebiet gebracht worden ist.

3. Der Verbringungsnachweis

Die Rechtsprechung hat von dem Antragssteller zwar keinen ausdrücklichen Verbringungsnachweis, also den Nachweis, dass der zurückzuerstattende Gegenstand zumindest nunmehr im Geltungsbereich des Gesetzes belegen ist, gefordert, aber zumindest an die Durchsetzbarkeit eines Anspruchs angeknüpft, welche ausgeschlossen schien, wenn sich der Gegenstand zum Zeitpunkt der Antragsstellung in Ostdeutschland befand.[724]

Entscheidend für die Vertragsauslegung nach §§ 133, 157 BGB ist deshalb, auf welche Kulturgüter sich die Abgeltungsklausel überhaupt beziehen konnte. So ist grundsätzlich davon auszugehen, dass Vergleiche mit dem Ziel der Kompensation im Rahmen der Rückerstattung sich häufig nur auf einen sehr eingegrenzten Bereich beziehen konnten. War der Verbleib eines Kulturgutes ungewiss, so konnte nach § 5 BRüG ein Antrag nur gestellt werden, wenn der Gegenstand zumindest feststellbar und mit Gewissheit in den Geltungsbereich des Gesetzes verbracht worden war. Nur der Belegenheitsort des Kulturguts innerhalb des Geltungsgebiets des BRüG durfte unklar bleiben. Mit anderen Worten: Es galt keine grundsätzliche Fiktion der Kompensationsfähigkeit durch das BRüG.[725]

---

723 Vgl. die Darstellung bei 3 B III 1.

724 So ausführlich Raschke, Manfred: Die Bedeutung des Verbringungsnachweises im rückerstattungsrechtlichen Verfahrensrecht, in: RzW 1966, 534.

725 Vergleiche hierzu Kemper/Burkhardt § 5 Rn. 2, Blessin/Wilden § 5 Rn. 3.

Denknotwendig konnten also Verträge, die sich auf Kulturgüter bezogen, die dem Antragssteller auch auf deutschem Territorium entzogen worden waren, nur dann rechtsverbindlich werden, wenn zum Zeitpunkt des Vertragsschlusses der Beweis erbracht worden ist, dass die Kulturgüter sich feststellbar im räumlichen Bereich des BRüG befanden.

Auf Grundlage der Entstehungsgeschichte des Bundesrückerstattungsgesetzes sollten Entziehungstatbestände außerhalb des relevanten Geltungsbereichs nicht erfasst sein[726]. Daher vermag die Abgeltungsklausel in ihrer typischen Ausgestaltung, nämlich mit dem Ziel der Abgeltung aller Ansprüche nach dem Bundesrückerstattungsgesetz, solche Tatbestände nicht zu erfassen. Wurden so beispielsweise einem jüdischen Bürger im von den deutschen Truppen wie nationalsozialistischen Organisationen (insbesondere der ERR) besetzten Paris seine Kulturgüter entzogen, so vermag ein rückerstattungsrechtlicher Vergleich in der allgemeinen Formulierung nicht diese Entzüge abzugelten. Etwas anderes gilt freilich nach dem Grundsatz der Parteiautonomie bei einer anderslautenden zusätzlichen Regelung, die klarstellt, dass diese Entschädigung gerade nicht auf Ansprüchen nach dem Bundesrückerstattungsgesetz beruht.

4. Auslegung der Rückerstattungsverträge

Der Bundesgerichtshof hat sich in einem Urteil[727] und in einem Beschluss[728] mit der Auslegung von rückerstattungsrechtlichen Verträgen beschäftigt und betont, dass für die Anwendung des Rechtsinstituts des Wegfalls der Geschäftsgrundlage kein Raum sei, wenn im Vergleich Ungewissheiten über zukünftige Rechtsentwicklungen (so etwa die deutsche Wiedervereinigung) nicht bewertet werden konnten. In diesem Fall genüge die Beschränkung der Abgeltungsklausel auf die Gegenstände im Geltungsbereich des Rückerstattungsgesetzes.[729] Weitergehende Ansprüche für die Restitution von Kulturgütern im Beitrittsgebiet nach dem Vermögensgesetz blieben davon unberührt.

Stets bedarf es einer kritischen Hinterfragung der vertraglichen Regelungen, ob die Parteien zum Zeitpunkt des Vergleichsabschlusses von demselben Kulturgut ausgingen, das jetzt erneut im Streit steht. Gerade bei umfangreichen Sammlungen gilt es zu beachten, ob diese durch ihre verfolgungsbedingte Zerstreuung auch zu dem Teil erfasst sind, für welche das damalige Rückerstattungsrecht überhaupt anwendbar war. Zur Klärung dieser Frage ist eine genaue Rekonstruktion der räumlichen und sachlichen Sammlungsgeschichte durch sachkundige (Kunst-)-Historiker erforderlich.

---

726 Blessin/Wilden Einl. BRüG Rn. 49; BT-Dr. II 3247 S. 1.

727 BGHZ 123, 76 ff. = BGH NJW 1993, 2176.

728 BGH, in: VIZ 1995, 644.

729 BGHZ 123, 82.

Besondere Vorsicht ist bei Entzügen im Ausland und in der damaligen Sowjetischen Besatzungszone geboten, für welche abschließend die Regelungen des VermG Anwendung finden. So können die Gemälde einer Sammlung auf dem Gebiet des Rückerstattungsgesetzes, aber auch genauso im Beitrittsgebiet oder im für diese Frage nicht relevanten Ausland belegen sein. In den beiden letzteren Fällen kann keine Abgeltung nach den Rückerstattungsgesetzen im Sinne der Abgeltungsklausel stattgefunden haben.

5. Höhe der Entschädigung

Eine weitere Frage betrifft die Angemessenheit der Entschädigung in der im Vertrag gewährten Höhe. So wird man den Entziehungswert primär nach dem Wiederbeschaffungswert zu bemessen haben, § 17 I BRüG. Tatsächlich handelt es sich bei Gemälden in vielen Fällen um Unikate, deren Wert gerade nicht durch Wertbestimmung eines vergleichbaren Objekts ermittelt werden kann. Entgegen einer anderslautenden und der Sache nicht gerechten Rechtsprechung[730] kommt man im Regelfall nicht umhin, den objektiven wirtschaftlichen Wert zum Stichtag des 1.4.1956 hin festzustellen. Hierfür ist stets die Hinzuziehung eines versierten Sachverständigen notwendig.[731] Dies gilt insbesondere für den Wert von Sammlungen, der nicht bloß geschätzt, sondern aus seinen Einzelbestandteilen additiv ermittelt werden sollte.

Ergibt die Überprüfung des Vergleichs die Feststellung, dass den geschilderten Voraussetzungen keine Aufmerksamkeit geschenkt wurde, so darf dennoch nicht ohne weiteres von einer Ungültigkeit der vertraglichen Regelung ausgegangen werden, liegt es doch in der freien wirtschaftlichen Disposition des Geschädigten, einem solchen Vergleich zuzustimmen.

Jedoch ist bei einem groben Missverhältnis zwischen Entschädigungs- und Verkehrswert von einer Unwirksamkeit der Abgeltungsvereinbarung nach § 59 (L)VwVfG in Verbindung mit § 138 I und II BGB auszugehen. Dies ist meines Erachtens dann anzunehmen, wenn zwischen dem tatsächlichen Verkehrswert und der im Vergleich festgesetzten Entschädigungssumme ein Missverhältnis in der Relation von mindestens eins zu zwei besteht, die Entschädigung also über die Hälfte hinter dem Verkehrswert zurückbleibt.[732]

---

730 ORG Berlin, in: RzW 1958, 211, a.A. wohl Blessin/Wilden § 16 Rn. 7 cc.

731 Eine nachträgliche Feststellung des Verkehrswertes ist natürlich nicht gerade einfach. Die gegenwärtige Rechtspraxis nimmt aber grundsätzlich eine Wertzuschreibung anhand von Umfrangen im Kunstmarkt (Auktionshäuser und Galerien) vor. Dann müsste man aber auf Experten zurückgreifen, die Erfahrungswerte von der Marktsituation zum Bewertungsstichtag haben.

732 In Anlehnung an die Rechtsprechung zum Wucher, vergleiche etwa bei BGH 104, 105 und 110, 38 (ständige Rechtsprechung: Der Vertragswert übersteigt den verkehrsüblichen Wert effektiv um 100%). Der vom Verfasser dargestellte Richtwert ergibt sich aus einem Umkehrschluss dieser Berechnung.

VII. Bewertung der Rechtsprechung und Praxis der Wiedergutmachung

Die Bilanz liest sich auf den ersten Blick sehr positiv: Von 1945 bis 1962 wurden insgesamt etwa eine Million Kulturgüter auf Grundlage der alliierten Rückerstattungsgesetze und der BRüG an Berechtigte im In- wie im Ausland restituiert.[733] Dieser schon aus dieser nackten Zahl deutlich gewordene Kraftakt ist aus logistischer wie auch rechtspraktischer Sicht als eine Meisterleistung zu würdigen.

Dennoch warten auch heute noch viele Schicksale verfolgungsbedingt entzogene Kulturgüter auf eine sorgfältige Aufarbeitung. Dies gilt umso mehr für ihre damaligen Eigentümer, welche heute von ihren Erben, gesetzlichen Nachfolgern- und Nachfolgeorganisationen repräsentiert werden. In einem umfangreichen Werk zu Fragen der Rückerstattung und Wiedergutmachung[734] wird die Arbeit der deutschen Justiz im Bereich der Rückerstattung aufgrund der damit einhergehenden tatsächlichen, rechtlichen und insbesondere psychologischen Schwierigkeiten überwiegend positiv bewertet. Eine weitere Stimme in der Literatur[735] merkt hierzu kritisch an, dass entgegen der geschilderten Probleme und Unzulänglichkeiten, mit denen die damit befassten Richter umzugehen hatten, insbesondere in der ersten Instanz mit Hilfe der Auslegung dehnbarer Begriffe der Rückerstattungsgesetze (Entziehung, identifizierbar, ...) häufig nicht mehr nachvollziehbare Entscheidungen zustande kamen, die erst in zweiter Instanz angemessen korrigiert wurden. Im Hinblick auf die Rückgabe von Kulturgütern ist der letzteren Stellungnahme unter erneutem Hinweis auf die genannte Rechtsprechung zuzustimmen.

Erst vor Kurzem wurde eine erste Bilanz im Hinblick auf den „Umgang der DDR mit dem ‚arisierten' und enteigneten Eigentum der Juden und die Gestaltung der Rückerstattung im wiedervereinigten Deutschland"[736] gezogen. Der Autor stellt dabei fest, dass die Praxis seit 1990 eindeutig positiver zu bewerten sei als die Praxis seit 1948.[737] Allerdings trifft seine Abhandlung über den Teilausschnitt „Raubkunst" keine Aussage.

---

733 So der Bericht des Bundesschatzministeriums vom 26. Juni 1969, BT-Drs. V/ 4537.

734 Walter SCHWARZ, Rückerstattung nach den Gesetzen der Alliierten Mächte, Band I, S. 380. Mit 78 Jahren hat Walter SCHWARZ noch in einem Leserbrief den versöhnlichen Gedanken formuliert, „dass ein Deutscher das Recht hätte, auf das Werk der Wiedergutmachung stolz zu sein", Die Zeit vom 26.10.1984, S. 40. Ob er dabei auch an den Kunstraub gedacht hat, kann gutem Gewissens bezweifelt werden, da ein allgemeines Bewusstsein für dieses Problem sich erst in den letzten Jahren entwickelt hat.

735 WOGERSIEN, Die Rückerstattung von ungerechtfertigt entzogenen Vermögensgegenständen, 351 hebt insbesondere die strenge Rechtsprechung der WGK Arnsberg hervor.

736 So der Titel der philosophischen Dissertation von *Spannuth*.

737 SPANNUTH 381. Anhand empirischer Beispiele möchte das Werk eine Bewertung von den Rückerstattungsbemühungen („Rückerstattung Ost") der Länderbehörden seit 1990 vorzunehmen.

In einer weiteren Veröffentlichung wird festgehalten, dass der im Vermögensgesetz vorgesehene Restitutionsausschluss nicht als elementare Voraussetzung für die Gestattung der Wiedervereinigung der beiden deutschen Staaten von der Sowjetunion gefordert worden war.[738] Die Arbeit kommt daher zum Schluss, dass das Bodenreformurteil des Bundesverfassungsgerichts[739] und die von der damaligen Bundesregierung vorgetäuschten Zwangslage zu einer Unterminierung der verfassungsrechtlich gebotenen Gewaltenteilung geführt habe.[740] Der Restititionsausschluss sei daher nicht nur aus verfassungsrechtlicher Sicht bedenklich.

Ausgehend von der in praxi evident unvollständigen Rückabwicklung nach Erstattungsrecht in Relation zur Gesamtzahl potentiell dem Rückerstattungsrecht unterliegenden Fälle ist zu betonen, dass in der Zeit der Wiedergutmachung durch die Alliierten und die Bundesrepubik Deutschland selbst nur ein Bruchteil der gesamten Restitutionsproblematik im Bereich der Raubkunst auf deutschem Territorium erarbeitet wurde. Zu häufig war man auch in diesem Teilausschnitt der Rückerstattung unter deutscher Eigenverantwortung dazu geneigt, dem Schlussstrich den Vorrang vor aufwendigen und häufig dann auch sehr selbstbelastenden Überprüfungsverfahren zu gewähren.[741]

---

[738] So in der politikwissenschaftlichen Dissertation von PAFFRATH 375 ff.

[739] BVerfGE 84, 90, besprochen von PAFFRATH im 11. Kapitel: „Täuschung und Verrat“, siehe auch in diesem Kapitel unter 3 C III f.

[740] PAFFRATH vermengt hier (siehe etwa S. 352ff.) jedoch politische Aussagen mit juristischen Reflexionen im Gewande politischer Argumentation, sodass schon von der Methodik her diese Aussagen fragwürdig sind.

[741] Dies sollte man sich vergegenwärtigen, wenn man die Restitutionshindernisse nach derzeit geltendem Recht beleuchtet. Siehe auch Hockerts in DOEHRING/FEHN/HOCKERTS Jahrhundertschuld, der auf S. 142 folgendes Resümee zieht: „Im Gesamtgebäude der Wiedergutmachung wechseln Licht und Schatten, je nach dem Aspekt, den man wählt und dem Zeitpunkt, an dem man es betrachtet“.

Kapitel 4: Der Restitutionsanspruch im Völkerrecht

Nimmer werden sie zum Leben auferstehn und sich erheben vom Gestelle, ewig werden sie Verbannte bleiben an dem fremden Strande, nie heimisch sein. Denn: Der Witz hat mit dem Schönen, mit dem Hohen nichts gemein![742]
Friedrich von Schiller

A. Einführung in das Anspruchsschema der Restitution im Völkerrecht

Die Restitution als Form der Wiedergutmachung völkerrechtlichen Unrechts wurde bereits zu Beginn dieser Abhandlung[743] vorgestellt. Wie im Zivilrecht gibt es auch im Völkerrecht ein Anspruchschema, dass sich in die Voraussetzungen für den Anspruch (die Anspruchsgrundlage), deren Tatbestandsvoraussetzungen sowie mögliche Einreden gliedert. Hieraus ergibt sich die nachfolgende Prüfungsreihenfolge, welche den Gang der Darstellung in diesem Kapitel kennzeichnen soll:

1. Einschlägige Anspruchsgrundlage aus völkerrechtlichen Verträgen, Völkergewohnheitsrecht und den allgemeinen Grundsätzen des Völkerrechts (Anspruch aus den Rechtsquellen des Völkerrechts, Abschnitte B, C, D, E)
2. Besonderheiten für den Restitutionsanspruch im Gefüge des Völkerrechts (insbesondere Kriegsvölkerrecht, zwingendes Recht, Fragen von der territorialen Zuordnung von Kulturgütern bis zum Kulturerbe der Menschheit, Abschnitte B, F, G, J) einschließlich Verfahrensfragen (Abschnitt H)
3. Mögliche Einwände gegen den Restitutionsanspruch, insbesondere durch Zeitablauf (Abschnitt I):
   a. Erlöschende und erwerbende Verjährung
   b. Verzicht, Verwirkung und Verschweigung (acquiescence)
   c. Ersitzung
   d. Zurückbehaltungsrecht[744]

---

742 PETERS/FRICKE, Schillers Werke, Nationalausgabe Band 1 S. 434.

743 2 A 4.

744 JENSCHKE leitet aus einzelstaatlichen zivilrechtlichen Zurückbehaltungsregeln (siehe dort 269–278) ein völkerrechtliches Zurückbehaltungsrecht gegenüber dem Restitutionsanspruch her. Dieser Ansatz soll mangels weiterer Stütze in der völkerrechtlichen Literatur nicht weiter verfolgt werden, siehe i.ü. JENSCHKE 259–283.

B. Die territoriale Zuordnung eines Kulturguts als Grundlage des völkerrechtlichen Restitutionsrechts

I. Eigentumsbegriff und territoriale Zuordnung im Völkerrecht

Die freie Ausübung von Eigentümerbefugnissen ist eines der elementarsten Rechte des Individuums, über deren Existenz, Reichweite und Einschränkungen ein differenziertes Regelwerk vorliegt.

Der *Eigentumsbegriff* des Völkerrechts entspricht weitgehend privatrechtlichen Vorgaben. Er umfasst jedoch darüber hinaus sogar Vermögensrechte aller Art und geht damit noch deutlich über den Regelungsgehalt im deutschen Privatrecht hinaus.[745] In diesem Zusammenhang sind viele Theorien bemüht worden, eine sachenrechtliche Position von Staaten herzuleiten[746] und zu begründen.[747] Fest steht jedoch, dass originäre Eigentumsrechte von Staaten an den in ihrem *Territorium*[748] (*Raum*) belegenen Sachen existieren.[749] Damit ist auch anerkannt, dass die Klage eines Staates auf Herausgabe seines Eigentums vor Zivilgerichten zulässig ist.[750] Der Grundsatz der territorialen Bindung an den Staat der früheren Belegenheit vor seiner Verbringung ist völkerrechtlich allgemein anerkannt[751], ohne dass hierzu eine gesteigerte Beziehung der Bevölkerung zum Kulturgut erforderlich wäre.[752] Hieraus ergibt sich der Gedanke, dass Kunstwerke

---

745 KORBMACHER 34.

746 NAHLIK RdC 120 (1967-I) 61 ff., 157 f. und JÄGER 83.

747 Das Recht des Staates an Objekten seines kulturellen Erbes ist freilich das Eindeutigste, so es als Pertinenz des Territoriums (so schon ENGSTLER 279, der von einer territorialen Zuweisung von Kulturschätzen kraft ihrer besonderen Zugehörigkeit zum Gebiet ausgeht), als Ausdruck permanenter staatlicher Souveränität, als immunes Staatseigentum oder schlicht als nationale Sache in Anlehnung an die Staatsangehörigkeit eines Individuums beschrieben wird. Vergleiche hierzu TURNER, Restitutionsrecht, 34 ff. mwN und zu den allgemeinen Problemen der Sachzuordnung *ders.*, 26 ff. und 77 ff. mwN.

748 Nach überwiegender Ansicht umfasst die staatliche Territorialhoheit auch ausschließliche dingliche Rechte über im Gebiet belegene Sachen, „quiquid est in territorio estiam est de territorio", vergleiche TURNER Restitutionsrecht 28 mwN.

749 TURNER, Restitutionsrecht 28 mwN.

750 VISCHER, Der ausländische Staat als Kläger, IPrax 1991, 209, 210, PROTT/O'KEEFE II 621, § 1215.

751 ENGSTLER 78 ff., RUDOLF in FS Doehring 861, STUMPF 240.

752 TURNER in Fiedler Kulturgüterschutz 60.

auch nationale Werte darstellen und hierdurch zum „nationalen Kulturgut“ erhoben werden können.[753]

Der bloße Nachweis staatlichen Eigentums begründet indes aber noch lange kein Restitutionsrecht. Kulturgüter im Eigentum eines fremden Staates können schon über längere Zeit hinweg in einem fremden Territorium belegen sein, sodass hierdurch über diese bereits über längeren Zeitraum hinweg legitime Hoheitsgewalt ausgeübt worden sein kann.[754]

Damit ist die Frage nach der Existenz des „nationalen Kulturguts“ zu stellen, auch wenn nicht verschwiegen werden soll, dass es schwierig ist, festzulegen, wer die Zuständigkeit zur Bestimmung eines nationalen Kulturguts innehaben soll[755] und wann überhaupt von einem „nationalen Kulturgut“ gesprochen werden kann.[756] Die aufgeworfenen Fragen können jedoch dahingestellt bleiben, soweit sich das Restitutionsrecht eines Staates auch aus anderen Grundlagen ergibt.

Vom völkerrechtlichen Eigentumsbegriff ist zunächst grundlegend die territoriale Zuordnung von Kulturgütern an souveräne Staaten zu trennen, welche die eigentliche völkerrechtliche Grundlage für das *Restitutionsrecht* eines Staates bildet. Dieses entspringt entweder aus seiner faktischen Beherrschung[757], oder als Pertinenz seines Territoriums[758], oder aus der Nationalität der Sache[759].

Auf eine Entscheidung der dogmatischen Einordnung des Restitutionsrecht darf zudem verzichtet werden, wenn als Rechtsgrundlage und Legitimation für die Restitution staatlichen Eigentums eine besondere Beziehung des Staates zu dem zurückzugebenden Objekt streitet, sei es als nationales kulturelles Erbe oder durch eine zweifelsfrei enge Verbindung zum Herkunftsland. Eine hinreichend enge Verbindung zum Herkunfts- respektive Ursprungsland[760] liegt vor, wenn entweder

---

[753] SEIDL-HOHENVELDERN in FS Trinkner 54.

[754] So insbesondere in Fällen von Staatensukzessionen, hierzu der nachfolgende Abschnitt II.

[755] STUMPF 241 führt hier aus, dass nur das Volk, das sein kulturelles Erbe verloren hat, in einem Akt kultureller Selbstbestimmung über die Wertigkeit seines Verlustes befinden kann.

[756] SEIDL-HOHENVELDERN RGDIP 1997, 398.

[757] Ausführlich zur Begründung des Restitutionsrechts eines Staates TURNER, Restitutionsrecht, 32ff. mwN (siehe auch in den folgenden vier Fußnoten).

[758] ENGSTLER 279, 280, TURNER in Fiedler 41f., 50f.

[759] JAYME 95ff. sieht eine Bindung eines Kulturguts an eine bestimmte Nation („Nationalität eines Kunstwerks“). Siehe auch bei BROWNLIE, Principles, 421, der eine Staatsangehörigkeit bei bestimmten Objekten (Schiffen etc.) zieht.

[760] Der erste Begriff stammt aus dem Kollisions-, der andere aus dem Völkerrecht.

– die physische Herkunft der bisherigen Belegenheit (*provenance physique*)[761] oder
– ein enges kulturellen Band[762] (*lien idéologique*)

nachgewiesen werden kann.[763] Kann im konkreten Fall eine Verbindung im Sinne der provenance physique oder des lien idéologique jedoch nicht herausgearbeitet werden, muss man in der Tat den Rechtsbegriff „staatliches Eigentum" näher definieren. Dann muss die Nationalität des Objektes und die daraus entspringende Eigentümerstellung als Restitutionsgrundlage an dem „effective and genuine link" (effektive und genuine Verbindung) näher bestimmt werden. Hierzu kann man auf die bisherige Belegenheit eines Kulturgutes vor seiner kriegsbedingten Wegnahme abstellen.[764]

II. Die Zuordnung von Kulturgütern in der Beute- und Raubkunstdebatte

Im Fall der Beutekunst[765] gelingt eine Zuordnung zu einem souveränen Staat meist recht unkompliziert: Viele der in den besetzten Gebieten geplünderten Kulturgüter befanden sich in öffentlichen Museen, dem althergebrachten staatlichen Vermittler der eigenen kulturellen Identität.[766] Die Sachposition eines Staates als territoriale Hoheitsmacht kann sich zudem in der Entstehung eines Kulturguts im Territorium der Plünderung zeigen, so etwa bei Bildern von „deutschen"[767] Künstlern wie Beckmann und Kandinsky. Derselbe Gedanke gilt auch im Rahmen der Sachzuordnung von Privatsammlungen auf deutschem Territorium.

Doch selbst bei „ausländischen" Künstlern (etwa den französischen Impressionisten) in deutschen Museen ist die staatliche Berechtigung mit der Vorlage des

---

761 Unter Hinzuziehung des Territorialitätsprinzips hat TURNER, Restitutionsrecht, 136f. in Fortentwicklung von Seidl-Hohenvelderns Lehre der *provenance physique* den dogmatisch überzeugenden Vorschlag formuliert, die lex originis nach demjenigen Staate zu bestimmen, an welchem ein Kulturgut als Erstes zu Unrecht ausgeführt wurde. Das praktische kollisionsrechtliche Ergebnis im Fall der Beute- und Raubkunst mit den sachrechtlichen Problemen der Ersitzung, des gutgläubigen Erwerbs und auch der Verjährung bleibt freilich unverändert.

762 CARDUCCI [1997], 329 geht von einem lien étroit der lex originis (origio) aus.

763 SCHORLEMER spricht von einem „connection test", 61 ff.

764 TURNER, Restitutionsrecht, 135.

765 Wegen dem originär privaten Eigentum an Raubkunst ist das Zurechnungsproblem hier ohnehin schon gelöst.

766 Ausgenommen ist hier natürlich der Fremdbesitz, der in vielen Museen ausgestellt wird.

767 Gemeint ist nicht die Nationalität des Künstlers, sondern der Ort der Entstehung seines Werks, insbesondere dann, wenn er eine besondere Region abbildet oder es ihr gar widmet („Heimatbilder").

zum Zeitpunkt der Plünderung gültigen Inventarverzeichnisses der staatlichen Museen nachgewiesen. Erst jetzt können, wenn solche Belege fehlen sollten[768], die oben genannten allgemeinen Kriterien günstigstenfalls weiterhelfen. Wenn nicht der gegenwärtige Besitzer in diesem Fall ohnehin nicht die (Sammlungs-) Herkunft des Bildes offenbart, können solche Ansprüche ohnehin nur mit sehr bescheidenen Erfolgsaussichten geltend gemacht werden.

Bei Archiven mit regionalem Bezug lässt sich der *genuine link* schon durch seinen Inhalt und die damit verbundene Zielsetzung herstellen. An solchen Archiven, welche grundsätzlich an dem Orte aufbewahrt und belassen werden sollten, an welchen sie aus der Tätigkeit des Urhebers entstanden sind, werden Probleme der Staatennachfolge virulent.[769] Gerade hier zeigt sich das Erfordernis einer Restitution, zumal regionale Archive im Aufbewahrungsland nicht ihrem Zweck entsprechend genutzt werden können und auch objektiv von überhaupt keinem Nutzen sind. Entsprechendes gilt für Bibliotheken mit entsprechenden Inhalten und regional ausgerichteter Literatur.

Das Restitutionsbegehren bereitet keine Schwierigkeiten, soweit eine Verlagerung von einem Heimatland durch Raub in das Territorium des gegenwärtigen Besitzers stattgefunden hat und Fragen der Zuordnung des Eigentums hierdurch nicht im Raume stehen.[770] Bereits der „Schliemannsche" Schatz des Priamos zeigt aber, dass Kulturgüter häufig ihren Standort gewechselt haben, sodass dann entschieden werden muss, ob ein solcher Kulturschatz an den Ort der Plünderung im Zweiten Weltkrieg (Pergamon-Museum in Berlin) oder auch an ihren Ursprungsort (Türkei) zurückgeführt werden sollte.[771]

Überhaupt bilden Staatensukzessionen den Anlass für viele weitere offene Fragen. Ein gutes Beispiel hierfür bietet der Umgang mit Kulturgütern auf ehemals deutschem Territorium, das nunmehr zu Polen zählt. Auch wurden in diesem Land viele russische Kulturgüter auf dem deutschem Rückzug zurückgelassen.[772] Weitere Fragen ergeben sich aus der Sachzuordnung von Kulturgütern an die neuen unabhängigen Staaten nach Auflösung der Sowjetunion (Dismembration). Bereits die genannten Beispiele zeigen jedoch, dass die Mehrzahl der Beutekunstfälle nicht

---

768 Glücklicherweise besitzen viele deutsche Museen noch ihre Inventarlisten aus der Zeit des Zweiten Weltkriegs. Auf diesem Wege lässt sich auch die Zuordnung des Tryptichons von Hans von Marées zum Magedeburger Museum (siehe die Darstellung des Falles unter 2 D) zweifelsfrei nachweisen.

769 Engstler 234f.

770 Hierzu Turner, Das Restitutionsrecht des Staates nach illegaler Ausfuhr von Kulturgütern: Eigentumszuordnung und völkerrechtliche Zuordnung, 21ff.

771 Vergleiche hierzu Rumpf, „Wem gehört der Pergamon-Altar?", ZfTS 6 (1993), S. 289.

772 Hierzu ausführlich Kowalski, Repatriation of cultural property following a cession of territory or dissolution of multinational states, AAL 2001, 139 et seq.

mit diesen doch sehr speziellen, aber völkerrechtlich äußerst vielschichtigen Fragen belastet ist. Daher soll es an dieser Stelle genügen, auf die Problematik aufmerksam zu machen und auf hierfür einschlägige Literatur[773] zu verweisen.

C. Die Rechtsquellen im Völker- und Europarecht zum Schutze von Kulturgütern im bewaffneten Konflikt

Das erste Kapitel hat gezeigt, dass das Phänomen des Kunstraubs so alt wie die Menschheit selbst ist und namhafte Rechtsgelehrte- und Philosophen über die Jahrhunderte hinweg zu diesem Erscheinungsbild menschlicher Auseinandersetzung dezidiert Stellung bezogen haben. Deshalb sind nun die in dieser Tradition gewachsenen völkerrechtlichen Strukturen näher zu veranschaulichen.

Hierzu bedarf es zunächst der Ermittlung einer geeigneten Anspruchsgrundlage für den Restitutionsanspruch, wie sie in den völkerrechtlichen Verträgen enthalten sind. Nach dem Zweiten Weltkrieg sind mehrere solcher multi- und bilateraler Abkommen auf dem Gebiet des Kulturgüterschutzes verabschiedet worden. Ihre Bedeutung wurde in vielen Abhandlungen zum Kulturgüterschutz in der Gegenwart eingehend gewürdigt, so insbesondere im Hinblick auf den illegalen Import rechtswidrig verbrachter Kulturgüter und den Schutz des kulturellen Erbes in den Vertragsstaaten.

Im Anschluss daran fragt sich, ob diese Konventionen als Reaktion auf die Ereignisse im Zweiten Weltkrieg Regelungen zur Wiedergutmachung des bereits im Zuge des Zweiten Weltkrieges geschehenen völkerrechtlichen Unrechts im bewaffneten Konflikt mit rückwirkender (retroaktiver) Einwirkung aufgenommen haben.

I. Die Haager Konvention zum Schutze der Kulturgüter im Falle eines bewaffneten Konfliktes vom 14.5.1954 nebst Protokoll

Am 14. Mai 1954 wurde die Haager Konvention zum Schutz von Kulturgut bei bewaffneten Konflikten ins Leben gerufen.[774] Sie verbietet ausdrücklich die Wegnahme von Kulturgütern als Kriegsbeute und bestätigt die Regelungsinhalte der

---

773 Zu empfehlen sind in diesem Zusammenhang neben den Ausführungen Kowalskis (FN supra) die Anmerkungen von TURNER in Fiedler S. 74–86; zu Fragen der Staatensukzession die Habilitationsschrift von ZIMMERMANN, Recht der Staatensukzessionen, 20ff.

774 Eingehend zu dieser Konvention TOMAN, The Protection of Cultural Property in the Event of Armed Conflict, Commentary on the Convention for the Protection of Cultural Prop-

Haager Konventionen von 1899 und 1907. Erstmals wird die sonst übliche nationale Zuordnung der Kulturgüter um die Betonung des gemeinsamen kulturellen Erbes der Menschheit bereichert.[775] Hieraus resultiert auch das berühmte rautenförmige weiß-blaue Schutzzeichen des Artikels 6, in welchem der Sonderschutz für nationale Kulturgüter von herausragender internationaler Bedeutung deutlich sichtbar gemacht wird. Im hiervon getrennten Haager Protokoll gleichen Datums sind die Rückgabeansprüche im Einzelnen geregelt, I Ziffer 3 und II Ziffer 5. Seine Bestimmungen gehen über die Konvention hinaus und wurden daher auch nur von wenigen Staaten unterzeichnet.[776]

Zwar geht sein Regelungsgehalt weit über die Bestimmungen der HLKO hinaus: Die Konvention aus dem Jahre 1954 kennt nunmehr viele verschiedene Formen der kriegsbedingten Verlagerung von Kulturgütern.[777] Allerdings entfalten die genannten Vereinbarungen keine Rückwirkung: Gemäß III Ziffer 10b des Proto-

---

erty in the Event of Armed Conflict and its Protocol, signed on 14 May 1954 in The Hague, and on other instruments of international law concerning such protection, 10ff.; CARDUCCI, L'obligation de restitution des biens culturels et des objets d'art en cas de conflit armé: Droit coutumier et droit conventionnel avant et après la Convention de la Haye de 1954 – L'importance du facteur temporel dans les rapports entre les traités et la coutume", RGDIP 104 (2000), p. 289. et. seq. Siehe auch STREBEL, „Die Haager Konvention zum Schutze der Kulturgüter im Falle eines bewaffneten Konfliktes vom 14.5.1954", ZaöRV 16 (1955/56), S. 35–75 BUHSE, Karl-Heinrich, Der Schutz von Kulturgut im Krieg, Hamburg 1959 und LATTMANN, Eveline, Schutz der Kulturgüter bei bewaffneten Konflikten – Die schweizerische Gesetzgebung und Praxis aufgrund des Haager Abkommens vom 14. Mai 1954 für den Schutz von Kulturgut bei bewaffneten Konflikten, Zürich 1974.

775 SCHORLEMER 277, WYSS 14, zur Bedeutung des Terminus ausführlich GENIUS-DEVIME 198ff.

776 Die wichtigsten Bestimmungen lauten: "Each High Contracting Party undertakes to prevent the exportation, from a territory occupied by it during an armed conflict, or cultural property as defined in Article 1 of the Convention for the Protection of Cultural Property in the Event of Armed Conflict, signed at The Hague on 14. May 1954.
Each High Contracting Party undertakes to take into its custody cultural property imported into its territory either directly or indirectly from any occupied territory. This shall either be effected automatically upon the importation of the property or, failing this, at the request of the authorities of that territory.
Each High Contracting Party undertakes to return, at the close of hostilities, to the competent authorities of the territory previously occupied, cultural property which is in its territory, if such property has been exported in contravention of the principle laid down in the first paragraph. Such property shall never be retained as war reparations.
The High Contracting Party whose obligation it was to prevent the exportation of cultural property from the territory occupied by it shall pay an indemnity to the holders in good faith of any cultural property which has to be returned in accordance with the preceeding paragraph. Cultural Property coming from the territory of a High Contracting Party and deposited by it in the territory of another High Contracting Party for the purpose of protecting such property against the dangers of an armed conflict, shall be returned by the latter, at the end of hostilities, to the competent authorities of the territory from which it came."

777 Ausführlich WOLFRUM, protection 331ff. und JENSCHKE 57–72.

kolls treten die Bestimmungen des Protokolls für die jeweiligen Unterzeichnerstaaten „drei Monate nach Hinterlegung ihrer Ratifikations- oder Beitrittsurkunde“ in Kraft.[778] Eine gleich lautende Regelung findet sich in der Konvention in Artikel 33 Ziffer 1.

Zu nennen ist auch das Zweite Protokoll zur HKSK aus dem Jahre 1999.[779] Dieses Protokoll zur HKSK (1999) bietet selbst keinen Rückgabeanspruch. Das Wegnahmeverbot von Kulturgütern während einer occupatio bellica wird in Art. 9[780] wiederholt, im Vergleich zum ersten Protokoll zur HKSK von 1954 allerdings nicht verschärft, sondern eher gelockert.

II. Unesco-Konvention über Maßnahmen zum Verbot und zur Verhütung der unzulässigen Einfuhr, Ausfuhr und Übereignung von Kulturgut 1970[781]

Ein weiterer wichtiger Schritt in der Kodifikation des Kulturgüterschutzes ist mit der Konvention über Maßnahmen zum Verbot und zur Verhütung der unzulässigen Einfuhr, Ausfuhr und Übereignung von Kulturgut vom 14. November 1970 zu verzeichnen.[782]

Artikel 11 stipuliert in der Rechtstradition der Haager Landkriegsordnung, dass die erzwungene Ausfuhr von Kulturgütern, welche unmittelbar im Zuge einer kriegerischen Besetzung eines Landes durch eine fremde Macht erfolgt oder sich an diese unmittelbar anschließt, als rechtswidrig gilt.[783] Die zentrale Restitu-

---

[778] Vergleiche zum Ganzen auch Mussgnug, Wem gehört Nofretete, 10 und Höhn 28.

[779] Second Protocol to the Hague Convention of 1954 for the Protection of Cultural Property in the Event of Armed Conflict of 26 May 1999, abgedruckt in: ILM 38 (1999), S. 769, 769ff. und HuV-I 12 (1999), S. 124, 124ff. Bislang ist es nicht in Kraft getreten.

[780] “Article 9 Protection of cultural property in occupied territory.
Without prejudice to the provisions of Articles 4 and 5 of the Convention, a Party in occupation of the whole or part of the territory of another Party shall prohibit and prevent in relation to the occupied territory:
any illicit export, other removal or transfer of ownership of cultural property;
any archaeological excavation, save where this is strictly required to safeguard, record of preserve cultural property;
any alteration to, or change of use of, cultural property which is intended to conceal or destroy cultural, historical or scientific evidence.”

[781] Deutsche Fassung abgedruckt in BT-Drs. VI/3511 vom 26.5.1972, Walter 225. Die Konvention wurde bislang nicht ratifiziert, Jaeger 19. Siehe zur Konvention Prott, Kulturgüterschutz nach der UNIDROIT-Konvention und nach der UNESCO-Konvention, ZVglRWiss 95 (1996), S. 188ff.

[782] Uhl 104.

[783] Abgedruckt in deutscher Fassung bei Raschèr 159, der verbindliche Originaltext lautet: The export and transfer of ownership of cultural property under compulsion arising

tionsbestimmung der Konvention, Artikel 7b ii, war schon des öfteren Gegenstand von Kontroversen und heftiger Kritik geworden.[784] Auf die genannten Normen braucht jedoch nicht näher eingegangen zu werden, weil Artikel 7 im Buchstaben a bestimmt, dass die Konvention für den jeweiligen Mitgliedsstaat stets erst mit dem Zeitpunkt seines Beitritts in Kraft tritt.[785] Damit gilt der Grundsatz der Nichtrückwirkung im Sinne des Artikels 28 der Wiener Vertragsrechtskonvention.[786]

Im Hinblick auf Russland gilt also zum Beispiel der Zeitpunkt des Beitritts der Sowjetunion als Vorgängerstaat im Jahre 1988.[787] Die Bundesrepublik Deutschland ist dieser Konvention bis heute nicht beigetreten.

III. Unidroit-Übereinkommen über gestohlene oder illegal exportierte Kulturgüter vom 24. Juni 1995

Nicht eindeutig ist die Frage der Anwendbarkeit des Unidroit-Übereinkommens[788] aus dem Jahre 1995 zu klären: Es gibt Stimmen in der Literatur, welche die Bestimmungen der Unidroit-Konvention aus dem Jahre 1995 im Hinblick auf die Frage der Restitution von Kulturgütern, die im Zuge des Zweiten Weltkrieges verlagert wurden, anwenden wollen.[789]

---

directly or indirectly from the occupation of a country by a foreign power shall be regarded as illicit.

784 Streitpunkte sind insbesondere die Bestimmtheit des Artikels im Speziellen und der Anwendungsbereich der Konvention im Ganzen. Der Artikel lautet: The States Parties to this Convention undertake: (...) at the request of the State Party of origin, to take appropriate steps to recover and return any such cultural property imported after the entry into force of this Convention in both States concerned, provided, however, that the resulting State shall pay just compensation to an innocent purchaser or to a person who has valid title to that property. Requests for recovery and return shall be made through diplomatic offices. The resulting Party shall furnish, at its expense, the documentation and other evidence necessary to establish its claim for recovery and return. The Parties shall impose no customs duties or other charges upon cultural property returned pursuant to this Article. All expenses incident to the return and delivery of the cultural property shall be borne by the requesting Party.

785 Knott 153 („keine rückwirkende Geltung"); vergleiche auch die Artikel 20 und 21 der Konvention.

786 Wiener Übereinkommen vom 23. Mai 1969 über das Recht der Verträge.

787 Schorlemer, Stolen Art, 321.

788 Vergleiche dazu Müller-Katzenburg 99ff. und jüngst Bergé, Jean-Sylvestre, „La Convention d'Unidroit sur le biens culturels: remarques sur la dynamique des sources en droit international", J.D.I. (Clunet) 127 (2000), S. 215–262 sowie Raschèr, 75ff.

789 Sidorsky 5 IJCP S. 19, 50 Fn. 22 (1996) merkt an, dass das Problem des Kulturgutraubs in bewaffneten Konflikten – wie auch der Zweite Weltkrieg – von der Konvention erfasst werden könne. Zum Ende der Fertigung des Entwurfs habe man sich aber nicht dazu durchringen können, eine eigene Regelung für diesen Themenkreis vorzuschlagen. Heuer NJW

Wäre dies der Fall, so würde die Unidroit jedoch wegen ihrer eigenen Bestimmungen keinen Einfluss nehmen können: Nach Artikel 3 III a.E. darf „in jedem Fall" spätestens mit Ablauf von 50 Jahren nach Vollendung des Diebstahls eine Rückgabe nicht mehr eingefordert werden.[790] Allerdings gilt dies nicht für Kulturgüter aus öffentlichen Sammlungen nach der Legaldefinition in § 3 VII, die grundsätzlich nur binnen drei Jahren nach Kenntnis des Verbleibs vom dann bekannten Anspruchsgegner zurückgefordert werden müssen.[791] Gleichwohl kann ein Mitgliedsstaat auch diese Regelung durch ausdrückliche Erklärung auf eine absolute Verjährungsfrist von 75 Jahren hin reduzieren, Artikel 3 V.

Unbeschadet dessen gilt es weiterhin zu beachten, dass die Urheber des Entwurfs bei seiner Vorstellung ausdrücklich betont haben, dass die Bestimmungen der Unidroit *keine Rückwirkung* haben sollen.[792] Dies schlägt sich denn in Artikels 10 nieder, der bestimmt, dass die Bestimmungen des Übereinkommens erst dann gelten, wenn sie in dem betroffenen Staate in Kraft getreten sind.[793] Die genannte 50-Jahresfrist wirkt sich daher erst auf die in den letzten Jahren in den Mitgliedstaaten der Unidroit begangener Verstoßtatbestände aus. Wie die Unesco-Konvention von 1970 ist auch der Unidroit-Entwurf bislang in Deutschland nicht ratifiziert worden.[794]

99, 2562f. spricht von einer Reflexwirkung auf Deutschland in Rückgabeverhandlungen aufgrund ihrer Geltung in anderen Mitgliedstaaten und sieht in Artikel 4 der Konvention eine Berücksichtigung des Rechtsschutzbedürfnisses (gemeint ist wohl die Schutzwürdigkeit und Bedürftigkeit) des gutgläubigen Erwerbers. Im Ansatz wohl auch Franz KUR 1999, 346.

790 Unbeschadet des in Artikel 3 der Unidroit festgelegten allgemeinen Rückgabeprinzips für Eigentum (rei vindicatio) und auch Besitz (petitorium), Raschèr, 76ff. Als absolute Verjährungsfrist im Sinne einer *longissimi temporis praescriptio* gelten grundsätzlich diese 50 Jahre, für besondere Kulturgüter unter Umständen gar 75 Jahre.

791 Hierzu Raschèr 79.

792 "However, even though it favors true owners and countries of origin, the UNIDROIT Convention applies prospectively only", Kirby: Stolen Cultural Property; Available Museum Responses to an international Dilemma, 104, Dickinson Law Review, S. 739 (2000).

793 Bei gestohlenen Kulturgütern muss der Staat, in welchem die Klage erhoben wird, zum Zeitpunkt des Diebstahls bereits Vertragsstaat gewesen sein, Artikel 10 I, lit a und b, siehe auch bei Raschèr 73f.: Artikel 10 III stellt als Kompromiss divergierender Interessen klar, dass alle vor dem Inkrafttreten der Konvention rechtswidrig getätigten Geschäfte absolut keine Billigung erfahren – eine Lösung im Konflikt zwischen den Staaten, die als Opfer illegaler Ausfuhr sich für eine Rückwirkung der Konvention einsetzten gegenüber den Handelsstaaten, welche die Interessen des Kunsthandels und der Museen mit Nachdruck vertraten. Die Frage der Rückwirkung galt in der Konferenz in Rom vom 7. bis 24. Juni 1995 als eines der heikelsten Themen.

794 Die Werke von Bila, Schmeinck, Hipp, Jaeger und Müller-Katzenburg diskutieren die Notwendigkeit einer Ratifikation dieser beiden Konventionen sehr eingehend.

IV. Das Kulturgüterrückgabegesetz der Europäischen Union

Das Kulturgüterrückgabegesetz stellt einen Teil des Kulturgutsicherungsgesetzes vom 15. Oktober 1998 dar, dass in Umsetzung der EG-Richtlinie 93/7 erlassen wurde. § 5 I des KutGüRückG begründet einen öffentlich-rechtlichen Rückgabeanspruch für deutsches, national wertvolles Kulturgut, das *nach dem 31. 12. 1992* unrechtmäßig aus dem ersuchenden Mitgliedstaat verbracht wurde.[795]

Eine Anwendbarkeit des Kulturgüterrückgabegesetzes auf die „klassischen" Fälle der Verbringung von Kulturgütern während und nach dem zweiten Weltkrieg ist damit ausgeschlossen. Jedoch ist das in § 20 des Kulturschutzgesetzes neu eingeführte Instrumentarium des *freien Geleits* von großer praktischer Relevanz.[796]

V. Resümee

Festzuhalten bleibt, dass alle genannten Regelungswerke erst zum Zeitpunkt ihres Inkrafttretens Wirksamkeit entfalten und für die ursprüngliche Frage der Restitution von im Zuge des Zweiten Weltkrieges[797] und der Verfolgung entzogenen Kulturgütern nach realistischer Einschätzung nicht relevant werden können.

Es bleibt also bei der Haager Landkriegsordnung als einschlägige völkerrechtliche Vertragsgrundlage für die Rückgabe kriegsbedingt verlagerter und verfolgungsbedingt entzogener Kulturgüter. Im Rahmen einer genaueren Analyse der Haager Landkriegsordnung bietet sich die Gelegenheit, ihre Anwendbarkeit und Regelungsreichweite in den verschiedenen Entzugsfallgruppen zu überprüfen. Die Tatsache, dass die HLKO als Kodifikation eines bereits zuvor existierenden Gewohnheitsrechts angesehen wird, spannt den Bogen zu einer Bestandsaufnahme des völkerrechtlichen Gewohnheitsrechts zum Zeitpunkt des Raubs von Kulturgütern in Krieg, Besatzung und Verfolgung.

---

[795] Hierzu ausführlich Hipp § 14, S. 304ff., Fuchs IPRax 00, 281.

[796] Das freie Geleit ist ein öffentlich-rechtliches Instrumentarium im und am Schnittpunkt zum rechtsgeschäftlichen Erwerb, weshalb eine nähere Erörterung an dieser Stelle (Kapitel 5 H) erfolgen soll.

[797] Interessant ist der historische Bogen, den Lippman in seinem Beitrag „Art and Ideology in the Third Reich: The Protection of Cultural Property and the Humanitarian Law of War", Dickinson J. Int'l L. 17 (1998), auf S. 94ff. und 97 spannt. Er vergleicht dort das Zerstörungsgebahren von Kulturgütern im Krieg zwischen Kroatien und Serbien in den Jahren 1991 und 1993 (starke Beschädigung von Dubrovnik einerseits, die Zerstörung der Brücke von Mostar andererseits) direkt mit dem ideologisch geprägten aggressiven Verhalten von NS- Einheiten in den von ihnen besetzten Gebieten, so insbesondere Russland. Während im serbisch-kroatischen Krieg die vorgestellten Konventionen herangezogen werden können, bleiben sie im Hinblick auf die „Nazi-looted art" wirkungslos.

D. Die Haager Landkriegsordnung

I. Einführung

Die lois et coutumes de la guerre, wie sie in der Haager Landkriegsordnung niedergelegt sind, gründen auf einem gemeinsamen Grundverständnis der Vertragsstaaten: Dem Schutz der privaten Person in seinen elementaren Menschen- und Vermögensrechten.

In Zeiten des Krieges, in welchen diese Rechte nach allgemeiner Erfahrung besonders in Gefahr sind, bedarf es einer besonderen Absicherung durch die Gewährung von Schutzrechten in völkerrechtlichen Vereinbarungen. Allerdings können diese Schutzrechte durch militärische Notwendigkeiten überlagert oder eingeschränkt werden (Ausnahmeklausel des Artikel 23 lit g). Diesem Verständnis liegt die Reglementierung der Artikel 42ff. HLKO zugrunde.[798]

II. Die zentralen Regelungen

1. Artikel 46 und 56 HLKO

Für die Bewertung des Kunstraubs in kriegerisch besetzten Gebieten kommt den Artikeln 46 und Artikel 56 der Haager Landkriegsordnung ein hoher Stellenwert zu. Während Artikel 46 im besonderen Maße auf die Achtung der Familien und ihres Privateigentums in selbstbestimmter Lebensgestaltung Wert legt, gewährt Artikel 56 einen eher allgemeinen Schutz der Werke „der Kunst und Wissenschaft." Dies gibt einen ersten Anhaltspunkt für die durch Konfiskationen in den besetzten Gebieten verletzten Schutzsphären, welche einer genaueren Unterscheidung bedürfen.

Der dem römischen Recht entspringende Grundsatz der *uti possedetis* erlaubte den Staaten, die an einer kriegerischen Auseinandersetzung teilgenommen haben, dasjenige zu behalten, was sie nach Ende der Feindseligkeiten in Händen halten. Diese Regelung ergänzt den schon bekannten Gedanken vom res nullius um die *Befreiung von der Pflicht der Wiederherstellung des status quo ante*. Artikel 56 HLKO beendete nun den Gedanken der uti possedetis und seinem Recht des Behaltendürfens von Kulturgütern nach Ende einer kriegerischen Auseinandersetzung entgültig.

Die Haager Landkriegsordnung kennt, wie schon angemerkt, die Trennung zwischen staatlichem und privatem Eigentum in der Tradition der Rousseau-Portalis-Doktrin. Grundsätzlich gewährt sie deshalb dem Kombattanten den Zugriff auf staatliches Eigentum nur dann, wenn dieses den eigenen Kriegsunternehmungen dienlich ist, Artikel 53 I a.E. HLKO.

798 Vergleiche die ausführlichen Überlegungen Launs, HLKO, 38ff.

Von diesem Grundsatz weicht Artikel 56 HLKO ab, indem er staatliches Eigentum, das sich in „der Kunst und der Wissenschaft gewidmeten Anstalten“ befindet, dem Privateigentum gleichstellt.[799] In Zusammenschau mit Artikel 46 I 2 HLKO kann ein Entzug also nur bei militärischen Notwendigkeiten, Artikel 23 lit g HLKO, in Betracht gezogen werden. Dies kann bei Kulturgütern immer ausgeschlossen werden.

Dementsprechend entzieht Artikel 56 II HLKO „Werke der Kunst und Wissenschaft“ dem allgemeinen Kriegsgeschehen, wenn es nicht schlechterdings aus strategischen und militärisch-taktischen Überlegungen eng mit ihm verbunden ist. Artikel 56 HLKO geht damit inhaltlich eindeutig über Artikel 46 HLKO hinaus, der zu einer bloßen Achtung (Respektierung) des Privateigentums im besetzten Gebiet aufruft.[800]

Entnahmerechte des Besatzers, wie sie in der Haager Landkriegsordnung in der Kontribution (als materielles Recht und der Steuerkontribution) sowie der Requisition zur Sicherung militärischer Ziele vorgesehen waren, können bei Kulturgütern nicht existieren, weil sie keinen militärischen Zwecken dienen können.[801]

2. Der Begriff der Plünderung in der HLKO

In Artikel 47 HLKO wird festgehalten: „Die Plünderung ist ausdrücklich untersagt.“ *Strupp*[802] zieht zur Definition des Begriffs der Plünderung die Bestimmungen des Strafrechts des besetzenden Staates heran. § 129 des deutschen Militär-Strafgesetzbuchs versteht darunter die „Benutzung des Kriegsschreckens unter Missbrauch seiner militärischen Überlegenheit“ im unmittelbaren Zusammenhang zur offenen Wegnahme oder Abnötigung eines Gegenstandes des „Landeinwohners.“ Eine solche Auslegung des Plünderungsbegriffs ist mit Sicherheit als zu eng anzusehen, beschränkt sie sich doch nur auf solche Plünderungen, die vom deutschen Militärstrafgesetzbuch als sanktionswürdig betrachtet wurden. Der Begriff der Plünderung des Artikels 47 muss vielmehr im Lichte des Völkerrechts gedeutet werden, das hierfür die englischen Ausdrücke „pillage, plundering, looting, sacking“ kennt. Im weiteren Sinne bedeutet dies die unbe-

---

799 Nahlik RdC 1967, 93, betont in seinen Ausführungen die Sonderstellung der „biens culturels“ in Artikel 56.

800 In die selbe Richtung Maschke Das Krupp-Urteil 34f., der ausführt, das die Achtung des Privateigentums im Kriege sich nur auf die Gegenstände beschränken kann, die für die Kriegsführung und ihren Erfolg ohne jeden Einfluss sind, ibid., 37 (*Maschke* begründet damit ungewollt die besondere Verwerflichkeit des Kunstraubs im besetzten Gebiet).

801 Korbmacher befasst sich in seiner Dissertation (Tübingen, 1956) sehr eingehend mit möglichen Entnahmerechten des Okkupanten, siehe dort S. 51ff. (die Rechtfertigung von Entnahmerechten).

802 Strupp 104f.

rechtigte Ansichnahme feindlichen Eigentums mit oder ohne Gewalt[803], mithin die unberechtigte Aneignung von Gegenständen, wie es außerhalb kriegerischer Handlungen als Raub oder Diebstahl beschrieben würde.[804] Vom Plünderungsbegriff umfasst ist desgleichen die entschädigungslose Zwangsenteignung (Konfiskation) privaten Eigentums und deren Einverleibung in das Nationaleigentum durch einen Souveränitätsakt, der nicht durch militärische Notwendigkeiten des besetzenden Staates gerechtfertigt werden kann (entsprechend der Legaldefinition in Artikel 146 Absatz 7 Genfer Konvention IV von 1949).

Durch eine systematische Vorgehensweise der Besatzungsmacht wird schließlich die Würdigung dieses Vorgangs als ein Kriegsverbrechen im Sinne des Artikels 6 lit b der IMT- Charta denkbar: Eine Plünderung (spoilation, plunder) in kriegerisch besetzten Gebieten wird dann zu einem *Kriegsverbrechen* nach Artikel 6 lit. b des IGH-Statuts, wenn sie als systematische wirtschaftliche Plünderung anzusehen ist, die durch eine *systematische wirtschaftliche Ausbeutung* (exploitation) des besetzten Gebietes „ohne Rücksichtsnahme auf die örtliche Wirtschaft und in Verfolg vorbedachter Planung und Politik" gekennzeichnet ist.[805]

Korbmacher deutet dies als eine Eingrenzung auf die wirtschaftlichen Eingriffsbefugnisse im Sinne einer *wirtschaftlichen* Ausbeutung, die unter anderem durch Plünderungen begangen werden, die gleichwohl mit dem klassischen Begriff der Plünderung nicht mehr viel gemein haben.[806] Tatsächlich spiegelt der Kunstraub in den besetzten Gebieten aber ohnehin den klassischen Plünderungsbegriff wieder, weshalb ein Verstoß gegen Artikel 47 HLKO sowohl bei Beute- wie bei der Raubkunst (bei Wegnahmen jüdischen Eigentums in den besetzten Gebieten) bedenkenlos bejaht werden kann.

III. Anwendbarkeit der HLKO in den Besatzungszonen nach 1945

1. Das Besatzungsstatut

Der Kunstraub setzte sich auch während der Besetzung Deutschlands nach der bedingungslosen Kapitulation in den Besatzungszonen, insbesondere in den Auslagerungsorten und Museen der sowjetischen Besatzungszone (SBZ) fort. In der Beutekunstdebatte stellte sich die russische Föderation bereits wiederholt auf den Standpunkt, dass die „Verlagerung" von Kulturgütern rechtens gewesen sei, da diese unter einer Besetzung sui generis[807] stattgefunden habe und insbe-

---

803 Steinkamm in Bernhardt IV, Begriff „pillage" S. 1029.

804 Korbmacher 129ff., insbesondere 131 und 137.

805 IMT Band 1, 267 und IG-Farben-Prozess, 71 und 71.

806 Korbmacher 137.

807 Jedenfalls waren sich die Rechtsgelehrten auf alliierter Seite einig, dass es sich keinesfalls

sondere durch spezifische alliierte Erlasse gedeckt seien.[808] Auch wurde die Ansicht vertreten, dass die Sowjetunion als Nachfolger des zaristischen Russlands als Vertragspartner der HLKO ausscheide, weil sie eine staatliche Identität mit dem zaristischen Russland abgelehnt habe[809]. Dem kann nicht gefolgt werden: Zum einen war die Sowjetunion nach den Grundsätzen der Staatensukzession an die Regelungen der HLKO gebunden, auch wenn sie sich politisch und psychisch von ihrem staatlichen Vorgänger durch die Russische Revolution von 1917 distanziert hatte. Zum anderen hat der russische Richter des Internationalen Militärtribunals in Nürnberg die Anwendung der HLKO gegen die Maßnahmen des deutschen Aggressors befürwortet.

Nach Teilen der Literatur scheidet eine direkte oder analoge Anwendung der HLKO aus, weil der Regelungszweck keine länger andauernde Besatzungszeit beinhaltet, die – begünstigt durch den Zustand der debellatio – gar zu Umgestaltungsmaßnahmen führt.[810] Hierfür sei die Haager Landkriegsordnung nicht ausgelegt, welche als Eingrenzung lediglich die vorübergehende Besetzung nur zur militärischen Überwindung des Siegers, nicht aber die Zeit nach endgültigem Ende der kriegerischen Auseinandersetzungen (ius post bellum) regele. Festgehalten werden darf indes schon jetzt, dass Wegnahmen in kriegerisch besetzten Gebieten nicht Fragen des Kulturgüterschutzes in Friedenszeiten betreffen.[811] Die Frage der Anwendbarkeit der HLKO auf die Zeit nach der bedingungslosen Kapitulation des Deutschen Reichs und der Festlegung des rechtlichen Statuts

---

um eine kriegerische Besetzung (occupatio bellica) handeln könne (detaillierte Nachweise finden sich bei Nevelev 358). An die Stelle der HLKO würden vielmehr die alliierten Erlasse treten: „Whatever norms of international law that the victors considered they owed to themselves as civilized nations to apply to Germany" (ibid.).

808 Dies klingt auch im Ansatz in den Urteilen des russischen Verfassungsgerichts zum Beutekunstgesetz an, vergleiche dort 8 A II 1.

809 Von der Beck 155.

810 Wilfried Fiedler, Safeguarding of Cultural Property during Occupation, S. 175ff., in: Legal Aspects of International Trade in Art, International Sales of Works of Art, Vol. V, The Hague, 1996, auf den Seiten 175–183.

811 Den wesentlichen Anlass für eine Diskussion um die Notwendigkeit des Kulturgüterschutzes bildeten im Völkerrecht originär stets kriegerische Auseinandersetzungen zu Lande und zu Wasser. Die typischen Probleme, die sich in Friedenszeiten für Kulturgüter ergeben können, haben sich erst in den letzten Jahrzehnten deutlich gezeigt und haben in den internationalen Abkommen Eingang gefunden. Es handelt sich hier um den Schutz vor Umwelteinflüssen, Abgasen, Raubgrabungen und insbesondere dem illegalem Handel. Allerdings hat sich zum fraglichen Zeitpunkt noch keine consuetudo herausgebildet, die über eine Verlagerung von Kulturgütern in Friedenszeiten befindet, zählt doch die illegale Wegnahme von Kulturgütern zu dem Problem, das sich in Friedenszeiten gerade nicht stellt. Dementsprechend hat sich auch kein entsprechendes völkerrechtliches Gewohnheitsrecht herausbilden können. Man kommt daher nicht umhin, den Rechtstatus der Besatzungszeit näher festzulegen, weil ein Rückgriff auf allgemeine Erwägungen des Kulturgüterschutzes in Friedenszeiten im Völkergewohnheitsrecht aus dieser Zeit nicht zu gelingen vermag.

während der Besatzungszeit stellt sich damit weiterhin.[812] Vorab sollen zu diesem Zwecke die in der Diskussion häufig verwendeten Begriffe der debellatio und subjugation geklärt werden.

2. Debellatio und Subjugation

Das Bemühen, eine genaue völkerrechtliche Einordnung der Besetzung Deutschlands vorzunehmen, verstellt einen unbefangenen Blick auf die Frage der Anwendbarkeit der Haager Landkriegsordnung: Die vollständige militärische Unterwerfung Deutschlands (*Subjugation*) ändert nichts an den Grundfesten des Gewohnheitsrechts und den Bestimmungen in der Haager Landkriegsordnung.[813] Insbesondere begründete auch diese Subjugation kein Beuterecht.[814] Zwar verwirklichte die Erklärung der bedingungslosen Kapitulation am 8. Mai 1945, nachdem Deutschland *militärisch völlig zerschlagen* worden war, den Rechtszustand der *debellatio*[815], welche das Recht zur Annexion gewährt[816]: Deutschland hatte zu dieser Zeit überhaupt keine staatliche Führung.[817]

Bei allen dogmatischen Feinheiten, welche die Subjugation oder die debellatio mit sich bringen, bleibt festzuhalten, dass diese nach keiner Betrachtungsweise

---

812 Zunächst ist zu klären, ob das Gewohnheitsrecht im Hinblick auf diese Entwicklungslinien von einer so herausragenden Stellung von Kulturgütern ausging, dass es ein generelles Plünderungsverbot von Kulturgütern ungeachtet einer Qualifikation des Kriegszustandes formulierte. Dies wäre in jedem Fall zu bejahen, wenn selbst für Zeiten des Friedens eine entsprechende Regelung gelten würde, obgleich eine solche Regelung wegen einer wesentlich geringeren Gefahrenlage mit größerer Zurückhaltung entwickelt würde: Würde sogar für Friedenszeiten ein entsprechendes Verbot vorliegen, so wäre eine nähere Festlegung darüber entbehrlich, ob es sich in der Besatzungszeit noch um eine occupatio bellica im Sinne der Haager Landkriegsordnung gehandelt hat. Konventionen, wie sie seit 1954 verabschiedet wurden, und einen Restitutionsamspruch bei illegal verlagerten Kulturgütern zu Friedenszeiten vorsahen, gab es aber wie gesehen nicht. Es besteht von daher die Notwendigkeit, auf das völkerrechtliche Besatzungsstatut näher einzugehen.

813 Zu nennen ist in diesem Zusammenhang die Londoner Erklärung vom 5.1.1943, die eine klare Ächtung der Wegnahme von Kulturgütern in besetzten Gebieten ausspricht. Auch zählen „Plünderungen von öffentlichem und privaten Eigentum ... die nicht durch militärische Notwendigkeiten gerechtfertigt" waren nach Art. II Ziffer 1 lit. B des alliierten Kontrollratsgesetzes Nr. 10 vom 20.12.1945 zu den Kriegsverbrechen. Schließlich wertete auch das Nürnberger Militärtribunal die Verstöße gegen Artikel 42ff. HLKO als Kriegsverbrechen.

814 Völkerrecht wird nicht dadurch aufgehoben, dass ein Staat einmal dagegen verstoßen hat, Langen/Sauer 9.

815 Zum Begriff Meyn in EPIL, Instalment 1, S. 970, der betont, dass die debellatio ursprünglich eines der Mittel zu gewaltsamen territorialen Veränderungen (Gebietserwerb) war.

816 Es gibt sogar eine Lehrmeinung, welche die Elemente der Subjugation mit der debellatio verbindet, siehe hierzu Nevelev 370.

817 Wiprecht von Treskow, Der Begriff der Debellatio, Diss. 1965, bietet auf den Seiten 112f. einen Überblick über die Lehrmeinungen, siehe auch Fiedler 36.

eine Ermächtigung zur Wegnahme deutscher Kulturgüter während der Besatzungszeit begründen.[818] Sie bilden nämlich erst die Grundlage für die Schaffung von Ermächtigungsgrundlagen und der Ergreifung weiterer Maßnahmen. Die Alliierten haben hiervon indes jedenfalls nicht Gebrauch gemacht.[819]

3. Völkerrechtliche Modelle zum Besatzungsstatut in Deutschland nach dem Zweiten Weltkrieg

In der Rechtslehre ist direkt nach Ende des Zweiten Weltkriegs der Versuch unternommen worden, das äußerst vielschichtige besatzungsrechtlichen Statut Deutschlands in griffige Formeln aus völkerrechtlicher Sicht zu fassen. Keine völkerrechtliche Einordnung (oder „Qualifikation"[820]) vermochte indes bislang den Rechtsstatus der Alliierten während der Besatzungszeit abschließend und zutreffend zu würdigen. Dies zeigt sich bereits an den bekanntesten Modellen:

- Das Treuhandmodell[821]
- Die Interventionsbesetzung[822]
- Lehre der Doppelnatur: Bindung an HLKO im treuhänderischen Modell unter Achtung deutscher Staatsgewalt[823]

Keines der oben genannten Modelle kann indes die grundlegenden Wertungen des Völkergewohnheitsrechts ignorieren.[824] Auf eine genaue Qualifikation des rechtlichen Status Deutschlands nach dem 8. Mai 1945 kann es aber nur ankommen, wenn diese Qualifikation des Besatzungsstatuts dann das schon durch die HLKO gewohnheitsrechtlich begründete Beuteverbot inhaltlich außer Kraft setzen würde. Insoweit kommt es entgegen einer bisweilen artikulierten Litera-

---

818 Nevelev 370 mwN.

819 Nevelev 371, Pienkny 257f. mwN.

820 Dieser Termius ist in diesem Zusammenhang freilich nicht aus kollisionsrechtlicher Sicht zu begreifen.

821 Sauser-Hall, L'occupation d'Allemagne, S. 36.

822 Zinn SJZ 1947, 4.

823 Grewe 23 betont, dass die Grundsätze der HLKO als völkerrechtliches Minimalprogramm auf jeden Fall bestehen bleiben, kamen die Alliierten doch auf Jalta überein, „eine Weltordnung des Rechts zu schaffen, die dem Frieden, der Sicherheit und dem allgemeinen Wohl der Menschheit gewidmet ist."

824 Im Prinzip geht es um die Beurteilung von völkerrechtlichen Verhältnismäßigkeiten unter Berücksichtigung der allgemeinen völkerrechtlichen Sachlage. Dabei bleibt es gleich, ob nun ein Zustand der debellatio (der völlige Verlust staatlicher Leitungsmacht) erreicht ist oder nicht, weil der Grundsatz völkerrechtlicher Verhältnismäßigkeit als fundamentales Rechtsprinzip zu allen Zeiten lebt und beachtet werden muss. In Kriegszeiten findet dies im Mäßigungsgebot einen deutlichen Ausdruck. Warum in Zeiten der Besatzung oder einer vergleichbaren Lage etwas anderes gelten sollte, müsste erst einmal erklärt werden; die Logik verbietet aber eine entgegenstehende Wertung.

turansicht[825] nicht primär auf die Frage des Fortbestandes des Deutschen Reiches an, welche die Grundlage für die Anwendbarkeit der Haager Landkriegsordnung zur Bewertung des Kulturgutraubs in einem kriegerisch besetzten, aber doch souveränen Gebiete bildet.

Die eigentliche Frage lautet, ob während und durch die Besetzung Deutschlands allgemeine Grundsätze des Völkerrechts und das Gewohnheitsrecht so weit aufgehoben oder suspendiert waren, dass plötzlich wieder die praeda bellica, das Beuterecht, wieder aufleben konnte. Selbst wenn nämlich das Deutsche Reich – auch nur für kurze Zeit – im völkerrechtlichen Sinne nicht existiert haben sollte, bedürfte es immer noch einer Eingriffsermächtigung auf dem Boden des Völkerrechts.[826]

Geht man aber von dem unstreitigen Kernbestand der rechtswissenschaftlichen Diskussion aus, dass es sich in der Tat um eine Besatzungsform *sui generis*[827] handelte, die durch die Einmaligkeit der damaligen historischen Situation geschaffen worden war, verbleibt nur noch die Frage, ob diese rechtlich nur schwer abschließend zu beschreibende Situation eine Sondersituation in der Behandlung von privatem und öffentlichen Eigentum im besetzten Deutschland begründete. Dies kann entschieden verneint werden.

Die von den Alliierten gesteckten Ziele der Umgestaltung und Entnazifizierung Deutschlands berühren keine Eigentumsfragen, die sich auf Kulturgüter außerhalb der NS-Kriegsbeute- und Erwerbungen beziehen. Überhaupt hatte der Kunstraub mit den unter den Alliierten vereinbarten Zielen, so auch der Rückstellung der von den Nationalsozialisten geraubten Kulturgüter, nichts gemein.

Gerade deshalb kann man sagen, dass im Plünderungsverbot des Artikel 56 HLKO ein gewohnheitsrechtlich[828] verwurzeltes, fundamentales Rechtsprinzip

---

825 Pienkny 262 mwN, wohl auch Stumpf 207–209, 227–229.

826 So auch Pienkny 248 ff., der die verschiedenen Eingriffsgrundlagen (allgemeines Besatzungsrecht, Kontrollratsproklamation Nr. 2 vom 20. September 1945) näher untersucht und zum Schluss kommt, dass diese keine Berechtigung zum Beutemachen im besetzten Gebiete bildeten.

827 Das Verständnis für die Vielschichtigkeit des Problems wird dadurch gefördert, wenn man sich die Ziele der alliierten Besatzungsmächte nach dem zweiten Weltkrieg vor Augen hält: Sequestration, Intervention, Entnazifizierung sowie wirtschaftliche Sicherung, vergleiche Turner in Fiedler 113, Grewe 120.

828 Die Bildung des Gewohnheitsrechts zeugt von dem Bedürfnis der Staaten, in (zumeist) vertraglich nicht geregelten Fällen auf einen Obersatz zurückzugreifen, der sich zwischen den Staaten als „rechtens" durchgesetzt hat. Einen Rückschluss hierauf vermag dem Rechtsanwender dann gelingen, wenn er eine gewisse Übung eines bestimmten Verhaltens zwischen den Staaten festzustellen vermag. Dies kann auf diplomatischen Noten, aber auch auf konkludentem Verhalten beruhen. Gleichwohl ist es bislang keiner Theorie gelungen, eine abschließende und überzeugende dogmatische Begründung dafür abzugeben, wie, wann und warum völkerrechtliches Gewohnheitsrecht entsteht, vergleiche nur das Resümee

liegt, dass unbeschadet der Anwendbarkeit der Haager Landkriegsordnung im Hinblick auf bestimmte Umgestaltungsmaßnahmen eine unverrückbare Rechtsposition begründet.[829]

Gestützt durch die Unesco Konvention von 1970 und die Haager Konvention von 1954, die von einem Fortbestand der HLKO nach dem Ende des zweiten Weltkrieges ausgehen[830], ist weiter anzumerken, dass die HLKO insoweit eine unbeabsichtigte Regelungslücke enthält: Zum Zeitpunkt ihres Entstehens zwischen 1899 und 1907 konnte nicht von einer solch rasanten Entwicklung in der Waffentechnik zur Kriegsführung ausgegangen werden. Die HLKO war zu einer Zeit vereinbart worden, in welchen die kriegerischen Mittel durch den damaligen Stand der Waffentechnik begrenzt waren (kein Luftkrieg, keine Massenvernichtungswaffen etc.). Daher reglementierte die HLKO auch nicht den Zustand einer länger andauerten Besatzung, weil man nach bisheriger Erfahrung davon ausging, dass nach Ende des Krieges keine lange Besatzung erforderlich sein würde.[831]

Die in den Regelungen der HLKO zum Ausdruck kommenden Rechtsgedanken sind deshalb auch in der Zeit nach Ende des Zweiten Weltkriegs *unmittelbar* anwendbar. Kann man dieser Auffassung nicht folgen[832], so verbliebe für den Falle einer Besetzung eines fremden Territoriums wie in der Besatzungszeit nach dem Zweiten Weltkrieg ein völkergewohnheitsrechtlich in gleicher Ausprägung entwickeltes Beuteverbot[833] mit den gleichen Folgen wie in der Haager Landkriegs-

---

Kirchners 207. Der Rechtsanwender wird sich daher damit begnügen müssen, eine opinio iuris herauszuschälen, die den Beleg für die Existenz einer völkerrechtlichen Norm abliefert. Die Bildung eines gewohnheitsrechtlichen Obersatzes greift daher auf vorhandene Erkenntnisquellen zurück, die in einer wertenden Gesamtschau den Rückschluss auf eine consuetudo zulassen. In unserem Falle sind dies insbesondere Dokumente, die eine bestimmte Rechtsansicht vertreten, ohne aber eine allgemeine Verbindlichkeit für sich beanspruchen zu wollen. Man wird dabei aber berücksichtigen müssen, ob ein Staatenteil der Völkergemeinschaft eine abweichende Absicht offen vertreten und entsprechend getätigt hat, wodurch er vom Geltungsbereich des Gewohnheitsrechts befreit werden könnte (sogenannter persistant objector).

829 In eine ähnliche Richtung, aber mit divergierender Begründung: Turner in Fiedler 115.

830 Fiedler in Reichelt 73.

831 Unverhau 40.

832 So auch Pienkny 272, der aber darauf selbst auf den weiten Anwendungsbereich der Marten'sche Klausel und das zum Beuteverbot manifestierte Gewohnheitsrecht verweist (S. 273).

833 In der Rechtslehre konnte keine Einigung darüber erzielt werden, zu welchem Zeitpunkt sich ein Völkergewohnheitsrecht fest herausgebildet hat, dass sich endgültig von dem Gedanken des res nullius verabschiedet hat und deshalb von einem strikten Verbot des Beutemachens und der Plünderung im Landkriege ausgeht. Dies ist aufgrund der abweichenden Ansichten in der völkerrechtlichen Literatur zur Legitimität des Beuterechts im ausgehenden 19. bis hinein in das 20. Jahrhundert nur allzu leicht verständlich. Trotzdem kann der

ordnung.[834] Schließlich ist es einhellige Ansicht, dass die kulturgüterschutzrechtlichen Bestimmungen der HLKOen kodifiziertes Gewohnheitsrecht darstellen, womit die Regelungen auch für diejenigen Staaten gelten, die nicht Vertragspartner der Haager Landkriegsordnung wurden.[835]

Beginn eines entsprechenden Gewohnheitsrechts bereits mit den Rückführungsverhandlungen nach den Feldzügen Napoleons im Jahre 1815 angesetzt werden. Denkbar ist es aber auch, das Jahr 1850, den Lieber Code aus dem Jahre 1863 oder auch die Brüsseler Erklärung von 1874 als Einsatzzeitpunkt anzusehen. Der Entzug der in Frage kommenden Kulturgüter fand aber viel später, nämlich im Zeitraum zwischen 1939 und 1949 statt. Deshalb muß sich erst zu diesem Zeitpunkt das Gewohnheitsrecht entsprechend manifestiert haben. Eine Diskussion über den Zeitpunkt des Entstehens des Gewohnheitsrechts im Bereich der Kriegsbeute in den vorherigen Jahrzehnten (also seit dem Wiener Kongress bis zum Entstehen der Haager Landkriegsordnung) ist aus diesem Grunde nicht notwendig, vergleiche zum Ganzen Engstler 91, Buhse 1ff. und zur Entwicklung im Einzelnen Jenschke 113–192.

834 Bei der Suche nach einem gemeinsamen Obersatz des Völkergewohnheitsrechts ist es notwendig, den oder die kleinsten gemeinsamen Nenner herauszuarbeiten, welche von den beteiligten Staaten akzeptiert wurden. Hier ist zunächst der Gedanke der Trennung des Privateigentums vom staatlichen Eigentum zu nennen. In kriegerischen Auseinandersetzungen solle das Privateigentum geschont werden, da der Krieg als solcher nur zwischen den Staaten geführt wird. Nachdem dieser Gedanke von Jean-Jaques Rousseau zunächst auf wenig Gegenliebe stieß, vermochte er sich in der ersten Hälfte des 19. Jahrhunderts nach den Stellungnahmen Crokes, Castelereagh endgültig durchzusetzen. Eine weitere Entwicklungslinie beginnt mit der Äußerung von Hugo Grotius, der nach dem Kriegsnutzen des Handelns der Beteiligten fragt (Postulat nach der Mäßigung im Kriege). Auch die Erkenntnis, daß das Beutemachen ein schwerwiegendes psychologisches Gefahrenmoment zwischen den Staaten bildet, welche die Gefühle des Triumphes und der Niederlage sehr ungünstig zementiert, rief zu einer Neubewertung der Bedeutung von Kulturgütern in den Nationalstaaten auf. Führt man diese Gedanken zusammen, ergibt sich daraus die Frage, ob es nicht notwendig ist, Kulturgüter stets unabhängig von ihrer Eigentumszuordnung dem Privateigentum zuzuordnen, respektive diese dem Privateigentum gleichzustellen. Dieser Gedanke der Gleichstellung tauchte dann in Artikel VIII Absatz 1 der Brüsseler Erklärung auf und wurde in Artikel 56 II der Haager Landkriegsordnung fortgeführt. Klassischerweise wurden Wegnahmen von Kulturgütern als Maßnahme und Mittel der Kriegsführung angesehen und aus diesem Grunde in die Schranken des Kriegsrechts verwiesen. In der Ausrichtung an die Verwirklichung eigener Kriegsziele wurde der Raub von Kulturgütern deshalb zunehmend nur noch mit der Kriegsnotwendigkeit gerechtfertigt. Dieser Gedanke findet sich in den Artikeln 46, 52, 53, 56 HLKO. Bringt man deren Rechtsgedanken in der Phase der ius post bellum oder einen vergleichbaren Zustand zur Anwendung, so wird man danach fragen müssen, ob die Wegnahme von Kulturgütern für die Zielsetzungen der Besetzung geeignet, notwendig und angemessen ist. Dieser Gedanke der Verhältnismäßigkeit stellt einen integralen Bestandteil des völkerrechtlichen Gewohnheitsrechts nach Ende des Zweiten Weltkriegs dar, vergleiche zum Ganzen Turner in Fiedler 55, Fiedler 211, Streinz 43f., Schorlemer 262, Jenschke aaO.

835 Fiedler FS Doehring, 199 und 213; Engstler 223; Schorlemer 297f.

4. Artikel 56 HLKO und seine Anwendungsbereiche

Artikel 56 steht am Ende einer langwierigen Diskussion im neunzehnten und zwanzigsten Jahrhundert um das Kriegsbeuterecht[836], insbesondere im Bezug auf den Landkrieg.[837] Worin aber die aus dieser Entwicklung resultierenden Besonderheiten der Bestimmung liegen, sei in Kürze skizziert.

Artikel 56 HLKO stellt die erstmalige Kodifikation des humanitären Völkerrechts im Bereich des Kulturgüterschutzes auf breiter Basis dar. In diesem Artikel wird klargestellt, dass der Wegnahme von Kulturgütern eine über die Schrecken und Widrigkeiten des Krieges hinausgehende Bedeutung beizumessen ist, weil eine solche Handlung noch zusätzlich die geistige Substanz des beraubten Volkes angreift.[838] Das Beuteverhalten der Nationalsozialisten im Osten (Polen, Russland) sollte genau diesem Schutzgedanken in eklatanter Art und Weise widersprechen. Nunmehr bleibt zu klären, welche Entzugsformen von Artikel 56 erfasst sind.

a. Klassische Wegnahmehandlung

Unproblematisch ist die offene Wegnahme im direkten Zusammenhang mit kriegerischen Handlungen im besetzten Gebiet. Dabei kommt es auch überhaupt nicht darauf an, welche Organisation des besetzenden Staates hierfür federführend ist. So sind alle Fälle der offenen Entzüge durch die verschiedenen nationalsozialistischen (Kunstraub-)Organisationen ebenso wie die Plünderungen durch sowjetische Trophäenbrigaden als Verstoß gegen Artikel 23 h, 43, 46, 47, 56 zu werten.

Nach Artikel 56 macht es auch keinen Unterschied, ob es sich hier um klassische Beutekunst, also Kultureigentum des besetzten Staates oder um – jüdisches – Privateigentum handelt, dass der Fallgruppe der verfolgungsbedingt entzogenen Kulturgüter zugeordnet wird.[839] Bereits die Rechtsprechung durch das internationale Militärtribunal in Nürnberg hat dieses Verhalten in den Zusammenhang eines Verbrechens gegen die Menschlichkeit gebracht, um der besonderen Schwere und Tragweite dieses Plünderungsprozesses gerecht zu werden.[840]

---

836 Fiedler Kriegsbeute 24, ders. in: FS Doehring 203.

837 Zur Entwicklung des Verbots des Beutemachens bis hin zu Artikel 56 vergleiche oben im ersten Kapitel, A IV 1–4.

838 Fiedler Kriegsbeute 25.

839 Nach Ansicht Korbmachers auf S. 49 soll Artikel 56 HLKO jedoch nicht zu Gunsten von Gemeinden und gleichgestellten Gebietskörperschaften gelten, da diese nicht in Artikel 56 II erwähnt seien. Tatsächlich ist dies bereits aufgrund des Wortlauts des Artikel 56 II nicht zutreffend, da eine Unterscheidung nach Bund, Ländern und Gemeinden dort gar nicht vorgenommen wird: „Werke der Kunst und Wissenschaft“ werden ungeachtet einer Sachzuordnung zu einer bestimmten Gebietskörperschaft unter Schutz gestellt.

840 So bereits der Oberste Gerichtshof für die britische Zone in OGHSt 1, 13 und das amtliche

b. Umgehungsgeschäfte unter Ausnutzung der Zwangslage

Als Umgehungstatbestände unter Ausnutzung einer gegenwärtigen, nicht anderweitig abwendbaren Zwangslage sind solche anzusehen, die im Gewande rechtsgeschäftlicher Handlungen unter Ausnutzung des Statuts als besetzende und damit militärisch und faktisch beherrschende Macht auftreten. Bekannte Fälle sind die Ankäufe, die Hans Posse für den Aufbau des Linzer Museums sowie weitere Museumsdirektoren (etwa der damalige Direktor Richard Förster vom Wallraf-Richartz-Museum zu Köln[841]) in den besetzten Gebieten tätigte und in vielen Fällen des Besatzerhandelns der Nationalsozialisten in der Weltkunststadt Paris. Die geschriebenen Bestimmungen der Haager Landkriegsordnung erfassen solche Verhaltensweisen, die ersichtlich seine Umgehung beinhalten, indes nicht. Dies haben die Alliierten erkannt, als sie in der Londoner Erklärung den Vorbehalt aussprachen, die Nichtigkeit solcher scheinbar legalen Transaktionen zu erklären. Wie aber bereits ausgeführt wurde, entfaltete die Londoner Erklärung keine weiter reichende völkerrechtliche Bindungswirkung.[842]

Ein Lösungsansatz könnte aber in einer großzügigen Auslegung der Marten'schen Klausel liegen. Nach ihr sollen die allgemeinen Grundsätze des Völkerrechts auch in den Fällen angewendet werden, in welchen die Haager Landkriegsordnung keine ausdrückliche Regelung getroffen hat, obwohl das öffentliche Gewissen gleichermaßen berührt ist. Es würde aber zu weit gehen, die Martensche Klausel in der Fallgruppe der scheinbar legalen Rechtsgeschäfte zur Anwendung zu bringen: Die Klausel bezieht sich auf unvorhersehbare Entwicklungen in kriegerischen Auseinandersetzungen im Völkerrecht[843], nicht aber auf mögliche zivilrechtlich geprägte Umgehungstatbestände.

Bei einer Handlung, die den Plünderungsakt im Sinne des Artikels 56 II HLKO umgehen soll, kann aber parallel auf dem Boden der hierfür nach der situs-Regel berufenen Zivilrechtsordnung vorgegangen werden. So verstoßen die Zwangsankäufe auf deutschem Boden gegen § 138 II BGB oder sind auf Grundlage des § 123 I BGB anfechtbar.[844] Eine entsprechende Regelung findet sich etwa im französischen Recht in Art. 1111 Code civile.[845]

Deutsche Protokoll zum IMT, XI, S. 28114; für die historischen Hintergründe sei hier erneut auf die entsprechenden Ausführungen zu Beginn der Abhandlung verwiesen.

841 Siehe Terlau in KK II (Konferenzbericht „Museen im Zwielicht"), S. 23ff.

842 Siehe hierzu 3 B I.

843 Zur *völkerrechtlichen* Interpretation der Hauptelemente der Martens'schen Klausel Schircks 81–128.

844 Hierzu noch ausführlich im folgenden Kapitel unter 5 B IV.

845 Das Beutegebaren der Nationalsozialisten in Russland kannte keine derartigen Verhaltensweisen: Ankäufe des Feindeigentums kamen hier von vornherein nicht in Frage.

IV. Die Anspruchsgrundlage

Artikel 3 HLKO[846] der Haager Landkriegsordnung regelte erstmals eine völkerrechtliche Haftung für aus Kriegsrechtsverletzungen entstandene Schäden.[847] Er legt die Verantwortlichkeit eines Staates gegenüber neutralen und feindlichen Privatpersonen fest, welche Schäden aus Handlungen der Streitkräfte im Widerspruch zur Haager Landkriegsordnung erlitten haben.[848] Der deutsche Autor dieser Bestimmung, General von Gündell, stellte bereits auf der zweiten Konferenz in Den Haag im Jahre 1899 klar, dass diese Bestimmung aus dem Grundsatz des Privatrechts entstamme, der eine Haftung für denjenigen begründe, welcher sich vorsätzlich oder fahrlässig gegen schutzwürdige Interessen eines anderen zuwider verhalten habe.[849] Die Verpflichtung zum verschuldensunabhängigen Schadensersatz im Sinne einer *Gefährdungshaftung*[850] beruht dann allein auf der Verletzung des Kriegsrechts, so etwa der Artikel 46 und 56 HLKO.

Der Anspruch auf Rückgabe von kriegsbedingt verlagerten Kulturgütern unter Verletzung der Bestimmungen der Haager Landkriegsordnung ist damit ein direkter Ausfluss des allgemeinen Wiedergutmachungsanspruches völkerrechtlichen Unrechts[851] aus Artikel 3 HLKO.[852] Das Kriegsvölkerrecht der Haager Landkriegsordnung begründet eine Staatenverantwortlichkeit für Plünderungen, sofern feststeht, dass die Verletzung des Kriegsrechts von einer Person verübt wurde, die dem betroffenen Staate in der Ausübung kriegsrechtlich relevanter Handlungen über den Kombattantenstatus hinaus zu*geordnet* (und nicht etwa zugerechnet) werden kann.[853] Artikel 3 HLKO ist also als erster – wohlweislich völkerrechtlicher – Schritt in Richtung auf eine zivilrechtliche Haftung für Kriegsrechtsverletzungen anzusehen.[854]

---

[846] Diese Norm gehört zur „eigentlichen" Haager Landkriegsordung. Alle anderen in dieser Arbeit besprochenen Normen sind im Abschnitt *Anlage zum Abkommen Ordnung der Gesetze und Gebräuche des Landkriegs* enthalten.

[847] Die Norm lautet wie folgt: „Die Kriegspartei, welche die Bestimmungen der bezeichneten Ordnung verletzen sollte, ist gegebenen Falles zum Schadensersatze verpflichtet. Sie ist für alle Handlungen verantwortlich, die von den zu ihrer bewaffneten Macht gehörenden Personen begangen werden."

[848] Morgenbesser 34.

[849] Eichhorn 54, Actes et documents de la deuxième Conférence internationale de la Paix, Bd. 3; Den Haag 1907, 145.

[850] Berber, Völkerrecht, Bd. II, 98 und 238 mwN.

[851] Engstler 224.

[852] Körbs. 138, 146, Schorlemer, stolen art, 317, 319 und Höhn 26, 27.

[853] Vergleiche Artikel 2 HLKO.

[854] Eichhorn, S. 60.

1. Staatenverantwortlichkeit für Privatplünderungen

Eine Privatplünderung außerhalb dieses Haftungsregimes ist nur dann anzunehmen, wenn er gänzlich außerhalb der typischen Kriegshandlungen einer besetzenden Macht liegt („Diebesbeute"). Nach einer Ansicht sei danach zu unterscheiden, ob die Wegnahmen auf Grundlage von Befehl und Verordnung (so insbesondere Enteignungsgesetze) oder ohne offizielle Ermächtigung und hoheitliche Enteignungsgrundlagen erfolgt sind. Im letzteren Falle könne nicht auf völkerrechtlicher Grundlage, sondern nach strafrechtlichen Kriterien und dem Sachenrecht des Verbleiblandes entschieden werden.[855]

Werden aber Raubeinheiten und Trophäenbrigaden zum Zwecke der Wegnahme von Kulturgütern in kriegerisch besetzten Gebieten eingeschaltet, schafft ein Staat von vornherein eine solche Gefährdungslage, dass er sich nicht auf Exzesse Einzelner im Zusammenhang mit anderen militärischen Handlungen berufen kann, die operativ zufällig gerade nicht der Wegnahme von Kulturgütern dienen. Aus diesem Grunde ist unter dem Eindruck des Kriegs- und Besatzungsgeschehens eine materielle Gefährdungshaftung des Deutschen Reiches und der Sowjetunion auf Grundlage von Artikel 3 HLKO auch dann zu befürworten, wenn kein Zusammenhang mit den Handlungen zu Raubeinheiten festzustellen ist. Umgekehrt ist die Frage einer Haftung nach Artikel 3 HLKO bei den Staaten differenziert zu untersuchen, die den Kunstraub während der kriegerischen Besetzung nicht organisiert betrieben haben, so insbesondere das Vereinigte Königreich, Frankreich und die Vereinigten Staaten von Amerika.[856] Diesen können nur im Fall der ausdrücklichen Duldung und Billigung von Plünderungen gemäß Artikel 3 HLKO zur Verantwortung gezogen werden, weil dort unter Umständen vereinzelte Exzesse von Mitgliedern der bewaffneten Streitmächte im Sinne des Artikels 2 HLKO vorgekommen sind. In solchen Privatexzessen liegt in der Tat kein Verstoß gegen geltendes Völkerrecht, sondern ein rein nach privat- und strafrechtlichen Kategorien zu beurteilender Vorgang. Für das anzuwendende Recht wäre dann zu entscheiden, ob auf dem Ort der Handlung oder des derzeitigen Verbleibs abzustellen ist, was davon abhängt, ob zivil- oder strafrechtliche Schritte eingeleitet werden sollen.[857]

---

[855] WERNER in Ministerium für Kultur der Russischen Föderation, Die sachenrechtliche Zuordnung von Raub- und Beutekunst, 263 und 265.

[856] Allerdings ist das Verhalten der US-amerikanischen Besatzer in dieser Hinsicht historisch zu wenig erforscht, um sie mit Sicherheit aus einer völkerrechtlichen Haftung nach Artikel 3 HLKO entlassen zu können. Zudem gibt es mittlerweile zu viele Anhaltspunkte, die auf eine Duldung der Plünderung durch eigene Streitkräfte hindeuten, so etwa im Fall des Raubes des Quedlinburger Domschatzes durch Jack Meador (vgl. bei 7 A I 3).

[857] In strafrechtlicher Hinsicht wäre dies in der Regel der Tatort (lex loci delicti comissi); in kollisionsrechtlicher Hinsicht grundsätzlich der momentante Belegenheitsort (lex re sitae).

2. Rauborganisationen als Kombattanten nach Artikel 3 HLKO

Nach Artikel 3 HLKO (in der Anlage Ordnung der Gesetze und Gebräuche des Landkrieges) bewirken nur die Handlungen der „zur bewaffneten Macht gehörenden Personen“ die völkerrechtliche Verantwortlichkeit. Man könnte nun auf den Gedanken kommen, dass die nationalsozialistischen Rauborganisationen oder auch die Trophäenbrigaden dieser Kombattantengruppe nicht angehörten, haben sie sich doch in der Regel nicht unter Waffeneinsatz an den offenen Feindseligkeiten beteiligt.

Das Kriegsrecht, so auch die HLKO, kennt nur die Unterscheidung Kombattant-Nichtkombattant.[858] Die Angehörigen dieser Rauborganisationen waren aber funktionell gerade nicht Soldaten, sondern ausgebildete Kunsthistoriker, Bibliothekare, Archivare etc. Deshalb wurden sie in der Regel erst dann eingesetzt, wenn der Besetzungsstatus so gesichert war, dass ein Zugriff auf die Kulturgüter weitgehend ungehindert erfolgen konnte. Im Lichte der Artikel 2 in Verbindung mit Artikel 42ff. HLKO, der die Grenzen der occupatio bellica regelt, darf indes der Begriff „zur bewaffneten Macht gehörende Personen“ nicht eng ausgelegt werden. Dies zeigt sich bereits daran, dass die zur Plünderung ermächtigten Einheiten rein äußerlich einen militärischen Status innehatten: Der ERR, das Ahnenerbe und auch weitere Sonderkommandos trugen, wie bei den Nationalsozialisten üblich, Uniform. Das gleiche gilt für die am Kunstraub beteiligten Personen der Westalliierten und der Sowjetunion: Die Mitglieder der Trophäenbrigaden bekamen zur besseren Durchsetzung ihres Anliegens hohe militärische Ränge; sie waren „Kunsthistoriker in Uniform“.

Das erhellt, dass die Funktion etwa des ERR[859] und des Einsatzkommandos Künsberg[860] in einem kriegsspezifischen Zusammenhang stand. Von daher ist allein entscheidend, dass die Wegnahme von Kulturgütern in den besetzten Gebie-

---

858 Zum Kombattantenstatus im Lieber Code und in der Brüsseler Deklaration Buss, der Kombattantenstatus, S. 135ff. und 151ff.

859 Durch Verfügung des Generalquartiermeisters des Heeres vom 30. September 1942 wurde die ERR zum Wehrmachtsgefolge erklärt (vgl. Dokument I/17 bei Ulrike Hartung, S. 25, 72: Oberkommando des Heeres – Gen St. D H/Gen Qu – Az. Abt.KVerw. (Verw) – Nr. II/11 564/42). In diesem Dokument und im Führererlass vom 1. März 1942 kommt die starke Vernetzung von ERR und Wehrmacht zum Ausdruck (vgl. Dokument I/16 bei Ulrike Hartung, S. 25, 71).

860 Vergleiche die „Dienstanweisung für die Vornahme von Durchsuchungen in eroberten bzw. besetzten Feindstaaten“ an das Sonderkommando Künsberg vom 25. Juli 1941 (abgedruckt als Dokument I/7 bei Ulrike Hartung, S. 25, 58f.): „1. Beim Eintreffen der deutschen Spitze hat der auf die betreffende Stadt eingesetzte Trupp des Einsatzkommandos mit in die Stadt einzurücken. Nur der sofortige Zugriff erhält wichtiges Material für die politische Kriegsführung. Das Einsatzkommando ist keine kämpfende Truppe, doch hat es mit allen Mitteln gegebenenfalls unter Waffenanwendung sich den Besitz der notwendigen politischen Unterlagen zu setzen. (...)“.

ten ein Mittel der Kriegsführung war, was sich aus Dekreten und Anweisungen Hitlers und auch Stalins leicht entnehmen lässt („kriegswichtige Aufgabe“).[861] Dass Wegnahmen von Kulturgütern Mittel der Kriegsführung sein können, hat die Haager Landkriegsordnung auch selbst gesehen, da Artikel 56 einen solchen Funktionszusammenhang erkennt und deshalb zur Ahndung anmahnt.[862]

3. Verlagerung von Kulturgütern wegen eines Sicherungsinteresses

Das Sicherungsinteresse wurde von allen Beteiligten des Kunstraubs gerne als Begründung für die Wegnahme von Kulturgütern angeführt.[863]

Abgesehen von der Frage, ob die zu einer derartigen Sicherung notwendige Situation im Fall der „Verlagerung“ von Kulturgütern überhaupt gegeben war (dies wird man in so gut wie allen Fällen verneinen dürfen), bleibt es fragwürdig, ob eine solche „Sicherung“ im internationalen Recht eine Stütze findet. Zu denken wäre an eine völkerrechtlich gebotene Maßnahme des Kunstschutzes nach Artikel 27 HLKO. Hiernach sollen alle notwendigen Maßnahmen ergriffen werden, um „der Kunst … gewidmeten Gebäude“ zu schonen, wenn sie nicht gleichzeitig militärischen Zwecken dienen. Ausdruck dieses Schonungsgebots wäre die Auslagerung von Kunstgegenständen aus Gebäuden, bevor sie dem Angriff preisgegeben werden. Selbstverständlich sind die gesicherten Gegenstände hiernach wieder zurückzugeben. Dies ist eine originäre Aufgabe des Kunstschutzes des Angreifers.

Um die Tätigkeit des deutschen Kunstschutzes[864] im Zweiten Weltkrieg rankten lange Zeit phantasievolle Mythen.[865] Mittlerweile ist es gesichert, dass gerade der Kunstschutz im Westen zu Teilen Bestandteil des nationalsozialistischen Plünderungsapparates war. Von Vorkehrungen zur Sicherung des feindlichen Eigentums im Sinne des Artikels 27 HLKO kann unter Berücksichtigung der historischen Fakten[866] für den Regelfall aber keine Rede sein, sieht man einmal von dem Engagement *Graf von Metternichs* an der Westfront in Frankreich ab.

---

861 Vgl. z.B. den Führererlass Hitlers vom 1. März 1942 bezüglich des ERR (abgedruckt als Dokument I/16 bei Ulrike Hartung, S. 25, 71 und oben im ersten Kapitel).

862 In der Haager Konvention von 1899 hieß es sogar „muss geahndet werden“; die (IV.) Haager Konvention von 1907 schwächte dies auf eine Sollensnorm ab, vgl. Hönes 986.

863 Neben Deutschland und der Sowjetunion begründeten auch die Vereinigten Staaten die Verlagerung von 202 ausgesuchten Gemälden nach Washington mit diesem Argument, vergleiche hierzu oben im ersten Kapitel, F I.

864 Die Aufgaben des „Kunstschutzes“ umfassen den Schutz der Baudenkmäler, den Schutz der beweglichen Kunstdenkmäler sowie die Betreuung des Kunstlebens.

865 Siehe hierzu etwa das (umstrittene) Werk von Hornig, Kunstschutz in den von Deutschland besetzten Gebieten 1939–1945. Freilich gibt es in diesem Bereich auch viele Werke mit popularwissenschaftlichem Hintergrund, die hier nicht zitiert werden sollen.

866 Siehe oben ausführlich im ersten Kapitels (insbesondere Fußnoten bei 1 B).

E. Allgemeine Rechtsgrundsätze im Völkerrecht

I. Nemo cum damno alterius locupletior fieri debet (unjust enrichment)

Niemand darf sich zum Schaden eines Anderen bereichern: Dieser allgemeine Grundsatz des Völkerrechts im Sinne des Artikels 38 I c des IGH-Statuts[867], der die Verpflichtung zur Rückgabe oder Entschädigung an denjenigen anordnet, zu dessen Lasten der Schaden ohne einen Rechtsgrund eingetreten ist (unjust enrichment[868]), tritt gegenüber dem Völkergewohnheitsrecht im Wege der Subsidiarität zurück:

Der Anspruch aus ungerechtfertigter Bereicherung im Völkerrecht (unjust enrichment) kann wegen seines Grundsatzes der Subsidiartät erst dann greifen, wenn keine anderen Anspruchsgrundlagen des Völkerrechts zur Verfügung stehen. Wie aber bereits dargestellt wurde, bestehen bereits umfassende Anspruchsgrundlagen für die Restitution der Beute-und Raubkunst im Bereich des Völkervertrags- und Gewohnheitsrechts.[869]

Grundsätzliche Bedeutung erlangt dieser allgemeine Rechtsgrundsatz des Völkerrechts dennoch sowohl bei kriegsbedingt verlagerten wie auch bei verfolgungsbedingt entzogenen Kulturgütern. Dies ergibt sich bereits daraus, dass ein Staat, der im Besitz solcher Kulturgüter ist, schlichtweg zu seiner Rückgabe verpflichtet ist: Ein Staat würde sonst zu Unrecht einen materiellen Vorteil erlangen und genießen, auf den er keinesfalls ein Anrecht hat, verstößt er doch sonst gegen „the general principle for granting restitutionary relief".[870] Es wird deshalb als besonders untragbar empfunden, dass Staaten Jahrzehnte nach den Verbrechen gegen die Menschlichkeit – *from the ashes of the Holocaust* – noch immer zumindest materiell Früchte hieraus, und sei dies nur durch einen fortwährenden Besitz an jüdischen Kulturgütern, ziehen.[871]

Die kanadischen Rechsgelehrten Maddaugh und Camus konkretisieren diesen Gedanken, indem sie betonen, dass ein Mörder niemals von den Gütern seines Opfers profitieren dürfe.[872] Es muss aber klar sein, dass der Begriff Restitution als Terminus der Wiedergutmachung für den Mord an menschlichem Leben

---

867 FOMBAD, unjust enrichment, 123 mwN, JENSCHKE 92ff.

868 MOSLER General Principles of Law in BERNHARDT II, 511, 520.

869 Siehe in diesem Kapitel Abschnitte B–D.

870 COTLER in BEKER 74.

871 COTLER in BEKER 74.

872 So in ihrem Werk: The law of Restitution, Canada Law Book, S. 11 und in der Rechtsprechung durch Justice Hamilton in: Hall v. Knight [1914] S. 1. CA [Count of Appeals], näher S. 7.

unpassend ist („*there can be never a restitution for genocide*“ [873]). Zwar kann man sich um die Restitution des Eigentums bemühen, ihre Eigentümer kehren deswegen aber auch nicht mehr zurück.[874] Demgegenüber ist auch an die gesetzlichen Erben dieser Eigentümer zu denken, die als Angehörige eines schweren Schicksals ihrer Angehörigen ein besonderes Anrecht auf Gerechtigkeit ohne zeitliche Begrenzung haben.

Eine eigenständige Relevanz erlangt der Grundsatz der unjust enrichment wegen des Subsidiaritätsprinzips aber in den Ansprüchen, die *neben* dem völkerrechtlichen Restitutionsanspruch gestellt werden können. Hier ist insbesondere an Erlöse zu denken, die mit und durch den Besitz eines geplünderten Gegenstandes erzielt werden, wie etwa Eintrittsgelder für Museen und bestimmte Sammlungen, die Raubkunst ausstellen, aber auch Verkäufe von Ausstellungskatalogen und Reproduktionen.[875]

II. Ex iniuria non oritur jus – Nullus commodum capere potest de sua propria iniuria

Die Maxime *ex iniuria non oritur jus* besagt, dass kein Staat Rechte aus seinem Fehlverhalten herleiten, beziehungsweise diese nicht einem anderen Staat entgegenhalten darf.[876] Dies gilt auch für den Fall, in welchem sich ein Staat auf das Fehlverhalten eines anderen Staates als Legitimation für sein eigenes Fehlverhalten beruft. Nicht von dieser Maxime erfasst sind adäquate Reaktionen auf das Fehlverhalten des anderen Staates, solange es sich nicht um Verstöße handelt, die einen solch schweren Vorwurf in sich tragen (*malum in se*: Kriegsverbrechen, Menschenrechtsverletzungen), dass sich ein verletzter Staat jemals in spiegelbildlicher Reaktion hierauf berufen könnte.[877]

Damit wird deutlich, dass die vorangehenden systematischen Plünderungen in der Sowjetunion keinen Anlass für gleichartige und darüber noch hinausgehende Handlungen im besetzten Deutschland bilden durften. Beutekunst ist damit ein Spiegelbild völkerrechtlichen Unrechts.

---

873 Zitat aus: Cotler in Beker, 75. Auch wenn die Begrifflichkeit des „unjust enrichment“ selbst unter terminusbedingten Unschärfen und Ungenauigkeiten leidet, vermag niemand eine Rechtfertigung hierfür zu entwickeln, welche den Verstoß gegen diesen Grundsatz des Völkerrechts in den beiden relevanten Fallgruppen widerlegen könnte.

874 Cotler in Beker 75.

875 Jenschke, 214–216.

876 Fitzmaurice in recueil des cours 1957 II, 117, Cotler in Beker 75, Schorlemer Stolen Art. 325.

877 Fitzmaurice aaO 119f.

Eine andere Frage ist es, ob spätere *zivilrechtliche* Erwerbstatbestände ebenfalls durch den Grundsatz ex iniuriua non oritur ius erfasst werden. Besonders relevant werden könnte dies im Fall der Raubkunst, die völkerrechtswidrig geplündert wurde und damit die Aussage erlaubt, dass aus diesem Fehlverhalten dann keine weiteren Rechte entstehen dürfen. Dies ist aber deswegen zu verneinen, weil der ex injuria-Grundsatz sich nur auf das rein zwischenstaatliche Verhältnis als Subjekte des Völkerrechts und nicht auf das privatrechtliche Verhältnis bezieht.

III. Pacta sunt servanda

1. Tragweite und Dogmatik der Vertragsbindung in der deutsch-russischen Rückführungsdebatte

Der aus dem römischen Recht bekannte Grundsatz pacta sunt servanda wurde in der Wiener Vertragsrechtskonvention in Artikel 26 mit Geltung für völkerrechtliche Verträge festgehalten. Er beinhaltet neben der bekannten Bindungswirkung für die Parteien die Verpflichtung, seine Bestimmungen im Hinblick auf die gemeinsamen erkennbaren Intentionen und Ziele (das Gemeinschaftsziel im Geist des Vertrages, the social purpose of law) bona fide zu erfassen und entsprechend durchzuführen.[878]

Es gilt jedoch daran zu erinnern, dass rein dogmatisch betrachtet der Grundsatz pacta sunt servanda als innerer Geltungsgrund des Völkerrechts noch immer einer Begründung harrt: Im Grunde genommen könne es sich hier, so Doehring, doch nur um eine petitio principii, ein Postulat an die Betroffenen, handeln.[879]

Hierzu können folgende, eher praktische Erwägungen hilfreich sein:

1. Ohne eine freiwillige Selbstverpflichtung und Bindung der Staatengemeinschaften an geschlossene Vereinbarungen wird ihr wesentlichstes Ziel der möglichst weitgehenden Befriedung im Hinblick auf den vertraglichen Regelungsgegenstand (Rechtssicherheit) und der Schaffung eines diesem Befund korrespondierenden Vertrauenstatbestandes (Konsensprinzip) gründlich verfehlt.
2. Negiert man diese Aussage, fällt der eigentliche Grund für den Abschluss völkerrechtlicher Verträge von vornherein weg. Dies kann nicht das Ziel eines Vertragsschließenden sein, der seine Vorstellungen meist mühsam mit seinem Vertragspartner ausgehandelt hat.
3. Selbstverständlich gibt es Fälle von Änderungen der vertraglichen Bestimmungen und Ungültigkeitsgründe, die für einen Wegfall der Bindungen der auf völkerrechtlicher Basis geschlossenen Verträge sprechen.[880] Dies bedarf aber wie immer einer eingehenden Prüfung des Einzelfalls.

---

[878] Verdross/Simma § 460f.

[879] Doehring 5 (Rn. 7).

[880] Hierzu Ipsen § 15 Rn. 10ff.

Tatsächlich gilt zwischen der Bundesrepublik Deutschland und der russischen Föderation nach wie vor der am 9. November 1990 geschlossene „Vertrag über gute Nachbarschaft, Partnerschaft und Zusammenarbeit." Hieran vermögen auch die bisweiligen Interpretationsversuche, was denn „unrechtmäßig verbrachte Kulturgüter" im Sinne dieses Vertrages seien, nichts zu ändern.[881]

Auch Versuche, die durch die gemeinsamen Verträge entstandene Rechtslage durch einseitige innerstaatliche Regelungen wie das russische Beutekunstgesetz zu konterkarieren, gehören hierher.[882] Tatsächlich unterläuft das Kulturgütergesetz der Russischen Föderation vom 15. April 1998 in der Fassung vom 25. Mai 2000 die Erfüllung der völkerrechtlichen Verträge und steht damit in einem offenen Widerspruch und Gegensatz zum geschilderten Grundsatz pacta sunt servanda.[883]

Ein solches Vorgehen kann die auf Basis des Völkerrechts vertraglich festgelegte Restitutionspflicht Russlands zwar auf nationaler Ebene negieren, nicht aber einseitig aufheben. Dies ergibt sich bereits daraus, dass einseitig gesetztes nationales Recht die Geltung des Völkerrechts niemals außer Kraft setzen kann.

2. Das Problem der Gegenseitigkeit: Die Symmetrie der Rückführungen

In einem Rückabwicklungsprozess, wie er aus allgemeinen Grundsätzen des Zivilrechts in jeder Rechtsordnung bekannt ist, werden die Leistungen Zug um Zug ausgetauscht. Auch im Völkerrecht gilt das gleiche Procedere. So war es aber nicht im deutsch-russischen Verhältnis. Hagen Graf Lambsdorff spricht in diesem Zusammenhang von einer Verschiebung der Symmetrie in der historischen Zeitachse um fünfzig Jahre.[884] Die Sowjetunion hat als Siegermacht völlig zu Recht zumindest den größten Anteil der von Deutschland völkerrechtswidrig verschleppten Gegenstände zurückerhalten.[885] Ein Austausch mit deutschen Kunstgegenständen im Gegenzug fand dabei freilich nicht statt. Eine ähnliche Problemlage stellt sich übrigens auch in den bilateralen Rückführungsverhandlungen der Bundesrepublik Deutschland mit Polen, der Ukraine und Lettland.

---

881 Dies gilt insbesondere für die Frage, ab welchem Zeitpunkt der Vertrag wirksam sein solle. Aus dem Wortlaut „unrechtmäßig verbracht", der selbst die Vergangenheitsform wählt, lässt sich indes nicht die Folgerung herleiten, der Vertrag beziehe sich nur auf Verlagerungen nach Inkrafttreten des Vertrages, FIEDLER Kulturgüter als Kriegsbeute 13f.

882 So auch Hagen GRAF LAMBSDORFF 103.

883 So auch PIENKNY 229ff., 305.

884 Ibid.

885 Es soll aber nicht der Eindruck erweckt werden, es sei alles vollständig restituiert worden. Über die mögliche Tragweite noch zu leistender Restitutionen, ohne aber von einem gesicherten historischen Befund zu sprechen, siehe ULRIKE HARTUNG, Verschleppt und Verschollen, 2000.

„Es wird eine der Hauptaufgaben der deutschen Staatskunst sein,
für alle Zeiten und mit allen Mitteln, die in unserer Macht stehen,
die weitere Ausbreitung der slawischen Rassen zu verhindern. [...]
Früher war es das Vorrecht des Siegers, ganze Stämme, ganze Völker auszulöschen.
Wir beweisen unsere Menschlichkeit, indem wir das
nach und nach und ohne Blutvergießen besorgen.“
Adolf Hitler[886]

F. Beutemachen in Krieg und Verfolgung als Kriegsverbrechen und Verbrechen gegen die Menschlichkeit

I. Kriegsverbrechen

1. Die Entwicklung des Völkerstrafrechts zugunsten des Kulturgüterschutzes

Das ungeschriebene völkerrechtliche Gewohnheitsrecht sollte endgültig zum Ende des 19. Jahrhunderts die Unzulässigkeit der *praeda bellica* erklären, um dann in der Haager Landkriegsordnung auch schriftlich fixiert zu werden.

In eine neue Dimension völkerrechtlicher Bewertung rückte der Kunstraub in besetzten Gebieten mit dem Erlass der Charta für das internationale Militärtribunal in Nürnberg zum Zwecke angemessener Ahndung von Kriegsverbrechen. In Artikel 6 lit b. der IMT-Charta wurde die Plünderung in besetzten Gebieten ausdrücklich als Kriegsverbrechen bewertet[887] (später nahezu identisch im Kontrollratsgesetz Nr. 10[888]). Das IMT wertete die Bestimmungen der Haager Landkriegsordunungen von 1899 und 1907 als in den Jahren 1939 bis 1945 geltendes Völkergewohnheitsrecht.[889]

Heute ist der International Criminal Court (ICC) für die Verfolgung und Ahndung solcher Verbrechen und Verstöße gegen das humanitäre Völkerrecht, wie sie in der HLKO festgelegt wurden, zuständig (Artikel 8 und 8 (2) des ICC-

886 Aussage Hitlers gegenüber Hermann RAUSCHNIG in 1934, der in seinem Buch „The Voice of Destruction“ auf S. 138 (New York 1940) dies zitiert; siehe ebenso LEMKIN, Axis Rule, 81.

887 STEINKAMM in BERNHARDT, EPIL, Band 3, S. 1030, Begriff „Pillage“. Eine Bewertung des Kulturgutraubs als Kriegsverbrechen findet sich auch bei SEIDELER/DE ZAYAS, 67 (Kulturgutraub der Nationalsozialisten in den besetzten Gebieten) und 249 (Raub von deutschen Kulturgütern).

888 Amtsblatt des Kontrollrates in Deutschland, Nr. 3 vom 31.01.1946, 50–55. Er bildete die Grundlage für die 12 Folgeprozesse gegen hochrangige NS-Funktionäre, so die so genannten „Ärzte“- und „Juristenprozesse“ gegen SS-Angehörige, Mitglieder des Auswärtigen Amtes, hohe Beamte, Ärzte und Industrielle, ausführlich MANSKE 71.

889 VERDROSS/SIMMA, § 581, CARDUCCI RGDIP 104 (2000), S. 289, 331 und 356.

Statuts).[890] Im römischen Statut des internationalen Strafgerichtshofs (ICC) wird festgehalten, dass die Zerstörung oder mutwillige Beschädigung von Werken der Kunst als Kriegsverbrechen anzusehen ist[891], Artikel 3 lit. d) StIstGHJ. Die Rechtsprechung des IStGHJ hat des weiteren bereits Plünderungen von öffentlichem und privaten Eigentum als tatbestandsgemäß im Sinne des Artikels 3 angesehen, wenn diese aus diskriminierenden Gründen mit entsprechendem Vorsatz begangen wurden.[892] In diesem Rahmen berücksichtigt es auch die im humanitären Völkerrecht der Haager Landkriegsordnung in besonderer Ausprägung der Artikel 27, 46, und 45 HLKO niedergelegten Grundsätze, so im internationalen bewaffneten Konflikt unterArtikel 8 II lit b) ix) und im internen bewaffneten Konflikt gemäß Artikel 8 II lit. e) iv) StIstGHJ.

Nach den ICC-Statuten zählen im Rahmen des Artikel 8 II lit b die nachstehenden Handlungen zu den „schwersten Verbrechen, welche die internationale Gemeinschaft als Ganzes berühren“:

- ix) vorsätzliche Angriffe auf Gebäude, die dem Gottesdienst, der Erziehung, der Kunst, der Wissenschaft oder der Wohltätigkeit gewidmet sind, auf geschichtliche Denkmäler, (...) sofern es nicht militärische Ziele sind;
- xiii) die Zerstörung oder Beschlagnahme feindlichen Eigentums, sofern diese nicht durch die Erfordernisse des Kriegs zwingend geboten ist;
- xvi) die Plünderung einer Stadt oder Ansiedlung, selbst wenn sie im Sturm genommen wurde.

Die wesentlichen Bestimmungen der HLKO (Artikel 27, 46, 47 und 56) sind durch die Aufnahme ihrer Kernaussagen in den genannten ICC-Statuten zu völkerrechtstrafrechtlich „offiziellen“ Kriegsverbrechen ausgewachsen. Das Völkerstrafrecht hat damit den Kulturgüterschutz zu seiner offiziellen Aufgabe gemacht, nachdem sich diese Entwicklung bereits aus dem allgemeinen Völkerrecht seit der Haager Landkriegsordnung in aller Deutlichkeit abzeichnete.

Freilich lassen sich diese Regelungen nicht mehr für die individuelle Bestrafung der Kulturguträuber im und nach dem Zweiten Weltkrieg, wohl aber für gegenwärtige Vorfälle (etwa die weitreichenden Plünderungen im Irak während des Zweiten Golfkriegs) heranziehen. Im Völkerstrafgesetzbuch der Bundesrepublik Deutschland wurden zudem in § 9 I VStGB die genannten Regelungen des § 8 II lit b. ICC-Statut mit innerstaatlicher Strafwirkung zusammengefasst.[893]

---

890 Morgenbesser 20ff.

891 Selbmann 228.

892 The Prosecutor v. Tihomir Blaskic, Judgement, 3 March 2000, ICTY-94-14-T, para. 203ff.

893 Hierzu Pienkny 214ff.

2. Abgrenzung zwischen Kriegsverbrechen und Verbrechen gegen die Menschlichkeit

Zur rechtlich systematischen Einordnung des Raubgeschehens bedarf es einer wertenden Abgrenzung zwischen der kriegsbedingten Verlagerung in Gegenüberstellung zur verfolgungsbedingten Entzugssituation unter Berücksichtigung der objektiven Umstände wie der subjektiven Motivationslagen. Während systematische Wegnahmen deutscher und auch sowjetischer Beuteeinheiten eine Plünderung im kriegerischen Zusammenhang und damit ein Kriegsverbrechen darstellte, liegen die Rahmenbedingungen bei der Raubkunst weitaus vielschichtiger. In diesem Bereich kann nicht jede Wegnahme von Kulturgütern als „Verbrechen gegen die Menschlichkeit" gewürdigt werden.

In Artikel 6 lit. b und c des IMT-Statuts werden Kriegsverbrechen und Verbrechen gegen die Menschlichkeit grammatisch nahezu identisch umschrieben.[894] Allerdings werden die Opfergruppen unterschieden: Kriegsgefangene und Geiseln sind von den Kriegsverbrechen betroffen, die Zivilbevölkerung hingegen von den „Menschlichkeitsverbrechen". Kriegsverbrechen haben somit eingegrenzte sachliche und formelle Voraussetzungen[895] und schützen das Individuum gerade nicht gegenüber seiner eigenen Staatsgewalt[896], wie es bei Verbrechen gegen die Menschlichkeit der Fall sein kann. Eine Überschneidung zu einer „einzigen großen juristischen Familie"[897] findet sich allerdings für die Zivilbevölkerung der besetzten Gebiete[898] und damit auch für die Opfer des Kulturgutraubs.

Die systematische physische Vernichtung einer ganzen ethnischen Gruppe nach ihrer Deportation, so wie in den Konzentrationslagern der nationalsozialistischen Sondereinheiten (insbesondere der SS) am jüdischen Volke geschehen, ist klar unter den Terminus „Völkermord" zu fassen. Demgegenüber stellt sich bei Wegnahme eines Kulturguts im Zusammenhang mit der Ermordung ihrer Eigentümer die Frage, ob diese *als Mittel des Völkermords* einen integralen Bestandteil des Völkermords selbst bildeten. Hierzu wird man einen nach der Ädäquanzformel gebildeten hinreichenden dinglichen, räumlichen und sachlichen Zusammenhang mit der Ermordung seines Eigentümers fordern müssen.

Bei einer „reinen" Wegnahme von Kulturgüter liegt nicht ohne weiteres ein äußerlich erkennbarer Zusammenhang mit dem Völkermord vor: Es waren zwar vorwiegend rassistisch-materielle Motive für die Konfiskationen dieser Kultur-

---

894 Manske 63.

895 Kriegsverbrechen können nur gegen Kriegsgegner ausgeführt werden, Becker 160.

896 Vest 79 und insbesondere 81; siehe auch die ILC in ihrem 7. Report of Offences against the Pace and the Security of Mankind in: UN DOC. A/CN. 4/419, § 34 S. 12 und § 40, S. 13.

897 So im Wortlaut Areoneanu, Le crime contre l'humanité, 43f.

898 Manske, 63.

güter ausschlaggebend. Ein Verbrechen gegen die Menschlichkeit, wie es in der *shoa* in den Konzentrationslagern am Deutlichsten zum Ausdruck kommt, kann aber *nicht von vornherein* mit dem Raub jüdischer Kulturgüter vor oder nach der Ermordung seines Eigentümers in Verbindung gebracht werden, insbesondere dann, wenn ein beträchtlicher zeitlicher Abstand zwischen beiden Tathandlungen festzustellen ist.

Gleichwohl ist festzuhalten, dass der Raub von Kulturgütern wie auch die Ermordung seines Eigentümers in den Konzentrationslagern gemeinsame Bestandteile eines auf eine Vernichtung in jeglicher Hinsicht gerichteten Vorsatzes waren. Daher bedarf es einer genauen Eingrenzung des Tatbestands eines Verbrechens gegen die Menschlichkeit.

II. Verbrechen gegen die Menschlichkeit

Erst wenn eine genaue Werteordnung definiert ist, kann das Recht es mit seinen Mitteln schützen. Im Völkerrecht hatten sich bereits zum Ausbruch des Zweiten Weltkrieges Grundanschauungen über den Schutz menschlichen Lebens und seines Eigentums entwickelt.[899]

Ein von so Manchem als per se strafwürdig erachtetes Verhalten kann aber erst dann zu einem Verbrechen gegen die Menschlichkeit werden, wenn es die Kernsubstanz einer gemeinsamen Werteordnung der Menschenrechte in den verschiedenen Kulturkreisen weltweit[900] angreift. Allerdings kann gedanklich so weit eine Eingrenzung vorgenommen werden, wenn und soweit Anspruchsteller und Adressat demselben Kulturkreis angehören, die sich in ihrem Grundkonsense derselben Werteordnung verschrieben hat.

Der Völkermord zählt zu den wenigen Delikten im Völkerstrafrecht, das von der Völkergemeinschaft ungeachtet der eigenen regionalen oder kulturellen Herkunft im Konsens als ein schweres Verbrechen gegen die Menschlichkeit angesehen wird[901]. Ob eine zeitlich hiervon abzugrenzende Entziehung von Kulturgütern ebenso als ein Verbrechen gegen die Menschlichkeit zu würdigen ist, ist nur mit Hilfe allgemeiner Kriterien zu beantworten. Ein besonderes Kennzeichen eines Verbrechens gegen die Menschlichkeit unbeschadet der Wertungen in den verschiedenen Kulturkreisen liegt in der Zielsetzung des Täters, eine Wert-

---

899 Siehe die Definition „Crimes against Humanity" bei Ferencz in EPIL, Band 1, 869 ff. sowie Vest 70, der die Haager Landkriegsordnung und Artikel 6 des IMT-Statuts heranzieht.

900 Astrid Becker unterscheidet bereits bei den Menschenrechten zwischen Demokratien westlicher Prägung, Lateinamerika, den ehemaligen Ostblockstaaten, die islamisch geprägten Länder und den asiatischen Kulturkreis. Sie stellt fest, dass zwar der europäische Kulturkreis gemeinsame Wurzeln aufweise, eine positivrechtliche Einheit sich aber nicht begründen ließe, Becker 120–128.

901 Vergleiche statt aller Schabas, Genozid im Völkerrecht, 71 ff., 202 ff. mwN.

ordnung einer fremden Gruppe zu zerstören und diese im Ganzen durch die eigene zu ersetzen.[902]

Das von den Nationalsozialisten hierfür häufig verwendete Tatmittel war die Deportation, also die gewaltsame räumliche Verdrängung[903] jüdischer und weiterer verfolgter Bevölkerungsgruppen und der sich anschließende Genozid in den Konzentrationslagern. Zumal die Deportation zum Zwecke der Tötung der Verfolgten erfolgte, ist ein Verbrechen gegen die Menschlichkeit ohne weiteres mit der willkürlichen Tötung der Menschen erfüllt worden.[904] Daneben stand auch, wie bereits erläutert, die unter Ausnutzung des gesamten organisatorischen Machtapparates strukturierte und gezielte Wegnahme jüdischer Kulturgüter.

Die Planmäßigkeit des NS-Kunstraubs in Krieg und Verfolgung diente der Zielsetzung, die Wertesysteme anderer Völker und Gruppierungen nicht nur im physischen, sondern auch im ethnisch-kulturellen Sinne auszulöschen und durch die eigene Ordnung zu ersetzen. Die *innere Gesinnung des Täters (mens rea)*, der die Ausrottung einer anderen ethnischen Gruppe in physischer wie aber auch kultureller Hinsicht anstrebt, bildet das Bindeglied zwischen der physischen Vernichtung und der an sich sonst nicht als so verwerflich anzusehenden Wegnahme von Eigentums- und Vermögenswerten.[905] Artikel 6 lit. c des IMT-Statuts hat im Besonderen die Beweggründe des Täters als strafbegründenden Umstand betrachtet („Verfolgung aus politischen, rassischen oder religiösen Gründen").[906] Aus diesem Grunde ist eine Wegnahme von Kunstgegenständen, das im Eigentum eines Mitglied einer ethnischen Gruppe steht, welche im Ganzen vernichtet werden soll, zumindest im subjektiven Tatbestand als ein Verbrechen gegen die Menschlichkeit zu bewerten. Demgegenüber besteht ein solcher Sinnzusammenhang bei Plünderungen von Kulturgütern in kriegerisch besetzten Gebieten gerade nicht.

Sind keine Anhaltspunkte ersichtlich, die für eine freiwillige Verfügung über das Kulturgut sprechen, erfüllt die Wegnahme eines Kulturguts eines Eigentümers, der dem Genozid zum Opfer fiel, den Tatbestand eines Verbrechens gegen die Menschlichkeit. Dies alleine darf freilich nicht die Schlussfolgerung gestatten, jede Verlagerung eines Kulturguts aus ursprünglich jüdischem Besitz als ein Verbrechen gegen die Menschlichkeit anzusehen, da es mindestens bis 1938 in wenigen Fällen auch einen freihändigen Handel zu marktüblichen Preisen gab.

---

902 BECKER 152, Horst FELDMANN, Das Verbrechen gegen die Menschlichkeit, Essen 1948, S. 39.

903 Zum Begriff Deportation BECKER 200 mwN.

904 BECKER 202.

905 Der subjektive Tatbestand des Völkermordes (*mens rea*) ist ein zentraler Prüfungspunkt im Rahmen der individuellen oder institutionellen Strafbarkeit. So erfordert Artikel 30 III des römischen Statuts des Internationalen Strafgerichtshofs (BT-Drs. 14/2682) das Wissen und Wollen im Sinne der Absicht um die systematische Zerstörung einer ethnischen Gruppe, SCHABAS 272 ff. und 328.

906 Ibid.

Allerdings erfordert die weitreichende Existenz solcher Verbrechen gegen die Menschlichkeit im Dritten Reich eine präzise Aufklärung des Sachverhalts. In den Rückerstattungsgesetzen wurde bereits eine Vermutung dahingehend formuliert, dass die gewaltsame Wegnahme von Kulturgütern nach der Machtergreifung am 30. 1. 1933 durch die physische Vernichtung oder Vertreibung ihrer Eigentümer bedingt oder zumindest erleichtert werden sollte.[907]

III. Der kulturelle Genozid

1. Der Genozid: Begriff und Anwendungsbereich

Der polnische Jurist Raphael Lemkin hat bereits kurz vor den schrecklichen Ereignissen im Dritten Reich den Terminus *genozid* geprägt. Er setzt sich aus dem griechischen Wort genos (Rasse, Stamm) und dem lateinischen Wort caedere (töten) zusammen.[908]

Lemkin hat in seinen Ausführungen besonders betont, dass es für die Anwendung dieses Begriffs nicht etwa auf den Erfolg der im Folgenden zu typisierenden Handlungsweisen, sondern auf die Absicht der Zerstörung einer ethnischen Gruppe als solche in jeder Hinsicht ankommt.[909] Auf einer Konferenz zur Vereinheitlichung des internationalen Strafrechts im Jahre 1933 hatte Lemkin zwei neue Delikte des internationalen Strafrechts vorgestellt, die alsbald grausame Realität werden sollten.[910] Er nennt sie Akte der Barbarei und des Vandalismus.

> ***Art. 1.*** *Wer aus Haß gegen eine rassenmäßige, konfessionelle oder soziale Gemeinschaft, oder zum Zwecke ihrer Ausrottung eine strafbare Handlung gegen Leben, Gesundheit, Freiheit, Würde oder wirtschaftliche Existenz einer solchen Gemeinschaft angehörigen Person unternimmt, wird wegen Verbrechens der Barbarei mit Kerker in der Dauer von … bestraft, insofern seine Handlung nicht nach einer strengeren Vorschrift des Strafgesetzbuches einer schwereren Strafe unterliegt. Derselben Strafe unterliegt der Täter, falls seine Handlungen gegen eine Person gerichtet waren, die ihre Solidarität mit einer solchen Gemeinschaft bekundet hat oder für dieselbe eingetreten ist, ohne ihr selbst anzugehören.*
>
> ***Art. 2.*** *Wer aus Hass gegen eine der sub. 1 bezeichneten Gemeinschaften oder zum Zwecke ihrer Ausrottung Kunst- oder Kulturwerke (derselben) vernichtet, wird wegen Verbrechens des Vandalismus mit Gefängnis in der Dauer von… bestraft, insofern seine Handlung nicht nach anderen Bestimmungen des Strafgesetzbuches einer strengeren Strafe unterliegt.*

---

907 Zu den Vermutungen eines verfolgungsbedingten Entzugs bereits oben 3 C V 1.

908 Lemkin Axis Rule 79, Vest 35, Schabas 43ff., Selbmann 33ff.

909 Lemkin Axis Rule 97: "It is intended rather to signify a coordinated plan of different actions aiming at the destruction of essential foundations of the life of national groups, with the aim of annihilating the groups themselves. […] Genocide is directed against the national group as an entity, and the actions are directed against individuals, not in their individual capacity, but as members of the national group."

910 Rafael Lemkin, „Akte der Barberei und des Vandalismus als delicta iuris gentium", in: Internationales Anwaltsblatt, S. 119.

> *Art. 3. Die in den obenstehenden Artikeln bezeichneten Strafhandlungen werden vom Staate, in welchem der Täter ergriffen worden ist, verfolgt und bestraft, unabhängig vom Orte der vollbrachten Tat und der staatlichen Zugehörigkeit des Täters.*

Raphael Lemkin erachtet die in seinen Vorschlägen beschriebenen Handlungen für strafwürdig, weil sie als integraler Bestandteil des Genozids anzusehen sind. In dieselbe Richtung weisen die Erwägungen von *Blumenwitz*, der im Zusammenhang der Vertreibung der Sudetendeutschen die Wegnahme oder Zerstörung ihrer Kulturgüter als *Mittel des Völkermords* ansieht.[911] Weitere Argumente für diese Rechtsauffassung finden sich in einem Aufsatz Lemkins aus dem Jahre 1933[912], in welchem er den Akt des Vandalismus als *delictum iuris gentium* näher beleuchtet:

> *„Der Exterminationskampf gegen Kollektivitäten kann auch seinen Ausdruck finden in der planmäßigen Zerstörung von Werken, in denen sich die geistige Leistungsfähigkeit der Gemeinschaft auf dem Gebiete der Wissenschaft, Kunst oder Literatur offenbart. Der Beitrag jeglicher Gemeinschaft zur Gesamtkultur bildet unbeschadet aller Besonderheiten der Einzelkulturen, dem unveräußerliches Gemeineigentum der Menschheit. Die Zerstörung einzelner nationaler Kulturwerke muß als Vandalismus gegenüber dem internationalen Kulturgut angesehen werden. Der Täter fügt nicht bloß einen nicht wieder gutzumachenden Schaden dem Privateigentümer des zerstörten Gutes und der unmittelbar betroffenen Kollektivität, der der Privateigentümer angehört oder deren Geist das Werk entsprungen ist, zu; er schädigt die ganze zivilisierte Menschheit."*

Die gleiche Erwägung kann und muss freilich auch für die entgültige Wegnahme von Kulturgütern gelten, insbesondere dann, wenn anschließend für den fortwährenden Entzug durch Verstecken und Lagerhaltung („bunkern") Sorge getragen wird oder durch äquivalente Handlungen, wie etwa die Verbringung in den illegalen internationalen Kunsthandel. Zumindest in diesem Zusammenhang ist es dann unerheblich, ob es sich um verfolgungsbedingt entzogene oder kriegsbedingt verlagerte Kulturgüter handelt.

Bei Lichte besehen sind diese Überlegungen dahingehend zu präzisieren, dass all jene Handlungen als delictum iuris gentium zu behandeln sind, die in einem inneren Zusammenhang zur planmäßigen Zerstörung einer ethnischen Gruppe im Sinne des Genozids stehen.[913] Soll nämlich das als unfassbar anzusehende Ziel erreicht werden, so genügt die rein physische Vernichtung für sich gesehen nicht. Vielmehr tritt die Zerstörung noch weiterer prägender Merkmale, wie kulturelle, wirtschaftliche, biologische, religiöse und moralische Grundfesten einer

---

911 Blumenwitz in Staudinger Artikel 6 Rn. 62, sich auf Ermacora, Felix, Die sudetendeutschen Fragen, Rechtsgutachten, S. 185ff. stützend.

912 Rafael Lemkin, „Akte der Barberei und des Vandalismus als delicta iuris gentium", in: Internationales Anwaltsblatt, S. 118.

913 Bei der Verurteilung des Gauleiters Artur Greiser beschrieb das Straftribunal die Konfiskation von Kulturgütern als Komponente des Genozids, vergleiche Lippmann, 17, Dickinson Journal of International Law, S. 59 (1998).

bestimmten menschlichen Gruppierung hinzu. So wird deutlich, dass der nationalsozialistische Kunstraub zu Lasten der jüdischen Bürger ein wesentlicher Bestandteil der von ihnen angestrebten „Endlösung" war. Der Kunstraub an jüdischen Opfern ist damit als eine wesentliche Konstante des ansonsten sehr vielschichtig angelegten Vernichtungs- und Entzugsverhaltens der nationalsozialistischen Organisationen anzusehen.[914]

Jede in Artikel 6 des IMT-Statuts genannte Handlung, die als Kriegsverbrechen (lit. b, u.a. Plünderung) oder Verbrechen gegen die Menschlichkeit (lit. c) bezeichnet wird, kann durch *spätere* physische Vernichtung auch zu einer Genozidhandlung werden.[915]

2. Begriff und Entstehungsgeschichte des kulturellen Genozids

Der Begriff kultureller Genozid (cultural genocide), der auf Vorschlag des damaligen Generalsekretärs als Teil der Konvention verstanden werden sollte[916], wurde nicht in die Konvention über die Verhütung und Bestrafung des Völkermords vom 9. 12. 1948 aufgenommen.[917]

Dennoch offenbart seine damals erstmals wörtliche Verwendung den inneren Zusammenhang zwischen einer systematischen physischen Vernichtung und der Wegnahme von Kulturgütern derselben ethnischen Gruppe.[918]

---

[914] Siehe etwa CHESNOFF, Pack of Thieves, Germany: The Plunder Plot, S. 7ff., 38.

[915] UHLER 156.

[916] Artikel 1 II 3 dieses Vorschlags sah als Teil des Genozids „systematic destruction of historical or religious monuments or their diversion to alien uses, destruction or dispersion of documents and objects of historical, artistic or religious value and of objects used in religious worship" an, United Nations Secretary-General, Draft Convention on the Crime of Genocide, at 6–7, art I (3) (e) U.N. Doc. E/447 (1947). Die Bestimmung wurde nicht aufgenommen, weil man befürchtete, diese würde manche Staaten von einer Ratifizierung abhalten, zumal es als unangemessen erschien, den physischen Genozid mit dem kulturellen Genozid auf die gleiche Stufe zu stellen. Zu den Einzelheiten SCHABAS 237ff. (bislang ausführlichste Darstellung), SELBMANN 219ff. (Terminologie, Kodifizierungsversuche) und LIPMANN 61f.

[917] UNTS 78, BGBl. 1954 II, 729. Zur Diskussion ausführlich SCHABAS 237 ff. Mit sechs Stimmen gegen eine Stimme (die der Vereinigten Staaten von Amerika) wurde das Verbot des kulturellen Genozids durch den Ad-hoc-Ausschuss prinzipiell anerkannt. Allerdings wurde im Sechsten Ausschuss der Vereinten Nationen dagegen argumentiert, dass dies eine Menschenrechtsfrage sei, die in einer seperaten Resolution festgehalten werden müsse, UN Doc. A/C. 6/217. Die Genozidkonvention sei hierfür nicht das geeignete Instrument, UN Doc. A/C. 6/SR 83 (*Petren*, Schweden). Zu den verschieden Begründungen für die Ablehnung SCHABAS 242–245.

[918] In der UNESCO Deklaration von San José vom 11. Dezember 1981, UNESCO Doc FS 82/WF. 32 (1982) wird der Begriff kultureller Genozid erneut verwendet. Schließlich haben die Artikel 6 und 7 des Deklarationsentwurfs für die Rechte indigener Völker diesen Gedanken fortgetragen und vertieft, siehe Report of the Working Group on Indigenous Populations on its Eleventh Session, UN Doc. E/CN.4/Sub.2/1993/29, para. 48.

Der *Genozid* (oder auch Ethnozid) sucht die elementarsten Menschenrechte auszulöschen durch die Beseitigung einer geschlossenen ethnischen Gruppe oder Volkes. Er stellt sich damit offen gegen die Rousseau-Portalis Doktrin, der geistigen Grundlage der Haager Landkriegsordnung.[919] Der *kulturelle Genozid* bezieht sich in besonderer Art und Weise auf die Zerstörung von gegenständlichen Aspekten einer Kultur. Von ihm sind alle Handlungen umfasst, die von der Absicht getragen sind, eine fremde Kultur teilweise oder ganz auszulöschen.[920] Insoweit kann der kulturelle Genozid als eine Vervollständigung des physisch geprägten Genozids in seinem umfassenden Ansatz zur Zerstörung einer Ethnie aufgefasst werden.

Der Kunstraub an jüdischen Opfern verstößt deshalb nicht nur gegen Artikel 56, so wie es bei der „Beutekunst" der Fall ist, sondern insbesondere auch gegen Artikel 46. Das Ziel der systematischen Vernichtung einer ganzen ethnischen Gruppe rückt den Kunstraub in eine völkerrechtlich umso mehr geächtete Dimension.

In der gegenwärtigen Rechtsanwendung stellt sich aber das Problem, dass eine Heranziehung dieses Statuts für eine Bewertung der Plünderungshandlungen nicht möglich ist, weil es ausschließlich als Grundlage für die Durchführung der damaligen Kriegsverbrecherprozesse konzipiert worden war. Jedoch kann man sich mit der Feststellung begnügen, dass das IMT-Statut Ausdruck der damaligen Staatenpraxis war; es darf daher von einem insoweit entwickelten Gewohnheitsrecht gesprochen werden.[921]

Ob die Ermordung eines von den Nationalsozialisten aus rassischen, politischen oder religiösen Motiven verfolgten Menschen mit dem Raub seiner Kulturgüter in einem Ursachenzusammenhang steht, ist dann eine nach dem Einzelschicksal zu beantwortende Tatfrage.

3. Zeitliche und räumliche Zusammenhänge zwischen dem Entzug des Kulturguts und der willkürlichen Tötung seines Eigentümers

In Anlehnung an die strafrechtliche Rechtsprechung des Raubmordes wird ein Ursachenzusammenhang zwischen Raub und systematischer Ermordung klar erkennbar, wenn die Deportation des jüdischen Bürgers ein geeignetes Mittel war, seines Vermögens habhaft zu werden. Die elfte Verordnung zum Staatsbürgergesetz sprach hierfür sogar eine „gesetzliche" Vermutung aus, ermöglichte sie doch den Verfall seines Vermögens an das deutsche Reich nach seiner Deporta-

---

919 Uhler 150 und Lemkin Axis Rule, 90.

920 Selbmann 219.

921 Die Diskussion, ob das IMT-Statut völkerrechtlich überhaupt zulässig war, soll hier nicht geführt werden.

tion. So ist festzuhalten, dass die Nationalsozialisten mit dem Erlass dieser Verordnung den Völkermord als Instrument ihrer wirtschaftlichen und rassistischen Ziele nutzten.

Im Bereich der entzogenen Kulturgüter lässt dies den Rückschluss zu, dass alle nach dem Erlass der elften Verordnung entzogenen Kulturgüter (also nach dem 25. November 1941) bereits „per Gesetz" Teil des Völkermords waren und als gravierender Verstoß gegen das ius cogens zu bewerten sind, auch wenn ein weiterer äußerer Zusammenhang nicht erkennbar ist.

Für die Zeit von der Machtergreifung bis zum Erlass dieser Verordnung am 25.11.1941 wird man die Frage zu beantworten haben, ob die Ermordung des jüdischen Mitbürgers in einem von einem einheitlichen Tätervorsatz getragenen Zurechnungszusammenhang zum Entzug seiner Kulturgüter unter Ausnutzung seines Organisationsapparates steht. Die Wegnahmen jüdischer Kulturgüter standen indes seit der Machtergreifung unbestreitbar in einem unmittelbaren Zusammenhang zu der nationalsozialistischen Verfolgung bis hin zum Genozid an den Juden Europas. Spätestens mit Erlass der sogenannten „Nürnberger Gesetze" im September 1935 ist die Verfolgung auch „gesetzlich" festgehalten worden, sodass ab diesem Zeitpunkt eine starke Vermutung für eine Verfolgungssituation streitet. Diesem Umstand wurde in den gesetzlichen Verfolgungsvermutungen der alliierten und deutschen Rückerstattungsgesetze bereits ausdrücklich Rechnung getragen.[922]

Aus historischer Perspektive ist jedoch daran zu erinnern, dass zwischen dem Entzug von Kulturgütern und der Ermordung eines Juden meist ein langer Zeitraum stand, der in juristischer Hinsicht keinen unmittelbaren Ursachen- oder sogar Bedingungszusammenhang vermitteln kann.[923]

Zur näheren Analyse können dann die dort aufgestellten die Grundsätze helfen, die für die Frage der Annahme und der Widerlegung eines verfolgungsbedingten Entzuges entwickelt worden sind. Im Spiegel der Verordnungen und Gesetze der Nationalsozialisten wird die anschwellende Dynamik der Verfolgung auf deutschem Territorium deutlich widergegeben. Nach der Möglichkeit zur Widerlegung der Verfolgungsvermutung unterscheidet man dort zwischen drei Phasen: 1933 (Machtergreifung) – 15.09.1935 (Nürnberger Rassengesetze) – 03.12.1938 (Verordnung über den Einsatz jüdischen Vermögens).[924] Kann nach den Grundsätzen des Rückerstattungsgesetzes eine Widerlegung eines verfolgungsbedingten Entzuges nicht mehr gelingen, so gilt diese Vermutung insoweit auch für einen Verstoß gegen zwingendes Recht. Die Atmosphäre planmäßiger Verfolgung und Vernichtung war dann schon so fortgeschritten, dass nicht nur ein ver-

---

922 Zu Artikel 3 REAO siehe 3. Kapitel, C V.

923 Nach der bekannten Äquivalenzformel.

924 Siehe hierzu ausführlich oben unter 3 C V 1–5.

folgungsbedingter Entzug, sondern auch ein direkter Zusammenhang als Mittel des Völkermords angenommen werden muss. Ähnliche Entwicklungen gab es – wenn auch in zeitlich wesentlich schnellerer Abfolge – in den von den Nationalsozialisten kriegerisch besetzen Gebieten.[925]

IV. Der Kunstraub als Menschenrechtsverletzung

1. Eigentum

Der Zweite Weltkrieg sollte sich schon bald als ein Wirtschaftskrieg par excellence erweisen. Vor diesem Hintergrund gewann das angloamerikanische Rechtsdenken, wie es bereits aus dem Prisenrecht als Pendant des Beuterechts im Seekriegsrecht bekannt ist, im Hinblick auf die Geringschätzung feindlichen Eigentums erheblich an Einfluss.[926] Derjenige, der über die besten Materialien, welche die globale Rüstungsindustrie zur Hand stellte, verfügte, hatte meist auch militärisch die Oberhand. Die damit verbundenen massiven finanziellen Belastungen suchte der nationalsozialistische Agressor durch eine extensive Ausbeutungsstrategie in den besetzten Ländern abzudecken.

Brandt[927] hat in seiner Abhandlung darauf hingewiesen, dass bedingt durch das Aufziehen des kalten Krieges zwischen unversöhnlichen Ideologien in Ost und West sich keine einheitliche Linie im Eigentumsschutz durchzusetzen vermochte. Zumal die sozialistische Lehre das Grundrecht auf Eigentum als ein kollektives Menschenrecht ansah, erlangte demgegenüber das westliche Eigentumsverständnis, das über die Jahrhunderte gewachsen war, keine allgemeine Zustimmung in der internationalen Staatengemeinschaft. Erst am 10. Dezember 1948 wurde in der allgemeinen Erklärung für Menschenrechte eine zunächst bloß unverbindliche Formel über das Recht auf Eigentum festgehalten. Von einem allgemein anerkannten Menschenrecht auf Privateigentum (erst recht nicht an Kulturgütern) kann daher nicht die Rede sein. Die Konfiskation von Kulturgütern in den besetzten Gebieten vermochte somit zumindest kein international fundiertes *Menschenrecht* auf Privateigentum zu verletzen.

2. Freie Selbstbestimmung, Menschenwürde und Leben im Zeichen des Eigentums

Im Hinblick auf das Recht der freien Selbstbestimmung der Völker und dem Verbot der Rassendiskriminierung zeichnet sich jedoch im Hinblick auf die Entzüge von Kulturgütern insbesondere aus jüdischer Provenienz ein anderes Bild. Der Raub von Kulturgütern war hier ein Mittel der Rassendiskriminierung, das in der

---

925 Siehe hierzu unter Kapitel 1, „Kunstraub im Völkermord".

926 DOLZER 21.

927 BRANDT Eigentumsschutz in europäischen Völkerrechtsvereinbarungen, 50ff.

Schwere des Vorwurfes sogar die unbestritten gleichzeitig vorliegende Eigentumsverletzung überlagerte: Das Recht auf freie Selbstbestimmung und auf Leben des jüdischen Volkes wurde durch die Verletzung der Eigentumsrechte der jüdischen Opfer im systematischen nationalsozialistischen Kunstraub massiv verletzt.[928]

So bleibt festzuhalten, dass der NS-Kunstraub aus rassistischen Motiven an vorwiegend jüdischen Opfern als gravierende Menschenrechtsverletzung anzusehen ist. Dies ergibt sich bereits daraus, dass Wegnahmen von Kulturgütern im Zusammenhang mit der Verfolgung seines Eigentümers als ein Verbrechen gegen die Menschlichkeit gewürdigt werden können. Die internationale Strafverfolgung wegen Kriegsverbrechen und Verbrechenn gegen die Menschlichkeit dienen dem Schutze ethnischer Gruppen in ihrer physischen und kulturellen Identität. Ein Verbrechen gegen die Menschlichkeit indiziert damit eine Menschenrechtsverletzung in den selben Schutzbereichen (des Rechts auf freie Selbstbestimmung ethnischer Gruppen und dem Schutze ihrer Menschenwürde).

Prägnant formuliert heißt dies, dass nicht die Beutekunst, wohl aber Wegnahmen jüdischen Eigentums in den besetzten Gebieten Völkerrechtsverstöße sind, die in einer wertenden Gesamtbetrachtung als eine gravierende Menschenrechtsverletzung zu würdigen ist, auch wenn zu dieser Zeit die EMRK noch nicht bestand.

G. Ius cogens (peremptory norms)

I. Begriff

Mit der Entwicklung des Völkerrechts, die zwischen dem von den Staaten gesetzten und unabdingbaren Völkerrecht unterschied, entzündete sich eine Diskussion um Bedeutung, Tragweite und Anwendungsbereich des ius cogens (peremptory norms) als zwingende Maxime, die wegen ihrer elementaren Bedeutung von den Völkerrechtssubjekten weder vertraglich abbedungen noch tatsächlich verletzt werden darf.[929]

Ohne auf diese weitreichende Diskussion en detail eingehen zu wollen[930], wird herausgearbeitet, ob die Plünderungen und Entzüge von Kulturgütern in Krieg

---

[928] Gleichwohl ist es in der Völkerrechtslehre anerkannt, dass Menschenrechte allenfalls in Gewohnheitsrecht erstarken können, auch wenn sie sich inhaltlich mit zwingendem Recht teilweise überlappen, DOEHRING Rn. 986ff. Eine weitergehende Diskussion über diese Anmerkung hinweg ist daher nicht angezeigt.

[929] Artikel 53 S. 1 der Wiener Vertragskonvention (WVK) bezeichnet ius cogens als eine „… zwingende Norm des allgemeinen Völkerrechts; eine Norm, die von der internationalen Staatengemeinschaft in ihrer Gesamtheit angenommen und anerkannt wird als eine Norm, von der nicht abgewichen werden darf und die nur durch eine spätere Norm des allgemeinen Völkerrechts derselben Rechtsnatur geändert werden kann."

[930] Vergleiche nur die umfassende Abhandlung von HANNIKAINEN: Peremptory norms (ius cogens) in international law.

und Verfolgung Verstöße gegen damals geltendens ius cogens darstellten. Ein ius cogens Verstoß wird nicht nur durch entsprechende Regelungen in völkerrechtlichen Verträgen, sondern auch durch entsprechende tatsächliche Handlungen ausgelöst.[931] Anerkannt ist ferner, dass die Ächtung des Völkermords sowie Normen des humanitären Völkerrechts, die direkte Verbote an Staaten und Einzelpersonen enthalten, als unabdingbare Normen des Völkerrechts gelten.[932]

In den interessierenden Fallgruppen der kriegs- und verfolgungsbedingt entzogenen Kulturgüter ist vor diesem Hintergrund eine weitere Differenzierung nach ihren Charakteristika erforderlich. In diesem Zusammenhang ist auch eine Abgrenzung zum „Verbrechen gegen die Menschlichkeit" als Grundterminus des Völkerstrafrechts zu treffen, das unter Umständen Möglichkeiten zur Sanktionierung bereithält.

II. Kriegsbedingt verlagerte Kulturgüter

Grundsätzlich bedarf es der Festlegung, ob die Verstöße gegen die Haager Landkriegsordnung gleichzeitig einen ius cogens-Bruch darstellen. In Artikel 6b der Charta des Internationalen Militärtribunals aus dem Kontrollratsgesetz Nr. 10 wird die Plünderung von privatem und öffentlichem Eigentum ausdrücklich als Kriegsverbrechen gekennzeichnet. Der Terminus „Kriegsverbrechen" meint hier aber einen Straftatbestand eines Individuums, nicht aber eines Staates.

Ob die Begehung eines solchen Kriegsverbrechens gleichzeitig einen ius cogens Verstoß darstellt, ist daran zu bemessen, inwieweit alle betroffenen Staaten ein so starkes gemeinsames rechtliches Interesse an der Einhaltung der Vorgaben des Kriegsvölkerrechts hatten, dass sie ihre Missachtung von vornherein nicht akzeptierten.

Auf Artikel 6 lit b. der Charta wird man dies indes nicht stützen können, da es sich um eine Klarstellung und Spezifikation des Kriegsrechts handelt, um den Bedürfnissen nach einer angemessenen Bestrafung und Bemessung der Schuld der Haupttäter gerecht werden zu können. Im Hinblick auf den engen Kernbestand des ius cogens als Sinnbild unentziehbarer Rechtspositionen ist es nicht angezeigt, jedes Kriegsverbrechen nach dem Statut des IMT einem Verstoß gegen das damals geltende ius cogens zuzuordnen.[933]

---

931 G. Dahm, Völkerrecht III, 60, Brownlie 514, Annacker 38, Hannikainen 7. Dasselbe gilt für die dogmatische Aussage, dass ius cogens nichts anderes als ein doppelt konsentuiertes Völkergewohnheitsrecht ist: Die opinio iuris bezieht sich nicht nur darauf, zu diesem Verhalten rechtlich verpflichtet zu sein, sondern auch darauf, dass dieses Verhalten zwingend sein soll.

932 Ipsen 163, § 15 Rn. 59.

933 In diese Richtung argumentiert wohl auch Kadelbach, Zwingendes Völkerrecht, 273, der Verstöße gegen das Kriegsrecht nur dann als beachtlich ansieht, wenn sie mit einer gravierenden Verletzung des Selbstbestimmungsrechts einhergeht.

Die relevanten Normen der Haager Landkriegsordnung sind bereits vorgestellt worden: Artikel 46, 47 und 56.[934] Bedeutet ein Verstoß gegen sie gleichzeitig eine Missachtung elementar geltender, nicht disponibler und damit absolut zwingender völkerrechtlicher Standards?

Kadelbach gibt einen Überblick über die Rechtsprechung, die den ius cogens-Charakter der Bestimmungen der HLKO belegen. Bei der Verurteilung des NS-Gauleiters in Polen, Erich Koch, hatte das Woiwodschaftsgericht Warschau betont, dass die HLKO die wichtigste aller internationalen Konventionen sei, deren Ziel es sei, Handlungen zu ächten und zu verbieten, die gegen Zivilisation und Humanität gerichtet seien. Deshalb enthielten ihre Bestimmungen ius cogens, dessen Anwendung nicht im freien Ermessen der einzelnen Staaten stehen könne.[935] Indes hat das Bezirksgericht Tokio Verstößen gegen eigentumsschützende Normen wie etwa Artikel 46 II HLKO den ius cogens Charakter abgesprochen.[936] Diese Einzelentscheidung steht im Kontrast zur deutschen Rechtsprechung, die denjenigen Normen, die dem Schutze des Individuums dienen als zwingendes Recht ansehen, in erster Linie am Beispiel des Artikels 46 HLKO.[937]

Von der Beck sieht im Bezug auf die weitreichenden, die Gesellschaftsordnung umwälzenden Konfiskationen in der SBZ einen ius cogens Verstoß unabhängig von den einschlägigen Normen in der HLKO als gegeben an, wenn damit ein „international crime“ begangen worden ist, das als Verstoß gegen erga omnes Pflichten als Orientierungsrahmen beschrieben werden kann.[938] In einer „wertenden Gesamtschau“ sieht er keinen Zweifel, dass das Besatzungsgebaren in der SBZ einem international crime gleichzuordnen sei.[939] Diese Betrachtung lässt sich allenfalls im Ansatz für die Plünderungen der Trophäenbrigaden in der SBZ fruchtbar machen: Die Konfiskationen von Kulturgütern verfolgten nicht das gleiche Ziel wie die Verstaatlichung ganzer Industrieanlagen. Während es bei letzterem um die Verfolgung gesellschaftspolitischer Umwälzungen in der SBZ ging, bezweckte der Kunstraub eine „Revanche“ und die Befriedigung eigener kultureller Großmachtwünsche.

---

934 Siehe hierzu im Abschnitt A dieses Kapitels.

935 Woiwodschaftsgericht Warschau, Urt. v. 9.3.1959, ILR 30 (1966), 496, insbesondere 509.

936 Bezirksgericht Tokio, Urt. vom 28.2.1966, Jap. Ann. of Int'l L. 13 (1969), 113.

937 OLG Frankfurt/Main, Entscheidung vom 17.4.1962 in: RzW 1962, 405.

938 Von der Beck 190.

939 Gleichzeitig merkt er kurz vorher an, dass eine klare Zuordnung des Konfiskationsgeschehens nur schwer erzielbar sei, weil die Konfiskationen gerade nicht nur im Hinblick auf den Eigentumsentzug, sondern vielmehr auf die Zielsetzung gesellschaftlicher Umwälzungen betrachtet werden dürften (S. 191). Dieser Ansatz leidet meines Erachtens daran, dass er sich allzu sehr von normativen Grundlagen löst und wertungspolitisch-ideologische Maßstäbe für die Bewertung eines ius cogens Verstoßes heranzieht.

Schweisfurth setzt in Würdigung desselben historischen Sachverhalts bereits hier mit anderen Kriterien an, nämlich einer genauen Untersuchung, gegen welche völkerrechtliche Normen verstoßen worden ist und warum dies gegebenenfalls einen Verstoß gegen geltendes ius cogens darstellen kann. Er zeichnet die Entwicklungslinien des humanitären Völkerrechts und schließt sich der Feststellung an, dass solche Normen des humanitären Völkerrechts, die dem Schutze einzelner und der beteiligten Staaten dienen (so insbesondere Artikel 46 HLKO), als zwingendes Recht anzusehen sind.[940] Wird Privateigentum im Schutzbereich des Artikels 46 II HLKO konfisziert, so sind solche dem Konfiskationsverbot widersprechende Handlungen ultra vires und die darauf beruhenden Akte nichtig. Hierdurch wird allenfalls ein Besitzentzug bewirkt; Rechtswirkungen wie die Begründung oder Übertragung von Eigentumstiteln kommen keinesfalls in Betracht.[941]

Die Bestrafung von Kriegsverbrechern auf Grundlage der Artikel 42ff. HLKO ist ein weiterer gewichtiger Beleg dafür, das es sich um völkerrechtlich besonders stark geschützte Rechtsgüter handelt.[942] Dies erhellt, dass Normen des humanitären Völkerrechts schon lange als Bestandteil des ius cogens angesehen werden.[943]

Artikel 46 HLKO steht in einer besonders gewachsenen Tradition des Schutzes von Privateigentum im Rahmen kriegerischer Auseinandersetzungen. Bekannt sind die Vorläufer in Artikel 38 der Brüsseler Erklärung und in Artikels 46 des Haager Abkommens aus dem Jahre 1899.[944] Der Nestor der HLKO, Friedrich von Martens, hat bereits vor dem Inkrafttreten die Haager Landkriegsordnung als „Hauptgesetz des civilisierten Kriegsrechts" bezeichnet. Auch einer der damaligen Hauptkommentatoren der Haager Landkriegsordnung, Karl Strupp, meint, Artikel 46 HLKO dürfe niemals verletzt werden.[945] Oppenheim und Lauterpacht betonen in ihrem damaligen Lehrbuch, dass unter keinen Umständen oder Bedingungen eine Aneignung von Privateigentum durch den Besatzer in Frage komme.[946]

---

940 Schweisfurth 38.

941 Von der Beck 200, Morgenstern 320, Schweisfurth 41.

942 Verdross/Simma 260.

943 Gasser in Fleck 170f, 199, 210, Kadelbach 71, Hannikainen 469ff., Berber Lehrbuch des Völkerrechts I 473, Schweisfurth 38.

944 Siehe hierzu die Ausführungen im ersten Kapitel, A IV 1ff.

945 Strupp 142.

946 Oppenheim/Lauterpacht 403.

1. Die Konfiskation von Kulturgütern in der Sowjetischen Besatzungszone

Ein abschließendes Bild der regional vielfältigen Beschlagnahmeaktionen in der SBZ im Jahre 1945 kann, wie bereits ausgeführt, nicht gezeichnet werden.

Erschwerend kommt hinzu, dass das Beuteverhalten der Trophäenbrigaden nicht einheitlich gekennzeichnet werden kann. So wurden Kulturgüter deutscher Provenienz teils mit, teils ohne Beschlagnahmeverfügung (militärischen Befehl) weggenommen und in die Sowjetunion abtransportiert. Eine wesentliche Grundlage für den Zugriff auf deutsche Kunstgegenstände bildete aber der SMAD Befehl Nr. 124 vom 30. Oktober 1945.[947]

Vordergründig diente dieser Befehl der Enteignung und Zersprengung nationalsozialistischen Eigentums. Hierzu wurden die deutschen Provinzial- und Länderverwaltungen mit der Durchführung der Erfassung und Sicherung der betroffenen Vermögenswerte beauftragt. Dies war der Beginn einer beispiellosen Enteignungswelle von Industriebetrieben und Vermögenswerten. Unter dem Druck der alliierten Kontrollratdirektiven Nr. 24 und 38 beendete der SMAD-Befehl Nr. 201 am 16. August 1947 die Beschlagnahmen. Das Einfallstor für willkürliche Enteignungen im Rahmen des Befehls Nr. 124 bildete die besondere Liste, deren Auswahlkriterien nicht nachvollziehbar – gleichwohl aber auch rechtlich nicht überprüfbar waren.[948]

Welche Kulturgüter unter Zuhilfenahme des SMAD Befehls Nr. 124 beschlagnahmt wurden, lässt sich nur am Einzelfall klären. Da der Befehl aber auch herrenloses Gut erfasste, wurden viele Kulturgüter auf Grundlage dieses Befehls weggenommen, da sie in den vielen Auslagerungsorten außerhalb der staatlichen Museen als „herrenlos" angesehen wurden. Dies galt auch für Kulturgüter im Privatbesitz.[949] Dass dieser Befehl ausdrücklich herangezogen wurde, zeigt auch das Schicksal des Gemäldes Wtewaels aus dem Schloß Friedenstein, dass auf Grundlage des SMAD Befehls 124 konfisziert worden war, weil sein vormaliger

---

947 Die SMAD Befehle 124 und 126, die keine Gesetzeskraft besaßen, verfügten die Beschlagnahme des Eigentums der Mitglieder der NSDAP und deren Anhänger: „... befehle ich, das Eigentum, das sich auf dem von den Truppen der Roten Armee besetzten Territorium befindet und ..." – es folgt eine weitreichende Aufzählung des Eigentums aller Kriegsbeteiligten auf deutscher Seite (Achsenmächte) und die Möglichkeit der Ausweitung auf Nichtbeteiligte – „... als beschlagnahmt zu erklären. *Das herrenlose Gut*, das sich auf dem von den Truppen der Roten Armee besetzten Territorium Deutschlands befindet, in provisorische Verwaltung der Sowjetischen Militärverwaltung zu nehmen."

948 VON DER BECK 92, LOCHEN, Grundlagen der Enteignungen zwischen 1945 und 1949, 1031.

949 KOSLOV in Ministerium für Kultur der Russischen Föderation 366f., der auf Befehle hinweist, Einrichtungen und Wohnungen zu durchsuchen, in denen man das Vorhandensein von Museums- und Bibliotheksgütern annehmen könnte.

Eigentümer, der Herzog von Sachsen-Coburg-Gotha, als Anhänger der NSDAP galt.[950]

Der SMAD-Befehl Nr. 124 bildet ein gutes Beispiel für den Mechanismus des sogenannten verdeckten Besatzungsrechts. Durch ihn wurde deutschen Behörden die hoheitliche Durchführung des Besatzerwillens übertragen. Anlässlich der Abgrenzung zwischen dem „verdeckten", „mittelbaren" oder auch indirektem Verfassungsrecht zum originär deutschen Recht ist das Maß der Willensbeeinflussung durch den Besatzer zu ermitteln. Da bis 1949 fast jede gesetzgeberische Maßnahme der deutschen Behörden der obersten Regierungsgewalt der Besatzer gewahr war, wird die Ansicht vertreten, dass faktisch das gesamte von deutschen Stellen erlassene Recht dem Besatzungsrecht zuzuordnen sei.[951] Gegenüber der Prüfung deutschen Rechts ist daher bei der Konfiskation von Kulturgütern, auch wenn dies zunächst durch deutsche Behörden erfolgte, das Besatzungsrecht als Bestandteil des Völkerrechts vorrangig zu berücksichtigen.

2. Schlussfolgerungen

In Zusammenschau von Artikel 25 GG mit den oben entwickelten Grundsätzen des zwingenden Rechts gilt es jetzt zu fragen, ob durch die Besatzungsmaßnahmen, die auf die vollständige Umgestaltung der Verhältnisse in Deutschland ausgerichtet waren – die Sowjetunion verfolgte bekanntermaßen eigene marxistisch-leninistische Zielsetzungen – in der Gestalt der Konfiskation von Kulturgütern völkerrechtswidrig waren, ja sogar hierin ein völkerrechtliches Verbrechen zu erblicken ist. Die Antwort bemisst sich nach den Anschauungen der Völkerrechtsgemeinschaft aus dieser Zeit.

Zu nennen ist zunächst die Londoner Erklärung vom 5. 1. 1943, die eine klare Ächtung der Wegnahme von Kulturgütern in besetzten Gebieten ausspricht. Auch zählen „Plünderungen von öffentlichem und privaten Eigentum ... die nicht durch militärische Notwendigkeiten gerechtfertigt" zählten nach Art. II Ziffer 1 lit. B des alliierten Kontrollratsgesetzes Nr. 10 vom 20. 12. 1945 zu den Kriegsverbrechen. Schließlich wertete auch das Nürnberger Militärtribunal die Verstöße gegen Artikel 42 ff. HLKO als Kriegsverbrechen. Auf Grundlage und in der wertenden Zusammenschau vorstehender Ausführungen liegt ein Verstoß gegen völkerrechtliches ius cogens vor, welche über Artikel 25 GG im innerdeutschen materiellen Recht zu berücksichtigen ist: Eine Anerkennung der Konfiskationen darf im innerstaatlichen Recht *in keinem Fall* ausgesprochen werden, da sonst ein Verstoß gegen die allgemeinen Regeln des Völkerrechts ein zweites Mal begangen würde.[952]

---

950 Zum Verfahren siehe 2 B I ff.

951 Maier, Verdecktes Besatzungsrecht, auf S. 368.

952 Blumenwitz, Die besatzungshoheitlichen Konfiskationen in der SBZ, 714.

Damit gilt eine besondere völkerrechtliche Qualität der Normen als zwingendes Recht, welche dem Schutze des Privateigentums im Kriege dienen (vergleiche Artikel 46, 47, 56 HLKO).[953] Die Gegenansicht[954], welche den Charakter als zwingendes Recht verneint, kann im gegebenen historisch-juristischen Kontext nicht zu überzeugen.

In der Fallgruppe kriegsbedingt verlagerter Kulturgüter ist abschließend festzuhalten, dass die „klassische Wegnahmehandlung" (Plünderung und Beschlagnahme von Kulturgütern) in (post-)kriegerisch besetzten Gebieten mit Verstoß gegen die Bestimmungen der Haager Landkriegsordnung eine Verletzung von völkerrechtlich bindendem ius cogens darstellt.[955] Die Auswirkungen auf das Privatrecht der betroffenen Privatrechtsordnungen werden noch an geeigneter Stelle[956] besprochen werden.

III. Verfolgungsbedingt entzogene Kulturgüter

Die Konfiskation, Beschlagnahme oder Plünderung jüdischer Kulturgüter in den besetzten Gebieten durch NS-Raubeinheiten erfüllt, wie bereits oben[957] erörtert, den Tatbestand des Artikels 56 HLKO. Der Tatbestand der Wegnahme von Kulturgütern in jüdischem Privateigentum *in den besetzten Gebieten* wird also zunächst nach den Grundsätzen gewürdigt, wie sie soeben im Bereich der kriegsbedingt verlagerten Kulturgüter aufgestellt worden sind.

Dort wurden freilich nicht diejenigen Umstände berücksichtigt, die durch die Ereignisse des Holocaust gekennzeichnet sind und aus diesem Grunde einer gesonderten Bewertung bedürfen. Im Gegensatz zur Beutekunst handelt es sich hier um die Bemessung eines Kunstraubs im Gefüge massiver Rassendiskriminierung von der willkürlichen Verfolgung bis hin zur systematischen physischen Vernichtung.

Die nachfolgenden Ausführungen wollen daher die tatsächlichen und rechtlichen Besonderheiten dieser Fallgruppe verdeutlichen, welche je nach Fallgestaltung einen besonders *schweren Verstoss gegen zwingendes Recht* begründen können.[958]

---

953 Im Hinblick auf die Beutekunst in russischen Museen Stephens, 18, HOUS. J. Int'L LAW. 59, 61, 79 (1995).

954 So aber Grell 128 sowie Niederer in SJIR 1954, 100.

955 Es ist zuzugeben, dass auch eine gegenläufige Ansicht vertretbar ist, die sich auf eine Qualifikation dieses Verhaltens als einen Verstoß gegen Völkergewohnheitsrecht (wie etwa in Artikel 56 HLKO niedergelegt) beschränkt. Doch auch dies hat Auswirkungen auf das Kollisionsrecht, siehe dort.

956 Siehe hierzu in den folgenden Kapiteln fünf bis sieben.

957 Kapitel 4, Abschnitt D III.

958 Dies insbesondere im Hinblick auf die Meinung, die in der Fallgruppe der kriegsbedingt verlagerten Kulturgüter noch keinen ius cogens Verstoß sieht (Grell 128 sowie Niederer in SJIR 1954, 100).

Die Ächtung des Völkermords war schon lange ein elementarer Bestandteil des ius cogens: Bereits vor Verabschiedung der Konvention über die Verhütung und Bestrafung des Völkermords[959] am 9.12.1948 ist die Ächtung dieser schlimmsten Form der Diskriminierung als einer der wenigen unstreitigen Rechtssätze des Gewohnheitsrechts anzusehen. Das Phänomen der Rassendiskriminierung als tragendes Element des NS-Kunstraubs wurde im Rahmen naturrechtlicher Erwägungen und als Verbrechen gegen die Menschlichkeit gewürdigt.[960]

Wie bereits ausgeführt, beinhaltet der verfolgungsbedingte Entzug von Kulturgütern gravierende Menschenrechtsverstößen und in den kulturellen Bestandteilen des Genozids auch ein Verbrechen gegen die Menschlichkeit. Jeder Entzug eines Kulturguts, dessen Eigentümer nachweislich von den Nationalsozialisten verfolgt oder sogar ermordet wurde, ist damit auch als ein Verstoß gegen unabdingbare völkerrechtliche Standards, gegen das ius cogens, anzusehen.[961]

IV. Die Restitution verfolgungsbedingt entzogener Kulturgüter als erga omnes Verpflichtung

Es handelte sich um einen Kunstraub, der in seiner Konstellation einzigartig in der Weltgeschichte ist[962]. Er stand gerade nicht in einem Zusammenhang mit kriegerischen Auseinandersetzungen zwischen Staaten, sondern wurzelte einzig und allein auf rassistischen Motiven, gepaart mit einem ausgeprägten Sammelwahn und schier grenzenloser Habgier. Der Entzug jüdischen Vermögens im Rahmen der NS-Verfolgung rüttelt damit an den Grundwerten der Staatengemeinschaft, die einen Völkermord und damit einhergehende Raubaktionen schlichtweg nicht tolerieren kann.[963]

Der IGH ordnet das Verbot des Völkermords (genocide) in einem obiter dictum einer erga-omes Verpflichtung zu.[964] Er hat bislang nicht den speziellen Fall entschieden, ob Wegnahmen von Kulurgütern, die in einem inneren Zusammenhang zum Völkermord stehen, eine erga omnes Verpflichtung an alle Staaten auslöst, die Wiedergutmachung durch Restitution verfolgungsbedingt entzogener Kul-

---

959 UNTS 78, BGBl. 1954 II, 729.

960 Siehe oben 3. Kapitel, A I.

961 Wertungsmäßig ist hier im Gegensatz zu den kriegsbedingt verlagerten Kulturgütern keine Herabstufung auf einen bloßen Verstoß gegen völkerrechtliches Gewohnheitsrecht denkbar. Für eine Qualifikation als ius cogens-Verstoß auch Mastroberadino, The last prisoners of WW II in: 9, Pace Int'l Law Reciew [315, 1997], S. 356.

962 Blum, LJIL 1998, 262, 264.

963 So auch Cotler in Beker, The Plunder of Jewish Property during the Holocaust, 75.

964 So im bekannten Barcelona Traction Fall: Barcelona Traction, Light and Power Company, Limited, Judgment, I.C.J. Reports 1970, 32.

turgüter aktiv zu betreiben.[965] Jedoch werden Normen des humanitären Völkerrechts grundlegend eine erga omnes Wirkung zugesprochen.[966]

In der Tat besteht ein in Tragweite und Schwere qualitativer Unterschied zwischen dem Genozid (physische Vernichtung) und dem Entzugs des Eigentums seiner Opfer (materieller Verlust). Ob die Restitution von im Zuge des Holocaust entzogenen Kulturgütern den materiellen Gemeinschaftsinteressen (collective interests) entspricht, hängt davon ab, ob mit der physischen Vernichtung des Eigentümers der Verlust seiner Kulturgüter einherging. Dann ist der NS-Kunstraub als weiteres Mittel des Völkermordes anzusehen. Hat man indes einen Verstoß gegen völkerrechtlich zwingendes Recht (ius cogens) bejaht, so indinziert dies bereits eine erga-omnes-Verpflichtung als materielles Gemeinschaftsinteresse.[967]

Die Restitution von Kulturgütern, welche nachweislich im Zusammenhang mit der Ermordung seiner Eigentümer im Konzentrationslager von den Nationalsozialisten entzogen worden sind, ist ein Gebot im Sinne einer *erga omnes Verpflichtung*. In diesem Fall ist die gesamte Staatengemeinschaft dazu aufgerufen, alle erforderlichen Anstrengungen zu unternehmen, die Wiedergutmachung dieses Unrechts mittels der Rückgabe der willkürlich entzogenen Kulturgüter aktiv zu betreiben.

H. Verfahrensfragen zur Rechtsverfolgung von Verstößen gegen das Völkerrecht

I. Die Klage auf Restitution von Beutekunst vor dem Internationalen Gerichtshof

1. Kulturgüter im staatlichen Besitz

Staaten führen in der Regel ihre Auseinandersetzungen auf dem diplomatischem Wege. So geschah es auch in ersten Konsultationen zwischen der Bundesrepublik Deutschland und der Sowjetunion über die Rückgabe der „Beutekunst“. Diese Verhandlungen sind aber bislang gescheitert.[968]

---

965 Eine solche Entscheidung wird außerhalb eines obiter dictum nie ergehen können, da es zu einem Prozess um die Herausgabe eines verfolgungsbedingt entzogenen Kulturguts vor dem IGH nicht kommen wird, da nur Staaten Parteien des Verfahrens sein können.

966 Hierzu im Einzelnen SCHINDLER, Die erga omnes – Wirkung des humanitären Völkerrechts, in: FS Bernhardt, 199ff.

967 HANNIKAINEN, 4 f., zum Verhältnis des jus cogens zur erga-omnes Verpflichtung ANNACKER 37ff. und 50 mwN, die klarstellt, dass jus cogens die Rechtssetzungsfähigkeit eines Staates mit hoher derogatischer Kraft zwischen den völkerrechtlichen Vertragsparteien (inter partes) beschränkt, während die erga-omnes-Verpflichtung eine Verletzung des Völkerrechts aufgreift, welches als international crime die Interessen der Staatengemeinschaft als Ganzes unbeschadet eigener Betroffenheit verletzt.

968 Über die deutsch-russischen Konsultationen 8 A I.

Nach Scheitern von Verhandlungen auf diplomatischen Wege ist eine Klage eines Staates vor dem internationalen Gerichtshof in Den Haag, der für Verstöße gegen geltendes Völkerrecht zuständig ist, zulässig. Hierzu müssen sich beide Staaten der Gerichtsbarkeit des Internationalen Gerichtshofs (IGH) mittels einer ausdrücklichen Unterwerfungserklärung (*preliminary injunction*) im Sinne des Artikels 36 Absatz 2 nach den Statuten des IGH unterworfen haben.[969]

Der Internationale Gerichtshof wird in der Literatur als das angemessene Forum zur endgültigen Regelung und Beilegung der deutsch-russischen Streitigkeiten um die Rückgabe der Beutekunst angesehen.[970] Grundsätzlich bedarf es aber der Untwerfung sowohl der Bundesrepublik Deutschland als auch der Russischen Föderation unter die Jurisdiktion des IGH durch eine Unterwerfungserklärung im Sinne des Artikels 36 II des IGH-Statuts. Beide Staaten haben eine solche Erklärung bislang nicht abgegeben.[971] Da die Bundesrepublik Deutschland aber selbst 1997 ohne eine Reaktion der Russischen Föderation den Vorschlag unterbreitet hat, die Beutekunstfrage vor den IGH zu bringen[972], sollte sie eine dem Artikel 36 II des IGH-Statuts entsprechende Erklärung abgeben. Jederzeit denkbar ist zudem eine gemeinsame deutsch-russische Zuständigkeitsvereinbarung *ad hoc* zugunsten des IGH als Forum zur Beilegung des Beutekunststreits.[973]

2. Kulturgüter im Privatbesitz

Sobald Kulturgüter in privatem Besitz gelangt sind oder aus einem solchen stammen, ist ein Verfahren vor dem IGH grundsätzlich nicht (mehr) denkbar, da nur Staaten, die Vertragsparteien des Statuts sind, gemäß Artikel 34 I und Artikel 35 I des IGH-Statuts vor dem IGH als Parteien auftreten können.

Denkbar ist es hier, dass der Staat seinem Bürger *diplomatischen Schutz* gewährt und auf diplomatischem Wege den Anspruch seines Bürgers als seinen eigenen geltend macht.[974] Ein solcher Schutz kommt in Beutekunstfragen bereits vor der Ausschöpfung des Rechtsweges in Betracht, da auf Grund des Beutekunstgesetzes mit einer prompten Abweisung des Rechtsschutzbegehrens eines Individuums zu rechnen ist.[975] Freilich haben zudem alle allgemeinen diplomatischen

---

969 Bundesgesetzblatt 1973 II, Tag der Ausgabe: Bonn, den 9. Juni 1973, S. 505–531.

970 Siehe etwa STEVENS, 65–67, MYEROWITZ 161, WILSKE 278, HILLER in SIMPSON, Spoils of War, 185 und PROTT in SIMPSON, Spoils of War, 230. MYEROWITZ 162 unterbreitet des Weiteren den Vorschlag, der IGH solle als Richtschnur seiner Bewertung die Unidroit-Konvention von 1995 (wohl als Entscheidungshilfe im Sinne des *soft law*) heranziehen.

971 STEVENS 65, HILLER in SIMPSON, Spoils of War 185.

972 WILSKE 278, STUMPF 279.

973 STUMPF aaO.

974 Zu den Voraussetzungen IPSEN 302 ff.

975 So ausdrücklich STUMPF 292 unter Hinweis auf das zwischenstaatliche Rückgabeverfahren nach Artikel 8 II, III des Beutekunstgesetzes.

Bemühungen der Bundesrepublik Deutschland bei der Russischen Föderation bislang keine greifbaren Ergebnisse erzielen können.

II. Alternativen: Internationales Schiedsverfahren oder Mediation durch die UNESCO

1. Internationales Schiedsverfahren

Zur Klärung einer Beutekunststreitigkeit, insbesondere bei Kulturgütern im Privatbesitz, kommt grundsätzlich die Anrufung eines internationalen Schiedsgerichts in Betracht.[976] Ein solches Verfahren könnte prozessual weitgehend auf die besonderen materiellen Bedürfnisse und die spezifische Interessenslage zugeschnitten werden.

Die Bundesrepublik Deutschland hat im Jahre 1998 bereits vergeblich versucht, ein Schiedsgericht zur Klärung der Beutekunstdebatte anzurufen, weil die Russische Föderation sich weigerte, einer schiedsrichterlichen Lösung zuzustimmen.[977] So scheint bereits der Wille zur Arbitration, der ein Einverständnis beider Parteien zur Durchführung eines Schiedsverfahrens erfordert, in den deutsch-russischen Verhandlungen zu fehlen. Unabhängig hiervon wurde bereits mehrfach die Schaffung eines internationalen Schiedsgerichtshofs für die Lösung der Streitigkeiten um die Restitution der Beutekunst[978] wie der Raubkunst[979] vorgeschlagen.

2. Mediation durch die UNESCO

Die UNESCO wird als geeigneter Mediator in der deutsch-russischen Beutekunstdebatte gesehen, der in der Lage sein könnte, das für diese Angelegenheit so wichtige adäquate Verhandlungsklima zu schaffen. Möglich wäre dies im Rahmen der Leistung guter Dienste nach Artikel 17 V der UNESCO-Konvention von 1970. Seit 1978 besteht bei der UNESCO ein beratendes, aus 22 Mitgliedstaaten bestehendes „zwischenstaatliches Komitee zur Förderung der Rückführung kulturellen Eigentums an die Herkunftsländer bzw. dessen Rückgabe im Falle widerrechtlicher Aneignung."[980] Nach seinen Statuten hat dieses Komitee

---

[976] Zur Schiedsgerichtsproblematik IPSEN 1021, und der Sammelband der Peace Palace Paper Vol. 7; vergleiche im übrigen STUMPF 280.

[977] SCHORLEMER, stolen art 342 mwN.

[978] PRUNTY 1167, SCHORLEMER, stolen art 343.

[979] Vorgeschlagen wird die Einrichtung einer auf Raubkunstfälle spezialiserten internationalen Schiedsstelle („specialized international arbitral tribunal"), so etwa von PELL, in: PPP, Volume 7, 315 ff.

[980] Im Original: *UNESCO Intergovernmental Committee for Promoting the Return of Cultural Property to its Countries of Origin and its Restitution in Case of Illicit Appropriation*, vergleiche etwa STUMPF 276ff.

sich zur Aufgabe gemacht, zwischenstaatliche Verhandlungen über die Rückgabe von Kulturgütern zu erleichtern[981] und durch professionelle Maßnahmen den globalen Informationsaustausch zu fördern.[982]

Die Hemmschwelle zur Anrufung dieses Kommitees ist mit Sicherheit nicht so hoch, da die UNESCO als Mediatorin allenfalls unverbindliche Empfehlungen aussprechen würde und den Staaten gleichzeitig eine neutrale Plattform bieten könnte, auf welcher die wechselseitigen politischen, historischen und rechtlichen Ansichten ausgetauscht werden könnten.[983]

III. Die Subjektstellung des Individuums im Völkerrecht und seine daraus resultierende Stellung in völkerrechtlichen Verfahren

Auf Grundlage vorstehender Ausführungen stellt sich ganz grundlegend die Frage nach der Fähigkeit des Individuums zur Geltendmachung von Ansprüchen völkerrechtlicher Natur: Ist ein Individuum mögliches Subjekt des Völkerrechts? Die Rechtspraxis des internationalen hat sich mit dieser Frage, soweit ersichtlich, nicht auseinandergesetzt, da derartige Fragen bislang auf außergerichtlichem Wege, in speziellen Instanzenzügen intertemporalen Sachrechts (etwa den Wiedergutmachungskammern) oder im Zivilrechtsweg behandelt wurden.

1. Die Voraussetzungen für eine Subjektstellung im Völkerrecht

Das Spektrum der gängigen Lehrmeinungen zur Subjektstellung des Individuums reicht von der absoluten Subjektsqualität bis hin zu seiner totalen Negierung.[984] Vorzugswürdig erscheint die Ansicht, die einen Mittelweg zwischen beiden Extrempositionen sucht. Danach ist das Individuum von der Staatenpraxis als – partielles – völkerrechtliches Rechtssubjekt insoweit anerkannt, als es seine

---

981 Prott/Hladik, Spoils of War 1997, 59, benennen in diesem Zusammenhang Art. 4 des Statuts: "The Committee shall be responsible for:

1. Seeking ways and means of facilitating bilateral negotiations for the restitution or return of cultural property to its countries of origin when they are undertaken according to the conditions defined in Article 9;
2. Promoting multilateral and bilateral co-operation with a view to the restitution and return of cultural property to its countries of origin: (...)".

982 Eingehende Erörterung bei Prott Unesco S. 5f.; Prott/Hladik S. 59f

983 Stumpf 278.

984 Grundlegend Ipsen 80. Das souveräne Staaten Subjekte des Völkerrechts sind, bedarf keiner weiteren Erörterung. Inwieweit aber Individuen den Staaten gleichgestellt werden können und welche Anforderungen hieran zu stellen sind, wird sehr divergierend diskutiert, vergleiche bereits die Ausführungen bei Grassi, S. 105–117: Dort werden auch die Individuen als „letzte Empfänger der Völkerrechtsnormen“ und alleinige „direkte Subjekte des Völkerrechts“ [eine wohl eher soziologische Betrachtungsweise] vorgestellt.

fundamentalen Menschenrechte einfordern, nicht aber durchsetzen kann.[985] Die offizielle Kritik bis hin zur Klage gegen eine völkerrechtswidrige Maßnahme, etwa vor dem IGH, bleibt also dem souveränen Staate vorbehalten. Seiner Praxis im Benehmen mit anderen Staaten obliegt es, die völkerrechtliche Position seines Individuums zu gestalten und zu konkretisieren.[986] In den einschlägigen Bestimmungen der Haager Landkriegsordnung (Artikel 43, 46, 56) rückt das Individuum jedoch möglicherweise so weit aus seiner *mediatisierten* Stellung heraus, als ihm selbst – und nicht etwa allen Angehörigen des Staates – Schutznormen zur Seite gestellt werden. Eine Individualberechtigung des Menschen als Rechtsträger im Völkerrecht wird aber nur dann zu befürworten sein, wenn ihm selbst durch eine Völkerrechtsnorm die Befugnis eingeräumt wird, von einem Staat in einem völkerrechtlichen Verfahren ein bestimmtes Verhalten zu verlangen.[987]

2. Die Subjektstellung des Individuums in der HLKO

Zwar spricht die HLKO in den Artikeln 3, 12 und 13 von einem Recht des Individuums gegen den Staat und regelt in den Artikeln 46 bis 50 verschiedene Freiheits- und Vermögensrechte. Jedoch gilt es zu hinterfragen, ob die genannten Normen nicht bloß rein öffentlich-rechtliche Sachnormen sind, die allenfalls eine Reflexwirkung auf die Eigentumsposition des Einzelnen auszuüben vermögen.[988] Deshalb ist zu ermitteln, ob durch die Haager Landkriegsordnung die Kulturgüter als solche oder ihre Eigentümer geschützt werden.

Die Haager Landkriegsordnung regelt ausdrücklich in Artikel 56 den Trennungsgedanken zwischen privaten und öffentlichen Sachgütern, mithin ausschließlich Eigentumsfragen. Damit bezieht sie sich mehr auf die Kulturgüter selbst als auf die dahinter stehende materielle Sachzuordnung, zumal auch dem Privateigentümer in der Haager Landkriegsordnung keine eigenständigen Verfahrensrechte zur Durchsetzung seiner Sachposition mitgegeben wurden.

Laun[989] interpretiert die Schutznormen der Haager Landkriegsordnung im Hinblick auf seine Anschauung des Völkerrechts als eine Verpflichtung der beteiligten Staaten zur Respektierung und Einhaltung dieses Normengefüges. Im Verletzungsfall könne dies daher nur von einem Vertragspartner der HLKO, also demjenigen Staat, dessen Bürger in den festgelegten Schutzpositionen verletzt worden ist, gerügt und geltend gemacht werden. Genau dieser Gedanke ist aber ohnehin in Artikel 2 der HLKO festgelegt, in welchem die Anwendbarkeit des

---

985 Verdross/Simma § 424.

986 H. Mosler, Subjects of International Law, EPIL, Instalment 7, 1984, S. 457f.

987 Ipsen § 7 Rn. 6, Verdross/Simma § 424.

988 Zu dieser Unterscheidung Ipsen aaO.

989 Laun 32.

Abkommens auf seine Vertragsmächte begrenzt wird. Darüber hinaus geht *Grassi*, der dem Individuum einen Anspruch auf Einhaltung der Regeln der HLKO, vermittelt durch „seinen Staat“, gibt.[990] Im Verletzungsfalle solle der Staat für das betroffene Individuum den Verletzerstaat in Anspruch nehmen (wohl eine Art völkerrechtliche Prozessstandschaft[991]); ein Regress könne dann nach internen Regeln erfolgen.[992] Eine Einzelperson kann nach beiden Ansichten seine privaten Vermögens- und Eigentumsrechte aus der HLKO, die durch eine völkerrechtswidrige Maßnahme verletzt wurden, jedenfalls nicht eigenständig auf völkerrechtlichem Wege wahren und durchsetzen.

3. Die Anspruchsberechtigung besetzter Staaten für die Verletzung von Privateigentum

Ein Staat kann nicht die Verletzung von Eigentümerschutzrechten seiner Einwohner zum Zeitpunkt der kriegerischen Besetzung (occupatio bellica) geltend machen, da durch Artikel 43 HLKO die souveräne Staatsgewalt für die Dauer der Besetzung suspendiert wird.[993] Daraus ist zu schließen, dass die in der HLKO genannten Schutzrechte und Befugnisse (insbesondere das Recht auf Eigentum) weder vom besetzten Staate noch seinem Besetzer geltend gemacht werden können, sondern vielmehr nur vor staatlichen Zivilgerichten von der betroffenen Privatperson selbst.[994] Ein Individuum hat aber mangels Subjektsqualität in völkerrechtlichen Verfahren den ordentlichen Rechtsweg vor Zivilgerichten einzuschlagen. Hat eine Enteignung durch einen ausländischen Staat stattgefunden, ist zudem an eine Klage vor den Verwaltungsgerichten des enteignenden Staates zu denken. Der private Anspruchsteller ist aber nicht nur aus Kostengründen auf die Unterstützung seines Herkunftstaates schlechterdings angewiesen. Er benötigt die – zumindest diplomatische – Unterstützung seines Heimatstaates[995], weil es gerade darum geht, Verstöße gegen geltendes Völkerrecht zu verfolgen beziehungsweise diese gegenüber dem momentanen Besitzerstaat auf diplomatischem Wege darzustellen und den Anspruch so auf völkerrechtlicher Ebene flankierend geltend zu machen.

4. Schlussfolgerungen

Fragen der Rückführung kriegsbedingt verlagerter Kulturgütern werden im Grundsatz im Rahmen bilateraler Verhandlungen erörtert, an welchen die Ver-

---

[990] Grassi 127 und insbesondere 273.

[991] Vergleiche zu diesem Problem die ausführliche Darstellung im nächsten Abschnitt.

[992] Grassi 273.

[993] Bauer 78ff.

[994] Siehe hierzu auch Langen/Sauer 14f.

[995] Zu den anderen Möglichkeiten siehe soeben 4 H I und II.

treter der Staaten (Diplomaten, Politiker, Fachkommissionen) teilnehmen. Rechtspositionen und damit verbundene Interessen des Individuums sind hier in aller Regel nicht Verhandlungsgegenstand.

Bei Beutekunst, die sich im Privatbesitz befindet und damit nicht Teil einer dererlei zusammengeführten Verhandlungsmasse sein kann, gibt es derzeit indes keine Konsulatationen auf diplomatischen Wege und damit auch keine bilateral geführte Debatte um die Frage möglicher Verstöße gegen die Haager Landkriegsordnung. Dann stellt sich die Frage, warum nicht auch der Private seine Rechte aus der Haager Landkriegsordnung selbst geltend machen kann, wie sie ihm dort als Schutznormen zur Verfügung stehen.[996]

Da es für ein Individuum ersichtlich nicht möglich ist, im Rahmen eines völkerrechtlichen Verfahrens seine Rechte effektiv geltend zu machen, bleibt es dabei, dass er auf den ordentlichen Gerichtsweg oder ein Schiedsverfahren angewiesen ist. Im Rahmen eines solchen *zivilrechtlichen* Verfahrens respektive dem Schiedsverfahren, das in der Regel nach den materiellen Normen des jeweiligen Prozessrechts das Individuum als Subjekt des Verfahrens miteinbezieht, können die Verstöße gegen völkerrechtliche Bestimmungen im Rahmen der einzelstaatlichen General- und kollisionsrechtlichen Vorbehaltsklauseln aufgegriffen werden. So geschah es auch in praxi in einigen der – ohnehin seltenen – Gerichtsverfahren, die über die Herausgabe von kriegsbedingt verlagerten Kulturgütern zu befinden hatten.[997] Hieraus wird aber das dogmatische wie praktische Bedürfnis sichtbar, über die Fortwirkung völkerrechtlicher Wertungen im (internationalen) Privatrecht nachzudenken.

I. Rechtsfolgen des Zeitablaufs im Völkerrecht

Im Völkerrecht gibt es verschiedene Rechtsinstitute, die im Moment des Zeitablaufs und der Existenz bestimmter Voraussetzungen die definitive Anerkennung bestimmter Erwerbstatbestände aussprechen. Zu nennen sind: Ersitzung (mit der Besonderheit der acquiescence), acquisitive prescription (erwerbende Verjährung), extinctive prescription (erlöschende Verjährung) und Estoppel (Verwirkung). Eine präzise Abgrenzung fällt außerordentlich schwer, da die Rechtsinstitute mitunter terminologisch vermengt werden oder materiell ineinander verschwimmen.[998]

---

996 Die Aktiv- und Passivlegitimation liegt ausweislich Artikel 3 HLKO ausschließlich bei den Unterzeichnerstaaten.

997 So insbesondere bei Menzel v. List, vergleiche unten 6 D. Diesem Thema widmet sich Siehr in seinem Beitrag Völkerrecht und Internationaler Kulturgüterschutz vor Gericht in Frank 57 ff.

998 Einen guten Überblick bietet Zimmer, Gewaltsame territoriale Änderungen und ihre völkerrechtliche Legitimation, S. 31 ff., 46 ff., 67 ff.

Ihnen ist jedoch der Gedanke gemein, dass eine Untätigkeit des berechtigten Staates über einen längeren Zeitablauf hinweg einen rechtsverbindlichen Status demjenigen zu verschaffen vermag, der sich auf den Zeitablauf zu seinen Gunsten gegenüber dem Anspruchssteller beruft. Allerdings ist ein solcher Zeitablauf wesentlicher länger und den Umständen des Falles nach bemessen. Er orientiert sich deshalb nicht an starren Fristen, wie sie sonst in den einschlägigen Privatrechtsordnungen üblich sind.

I. Die Ersitzung im Völkerrecht (Präskription)

1. Anwendbarkeit der Ersitzungsregeln des Völkerrechts auf Kulturgüter

Der Erwerbstitel der Ersitzung (oder Präskription) ist als allgemeiner Rechtsgrundsatz[999] im Sinne des Art. 38 I lit. c) IGH-Statut auch dem Völkerrecht bekannt.[1000] Die Ersitzung im Völkerrecht wurde ursprünglich im Bereich des Gebietserwerbs im Rahmen friedlicher oder auch gewaltsamer territorialer Veränderungen diskutiert.

Die Ersitzung liegt im Völkerrecht dem Gedanken zugrunde, dass eine Befriedung auch eines unrechtmäßigen Erwerbs eintreten solle, so diese auch tatsächlich in der im Streit stehenden Angelegenheit eingetreten ist (Grundsatz der Effektivität).[1001] Grundsätzlich fragt sich, ob die Dogmatik der Ersitzung, die im Völkerrecht im Bereich des Gebietserwerbs und damit im unbeweglichem Territorialbesitz entwickelt wurde, auch auf bewegliche Sachen übertragbar ist.

Es spricht einiges dafür, die im Bereich des Gebietserwerbs (Immobilien) aufgestellten Rechtsgrundsätze auf die Ersitzung von Mobilien, so auch bei Kulturgütern, anzuwenden. So sind Interessenslage und Ausgangslage im Wesentlichen vergleichbar (argumentum de maiore ad minus):[1002] In beiden Fällen übt ein Staat einen fortwährenden hoheitlichen Einfluss auf eine „Sache" aus, die ursprünglich nicht seinem Herrschaftsbereich zugeordnet werden konnte. Bei

---

999 Vgl. DAHM/DELBRÜCK/WOLFRUM, S. 365; SEIDL-HOHENVELDERN, Völkerrecht, Rz. 471, JENSCHKE 248ff.

1000 DOEHRING Palatina 140, IPSEN 267.

1001 Zur Effektivität (ex factis ius oritur) siehe SEIDL-HOHENVELDERN/STEIN 212, MÜLLER/WILDHABER, Praxis des Völkerrechts, 324.

1002 BROWNLIE, Principles, S. 153; so wohl auch RUMPF ZfTS 6 (1993), S. 287, 291 und DOEHRING, Ruperto Carola, Heidelberger Universitätshefte 39 (1987), Heft 76, S. 138, 140. Anderer Ansicht aber wohl HÖHN, S. 26, 29, Fn. 24 [mit Bezug auf die Gegenansicht Doehrings]; SCHORLEMER, stolen art S. 317 ff. gibt auf S. 333 zu bedenken, dass eine fehlende Staatenpraxis die Möglichkeit der Ersitzung von Kulturgütern im Völkerrecht ausschließe.

Immobilien wie bei Mobilien im Besitz eines fremden Staates geht es letzten Endes um die Anerkennung der Ausübung von Hoheitsbefugnissen durch den ursprünglich legitimen Inhaber der Eigentumsrechte[1003].

2. Die Ersitzungsfrist im Völkerrecht

Die Ersitzung des Völkerrechts kennt wegen seiner wertenden Einzelfallbetrachtung keine starren Fristen.[1004] Diskutiert wurden Fristen von mindestens 50[1005] bis zu 100[1006] Jahren. Während im materiellen Zivilrecht der Staaten verschiedene Zeitabläufe vorgesehen sind, nach deren Ablauf ein originärer Erwerb kraft Gesetzes eintritt, weil nach dieser Zeitspanne von einer Befriedung ausgegangen wird[1007], kann im Völkerrecht nur dann von einer Befriedung im Rahmen der Ersitzung gesprochen werden, wenn bestimmte Voraussetzungen eingetreten sind, die gerade nicht von einer bestimten Zeitspanne abhängen.

Zu dem Zeitpunkt, in welchem ein Anspruch auf Restitution durch ein Staat geltend gemacht und damit der Protest des gegenwärtigen Zustands kundgetan wird, endet die Ersitzungsfrist. Dies ist die Zäsur, an welcher ermittelt werden muss, ob eine Ersitzung nach Maßgabe des Völkerrechts bereits eingetreten ist. Hat der berechtigte Staat einen Besitzzustand in Kenntnis der relevanten Umstände über einen längeren Zeitraum hin anerkannt, so setzt er sich den Vorwurf widersprüchlichen Verhaltens aus, wenn er den durch in über längere Zeit geschaffene Vertrauenstatbestand plötzlich wieder zur Disposition stellt.

Entscheidend bleibt daher, ob dem zur Geltendmachung von Ansprüchen berechtigtem Staate die Umstände unberechtigten Besitzes des anderen Staates bereits längere Zeit bekannt waren, er diese widerspruchslos hingenommen und hierdurch diese später auch entgültig anerkannt hat. Dies kann je nach den Umständen des Falles auch länger als fünfzig Jahre dauern, insbesondere dann, wenn ein Staat lange Zeit keinerlei Vorstellung von der Ausübung von Hoheitsbefugnissen über seine Kulturgüter hat.

Der wesentliche dogmatische Unterschied der völkerrechtlichen zur zivilrechtlichen Ersitzung liegt also bereits in den tatbestandlichen Voraussetzungen der Ersitzung, insbesondere darauf auf wen (vormaliger Berechtigter oder gegenwärtiger Besitzer) es zur Vollendung des Erwerbs ankommt. Insoweit unterschei-

---

[1003] So bereits Oppenheim: „The basis of prescription in International Law is nothing than *general recognition of a fact*, however unlawfull in its origin, on the part of the member of the Family of Nations“, zitiert von Schätzel, das Recht des völkerrechtlichen Gebietserwerbs, 1959, S. 49.

[1004] Jenschke 250, Łaski PYIL 23 (1997/1998), S. 219, 227.

[1005] Field, Outlines of an International Code (1872), § 52 finden sich nun bei Brownlie 158.

[1006] Grotius, De jure belli ac pacis, 2. Buch, Kapitel 4, 7, in: Classics of Int. Law 1925, 224 nennt diese Frist, die das Gedächtnis eines Menschen übersteige.

[1007] Zu den Ersitzungsfristen im materiellen Zivilrecht der Staaten siehe 5 E und 6 B.

det sich die Ersitzung des Völkerrechts grundlegend von der des Privatrechts: Während die Ersitzung des Völkerrechts eine Zustimmung des Berechtigten zur neuen Statusänderung fordert respektive fingiert (so er den Zustand längere Zeit widerspruchslos hinnimmt), kommt es in der Ersitzung des Privatrechts auf den eigenen Kennntnisstand des gegenwärtigen Besitzers zum Zeitpunkt der Besitzerlangung bis hin zu der tatbestandlichen Vollendung der Ersitzung nach bestimmten, in den einzelstaatlichen Gesetzen in verschiedener Länge gehaltenen Ersitzungsfristen an.

Eine Befriedung des ursprünglich unrechtmäßigen Rechtszustandes kann im Völkerrecht nur unter Mitwirkung des Berechtigten erfolgen. Der Ersitzende muss deswegen auch nicht im guten Glauben gewesen sein.[1008] Demgegenüber orientiert sich das Privatrecht ausschließlich an dem konkreten Kenntnisstand des gegenwärtigen Besitzers.

3. Die Voraussetzungen der Präskription im Einzelnen

Das Kulturgut muss längere Zeit im effektiven Besitz eines Staates gewesen sein.[1009] Dies erfordert einen erheblichen Zeitraum ohne längere Unterbrechung je nach den Umständen des Einzelfalls. Bei Mobilien wird man grundsätzlich die positive Kenntnis des betroffenen Staats von der Inbesitznahme des anderen Staates fordern müssen, da auch beim Gebietserwerb stets an das Verhalten des betroffenen Staates in Kenntnis der relevanten Umstände anknüpft wird.[1010] So ist es erforderlich, dass die durch die Besitzergreifung entstandene Lageveränderung der Kulturgüter vom betroffenen Staate über eine längere Zeit hinweg widerspruchslos hingenommen wird („undisturbed, uninterrupted, unchallenged“[1011]). Erst jetzt kann von einem Zustand gesprochen werden, der einer Befriedung entspricht, welche die eigentliche Souveränität zum Behaltendürfen geraubter Kulturgüter begründet.[1012]

In allen bekannten Fällen kriegsbedingter Verlagerungen kann eine Ersitzung im Sinne des Völkerrechts mangels Kenntnis des Anspruchsberechtigten nicht stattgefunden haben. Dies zeigt bereits das bekannte Beispiel im Verhältnis Deutschland – Russland, in welcher die Bundesrepublik jahrzehntelang keine Vorstellung

1008 Doehring, Heidelberger Universitätshefte 1987, 140.

1009 Menzel-Ipsen, Völkerrecht, 2. Auflage 1979, S. 162f.

1010 Die Ersitzung eines Hoheitsgebiets ist nur dann möglich, wenn der betroffene Staat von der Herrschaftsausübung eines fremden Staates auf seinem Territorium weiß. Dementsprechend muss ein Staat auch Kenntnis davon haben, dass Kulturgüter, die ursprünglich in seinem Territorium belegen waren, nunmehr auf fremden Territorium anzutreffen sind und der dortige Staat bewusst Sachherrschaft über diese Kulturgüter ausübt.

1011 Zimmer 47f.

1012 Diese Aussage entspricht der Grundvoraussetzung zum Gebietserwerb, der die Anerkennung einer offenen und fortwährenden territorialen Souveränität einfordert, Zimmer 48.

davon hatte, dass ihre als verschollen geglaubten Kulturgüter sich in Wirklichkeit in russischen Depots befinden.

Ein Eigentumserwerb durch Ersitzung des Völkerrechts kann also erst dann eintreten, wenn ein offener Besitz ausgeübt wird, der lange unangefochten bestehen bleibt.[1013] In allen bekannten bilateralen Rückführungsverhandlungen zeigt sich jedoch ganz deutlich ein anderes Bild.[1014]

II. Acquiescence

1. Funktion und Bedeutung der Acquiescence im Völkerrecht

Das Völkerrecht spricht neben der (ordentlichen) Ersitzung im Fall eines qualifizierten Stillschweigens in Kenntnis widerrechtlichen Handelns eines anderen Staates von der aquiescence[1015] (zu deutsch: Konkludente Zustimmung)[1016].

Es gilt hier der Grundsatz qui tacet consentire videtur si loqui debuisset ac potuisset[1017]: Schweigt eine Partei über einen längeren Zeitraum hinaus und verzichtet auf die Geltendmachung eines Rechtsanspruchs, so verliert sie das nicht in Anspruch genommene Recht, sofern der Anspruchsgegner darin nach Treu und Glauben die Anerkennung des derzeitigen Rechtszustandes sehen darf.[1018] Als angemessene Reaktion auf ein missbilligtes Verhalten hat nämlich in der Regel eine Verbalnote zu folgen, im welchem gegen ein bestimmtes Verhalten ausdrücklich protestiert wird.[1019] Freilich genügt es auch, Verhandlungen vorzuschlagen, in welcher eine Lösung für die zu Tage getretenen Probleme gefunden werden soll. Aufgrund der Grundelemente der widerspruchslosen Hinnahme und einem nicht unerheblichen Zeitablauf handelt es sich bei der acquiescence um einen Sonderfall der Verwirkung (estoppel).

2. Acquiescence bei Beutekunst?

Unabhängig davon, welche Kriterien für eine acquiescence gefordert werden[1020], bleibt stets das gleiche wesentliche Hindernis bestehen: Eine acquiescence im

---

1013 So genannte „adverse" Ersitzung, vergleiche BERBER Völkerrecht I, 346 und ZIMMER 47.

1014 Siehe im Hinblick auf die deutsch-russischen Verhandlungen um die Rückführung von Kulturgütern das achte Kapitel.

1015 Zum Begriff: Jörg Paul MÜLLER und Thomas COTTIER in EPIL, Instalment 1, 14 ff.

1016 Dogmatisch handelt es sich m.E. bei der acquiescence mit den Elementen der widerspruchslosen Hinnahme und einem nicht unerheblichen Zeitablauf um einen Sonderfall der Verwirkung (estoppel).

1017 IPSEN 148.

1018 Nunmehr auch festgelegt in Artikel 45 WVRK.

1019 SCHLOCHAUER/STRUPP, Wörterbuch des Völkerrechts, Schlagwort „Gebietserwerb", S. 620.

1020 Es gibt vier Interpretationen der acquiecence: Als stillschweigende Zustimmung, als Vergegebenen Kontext erfordert stets die exakte Kenntnis von den relevanten Tatsachen im Bezug darauf, wohin ein bestimmtes Kulturgut verbracht worden ist und welcher Staat ein kriegsbedingt verlagertes Kulturgut nunmehr in seinem Besitze hat. Jedoch galt gerade die von russischen Einheiten verschleppte Beutekunst lange Zeit als verschollen. Setzen deshalb dann nach Kenntnis der Sachlage in zeitlichem Zusammenhang zu dieser Faktenlage bilaterale Rückführungsverhandlungen ein, bleibt für eine acquiescence kein Raum mehr.[1021]

Walter spricht sich gegen eine Anwendung der Regeln der acquiescence, die er der erwerbenden Verjährung gleichsetzt, auf Kulturgüter aus. Er begründet dies damit, dass diese nur im Zusammenhang zum Gebietserwerb angewendet worden seien. Zudem seien die nationalen Regeln im Bezug auf die Ersitzung zu uneinheitlich, um auf einen allgemeinen Rechtsgrundsatz schließen zu können.[1022] Dass aber die Regeln der Ersitzung (wie auch der acquiescence) bislang nur im Bereich des Gebietserwerbs diskutiert wurden, liegt unter anderem daran, dass die nun zur Diskussion stehenden Fallgruppen vergleichsweise neu, aber dennoch vergleichbar sind. Dass die Ersitzung ein gemeiner Rechtsgrundsatz nach Artikel 38 des IGH-Statuts ist, ist bereits gesagt worden.[1023]

III. Die Verjährung

Die Möglichkeit des Verlusts einer Anspruchsposition durch Verjährung ist auch im Völkerrecht grundsätzlich anerkannt.[1024]

1. Sonderrecht für Kulturgüter?

In der Literatur wird häufig die Ansicht vertreten, dass der Wiedergutmachungsanspruch, der sich in der Pflicht zur Restitution eines kriegsbedingt verlagerten Kulturgutes ausdrückt, keiner Verjährung unterliegen könne.[1025] So kann argu-

---

mutung einer solchen Zustimmung (Verschweigung) aufgrund von Passivität, als spezielle Form der Verwirkung (Estoppel) und als Duldung faktischer Verhältnisse; vergleiche zum Ganzen Zimmer S. 31–39.

1021 Etwas anderes würde nur gelten, wenn die betroffenen Staaten Mitte der 90-er Jahre nicht reagiert hätten, so insbesondere Deutschland nicht Anstrengungen unternommen hätte, die geraubten Kulturgüter zurückzuerhalten.

1022 Walter 86.

1023 Siehe in diesem Abschnitt, 4 J I 1.

1024 Fleischhauer, Carl August, „Prescription", in: Rudolf Bernhardt (Hrsg.), EPIL, Instalment 10 (1987), S. 327–330 oder EPIL, Instalment 3, 1105 ff. [11. Auflage] und ders., „Verjährung", in: Karl Strupp/Hans-Jürgen Schlochauer (Hrsg.), Wörterbuch des Völkerrechts, Dritter Band, Berlin 1962, S. 509–513, siehe auch King, B. E., „Prescription of Claims in International Law", BYIL 15 (1934), S. 82–97.

1025 Nahlik RdC 1967, 100, zitiert bei Gattini 79; siehe auch Schorlemer, stolen art, 333.

mentiert werden, dass die Restitutionspflicht eines Staates gegenüber einem anderen Staat allenfalls verwirkt werden kann.

Die Verjährung im Völkerrecht unterliegt keinen festen Fristen, sie hat sich an den Umständen des Einzelfalls zu orientieren. Auf dieser Grundlage ist im Bereich des Völkerstrafrechts darüber diskutiert worden, ob die *Bestrafung* von Kriegsverbrechen und von Verbrechen gegen die Menschlichkeit der Verjährung zugänglich ist. Die Vereinten Nationen haben sich in zwei Resolutionen in den Jahren 1968 und 1973 gegen die Verjährung in diesen Fällen ausgesprochen. Die Resolution Nr. 2391 (XXIII)[1026] empfiehlt die Ratifikation der von den UN verabschiedeten Ratifikation über die Nichtanwendbarkeit gesetzlicher Verjährungsfristen auf Kriegsverbrechen und Verbrechen gegen die Menschlichkeit. Artikel 1 a der Resolution verweist auf die Charta des internationalen Militärtribunals vom 8. August 1945. In Artikel 6 b dieser Charta wird festgelegt, dass die Plünderung von öffentlichem und privatem Eigentum als Kriegsverbrechen aufzufassen ist.[1027] Artikel 2 der Konvention bestimmt, dass die Repräsentanten desjenigen Staates, dem Kriegsverbrechen zur Last gelegt werden, ohne zeitliche Begrenzung zur Verantwortung gezogen werden sollen. Es wäre aber inkonsequent, wenn ein Strafverfahren wegen des Kriegsverbrechens der Plünderung bestrafen würde und gleichzeitig das Kulturgut, also den eigentlichen Strafgrund, dem plündernden Staate belassen würde: Die zeitlich unbegrenzte Restitution des Gegenstandes ist doch gerade der notwendige Ausfluss der Ahndung des Kriegsverbrechens als notwendige Wiedergutmachung und Befriedung zwischen den beteiligten Staaten.[1028]

Die Bundesrepublik Deutschland ist dieser Empfehlung zu diesem Zeitpunkt[1029] entsprechend dem Beispiel der Vereinigten Staaten und auch Frankreichs, das sich der Stimme in der Versammlung enthalten hatte, nicht gefolgt.[1030] Insgesamt wurde die Resolution von nur 58 Staaten, mithin weniger als der Hälfte aller Mitglieder der Vereinten Nationen gutgeheißen. In der entscheidenden Versammlung war dies jedoch immerhin die Mehrheit der an der Abstimmung beteiligten Staaten.

1026 UN-Doc. A/Res. 2391 vom 9. Dezember 1968.

1027 Charter of the International Military Tribunal, 8 Aug. 1945, United Nations, General Assembly, ILC, S. 61, KAYE, „Cultural Property Theft During War: Application of the Statute of Limitations", in: Legal Aspects of International Trade in Art, Vol. V, Martine BRIAT/Judith A. FREEDBERG (Hrsg.), S. 220.

1028 Vergleiche zum Ganzen WALTER 84 ff., aufgegriffen von HÖHN 29 und STUMPF 255.

1029 Hinlänglich bekannt sein dürfte aber die Diskussion um die Verjährung der Bestrafung von NS-Kriegsverbrechern sein, die zu einer Unverjährbarkeit der Verfolgungsverjährung beim Mord im deutschen Strafgesetzbuch führen sollte.

1030 SEIDL-HOHENVELDERN ZRP 1974, 226. Der Hintergrund mag vielleicht auch im Abstimmungsverhalten liegen, da der Westen geschlossen gegen, die Sowjet- und Ostblockstaaten hingegen für die Konvention abstimmten, KAYE, looted art, Cardozo 1998, 668.

In der weiteren Resolution Nr. 3074 (XXVIII)[1031] hat sich die UN erneut in einer recht allgemein gehaltenen Formulierung gegen die Verjährung ausgesprochen, indem sie dazu aufforderte, alle Maßnahmen zu unterlassen, die gegen eine Bestrafung von Kriegsverbrechen wirken würden. Diese Resolution wurde mit 94 Stimmen bei 29 Enthaltungen angenommen.

Aus Sicht des völkerrechtlichen *Gewohnheitsrechts* existiert mithin keine Unverjährbarkeit der Ansprüche im Kontext des Völkermords und der Verbrechen gegen die Menschlichkeit.[1032] Dennoch besteht hier ein großer Handlungsbedarf, da eine bloße Empfehlung der Unverjährbarkeit keinesfalls einer tragfähigen und klaren Rechtsgrundlage gerecht werden kann, weshalb die allgemeinen Grundsätze des Völkerrechts im Hinblick auf die Verjährung aufgegriffen werden müssen.

2. Acquisitive prescription, extinctive prescription und estoppel

Die „prescription" besagt, dass nach einem gewissen Zeitablauf und unter bestimmten Voraussetzungen eine Anspruchsposition verwirkt ist oder erlöschen kann.[1033] Es wird dabei grundlegend zwischen der erwerbenden Verjährung (aquisitive prescription[1034]) und der erlöschenden Verjährung (extinctive prescription) unterschieden.[1035] Der Zeitablauf begründet dann entweder einen Erwerbstitel (erwerbende Verjährung) oder verhindert die Möglichkeit zur weiteren Geltendmachung einer Rechtsposition (erlöschende Verjährung).[1036] Auch hier gelten, wie bereits bei der völkerrechtlichen Ersitzung geschildert, keine starren Fristen. Vielmehr tritt sowohl die erlöschende wie auch die erwerbende Verjährung nach dem Eintritt der im Folgenden zu schildernden tatbestandlichen Voraussetzungen ein.

Zudem könnte bereits ohnehin schon eine Verwirkung (*estoppel*) des Anspruchs eingetreten sein[1037], was vorab untersucht werden soll. Hierzu darf der Verpflich-

---

[1031] UN-DOC A/Res. 3074 (VVVIII) vom 3. Dezember 1973.

[1032] Anderer Ansicht KAYE, der in den genannten Resolutionen den Beleg für die Unverjährbarkeit von Kriegsverbrechen sieht, KAYE, looted art, 668.

[1033] ŁASKI, Piotr, „The Prescription in International Law – Some Remarks", PYIL 23 (1997/1998), S. 219 ff.

[1034] Hierzu grundlegend JOHNSON, D. H. N., „Acquisitive Prescription in International Law", BYIL 27 (1950), S. 332ff.

[1035] JENSCHKE 238–246,WALTER 85, RAJASINGHAM, R., „Extinctive Prescription in International Law", IJIL 6 (1966), S. 45ff.

[1036] WALTER 85, die Ausführungen von Strupp in STRUPP/SCHLOCHAUER Wörterbuch des Völkerrechts, 509 wiedergebend.

[1037] Zu den Voraussetzungen der estoppel MÜLLER/COTTIER EPIL II 116ff., WALTER 89, DOEHRING, Ruperto Carola, 141.

tete auf Grundlage des geschaffenen Vertrauenstatbestands des anspruchsstellenden Staates redlicherweise davon ausgehen, nicht weiter in Anspruch genommen zu werden, etwa weil auf die Weiterverfolgung eines Anspruchs längere Zeit ausdrücklich verzichtet wurde.[1038] Mangels eines ausdrücklichen Verzichtsausspruchs durch die Bundesrepublik Deutschland auf Rückgabe der Beutekunst und der Schaffung eines darauf beruhenden bilateralen Vertrauenstatbestands kommt eine Verwirkung der Geltendmachung des Anspruchs in der deutsch-russischen Beutekunstdebatte nicht in Betracht.[1039]

a. Erlöschende Verjährung

Die extinctive prescription (erlöschende Verjährung) hat in der Praxis des Völkerrechts eine weite Verbreitung gefunden. Als ein allgemeiner Rechtsgrundsatz der nationalen Rechtsordnungen ist dieser Verjährungstypus im Sinne des Artikels 38 I (c) des IGH-Statuts akzeptiert worden. Ursprung dieses Gedankens ist eine Resolution des Institut de Droit International aus dem Jahre 1925[1040] und ein Urteil des griechischen Schiedsgerichtshofs im Fall Sarropoulos v. Bulgaria.[1041]

b. Abgrenzung zur erwerbenden Verjährung

In Zusammenschau mit der Ersitzung im Völkerrecht wird fragwürdig, ob die Regeln der erwerbenden Verjährung nicht sachgerechter sind als jene der erlöschenden Verjährung. Hiergegen werden bislang folgende Argumente vorgetragen: Die Rechtsprechung hat diesen Grundsatz bei Kulturgütern bislang noch nie angewendet. Zudem sei die Ausgangslage beim „bloßen" Streit um die Rückführung von Kulturgütern nicht vergleichbar zu den Fällen, in welchem die internationale Friedensordnung bei weitem stärker berührt werde. Gedacht wird hierbei an Fragestellungen wie etwa bei Gebiets – und damit auch Souveränitätsfragen, bei welchem die Grundsätze der acquisitive prescription nach der Rechtsprechung des IGH Anwendung finden.

Für die Annahme der Dogmatik einer erwerbenden Verjährung spricht jedenfalls die in den vorliegenden Restitutionsfällen gegebene Sach- und Interessenslage: Entscheidend ist immer, ob der Zeitablauf in der gegenwärtigen Besitzlage einen Erwerbstitel begründen kann (*ex factum ius oritur*). Weniger relevant ist die Tatsache, dass der Anspruch erst sechzig Jahre später nach Wegnahme geltend gemacht wird, da von einer genauen Kenntnis der Faktenlage erst seit wenigen Jahren gesprochen werden kann.

1038 Walter 93 und Schoen 53f.

1039 Stumpf 256, Schoen aaO.

1040 32 Annu. De l'Institut de Droit International (1925), 558f.

1041 Schwarzenberger Vol. I 246f.

Diese Konstellation ähnelt deshalb den Rechtsfragen des völkerrechtlichen Gebietserwerbs – auch dort wird über einen gewissen Zeitraum Souveränität ausgeübt – weit mehr als der Maxime der erlöschenden Verjährung, die ähnlich dem Estoppel-Grundsatz die Ausübung von Rechten wegen der Untätigkeit über einen längeren Zeitraum ohne einen triftigen Grund endgültig verhindern kann. Das vorliegend jedoch im Gegensatz zum Gebietserwerb keine genauen Kenntnisse über die Umstände, welche die Sachherrschaft begründen, vorliegen, ändert an dem gefundenen Ergebnis nichts mehr: Es geht um die Frage, ob der betroffene Staat sich gerade deshalb auf Verjährung berufen darf, weil er aufgrund langjährigen Besitzes im Genuss einer Vertrauensposition ist, die er dem bislang untätigen Staat entgegenhalten kann, kurz, ob er sich auf den Grundsatz ex factum ius oritur berufen kann oder nicht.[1042]

Es wäre geradezu widersinnig, allein auf den Faktor des Zeitablaufs abzustellen, da dies dem in Anspruch genommenen Staat zur Hilfe käme: Dieser hat sich entweder wissentlich seiner völkerrechtlichen Pflicht zur Wiedergutmachung entzogen[1043] oder zumindest sich nicht hinreichend über mögliche Restitutionsverpflichtungen informiert.[1044] Hier ist für Wertungen, die nach Art und Schwere des Verstoßes in Relation zur verstrichenen Zeit fragt („Heilungsfaktor"), kein Raum.[1045]

Demgegenüber bezieht die erwerbende Verjährung das Verhalten des berechtigten Staates von vornherein mit ein und fragt weniger nach dem Zeitablauf, sondern danach, was innerhalb eines längeren Zeitraums im Verhältnis zwischen zwei Staaten tatsächlich passiert ist.[1046] Konnte aber ein berechtigter Staat nicht angemessen handeln, weil ihm gegenüber über lange Zeit hinweg die Faktenlage verschleiert wurde, so soll ihm das nicht zur Last fallen. Umgekehrt muss ihm aber auch entgegengehalten werden können, dass er sich um seine Belange in Kenntnis entgegenstehender Tatsachen hätte kümmern müssen. Maßgeblich ist also auf die Fahrlässigkeit des Herkunftsstaates in der Wahrnehmung seiner Belange unter Berücksichtigung des (möglicherweise) vorhandenen Kenntnisstandes abzustellen. Hat er trotz Kenntnis einer widerrechtlichen Besitzerlan-

---

1042 Eine solche Betrachtungsweise bewirkt im Übrigen eine Übereinstimmung mit zivilrechtlichen Überlegungen.

1043 So liegt der Fall ganz evident im Fall Deutschland – Russland.

1044 Vergleiche die Situation in Frankreich, in welcher mehrere kriegsbedingt oder insbesondere verfolgungsbedingt entzogene Gemälde über einen langen Zeitraum hinweg „treuhänderisch" in öffentlichen Museen verblieben. Erst nach herber Kritik (siehe etwa Feliciano, 211 ff.) sah sich die französische Regierung veranlasst, eine gründliche Provenienzforschung zu veranlassen, vergleiche hierzu oben Einl. B II.

1045 So aber die Wertung der extinctive prescription, oben im selben Kapitel, D III 2.

1046 Freilich könnte man dies auch über das Korrektiv der Estoppel bei der erlöschenden Verjährung erzielen. Ein solches Regel-Ausnahmeprinzip trifft aber nach Ansicht des Verfassers das Problem nicht im Kern.

gung durch einen anderen Staat über einen längeren Zeitraum hinweg überhaupt nicht gehandelt, so hat er gegenüber dem plündernden Staate nicht nur das Recht zur Geltendmachung des Anspruchs, sondern zwangsläufig auch sein Eigentum verloren: Der plündernde Staat hat dann „adverse" und offen ersessen, weil es auf seine eigene Gutgläubigkeit nicht ankommen kann. In jedem Fall ist dann die Möglichkeit zur Geltendmachung des Anspruchs erloschen, er ist im völkerrechtlichen Sinne *verjährt.*

Dogmatisch wird dies am Saubersten über die acquisitive prescription erzielt, die aus vorstehenden Gründen deshalb den Vorzug verdient.

c. Schlussfolgerungen

Im Ergebnis bemisst sich die Frage der Verjährung im Völkerrecht im Gleichklang mit der Möglichkeit einer völkerrechtlichen Ersitzung und ihrer Sonderform, der acquiescence. Auch hier ist maßgeblich, ob der anspruchstellende Staat über einen beachtlichen Zeitraum hinweg die tatsächliche Sachherrschaft über seine Kulturgüter akzeptiert hat. So wie dort bereits ausgearbeitet wurde, dass eine völkerrechtliche Ersitzung der kriegsbedingt „verlagerten" Kulturgüter nicht denkbar ist, ist auch keine Verjährung des Anspruchs auf Restitution als Form der Wiedergutmachung völkerrechtlichen Unrechts eingetreten. Eine Verwirkung (estoppel) des Restitutionsanspruchs kommt mangels Schaffung eines Vertrauenstatbestandes des Verzichts in keinem Falle in Betracht.

J. Weltkulturerbe vs. territorialer Zuordnung

This is our history, this is our soul.
Melina Mercouri[1047]

I. Das gemeinsame kulturelle Erbe der Menschheit

Besonders in der Debatte um die Rückführung der kriegsbedingt verlagerten Kulturgüter kommen Begrifflichkeiten ins Spiel, die schon seit jeher[1048] die Diskussion um die Rückgabe aus Territorien unrechtmäßig gelöster Kunstgegenstände kennzeichnen.

Vor dem Hintergrund, dass es schwierig, wenn nicht unlösbar erscheint, in dieser Abhandlung eine differenzierte und dennoch abschließende Zuordnung geraubter Kulturgüter zum Prädikat „Kulturerbe der Menschheit" vorzunehmen[1049],

---

1047 Über die Elgin Marbles im San Francisco Chronicle vom 26. Mai 1983, S. 26.

1048 Siehe das vorstehende Zitat jungen Datums zu einem alten Streit.

1049 Dies bleibt ohnehin der UNESCO mit den Klassifizierungen herausragender Stätten als Weltkulturerbe, nunmehr gar auch als Weltnaturerbe vorbehalten. Vergleiche zum Ganzen Patt 1207 et seq.

mithin den konkreten Wert eines Kulturguts für die gesamte Menschheit von einem abgeschiedenen Platz allgemeiner Bedeutungslosigkeit abzugrenzen, soll der Begriff „Kulturerbe der Menschheit", der in so mancher Publikation um die Rückführung von Beutekunst verwendet[1050] wird, in der gebotenen Kürze gestreift werden. Dabei soll der Frage nachgegangen werden, inwieweit die Benutzung eines Terminus wie „gemeinsames kulturelles Erbe der Menschheit" überhaupt für die Diskussion um die Rückführung kriegsbedingt verlagerter Kulturgüter von Nutzen sein kann.

II. Der Begriff „Gemeinsames kulturelles Erbe der Menschheit" vor Ausbrechen des Zweiten Weltkrieges

Die Beschießung der Kathedrale von Reims bildete für *Garner*[1051] den Anlass, im Anschluss an die Rechtsauffassungen *Crokes*[1052] und *Bluntschlis*[1053] starke Kritik an diesem Vorgehen zu üben. Gerade weil die Kathedrale zum kulturellen Erbe der Menschheit gehöre, sei ein Angriff auf sie bei fehlender militärischer Notwendigkeit evident völkerrechtswidrig. Es ist daher nicht weiter verwunderlich, dass die sich anschließenden Vorschläge in einem engen Kontext zum Gedanken des Kulturerbes der Menschheit standen. So spricht *Zitelmann* von einem Interesse der gesamten Menschheit und schlägt vor, dass bereits in Friedenszeiten eine eingegrenzte Zahl von Kulturgütern unter Schutz zu stellen seien, die es in Kriegszeiten zu respektieren gelte. Ein Nationalstaat habe die Pflicht, für einen angemessenen Schutz seiner Kulturgüter im Interesse der gesamten Menschheit zu sorgen.[1054] Im Anschluss darauf weitete die Niederländische Gesellschaft für Archäologie diesen Schutzgedanken noch weiter aus, indem sie dem Schutzinteresse der ganzen Welt dadurch gerecht werden wollte, dass alle kulturell bedeutende Städte keinen Kriegseinwirkungen unterliegen dürfen.[1055] Hierdurch wird deutlich, dass es zu diesen Zeitpunkt *nicht die Begrifflichkeit* der common heritage of mankind gab, wie er erst viel später ausdrücklich im Übereinkommen

---

1050 Siehe etwa bei Burchardi, 25 ff. und Ritter, Kulturerbe als Beute, 23 ff.

1051 Garner, „Some Question of International Law in the European War", AJIL 9 (1915), S. 71–112, 372–401 und 594–626 sowie 818–857.

1052 The Marquis de Somerueles, Vice-Admirality Court of Halifax, Nova Scotia Stewart's Vice Admirality Reports 482 (1813), Second Case, upon Petition of Mr. Black. Die Ausführungen *Crokes* sind abgedruckt bei Hollander 250 und in IJCP 5 (1996), S. 319 ff. (mit anschließender Besprechung durch *Merryman*).

1053 Johann Caspar *Bluntschlis* Werke lauten: Das Beuterecht im Krieg und das Seebeuterecht insbesondere – Eine völkerrechtliche Untersuchung, sowie: Das moderne Völkerrecht der civilisirten Staaten als Rechtsbuch dargestellt.

1054 Zitelmann, E., „Der Krieg und die Denkmalpflege", ZfV 10 (1917), S. 2 ff.

1055 Bericht vom Oktober 1918, abgedruckt in: RGDIP (1919), S. 329 ff., aufgegriffen von Buhse 23 ff. und Genius-Devime 97 ff.

vom 23.11.1972 zum Schutz des Kultur- und Naturerbes der Welt gebildet worden war. Allerdings wurden Gedanken entwickelt, die denjenigen, die zur „offiziellen" Bildung des common-heritage Begriffs geführt haben, in einem weitgehenden Maße ähneln. Dies rechtfertigt es, von der Existenz des Weltkulturerbe*gedankens* in dieser Zeit auszugehen.[1056]

Die Heritageformel in ihrer damaligen Ausprägung vermag auch in der heutigen Zeit bei der Frage der Einschätzung der Bedeutung geraubter Kulturgüter überhaupt nicht weiterzuhelfen. Man kann aber festhalten, dass der Gedanke des gemeinsamen Kulturerbes der Menschheit einen äußerst gewichtigen Indikator für das Interesse der Staaten am Schutz von Kulturgütern und dem daraus resultierenden völkerrechtlichen Gewohnheitsrecht bildete.

III. Bedeutung des Begriffs in der aktuellen Rückführungsdebatte

Nachdem der Terminus „gemeinsames kulturelles Erbe der Menschheit" in den letzten Jahren stark an Konturen gewonnen hat[1057], wurde er zunehmend auch in der Diskussion um die Rückführung von Kulturgütern herangezogen. Der amerikanische Rechtsgelehrte John H. Merryman hat in dieser Debatte pointiert Stellung bezogen. Die Schlagworte *„preservation, truth, access"* beschreiben seine Haltung bei der Frage nach der Zuordnung von rechtswidrig verlagerten Kulturgütern. Gleichzeitig stellt er damit eine Antipode gegen den kulturellen Nationalismus auf. Die bewusst nicht abschließend formulierten Gedanken mögen als Anstoß für grundlegende Überlegungen in der Restitutionsdebatte dienen.

1. Preservation – Erhaltung

Der Begriff preservation (Erhaltung) umschreibt die Notwendigkeit nach der Bereitstellung geeigneter Rahmenbedingungen zur Erhaltung bedeutsamer Kunstschätze für den Globus. Dabei erkennt *Merryman*, dass dieses Postulat eine zweckwidrige Abspaltung von Kulturgütern zur Folge haben kann, wenn

---

[1056] Die Debatte im Zeitalter des Ersten Weltkrieges beschäftigte sich weniger mit den Schutz kleinerer beweglicher Kulturgüter, sondern eher mit markanten immobilen Ensembles, die einen maßgeblichen Einfluss auf die Kulturlandschaft einer Region auszuüben vermögen. Zudem wird deutlich, dass der Schutzgedanke sich im Wesentlichen auf solche Kulturgüter beschränkte, die von so herausragender Bedeutung sind, dass ihr Schutz ein Anliegen nicht nur eines Staates, sondern der ganzen Weltengemeinschaft ist. Diese Einschränkung wirkt sich auf bewegliche Kulturgüter wie Gemälde, Archivalien, Skulpturen dergestalt aus, dass nur die wenigsten von ihnen als schutzwürdig erachtet wurden, weil nur wenige von ihnen einen so unschätzbaren kulturellen und künstlerischen Wert haben, dass ihre Erhaltung im Interesse der ganzen Menschheit liegt.

[1057] Der ursprüngliche, gleichsam klassische Anwendungsfall des heritage-Gedankens ist das Seerecht, vergleiche hierzu GENIUS-DEVIME 37ff. und 323ff., SCHORLEMER 209.

beispielsweise der Fries des Parthenon von Athen zwar optimal im Britischen Museum in London verwahrt wird, obwohl er ursprünglich dort nicht hingehört. Doch solange es wahrscheinlicher scheint, dass das Unikat auf wesentlich bessere Lagerungsbedingungen trifft als in seiner Heimat, gibt er seinem Verbleib den Vorzug – „the significant difference is that mere decontextualization may be reversible, destruction seldom is.“ [1058]

Die gleiche Problemlage stellt sich typischerweise auch bei Kunstschätzen aus kolonialisierten und ausgebeuteten Entwicklungsländern.[1059] So liegt der Fall aber bei der Beutekunst nicht. Die Gefahr, dass ein Kulturgut im Ursprungsland der Bundesrepublik Deutschland nicht angemessen erhalten würde, besteht nicht. Argumente der preservation und des kulturpolitischen ordre public vermögen nicht zu überzeugen, wenn man gleichzeitig die Erfüllung dieser Anforderungen in den derzeitigen Aufenthaltsstaaten (insbesondere die Russiche Föderation) betrachtet. Der Gedanke der Erhaltung im Sinne des kulturellen Internationalismus soll ja gerade nur dann *subsidiär* zum Tragen kommen, wenn das verlagerte Kulturgut in seinem Mutterland gefährdet wäre.

2. Truth – Wahrheit

Mit dem Begriff der Wahrheit werden alle Merkmale zusammengeführt, die dem Kulturgut seine Authentizität, man will sagen: seinen Charakter, verleihen.[1060] Die Authentizität eines Kunstwerks ist aber beinträchtigt, wenn es sich nicht in der Umgebung befindet, für die es eines Tages einmal geschaffen worden war. So macht es wenig Sinn, dass sich in Ländern Kriegsbeute befindet, die in großem Umfange aus Archivalien besteht, welche in einer Sprache verfasst sind, die der Eroberer nach seinem Verständnis nur in den wenigsten Fällen nutzbar machen kann. Anschauliche Beispiele aus dem Bereich gleichsam „verfolgungsbedingt“ entzogener Kulturgüter sind der Nachlass Walter Rathenaus oder Bestände jüdischer Gemeinden aus Deutschland im Sonderarchiv in Moskau.[1061] In Gemälden, die Besonderheiten einer souveränen Kulturlandschaft beschreiben, wird das Bedürfnis nach Wahrheit, ja nach Herkunft besonders deutlich. In diesem Zusammenhang scheint die origio-Formel als Anknüpfungsmaxime des Internationalen Privatrechts in seinem hellsten Licht.[1062]

[1058] MERRYMAN 115.

[1059] Siehe hierzu ausführlich die Arbeiten von SCHULZE, Dorothee, Die Restitution von Kunstwerken, Zur völkerrechtlichen Dimension der Restitutionssresolutionen der Generalversammlung der Vereinten Nationen; WALTER, Bernhard, Rückführung von Kulturgut im internationalen Recht und neuerdings TURNER, Das Restitutionsrecht des Staates nach illegaler Ausfuhr von Kulturgütern: Eigentumszuordnung und völkerrechtliche Zuordnung.

[1060] MERRYMAN aaO.

[1061] Hierzu HEUß in FREHNER 111, siehe hierzu bereits im ersten Kapitel.

[1062] Zur origio-Formel 6 D II 3.

3. Access – Zugang

Das Bedürfnis nach Zugang (access) zu Kulturgütern steht in einem engen Zusammenhang zu seiner Erhaltung (preservation): Es macht wenig Sinn, Kulturgüter zu erhalten, wenn sie nicht einer breiten Öffentlichkeit aus Gelehrten und interessierten Laien offen stehen. Als Schritt zur Versöhnung wurde jüngst von dem Schriftsteller Günther *Grass* die Errichtung eines deutsch-polnischen Beutekunstmuseums vorgeschlagen.[1063] Es ist zuzugeben, dass ein solcher Vorschlag gerade dem Kriterium eines gemeinsamen Zugangs am ehesten gerecht wird. Auch entspricht es im Ansatz dem Wunsch nach Erinnerung und gemeinsamer Aufarbeitung. Dass eine solche aber auch zu negativen Emotionen führen kann, welche das Problem eher verschlimmern als verbessern, kann nicht geleugnet werden.

Ein gemeinsames Erbe zu pflegen kann nur dann Sinn machen, wenn es als gemeinsames Erbe verstanden wird. Beute- wie auch Raubkunst sind aber die letzten „unsterblichen" Zeugen von Krieg, Tod und Vernichtung mit einer historisch gewachsenen Zuordnung zu seinem Ursprungsland, in welchem es sich vor seiner Plünderung befand. Deshalb leistet die Forderung nach Zugang in der Form gemeinsamer Trophäensammlungen, die leicht den entscheidenden Auslöser für potentielle Anspruchsteller zum Handeln bilden, im vorliegenden Kontext wenig Hilfe für die Problemlösung.

K. Zusammenfassende Bewertung

Die in diesem Kapitel entwickelten Erwägungen über die völkerrechtliche Bewertung des Kunstraubs lassen sich wie folgt zusammenfassen:

I. Verstoß gegen die Haager Landkriegsordnung

Alle Wegnahmen und Entzüge in den während des zweiten Weltkrieges besetzten Gebieten begründeten einen Verstoß gegen die Haager Landkriegsordnung. Dies gilt auch für Entzüge von Kulturgütern der Gegner des NS- Regimes, so insbesondere jüdische Kulturgüter.[1064] Nach Erklärung der bedingungslosen Kapitulation am 8. Mai 1945 handelte es sich bei den Besatzungszonen nicht mehr um eine kriegerische Besetzung im Sinne der HLKO, sondern um eine einzigartige occupatio sui generis zur Verwirklichung der von den Alliierten verfolgten Ziele.

[1063] „Über das Brückenschlagen", Rede von Günther Grass an der Viadrina-Universität Frankfurt/Oder, abgedruckt im Tagungsband des Juraforums „Kultur und Recht" der Universität Münster [2001], S. 65ff.

[1064] Zu der Bewertung der Entzüge im Inland siehe 2. Kapitel, Abschnitt A.

Allerdings war auch diese einzigartige Besatzungsform an die fundamentalen Grundnormen des Völkergewohnheitsrechts gebunden. Das Verbot des Beutemachens galt also in dieser Zeit der Brücke zum gefestigten Frieden als fundamentales Rechtsprinzip fort, kann es doch nur in kriegerischen Zeiten in Frage kommen, entsprechende Beuterechte zu entwickeln.

II. Rechtsnatur eines International Crime

Der Kunstraub würde nach heutiger Auffassung die Schwere eines internationalen Delikts erreichen, welches so gravierend ist, dass die gesamte Staatengemeinschaft hiervon betroffen ist. Die Verpflichtung, keine Kriegsbeute außerhalb zulässiger Requisitionen in besetzten Gebieten zu machen, war auch nach damaliger Auffassung so weitreichend, dass sie von der Staatengemeinschaft in ihrer Gesamtheit geschuldet wurde (erga omnes-Verpflichtung). Folgende Aussagen treten deshalb als Charakteristikum hervor:

Die Konfiskationen in der Sowjetischen Besatzungszone in der Zeit von 1945 bis 1949 und die Plünderungen durch die Nationalsozialisten in den besetzten Gebieten sind als Verstoß gegen die Haager Landkriegsordnung und das darin zu Ausdruck gelangte Gewohnheitsrecht, in manchen Fällen zwingendes Recht (ius cogens) anzusehen.[1065] Demgegenüber liegt in Fällen der Entzüge von Kulturgütern im Zusammenhang mit der Verfolgung des Mitglieds einer ethischen Gruppe leine gravierender Verstoß gegen zwingendes Völkerrecht (ius cogens – Verstoß bei Wegnahmenn von Kulturgütern als Mittel des Völkermords). Eine Gesamtbetrachtung dieser Konfiskationen in den besetzten Gebieten zeigt, dass derart gravierende Eingriffe gegen Leben, Gesundheit, Freiheit und Eigentum vorgelegen haben, dass in den Verstößen gegen Artikel 43, 46 und 56 HLKO ein *international crime* zu sehen ist, dass die Restitution zu einer Verpflichtung macht, welche von der Staatengemeinschaft als Ganzes geschuldet ist (erga-omnes-Verpflichtung).

1. Grundsatz der Restitutionspflicht

Die Wiedergutmachung eines international wrongful act wird durch die Wiederherstellung des ursprünglichen Zustands, im Regelfall also durch die Rückgabe des geplünderten Kulturguts, realisiert. Eine Kompensation kommt nur dann in Betracht, wenn der geschuldete Gegenstand nicht mehr vorhanden, die Rückgabe also objektiv unmöglich ist. Denkbar wäre es zudem, die restitutio in integrum durch Enteignung gegen Entschädigung beim Angehörigen des zur völker-

---

[1065] Interalliierte Erklärung der Londoner Exilregierungen über die Bestrafung wegen Kriegsverbrechen vom 13.1.1942, interalliierte Erklärung gegen Akte der Enteignung in Gebieten unter feindlicher Besetzung oder Herrschaft, sowie Artikel II Ziffer 1 lit. B KRG Nr. 10 vom 20.12.1945, siehe VON DER BECK 192ff.

rechtlichen Haftung verpflichteten Staates doch noch möglich zu machen. Hierzu würde es aber einer gesetzlichen Grundlage bedürfen, die von den betroffenen Staaten derzeit bewusst nicht geschaffen worden sind.

2. Ersitzung und Verjährung

Eine Ersitzung des Kulturguts (auch konkludent in der acquiescence) scheitert an der fehlenden Zustimmung des berechtigten Staates. Der Anspruch auf Wiedergutmachung in Form der Naturalrückgabe unterliegt insbesondere deshalb keiner Verjährung, weil eine Plünderung als international crime unbegrenzt verfolgbar ist.

III. Resümee

Die Ergebnisse der völkerrechtlichen Bewertung des schon seit über 60 Jahren zurückliegenden Kunstraubs sind vielversprechend. Fordert ein Subjekt des Völkerrechts die Rückgabe, steht sein Anspruch auf Grundlage des Völkerrechts[1066] auf einem weitgehend sicheren und festen Fundament.

Zu klären ist nunmehr die Situation eines privaten Anspruchstellers in einem zivilrechtlichen Verfahren vor einem ordentlichen staatlichen Gericht. Hier birgt die Weitergabe eines ursprünglich völkerrechtswidrig geplünderten Kulturguts durch Verkauf, Versteigerung, Schenkung und weiterer ähnlich gelagerter zivilrechtlicher (Erwerbs-)Tatbestände die Gefahr des Eigentumsverlustes zu Lasten eines Subjekts des Völkerrechts in sich. Es gilt dann grundlegend zu ermitteln, ob und wie der geschilderte originäre völkerrechtliche Verstoß auch noch später bei solchen zivilrechtlichen Tatbeständen, von Bedeutung sein kann.

Das Privatrecht der Bundesrepublik Deutschland bietet hier ein wichtige normative Grundlage in allen Fällen, in welchen es um die Frage der Rückgabe eines in der Bundesrepublik Deutschland befindlichen, kriegsbedingt verlagerten oder verfolgungsbedingt entzogenen Kulturguts geht. Das nächste Kapitel soll diesem Thema unter Berücksichtigung rechtsvergleichender Aspekte nachgehen.

[1066] Auf die – häufig sicher berechtigten – politischen und emotionalen Be- und Empfindlichkeiten kann die vorliegende Abhandlung an dieser Stelle nicht eingehen, siehe aber Kapitel 8.

Kapitel 5: Beute- und Raubkunst aus der Sicht des deutschen Privatrechts

Der Blick richtet sich zunächst auf die innerstaatliche Rechtslage in der Bundesrepublik Deutschland. Auf diesem Wege können die sachenrechtlichen Grundlagen herausgearbeitet[1067] und diejenigen Fälle erfasst werden, in welchen auf deutschem Territorium Kulturgüter (insbesondere jüdischer Herkunft) entzogen wurden und sodann das deutsche Belegenheitsgebiet nicht verlassen haben. Die rechtsvergleichende Darstellung, die an der einen oder anderen Stelle bereits in diesem Kapitel einsetzt, soll die Besonderheiten der Problemlösung in anderen Staaten verdeutlichen und sie so dem deutschen Recht direkt gegenüberstellen.

A. Die Stellung von Kulturgütern im deutschen Privatrecht

Das deutsche Recht kennt keine Sonderbehandlung von Kulturgütern in dinglicher Hinsicht: Sie fallen unter den Begriff der beweglichen Sache im Sinne des § 90 I BGB.[1068] Andererseits handelt es sich bei Kunstwerken um besonders werthaltige Wirtschaftsgüter auf einem eigenen internationalen Marktplatz mit besonderen Gepflogenheiten.

Bei Millionen von Kulturgüten, die es weltweit gibt, fällt die Beute- und Raubkunst zahlenmäßig nicht sehr gewichtig aus. Rechtspolitisch ist es daher besonders schwierig, einen besonderen Schutz für Kulturgüter durchzusetzen, da dies dann alle Kulturgüter ohne Abgrenzung zu ihrem Schicksal oder ihrer kulturellen Bedeutung treffen würde. Nur letztere Fallgruppen sind aber wirklich dazu geeignet, Zweifler von einem Sonderschutz für Kulturgüter zu überzeugen.

In der Schweiz wurden im Entwurf des Kulturguttransfergesetzes (KGTGE)[1069] sachenrechtliche Sondervorschriften für alle Kulturgüter im Sinne des Unesco-

---

[1067] Gerade in den Fällen, in welchen es um die Behandlung der Beutekunst geht, ist für die Frage der Rechtmäßigkeit der „Verlagerung“ aus der SBZ für die Einordnung der Vindikationslage bis zum Wechsel des räumlichen Statuts deutsches Recht maßgeblich. Zumal im Kollisionsrecht eine Anknüpfung an den Ort des Diebstahls zunehmend favorisiert wird (siehe hierzu unten), lohnt sich eine eingehende Ausarbeitung der materiellen Fragen aus der Sicht des bundesdeutschen Forums.

[1068] Siehr in FS Trinkner 705, Schmeinck 108, Kunze 101.

[1069] Entwurf im Bundesblatt 2002, 622 ff.

Übereinkommens von 1970 etabliert, die nach Artikel 3 II lit. a im Bundesverzeichnis eingetragen worden sind. Zudem werden gemäß Artikel 2 I KGTGE auch ausländische Kulturgüter berücksichtigt. Wie inländische bewegliche Sachen sollen diese nach Anknüpfung an schweizerisches Recht (Artikel 100 IPRG) nach dem Entwurf zur Änderung des schweizerischen ZGB erst binnen 30 Jahren ersessen (Artikel 728 Entwurf des ZGB) oder gutgläubig erworben werden können (Artikel 934 I ZGBE).[1070]

Ausgehend von dem häufig erhobenen Postulat, man solle Kulturgüter auch in der Bundesrepublik Deutschland nicht weiterhin wie eine gewöhnliche Sache behandeln, sondern der Bedeutung des Gegenstands entsprechende Erwerbsregeln mit auf den Weg geben[1071], verdichtet sich dieses Problem bei der geschichtlich stark belasteten Beutekunst noch mehr. Allen genannten Erwägungen zum Trotz erfolgt ein Erwerb von Kulturgütern im deutschen Recht nach den allgemeinen Regeln der §§ 433 ff. und 929 ff. BGB. Staatliches Eigentum wird hierbei nicht privilegiert; es unterliegt trotz seiner Eigenschaft als „öffentliche Sache" denselben Bestimmungen.[1072]

I. Von der öffentlichen Sache zum öffentlichen Eigentum

Eine öffentliche Sache entsteht durch einen bestimmten Rechtsakt, der die Zugehörigkeit der Sache und die Sachherrschaft des öffentlichen Trägers dokumentiert.[1073] Ein Eigentumsübergang ist solange möglich, solang nicht die Zweckbindung des Eigentums verloren geht. Im öffentlichen Straßenrecht manifestiert sich beispielsweise dieser Rechtsakt in der (konkludenten) Freigabe einer Straße an den Verkehr. Gleichzeitig wird der Sache ein Widmungszweck, eine „Dienstbarkeit" beigegeben, welche die Nutzungsbefugnisse entsprechend einschränkt. Daher wird auch von der dualistischen Konstruktion einer öffentlichen Sache im Gefüge privaten Eigentumsrechts unter der Einschränkung widmungsbezogener öffentlich-rechtlicher Regelungen gesprochen.[1074]

[1070] Vergleiche zum Entwurf des Kulturgütertransfergesetzes ausführlich Siehr in FS Rey, 131 ff. (inländische Kulturgüter) und 136 ff. (ausländische Kulturgüter).

[1071] Siehe zum Stellenwert der Kulturgüter in der Bundesrepublik Deutschland (auch im Hinblick auf das Kollisionsrecht) grundlegend die Dissertationen von Amalie Weidner, Kulturgüter als res extra commercium im internationalen Sachenrecht sowie Marc Weber, Unveräußerliches Kulturgut im nationalen und internationalen Rechtsverkehr (der insbesondere rechtsvergleichend weitere europäische Länder wie Frankreich, Italien, etc. darstellt).

[1072] Hipp 155; zu den Regelungen im Ausland siehe am Ende dieses Kapitels.

[1073] Papier, Recht der öffentlichen Sachen, 3. Auflage 1998, 4.

[1074] Ganz herrschende Meinung, vgl. BVerfGE 42, 20, 34, Papier 10, Manssen 745. Weber 48 weist aber darauf hin, dass die bloße Inventarisierung für sich besehen nicht ausreicht, um Kulturgütern einen öffentlich-rechtlichen Status zu verleihen.

Einen ähnlichen Vorgang bei Kulturgütern, etwa durch Ausstellung in einem öffentlichen Museum, kennt das deutsche Recht indes nicht. Auch wenn eine Widmung, die darauf abzielt, der interessierten Öffentlichkeit Werke von außergewöhnlichem künstlerischem Rang zugänglich zu machen[1075], klar erkennbar ist, bildet dieses Faktum keinen Anlass, die in Museen ausgestellten Kulturgüter öffentlichen Sachen gleichzustellen. Dementsprechend konnte sich in Deutschland die Lehre vom öffentlichen Eigentum in diesem Bereich nicht durchsetzen.[1076] Dieser Umstand mag in den Fällen gerechtfertigt sein, in welchen die Kunstwerke nur als Leihgabe eines Privatsammlers in den Ausstellungsräumen hängen.[1077] Es wäre indes zu umständlich, solche Kulturgüter als öffentliche Sache zu widmen, weil diese ohnehin schon im staatlichen Eigentum stehen. Dies erklärt den Umstand, dass Kulturgüter trotz ihres einmaligen Charakters bei ihrem staatlichen Eigentümer keine weitere Widmung erfahren.

So muss man sich mit der Feststellung begnügen, dass Kulturgüter im Eigentum eines staatlichen Trägers in der Bundesrepublik Deutschland den gleichen Einwirkungs- und Abwehrbestimmungen unterliegen wie die Kulturgüter aus privatem Eigentum. Ein weiter gehender Schutz findet nicht statt.

II. Kulturgüter als res extra commercium[1078]

1. Unveräußerliche Kulturgüter im internationalen Rechtsverkehr

Um dem besonderen Stellenwert von Kulturgütern gerecht werden zu können, sehen viele Rechtsordnungen die Aussonderung der Kulturgüter aus dem allgemeinen Rechts- und Wirtschaftsverkehr vor.[1079] So misst das italienische Recht denjenigen Kulturgütern einen Sonderstatus (*demanio pubblico, patrimonio dello stato*) bei, wenn sie gewisse Anforderungen erfüllen und einer bestimmten Besitzergruppe angehören: Angefangen über den Schutz des Zusammenhalts ganzer Sammlungen, archäologischer Funde, Güter im Besitz von Gebietskörperschaften und öffentlich-rechtlichen juristischen Personen erstreckt sich das

---

1075 Entsprechend der Übergabe einer öffentlichen Straße zum Gemeingebrauch an den Verkehr.

1076 WEBER 48 weist auf die Ausnahme im Wasserrecht hin, so auch in §§ 4 I und 5 I Wassergesetz BW, in welchem das Flussbett in öffentlichem Eigentum steht.

1077 Wobei man freilich an eine dem Recht der Privatstraßen entnommene Schutzkonzeption denken könnte.

1078 Zu deutsch: Sache außerhalb des freien Handels; nach römischem Rechtsverständnis waren dies Gegenstände, die im Eigentum der Götter und daher nicht zur freien Disposition der Menschen stehen.

1079 SIEHR in FS TRINKNER, 703ff. Der Eigentumsbegriff im klassischen Sinne (vergleiche etwa § 903 BGB) passt bei Kulturgütern insoweit nicht, weil auch die Allgemeinheit ein Interesse am Schutz und ihrer sachgerechten Erhaltung hat. Dies begründet ein Eigentum „zweiten Grades“, vergleiche WEIDNER 33 mwN.

Sonderrecht für Kulturgüter bis hin zum Privatbesitz, welche durch behördliche Notifikation unveräußerlich werden (Artikel 822 I und II, 824, 831 C.c.i.).[1080] Derlei anerkannte oder klassifizierte Kulturgüter können nicht ersessen werden (Artikel 823, 1145 C.c.i.); ein auf sie gerichteter Anspruch auf Rückgabe im Rahmen eines Anspruchs zur Durchsetzung kulturpolitischer Ziele unterliegt keiner Verjährung, Artikel 2394 II C.c.i. Auch Frankreich[1081] schützt seit 1913 sein Kulturerbe. Sind Kulturgüter nach dem „Loi du 31 décembre 1913 sur les monuments historiques" in staatlichem oder privatem Besitz als französische Kulturgüter im Range eines *monument historique* klassifiziert worden, gilt ein absolutes Ausfuhrverbot nach Maßgabe des Artikels 21 L. 31.12.1913.[1082] Wie in Italien ist eine Ersitzung ausgeschlossen und der Anspruch auf Durchsetzung kulturpolitischer Ziele unverjährbar. Beide Staaten schützen aber insbesondere nur „ihr" Eigentum, also gleichsam öffentliche Sachen.

Bemühungen in der Bundesrepublik Deutschland, einen ähnlichen Sonderschutz durch das Kulturgutrahmengesetz[1083] zu erzielen, sind bislang gescheitert.[1084]

2. Waren die im zweiten Weltkrieg geraubten Kulturgüter res extra commercium?

Nach bisherigem Forschungsstand ist davon auszugehen, dass ein massiver Eingriff auf öffentliches Eigentum in deutsche Museen zur Besatzungszeit, insbesondere in der SBZ, stattgefunden hat.[1085] Als Kulturgüter deutscher Herkunft hatten diese jedoch keinen Status als res extra commercium inne.

Die NS-Rauborganisationen haben sich im Westen auf das „herrenlose" jüdische Privateigentum konzentriert, weshalb Kulturgüter im Eigentum Frankreichs (domaine public) weitestgehend verschont blieben. Allerdings fiel im besetzten Russland auch „öffentliches" Eigentum den NS-Räuberbanden in die Hände.[1086]

1080 Zu Italien sehr differenziert und eingehend WEBER, 121–168.

1081 Hierzu WEBER, 281–306 und WEIDNER 46ff.

1082 Nicht zu verwechseln mit der weiter gefassten *domaine public*, für welche das Ausfuhrverbot des Gesetzes nicht gilt.

1083 Vergleiche den beachtlichen Referentenentwurf vom 22. April 1997 idF vom 10.10.1997, abgedruckt in der FAZ vom 21.4.98 und 24.4.98 (jeweils in Blick in die Wirtschaft S. 4).

1084 Hierzu WEIDNER 306ff. und WEBER 59ff. Der Referentenentwurf hatte insbesondere die Einführung des Status als *öffentliches Kulturgut* vorgesehen (§ 3), das weder gutgläubig erworben und ersessen werden kann, noch der Herausgabeanspruch einer Verjährung unterliegt (§ 9 I und II).

1085 So beispielsweise weitreichende Bestände aus deutschen Museen, etwa auch Schliemanns „Schatz des Priamos".

1086 Das wohl bekannteste Beispiel ist das Bernsteinzimmer im Katharinenpalais (Zarskoje Selo).

Interessant können alle Wegnahmen von denjenigen Kulturgütern werden, welche schon zuvor als res extra commercium klassifiziert worden waren. In diesen Fällen könnte dann nämlich keine Ersitzung mehr stattfinden. Auch der Herausgabeanspruch dieses besonderen Eigentums „zweiter Klasse“ unterliegt dann keiner Verjährung.[1087]

Der Status als res extra commercium bleibt dem Kulturgut nur in seinem Heimatland erhalten, solange eine Anknüpfung nach der lex rei sitae erfolgt.[1088] Nach einem räumlichen Statutenwechsel stehen zwingende Rechtsbedürfnisse des neuen Forums diesem Rechtsinstiut entgegen. Eine res extra commercium stellt damit gerade kein wohlerworbenes Recht dar.[1089] Nur eine Anknüpfung an den locus furti könnte die staatlich begründte Unveräußerlichkeit nach der res extra commercium aufrechterhalten.[1090]

Die res extra commercium ist bislang in der fachwissenschaftlichen Diskussion über die Rückgabe von Beutekunst, soweit ersichtlich, ausgeklammert worden. Bei der Rekonstruktion eines Kunstraubs sollte deshalb etwaigen Hinweisen auf eine besondere Klassifizierung des Kulturgutes als res extra commercium, insbesondere in den betroffenen Ländern Frankreich und Italien[1091], nachgegangen werden.[1092]

[1087] Zur Unveräußerlichkeit und Unverjährbarkeit WEIDNER, 35ff. und WEBER, 46.

[1088] Vergleiche etwa den *Danusso*-Fall Republicca dell'Ecuador contro Danusso ed altri Trib. di Torino vom 25.3.1982, Riv. dir. int. pr. proc. 18 (1982) 625ff.; Sachverhaltsdarstellung und Anmerkungen bei Marc WEBER 362–365. Siehe ebenso den *Pichon*-Fall Duc de Frias contre Baron Pichon, Tribunale civile de la Seine 17.4.1885, 13 Clunet 593 (1886). Im letztgenannten Fall wandte das Gericht französiches Recht auf den Erwerb einer wertvollen Silbervase an, welche in Spanien als res sacrae unveräußerlich und dort gestohlen worden war, vergleiche zum Ganzen WEBER 375 mwN.

[1089] Staatseigentum wird im Grundsatz nicht als wohlerworbenes Recht anerkannt. Gleichwohl erkannte im Fall Republicca dell'Ecuador contro Danusso ed altri Trib. di Torino vom 25.3.1982, Riv. dir. int. pr. proc. 18 (1982) 625ff. erkannte das Gericht das dominio eminente des Staates Ecuador an, WEBER 362–365.

[1090] Zu dieser Anknüpfungsmethode siehe die Besprechung unter 6 C II 2.

[1091] Beide Länder hatten bereits bei Ausbruch des Zweiten Weltkrieges Kulturgüter notfiziert.

[1092] Eine lohnende Investition, da die Rückgabe eines geraubten res extra commercium im IPR die Regel sein dürfte, da die res extra commercium als wohlerworbenes Recht in den Foren erhalten bleibt. Kollisionsrechtlich können die Eingriffsnormen der res extra commercium im Wege der Sonderanknüpfung [Anm. des Verfassers: Beispielsweise nach der *locus furti*] erhalten bleiben, vergleiche statt aller WEIDNER 152–165.

B. Vom Beuterecht zur Zwangslage im Bürgerlichen Recht

I. Das Beuterecht

Das „Beuterecht" wirft die Frage nach der Legitimität der Wegnahme feindlicher Gegenstände im besetzten Gebiet und damit möglicher Wegnahmerechte zur Ermöglichung eines privatrechtlichen Eigentumserwerbs auf.[1093]

Bei der Ausarbeitung des Bürgerlichen Gesetzbuches fand die Kommission solche privatrechtlichen Vorschriften vor, die einen Eigentumserwerb von Kriegsbeute regelten.[1094] Nach den Grundsätzen des Kriegsrechts nahm man einen Eigentumserwerb mit Besitzergreifung[1095] an, sofern eine Genehmigung des erobernden Staates (also eine Wegnahme mit Zustimmung der Heeresleitung) vorgelegen hat, (preußisches) ALR I 9 V § 193 und § 194[1096]. Ein Vorentwurf zum BGB[1097] sah als § 164 eine ähnliche Bestimmung vor.[1098] Hiernach sollte die Kriegsbeute aber grundsätzlich nur dem deutschen Reich, und nur bei Zustimmung des Vorgesetzten dem beutemachenden Soldaten zufallen.[1099]

Die Kommission übernahm diesen Vorentwurf nicht in das BGB, da dieses „ohne Zweifel nicht der geeignete Ort sei."[1100] Es verstehe sich von selbst, dass die zur Kriegsführung erforderlichen Gegenstände als Kriegsbeute zu Eigentum erworben werden könnten. Vielmehr handele es sich bei einer Kriegsbeute um

---

1093 Scholz 39, Strupp 114. Eine Aneignung feindstaatlicher beweglicher Sachen im Sinne des Artikels 53 HLKO ist also eine solche „Erbeutung".

1094 Dieser Komplex ist strikt zu trennen von der Frage, inwieweit völkerrechtliche Bestimmungen das Beuterecht explizit ausschließen, wie es bereits zuvor dargelegt worden ist.

1095 Wobei schon das römische Recht und auch die damalige Staatenpraxis eine weitergehende Sicherung *intra praesidia* einforderte, Scholz 46.

1096 Siehr SJZ 189 und 193, in der ALR heißt es: „Das Recht, im Kriege Beute zu machen, kann nur mit Genehmigung des Staates erlangt werden. Wem der Staat dieses Recht erteilt hat, der erwirbt durch die bloße Besitzergreifung das Eigentum der erbeuteten Sache."

1097 Von dem Redaktor R. Johow, zur Begründung siehe ibid., Sachenrecht Band 2 S. 846ff. Berlin 1880.

1098 Der Vorentwurf lautete wie folgt: „An den in einem Kriege des Deutschen Reiches von deutschen Militärpersonen in Gemässheit der Anordnungen der Heeresleitung dem Feinde als Beute weggenommenen beweglichen Sachen erlangt das Deutsche Reich Eigenthum. Ist unter diesen Voraussetzungen die Beute von Personen gemacht, welche der Kriegsmacht eines dem Deutschen Reiche verbündeten Staates angehören, so erlangt dieser Staat das Eigenthum daran."

1099 Schmidt 13.

1100 So die Fassung in den ursprünglichen Motiven, 3. Band, S. 370 (nicht identisch mit Mugdans Motiven).

eine Regalie im Sinne des (auch heute noch geltenden) Artikels 73 EGBGB[1101], also eine öffentlich-rechtliche Materie des jeweiligen Landesrechts.

Die Ausführungen belegen, dass spezielle *privatrechtliche* Bestimmungen über den Eigentumserwerb durch Beutemachen zur Zeit des Zweiten Weltkrieges sich nicht nachweisen lassen.[1102] Damit bleibt es bei den allgemeinen zivilrechtlichen Regeln über den Eigentumserwerb[1103], freilich unter Berücksichtigung der Wertungen des Völkerrechts: Wie bereits in den Erörterungen zu dem intertemporalen Sonderrecht der Wiedergutmachung und Rückerstattung in der Bundesrepublik Deutschland ausgeführt, können die allgemeinen Regeln des Bürgerlichen Gesetzbuchs herangezogen werden.[1104]

Dies gilt neben der Frage der Plünderung durch alliierte Besatzungsmächte (Beutekunstproblematik) auch für die Einordnung von nationalsozialistischen Konfiskationen jüdischen Eigentums. Besondere Bedeutung erlangt in diesem Zusammenhang die Frage, inwieweit ein Kaufvertrag (§ 433 BGB), der einen verfolgungsbedingt entzogenes oder kriegsbedingt verlagertes Kulturgut als Vertragsgegenstand hat, gegen ein gesetzliches Verbot im Sinne des § 134 I verstoßen kann.

II. Die Bestimmungen der Haager Landkriegsordnung als Verbotsnormen im Sinne des § 134 BGB

§ 134 BGB zielt auf die Bewertung rechtsgeschäftlicher Vorgänge vor dem Hintergrund von Verbotsgesetzen. Dabei hat sich allgemein als Formel durchgesetzt, dass ein Verbotsgesetz dann anzunehmen sei, wenn ein bestimmter rechtsgeschäftlicher Erfolg verhindert werden soll.

Indes behandeln die völkergewohnheitsrechtlichen Regelungen nicht die weitere rechtsgeschäftliche Verwertung geplünderter Gegenstände; sie beschränken sich auf den Wegnahmevorgang, die Plünderung selbst. Zieht aber nur der Plünderungsakt selbst eine völkerrechtliche Restitutionsverpflichtung nach sich, so verbleibt die Frage, ob das Verbot der Plünderung der Artikel 47, 56 KLHO als eine Verbotsnorm im Sinne des § 134 BGB gelten kann. Mit anderen Worten: Bewirkt

---

[1101] Er lautet: Unberührt bleiben die landesrechtlichen Vorschriften über Regalien. Eine Regalie ist ein durch den souveränen Herrscher verliehenes Nutzungs- und Aneignungsrecht an einer bestimmten Sache. Im übertragenen Sinne bedeutet ein Regal an einer Kriegsbeute nach damaliger Auffassung die Berechtigung des besitzergreifenden Kombattanten, die erbeutete Sache zu behalten. Vergleiche zur Qualifikation der Kriegsbeute als Regalie SCHMIDT 14, SCHOLZ 45.

[1102] So definitiv in der Diskussion zum privatrechtlichen Erwerb (!) der Kriegsbeute bei SCHMIDT und SCHOLZ, aaO (in der Zeit des ersten Weltkriegs). Spätere Autoren haben diesen Gedanken, soweit ersichtlich, nicht mehr aufgegriffen.

[1103] So bereits SCHOLZ 47.

[1104] Siehe oben 3 C III 1–3.

der Verstoß gegen die Artikel 47, 56 HLKO, dass auf dem Schutz des Privateigentums im besetzten Gebiet abzielt, ein rechtsgeschäftliches Veräußerungsverbot?

Werden in völkerrechtlichen Normen Rechtsbeziehungen zwischen den Regierungen geregelt, können diese schon aus diesem Grunde keine Verbotsgesetze im Sinne des § 134 I BGB sein können, da der Bezug auf den privaten Adressaten fehlt. In der Rechtsprechung wird hierzu ausgeführt, dass völkerrechtliche Gebotsnormen, die ausschließlich Beziehungen zwischen den Staaten regeln, keine Verbotsnormen im Sinne des § 134 I BGB darstellen können.[1105] Gerade dies ist aber bei der Haager Landkriegsordnung der Fall. Zudem gibt es auch außerhalb der HLKO keinen Satz des Völkerrechts, welche den Verkauf völkerrechtswidrig verbrachter Kulturgüter ausdrücklich verbieten würde.

Damit bleibt festzuhalten, dass der Verstoß gegen das völkerrechtliche Verbot des Beutemachens in der Haager Landkriegsordnung und im Völkergewohnheitsrecht keine Verbotsnormen im Sinne des § 134 I BGB begründen.

III. Drohung, Zwang und Sittenwidrigkeit im Bürgerlichen Recht

Seit Entstehung des Bürgerlichen Gesetzbuches bildete ein bereits denkbarer Verstoß gegen die guten Sitten im Sinne des § 138 I BGB die Grundlage für weitreichende Diskussionen über die Frage, was als sittenwidrig im Sinne dieser Norm zu bewerten sei. Der Wandel in den geltenden gesellschaftlichen Anschauungen spiegelte sich stets in besonderer Weise im Begriff der Sittenwidrigkeit wieder.[1106] Deshalb wurde debattiert, welcher Zeitpunkt für die Annahme des Sittenwidrigkeit ausschlaggend sein solle. Kam es in der Weimarer Zeit noch auf den Zeitpunkt der Vornahme der rechtsgeschäftlichen Handlung an[1107], versuchten die Nationalsozialisten mittels des neuen, „gesunden Volksempfindens" politisch missliebige vertragliche Vereinbarungen (etwa mit jüdischen Vertragspartnern) nachträglich zu eleminieren.[1108] Heute ist es weitgehend unstreitig, dass als maßgeblicher Zeitpunkt für die Bewertung die eigentliche Vornahme des Rechtsgeschäfts maßgeblich ist.[1109]

1105 So in BGH 69, 296.

1106 Zum Wandel der Wertanschauungen im Sittenwidrigkeitsbegriff von der Weimarer Zeit bis zum Nationalsozialismus Wanner 72ff.

1107 Wanner 62ff.

1108 Vergleiche hierzu Wanner 147ff.

1109 Ständige Rechtsprechung, siehe etwa BGH 100, 359 und 107, 96. Dies kann zu der wenig befriedigenden Situation führen, dass der Rechtsanwender gezwungen ist, Rechtsgeschäfte, die im Dritten Reich abgeschlossen wurden, an den damals geltenden Wertemaßstab zu messen. Eine rückwirkende Sittenwidrigkeit gibt es nach h.M. nicht, vergleiche Sack in

1. Der Nigeria-Maskenfall

Im sogenannten *Nigeria-Maskenfall* hatte sich der Bundesgerichtshof mit der Frage auseinanderzusetzen, wie ein Verstoß gegen ein nigerianisches Ausfuhrverbot nach hiesiger Auffassung zu beurteilen sei. Zunächst hatte der BGH noch festgestellt, dass ein Verstoß gegen § 134 BGB nicht anzunehmen sei, weil ausländische Verbotsgesetze im Inland keine Rechtsverbindlichkeit besitzen[1110]. Jedoch sprach er sich für eine Sittenwidrigkeit eines sich darauf beziehenden *Versicherungsvertrages* aus, da dieser „dem allgemein zu achtenden Interesse aller Völker an der Erhaltung von Kulturwerten an Ort und Stelle“[1111] widerspreche, § 138 I BGB.[1112]

Ausgehend von diesen Erwägungen ist zu fragen, ob der *Handel* mit kriegsbedingt verlagerten und verfolgungsbedingt entzogenen Kulturgütern als sittenwidrig zu gelten hat.

2. Der Verkauf von Beute- und Raubkunst als Verstoß gegen die guten Sitten?

Es ist umstritten, ob die Sittenwidrigkeit unabhängig vom Kenntnisstand der am Rechtsgeschäft Beteiligten, also objektiv festzustellen ist[1113], oder es der Kenntnis beziehungsweise grob fahrlässigen Unkenntnis der die Sittenwidrigkeit begründenden Umstände bedarf.[1114] Weitgehend unstreitig bewertet § 138 I BGB

STAUDINGER [Bearbeitung 2003], Rn. 82ff. mwN. Allerdings besteht hier die Möglichkeit zur Anpassung des Erfüllungsgeschäfts nach § 242 BGB, so es noch nicht zum Vollzug des Rechtsgeschäfts gekommen sein sollte, IBID.

1110 Ausführlich hierzu BRÜNING 127.

1111 Vergleiche BGHZ 59, 82; und hierzu die Anmerkung von BLECKMANN ZaöRV 34, 112; SCHURIG, Kollisionsnorm und Sachrecht, 242. Auf diesem Wege ist es möglich, den *fremden* ordre public eines weiteren Staates im eigenen Sachrecht zur Entscheidung heranzuziehen. Der Bundesgerichtshof hat in diesem Fall einen ersten Schritt in diese Richtung getan, als er zumindest eine mittelbare Beachtlichkeit einer fremden *Eingriffsnorm* annahm. Auch wenn der BGH durch diese Argumentation auch die Anwendung von § 134 BGB hätte bejahen können, konnte er sich durch Anwendung des § 138 BGB im Einklang mit „universell geltenden Wertvorstellungen“ im „Interesse aller Völker“ von der Problematik der kollisionsrechtlichen Behandlung von Eingriffsnormen aus Drittstaaten befreien, BRÜNING, die Beachtlichkeit des fremden ordre public 146f., SCHURIG 240; zur Kritik an der Existenz eines weltweit geltenden ethischen Werturteils SONNENBERGER in Müko Artikel 6 Rn. 69–71.

1112 BGHZ 59, 82 ist auch vor dem Hintergrund von Interesse, als seine Befassung mit der noch immer nicht in der Bundesrepublik Deutschland ratifizierten Unesco Konvention von 1970 [hierzu oben im 4. Kapitel] den vorwirkenden Charakter dieser Konvention würdigt.

1113 MAYER-MALY und ARMBRÜSTER in Müko § 138 Rn. 129ff. sowie SACK in Staudinger [Bearbeitung 2003] § 138 Rn. 62 (jeweils mit weiteren Nachweisen).

1114 So die bislang herrschende Meinung, zuletzt BGH NJW 1998, 2531, 2532, BGHZ 146, 298 (301), BGH WM 1998, 513, 514, PALM in ERMAN § 138 Rn. 40, ohne allerdings ein dezidier jedoch den Inhalt eines Rechtsgeschäfts und nicht etwa das Verhalten einer Person.[1115] Auf dieser Grundlage ist nicht nachzuvollziehen, dass die Kenntnis eines objektiv von der Werteordnung missbilligten Rechtsgeschäft zu fordern ist[1116]. Dies mag man auch daraus ersehen, dass gerade eine solche Kenntnis („Makel", „Gewissenlosigkeit"[1117]) als ein zusätzlich erschwerender Faktor, und nicht etwa als Tatbestandsvoraussetzung des § 138 I BGB zu bewerten wäre.

Wertungsmaßstab für die Sittenwidrigkeit als Generalklausel kann insbesondere nicht nur die innerdeutsche Anschauung, sondern der im *soft law* manifestierte überstaatliche Konsens sein[1118]. Die Gerichte sind ohnehin dazu aufgerufen, im Wege der Lückenfüllung mittels § 138 I BGB rechtsfortbildend alle zu missbilligenden Rechtsgeschäfte zu erfassen.[1119] Der aus dem internationalen soft law erkennbare Konsens zielt darauf ab, alles Erforderliche dafür zu tun, faire und gerechte Lösungen zu erzielen, auch wenn diese vergleichsweise gesteigerte Anstrengungen (etwa durch Provenienzforschung) erfordern. Vor diesem Hintergrund erscheint ein bewusstes Verhalten gegen diese gemeinsame Zielrichtung als vorsätzlicher Verstoß gegen das gemeinsame Anstandsgefühl, mithin als grob sittenwidrig.

Unter Berücksichtigung der besonderen Begebenheiten des jeweiligen Einzelfalls, die für die Bewertung der Sittenwidrigkeit eines Rechtsgeschäfts angelegt werden müssen, lässt sich bei Verkaufsfällen von Beute- und Raubkunst festhalten, dass der Erwerber über keine positive Kenntnis über die Sittenwidrigkeit begründenden Tatsachen verfügen muss. Im Lichte der bislang herrschenden Lehre und ständigen Rechtsprechung (herrschende Meinung), welche die Kennt-

tes Bewusstsein über die Sittenwidrigkeit zu fordern, HEFERMEHL in SOERGEL § 138 Rn. 18, 31, 33, 37.

1115 HEFERMEHL in SOERGEL § 138, Rn. 31 und 37, der anmerkt, dass die Bewertung eines Lebenssachverhaltes als sittenwidrig gerade nicht in jedem Fall einen persönlichen sittlichen Vorwurf mit umfasse. Damit kommt es nicht auf das Anstandsgefühl der konkret am Rechtsgeschäft beteiligten, sondern der „billig und gerecht denkenden" Personen an.

1116 SACK in Staudinger (Bearbeitung 2003) § 138 Rn 63f. Bereits bei Entstehung des § 138 BGB wurde von einem objektiven Maßstab bei Handhabung der Norm gesprochen; siehe in der Entstehungsgeschichte bei MUGDAN I 725.

1117 So etwa bei BGH NJW 1972, 678 (680); BGH WM 1975, 559 (560).

1118 JAYME in KK II, 252, 255 und in FS Rehbinder 543ff. führt aus, dass narrative Normen in Generalklauseln und allgemeinen Rechtsbegriffen Berücksichtigung finden können. Vergleiche auch SCHULZE in JAYME, Kulturelle Identität, 171, der darauf abhebt, dass narrative Normen die anzustrebenden normativen Inhalte beschreibt und damit einen Begründungszwang für den auslösen, der einen Rechtssatz entgegen dem Gehalt narrativer Normen zur Anwendung bringen will.

1119 Zu der hier notwendigen Interessensabwägung zwischen existenten Gesetzen und Moralvorstellungen SACK in Staudinger [Bearbeitung 2003] § 138 Rn 37f., 45f.: Bei der Gesamtabwägung seien auch Maßstäbe im außergesetzlichen Bereich heranzuziehen.

nis der die Sittenwidrigkeit begründenden Umstände fordern, ist zumindest bei hinreichenden Anhaltspunkten, welche den Verdacht der Plünderung eines Kulturgutes im Kriege oder der Konfiskation eines Kulturgutes jüdischer Herkunft aufkommen lassen, eine Sittenwidrigkeit nach § 138 I BGB zu bejahen.[1120] Eine Sittenwidrigkeit im Rechtssinne muss also zumindest dann gelten, wenn der Erwerbende bei klar erkennbaren Anhaltspunkten seinen Erkundigungspflichten in *zumindest grob fahrlässiger* Art und Weise nicht entsprochen hat. Als in der Praxis anzulegender Hilfsmaßstab für den erforderlichen Kenntnisstand kann nach Ansicht des Verfassers auf die Kriterien zurückgegriffen werden, die für die Frage der Gutgläubigkeit im Rahmen des § 932 II BGB üblicherweise aufgestellt werden.[1121]

Gelingt der Nachweis, dass bei zumindest einem der Vertragspartner ein angefallenen Anhaltspunkte nicht nachgehender, negierender Kenntnisstand vorliegt, ist unter Berücksichtigung der geschilderten Rechtsprechung die Kausalvereinbarung, als sittenwidrig im Sinne des § 138 I BGB anzusehen: Es verstößt gegen das Anstandsgefühl jedes billig und gerecht Denkenden, wenn ein Verkäufer in auch nur unscharf herausgebildeter Erkenntnis[1122] des verfolgungsbedingten Entzugs oder der kriegsbedingten Verlagerung sich seiner Verantwortung zur Rückgabe durch Weiterverkauf entziehen möchte.

Ein Verkäufer wird dem Erwerber die Umstände der Sittenwidrigkeit, welche den Erfolg seines Verkaufs in Frage stellen, zudem ohnehin kaum mitteilen. Tut er dies dennoch, ist der Erwerber ganz offenkundig als bösgläubig im Sinne des § 932 II BGB im Hinblick auf die Eigentümerstellung des Verfügenden anzusehen. Umgekehrt ist ein solches Rechtsgeschäft auch dann als sittenwidrig anzusehen, wenn nur der Erwerber von dem Schicksal des Kulturguts weiß, da auch er die Umstände verfolgungsbedingter Verlagerung gewissenlos ignoriert und sich bewusst über die guten Sitten, das heißt der Bemühung um die Rückgabe des Gegenstandes, hinwegsetzt.

Auch nach dem tatbestandlichen Eintritt der Ersitzung besteht im Fall der Sittenwidrigkeit eines Rechtsgeschäfts und der darauf beruhenden Verfügung innerhalb der bestehenden gesetzlichen Verjährungsfristen von 30 Jahren die Möglichkeit zur Kondiktion, da die Sittenwidrigkeit keinen gültigen Rechtsgrund zum entgültigen Erwerb begründet.[1123]

1120 Dies ist eine vermittelnde Position zwischen der subjektiven und objektiven Lehre.

1121 Siehe bei den Ausführungen zum gutgläubigen Erwerb bei 5 D II 2–5.

1122 Unter Missachtung von Anhaltspunkten, die zur weiteren Nachforschung Anlass geben müssen.

1123 Vergleiche hierzu 5 E II 6.

IV. Die Ausnutzung einer allgemeinen Zwangslage nach § 138 II BGB und nach französischem Recht (Fall Gentili di Guiseppe)

Der Fall der Ausnutzung einer allgemeinen Zwangslage nach § 138 II BGB ist stets dann zu erwägen, wenn der Käufer eines jüdischen Kulturguts sich die Verfolgungssituation zunutze machte, um vom jüdischen Verkäufer einen Kunstgegenstand weit unter Wert zu kaufen oder unter Ausnutzung der Verfolgungssituation abzupressen. Eine Entscheidung des Pariser Appelationsgerichts könnte diesem Ansatz nach rechtsvergleichender Analyse auch hierzulande den Weg weisen.

1. Die Entscheidung der Cour d'Appel

Der oberste Pariser Gerichtshof hat den Nachfahren fünf Exponate aus der Sammlung des Frederic Gentili di Guiseppe, einem in Frankreich lebenden italienischen Juden, zugesprochen.[1124] Ein Teil dieser im April 1941 nach Flucht der Familie di Guiseppe in Paris versteigerten Bilder fand sich in der Privatsammlung von Hermann Göring wieder, um nach dem Zweiten Weltkrieg im Louvre ausgestellt zu werden.[1125] Der Mäzen Frederic Gentili die Guiseppe war am 21. April 1940 eines natürlichen Todes gestorben. Ein Mr. Moulin wurde am 29. Oktober 1940 gerichtlich zum Verwalter über das Vermögen des Verstorbenen als Testamentsvollstrecker bestellt. In dieser Eigenschaft hatte er die Bilder nach der Flucht der Familie aus Frankreich zur Versteigerung freigegeben.

Nach dem zweiten Weltkrieg haben sich die Nachfahren seit 1950 mehrfach vergeblich um eine Restitution von drei Werken bemüht, die vom Pariser Louvre „treuhänderisch" ausgestellt worden waren. Die Ablehnung wurde damit begründet, dass die Nachfahren erst eine Gerichtsentscheidung vorlegen müssten, in welcher die Nichtigkeit der Versteigerung der Bilder von Gentilli di Guiseppe im Hotel Drouot zu Paris im Frühjahr 1941 festgestellt worden ist.[1126] Nachdem sich das politische wie rechtliche Klima zur Wiedergutmachung in Frankreich seit 1995 dramatisch gebessert hatte[1127], wagte die Familie einen erneuten Anlauf

---

[1124] Cour d'Appel Paris, 1ère Chambre A, 2 Juin 1999, abgedruckt bei PALMER im Appendix V. Der Kläger hatte beantragt, „de prononcer la nullité de la vente des tableaux litigieux, de condamner cet établissement public à leur restituer ceux-ci, ainsi que désignés: La Visitation – Moretto Da BRESCIA (MNR 277), La Sainte Famille – Bernardo STROZZI (MNR 290), Alexandre et Campaspe chez Apelle – Giambattista TIEPOLO (MNR 305), Joueurs de cartes devant une chem inée – Alessandre MAGNASCO (MNR 790), Portrait de femme-pastel – Rosalba CARRIERA (REC 73) [Die Abkürzung MNR deutet auf die Zugehörigkeit zum Treuhandbestand Musée National Récuperation (siehe hierzu in der Einführung) hin.]

[1125] PARISOT, The Gentili die Giuseppe Case in France, IJCP (10), 2001, p. 265.

[1126] PARISOT 265.

[1127] Zu der Entwicklung der Behandlung der Raubkunstfrage in Frankreich siehe Leila ANGLA-

und verklagte nunmehr den Pariser Louvre auf Rückgabe. Nachdem das erstinstanzliche Gericht die Klage abgewiesen hatte, war die Berufung vor dem Cour d'Appel erfolgreich.

Bemerkenswert ist an dieser Entscheidung, dass sie allein die Existenz der antisemitischen Gesetze und des dadurch entstehendes schlechten Klimas, welche die Familie Gentili zur Flucht aus Frankreich bewegte, genügen ließ. Der Zuschlag der Exponate Gentilis' zugunsten des Pariser Louvre auf einer öffentlichen Auktion im Jahre 1941 war aufgrund der hieraus geschaffenen Zwangslage null und nichtig.[1128] Im nahen zeitlichen Anschluss zu den relevanten Auktionen folgten eine Reihe antisemitischer Gesetze der Vichy-Regierung, so insbesondere die Loi du 3 octobre 1941[1129] und loi du 2 juin 1941[1130], in welchen jedem Juden ein Treuhänder zugeordnet wurde, der sein Vermögen liquidieren sollte. Die entscheidende Streitfrage war jene, ob die Zuweisung zur Versteigerung auf einer *pillage* oder einer *confiscation* beruhte, ob also die Zuweisung zur Versteigerung eine gültige Rechtsgrundlage hatte. Das Gericht stellte fest, dass die Erben des Verstorbenen, Adriana und Marcello Gentili di Guiseppe aufgrund der diskriminierenden Gesetzgebung, welche die Konfiskation des Eigentums ausgewanderter Juden mit Wirkung seit dem 23. Juli 1940 vorsah, über keinerlei

---

DE, Art, law and the Holocaust: The French Situation, in: Art Antiquity and Law (AAL) 1999, p. 301 et. seq.

1128 Nach der lex rei sitae war französisches Recht anzuwenden. Das Gericht bezieht sich für die Frage der Nichtigkeit der Konfiskation auf das eigene Recht und nicht auf die HLKO: „Considérant, en droit, selon l'article 1er, alinéa, de l'ordonnance n° 45–770 du 21 avril 1945, que les personnes physiques ou morales ou leurs ayants cause dont les biens, droits ou intérêts ont été l'objet, même avec leur concours matériel, d'actes de disposition accomplis en conséquence de mesures de séquestre, d'administration provisoire, de gestion, de liquidation, de confiscation ou de toutes autres mesures exorbitantes du droit commun en vigueur du 16 juin 1940 et accomplis, soit en vertu des prétendus lois, décrets et arrêtés, règlements ou décisions de l'autorité de fait se disant gouvernement de l'Etat français, soit par l'ennemi, soit sur son ordre ou sous son inspiration, pourront, tant de l'ordonnance du 12 novembre 1943 relative à la nullité des actes de spoliation par l'ennemi ou sous son contrôle, que de l'ordonnance du 9 août 1944 relative au rétablissement de la légalité républicaine sur le territoire continental, en faire constater la nullité."
Zwischen der Versteigerung der Gemälde von Gentili di Guiseppe und der damaligen Situation für die Juden in Frankreich sieht das Berufungsgericht folgenden Zusammenhang: „Considérant que dès lors que la vente des tableaux litigieux a été prescrite en considération exclusive de la prétendue défaillance ainsi imputée à Adriana et à Marcello GENTILI DI GUISEPPE, *il existe une relation de cause à effet entre lesdites mesures exorbitantes du droit commun et cette vente; que, comme telle, celle-ci est, de plein droit, entachée de nullité en vertu des dispositions précitées*".
Daraus zieht es den Schluss, „que la vente des tableaux litigieux constitue donc un acte de disposition accompli en conséquence des mesures exorbitantes du droit commun édictées à l'encontre des juifs après le 16 juin 1940."

1129 JO (journal officiell) du 18 octobre 1941.

1130 JO du 4 octobre 1941.

juristischen Mittel verfügten, das ihnen zustehende Vermögen auf dem Rechtswege zurück zu erhalten. Die Versteigerungen vom Frühjahr 1941 konnten vor diesem Hintergrund nur nichtig gewesen sein.[1131]

2. Konsequenzen für das deutsche Recht

Die Erwägungen der Cour d'Appel zu Paris bieten eine gute Orientierung für die Bewertung eines Verkaufsvorgangs als bewusste Ausnutzung einer Zwangslage auf deutschem Territorium im Rahmen des § 138 II BGB. Auch ein deutsches Gericht hat bereits den Verkauf der *Simonetta Vespucci* (Bildnis der Venus) von *Botticelli* aufgrund der Zwangslage für null und nichtig erklärt, obwohl für ihn ein fairer Marktpreis entrichtet worden war.[1132]

Von § 138 II BGB sind zunächst alle Fälle erfasst, in welchen unter Ausnutzung der ernsthaften Bedrängnis eines Juden Kulturgüter erstanden wurden, welche aufgrund der großen Eile der Ausreise nicht mehr mit der für solche Objekte notwendigen Gelassenheit und Ruhe verkauft werden konnten:[1133] In dieser für sie alternativlosen Lage waren dem jüdischen Eigentümer ein Verkauf weit unter dem Verkehrswert weitaus lieber als ihre Beschlagnahme durch die Nationalsozialisten. Über die Gefährdung der eigenen wirtschaftlichen Existenz hinaus[1134] drohte diesen Betroffenen schwere Nachteile[1135]. Aufgrund der nationalsozialistischen Verfolgung schwebten sie in unmittelbarer Lebensgefahr. Damit lag besonders deutlich eine Zwangslage im Sinne des § 138 II BGB vor. Von einer Freiwilligkeit solcher Verkäufe konnte deshalb nie gesprochen werden. Den Eigentümern bot sich unter dem Eindruck der Zwänge zumeist gar keine andere Alternative, als die Gegenstände vor oder nach Ausreise in einem groben Missverhältnis des Verkehrswerts des Exponats zu seinem Kaufpreis zu veräußern.[1136]

V. Die Anfechtung wegen widerrechtlicher Drohung in § 123 I BGB

Mit Einsetzen der Verfolgung durch den nationalsozialistischen Machthaber wurde der willkürliche wirtschaftliche Druck auf jüdische Bürger immer stärker.

[1131] Vergleiche zum Ganzen PARISOT 270 et. seq.

[1132] PALMER 64 (ohne Rechtsprechungszitat).

[1133] Diese Situation ähnelt denen der Fluchtgüter, die von jüdischen Bürgern vor ihrer Ausreise in die Schweiz zum Schutze vor nationalsozialistischen Beschlagnahmen verbracht worden sind.

[1134] So noch die Rechtsprechung zur alten Fassung, die von einer (wirtschaftlichen) *Notlage* ausging, siehe etwa BGH LM Ba Nr. 1.

[1135] Nach BGH NJW 1994, 1276 genügt bereits dies für die Annahme einer Zwangslage.

[1136] Zum Rechtsbegriff der Freiwilligkeit GUTMANN, 203 (dort zusammenfassende Stellungnahme).

Diese waren zur Begleichung horrender Sonderabgaben gezwungen, ihre Luxusgüter zu veräußern.[1137]

Häufig gab es auch sogenannte Tauschgeschäfte mit einst wohlhabenden jüdischen Sammlern und Kunsthändlern, in welchen die Kunstwerke auf Druck des Geschäftspartners weit unter ihrem Marktwert weitergegeben worden waren. Grundsätzlich besteht hier die Möglichkeit zur Anfechtung der auf das Rechtsgeschäft gerichteten Willenserklärung nach § 123 I BGB. Wegen des langen Zeitablaufs wird hier aber das Problem der Anfechtungsfrist in § 124 III BGB virulent. Auch bei Unkenntnis des Nachfahren vom Anfechtungsgrund der widerrechtlichen Drohung ist die Anfechtung mit Ablauf der 30-Jahres-Frist (nach neuer Fassung sogar nur noch zehn Jahre) endgültig ausgeschlossen.[1138] Hier kann aber eventuell § 242 BGB helfen, wenn die Kenntniserlangung der zu Anfechtung berechtigenden Tatsachen unzumutbar oder bislang unmöglich[1139] war.

C. Herausgabeanspruch versus Eigentumsverlust

Die nun folgende Darstellung bezieht sich zunächst auf den Herausgabeanspruch von Kulturgütern nach § 985 I BGB. Hier sollen in geraffter Darstellung die Möglichkeiten des Eigentumsverlustes von Raub- und Beutekunst durch gutgläubigen Erwerb oder im Wege der Ersitzung unter besonderer Berücksichtigung der im Internet einsehbaren Verlustdatenbanken untersucht werden. Das laufende Kapitel schließt mit der Diskussion um die Verjährung des dinglichen Herausgabeanspruchs an beweglichen Sachen neben benachbarten Fragestellungen im System des deutschen Verjährungsrechts. Es soll bereits an dieser Stelle betont werden, dass das deutsche Sachenrecht entscheidend auf die Rahmenbedingungen während des dinglichen Erwerbs abstellt. Dementsprechend ist es von entscheidender Bedeutung, wann, von wem und unter welchen Umständen ein Kulturgut erworben wurde.

I. Anwendbarkeit des § 935 I BGB auf Wegnahmen von Kulturgütern in Krieg und Verfolgung

Im deutschen Sachenrecht bildet die Frage des Abhandenkommens eine wichtige Schlüsselfunktion in der Unterscheidung zur Ermöglichung und Verwehrung

---

1137 Ein gutes Beispiel bildet der wirtschaftliche Niedergang von Max Silberberg in Breslau wegen der konsequenten wirtschaftlichen Isolierung und der finanziellen Ausbeutung und Unterdrückung durch den nationalsozialistischen Usurpator.

1138 Palandt § 121 Rn. 5.

1139 Es soll an dieser Stelle nochmals daran erinnert werden, dass die meisten Erkenntnisquellen, insbesondere Archive, erst seit Kurzem der Öffentlichkeit zugänglich sind.

des gutgläubigen Erwerbs.[1140] Unter einem Abhandenkommen im Sinne des § 935 I BGB versteht die herrschende Meinung den (unfreiwilligen) Besitzverlust ohne – nicht notwendigerweise gegen – den Willen des unmittelbaren Besitzers oder Besitzmittlers.[1141] Dies hat derjenige, der den Eigentumserwerb aus diesem Grunde bestreitet, unter Beweis zu stellen.

Entscheidend ist, ob der Eigentümer den Rechtsschein des Besitzes willentlich aus seiner Sphäre entlassen hat.[1142] Jedoch kommt es bei freiwilliger Weggabe durch einen Besitzmittler nicht auf den Willen des Eigentümers, sondern des unmittelbaren Besitzers an, § 935 I 2 BGB.

1. (Fremd-)staatliche Handlungen, insbesondere Wegnahmen durch Konfiskation

Eine wesentliche Schwierigkeit besteht in der sachenrechtlichen Einordnung des Eingriffs, der zunächst nach völkerrechtlichen Gesichtspunkten (insbesondere den Bestimmungen und den Gedanken der Haager Landkriegsordnung) bewertet worden ist. Es stellt sich die Frage, ob eine Wegnahme im kriegerisch besetzten Gebiet unter Verstoß gegen das (zwingende) Völkerrecht als ein Abhandenkommen im Sinne des § 935 I BGB zu bewerten ist.

Nach einer Ansicht könne kein Abhandenkommen vorliegen, weil die Besitzentziehung nur nach rein völkerrechtlichen Gesichtspunkten zu bewerten sei (Besitzverlust kraft öffentlichen Rechts).[1143] Die herrschende Meinung unterscheidet zwischen gesetzeswidrigem und nichtigem öffentlichen Handeln. Wenigstens bei nichtigem Handeln sei ein Abhandenkommen zu bejahen, da eine öffentlich-rechtliche Befugnis zum Eingreifen fehle.[1144]

Bei Orientierung an den gegebenen Rahmen würde eine Verneinung des Abhandenkommens im Sinne des § 935 I im Ergebnis eine antiquierte Privilegierung staatlichen Eingreifens bedeuten. Dies gilt umso mehr, wenn es sich wie hier um einen Zugriff durch einen fremden Staat handelt. Die Gegenmeinung schweigt sich denn auch darüber aus, welche zivilrechtliche Bewertung völkerrechtswidriges Verhalten, wie etwa der Verstoß gegen Artikel 27h, 56 HLKO, nach sich zieht. Zudem trifft sie keine Aussage darüber, welches privatrechtliche Regelungssystem anstelle des Abhandenkommens gelten solle. Die Haager Landkriegsordnung, die als zentralen Regelungsmechanismus aus der Entwicklung des Eigen-

---

1140 Peters 130 ff., siehe auch bei Hübner, Der Rechtsverlust im Mobiliarsachenrecht, 20ff.

1141 Quack in Müko § 935 Rn. 5, Peters 135, RGZ 101, 225, RG 21.1.1921.

1142 Vergleiche zu diesem Gedanken Wiegand in Staudinger § 935 Rn. 2 und Franz 64.

1143 Quack in Müko § 935 Rn. 14 und 15.

1144 Baur/Stürner aaO, Wiegand in Staudinger § 935 Rn. 17, Heuer NJW 1999, 2563 spricht von „rechtsunwirksamen staatlichen Hoheitsakten".

tumschutzes im Völkerrecht den Schutz des Privateigentums und die Ahndung von Verstößen vorsieht (Artikel 3, 56), hat nie den Anspruch erhoben, den einschlägigen zivilrechtlichen Regelungen der Mitgliedstaaten vorgehen zu wollen.

Wenn eine Beschlagnahme oder Konfiskation als völkerrechtswidrig anzusehen ist (die Voraussetzungen wurden oben ausführlich dargelegt), liegt gerade kein Besitzverlust kraft öffentlichen Rechts vor. Zudem könnte sich dann nur derjenige, der Opfer einer völkerrechtlich nicht relevanten reinen Privatplünderung wurde, auf ein Abhandenkommen berufen. Dies mag nicht so recht einleuchten: In beiden Fällen muss die nemo-dat Regel („nemo plus iuris ad aliium transferre potest quam ipse habet“) gelten. Daher ist unter Berücksichtigung der derzeitigen Gesetzeslage der vorherrschenden Ansicht in der Literatur[1145] zumindest im Ergebnis beizupflichten.

2. Drohungen

Schließlich soll die Rechtswirkung von Drohungen näher beleuchtet werden. Die Drohung, wie sie in § 123 I BGB Niederschlag gefunden hat, ist das vorsätzliche Inaussichtsstellen eines künftigen Übels, auf das der Drohende Einfluss hat oder zu haben vorgibt.[1146] Rechtstechnisch betrachtet bewirkt eine Drohung daher einen Willensmangel, der eine *freiwillige* Besitzübertragung ausschließt, was ein Abhandenkommen im Sinne des § 935 I BGB begründet. Die Rechtsprechung fordert zudem die Ausübung von extremem seelischem Zwang.[1147] Dem kann nicht gefolgt werden: Die freie Willensbestimmung ist nicht erst bei unwiderstehlicher psychischer Gewalt oder einer entsprechenden psychischen Zwangslage ausgeschlossen.[1148]

3. Eigene Stellung der verfügenden Person

a. Besitzdiener

Der Wille eines Besitzdieners ist unbeachtlich, weil er aufgrund seiner vergleichsweise untergeordneten und weisungsgebundenen Stellung (beispielsweise als Museumswärter oder Aufseher) keine eigenständige, rechtlich anerkannte Beziehung zur Sache haben kann, argumentum ex § 855 BGB.[1149] Dies gilt selbst dann, wenn der Besitzdiener nach außen eine dem Besitzmittler vergleichbare Stellung wahrnimmt: Das Gesetz stellt für die Frage des Besitzes nur auf die

---

[1145] Im Hinblick auf Kulturgüter vergleiche SCHOEN NJW 01, 542; MÜLLER-KATZENBURG NJW 99, 2555.

[1146] Zum Begriff GUTMANN 247, der in seiner Arbeit eine weitreichende Unterscheidung zwischen Freiwilligkeit und Zwang im Recht vornimmt.

[1147] Als Beispiel: BGH 4, 10 (34).

[1148] WIEGAND in Staudinger § 935 Rn. 11, BAUR § 52 Rn. 43, BASSENGE in Palandt § 935 Rn. 5.

[1149] Vergleiche statt aller BAUR, Sachenrecht, 17. Auflage, § 7 Rn 61 ff.

wahre Besitzlage, nicht aber auf den äußeren Anschein des unmittelbaren Besitzes ab, § 855 BGB.[1150] Es ist von daher nicht gerechtfertigt, ihn einem unmittelbaren Fremdbesitzer gleichzustellen: Der Besitzdiener besitzt nicht im juristischen Sinne.

b. Leitende Mitarbeiter

Etwas anderes könnte jedoch dann gelten, wenn ein leitender Mitarbeiter einer staatlichen Sammlung die Sache freiwillig, oder wie so häufig, unter dem Eindruck einer für ihn unabwendbaren Zwangslage herausgegeben hat. Hier kommt es darauf an, welche dingliche Stellung der Mitarbeiter des Museums gegenüber dem Kunstgegenstand hat.

Nach natürlicher Betrachtungsweise ist nur die staatliche Institution selbst, die als Rechtsträger das Museum führt, als unmittelbarer Besitzer anzusehen (Organbesitz).

Ob der Direktor eines Museums die Funktion eines Besitzmittlers einnimmt, hängt davon ab, wie unabhängig seine Stellung gegenüber dem Museum ist und wie weit seine arbeitsvertraglich geregelte Verfügungsbefugnis reicht, um ein entsprechendes Besitzmittlungsverhältnis im Sinne des § 868 I BGB begründen zu können. Über eine Verfügungsbefugnis im Sinne eines Besitzmittlers kann meines Erachtens im Regelfall schon bei einem Leiter des Museums gesprochen werden. Im Rahmen der gesetzlichen Wertung, der von einem gestuften Besitzverhältnis[1151] ausgeht, ist ihm der materielle Bestand eines Museums dergestalt anvertraut, dass von einer eigenständigen Dispositionsbefugnis gesprochen werden kann[1152]. An diesem Vertrauenstatbestand muss sich auch der staatliche Eigentümer festhalten lassen. Selbst wenn aber ein Museumsdirektor den Gegenstand weggegeben hat, wird es in der Regel an der Freiwilligkeit der Besitzaufgabe fehlen. Daher liegt auch in diesem dergestalt gearteten Fall ein Abhandenkommen im Sinne des Gesetzes vor.

II. Abschließende Betrachtung

1. Beutekunst

Wenn ein Kulturgut im privaten wie öffentlichen Eigentum auf dem Gebiet der Besatzungszonen im Nachkriegsdeutschland geplündert wurde, so liegt ein Abhandenkommen im Rechtssinne vor, verwendet das Gesetz doch selbst die

---

[1150] Vorgestellt wurde die herrschende Meinung: PALANDT § 935 Rn. 8, QUACK in Müko § 935 Rn. 11, BAUR/STÜRNER § 52 Rn. 39 a.A. insbesondere WIEGAND in Staudinger § 935 Rn. 14.

[1151] THORN 167, RGZ 54, 68.

[1152] Dies hängt freilich von der Regelung des Einzelfalls ab, welches insbesondere der Satzung des Museums oder auch dem Anstellungsvertrag des Museumsleiters zu entnehmen ist.

Beispiele „gestohlen worden – verlorengegangen.“ An dieser Stelle sei darauf hingewiesen, dass diese Frage aufgrund des Auslandsbezugs im Zusammenhang mit kollisionsrechtlichen Fragen weiter erörtert werden wird.[1153]

2. Raubkunst

Die Wegnahme von Kulturgütern aus jüdischem Besitz durch das NS-Regime auf deutschem Territorium (verfolgungsbedingt entzogene Kulturgüter) begründen ein Abhandenkommen im Sinne des § 935 I BGB. Diese Gegenstände sind zwar dem äußeren Erscheinungsbild nach nicht geraubt worden, sondern wurden „zum Zwecke ihrer Sicherstellung beschlagnahmt“. Solche Beschlagnahmeaktionen waren aber bereits zum Zeitpunkt ihrer Vornahme, wie bereits bei der Darstellung der Radbruch'schen Formel aufgezeigt wurde, als nichtig anzusehen.

Das LG Berlin hat bereits 1947 festgestellt, dass die Verfügung über jüdisches Eigentum durch NS-Behörden als eine Verletzung aller in einem Rechtsstaate geltenden Grundsätze anzusehen sei.[1154] Dementsprechend müsse dergestalt in den Rechtsverkehr gebrachtes jüdisches Eigentum grundsätzlich als abhanden gekommen in „analoger Anwendung des § 935 I BGB“ angesehen werden.[1155]

D. Der gutgläubige Erwerb von Beute- und Raubkunst

I. Die allgegenwärtige Frage des guten Glaubens: Anwendungsbereiche und relevanter Zeitpunkt

Die Frage der Gutgläubigkeit des Erwerbers nimmt in der ausländischen Literatur zum Thema „Holocaust looted art“ (verfolgungsbedingt entzogene Kulturgüter) einen breiten Raum ein.[1156] Neben dem Umstand des nunmehr langen

---

[1153] Zur Frage der Anerkennung fremdstaatlicher Enteignungen 6 E I.

[1154] LG Berlin vom 12. 8. 47, 20 S 497/47, in: JR 1947, 52.

[1155] LG Berlin vom 12. 8. 47, 20 S 497/47, in: JR 1947, 52. Exemplarisch herausgegriffen wird ferner die Einkaufspolitik von Hermann Göring und seiner Kunsthändler auf deutschem Territorium (Eine wesentlich wichtigere Rolle spielten freilich die Einkäufe im Jeu de Paume in Paris, in welchem Göring aus dem Bestand der beschlagnahmten Bilder jüdischer Herkunft seine bevorzugten Exponate selbst auswählte). Zwangsankäufe im Reichsgebiet erfolgten unter Ausnutzung der Stellung seines Befehlsgebers (so etwa Görings als Reichsfeldmarschall) und der Androhung von Sanktionen, wenn ein Verkäufer nicht dem Willen des Käufers entsprach. So wird die Ansicht vertreten, dass wenigstens dann, wenn eine solche allgemeine Zwangslage vorherrschte, in extremen Fällen sogar ein Abhandenkommen im Sinne des § 935 I zu bejahen ist. Dies gilt insbesondere dann, wenn der Verkauf eines Gemäldes weit unter Verkehrswert erfolgte.

[1156] In der US-amerikanischen Literatur unter anderem bei KAYE, REYHAN, SCHWARTZ, GARRETT, TURNER, MASTROBERARDINO (Nachweise im Literaturverzeichnis).

Zeitablaufs stellen sich Fragen des guten Glaubens beim dinglichen wie beim originären Erwerb vom Zeitpunkt des Entzugs bis in die heutige Zeit.

Mit dem Erlass der Londoner Erklärung am 5. 1. 1943 war auch der Kunstmarkt im Hinblick auf die Raubgutproblematik offiziell wachgerüttelt worden, um dann wieder in einen jahrzehntelangen „Dornröschenschlaf" zu verfallen.[1157] Erst in den letzten Jahren kann mit dem Aufflammen der öffentlichen Diskussion wieder von einer entsprechenden Sensibilität für das Plünderungsproblem gesprochen werden, das aber durch den langen Zeitablauf freilich für viele an Dringlichkeit und Gegenwärtigkeit verloren hat. Damit soll klargestellt werden, dass es für die Frage einer möglichen Bösgläubigkeit des Erwerbers auf seinen persönlichen Kenntnisstand zum *Zeitpunkt der Vornahme* des Rechtsgeschäfts ankommen muss.[1158]

Dieses Ergebnis mag vor dem Hintergrund der gegenwärtig allgemein verbesserten Einsicht in die damaligen Vorgänge missfallen, muss aber als allgemeiner Grundsatz für eine objektive Ermittlung des guten Glaubens hingenommen werden. In konkreter Betrachtungsweise zur Ausfüllung der gesetzlichen Tatbestände (im deutschen Recht §§ 932 II und 937 II BGB) ist mithin auf die äußeren Umstände zum Zeitpunkt des Erwerbs abzustellen: So sind etwa Versteigerungen jüdischen Eigentums in den so genannten „Judenauktionen" den schon der Bezeichnung nach zutreffenden *verkehrstypischen Gefahrensituationen* zuzurechnen. Die Teilnehmer solcher Auktionen mussten eigentlich gar nicht mehr nachfragen, von wem die zu erwerbenden Gegenstände stammten, weil dies zuvor schon öffentlich bekannt gemacht worden war. Sie sind in diesem Fall als in der Regel bösgläubig anzusehen. Auch ein Einkäufer für deutsche Museen in Paris, etwa an der Raubsammelstelle „Jeu de Paume" wusste genau, dass die zum Verkauf anstehenden Exponate nicht originär im deutschen Eigenbesitz standen.

[1157] Instruktiv im Hinblick auf die Problematik in den Vereinigten Staaten TURNER, Michelle I., The Innocent Buyer of Art Looted during World War II, 32, Vanderbilt Journal of Transnational Law, S. 1511–1548 (1999).

[1158] So auch ausdrücklich SIEHR in Berichten der Unabhängige Expertenkommission Schweiz Band 19, S. 131: „Was kurz nach dem Ende des Zweiten Weltkriegs noch in Dunkel gehüllt war, ist heute sehr viel deutlicher erkennbar. ... Kurz gesagt, es ist der Fehler zu vermeiden, den vor 50 Jahren handelnden Personen vorzuwerfen, sie hätten nicht nach dem heutigen, 50 Jahre später geltenden Recht und mit dem gegenwärtigen Wissen um die Vorgänge in den 1940er Jahren gehandelt." Diese Aussage gilt m.E. auch für alle neuen Erkenntnisse und Rahmenbedingungen, die durch Vorgänge und Fortschritte in der Informationstechnologie gewonnen werden, die jetzt mit den Begriffen Internet-Verlustdatenbanken und Provenienzforschung umschrieben werden.

II. Nachforschungspflichten eines Erwerbers bei Versteigerungen und im privaten Ankauf

Es ist zunächst eine beschreibende Eingrenzung des Begriffs „grobe Fahrlässigkeit“ nach § 932 II BGB erforderlich. Entscheidender Sinn der Gutglaubensregelungen in §§ 932ff. ist der Schutz des Vertrauens des Verkehrs auf Rechtsakte, die sich auf dem Rechtsschein des Besitzes und der Besitzverschaffung durch den Eigentümer oder einer hierzu befugten Person gründen.[1159] Der Gesetzgeber ging nicht allein von einem objektiv typisierten Maßstab aus, sondern konkretisierte diesen im Einzelfall durch den subjektiv geprägten guten Glauben des Erwerbers.[1160]

1. Die Beweislast und gesetzliche Vermutungen

Nach deutschem Verfahrensrecht gilt die prozessuale Beweislastverteilung, dass derjenige, der sich auf die Bösgläubigkeit des Erwerbers beim gutgläubigen Erwerb oder des Eigenbesitzes bei der Ersitzung beruft, diesen Befund nach allgemeinen Regeln unter Berücksichtigung der Gesetzestechnik vorzutragen und zu beweisen hat, argumentum ex § 937 II (im Rahmen der Ersitzung) in Verbindung mit § 932 II BGB.[1161] Allerdings gilt dies nur für die Frage der Gutgläubigkeit. Da § 1006 I 2 BGB bei abhanden gekommenen Sachen dem Besitzer die Eigentumsvermutung untersagt, hat dieser den Besitz und den Ablauf der Ersitzungszeit zu beweisen.[1162] Im Rahmen der Ersitzung hilft ihm § 938 BGB, der die – widerlegbare – Vermutung eines fortlaufenden Eigenbesitzes aufstellt.

Die Eigentumsvermutung des § 1006 I 1 BGB, der zugunsten des gegenwärtigen Besitzers von der Gleichzeitigkeit von Besitzer- und Eigentümerstellung ausgeht, kann jedoch gegenüber dem Besitzer, dem die Sache abhanden gekommen ist, nicht mit Erfolg zur Anwendung gebracht werden, § 1006 I 2 BGB. Im Gegenzug wird jedoch der gute Glaube eines Erwerbers (grundsätzlich) gesetzlich vermutet (§ 932 II BGB), was für einen Kläger in der vorliegenden Situation eine unangemessene Erschwernis mit sich bringt.[1163] Allerdings kann er in der Regel doch objektive Umstände vortragen, die auf eine grobe Fahrlässigkeit des Erwerbers schließen lassen. Diese bemisst sich nach der Formel der Rechtsprechung danach, ob der Erwerber die im Verkehr erforderliche Sorgfalt im besonders hohen

---

[1159] Krämer 96.

[1160] Krämer 96ff., Mugdan Motive III S. 346 f. zitierend.

[1161] So auch Kunze 226 in Fn. 10.

[1162] RGZ 54, 133, 135.

[1163] Daher ist hier an Beweiserleichterungen wie etwa der Anwendung des Anscheinsbeweises (prima facie) zu denken. Dies dürfte im Regelfall ausreichen, weshalb eine Gesetzesänderung de lege ferenda in diesem Bereich nicht sinnvoll erscheint: Die Beweislast zu Lasten des Erwerbers umzukehren, wie es verschiedentlich gefordert wurde, ginge doch zu weit.

Maße verletzt hat und Nachforschungen unterlassen hat, die aufgrund der gegebenen Sachlage jedem hätten einleuchten müssen, ja sich aufgedrängt hatten.[1164]

2. Erwerbstypische Gefahrensituationen

Erkundigungsobliegenheiten[1165] setzen bei generell verdächtigen Erwerbssituationen ein, in denen ohne jedes weitere Verdachtsmoment von einem Auseinanderfallen von Besitz und Eigentum an den zu erwerbenden Sachen gerechnet werden kann. Nach dem Ansatz in § 935 I BGB kann dies dem Eigentümer nicht immer angelastet werden. Diesen Gedanken führt § 932 II BGB fort, in welchem in bestimmten Erwerbssituationen das Risiko grob fahrlässiger Unkenntnis auf den Erwerber abgewälzt wird.[1166] Bei Konkretisierung dieses gesetzlich festgelegten Interessensausgleichs zwischen Eigentümer und Erwerber wird dann angenommen, dass am ehesten beim Erwerb von besonders wertvollen Gegenständen[1167], so insbesondere Kunstwerken[1168], eine Erkundigungsobliegenheit auf Seiten des Erwerbers besteht.

3. Maßnahmen zur Ausräumung eines Verdachts

Als Ergebnis dieser Maßstäbe wird eine Erkundigungsobliegenheit[1169] beim Erwerb nicht schlechthin bejaht. Anerkannt sind insbesondere die Fallgruppen, welche eine Ausnahmesituation gegenüber den gewöhnlichen Erwerbsgeschäften

---

1164 BGH NJW 1994, 2022, 2093; BGH NJW 1981, 1271, 1272 und BGH NJW 1990, 899, 900.

1165 Gegen die Verwendung von *Erkundigungspflichten/obliegenheiten* Quack in Müko § 932 Rn. 32: „Sprachlich und sachlich ist es mißlich, hier überhaupt von einer Überprüfungs-‚Pflicht' oder auch nur einer Prüfungsobliegenheit zu sprechen. Es geht hier nicht um eine verletzte Pflicht. Vielmehr begründet die konkrete Situation, also die trotz konkreter Verdachtslage unterlassene Nachforschung selbst, die Bösgläubigkeit. Die ‚Nachforschungspflicht' dient zur Konkretisierung der Verdachtslage und als Argument für ihr Vorliegen. Die Formel von der Erkundigungspflicht ist deshalb im Grunde bei diesen Fallgestaltungen eine gerichtliche oder prozessuale Courtoisie, eine Umschreibung für die Feststellung, daß das behauptete Vertrauen in die Eigentümerstellung des Verfügenden bei der gegebenen Situation wenigstens grob fahrlässig war. Deshalb werden auch ‚geeignete' Erkundigungen verlangt und die Eignung bemißt sich idR nach dem Erfolg für den Nachweis der Nichtberechtigung des Verfügenden, maW ‚geeignet' sind nur Überprüfungen, die den Verdacht erhärten. Daraus folgt schon, daß dem Erwerber gar nicht die unterlassene Überprüfung, sondern der vernachlässigte Verdacht vorgeworfen wird. Dies in den entschiedenen Fällen durchaus zu Recht."

1166 Dargelegt von Wiegand in Staudinger § 932 Rn. 69.

1167 BGH WM 1968, 54 und OLG München JW 1929, 332.

1168 Dieses Beispiel nennt Quack in Müko § 932 Rn. 48.

1169 Der Begriff der Obliegenheit ist dogmatisch am Saubersten, weil er zutreffend das Ergebnis seiner Nichtbeachtung charakterisiert, welche abgesehen von der Verwehrung des Rechtserwerb keine weiteren Nachteile zur Folge hat, vergleiche Quack in Müko § 932 Rn. 41 und Wiegand in Staudinger § 932 Rn. 68 bis 77.

darstellen. Es handelt sich hier um bestimmte Geschäftstypen, in welchen unter Berücksichtigung der Interessenlage der Parteien ein gesteigertes Informationsinteresse bei Durchführung des Vertrages besteht. Neben der von der Rechtsprechung anerkannten Fallgruppe der Sicherungsgeschäfte gilt dies für alle Rechtsgeschäfte, in welchen ein gesteigertes Vertrauen in die Integrität, Echtheit und lautere Herkunft des zu erwerbenden Gegenstands gleichsam immanenter Vertragsbestandteil ist. Dies gilt besonders für den internationalen Kunsthandel, der Exponate zu mitunter überdurchschnittlich hohen Verkehrswerten umsetzt.

4. Allgemeine Kriterien bei der Bemessung der Gutgläubigkeit des Erwerbers

Viele kriegsbedingt verlagerte und verfolgungsbedingt entzogene Kunstgegenstände sind erstmals lange Zeit nach dem Zweiten Weltkrieg in einer öffentlichen Versteigerung aufgetaucht oder erneut, etwa im Wege des Privatverkaufs, feilgeboten worden.

In diesen Fällen bedarf es der Heranziehung weiterer Kriterien[1170], die für den Erwerb von beweglichen Sachen im Allgemeinen und für Kulturgüter im speziellen entwickelt wurden:

- Die Art und Gestaltung des Erwerbsgeschäfts:
  Preis[1171] und Marktlage des zu erwerbenden Kulturguts[1172]
- Geschäftserfahrung und Erklärungen der Beteiligten
- Die Veräußerungssituation[1173]
- Soziale Stellung des Erwerbers[1174]
- Abwicklung des Kaufes[1175] und Gestaltung des Erwerbsgeschäftes[1176]
- Dauer des Vorbesitzes[1177]

1170 Instruktiv die Übersicht bei Quack in Müko § 932 Rn. 32ff.

1171 BGH BB 1969, 1455 und BGH Warn 73 Nr. 3.

1172 BGH BB 1966, 720.

1173 Klassisch ist hier der Fall des *Kykladenidols* (Götzenbild aus der Ägäis), das von einem Studenten an einen Kunsthändler veräußert worden war, BGH Warn 73, 9, 10; Franz 77. Hierzu der BGH aaO: „Das Berufungsgericht ist mit Recht der Auffassung, dass an die Nachforschungspflicht des Beklagten hohe Anforderungen zu stellen sind, weil eine Sache von bedeutendem Wert unter ungewöhnlichen Umständen übergeben wurde."

1174 So im Fall Weimar v. Elicofon – der Beklagte Elicofon, der die zwei Tucher-Porträts erstanden hatte, war Rechtsanwalt. Zum Verfahren 5 E 4 a.

1175 BGH JZ 1967, 10.

1176 BGH BB 1966, 70.

1177 Kurze Besitzzeiten sind bei werthaltigen Kunstgegenständen, die in der Regel über Generationen besessen werden, zumindest bei Privatverkäufen ein gewichtiger Verdachtsmoment, Quack in Müko § 932 Rn. 34.

Letzten Endes entwickelt sich die Erkundigungspflicht als Ausdruck der gebotenen Sorgfaltspflicht[1178] des Erwerbers zwischen den Grundsäulen der Verkehrsüblichkeit und Zumutbarkeit. Unter dem Blickwinkel der objektiv-typisierenden Betrachtungsweise sollen die für den im Umgang mit Kulturgütern gebotenen verkehrstypischen Sorgfaltspflichten entwickelt werden. In diesem so gesetzten Rahmen sind die *individuellen Fähigkeiten und Kenntnisse eines Erwerbers* von Belang, die im Wege einer objektiv-typisierenden Betrachtungsweise ermittelt werden. Diese Abweichung zugunsten des Eigentümers ist gerechtfertigt, um seine Sicherungsinteressen gegenüber dem Verkehrsschutz nicht unangemessen zu benachteiligen.[1179]

5. Spezielle Kriterien nach der Stellung der Beteiligten in rechtsvergleichender Betrachtung

a. Vom Laien bis zum Kunstkenner

Einem mit den Gepflogenheiten des internationalen Kunstmarktes vertrauten *Kunstkenner* (Galerist, Auktionator, Versicherer, Kunstsammler, allgemein die „Experten") müssen sich beispielsweise auf einer Versteigerung irreguläre Umstände eher aufdrängen als einem Laien, der einmalig auf einer Auktion ein objet d'art erwirbt. *Kunstkenner* haben seit seit jeher eine gesteigerte Sensibilität für die am Kunstmarkt klassisch abgefragten Essentialia, zu denen mit Sicherheit die Authenzität und auch die (möglichst gesicherte) Provenienz eines Werkes zählen.

Dementsprechend sind ihnen gegenüber einem unerfahrenen Laien Nachlässigkeiten eher anzulasten, insbesondere dann, wenn die besonderen Fähigkeiten eines Kunstkenners diesen dazu veranlassen müssen, bei leisesten Verdachtsmomenten weitere Nachforschungen anzustellen. Jedoch besteht eine *allgemeine* Erkundigungsobliegenheit dann, wenn konkrete Verdachtsgründe vorliegen, die Zweifel an der Berechtigung des Veräußerers wecken müssen.[1180]

b. Das „Portrait of the Pastor Adrianus Tegularius" verschärft die Anforderungen an den Kunstmarkt in Frankreich

Am 6. Juli 2001 verurteilte das Strafgericht (Haute Cour, Tribunal Correctionnel) zu Nanterre[1181] den achtundvierzigjährigen Kunsthändler Adam Williams zu acht Monaten Haft auf Bewährung, weil dieser ein Gemälde von Franz Hals aufgekauft hatte, dessen verfolgungsbedingter Verlust aus der Sammlung Schloss in einem öffentlichen Verzeichnis ausdrücklich dokumentiert worden

---

[1178] Hierzu SIEHR bei REICHELT, 65, 67; KNOTT 171 ff., HANISCH in FS MÜLLER-FREIENFELS 222 f.

[1179] KRÄMER 130.

[1180] BGH NJW 1992, 310; NJW-RR 1987, 1456, 1457.

[1181] Demartini v. Williams, 18. Kammer, Tribunal Correctionnel, Nanterre, 06.07.2001.

war.[1182] Williams hatte während des Verfahrens ausgesagt, dass er angenommen hatte, dass das beim Auktionshaus Christie's angebotene Werk bereits zuvor schon an die berechtigen Erben der Schloss Collection restituiert worden sei.[1183]

Das Gericht schenkte ihm keinen Glauben, weil es die Spezialexpertise des Angeklagten für die strafrechtliche Würdigung zu seinen Lasten berücksichtigte. Auch wenn im Werksverzeichnis (catalogue raisonné) Lücken zwischen dem Zweiten Weltkrieg und 1967 vorhanden waren, hätte Williams als ausgewiesener Experte für Gemälde von Franz Hals die weiterführende Literatur, die im catalogue raisonné verzeichnet war, konsultieren müssen, um die Lücken im pedigree des Bildes so weit wie möglich zu schließen. In der Collectors World Directory (Ausgabe 1979) und im Auktionskatalog von Sotheby's 1979 wurde nämlich berichtet, dass das Gemälde aus der Sammlung Schloss verfolgungsbedingt entzogen worden war.[1184] Im relevanten Auktionskatalog vom April 1989 von Christie's waren solche Hinweise nicht enthalten.[1185] Dennoch wurde der Angeklagte verurteilt, weil er hätte wissen müssen, dass das Bild geplündert worden war, zumal der Versteigerer Christie's keinerlei Garantien im Hinblick auf die Provenienz abgegeben hatte und der Angeklagte entsprechend der Gepflogenheiten im internationalen Kunstmarkt dies selbst hätte überprüfen müssen.[1186]

Auch wenn das geschilderte Verfahren ein Strafverfahren war, zeichnet sich aus ihr eine Entwicklung ab, dass künftig die Frage der Gutgläubigkeit sehr restriktiv geprüft werden wird. Insbesondere dann, wenn der Erwerber durch Referenzen und Erfahrungen im internationalen Kunsthandel ausgewiesen ist, wird er auch nach deutschem Recht seine eigene Gutgläubigkeit vor dem Hintergrund seines eigenen Erfahrungshorizonts nur noch schwer belegen können. Zudem werden langjährige Erfahrungen im internationalen Kunstmarkt dann unabhängig von der funktionsbedingten Stellung seines Marktteilnehmers (Kunsthänd-

---

1182 Palmer, museums, 274, Giovannini 273. Zum Verfahren ausführlich Anglade, The Portrait of Pastor Adrianus Tegularius by Franz Hals, AAL 2003, 77ff. Während einer Pariser Kunstmesse im Jahre 1990 hatte eine der Erben der Schloss-Sammlung (Mr. Demartini) das Bild wiederentdeckt und beschlagnahmen lassen.

1183 Eine weitere Frage des Verfahrens bezog sich darauf, ob eine Strafverfolgung überhaupt in Betracht kommen kann, da die Familie Schloss nachweislich am 24.04.1961 entschädigt worden war. Nach Artikel 6 III der französichen Strafprozessordnung sperrt aber eine solche Vereinbarung nicht die spätere Strafverfolgung, wenn das Gesetz es nicht ausdrücklich verbietet. Im Hinblick auf gestohlene Kunstwerke ist dies aber nicht der Fall. Im Übrigen erfasst eine zivilrechtlich geprägte Kompensation nicht späteres Fehlverhalten, das nach wie vor zu Lasten des Eigentümers geht, Anglade, The Portrait, 81 et seq.

1184 Anglade, The Portrait, 82.

1185 Anglade, The Portrait, 85.

1186 Anglade, The Portrait, 86, Giovannini 273.

ler, Auktionator, erfahrener Kunstsammler etc.) bewertet und für die Frage der Gutgläubigkeit mit steigender Professionalität und Erfahrung zu Lasten des Betroffenen berücksichtigt werden müssen.

c. Die Verurteilung eines Kunsthändlers auf Grundlage des U.S. National Property Acts

Eine weitere Verschärfung der Sorgfaltspflichten für Kunsthändler in den Vereinigten Staaten bringt die Verurteilung von *Frederick Schultz*.[1187] Frederick Schultz hatte entgegen den United States National Property Act (NSPA) ägyptische Antiquitäten erworben, die kraft des Property Acts als gestohlen galten. Fünf Jahre zuvor hatte bereits dasselbe Gericht noch im *phiale* (auch nach seinem Käufer Steinhardt benannte) Fall die Beschlagnahmung eines aus Sizilien stammenden archäologischen Blattgoldstücks, der phiale (Entstehung: 450 vor Christus) mit der Begründung zugelassen, die phiale sei nach dem NSPA „contrary to law" importiert worden, obgleich die Zolldokumente solche Rückschlüsse nicht zuließen.[1188] Der schweizerische Kunsthändler Haber, der als Verkäufer aufgetreten war, erhielt daher von den US-Behörden auch keine Entschädigung für diesen Eingriff, weil er gewusst habe, dass die phiale gestohlen war.[1189]

Frederick Schultz war zum Zeitpunkt der Verurteilung Inhaber einer führenden New Yorker Antiquitäten-Galerie und hatte die Ware von dem Briten Jonathan Toekely-Parry bezogen. Aus der Korrespondenz mit ihm schloss die Strafverfolgungsbehörde und das Gericht die Tatsache, dass die Gegenstände nach ägyptischem Recht als gestohlen galten.[1190] Schultz hatte argumentiert, dass die Anwendung des NSPA nicht von ausländischem (hier: ägyptischen) Recht abhängen dürfe, wie es bereits bei McClain fälschlicherweise herangezogen worden sei.[1191] Das Gericht war unter konsequenter Beibehaltung der *McClain*-Rechtsprechung anderer Ansicht und verurteilte Schultz zu 33 Monaten Haft.[1192]

1187 United States v. Frederick Schultz, 333 F. 3d 393 (2d Cir. June 25 2003), besprochen von LUFKIN in AAL 2003, 321 et seq.

1188 U.S. vs. An Antique Platter of Gold, 991 F. Supp. 222 (S.D.N.Y. 1997), besprochen von GOLDRICH, Balancing the Need for Repatriation of illegally removed cultural property with the interests of bona fide purchasers: Applying the Unidroit Convention to the Case of the Gold Phiale, Fordham International Law Journal, S. 118ff.

1189 Dies ist freilich eine juristische Frage, wie sie im Fall United States v. McClain, 593 F. 2d 658, 644–65 (5th Cir), cert. Denied 444 U.S. 918 (1979) so entschieden wurde: „An object may be considered ‚stolen' if a foreign nation has assumed ownership of the object through its artistic and cultural patrimony laws." Nach dieser Maßgabe gehörte die Phiale zu Italien, obgleich das Exponat aus der Schweiz exportiert worden war.

1190 Vergleiche zum Ganzen LUFKIN, Schultz, 329 f. mwN.

1191 LUFKIN, Schultz, 333.

1192 Siehe hierzu ausführlich LUFKIN, Schultz, 334–341.

Die genannten Urteile haben den amerikanischen Kunsthandel stark beunruhigt.[1193] Und in der Tat könnte mit dem NSPA auch der Verkauf von Holocaust oder World War II Looted Art solche Folgen nach sich ziehen, jedenfalls dann, wenn der Händler von den Entzugsumständen des Gegenstandes Kenntnis hat.[1194]

III. Eigentumserwerb auf einer öffentlichen Versteigerung, § 935 II 2. Alternative BGB

1. Öffentliche Versteigerung im Sinne des bürgerlichen Rechts

a. Allgemeine Voraussetzungen

In einer öffentlichen Versteigerung im Sinne des § 383 III BGB, in welcher kein Zusammenhang mit Zwangsvollstreckungsmaßnahmen besteht, sind neben der Beachtung der Zuständigkeiten der Ort und die Zeit der Versteigerung öffentlich bekannt zu machen. Des Weiteren ist jedermann der Zugang und die Teilnahme an der Versteigerung zu gewähren.[1195] Auktionen können grundsätzlich dann nicht als öffentlich im Sinne des § 383 BGB betrachtet werden, wenn Juden der Zugang zur Versteigerung bewusst verwehrt worden war. Diese Frage ist so weit als möglich im jeweiligen Einzelfall abzuklären.

Ob die genannten Voraussetzungen vorgelegen haben, ist wegen des langen Zeitablaufs und mangels Existenz geeigneter Unterlagen in den kritischen Fällen nur sehr schwer nachzuvollziehen. Die Beweislast für diese Voraussetzungen trägt aber nach allgemeinen Regeln derjenige, der sich auf sie zu seinen Gunsten beruft, in der Regel also der Erwerber.[1196]

b. Die Frage der Gutgläubigkeit

Wird ein Kulturgut auf einer öffentlichen Versteigerung erworben, so beseitigt der mit der Versteigerung einhergehende erhöhte Vertrauenstatbestand[1197] eines gesetzlich geregelten und durchgeführten Verfahrens den Makel des Abhandenkommens: § 935 I ist hier nicht mehr anwendbar, womit die Möglichkeit des gutgläubigen Erwerbs wieder eröffnet ist. Im Übrigen gelten aber die regulären Erwerbsvoraussetzungen im Sinne der §§ 929ff. BGB.[1198]

1193 Siehe auch das Resümee von Lufkin, Schultz, 342.

1194 Zum Zugriff auf Beutekunst nach dem NSPA Costello 144, wiedergegeben unter 5 H 4.

1195 BGH NJW 1990, 899 f.

1196 Anders im so genannten Hamburger Stadtsiegelfall, vergleiche sogleich.

1197 Zu den verschiedenen Rechtfertigungstheorien für den erhöhten Verkehrsschutz bei einer Versteigerung vergleiche statt aller Franz 108f.

1198 So die ganz herrschende Meinung, vergleiche Wiegand in Staudinger § 935 Rn. 27, Kuhnt MDR 1953, 641, von Hoyingen-Huene NJW 1973, 1473.

Die Bösgläubigkeit des Erwerbers auf einer öffentlichen Versteigerung nach § 935 II BGB in Verbindung mit § 383 BGB[1199] hindert den Eigentumserwerb. Bei diesem Versteigerungstyp[1200] ist anerkannt, dass sich der gute Glaube des Erwerbers über § 932 II BGB hinaus auch auf die Rechtmäßigkeit der Versteigerung analog § 1244 BGB erstrecken muss.[1201]

Wegen der bewussten gesetzgeberischen Entscheidung in § 935 II 2. Alternative BGB stellt sich dann nicht die Frage nach dem Abhandenkommen, sondern nach der Gutgläubigkeit des Erwerbers: § 935 II lässt hier den reinen Rechtsschein des Besitzes genügen, ohne dass dieser dem Eigentümer im Wege des Abhandenkommens zugerechnet werden müsste.[1202] Zu dieser Feststellung tritt eine erhöhte Rechtsscheinswirkung, die von einer öffentlichen Versteigerung ausgeht, hinzu. Grundlegend stellt sich die Frage, ob der Erwerber sich grob fahrlässig den Tatsachen, die Zweifel an der Herkunft und Eigentümerstellung respektive Verfügungsbefugnis begründen, verschlossen hat.

Besondere Bedeutung hat die Frage der Gutgläubigkeit des Erwerbers insbesondere im Zusammenhang mit den in den Jahren 1932 bis 1938 durchgeführten Versteigerungen jüdischen Eigentums[1203], so genannten „Judenauktionen". Aber auch Beutekunst im engeren Sinne (also kriegsbedingt abhanden gekommene Kulturgüter) fand sich schon des öfteren im Versteigerungskatalog renommierter Auktionshäuser wieder, wodurch sie überhaupt wieder aus dem „grauen Markt" auftauchten.[1204]

c. Der Hamburger Stadtsiegelfall

Der Bundesgerichtshof hatte im bekannten Hamburger Stadtsiegelfall[1205] über die Möglichkeit des gutgläubigen Erwerbs eines Kulturguts auf einer öffentlichen Versteigerung zu entscheiden.

Gegenstand des Verfahrens war das Original des IV. Hamburger Staatsiegels, das bereits seit 1306 bis zur Eroberung der Stadt Hamburg durch das französische Reich im Gebrauch war. Entsprechend den dargestellten Sicherungsmaßnahmen wurde auch das Hamburger Stadtsiegel zum Schutz vor Übergriffen im Jahre 1944 in den Salzstock Grasleben ausgelagert. Bei Rückführung der Kulturgüter,

---

1199 So auch die Rechtsprechung in BGHZ 119, 75, 90 ff., RG 103, 288.

1200 Anders bei der Versteigerung im Rahmen der Zwangsvollstreckung, siehe unter Ziffer 5.

1201 Bassenge in Palandt § 935 Rn. 11, Kuhnt MDR 53, 641, Dünkel S. 71 ff.

1202 Wiegand JuS 1974, 545, 550.

1203 Zu den rechtstatsächlichen Hintergründen sei auf die Ausführungen in 1 C I 5 ff. verwiesen.

1204 Hingewiesen sei exemplarisch auf den Wtewael, der durch Sotheby's versteigert werden sollte sowie auf die Landschaft mit Schornsteinen (Schilderung im zweiten Kapitel, Teil A und B).

1205 BGH NJW 1990, 899.

die unter britischer Bewachung standen, wurde im Dezember 1945 der Diebstahl des Siegels entdeckt. Die Beklagte, Inhaberin eines Antiquitätengeschäfts, erwarb dieses Siegel im Jahre 1986 auf einer Auktion.

Der Bundesgerichtshof hat in seiner Entscheidung die oben dargestellten Grundsätze zur Anwendung gebracht und die Klage der freien Hansestadt Hamburg abgewiesen. Er stützt seine Entscheidung insbesondere auf die besondere Stellung und die Anforderungen an einen öffentlichen Versteigerer als unparteiischem Mittler zwischen Käufer und Eigentümer (§ 34b V GewO). § 935 II BGB sehe eine besondere gesetzliche Privilegierung des gutgläubigen Erwerbers in den Schranken der Eigentumsgarantie des Artikels 14 GG vor. Der Grund hierfür liege in dem schutzwürdigen Interesse des wirtschaftlich von der Veräußerung betroffenen Dritten, der die Sache zur Versteigerung geben müsse. In diesem Fall genieße der Verkehrsschutz entgegen den Wertungen des § 929ff. BGB den Vorrang gegenüber den Interessen des Eigentümers.

Diese Entscheidung ist nicht ohne Kritik geblieben. So wurde angemerkt, dass der Bundesgerichtshof die Anwendung des § 935 II BGB sachfremd ausdehne, wenn er sie auf jede öffentliche Versteigerung anwende.[1206] Es stellt sich jedoch die Frage, inwieweit die Entscheidung des Bundesgerichtshofs Bedeutung für die Versteigerungen in der Zeit des „Dritten Reichs" haben kann. Die Interessenlage und die Rahmenbedingungen bei der Versteigerung des Hamburger Stadtsiegels war eine ganz andere als bei den von den Nationalsozialisten initiierten „Judenauktionen". In diesen mussten sich jedem redlichen Teilnehmer ernsthafte Bedenken im Hinblick auf die Legitimation für das Handeln des Auktionators stellen. Zudem fanden die Auktionen in einem noch bald nach den Entzügen statt; man hat insofern grundlegend zu den lange nach dem Zweiten Weltkrieg stattgefundenen Auktionen (wie etwa beim Hamburger Stadtsiegelfall) zu unterscheiden. In der Regel war bei der Auktionierung jüdischer Kulturgüter im Dritten Reich ohnehin bereits bekannt, dass die zu versteigernden Gemälde aus jüdischem Besitz stammten und dort gegen den Willen des Eigentümers beschlagnahmt worden waren.[1207]

2. Versteigerung im Rahmen der Zwangsvollstreckung

In der Versteigerung im Rahmen eines Zwangsvollsteckungsverfahrens auf Grundlage der § 814ff. ZPO erhält der Erwerber kraft Hoheitsakt nach Ablieferung durch den Gerichtsvollzieher (§ 817 II ZPO) ungeachtet seiner eigenen Bösgläubigkeit nach herrschender Meinung[1208] an dem ersteigerten Gegenstand Eigen-

---

[1206] So wohl Raschèr 26.

[1207] Die Frage des Kenntnisstands des Erwerbers muss freilich im jeweiligen Einzelfall neu beantwortet werden.

[1208] Seit RGZ 156, 395 (398).

tum. Die Eigentumszuweisung erfolgt hier kraft hoheitlicher Gewalt, weshalb ein etwaiges Abhandenkommen der Sache und die Gutgläubigkeit des Erwerbers keine Rolle spielen kann.

Die Gegenmeinung von Marotzke[1209] erhält im Hinblick auf die historischen Hintergründe der Versteigerungen jüdischen Eigentums, die bisweilen auch Teil eines Zwangsvollstreckungsverfahrens waren, eine neue Dimension. In der Tat ist ein Glaube an die allmächtige, rechtsstaatlich handelnde Staatsmacht heutzutage kaum vertretbar, weshalb das Beispiel der Versteigerungen jüdischen Eigentums wohl sehr plakativ die Möglichkeit staatlichen Machtmissbrauchs im Rahmen der Pfändungen (hier aber nicht schuldnerfremder) beweglicher Sachen illustriert und das Bedürfnis nach einer analogen Anwendung des § 1244 BGB nahe legt.

Im Prinzip stellt sich seit Einführung des Grundgesetzes die Frage, ob die öffentlich-rechtlichen Vorschriften des Zwangsvollstreckungsrechts im Interesse des Verfassungsrechts wegen der Junktimklausel des Artikels 14 III GG restriktiver zu handhaben sind, als es ihr eigener Wortlaut vermuten ließe.[1210] Da aber bereits die Weimarer Reichsverfassung eine Enteignung, die beim Zuschlag des Gegenstandes zu Lasten des Eigentümers vorliegt, nicht entschädigungslos stellte, ist die Argumentation von Marotzke, die eine Privilegierung staatlicher Dispositionen in dinglicher Hinsicht kritisch hinterfragt, auch für Vorgänge vor dem Inkrafttreten des Grundgesetzes anzuwenden.

Zumal die Erwerber im Regelfall nicht allen Ernstes an eine Rechtmäßigkeit des Versteigerungsverfahrens, insbesondere einer gesetzlichen Verfügungsbefugnis der Versteigerer beschlagnahmter Gegenstände glaubten, sondern eher nach profitablen Einkäufe zu Lasten jüdischer Bürger trachteten, können auch solche Fälle mit Hilfe der analogen Heranziehung des § 1244 I BGB einer befriedigenden Lösung zugeführt werden.[1211]

IV. Das Lösungsrecht

1. Die Intention des Lösungsrechts

Das Lösungsrecht eröffnet die Möglichkeit, als vormaliger Eigentümer von einem gutgläubigen Erwerber eine Sache gegen Gewährung einer angemessenen Entschädigung herauszuverlangen. Hierdurch bleibt das Sachintegritätsinteresse des Eigentümers am Besitz der Sache geschützt. Bei Kulturgütern, die gerade keine austauschbare industrielle Massenware sind, hat der Eigentümer ein schützen-

---

1209 Marotzke, in: NJW 1978, 133.

1210 In diese Richtung auch Quack in Müko § 932 Rn. 9, ausführlich Marotzke S. 134f.

1211 Marotzke aaO.

wertes persönliches Interesse am Eigentum seines Exponats. Gleichzeitig bildet das Lösungsrecht einen besonderen Schutz für den gutgläubigen Erwerber abhanden gekommener Sachen, der in seinem Vertrauen auf die Rechtmäßigkeit seines Erwerbs und der darauf beruhenden wirtschaftlichen Dispositionen geschützt werden soll. Durch das Lösungsrecht sollen das Sachwertinteresse des gutgläubigen Erwerbers und die vom Eigentümer geforderte Sachindividualität zueinander in Einklang gebracht werden.[1212]

Dieser besondere Kompromiss zwischen den Eigentümerinteressen und dem Rechtsverkehr entstammt dem Gedanken des Marktprivilegs und ist unter anderem in der Schweiz (Artikel 934 II ZGB), Frankreich (Artikel 2279 I code civile) und Österreich (§ 367 ABGB) beheimatet.[1213] Die folgende Darstellung konzentriert sich auf das schweizerische Lösungsrecht an abhanden gekommenen Sachen nach Art. 934 II ZGB.[1214]

2. Artikel 934 II ZGB

Nach Artikel 934 I ZGB ist eine Sache abhanden gekommen, wenn der unmittelbare Besitzer ohne seinen Willen den Besitz verloren hat.[1215] Der gutgläubige Erwerber kann jedoch nach Artikel 934 II ZGB ein Lösungsrecht im Rahmen einer öffentlichen Versteigerung[1216] und bei einem Erwerb von einem Kaufmann auf dem Markt[1217] erwerben. Die Lösungshöhe ist nach Artikel 934 II ZGB der im Rahmen dieser Erwerbstatbestande entrichtete Kaufpreis einschließlich der Kosten des Vertrags.[1218]

1212 Vergleiche zum Ganzen Geyrhalter 217ff.

1213 Geyrhalter 37–50.

1214 Art. 934 II ZGB lautet wie folgt: „Ist die Sache öffentlich versteigert oder auf dem Markt durch einen Kaufmann, der mit Waren der gleichen Art handelt, übertragen worden, so kann sie dem ersten und jedem spätern gutgläubigen Empfänger nur gegen Vergütung des von ihm bezahlten Preises abgefordert werden.“

1215 Stark Artikel 934 ZGB Rn. 2.

1216 Der Begriff öffentliche Versteigerung umfasst nach schweizerischem Recht im Gegensatz zu § 383 III BGB auch private Auktionen, soweit diese behördlich genehmigt worden sind, Geyrhalter 38f.

1217 Die Markteigenschaft ergibt sich aus dem Umstand, dass der Marktverkäufer mit Waren der betroffenen Art gewöhnlich handelt, so also nicht etwa der Trödler, Geyrhalter 39. Ein Kaufmann muss als die als Verkäufer auftretende Partei einen nach kaufmännischen Grundsätzen geführten Geschäftsbetrieb besitzen, wie es sich etwa aus Bilanzierung und Buchhaltung ergeben kann, Entscheidung des Berner Appelationshofs, ZBJV 1998, 236.

1218 Ganz h.M. (statt aller Stark Artikel 934 ZGB Rn. 43). Unter Kosten des Vertrags fallen beispielsweise Versteigerungskosten, Vermittlercourtage des Kunstberaters, Transport, Mehrwertsteuer etc.

3. Anwendung des Lösungsrechts bei staatlich geraubten Kulturgütern

Nach Ansicht von Kurt *Siehr*[1219] könne man Beschlagnahmen und Wegnahmen in kriegerisch besetzten Gebieten nicht als ein Abhandenkommen im Sinne des § 935 I BGB begreifen, sondern müsse sie einer gesonderten sachenrechtlichen Kategorie zuordnen. Dies ergebe sich bereits daraus, dass das kodifizierte Zivilrecht („Schönwetterrecht") nicht für die Bewertung solcher Vorgänge geschaffen worden sei.[1220] Im Bestreben nach einem sachgerechten Interessenausgleich zwischen dem Eigentümer und dem Rechtsverkehr stellt sich daher die Frage, wie ein gutgläubiger Erwerber zu behandeln ist.

Siehr hat hierfür den Vorschlag unterbreitet, dass zumindest alle staatlich geraubten und hierdurch abhanden gekommenen Kulturgüter mit einem Lösungsrecht nach Artikel 934 II ZGB zu versehen seien.[1221] Hiernach können staatlich geraubte Kulturgüter zwar gutgläubig zu Eigentum erworben werden, dass aber über einen bestimmten Zeitraum hinweg (in der Schweiz fünf Jahre seit der Wegnahme, § 934 I ZGB) mit einem Lösungsrecht zugunsten des gutgläubigen Erwerbers belastet ist. Auch *Heck* hatte im Hinblick auf Sachen, die im öffentlichen Interesse stehen (öffentliche Kunstsammlungen und öffentliche Bibliotheken), die Einführung des Lösungsrechts[1222] auf alle in einem offenen Laden[1223] gutgläubig erworbenen Gegenstände gefordert.

Ein häufig diskutiertes Problem in der Debatte im Umgang mit den gegenwärtigen Besitzern ist schließlich seine Gutgläubigkeit, was zwangsläufigkeit an der Frage der Gutgläubigkeit – etwa im Rahmen der öffentlichen Versteigerung nach § 935 II BGB – zu einer alles-oder-nichts Situation für alle Beteiligten führt. Durch das Lösungsrecht kann ein wesentlich flexiblerer Kompromiss gefunden werden, der von beiden Seiten akzeptiert werden kann. Zudem bleibt das Sachwertinteresse des gutgläubigen Erwerbers unangetastet, währenddessen der Eigentümer nach wie vor die Möglichkeit hat, auf einem ihm persönlich wichtigen Gegenstand mit Erfolg zuzugreifen.

1219 Der Vortrag von Siehr im Rahmen der Genfer Tagung *La revendication des œuvres d'art spoliées* vom 10.11.2000 wird veröffentlicht in der Schriftenreihe Série des études en Droit de l'art im Schulthess-Verlag (Zürich), siehe dort in Band 15: Claims for the Restitution of Looted Art.

1220 Ibid.

1221 Ibid.

1222 Heck 256.

1223 Zu dieser Einschränkung Wolff/Raiser § 69 Rn. 7; welche für das Lösungsrecht auf alle im Rahmen einer öffentlichen Versteigerung erworbenen Sachen anstelle § 935 II BGB plädieren.

4. Die Lösungshöhe

Weitaus schwieriger gestaltet sich die Ermittlung der Lösungshöhe als Ausgleich an den gutgläubigen Erwerber. Die schweizerische Lösung der Entrichtung des vollen Kaufpreises erscheint insbesondere bei der Raubkunst nicht immer sachgerecht zu sein, denkt man nur an die berechtigten Empfindungen des Anspruchsstellers, der das Gefühl haben wird, für die Verbrechen der Nationalsozialisten (Verfolgung, Raub und Mord) heute erneut bezahlen zu müssen. In der Tat wäre dann das Lösungsrecht wirtschaftlich nichts anderes als eine gerichtlich durchsetzbare Rückkaufmöglichkeit, obgleich nach den vorherigen Umständen gerade hierzu kein Anlass besteht.

Für die Lösungshöhe kommt es, wie so oft, auf den konkreten Einzelfall und die darin vorkommenden Umstände an. Die Spanne reicht zwischen einer vergleichsweise niedrigen Entschädigung bis hin zur Gewährung des volles Kaufpreises, was stets zu einer Diskrepanz zum tatsächlichen Wert der Sache führt.[1224] Grundlage für die Lösungshöhe sollte in der Tat aber zunächst der entrichtete Kaufpreis sein. Mögliche Abzugsposten bilden aber das Bemühen des gegenwärtigen Besitzers um eine gewissenhafte Provenienzforschung und die Analyse der näheren Erwerbsumstände, so sie für den Erweber sprechen sollten: Aus dem „Maß seiner Gutgläubigkeit"[1225], welches sich aus dem Umfang der ihm zugänglichen Indizien unter Berücksichtigung seiner Vorkenntnisse ergibt, wäre es de lege ferenda im Falle einer umfassenden Gutgläubigkeit bis hin zum Bereich leichter Fahrlässigkeit möglich, den vollen, von ihm bezahlten Kaufpreis zum Ansatz zu bringen.

V. Nachforschungspflichten eines Eigentümers, dem ein Kulturgut abhanden gekommen ist

Im amerikanischen Recht finden sich Fragen der Nachforschungspflichten eines Erwerbers im Regelfall nicht im Kontext des bona fide purchase, sondern beim Rechtserwerb durch Zeitablauf wieder. Dies ist damit zu begründen, dass nur auf diesem Wege ein *good title* zu bekommen ist, weil ein gutgläubiger Erwerb oder auch die Ersitzung dem amerikanischen Recht grundsätzlich fremd ist.[1226] Die Rechtsprechung hat dort verschiedene Kriterien entwickelt, inwieweit sich der einstige Eigentümer um die Rückerlangung seines Verlustes bemühen muss,

---

[1224] Hierzu ausführlich Geyrhalter 57–63.

[1225] Dies ist nicht mit der Frage der Bejahung oder Verneinung der Gutgläubigkeit in § 932 II BGB zu verwechseln. Zu den Fragen der Gutgläubigkeit und der Berücksichtigung der damit verbundenen Vorkenntnisse (etwa als Kunstkenner) ausführlich oben 5 D II.

[1226] Köhling 34.

um eine Verjährung seines Anspruchs aus replevin oder conversion zu verhindern.[1227]

Im Zentrum der Überlegungen steht also nicht etwa nur der Kenntnisstand des Erwerbers[1228], sondern auch die Position des Eigentümers in seinem Bemühen um die Rückerlangung seines Kulturguts.

Der Fall DeWeerth v. Baldinger, der am Höhepunkt der Auseinandersetzung US-amerikanischer Rechtsprechung mit der Lösung der Verjährungsproblematik steht, bildet ein gutes Beispiel für den Abwägungsprozess, der für die Bewertung dieser Anforderungen an den Eigentümer zu stellen ist.[1229] Dies beeinflusst den entscheidenden Zeitpunkt „when the cause of action accrues", also wann der Klagegrund zu Tage getreten ist.

Gerda Dorothea de Weerth, Tochter des Kunstsammlers Karl von der Heydt, hatte im August 1943 einen Monet, die „Champs de Blé à Vétheuil" (1879) von Wuppertal-Elberfeldt zu ihrer Schwester Gisela von Palm nach Oberbalzheim zur Sicherungsverwahrung geschickt. Das Gemälde verschwand nach dem Abzug US-amerikanischer Soldaten auf dem Schloss in Oberbalzheim (nahe Ulm) im Herbst 1945. Der Dieb konnte nie ermittelt werden. Zwischen 1945 und 1957 bemühte sich die Klägerin auf verschiedenen Wegen, das Gemälde zurückzuerhalten, indem sie zunächst der Besatzungsverwaltung 1946 den Diebstahl mitteilte, dann ihren Anwalt Dr. Heinz Frowein einschaltete und einen emeritierten deutschen Kunstprofessor, Dr. Alfred Stange, um Hilfe bei der Aufspürung des Bildes bat. Nachdem beide Herren sich nicht nachhaltig um die Sache gekümmert hatten, schickte de Weerth ein Verzeichnis ihrer Kriegsverluste 1957 zum Bundeskriminalamt. Danach unternahm sie nichts weiter.[1230]

Am 17. Juni 1957 hatte die Beklagte Edith Marks Baldinger das Gemälde in der renommierten Galerie Wildenstein in New York gekauft, die das Gemälde vom Genfer Kunsthändler Francois Reichenbach auf Kommission erworben hatte. Auf zwei Ausstellungen (im Waldorf Astoria 1957 und bei der Galerie Wildenstein & Co. 1970) wurde das Bild öffentlich gezeigt.[1231] Im *catalogue raisonée* über Claude Monet ist dieser Vorgang seit 1974 dokumentiert.[1232]

1227 So auch bei MANSEL, DeWeerth v. Baldinger, Kollisionsrechtliches zum Erwerb gestohlener Kunstwerke, IPrax 1988, S. 268.

1228 So die gängige Unterscheidung in der demand and refusal rule, die bei bösgläubigen Besitzern den Verjährungslauf erst bei seiner Weigerung, die Sache herauszugeben, beginnen lässt.

1229 Zum Verfahren siehe auch FURTAK, Oliver, Abschluss im New Yorker Verfahren DeWeerth v. Baldinger um den gutgläubigen Erwerb eines Monet, IPrax 1995, S. 128f.

1230 DeWeerth v. Baldinger 836 F.2d 105.

1231 Der Neffe der Klägerin wurde im Juli 1981 in einem Katalog der Galerie Wildenstein darauf aufmerksam. Ein Jahr später erkundigte sich die Klägerin bei der Galerie nach dem Käufer des Bildes. Erst nachdem die Galerie zur Preisgabe der notwendigen Information verurteilt

Dieser Umstand sollte sowohl den New Yorker Court of Appeals wie auch den District Court dazu bewegen, die Klage wegen *mangelnder due diligence* (Einhaltung der Sorgfaltspflicht) abzuweisen.[1233] Im Fall Salomon R. Guggenheim Foundation v. Lubell wurde hingegen davon ausgegangen, dass eine Verwirkung (*laches*) des Herausgabeanspruchs vorliegt.[1234]

Auch nach deutschem Recht[1235] würden solche Erwägungen im Rahmen der Verwirkung getroffen. Im Sinne eines sachgerechten Interessenausgleichs im Spannungsfeld zwischen dem alten und neuen Besitzer ist es durchaus diskussionswürdig, neben Fragen der Gutgläubigkeit des Erwerbers solche der Anstrengungen des Alteigentümers, die Sache zurückzuerlangen, zu stellen. Dies ist aber bislang hierzulande – auch mangels dezidierter Rechtsprechung – nicht der Fall.

VI. Selbstauferlegte Regeln öffentlicher und privater Museen (best practice)

Museen stehen als Mittler der Kunst und als Garant öffentlicher Zugänglichkeit im Brennpunkt der Problematik. Mit der Mittelknappheit öffentlicher Kassen in der Bundesrepublik Deutschland ist jedoch die Bedeutung der öffentlichen Museen als Ankäufer von Kunst in den letzten Jahren spürbar zurückgegangen. Zuvor galten sie als eine tragende Säule am Markt, so wie sie es in manchen ausländischen Staaten (insbesondere in den Vereinigten Staaten und der Schweiz) nach wie vor sind.

---

worden war, konnte sich Gerda de Weerth an Frau Baldinger wenden, die die Herausgabe verweigerte und ihren Verkäufer Wildenstein alsbald in das Verfahren miteinbezog.

1232 Daniel WILDENSTEIN, Claude Monet: Bibliographie et Catalogue Raisonée, Vol. I 1840–1881, Lausanne und Paris 1974.

1233 Im Unterschied zu Menzel v. List und Kunstsammlungen zu Weimar v. Elicofon legte sich der District Court darauf fest, dass die due diligence auf Seiten des Eigentümers ein ausgleichender notwendiger Bestandteil gegenüber der Unterscheidung zwischen dem gut- und bösgläubigen Besitzer in der demand and refusal rule sei. Nur hierdurch könnten zu lange Zeitspannen zu Lasten eines gutgläubigen Besitzers angemessen ausgeglichen werden, DeWeerth v. Baldinger 836 F. 2d 107. Weiter heißt es dann: „Most indicative of DeWeerth's lack of diligence is her failure to conduct any search for 24 years from 1957 to 1981. Significantly, if DeWeerth had undertaken even the most minimal investigation during this period, she would very likely have discovered the Monet ...", 836 F. 2d. 112 (linke Spalte oben).

1234 Salomon R. Guggenheim Foundation v. Lubell, 567 NYS 2d 623 (CA 1991).

1235 Auch hier hat der Court of Appeals auf New Yorker Sachrecht nach der Situs-Regel abgestellt und dies mit der „most significant relationship analysis" bestätigt: Der Ort des Diebstahls sei gegenüber dem derzeitigen Verweilort unbeachtlich, da es sich bereits 30 Jahre in New York befinde (bestätigend MANSEL in IPRax 1988, 269).

Als Reaktion auf zahlreiche unrühmliche Vorkommnisse beim Erwerb von Exponaten[1236] haben sich seit jeher viele Museeen im Ausland, so in Großbritannien und den Vereinigten Staaten, wesentlich umfangreichere *codes of ethics* (*best practice*) gegeben.[1237] Solche Codes of Ethics wurden zunächst als allgemeine Verhaltens- und Erwerbsregeln für öffentliche und private Institutionen verfasst.[1238]

In der Bundesrepublik Deutschland wurde auf Initative der Regierung die Gemeinsame Erklärung der Bundesregierung, der Länder und der kommunalen Spitzenverbände zur Auffindung und zur Rückgabe NS-verfolgungsbedingt entzogenen Kulturgutes, insbesondere aus jüdischem Besitz am 14. Dezember 1999 verabschiedet. Dezidierte Regelungen über den Umgang mit Raubkunst, welche über die gerechte und faire Lösung hinausgehen, finden sich hier jedoch nicht. Auch die Handreichung, welche der Gemeinsamen Erklärung folgte und diese aus juristischer Sicht ausführlich kommentierte, vermochten die Unsicherheiten auf musealer Seite nicht ganz zu beseitigen. Diese lagen weitgehend darin begründet, dass der Zugang zu komplexen juristischen Sachmaterien vor dem eigenen fachlichen Hintergrund verständlicherweise schwer fiel.[1239] Zumal aber sowohl die Erklärung wie die Handreichung unverbindlich gefasst sind, steht sie für das zu beschreitende Verfahren einer Restitution den codes of ethics und guidelines aus dem Ausland (insbesondere USA und Großbritannien) sehr nahe.

Der code of professional ethics des internationalen Museumsrates (ICOM) beinhaltet weitreichende Erkundigungspflichten und Erwerbsverbote.[1240] Dies ge-

---

1236 Berühmtes Beispiel ist der Erwerb des lydischen Schatzes durch das Metropolitan Museum of Art, verklagt durch die Republik Türkei. Das MMA musste hier nach Abschluss eines außergerichtlichen Vergleichs 200 kleinformatige Gold- und Silberfunde aus der Zeit des König Krösus an die Türkei zurückgeben, vgl. MEYER S. 88f.

1237 Für die AAM siehe WECHSLER, HELEN J.; COATE-SAAL, TERI; LUKAVIC, JOHN, Museum Policy and Procedures for Nazi-Era Issues, sect. Guideline XVII et seq.

1238 Hierzu ausführlich MÜLLER-KATZENBURG 196ff.

1239 Siehe bereits oben unter 3 C. So ist mehr Transparenz für die öffentlichen und privaten Museen in der Bundesrepublik Deutschland für den Umgang mit Raubkunst zu wünschen. Die Handreichung bedarf in dieser Hinsicht der Nachbesserung und sollte mit den Vertretern der Museen, für die sie geschrieben ist, gemeinsam überarbeitet werden. Erst dann werden die deutschen „restitution guidelines" effizient umgesetzt werden können.

1240 Vorbereitend REPORT of the AAMD Task Force on the Spoliation of Art during the Nazi/World War II Era (1933–1945), IJCP 7 (1998), S. 545ff. Die Empfehlungen des Internationalen Museumsrats (Kodex des ICOM) beziehen sich auch auf Restitutionsfragen: „4.4. Rückgabe kulturellen Eigentums und Wiedergutmachung: Falls ein Museum in den Besitz eines Objektes kommen sollte, das nachweislich unter Verstoß gegen die Prinzipien der UNESCO-Konvention über Maßnahmen zum Verbot und zur Verhütung der illegalen Einfuhr, Ausfuhr und Übereignung von Kulturgut (1970) ausgeführt oder auf andere Art und Weise transferiert wurde, soll es – soweit rechtlich dazu in der Lage – Maßnahmen einleiten, um bei der Rückgabe des Objektes an das Herkunftsland behilflich zu sein, wenn dieses die schieht durch umfangreiche aquisition guidelines oder auch im Fall des Erwerbsverbotes durch eine Auflistung unerwünschter Gegenstände, etwa solche aus einem illegalem Export oder unerlaubten Grabungen. Jedes deutsche Museum, welches Mitglied des internationalen Museumsrats ist, kann sich diese Regeln ergänzend zur Gemeinsamen Erklärung zu Eigen machen. Freilich lässt der oft unbestimmte Wortlaut der Rückgaberegelungen mannigfache Auslegungen zu. So wollen die beiden oben genannten Museen (und auch all die ungenannten) nach Maßgabe der „practicability" und durch „reasonable steps", häufig auch nur gegen eine angemessene Entschädigung den Kunstgegenstand zurückgewähren.

I. Rechtswirkungen der codes of ethics

Codes of ethics der Museen haben für ihre Adessaten in den Museen eine hohe praktische Relevanz. Da die codes jedoch keine formellen Gesetze sind, kommt ihnen im Rechtsverkehr allenfalls eine deklaratorische Wirkung zu. Die Reflexwirkung der Codes liegt aber darin, dass sie von den Gerichten berücksichtigt und zumindest bei ihrer Entscheidung wertend herangezogen werden.[1241] So erschweren die umfangreichen Nachforschungspflichten der Museen den illegalen Kunsthandel mit Raubkunst und begründen ein beachtliches Informationsnetz über gestohlene Kulturgüter. Der Einfluss auf die Bewusstseinsbildung und die Handelsgewohnheiten der Einkäufer in den Museen sowie die dadurch sehr stark eingeschränkte Marktfähigkeit von solchen Kulturgütern sind praktisch nicht von der Hand zu weisen, zumal derjenige Erwerber, der sich nicht ausreichend nach der Herkunft des zu erwerbenden Gegenstands erkundigt, seine Sorgfaltspflichten aus dem freiwilligen Kodex verletzt.[1242]

Rückgabe beantragt und nachweist, dass das Objekt Bestandteil seines kulturellen Erbes ist. Im Falle von Forderungen nach Rückgabe von Kulturgut an das Herkunftsland sollten Museen Aufgeschlossenheit zeigen, einen Dialog auf der Grundlage wissenschaftlicher und fachlicher Grundsätze zu suchen; dies ist einem Agieren auf Regierungsebene oder politischer Bühne vorzuziehen. Es sollte nach Möglichkeiten gesucht werden, bilaterale oder multilaterale Kooperations-Maßnahmen zu entwickeln, um Museen in Ländern, bei denen davon auszugehen ist, dass sie erhebliche Teile ihres kulturellen Erbes verloren haben, bei der Entwicklung geeigneter Museen und bei der Erschließung entsprechender Museumsressourcen zu unterstützen. Museen sollen auch in vollem Umfang die Bestimmungen der Konvention über den Schutz von Kulturgut bei bewaffneten Konflikten (Haager Konvention von 1954) achten und in Einhaltung dieser Konvention insbesondere darauf verzichten, Kulturgüter eines besetzten Landes zu kaufen oder sie sich auf andere Weise anzueignen, da diese zumeist illegal ausgeführt wurden bzw. Diebesgut darstellen."

1241 So zitierte der britische Richter Sir Browne-Wikinson in der Chanvery Division des High Court im Fall Kingdom of Spain v. Christie's den Code of Practice of UK Fine Art und versagte dem Kläger Spanien die Berufung auf diesen code, weil er „not a party to the code" sei, vgl. 3 All E.R. 28 (Ch.SD.) 30f.

1242 Diese Problematik taucht insbesondere auch beim Erwerb sogenannter „entarteter Kunst" auf, vergleiche hierzu etwa Jayme IPRax 94, 66ff.

Freiwillig selbst auferlegte Codes sind als Standards für eine weitere normative Entwicklung im internationalen Kulturgüterverkehr richtungsweisend und können für die Auslegung und Fortbildung des geltenden Rechts fruchtbar gemacht werden. Insbesondere vermögen sie im Rahmen ihres Geltungsbereichs häufig den gutgläubigen Erwerb wegen verschärfter Erkundigungspflichten auszuschließen.[1243]

Unter dem Eindruck der Entwicklungen im Umgang mit kriegsbedingt verlagerten und verfolgungsbedingt entzogenen Kulturgütern wurden insbesondere in den Vereinigten Staaten spezielle *restitution guidelines* geschaffen. Bekannt geworden sind insbesondere die Richtlinien der American Association of Museums (AAM).

2. Guidelines concerning the unlawful appropriation of objects during the „Nazi Era" vom November 1999 und April 2001

Die hinten als Anlage 2 im Auszug[1244] abgedruckten Regelungen richten sich an alle Mitglieder der AAM.[1245] Die Empfehlungen gliedern sich in fünf Teile:

1. *Acquisitions*
2. *Loans*
3. *Existing Collections*
4. *Claims of Ownership*
5. *Fiduciary Obligations*

Folgt man den Formulierungen in den genannten Abschnitten, handelt es sich stets nur um unverbindliche Empfehlungen, welche die *museum policies* begründen sollen (*should* consider, review, ...). Dennoch sind rechtliche Auswirkungen in Richtung eines objektiv erhöhten Sorgfaltsmaßstabs für die Mitglieder der AAM nicht von der Hand zu weisen. Allgemeine Codes of Ethics übten bereits einen starken Einfluss auf den Kunstmarkt aus, weil sie durch Pflichten zu Nachforschungen und Informationsweitergabe den illegalen Kulturgüterverkehr erschwerten, nachhaltigen Einfluss auf Bewusstseinsbildung und Handelsgewohnheiten nahmen und hierdurch eine stark eingeschränkte Marktfähigkeit illegal exportierter Kulturgüter bewirkten.[1246]

Eine besondere Bedeutung der best practice-Regelungen der musealen Organisationen liegt darin, dass der Anspruchsteller im Streitfalle einen Katalog von

---

1243 Beispiele bei MÜLLER-KATZENBURG, S. 319ff, grundlegend OLG München 10.1.1973 Warn 1973 Nr. 3.

1244 Kompletter Abdruck bei WECHSLER et.al, unter Guidelinesw XVII et seq. Das Werk kommentiert die Guidelines der AAM anhand spezieller procedures seiner Mitgliedermuseen.

1245 Christa L. KIRBY, Stolen Cultural Property, 104 Dickinson Law Review, S. 739 (2000). In Großbritannien, Frankreich und Australien sind ähnliche Empfehlungen ausgearbeitet worden.

1246 MÜLLER-KATZENBURG 209ff.

Verhaltensanforderungen an der Hand hat, die als Ausdruck von Fairness im Bewusstsein für eine besondere Problemlage mittelbar zugunsten des Anspruchsstellers wirkt. Würde auch die deutsche Museumslandschaft und der Kunsthandel eine solche Erklärung abgeben, dann könnten die von der Rechtsprechung entwickelten Tatbestandsmerkmale der Verkehrsüblichkeit und Zumutbarkeit im Rahmen des gutgläubigen Erwerbs viel leichter mit Leben gefüllt werden.

E. Die Ersitzung ursprünglich geraubter Kulturgüter

I. Rechtshistorische Grundlagen und Telos der Ersitzung

Dem römischen Recht war bereits das Rechtsinstitut der Ersitzung (*usucapio*) bekannt. Es wurden dort verschiedene Fallgruppen gebildet, die aus dem spezifischen Anlass entsprangen, dem Erwerber aus seiner ungesicherten Position herauszuhelfen, so etwa wenn ein zum Zweck der Ehe geschenktes Grundstück (Dotalgut) nach Scheidung zurückerstattet werden sollte – usucapio pro dote – oder eine Sache vererbt wurde, die dem Erblasser überhaupt nicht gehörte, usucapio pro legato.[1247]

In Fortsetzung dieser Rechtstradition wurde die Ersitzung von der Gesetzgebungskommission des Bürgerlichen Gesetzbuchs vor allem aus Zweckmäßigkeitsgesichtspunkten geschaffen. Man war der Auffassung, dass durch den redlichen Eigenbesitz die Grundlage für eine Vermutung des Eigentums begründet sei, die sich mit Ablauf von zehn Jahren als originäre Rechtsposition bestätigen solle.[1248] Letztendlich liegt in dieser Befriedungsfunktion für die Fälle, in welchen zumeist zuvor abhanden gekommene Sachen wegen § 935 I BGB nicht gutgläubig erworben werden konnten, der eigentliche Regelungsgrund.[1249] Gleichzeitig erteilte die Kommission einem automatischen Eigentumserwerb nach Ablauf von 30 Jahren des bösgläubigen Eigenbesitzers eine eindeutige Absage: Auch wenn eine solche Regelung das Problem der dominium sine re löse, würde sie Unrecht per Gesetz in Recht verwandeln. Dies widerspreche dem Gerechtigkeitsgefühl.[1250]

In der rechtswissenschaftlichen Literatur sind Fragen der Ersitzung allenfalls vereinzelt vor Ausbrechen des Zweiten Weltkriegs[1251] behandelt worden. Wegen

---

1247 Vergleiche zum römischen Recht Karen Bauer, Ersitzung und Bereicherung im klassischen römischen Recht, 1988.

1248 Imbusch 82, Mugdan III 638.

1249 Quack in Müko § 937 Rn. 1.

1250 Mugdan III 642.

1251 Vergleiche die Dissertationen von Horn, Die Bedeutung der Ersitzung im geltenden Recht (1933) sowie Sello, Die lex rei sitae im Fahrnisrecht, besonders bei Ersitzung, Fund, Aneignung (1936).

seines eingegrenzten Anwendungsbereichs im Bereich der Zuordnung abhanden gekommener Gegenstände hatte und hat dies sicher gute Gründe. Jedoch kann man im Rückgriff auf die bekannten Fakten im Bereich der verfolgungs- und auch kriegsbedingt verlagerten Kulturgüter sagen, dass die Ersitzung ausgehend von ihrer eher an den Rand gedrängten Bedeutung im Bereich der diskutierten Fallgruppen gleichsam eine „Renaissance“ erfährt, geht es doch gerade um die Bewertung des Erwerbsvorgangs an abhanden gekommenen Kulturgütern.

Ein weiteres Bedürfnis nach einer kritischen Erörterung des Rechtsinstituts der Ersitzung resultiert aus seiner Parallelität zur Verjährung, die Konflikte um die Beweislage und den Rechtsfrieden nach Ablauf einer längeren Zeitspanne zu lösen sucht. In diesem Sinne soll in diesem Abschnitt eine Darstellung der sich aus dem Institut der Ersitzung ergebenden Probleme im Hinblick auf Kulturgüter und mögliche Lösungsvorschläge entwickelt werden.

II. Die besondere Bedeutung der Ersitzung am Beispiel deutscher Museen und Privatbesitzer

1. Die Ersitzung nach Schenkung

Nach dem Raub von Kulturgütern in den besetzten Gebieten betätigte sich die nationalsozialistische Herrschaftsriege gerne als Gönner von großen Museen. Das Folkwang Museum in Essen erhielt beispielsweise aufgrund seiner damals engen Kontakte zum Krupp-Rüstungskonzern mehrere wertvolle Exponate aus jüdischer oder alliierter Provenienz.[1252] Viele Institutionen[1253] kamen so in den Genuss einer beachtlichen und zudem kostenfreien Sammlungserweiterung.

Da sich viele dieser Exponate vermutlich noch heute in den so bedachten Museen befinden, stellt sich die Frage, ob diese die Kunstwerke im Wege der Ersitzung *gutgläubig* nach §§ 937ff. BGB erworben haben. Die Gutgläubigkeit des Eigenbesitzers nach Maßstab des § 932 II BGB ist ein prägendes Wesensmerkmal der Ersitzung.[1254]

Würde es diese Tatbestandsvoraussetzung nicht geben, wäre eine Abgrenzung zur Verjährung des Herausgabeanspruchs nicht durchzuführen, die dem bösgläubigen Eigenbesitzer erst nach Ablauf von 30 Jahren ein Leistungsverweige-

---

[1252] Vergleiche jüngst Erich Wiedemann in Der Spiegel Nr. 25/2001 S. 152.

[1253] Auch der Louvre in Paris bekam tausende Kunstwerke, welche die Nationalsozialisten im besetzten Frankreich beschlagnahmt hatten. Dies ist dann (in der Regel) nach französischem Recht zu bewerten.

[1254] Dies ergibt sich bereits aus dem Gesetzestext. Siehe i.ü. Hefermehl in Erman § 937 Rn. 5, Wiegand in Staudinger § 937 Rn. 1 und Mühl in Soergel § 937 Rn. 5, a.A. ohne weitergehende Begründung Kunze 225.

rungsrecht zugesteht. Es würde ferner der tiefere Grund der Ersitzung negiert, der darauf beruht, dem Gutgläubigen im Hinblick auf den von ihm besessenen Gegenstand (dominium sine re) eine materielle Güterzuweisung an die Hand zu geben, die in Anerkennung einer über zehn Jahre bestehenden, fortwährenden Gutgläubigkeit die Kluft zwischen Eigentum und Besitz endgültig überbrückt.

2. Gutgläubiger Eigenbesitz

Der gute Glaube in der Ersitzung bezieht sich auf das eigene Recht.[1255] Dementsprechend entfällt der gute Glaube nach Beginn der Ersitzung nur bei der positiven Kenntnis mangelnder Berechtigung (mala fides superveniens).

Ob auf dieser Grundlage ein fortwährender gutgläubiger Eigenbesitz vorliegt, hängt, wie so häufig, von den Umständen des Einzelfalls ab. So gilt es in jedem Einzelfall zu fragen, ob die beschenkten Institutionen sich *zu Beginn der Ersitzung* bereits Gedanken über die Berechtigung des nationalsozialistischen Staats zur Hingabe von Bildern machen mussten, sprich, ob aufgrund der eindeutig gegebenen Sachlage der Beschenkte sich sicher sein konnte, durch die Schenkung des nationalsozialistischen Machthabers rechtswirksam Eigentum erworben zu haben. Dies wird man im Regelfall verneinen müssen. An einen mit den Gepflogenheiten des grenzüberschreitenden Kunstmarkts vertrauten Teilnehmer (im Folgenden: *Kunstkenner*) wird man andere Anforderungen stellen können als an einen ambitionierten Laien.

So hätten zumindest die Kunstkenner in Auktionshäusern, Galerien und Museen sowie versierte Kunstsammler- und Sachverständige in Kenntnis der allgemeinen, umgreifenden Rückerstattungsprozesse an jüdische Bürger seit Beginn der Besatzungszeit bis hin zu der eigenen inneren Wiedergutmachung sich veranlasst sehen müssen, ihre Zugänge aus der Zeit von 1933 bis 1945 auf ihre Herkunft hin kritisch zu überprüfen. Dies gilt ganz besonders für unentgeltliche Zuwendungen von Seiten des nationalsozialistischen Machthabers. Auch Ankäufe in den besetzten Gebieten durch leitende Mitarbeiter hätte die Museen spätestens nach dem Zweiten Weltkrieg veranlassen müssen, die Legitimität dieser Erwerbsvorgänge kritisch zu hinterfragen. Durch den räumlichen Statutenwechsel wechselt nämlich das Sachstatut der Ersitzung nach der Situsregel mit der Verbringung auf das deutsche Territorium. Für die Frage der Gutgläubigkeit wird über den weiteren Ersitzungszeitraum hinweg nach Verbringung auf einen deutschen situs § 937 II BGB relevant.[1256]

[1255] WIEGAND in Staudinger § 937 Rn. 5.

[1256] In § 937 II BGB heißt es: „*Die Ersitzung ist ausgeschlossen, wenn der Erwerber bei dem Erwerbe des Eigenbesitzes nicht in gutem Glauben ist oder wenn er später erfährt, daß ihm das Eigentum nicht zusteht.*" Daher kommt es für die Frage der Ersitzung von auf deutschem Territorium belegenen Kulturgütern nicht mehr auf das frühere Sachrecht an, soweit nicht Fragen der Anrechnung von Besitzzeiten zu klären sind (hierzu später).

Die Rechtsprechung verlangt für eine spätere Bösgläubigkeit die positive Kenntnis von den wahren Umständen. Hier hatten indes viele Museen schon zum Zeitpunkt der Schenkung bereits eine gewisse Vorstellung darüber, dass das Exponat Vorbesitzer hatte, welche dieses nicht freiwillig entäußert haben. Dementsprechend durften sich diese auf das Recht, den ausgestellten Gegenstand wie ein eigenes Gut zu besitzen, erst dann berufen, wenn sie sich in Kenntnis entgegenstehender Anhaltspunkte in der Zeit nach dem Zweiten Weltkrieg über den Weg des Exponats in die eigene Sammlung vergewissert haben. *Siehr* führt hierzu aus: „Wer sich bei leisesten Zweifeln über die Herkunft von Kunstwerken nicht an internationale Instanzen oder Einrichtungen, an Fachleute oder beteiligte Staaten wendet, um sich über die Herkunft der Kunstwerke oder deren Schicksal zu vergewissern, ist bösgläubig.“ [1257]

3. Die eigennützige Blindheit

Ein Eigentumserwerb nach Beginn der Ersitzung kann erst durch einen Umstand, durch welchem dem Ersitzenden seine mangelnde Berechtigung bewusst wird, sicher ausgeschlossen werden. Auf Grundlage dieses Erfordernisses der positiven Kenntnis eigener Nichtberechtigung (mala fides superveniens) fragt sich, welche Maßstäbe hierfür anzulegen sind. Hier ist nämlich zu berücksichtigen, dass lediglich bei Besitzerwerb zu Beginn der Ersitzung noch die grob fahrlässige Nichtbeachtung eigener Berechtigung für die Annahme der Bösgläubigkeit ausreicht.

Die Rechtsprechung hat für die Frage der Haftung des unrechtmäßigen Besitzers nach § 990 I BGB die Formel gebildet, dass sich ein redlich Denkender, der von dem Gedanken an den eigenen Vorteil nicht beeinflusst ist, sich der Überzeugung von den vorgetragenen Tatsachen nicht verschließen würde.[1258] Einer solchen Kognition sei die positive Kenntnis im Sinne des § 990 I BGB gleichzustellen. Man spricht in diesem Zusammenhang von eigennütziger Blindheit, welche die positive Kenntnis von evidenten Umständen nicht ausschließen kann.[1259]

Nun erhebt sich die Frage, ob diese Formel des § 990 I 2 BGB auf die spätere Bösgläubigkeit im Sinne des § 937 II BGB übertragbar ist, so wie die Rechtspre-

---

[1257] SIEHR in REICHELT Internationaler Kulturgüterschutz, 67.

[1258] BGH aaO, BGH NJW 1996, 2652, 2653.

[1259] QUAK in Müko § 937 Rn. 16, BGH NJW 1958, 668. Vergleiche die Ausführungen von WIEGAND in Staudinger, § 937 Rn. 9: [Zitat Anfang] „Ein derartiges Bewußtwerden muß man allerdings annehmen, wenn die Rechtslage dem Besitzer so dargelegt wurde, daß er sich bei Anlegung eines durchschnittlichen Maßstabes der Erkenntnis seiner mangelnden Berechtigung nicht verschließen konnte (zum ganzen Staudinger/GURSKY [1994]). [...] Dem ‚Kenntnis erlangen‘ gleichgestellt werden muß das Verhalten des Ersitzenden, wenn dieser die Kenntnisnahme bewußt vermeidet (so zu Recht Erman/HEFERMEHL Rn. 5 gestützt auf §§ 162 Abs. 1 und 242; zustimmend MünchKomm/QUACK Rn 16)“ [Zitat Ende].

chung es bereits im Bereich der Bereicherungshaftung in § 819 I BGB getan hat. Dieser Gedanke hat in der Literatur bereits Zustimmung gefunden.[1260]

Die Normstruktur des § 937 II entspricht der des § 990 I und § 819 I im Hinblick auf den Wandel der Kenntnislage im Zeitraum des Besitzes eines Gegenstandes. Ein Besitzer eines Gemäldes, der sich weigert, weitere Nachforschungen anzustellen, obwohl äußere Umstände ihn dazu anhalten müssten, verschließt sich genauso der Einsicht wie derjenige, der vom Mangel des Rechtsgrunds im Sinne des § 819 I BGB weiß.

Maßgeblich für die eigennützige Blindheit im Sinne des § 937 II BGB ist eine Situation, in welcher der Besitzer von Umständen Kenntnis erlangt, die ein Abhandenkommen des Gegenstands oder auch Unregelmäßigkeiten in den Erwerbsvorgängen der Vergangenheit nahelegen. Bei Ankäufen von Kulturgütern in kriegerisch besetzten Gebieten muss sich jedem unbefangenem Erwerber die Vermutung aufdrängen, dass möglicherweise die vorhergehenden Besitzwechsel auf nicht freiwilliger Basis erfolgten. In jedem Fall, in welchem dem Erwerber mitgeteilt wurde, dass das Exponat aus jüdischem Privatbesitz stammt, durfte der Erwerber von vornherein ohne weitere Nachforschungen nicht davon ausgehen, dass der vorhergehende Besitzwechsel freiwillig war und daher sein Erwerb zweifelsfrei ordnungsgemäß erfolgen konnte. Indes ist heute bekannt, dass viele deutsche Museumsdirektoren in der zwangsweisen Auflösung jüdischer Sammlungen eine einmalige Chance sahen, ihre Bestände exorbitant und insbesondere kostengünstig zu erweitern.[1261]

Auf vorstehende Grundlagen ist in dieser Fallgruppe eine Ersitzung nach § 937ff. BGB zu verneinen. Der beschenkten Institution waren die unregelmäßigen Erwerbsumstände des Schenkers bereits zum Zeitpunkt des Erwerbs bzw. der Schenkung oder wenig später bekannt. Auch eine spätere Ersitzung nach einem Generationenwechsel in der Leitung des Museums ist ausgeschlossen: Nach § 166 I BGB wird ein solcher Kenntnisstand auch den Nachfolgern in der Betreuung der Institution weitergegeben, da die Herkunft des Kunstwerkbestandes im Inventarverzeichnis in der Regel aktenmäßig festgehalten wird (Grundsatz der Wissenszurechnung). Es kommt also nur darauf an, dass im Inventar entsprechende Anhaltspunkte erkennbar sein können („Verfügbarkeit des versachlichten Informationsträgers“).[1262]

Zusammenfassend lässt sich festhalten, dass eine Ersitzung von Kulturgütern nach § 937ff. BGB, die von Nationalsozialisten an die Museen geschenkt wurden,

---

1260 Wiegand in Staudinger § 937 Rn. 7, Hefermehl in Erman § 937 Rn. 5

1261 Siehe hierzu etwa Heuß in KK II 418ff., welche die Zusammenarbeit hochrangiger deutscher Museumsdirektoren als Kultursachverständige mit den Devisenstellen schildert, die den Transfer jüdischer Vermögenswerte überwachten. Über das Ankaufverhalten deutscher Museumsdirektoren siehe KK II („die eigene Geschichte“) 43ff. und 334ff.

1262 Buck, Wissen und juristische Person, 56ff.

einer kritischen Nachfrage nach obigen Kriterien auszusetzen ist. Dasselbe gilt bei der Bewertung eigener Ankäufe in den besetzten Gebieten.[1263]

4. Ersitzung nach rechtsgeschäftlichem Erwerb

Eine weitaus häufiger anzutreffende Fallgruppe ist die Ersitzung eines Kulturguts nach seinem rechtsgeschäftlichen Erwerb, obwohl es zuvor durch Plünderung, Beschlagnahme oder Diebstahl abhanden gekommen ist.[1264] Gemeint sind damit alle Erwerbsvorgänge nach dem Zweiten Weltkrieg, die in keinem *äußerlich* erkennbaren Zusammenhang zu den Kriegsereignissen und der nationalsozialistischen Verfolgung („Arisierung") mehr stehen.

Grundsätzlich ist hier die Frage des Eigenbesitzes anders zu bewerten als in der obigen Konstellation, da zumeist dem (am Ende einer langen Handlungskette stehenden) Käufer Hinweise auf die Provenienz und Besitzergeschichte des objet d'art fehlen. Vielmehr hat hier der Erwerber einen Kaufpreis für das Gemälde entrichtet, weshalb er davon ausgehen darf, das Kaufobjekt auch wirklich zu Eigentum als eigenes Recht erworben zu haben. Für diesen lauteren Verkehrskreis ist das Institut der Ersitzung geschaffen worden; man wollte ihn nicht mehr nach vielen Jahren mit Ansprüchen und einer Rechtsunsicherheit behelligen, von deren Existenz er bei Ankauf des Objekts keinerlei Kenntnis hatte. Dass das durch Ersitzung erworbene Gemälde möglicherweise aus Familienbesitz stammt, dessen Mitglieder im Holocaust ermordet wurden, ist für das Gesetz zunächst ohne Belang.

Anders wäre nach deutschem Recht der Fall zu bewerten, in welchem der Erwerber das Bild direkt nach Ende des Zweiten Weltkriegs von einer Privatperson, so etwa einem Soldaten, kauft. Auch wenn dieser angibt, das Bild stamme aus Familienbesitz, vermittelt eine solche Ankaufskonstellation gegebenenfalls den Anlass für weitere Nachforschungen. Der Fall Kunstsammlungen von Weimar v. Elicofon zeigt diese Situation.[1265]

a. Kunstsammlungen zu Weimar v. Elicofon

Der Kunstsammler Edward I. Elicofon hatte zwei unsignierte Gemälde aus der Hand Albrecht Dürers von einem amerikanischen Soldaten in New York erworben, der seinerseits die Gemälde bei einem Zivilangestellten auf Schloß Schwarz-

---

[1263] Hannes Hartung, Spoils of war 2002, 65, FN. 22.

[1264] Zu den Fragen des Abhandenkommens 5 C I.

[1265] 478 Federal Reporter 2 d 131 (2d Circuit 1973); certiorari denied; 415 Supreme Court Cases, Adjudged in the Supreme Court 931 (1974), 536 Federal Supplement 829 (Eastern District New York 1981); affirmed, 678 Federal Reporter 2 d 1150 (2 d Circuit 1982). Zu den Hintergründen des Falls Merryman/Elsen 76ff. und Wermusch/Goldmann 62ff; Anmerkungen zum Urteil bei Drobnig, in: IPRax 1984, 61ff.

burg in Thüringen gekauft hatte. Ursprünglich stammten die Bilder aus einem Museum in Weimar, aus dessen Depot sie bei Kriegsende verschwunden waren. Zumal aber die zwei Gemälde nicht signiert waren, gab es für den Rechtsanwalt Elicofon keinerlei Anlass zu Zweifeln. Er hatte bei einem Kaufpreis von 450 US-$ angenommen, zwar Werke aus der Epoche Albrecht Dürers, nicht aber etwa Originalbilder des Meisters erstanden zu haben.

Die Darstellung der Eheleute Tucher in den Bildern Dürers im Fall Weimar v. Elicofon war bekanntlich vor ihrer Verbringung in die Vereinigten Staaten in Thüringen belegen. Daher hätte das Bezirksgericht des Staates New York in konsequenter Anwendung der situs Regel auch den ersten Verkaufsvorgang vom Architekten an den Soldaten auf Schloss Schwarzburg untersuchen und den Beginn einer Ersitzung nach deutschem Recht erwähnen müssen. An dieser Stelle hat sich das Gericht aber auf die zutreffende Feststellung beschränkt, dass der das Schloss verwaltende Architekt kein Besitzdiener oder Besitzer nach Willen des Museums von Weimar im Sinne des § 855 BGB war, weshalb ein gutgläubiger Erwerb nicht möglich war.[1266]

b. Bedeutung des Falles

Nach deutschem Recht hätte Elicofon die Gemälde ersitzen können, da er keine hinreichenden Anhaltspunkte für Unregelmäßigkeiten seines eigenen Erwerbs in Erfahrung gebracht hat.[1267] Da aber auf den Verkaufsvorgang zwischen dem Soldaten und Elicofon Sachrecht des Bundesstaats New York nach Maßgabe der lex rei sitae Regel anzuwenden war[1268], wurde der Klage auf Herausgabe des Bildes stattgegeben, nachdem nach Anwendung der *demand and refusal Regel* die Verjährung des Herausgabeanspruchs bis 1966 nicht zu laufen begonnen hatte und eine Ersitzung nach New Yorker Recht nicht möglich ist.[1269]

Dieser Fall zeigt, dass die Ersitzung unter Umständen nach deutschem Recht keine Rolle spielt, weil ein anderes Sachrecht vergleichbare Bestimmungen nicht

---

[1266] Hanisch in FS Müller-Freienfels 1986 S. 217.

[1267] Dass ein gutgläubiger Erwerb bereits wegen des Gesetzes Nr. 52 der Militärregierung über die Sperre und Beaufsichtigung von Vermögenswerten unbeschadet der genauen Umstände des Verschwindens der Gemälde nicht möglich war, hatte das Gericht zutreffend dargelegt, 536 F.Supp. 829 et seq. Erst im Oktober 1945, als das Bild nach den Feststellungen bereits aus dem Depot verschwunden war, galt die sowjetische Nachfolgeregelung mit dem SMAD Befehl 124 (der im Fall City of Gotha v. Sotheby's eine tragende Rolle spielen sollte).

[1268] 678 F2d 1166 bestätigt die strikte Anwendung der situs-Regel für die Klage aus conversion im Bundesstaat New York.

[1269] Kunstsammlungen zu Weimar v. Elicofon 678 F.2d 1150 (1982) at 1160 rechte Spalte: „Thus applying New York's choice of law rules, Ersitzung is inapplicable and New York law governs, under which a purchaser cannot acquire good title from a thief."

kennt.[1270] Ist aber deutsches Recht anwendbar, kann die Möglichkeit zur Ersitzung nicht einheitlich entschieden werden und von den Umständen des Einzelfalls, hier einer fehlenden Bildsignatur, abhängen. Ob einem Kulturgut der Wert beigemessen wird, den es tatsächlich innehat, hängt vom Kenntnisstand des Erwerbers ab.

Von 1969 bis 1982 hatten zunächst die Bundesrepublik Deutschland, später auch die Erbgroßherzogin von Sachsen-Weimar-Eisenach und schließlich nach Anerkennung als Prozesspartei die Kunstsammlungen zu Weimar gegen Elicofon prozessiert. Nach insgesamt fünf Verfahren sind die Porträts erst 1982 nach Weimar in die damals Deutsche Demokratische Republik zurückgekehrt.[1271]

5. Die Ersitzung eines Kulturguts nach Erbschaft

a. Der Streit um das Bernsteinzimmer-Mosaik

Am 13. Mai 1997 beschlagnahmte die Bremer Polizei ein Mosaik aus dem berühmten Bernsteinzimmer, das im Jahre 1941 aus dem Katharinenpalais in St. Petersburg von deutschen Truppen geraubt worden war.[1272] Der Anbieter des Mosaiks, der einen Anwaltsnotar mit der Weiterveräußerung beauftragt hatte, ist der Sohn eines deutschen Soldaten, der mit dem Transport des Bernsteinzimmers nach Königsberg betraut worden war und das Mosaikstück als „persönliches Beutestück" mit sich nach Deutschland genommen hatte.

Der Sohn hat vorgetragen, er habe das Mosaik erst im Jahr 1978 auf dem elterlichen Dachboden gefunden und erst viel später mittels einer Fernsehsendung vom Wert des Gegenstands erfahren. Bei einer solchen Konstellation handelt es sich nicht um einen Einzelfall, weil viele Privatplünderungen stattgefunden haben, die erst in der heutigen Zeit einer Bewertung zugänglich sind.

Die zur Beurteilung stehende Frage, ob ein Erbe eines bösgläubigen Erblassers einen Gegenstand gutgläubig ersitzen kann, wird danach beschieden, ob und wie der in § 937 II BGB geforderte gute Glaube – oder besser umgekehrt hier mala fides – auf den Erben übergehen kann.

[1270] Weidner, 184, sieht diesen Fall als Beleg gegen die Anknüpfung nach der lex furti, vergleiche zum Problem der Anknüpfung unten 6 C II ff.

[1271] Das Verfahren hatte eine solch lange Dauer, weil zunächst einmal die Aktivlegitimation eines berechtigten Prätendenten festgestellt werden musste. Da die Regierung der DDR von den Vereinigten Staaten nicht anerkannt war, wurde zunächst den Kunstsammlungen zu Weimar am 25. 6. 1970 die Parteifähigkeit abgesprochen. Erst mit Anerkennung der DDR zum 4. 9. 1974 nahm die Bundesrepublik Deutschland ihre Klage zurück. Endlich konnte so über die Sache selbst wie oben dargestellt entschieden werden. Vergleiche zum Ganzen Drobnig 62 f. und die Berichterstattung in der FAZ vom 4. 6. 1982 und vom 16. 7. 1982.

[1272] Sachverhalt zusammengestellt aus Berichten der SZ vom 16. Mai 1997, S. 3, FAZ vom 16. Mai 1997, S. 13 f., Der Spiegel vom 19. Mai 1997, S. 3 und 34 ff., v. 26. 5. 97, S. 198 f.

Geht man vom Grundsatz der Repräsentation aus[1273], scheitert bereits der Beginn der Ersitzung an der Zurechnung des Wissen- und Kenntnisstands des Erblassers an den Erben, §§ 857 und 858 II 2 BGB. In § 858 II 2 BGB ist festgehalten, dass der Erbe im Gegensatz zum Einzelrechtsnachfolger die Fehlerhaftigkeit des Besitzes gegen sich gelten lassen muss. Aus § 857 BGB ergibt sich schließlich, dass der Besitz des Erben lediglich eine Fortführung der Besitzqualität des Erblassers bewirkt (successio in possessionem), was unter Umständen zur Wahrung von Abwehransprüchen erforderlich ist.[1274]

Manche sehen in § 857 BGB allenfalls den Grundsatz der accessio temporis, also der Anrechnung gutgläubiger Besitzzeiten, verwirklicht.[1275] Ein über den Besitzschutz hinausgehender Zweck, insbesondere der Wissenszurechnung, sei aus § 857 BGB nicht zu entnehmen.

b. Stellungnahme

Zur sachgerechten Problemlösung wird man § 937 II BGB isoliert bewerten und die Frage stellen müssen, ob der neue Besitzer vom Beginn des Erbfalls an – und hierauf beschränkt sich die Wirkung des § 857 I BGB – Anhaltspunkte für einen fehlerhaften Besitz seines Erblassers hatte. Es geht damit auch nicht um eine nachträgliche Gutgläubigkeit eines Erben, die dieser zum Zeitpunkt des Erbfalls mit oder ohne Besitzergreifung denknotwendig gar nicht haben kann.[1276]

Für diese Ansicht streitet die Tatsache, dass der Grundsatz der accessio temporis vom Gesetzgeber in ähnlichen Situationen verwendet wird. Ein markantes Beispiel hierfür bildet die Anrechnung der Besitzzeit des Vorgängers in § 221 BGB, in welchem der Fortgang der Verjährung des Herausgabeanspruchs durch eine wirksame Besitznachfolge nicht verhindert wird.[1277] Im Hinblick auf § 858 II 2 BGB ist festzuhalten, dass die Kenntnis des Erben von der Fehlerhaftigkeit des Besitzes irrelevant ist, weil der Erbe den Besitz (und nur den) ohne Kenntnis des vorherigen Erwerbstatbestands nach § 857 BGB erwirbt.[1278] Mithin gibt der Wortlaut des § 857 BGB im Zusammenspiel mit § 937 II nichts her für die Frage der Zurechnung von kognitiven Elementen oder der Anrechenbarkeit von Besitzzeiten.

So liegt auch hier die Lösung des Falles erneut bei der Frage des guten Glaubens des Erben an die Legitimität seines Eigenbesitzes bei Annahme seiner Erbschaft,

---

1273 Siehe etwa bei KRÄMER, in: NJW 1997, 2580ff.

1274 So ausdrücklich KNÜTEL in FS H. LANGE 1992, S. 903ff.

1275 FINKENAUER, NJW 1998, 960ff.

1276 Anders insoweit KRÄMER S. 2581.

1277 Vergleiche die Abhandlung zu § 198 n.F. BGB bei 5 D VI 1–3.

1278 Elmar BUND in STAUDINGER § 858 Rn. 60.

auch wenn es sich um einen Erwerb kraft Gesetzes im Wege der Universalsukzession handelt (§ 1922 BGB). Fordert § 937 II unbeschadet der besitzrechtlichen Wertung in § 857 I diese Gutgläubigkeit von Systematik und Wortlaut her ein, geht es hier um den guten Glauben an das eigene Recht zu Beginn der Ersitzung. So hat der neue Besitzer zum Zeitpunkt des Erbfalls die Qualität seines Eigenbesitzes (bona fides im Sinne des § 937 II BGB) zumindest einzuschätzen, wenn nicht gar zu zu belegen. Natürlich wird ein Erbe im Einzelnen nie sagen können, warum er rechtmäßiger Eigentümer des einen oder anderen Gegenstandes geworden ist, weil er nicht die einzelnen Schicksale der Erbgegenstände kennen kann und muss. Bei Einzelgegenständen von gehobenem Wert ist jedoch in solchen Erbfällen, in welchen dieser Gegenstand zu den wertvollsten Bestandteilen zählt, zu fragen, ob ein Erbbesitzer dies nicht zu hinterfragen hat: Genügt also seine eigene Einschätzung (subjektive Theorie) oder ist unabhängig von seiner Kenntnis der objektiv hohe Verkehrswert Anlass für weitere Nachforschungen?[1279] Hier kann man auf diejenigen Kriterien zurückgreifen, die bereits im Rahmen des gutgläubigen Erwerbs von Kulturgütern diskutiert worden sind. Freilich ist dann für die Annahme von Nachforschungsobliegenheiten besondere Zurückhaltung geboten.[1280]

Daher wird sich ein Erbe häufig auf mangelnde (kunst-)geschichtliche Kenntnisse berufen können, zählt er nicht gerade zu den gewerbsmäßig handelnden, mit dem internationalen Handel zumeist bestens vertrauten Kunstkenner. Der Vortrag des Besitzers des Bernsteinzimmermosaiks, er habe vom großen Wert des Exponats keine Vorstellung gehabt, wird daher wohl kaum widerlegt werden können. Haben sich binnen zehn Jahren nach Eintritt des Erbfalls keine entgegenstehenden Anhaltspunkte ergeben, die bis dahin zu einer nachträglich eintretenden Bösgläubigkeit führen können, ändert sich an dieser Feststellung auch nichts. Dann aber müsste bereits die *positive Kenntnis* mangelnder Berechtigung nachgewiesen werden (mala fides superveniens).[1281] Bloße, als allenfalls grob fahrlässig einzustufende Zweifel an der Provenienz des Kulturguts nach Beginn der Ersitzung genügen also nicht.[1282]

Es kann also erneut auf die Formel der Rechtsprechung zu den Voraussetzungen einer nachträglichen Bösgläubigkeit (siehe soeben) im Rahmen des § 937 II BGB zurückgegriffen werden. Sie stellt auf den Zeitpunkt der Bösgläubigkeit ab, die beim Besitzer des Mosaikstücks erst mit zuverlässiger Kenntnisnahme der wertbildenden Fakten und Hintergründe vorgelegen haben kann. Unter Berücksichtigung des im vorliegenden Falle ermittelten Sach- und Streitstands wird man daher

---

[1279] Die gleiche Frage ist bei der Vermögensübernahme nach § 419 BGB a.F. gestellt worden.

[1280] WIEGAND in STAUDINGER § 937 Rn. 8.

[1281] RGZ 56, 317 im Hinblick auf § 990 I 2.

[1282] Zu diesem Maßstab BGHZ 26, 256, 260; OLG Düsseldorf r + s 1998, 384.

von einer gutgläubigen Ersitzung des Mosaikteils auszugehen haben. Etwas anderes würde nur gelten, wenn der Beweis gelänge, dass der Vater seinen Sohn von der Bedeutung des Gegenstands unterrichtet hat, oder er zur Zeit der Ersitzung bereits von der kunsthistorischen Bedeutung des Bernsteinkleinods wusste.

6. Konkurrierende vertragliche Ansprüche

Die Ersitzung ermöglicht als gesetzlicher Eigentumserwerbsgrund[1283] die Zuordnung dinglicher Rechte an den gegenwärtigen Besitzer. Unbeschadet dessen ist der Besitzer weiterhin vertraglichen Ansprüchen ausgesetzt, so etwa aus einem nichtigen Kaufvertrag.[1284] Deshalb gilt es nach Eintritt der Ersitzung stets zu prüfen, ob nicht vertragliche Rückgabeansprüche bestehen, weil etwa der Kaufvertrag als sittenwidrig zu bewerten ist.[1285] In diesem Falle kann der Eigentümer noch immer im Wege der Leistungskondiktion binnen der Verjährungsfrist von 30 Jahren mit Erfolg für sein Eigentum streiten.[1286]

F. Die Bedeutung der Verlustdatenbanken im Internet für den gutgläubigen Erwerb und die Ersitzung von Kulturgütern

Im Hinblick auf die Nachforschungsobliegenheit spielen seit ihrer Einführung auch die im Internet publizierten Verlustdatenbanken[1287] eine wichtige Rolle. In ihnen werden wiederaufgefundene und verschollene im Zuge des zweiten Weltkrieges verbrachte Kulturgüter aufgeführt („lost and found"). Es ist fragwürdig, ob Erwerbern grobe Fahrlässigkeit im Sinne der §§ 935 II, 932ff. BGB zur Last

---

[1283] So auch in der berühmten Menzel-Entscheidung in RGZ 130, 69.

[1284] Wiegand in Staudinger § 937 Rn. 22ff.

[1285] Zu möglichen Konstellationen der Sittenwidrigkeit siehe bereits oben 5 B IV.

[1286] Siehe hierzu Siehr in FS Stoll, 383: Grundsätzlich geht zwischen Vertragspartnern das Schuldrecht dem Sachenrecht vor. In der Diskussion um den endgültigen Eigentumserwerb durch eine Ersitzung (als materielle Güterzuweisung) lässt die überwiegende Mehrzahl sowohl vertragliche Rückgabeansprüche als auch einen Bereicherungsanspruch in Form der Leistungskondiktion zu. (RGZ 130, 69; Baur/Stürner § 53 h III 2; MünchKomm/Quack Rn. 24ff., Siehr in FS Stoll aaO). Existiert jedoch kein Vertragsverhältnis (auch wegen Nichtigkeit des Vertrages) mit daraus resultierenden Ansprüchen und damit auch kein Abwicklungsschuldverhältnis, entscheidet das Sachenrecht die materielle Güterzuweisung umfassend. Nach anderer Ansicht enthält der Recht der Ersitzung im Gegensatz zu den in den folgenden Titeln geregelten Erwerbstatbeständen (vgl. §§ 951, 977 BGB) *keine* Ausgleichsvorschriften (Erman/Hefermehl § 937 Rn. 6; BGB-RGRK/Pikart Rn. 20; Schwab/Prütting § 36 VI; Palandt/Bassenge Vorbem. Rn. 2; Anm. 3), sodass eine Kondiktion ausscheidet.

[1287] Sie heißen Lostart, Artloss, Lootedart (siehe hierzu unter 2 F II ff.).

gelegt werden kann, wenn sie im Hinblick auf das zu erwerbende Bild keinerlei Nachforschungen in diesen Datenbanken angestellt haben.[1288]

I. Bestandsaufnahme und Entwicklungsmöglichkeiten

Müller-Katzenburg hatte vor der Einführung dieser Datenbanken ausgeführt, dass zumindest eine Anfrage beim Art Loss Register in London vor dem Erwerb eines Kulturguts wenigstens für die „Profis" des Kunsthandels[1289] nach geltendem Recht möglich und zumutbar sei.[1290] Noch weiter geht der Vorschlag, den gutgläubigen Erwerb von weltweit bekannten und in einem öffentlichen Verzeichnis eingetragenen Kulturgütern – (also) nunmehr auch in Internetdatenbanken – ganz auszuschließen.[1291]

Berücksichtigt man indes die aktuellen Entwicklungen der Informationstechnologie, die eine Nachfrage und Recherche leicht, komfortabel und kostengünstig gestaltet, erscheint es nicht als vermessen, bei Objekten ab einem Wert von etwa 10.000 Euro eine Erkundigungsobliegenheit zu statuieren. In einem solchen Fall drängt sich jedem redlichen Erwerber, insbesondere dem Teilnehmer an einer Versteigerung, dieses Vorgehen wegen des Werts und der Einmaligkeit des zu erstehenden Objekts aus der Natur des Rechtsgeschäfts doch geradezu auf.[1292] Hierfür spricht insbesondere auch die Regelung des Artikels 4 IV der Unidroit Konvention 1995.[1293]

1. Die Unidroit-Konvention von 1995 als Ausgangspunkt

Die Unidroit-Konvention ist zwar wie alle nach dem Zweiten Weltkrieg geschlossenen völkerrechtlichen Vereinbarungen nicht für die Frage der Restitution selbst anwendbar.[1294] Dies gilt indes nicht für die – isolierte – Bewertung eines

---

1288 Die gleiche Problematik stellt sich beim doch eher speziellen Fall des Direkterwerbs eines Kulturguts nach seinem Verlust beim bösgläubigen Eigenbesitzer. Vergleiche zum bösgläubigen Eigenbesitzer Franz, 62.

1289 Gemeint sind damit Erwerber aus dem Bereich der Kunstprofession, so etwa Kunst- und Antiquitätenhändler, Museen und Auktionshäuser. Um Unschärfen zu vermeiden, empfiehlt es sich nicht, zwischen der Größenordnung im jeweiligen Umsatzvolumen zu unterscheiden. Jedoch sollten einmalige Erwerbsvorgänge außer Betracht bleiben, vergleiche Hartung, Spoils of War 2002, 66.

1290 Müller-Katzenburg 329ff [insbesondere auch 323], so auch Bassenge in Palandt § 932 Rn. 10, der besagt, dass persönliche Verhältnisse des Erwerbers und Handelsgewohnheiten den Sorgfaltsmaßstab grundsätzlich verstärken können.

1291 Schmeinck 150, Weidner 135.

1292 Weidner, 134, möchte jedem Laien auch bei „erkennbar wertvollen Kulturgütern" eine Nachforschungspflicht aufbürden. Allerdings bleibt unklar, welche Kulturgüter erkennbar wertvoll sind.

1293 So auch Franz KuR 99, 346.

1294 Siehe hierzu auch die Ausführungen über die anwendbaren Rechtsquellen zu Beginn des vierten Kapitels.

Erwerbsvorgangs in der heutigen Zeit, welche allenfalls mittelbare Auswirkungen auf Rechtsfragen der Restitution der im Zuge des Krieges verloren gegangenen Kulturgüter haben kann.

Artikel 4 der Konvention gewährt dem Besitzer eines gestohlenen Kulturguts einen Anspruch auf eine angemessene Entschädigung im Gegenzug für die Herausgabe, soweit er es überhaupt nicht oder unter Anwendung der hierfür angemessenen Sorgfalt erkannt hat, dass das Kulturgut gestohlen wurde. Artikel 4 IV spezifiziert dann die Sorgfaltspflichten im Rahmen des Erwerbs: Unter Berücksichtigung aller relevanten Umstände sei unter anderem danach zu fragen, ob der Besitzer ein öffentlich zugängliches Register gestohlener Kulturgüter konsultiert hat.

Damit werden für die Kunstwelt objektiv wie subjektiv nachprüfbare Anforderungskriterien für die Frage der Sorgfaltspflicht im Umgang mit Kulturgütern aufgestellt.[1295] Es gilt aber zu beachten, dass die Unidroit-Konvention in Deutschland zurzeit noch nicht ratifiziert ist. Allerdings soll in absehbarer Zeit eine Ratifikation der Unidroit-Konvention zusammen mit der Unesco-Konvention erfolgen. Die Akzeptanz der Unidroit außerhalb der Bundesrepublik Deutschland liefert einen weiteren Beleg für die Notwendigkeit ihrer Umsetzung.[1296]

2. Erkundigungsobliegenheiten nach geltendem Recht

In Anbetracht der geschilderten Gesichtspunkte ist es als grob fahrlässig im Sinne des § 932 II BGB anzusehen, wenn der Erwerber sich nicht über die Geschichte und Herkunft eines Bildes mit dem in Relation zum Kaufpreis zumutbaren Mitteln, sprich der Internetrecherche, informiert. Dabei wird man auch von ihm verlangen können, dass er in derjenigen Datenbank recherchiert, die zum Ort der Veräußerung gehört, also auch gegebenenfalls zusätzlich zur deutschen Datenbank „lostart“ im Pendant des Belegenheitsstaates des Bildes (so dieses überhaupt vorhanden ist).

Hierzu braucht aber zumindest der Laie frappierende Anhaltspunkte, da er nicht etwa wie ein Kunstkenner die relevanten *„red flags“*[1297] kennen muss. Noch besser wäre es deshalb, Regelungen zu schaffen, die sich mit der Frage der Infor-

---

[1295] So nennt RASCHÈR in seinem Buch Kulturgütertransfer und Globalisierung den Artikel 4 einen „Eckpfeiler eines internationalen Sorgfaltstandards für den Erwerb von Kulturgütern nach objektiv fassbaren Kriterien“, S. 134, siehe auch S. 81f.

[1296] Vergleiche zum Problemkreis der Notwendigkeit der Ratifikation in der BRD vertiefend die Dissertationen, die sich mit den allgemeinen Fragen des Kulturgüterschutzes befassen: MÜLLER-KATZENBURG, JÄGER, SCHMEINCK, SCHWADORF-RUCKDESCHEL, HIPP (Nachweise im Literaturverzeichnis).

[1297] Bezeichnung für die Namen der Personen im Besitzerstammbaum (pedigree) eines Bildes, die planmäßig und wiederholt im Handel mit Raubgut aus Krieg und Verfolgung involviert waren.

mationsgewinnung aus verschiedenen Quellen im Rahmen des gutgläubigen Erwerbes befassen[1298], um so auch der Wechselwirkung zwischen vorhandenen Verlustdokumentationen in Internetdatenbanken und der möglichen Ersitzung und dem gutgläubigen Erwerb angemessen zu begegnen.[1299]

3. Informationsnutzungs- und Nachforschungspflichten

Im Zeitalter der Informationsgesellschaft stellt sich die Frage, ob auch *außerhalb* der Kenntnisquellen organisatorisch geschlossener Strukturen eine Pflicht von der Informationsnutzung bis hin zur Nachforschung[1300] besteht, die eine Fiktion der Kenntnis derjenigen Tatsachen begründet, welche im eigenen Zugriffsbereich aktenkundig festgehalten worden sind. Mit anderen Worten: Besteht eine Pflicht zur Informationsnutzung[1301] auch im Hinblick auf externe Quellen?

1298 Bemerkenswert ist in diesem Zusammenhang eine entsprechende Gesetzesinitiative im Bundesstaat New York aus dem Jahre 1999, die leider an den überwiegend politisch-kommerziell geprägten Interessen des dort betroffenen, international ausgerichteten Kunsthandels gescheitert ist, vergleiche die Stellungnahmen von Thomas KLINE und LLoyd GOLDENBERG: New York State Law Initiative, Part I und II, in: Spoils of War 1999, S. 11–16. Zu den Inhalten der Initiative MÜLLER-KATZENBURG in Die Welt vom 9.1.1998: „Wer das Register fragt, darf fortan ruhiger schlafen ..." [es folgt ein wörtliches Zitat aus dem Artikel]: „Wenn der Anspruchsteller binnen drei Jahren nach dem Diebstahl das gestohlene Objekt bei einem computergestützten „cultural objects registry" als gestohlen meldet, soll sein Herausgabeanspruch gegenüber einem gutgläubigen Besitzer erst mit dem Zeitpunkt zu verjähren beginnen, zu dem er vom Verbleib des Gegenstandes tatsächlich Kenntnis erhält. In diesem Fall kann der Anspruchsteller also wie bisher noch nach Jahrzehnten gegen den Besitzer vorgehen. Wenn der Anspruchsteller innerhalb der Dreijahresfrist seit dem Diebstahl keine Diebstahlsmeldung erstattet, beginnt die dreijährige Verjährungsfrist seines Herausgabeanspruchs mit dem dritten Jahrestag des Diebstahls. Drei Jahre später (also sechs Jahre nach dem Diebstahl) kann er seinen Anspruch nicht mehr geltend machen. Wenn umgekehrt der Käufer eines Kulturguts beim Register anfragt, ob der von ihm erworbene Gegenstand als gestohlen gemeldet wurde und darauf einen schriftlichen Negativbescheid erhält, soll die Verjährungsfrist für den Herausgabeanspruch mit dem jeweils frühesten Zeitpunkt – entweder der Negativmeldung oder der tatsächlichen Kenntnis des Eigentümers vom Verbleib seines Kunstwerks oder vom dritten Jahrestag des Diebstahls an – beginnen. Der Anspruch wäre dann ebenfalls spätestens sechs Jahre nach dem Diebstahl verjährt. Wenn innerhalb von drei Jahren nach dem Diebstahl eine Diebstahlsmeldung erstattet wird und danach jemand eine Anfrage bei dem Register macht, dann benachrichtigt das Register sowohl den bestohlenen Eigentümer als auch die zuständigen Vollzugsbehörden. Eine Benachrichtigung ist auch für den Fall vorgesehen, daß die Diebstahlsmeldung erst drei bis sechs Jahre nach dem Diebstahl erstattet wurde, nicht aber dann, wenn seit dem Negativbescheid des Registers auf eine Anfrage mehr als drei Jahre vergangen sind."

1299 HARTUNG, Spoils of War 2002, 65. Ein Vorschlag eines angefügten § 932 III BGB findet sich unten. Noch effektiver wäre es freilich, eine solche Regelung mittels eines völkerrechtlichen multilateralen Vertrages zum Zwecke der internationalen Rechtsvereinheitlichung durchzusetzen.

1300 Zum Begriff BUCK 95, die klarstellt, dass die Pflicht zur Informationsnutzung nur die *innerhalb* einer bestimmten Organisation verfügbaren Bestände betrifft.

1301 Hiervon spricht auch BGH NJW 1992, 1099.

Eine Rechtspflicht, ja selbst eine bloße Obliegenheit zur Nachforschung aus Treu und Glauben lässt sich aber im Gegensatz zur Pflicht zur Informationsnutzung nicht herleiten. Da Verlustdatenbanken für öffentliche und private Träger stets externer Natur sind, können dann auch entsprechende Sorgfaltspflichten nicht verletzt sein.[1302] Allerdings muss ein Museum seine eigenen Akzessionsjournale und Verhaltensstandards (codes of ethics) sorgfältig prüfen, da dies seiner Pflicht auf Informationsnutzung entspricht.

II. Dereliktion durch unterlassene Anmeldung beim Verlustregister?

Neben der Möglichkeit einer Verwirkung des Herausgabeanspruchs ist auch eine freiwillige Eigentumsaufgabe (Dereliktion) denkbar, wenn der vormalige Eigentümer über einen längeren Zeitraum hinweg keinerlei Aktivitäten mehr zur Auffindung seines Verlustes aus Krieg oder Verfolgung entfaltet.

Dementsprechend ist fraglich, ob bereits dann von einer Eigentumsaufgabe (Dereliktion) im Rechtssinne gesprochen werden kann, wenn der vom Raub betroffene Eigentümer seinen Verlust nicht bei einer entsprechenden Datenbank meldet. Im civil wie im common law muss die Eigentumsaufgabe durch ein entsprechendes unzweideutiges Verhalten erkennbar sein[1303].

Solange aber keine durch Gesetz festgelegte Rechtspflicht zur Eintragung abhanden gekommener Kulturgüter besteht (eine solche Regelung gibt es nirgendwo und dürfte den Betroffenen ohnehin nicht bekannt sein), könnte nur durch Auslegung auf einen entsprechenden *animus derelinquendi* geschlossen werden. Die bloße Nichteintragung in einem Verlustregister, die unter Umständen gerade einmal als eine entschuldbare Nachlässigkeit (wenn nicht gar der Unkenntnis von der Existenz der Verlustdatenbanken) gewertet werden kann, wird hierfür unter keinen Umständen genügen. Hat nämlich ein Anspruchsberechtigter seinen Verlust nicht bei einer Internetdatenbank angezeigt, brachte er hiermit lediglich zum Ausdruck, diese Form der Publikation seines Verlustes nicht wählen zu wollen. Damit steht fest, dass eine Dereliktion von vornherein nicht in Frage kommen kann.[1304]

[1302] BUCK 96.

[1303] Art. 5: 18 niederländisches Bürgerliches Gesetzbuch, § 959 BGB, Grundsatz des *willful abandonment* im common law Englands und der USA.

[1304] Eine Dereliktion wurde ebenso verneint bei Salomon R Guggenheim Foundation v. Lubell, 153 A.D. 2d 143, 550 N.Y.S. 2d 618 (1990).

III. Notwendigkeit eines zentralen Registers

1. Problemstellung

Natürlich kann es vorkommen, dass ein Exponat, dass als Beute- oder Raubkunst gilt, sich – je nach zufälliger Registrierung – in einer Verlustdatenbank befindet, die von einem Interessierten nicht eingesehen worden ist.[1305] Hier stellt sich die Frage, ob grobe Fahrlässigkeit dem Erwerber deswegen anzulasten ist, weil er sich nicht aller (theoretisch) verfügbarer Erkenntnisquellen bedient hat. Dies muss entschieden verneint werden, wenn der Erwerber zumindest eine Recherche, etwa durch Audruck des Suchergebnisses bei einer Datenbank, nachgewiesen hat, aus welchem ersichtlich ist, dass das Exponat nach seinem Kenntnisstand detailiert abgefragt wurde (Künstler, Stilrichtung, Entstehungszeitpunkt, Maße, eventuell auch pedigree). Es darf dann nicht zu Lasten des Erwerbers gehen, dass ein anderes Register mehr oder minder zufällig sein Exponat verzeichnet. Etwas anderes dürfte nur dann gelten, wenn ein einziges zentrales Internetregister der kriegs- und verfolgungsbedingten Verluste existieren würde, auf welchem man alle Datensätze der verschiedenen Datenbanken abrufen könnte.[1306] Dann wäre es natürlich dem Erwerber zuzumuten, dieses Verlustregister zu konsultieren.

Befindet sich aber ein etwa zur Versteigerung freigegebenes Kulturgut bereits in einer Verlustdatenbank, so sollte der Erwerber die durch seine mangelnde Sorgfalt entstandene *negligentia* widerlegen. Dies kann beispielsweise dadurch erfolgen, dass er andersartige, aber gleichwertige Nachforschungen zum Nachweis der Einhaltung von Sorgfaltsstandards (*due diligence*) – unter Beweis stellt. Hierzu zählten nach Ende des Zweiten Weltkrieges die Meldung des Verlustes an hierfür zuständige Wiedergutmachungsstellen und auch die Konsultation von Archiven, heutzutage auch die Beauftragung von Provenienzforschern zur Suche nach dem vermissten Kunstwerk.[1307]

Dass die großen Auktionshäuser selbst derartige Anfragen mittlerweile routinemäßig durchführen[1308], ist im Hinblick auf den Erhalt ihrer Seriosität im

[1305] Zu den Nachteilen fehlender Datenzusammenführung im Sinne eines zentralen Verlustregisters bereits PETROVICH, 1125, Fn. 12 (1980).

[1306] Der Vorschlag stammt ursprünglich aus der US-amerikanischen Literatur, siehe bei SCHWARTZ, The Limits of the Law: A Call for a new Attitude toward Artwork stolen during World War II, 32, Columbia Journal of law and Social Problems, S. 30 („central registry") und KIRBY, Stolen Cultural Property; Available Museum Responses to an international Dilemma, 104, Dickinson Law Review, S. 745 ff. In Europa bemüht man sich um die Entwicklung einer sogenannten Metasuchmaschine, welche die Bestände verschiedener Datenbanken zu einer Suchplattform zusammenführen kann, siehe hierzu die Ausführungen zur aktuellen Situation am Ende des zweiten Kapitels.

[1307] Zur Provenienzforschung siehe 2 F I.

[1308] Hierzu MÜLLER-KATZENBURG 321 f.

eigenen Interesse unabdingbar. Die Geschichte so manches Beutekunstprozesses zeichnet hier jedoch leider ein etwas anderes Bild. So hatte das Auktionshaus Sotheby's selbst in seinem Ausstellungskatalog die zweifelhafte Provenienz des Wtewael erwähnt.[1309]

2. Vorschlag de lege ferenda

Zur Klarstellung der Sorgfaltsmaßstäbe (due diligence) wäre neben dem neuen § 195 II BGB und § 932 II BGB eine weitere objektivierende Regelung sinnvoll, die ebenso in allen bekannten Feldern des gutgläubigen Erwerbs fruchtbar gemacht werden kann. Hierdurch würde auch eine rechtliche Brücke zwischen den Verlustdatenbanken im Internet und den diesen gegenüber stehenden Sorgfaltsmaßstäben im Rahmen des gutgläubigen Erwerbs geschlagen.

> § 932 III BGB (Entwurfsfassung)
> *Als grobe Fahrlässigkeit gilt dasjenige Handeln, welches sich den in zumutbarer Weise erlangbaren verkehrsüblichen Erkenntnisquellen über die Eigentümerstellung des Veräußerers verschließt.*

Der Vorteil der genannten Regelung liegt darin, dass die Gutglaubensvermutung zugunsten des Erwerbers als Regelfall belassen wird, gleichzeitig ihm aber der Beweis über seinen objektivierten Kenntnisstand bei Erwerb des Gegenstands aufgebürdet wird[1310], den der betroffene Eigentümer nur schwer erbringen kann. Durch den Maßstab der Zumutbarkeit und Verkehrsüblichkeit kann die vorgeschlagene Norm auf neue Entwicklungen in den Gepflogenheiten eines Verkehrskreises reagieren, ohne diese zum Zeitpunkt seines Erlasses bereits kennen zu müssen.

IV. Die Bedeutung der Verlustregister im Internet für die Gutgläubigkeit im Sinne des § 937 II BGB

Die nachstehenden Ausführungen haben davon auszugehen, dass bis zur Einführung der relevanten Verlustregister – in der Bundesrepublik Deutschland in ersten Anfängen erst 1998 – kein rechtswirksamer Eigentumserwerb durch Ersitzung stattgefunden hat. Dies gilt beispielsweise für solche Kulturgüter, die durch längere Lagerung dem öffentlichen Rechtsverkehr entzogen wurden, um eine erneute „Verkehrsfähigkeit" der Kriegsbeute nach Ablauf der gesetzlichen Fristen (insbesondere der Verjährung) zu ermöglichen.

Es geht also um die Fälle von Beutekunst und NS-verfolgungsbedingt entzogenen Kunstgegenständen, die nach wie vor den Status als abhanden gekommenes

---

[1309] Carl/Güttler/Siehr 33, siehe auch den Auktionskatalog von Sotheby's Old Master Paintings, London, Wednesday 1st April 1992, S. 18.

[1310] Durch die Wahl einer widerleglichen Vermutung „als grobe Fahrlässigkeit gilt ...".

Kulturgut innehaben und nunmehr in ein öffentlich zugängliches Verlustregister im Internet aufgenommen worden sind.

Die Zielrichtung des guten Glaubens in § 937 II BGB ist eine andere als beim dinglichen Erwerb, so etwa im Rahmen der öffentlichen Versteigerung nach § 935 II 2. Alternative BGB. Während sich der gute Glaube beim dinglichen Erwerb darauf bezieht, von einem (dazu) Berechtigten beziehungsweise dem Eigentümer erworben zu haben, geht der Eigenbesitzer davon aus, aufgrund eines rechtmäßigen Übertragungsaktes das Eigentum an der Sache als ein eigenes Recht erlangt zu haben.

Die Anforderungen an die Gutgläubigkeit sinken mit der Dauer des Besitzes. Ist zum Zeitpunkt des Erwerbs noch grobe Fahrlässigkeit schädlich, weshalb beim Erwerb von Kulturgütern entsprechende Erkundigungspflichten angebracht sind, schadet dem Eigenbesitzer später nur noch die positive Kenntnis von der Unwirksamkeit des ursprünglichen Erwerbsvorgangs. Eine solche könnte er aber oft nur dadurch erlangen, indem er ein Verlustregister, so auch im Internet, konsultiert.

Ganz abgesehen davon, dass viele Kulturgüter bereits in der Zwischenzeit kraft bona fides ersessen wurden (siehe oben), ist fragwürdig, ob er hierzu angehalten werden kann. Dies wird man nur dann bejahen dürfen, wenn dem Besitzer Umstände bekannt werden, die ihm zur kritischen Überprüfung seines Erwerbs Anlass geben. Nur dann kann in Erwägung gezogen werden, dass sich der Besitzer der Kenntniserlangung wichtiger Fakten mutwillig entzieht respektive sich ihnen bewusst verschließt[1311]. Dies würde ihm mit dem allgemeinen Rechtsgedanken in § 162 BGB zur Last fallen.

Es wird nicht genügen, dass solche Umstände allgemeiner Art sind, so etwa, dass der Eigenbesitzer weiß, dass in vielen kulturellen Institutionen umfangreiche Provenienzrecherchen durchgeführt werden, es sei denn, er ist selbst einer solchen Institution zuzuordnen: Jede Institution, die sich von der grundlegenden Zielsetzung her mit Angelegenheiten der schönen Künste befasst, ist dem Bereich der „Kunstprofis" zuzuordnen, welche aufgrund der Kenntnis der nunmehr nachgewiesenen historischen Hintergründe zur kritischen Provenienz-Überprüfung ihrer Bestände aufgefordert ist. Dies ergibt sich eindrücklich aus der Washingtoner Erklärung vom 3. 12. 1998 und der darauf aufbauenden Erklärung der Bundesregierung, der Länder und der kommunalen Spitzenverbände vom Dezember 1999.[1312] Die deutsche Proklamation bezieht sich explizit nur auf die öffentlichen Einrichtungen, die Washingtoner Erklärung auf deren Teilnehmerstaaten: Privatpersonen bleiben ausgenommen. In ähnlicher Weise ist der Fall zu

---

[1311] Vergleiche BGHZ 26, 256, in: NJW 1958, 668 sowie Wiegand in Staudinger § 937 Rn. 9, Hefermehl in Erman § 937 Rn. 5.

[1312] Abgedruckt oben im zweiten Kapitel, Abschnitt E II 2.

bewerten, in welchem der private Eigenbesitzer durch den Erwerb weitergehender Kenntnisse in die Lage versetzt wird, Zweifel an der Rechtmäßigkeit des Erwerbsvorgangs zu hegen.

So kann man sich Fälle vorstellen, in welchen sich der ambitionierte Privatbesitzer eingehend mit der (Kunst-)Geschichte seines Gemäldes auseinandersetzt, vielleicht auch vor dem Hintergrund der allgemeinen Rückführungsdebatten. Dies wird in der Regel aber nicht nachweisbar sein. Außerhalb der „eigennützigen Blindheit privater Besitzer" und dem Bereich der *Kunstkenner* wird der Nachweis einer nachträglichen Bösgläubigkeit nicht gelingen können, weil vom privaten Besitzer eine freiwillige Recherche in der Verlustdatenbank nicht abverlangt werden kann. Außerdem kommt in Hinblick auf eine isolierte Bewertung im Rahmen des § 937 BGB diese Aufforderung recht spät, wenn nicht die Rahmenbedingungen festzustellen sind, die oben bereits aufgezeigt wurden. So werden von Museen und auch Privatleuten im internationalen Kunsthandel nach dem Zweiten Weltkrieg erworbene Kunstgegenstände (keine Schenkungen durch nationalsozialistische Organisationen!) in der Regel längst ersessen sein.

G. Die Verjährung des Herausgabeanspruchs

I. Die Verjährungsdebatte seit der Entstehung des BGB: Regelungsziel und Dogmatik

1. Die Debatte um die Kodifikation der Verjährung seit Entstehung des Bürgerlichen Gesetzbuchs

Die Materialien und Motive zum Bürgerlichen Gesetzbuch geben Auskunft über Grund und Regelungsziel der Verjährung von Ansprüchen.[1313] Der Schwerpunkt liegt in der Vermeidung unberechtigter Inanspruchnahme, gegen die sich der Schuldner wegen des langen Zeitablaufs nicht mehr mit angemessenen Mitteln zu wehren vermag („verdunkelnde Macht der Zeit").[1314] Die Verjährung bezeichnet nach dem Verständnis des BGB einen Zeitablauf, der dem Verpflichteten das Recht gewährt, die Leistung zu verweigern, und damit das Ende der gerichtlichen Durchsetzbarkeit eines Anspruchs.[1315] Im Hinblick auf die Frage der Verjährung des Herausgabeanspruchs im Bürgerlichen Recht der Bundesrepublik Deutschland haben Birr, Plambeck[1316], Oetker und insbesondere Spiro[1317] – im

---

[1313] Zu den Entwürfen von *Johow* und *Gebhard* siehe FINKENAUER, Eigentum und Zeitablauf, 33ff., 46ff.

[1314] MUGDAN I 512 und insbesondere auch I, 771.

[1315] GROTHE in Müko § 194 Rn. 1, BIRR 20.

[1316] PLAMBECK, Die Verjährung der Vindikation, Frankfurt 1997.

[1317] OETKER, Die Verjährung; SPIRO, Die Begrenzung privater Rechte durch Verjährungs-, Verwirkungs- und Fatalfristen, 1975 (insbesondere im Hinblick auf die Schweiz).

Hinblick auf das Schweizer Recht mit rechtsvergleichenden Bezügen – umfassende Untersuchungen vorgelegt.

Schon zu Zeiten der Entstehung des Bürgerlichen Gesetzbuchs war die Verjährbarkeit des dinglichen Anspruchs starken Zweifeln ausgesetzt. Es wurde als unangemessen gewertet, das Eigentum und dingliche Rechte „zu einem solchen Scheinrechte herabsinken zu lassen."[1318] Dies wurde schon damals insbesondere damit begründet, dass der Eigentümer mit dem Zeitablauf seiner Schutzposition entgegen des besonderen Schutzes im BGB entkleidet sei und der Anspruchsgegner sich hierauf berufen kann, obwohl er selbst keinen Rechtstitel an der Sache erlangt hat.[1319] In Teilen der Lehre sieht man aus diesem Grunde noch heute in der Möglichkeit der Verjährung des Herausgabeanspruches aus dem Eigentum, durch welche Eigentum und Besitz auf Dauer voneinander geschieden werden, eine „Halbheit des Rechts", einen „Rechtskrüppel"[1320], „Übelstand", oder, wie das Schweizer Bundesgericht es pointiert ausdrückte, eine „sonderbare und gekünstelte Lösung" (strana e artificiosa soluzione[1321]).[1322] Vereinzelte Versuche in der Literatur, dieses *ius nudum* (oder auch *nuda proprietas*) mit Mitteln wie der „Versitzung"[1323] oder „Entsitzung"[1324] zu bekleiden, vermochten nicht zu überzeugen.

Bei den Beratungen zur Kodifikation des Bürgerlichen Gesetzbuchs gab man seinerzeit Erwägungen der Rechtssicherheit und Klarheit den klaren Vorrang.

1318 MUGDAN I 513, bekannt sind auch die Begriffe des „iudum nus" und Eigentums (dominium) sine re.

1319 In der heutigen Zeit rückt dies unter dem Schlagwort Auseinanderfallen von Eigentum und Besitz in den Mittelpunkt.

1320 Ein mittlerweile berühmt gewordener Ausspruch HECKS in seinem Grundriss des Sachenrechts, § 32. 4.

1321 BGer. 15. 2. 1922, BGE 48 II 38 (Quadri c. Hotel Brissago).

1322 Die genannten Bezeichnungen wurden zusammengestellt von Siehr in: CARL/GÜTTLER/SIEHR, Kunstdiebstahl vor Gericht, 74.

1323 Die Befürworter der Versitzung wollen das nackte Recht bekleiden, indem sie dem Besitzer neben dem wirtschaftlichen Wert, den er schon 30 Jahre genießt, auch einen rechtlichen Wert zuordnen möchten, so insbesondere WIELING, 136, der von einer „außerordentlichen Ersitzung" spricht, sodass neben dem Recht zum Besitz auch das Eigentum auf den Besitzer übergehen soll. Mit einem solchen Ansatz werden aber nicht nur die klaren Konturen zwischen Ersitzung und Verjährung verwischt, sondern dem Besitzer ein Eigentumsrecht als Folge der Verjährung verliehen, dass er schlichtweg nach deutschem Recht nicht haben kann, so auch PLAMBECK 162ff. und PETERS in Staudinger, § 194 Rn. 19.

1324 KEGEL (in FS VON CAEMMERER, S. 149, insbesondere 176) vertrat in Anlehnung an § 960 II BGB die Ansicht, dass eine über 30 Jahre anhaltende Besitzlosigkeit an der Sache zu einem Besitzverlust im Sinne der Dereliktion durch Entsitzung führe, da nach einem solchen Zeitraum die Interessen des Rechtsverkehrs zu Gunsten der Rechtssicherheit Vorrang haben müssen (hierzu PLAMBECK 177 mwN). Als Beispiel nennt er ein versunkenes Schiff, auf das der Eigentümer lange Zeit nicht mehr durch Bergungsversuche zugreife.

Insbesondere hatte man es damals unterlassen, die Diskussion zwischen schuld- und sachenrechtlichen Belangen zu unterscheiden und dementsprechend sachgerechte Lösungen zu erarbeiteten. Man sah bei den dinglichen Ansprüchen insbesondere kein praktisches Bedürfnis, da solche Fälle äußerst selten seien.[1325]

So wurde denn auch ein Entwurf, der die Unverjährbarkeit der Vindikation gegenüber Dieben und deren bösgläubigen Abnehmern vorschlägt (§ 942a), nicht Gesetz.[1326] Hatte man zunächst die Diskussion in die Beratungen über das Sachenrecht vertagt, wurde das Problem nicht wieder aufgegriffen.[1327] In der deutschen Rechtsliteratur finden sich deshalb noch heute viele Stimmen, die es als zwingende Konsequenz ansehen, bei einer Unverjährbarkeit der Eigentumsposition an sich auch den sich hierauf beziehenden Anspruch als unverjährbar anzusehen.[1328]

Die Diskussion bezieht sich auf die Frage, ob nicht der besondere öffentliche Wert von Gegenständen, so gerade auch von Kulturgütern, angemessen Berücksichtigung finden sollte.[1329] Zudem ist der Kunstraub in Form von Kriegsverbrechen als besonders schwerer Verstoß gegen das Völkerrecht in Erscheinung getreten oder hat schwere Verbrechen gegen die Menschlichkeit begleitet.[1330]

Für die Frage der Verjährung ist es aber de lege lata nach wie vor unerheblich, ob eine billige Plastikputte oder ein berühmtes Bildnis hiervon, so etwa das Tryptichon von Marées, herausverlangt wird, ganz zu schweigen von eventuellen Zusammenhängen zu Kriegsverbrechen und Verstößen gegen erga omnes Verpflichtungen. Auch im Oktober 1998 hat der Gesetzgeber bei Umsetzung der Richtlinien 93/7 und 96/100/EG die Chance bewusst ignoriert, sein materielles Recht den Bedürfnissen des modernen Kulturgüterschutzes, das auch die Lasten der Vergangenheit tragen und lösen muss, anzupassen. Dies wäre ihm schon zu diesem Zeitpunkt durch Nutzung der Option in Artikel 7 I 3, Halbsatz 2 der Richtlinie 93/7/EWG vom 15. 3. 1993 aber leicht möglich gewesen.[1331]

1325 Finkenauer 66.

1326 Mugdan I 770.

1327 Mugdan I 772, 840 und III 772.

1328 Besonders das Gutachten von Peters/Zimmermann zur Überarbeitung des Schuldrechts aus dem Jahre 1992 gilt in diesem Zusammenhang als „Referenz", vergleiche dort S. 186, 247 und Müller Sachenrecht, 1997, Rz. 455.

1329 Mussgnug in FAZ vom. 10. 11. 1998, S. 12.

1330 Siehe hierzu ausführlich im 4. Kapitel, Abschnitte F und G.

1331 Güttler in Kunstdiebstahl vor Gericht 27.

2. Fragen des intertemporalen Privatrechts

Die folgende Darstellung orientiert sich wegen Artikel 229 EGBGB § 6 im Hinblick auf den Beginn und der Hemmung der Verjährung an der *neuen Rechtslage*[1332]: Das neue Recht gilt für alle noch nicht verjährten Ansprüche.

Wegen der Komplexität der noch zu erörternden Aspekte muss an dieser Stelle der Darstellung davon ausgegangen werden, dass die Ansprüche auf Herausgabe von kriegsbedingt verlagerten und verfolgungsbedingt entzogenen Kulturgütern noch nicht verjährt sind.[1333] In Fragen des Beginns, der Hemmung, Ablaufhemmung und des Neubeginns ist aber wegen des *Stichtagsprinzips* bis zum 01.01. 2002 noch das alte Recht maßgeblich, EGBGB Art. 229 § 6 I 2.[1334] Nach dem Stichtag gelten die neuen Regelungen. Jeder Hemmungstatbestand, der vor dem 1.1.2002 begonnen hat, wird nicht nach dem „neuen" § 206 BGB, sondern dem gleichlautenden § 203 BGB alter Fassung bewertet. Die Verjährungs*fristen* des Herausgabeanspruchs aus dem Eigentum haben sich nicht geändert, womit ein Abgleich verschiedener Fristen nach Artikel 229 EGBGB § 6 nicht erforderlich wird.[1335]

Zunächst sollen die Normen des Verjährungsrechts besprochen werden, welche durch das Schuldrechtsmodernisierungsgesetz keine tiefgreifende Veränderung erfahren haben, so insbesondere die Hemmung der Verjährung nach § 206 BGB (§ 203 BGB a.F.). Diese Ausführungen münden sodann in die Erörterung der Verjährbarkeit des Herausgabeanspruchs.

II. Die Hemmung der Verjährung nach deutschem Recht

1. Hemmung der Verjährung durch höhere Gewalt, § 203 BGB

Einen möglichen Hemmungstatbestand mit Geltung bis zum 01.01.2002 bildet § 203 BGB a.F., danach § 206 BGB neuer Fassung. Beide Vorschriften sind inhaltlich im Wesentlichen identisch, obgleich § 206 den Stillstand der Rechtspflege nicht mehr explizit erwähnt.[1336] Danach ist die Verjährung für die Dauer von

---

1332 PALANDT Ergänzung, Art. 229 § 6 EGBGB, Rn. 2 und PALANDT 61. Auflage, Überblick vor § 194, Rn. 53ff.: Die Ansprüche auf Herausgabe sind zum Zeitpunkt der Wegnahme entstanden. Das neue Recht kann daher nicht auf sie einwirken, § 229 § 6 I 1 EGBGB.

1333 Siehe hierzu auch die Stellungnahme des Bundesrats, die eine Überprüfung der Verjährung dieser Ansprüche einfordert.

1334 PALANDT 62. Auflage, Art. 229 § 6 EGBGB, Rn. 2ff., 7ff.

1335 Zum Fristenvergleich ausführlich HESS, Das neue Schuldrecht – In-Kraft-Treten und Übergangsregelungen, in: NJW 2002, S. 258. Das neue Recht schneidet indes die Argumentationsmöglichkeiten gegen eine Verjährung der Vindikation ab, hierzu bereits oben. Zu den Besonderheiten des Artikels 229 § 6 EGBGB ausführlich Beate GSELL, Schuldrechtsreform: Die Übergangsregelungen für die Verjährungsfristen, in: NJW 2002, 1297 ff.

1336 HEINRICHS in Palandt, 62. Auflage, § 206 Rn. 1.

maximal sechs Monaten gehemmt, wenn der Berechtigte in den letzten sechs Monaten vor Ablauf der dreißigjährigen Verjährungsfrist durch ein äußeres, unabwendbares Ereignis an der Rechtsverfolgung objektiv gehindert ist, obgleich er an seinem Eintritt nicht das geringste Verschulden trägt.[1337] Für die Annahme dieser höheren Gewalt werden strenge Anforderungen gestellt, um das vom Verjährungsrecht anvisierte Ziel der Rechtssicherheit nicht mit solchen Fällen zu verhindern, in welchen nicht von einer unzumutbaren Härte für den Gläubiger die Rede sein kann.[1338] Der Stillstand der Rechtspflege des § 203 Absatz 1 BGB (im In- wie im Ausland) bildet hierfür eine besondere Fallgruppe. Solange dieser Zustand andauert, der dem Tatbestand des § 203 I BGB entspricht, ruht die Verjährung. Eine zeitliche Grenze besteht hierfür nicht.[1339]

Da der Eigentümer von Kulturgütern in den Kriegswirren an der Rechtsverfolgung gehindert war, wurden bereits im Zuge des Zweiten Weltkriegs zusätzliche Sonderhemmungsvorschriften geschaffen, die den kriegsbedingten Stillstand der Rechtspflege zugrunde legten: So wurde eine den § 203 BGB verdrängende Spezialregelung mit § 32 der Zweiten Kriegsmaßnahmenverordnung vom 27. September 1944 getroffen.[1340]

§ 203 BGB stellt auf rein objektive Gegebenheiten ab. Die rein subjektiv veranlasste Unkenntnis des Gläubigers vom Verbleib seines Kulturguts genügt hierfür nicht, da dieser Hemmungstatbestand nur die Undurchsetzbarkeit des Anspruches berücksichtigen würde. Daher genügt es für sich gesehen auch nicht, wenn der herauszugebende Gegenstand sich im Ausland befindet. Dementsprechend ist es zweifelhaft, die „Unmöglichkeit der Durchsetzung eines Herausgabeanspruchs (Beutekunst), weil die Sache sich im Ausland befindet“[1341] als ein Beispiel für die höhere Gewalt im Sinne des § 203 BGB anzusehen.[1342]

Von einem juristischem Fixpunkt wie der höheren Gewalt, das als Äquivalent zum Stillstand der Rechtspflege eine komplette Blockadehaltung erwartet, kann aber nicht grundsätzlich gesprochen werden: Im Regelfall wird zwar die Verfolgung privatrechtrechtlicher Herausgabeansprüche gegen die kommunistische Sowjetunion wenig erfolgversprechend gewesen sein. Es gab aber auch keine offizielle Haltung der Sowjetunion zu der Zeit, in welcher die regelmäßige Verjährung für den Vindikationsanspruch gegen Russland in den letzten sechs Monaten abgelaufen ist (je nach Raubzeitpunkt in der SBZ zwischen 1974 und 1979). Des-

---

1337 BGH NJW 1973, 698, 699.

1338 Plambeck 98, Schoen NJW 2001, 543.

1339 BGH NJW 1962, 113, 118; BGH NJW 1990, 176, 178.

1340 Benke BB 1951, 405/6.

1341 Heinrichs in Palandt Ergänzung § 206 Rn. 5, Schoen NJW 2001, 543.

1342 So erstmals von Schoen, in NJW 2001, 543 vertreten.

halb erscheint es zumindest fragwürdig, ob grundsätzlich von einem Stillstand der Rechtspflege, wie es in § 203 BGB beispielhaft darstellt wird, ausgegangen werden kann. Zwar hat der Bundesgerichtshof entschieden, dass Schwierigkeiten der Durchsetzung von Schadensersatzforderungen mit politischem Hintergrund in der DDR ein Fall der höheren Gewalt ist.[1343]

Die russische Gesetzgebung hat sich aber spätestens mit dem Inkrafttreten des Ersten Teils des Russischen Zivilgesetzbuchs vom 30. November 1994[1344] zum 01.03.1995 durch das neue bürgerliche Recht zum Schutz des Privateigentums bekannt.[1345] Wäre also ein Hemmungstatbestand zum Ende der dreißigjährigen Verjährungsfrist – zumeist Mitte der 70er Jahre – eingetreten, so kann eine Hemmung im Sinne des § 203 BGB allenfalls bis 1993 bestanden haben, da dann zumindest privatrechtliche (!) Herausgabeverlangen – bis zum Inkrafttreten des Beutekunstgesetzes in Russland im Jahre 1998 – nicht mehr blockiert waren. So ist spätestens zum 01.09.1995 für den Herausgabeanspruch mit Ablauf der verbleibenden sechs Monate die Verjährung nach deutschem Zivilrecht eingetreten.[1346] Die gleichen Erwägungen gelten in ähnlichen Schattierungen auch für andere Staaten, mit welchen die Bundesrepublik Deutschland um die Rückgabe von Kulturgütern verhandelt, so etwa Polen, Lettland, Litauen und der Ukraine.

Die Hemmung der Verjährung nach § 203 BGB kann nur bei genauer Kenntnis der Rahmenbedingungen im jeweiligen Einzelfall als Ausnahme befürwortet und nicht als Allheilmittel benutzt werden, die Verjährung des Herausgabeanspruchs nach deutschem Recht doch noch zu verhindern.[1347] Unter Berücksichtigung seines Regelungszwecks und seiner Tatbestandsvoraussetzungen kann § 203 BGB ohnehin nur in krassen Ausnahmefällen zwischenstaatlicher Beziehungen (schweren diplomatischen Krisen, Kriege) herangezogen werden, in welchen die Durch-

---

[1343] BGH VersR 1964, 404; NIEDENFÜHR in SOERGEL § 203 Rn. 5.

[1344] Verabschiedet am 21.10.1994.

[1345] Vertretbar wäre auch, die Öffnung für Eigentumsansprüche aus dem Westen mit dem Vertrag über Gute Nachbarschaft, Partnerschaft und Zusammenarbeit vom November 1990 zwischen der BRD und Russland (siehe 8. Kapitel) anzusetzen.

[1346] Dies gilt unbeschadet von dem möglichen Kenntnisstand des Anspruchsstellers zu dieser Zeit. Gleichwohl sehen STUMPF 326 und SCHOEN NJW 2001, 543 und SCHOEN 178–189 die Möglichkeit der Hemmung der Verjährung bis heute vor. STUMPF aaO sieht im Beutekunstgesetz einen weiteren Hemmungstatbestand. Dies ist aber schon insoweit unzutreffend, als dieses nach dem Zeitablauf in § 203 BGB a.F. nicht erst 1998 sondern spätestens Ende 1995 (in den letzten sechs Monaten der Frist) hätte ergehen müssen.

[1347] So aber zumindest tendenziell STUMPF 326, SCHOEN NJW 2001, 543 und SCHOEN 178–189. Letztere begründet eine Hemmung des Vindikationsanspruchs damit, dass die russische Föderation gar bis heute keine funktionierende Rechtspflege habe. Dieser eher politisch anmutenden Aussage kann nicht beigetreten werden, insbesondere deshalb, weil nach Art. 46 der Fassung der Russischen Föderation i. V. m. § 43 des Gesetzes über die Ausfuhr von Kulturgütern grundsätzlich die Möglichkeit zur Klage besteht, siehe ausführlich unter 6 D II ff..

setzung eigener Rechtspositionen im anderen Land überhaupt nicht realistisch ist. In der Debatte um die Restitution NS-verfolgungsbedingt entzogener Kulturgüter kann § 203 BGB respektive § 206 BGB n.F. ohnehin in der Regel nicht weiterzuhelfen, weil die Unkenntnis vom Verbleib des Kulturguts der oft prägende Faktor für den Zeitablauf des Anspruches ist.[1348] Es bleibt also bei der Aufforderung des Bundesrates, geeignete Regelungen für die Frage der Verjährung des Herausgabeanspruchs von Beute- und Raubkunst zu finden.

2. Hemmungstatbestand des § 939 BGB in Verbindung mit § 203 BGB

§ 203 BGB ist soeben besprochen worden. Diese Ausführungen gelten für die Hemmung der *Ersitzungszeit* entsprechend.[1349]

III. Die Neuregelung der Verjährung durch das Schuldrechtsmodernisierungsgesetz

1. Die Ausgangslage

Am 9. November 2001 hat der Bundesrat seine Zustimmung zum wohl größten Reformwerk in der Geschichte des Bürgerlichen Gesetzbuchs erteilt. Das Schuldrechtmodernisierungsgesetz[1350] sieht eine weitreichende Zusammenführung von Haftungs- und Gewährleistungsregeln unter Berücksichtigung der europäischen Vorgaben im Verbraucherschutz vor, die im vorliegenden Zusammenhang jedoch nicht von Interesse sind. Daneben wird aber auch das Verjährungsrecht neu geregelt.

[1348] Das Verjährungsproblem in der Beute- und Raubkunstproblematik über Ausnahmefiguren wie die Hemmung zu lösen, empfiehlt sich auch deshalb nicht, weil dann in jedem Restitutionsfall neue Erwägungen möglicher Anspruchshinderungen ins Spiel kommen würden. Außerdem würde für die Frage der Verjährung des Herausgabeanspruchs zumindest grundsätzlich die Situs Regel gelten, womit das Recht des Belegenheitsorts für die Frage der Verjährung des Herausgabeanspruchs maßgeblich ist. Dann ist aber die Diskussion über eine mögliche Anwendung des § 203 BGB im Fall der Beutekunst ohnehin hinfällig geworden.

[1349] Jedoch soll eine durch die abweichende Frist der Verjährung (von 30 statt 10 Jahren) entstehende Unstimmigkeit zwischen § 939 und § 203 geklärt werden: Kommt die Regelung des § 203 zum Zuge, also im letzten Halbjahr der 30-jährigen Verjährungsfrist, so ist die Ersitzungszeit schon längst abgelaufen. Dies ergibt sich nicht zuletzt daraus, dass der Beginn der Ersitzung wie auch der Verjährung gleichermaßen von der Besitzerlangung abhängig sind. § 203 kann also als Hemmungstatbestand im Hinblick auf die Ersitzung nur dann eine Rolle spielen, wenn sein Rechtsgedanke analog auf die Ersitzung angewendet und gleichzeitig auf die kürzere Ersitzungszeit angeglichen wird. Da dies eine über die Gesetzesanalogie hinausgehender Schritt ist, der de lege lata nicht zu akzeptieren ist, kann § 203 BGB im Hinblick auf § 939 BGB in der praktischen Rechtsanwendung nicht herangezogen werden.

[1350] BGBl. 2001 I, Nr. 61, S. 3138–3218.

Trotz der massiven Kritik[1351] an verschiedenen Punkten der Reform[1352] hat der Bundesrat das Gesetz ohne Anrufung des Vermittlungsausschusses passieren lassen. Er hat aber an einer Stelle eine wesentliche Anregung mit auf den Weg gegeben, nämlich „dass die Bundesregierung zu der Frage, ob und in welcher Weise die Verjährung von Herausgabeansprüchen in Bezug auf NS-verfolgungsbedingt entzogenes und kriegsbedingt verlagertes Kulturgut einer Sonderregelung bedarf, baldmöglichst Stellung nimmt und gegebenenfalls einen entsprechenden Gesetzesentwurf vorlegt.“[1353] Der Grund für diese recht eindeutige Aufforderung war die Erkenntnis, dass die neuen Regelungen „allgemein für die beweglichen Sachen zu unangemessenen Ergebnissen führen können, soweit in der NS-Zeit verfolgungsbedingt entzogene und kriegsbedingt verlagerte Kulturgüter davon betroffen sind.“[1354] Die Schilderung der „neuen“ Rechtslage und der Stellungnahmen in der Literatur mögen diesen Befund verdeutlichen.

[1351] Birr 24 (Rn. 7) mwN, Siehr ZRP 2001, 346.

[1352] Deutscher Bundestag, Beschlussempfehlung und Bericht des Rechtsausschusses zu dem Gesetzentwurf, BT-Drs. 14/6040, S. 201. Dort verteidigt der Ausschuss seine Haltung zur Verjährungsfrage wie folgt (*kursive* Hervorhebungen durch den Verfasser): „Der Ausschuss ist der Frage nachgegangen, ob Herausgabeansprüche (auch) bei beweglichen Sachen unverjährbar sein sollen, wie dies im Schrifttum teilweise gefordert wird (z.B. Siehr, ZRP 2001, 346). Er hat sich mit der Bundesregierung dagegen entschieden. Die auch im bisherigen Recht schon neben der Ersitzung bestehende Verjährung des Herausgabeanspruchs erscheint im Interesse des Rechtsverkehrs und des Rechtsfriedens notwendig. Nach einer bestimmten Zeit soll die Ungewissheit über das Bestehen und die Durchsetzbarkeit eines Anspruchs beendet sein. Wegen des hohen Stellenwerts des Eigentums ist im Entwurf für den Herausgabeanspruch aus Eigentum die außerordentlich lange Verjährungsfrist von 30 Jahren gewählt worden. Gegen diese Entscheidung lässt sich auch nicht mit Siehr (ZRP 2001, 346) einwenden, es bestehe kein Bedürfnis für eine Verjährung des Herausgabeanspruchs. Siehr meint, die Verjährung schütze nur den Dieb und andere bösgläubige Besitzer, während die Gutgläubigen bereits durch Ersitzung (§ 937 BGB) oder Ersteigerung (§ 935 Abs. 2 BGB) Eigentum erworben hätten. Tatsächlich *schützt die Verjährung* des Herausgabeanspruchs *auch den gutgläubigen* Erwerber. Dieser erwirbt zwar rein rechtlich gesehen wirksam das Eigentum durch Ersitzung oder durch Versteigerung. Dies enthebt ihn aber nicht der *Sorge, dass ihm böser Glaube entgegengehalten wird.* Erst *nach Ablauf der Verjährung* kann auch der gutgläubige *Erwerber sicher sein, dass ihm niemand mehr seine Rechte streitig macht.* Dies gilt auch und gerade bei Kunstwerken. Gerade bei wertvollen Kunstwerken ist auch der gutgläubige Erwerber der Gefahr ausgesetzt, dass ihm böser Glaube vorgehalten und sein (wirksamer) Erwerb streitig gemacht wird.“

[1353] Hierauf weist auch Mansel: Die Neuregelung des Verjährungsrechts, NJW 2002, 90, hin.

[1354] Pressemitteilung des Bundesrats 255/2001 vom 9.11.2001 zu BT-Drs. 819/01, nachzulesen unter www.bundesrat.de. Zu den Hintergründen des Verfahrens bei der Neuregelung des Verjährungsrechts sei noch folgende Anmerkung erlaubt: Nach telephonischer Auskunft des BMJ (vom 30. April 2002) werden derzeit Stellungnahmen der Länder zur eventuellen Änderung des Verjährungsrechts eingeholt. Das BKM zeigte sich vom BMJ im Gesetzgebungsverfahren insoweit enttäuscht, als ihre Eingaben und Anregungen an das BMJ, das Verjährungsrecht im Hinblick auf den Schutz von Kulturgütern zu überprüfen, keine adäquate Berücksichtigung gefunden habe [Gespräch mit dem Referatsleiter Dr. Güttler in Bonn im September 2001].

2. Regelungsdefizite im neuen Verjährungsrecht

a. Allgemeine Erwägungen

Jedes Verjährungsregime sucht den sachgerechten Ausgleich zwischen den Interessen des Schuldners und des Gläubigers. Für eine kürzere Verjährung wird üblicherweise mit den Argumenten plädiert, dass die Beweisnot immer größer werde[1355], es gleichzeitig aber für den Schuldner immer schwieriger werde, sich gegen die Inanspruchnahme zu verteidigen.[1356] Der Schuldner müsse warten, bis der Gläubiger tätig werde, sodass in diesem imparitätischen Kräfteverhältnis die Verjährung gestaltend eingreife, indem sie den Grundsatz von Treu und Glauben in Gestalt einer allgemeinen Rücksichtsnahmepflicht konkretisiere.[1357]

Diese Argumentation ist in der gegebenen Interessenlage nicht zutreffend. Vielmehr spricht der Zeitablauf hier immer gegen den Gläubiger, da er häufig zunächst lange nichts von seiner Aktivlegitimation weiß und/oder nach dessen Erkenntnis erst einmal den Schuldner suchen muss.

Die Erfolgsaussichten eines Herausgabeverlangens von Privateigentümern nach § 985 I BGB werden gravierend erschwert, wenn nicht vernichtet, wenn § 197 I Nr. 1 BGB eine absolut starre, von der Kenntnis vom Verbleib des Kulturguts und den möglichen Anspruchsgegner unabhängige Verjährungsfrist von 30 Jahren festlegt.[1358] Mit der neuen Regelung, welche die Mobiliarvindikation expressis verbis auf 30 Jahre begrenzt, wird dem privaten Berechtigten im Falle der Anwendbarkeit deutschen Sachrechts wegen des langen Zeitablaufs in der Regel jede faire Chance genommen, den Anspruch geltend zu machen.[1359]

Gleichzeitig sind auch die staatlichen Träger hiervon betroffen, da bei Anwendbarkeit deutschen Zivilrechts in dem Falle, in welchem der völkerrechtliche Anspruch nicht mehr geltend gemacht werden kann, dieser auch mit deutschem Recht nicht mehr durchsetzbar sein würde. Bei strikter Anwendung der lex rei sitae trifft dies aber nur auf die Fälle zu, in welchen sich die entzogenen Kulturgüter zum Zeitpunkt der Geltendmachung des Herausgabeanspruchs auf deutschem Territorium befinden.[1360] Befindet sich das Kulturgut deutscher Herkunft

---

1355 So liegt eine zentrale Rechtfertigung der Verjährung darin, dass nach einiger Zeit nicht mit ausreichender Sicherheit festgestellt werden kann, was tatsächlich genau geschehen ist, Birr 25.

1356 Birr 25.

1357 Grothe in Müko § 194 Rn. 6.

1358 In diese Richtung insbesondere Müller-Katzenburg KUR 2001, 125, die ausführt, dass Eigentümer nach Geltung des neuen Rechts keine Chance haben, ihren Rückgabeanspruch durchzusetzen. Vergleiche desgleichen dieselbe. in einem Artikel in der FAZ vom 20. Oktober 2001, S. 55: Aktuelle Gesetzesänderung: Verjährt?!

1359 Dezenter in der Kritik Kunze 234f.

1360 Erfasst von der Neuregelung des § 197 I Nr. 1 BGB (unbeschadet des Postulats der „freiwilhingegen nunmehr im Ausland, würde die Frage der Verjährung nach dem Recht am Belegenheitsort beantwortet.[1361] Nur wenn man in der Frage der Anknüpfung alternative Methoden heranzieht, wäre das deutsche Recht inhaltlich gefragt, so etwa bei einer Anknüpfung an den Ort des Abhandenkommens (locus furti).[1362]

b. Unbefriedigende Situation bei der Verjährbarkeit der rei vindicatio

Die Verjährbarkeit des Herausgabeanspruchs des Eigentümers abhanden gekommener oder geraubter Kulturgüter führt in jedem Fall zu unbefriedigenden Ergebnissen:

Konnte man nach der alten Fassung durchaus argumentieren, dass die regelmäßige Verjährung von 30 Jahren als bedenklich einzustufen ist, da dann auch bösgläubige Besitzer und Diebe in den Genuss der Vorschrift kommen, ist ein solcher Einwand mit der ausdrücklichen Regelung in § 197 I Nr. 1 n.F. verwehrt.[1363] Aufgrund der Gesetzestechnik, die dem Erwerber einen entsprechenden Gutglaubensschutz gewährt, verbleibt deshalb nur noch die Verjährung für eine bestimmte Klientel („Spitzbuben") als ein willkommenes Hilfsmittel, illegal erworbene Kulturgüter unter Ausnutzung der Verjährungseinrede doch noch verkehrsfähig zu machen.[1364] Während der rechtmäßige Eigentümer keinerlei Handhabe mehr hat, sein Eigentum zurückzuerlangen, kann ein skrupelloser Dieb sich die Paradoxie des Rechts[1365] zunutze machen, dass zwar sein Eigentum fortbesteht, es aber wegen dem Institut der Verjährung nunmehr kraftlos geworden ist. Jeder bösgläubige Besitzer („Spitzbuben") hat hingegen die Chance, eine ihm fremde Eigentumsposition dem ebenfalls gutgläubigen Rechtsverkehr anzubieten, der ihm beim „Reinwaschen" heißer Ware zumindest außerhalb des grauen Markts nolens volens behilflich ist.

---

ligen Selbstverpflichtung") sind so beispielsweise alle als Raubkunst identifizierten Gegenstände auf deutschem Belegenheitsgebiet.

1361 Nicht verwechselt werden darf diese Frage von der Eigentumszuordnung in der Prüfung des Herausgabeanspruchs. Freilich wird die Frage der Eigentümerstellung und seines möglichen Verlustes bei einer Wegnahme auf deutschem Besatzungsgebiet nach deutschem Recht beurteilt.

1362 Zur Kritik an der situs-Regel in Beute- und Raubkunstfällen siehe 6 C I. Die Verjährungsdebatte kann im Hinblick auf die Beutekunst nur dann geführt werden, wenn eine von der Situsregel abweichende Anknüpfungsmethode gewählt worden ist, so etwa nach der lex furti.

1363 Siehr ZRP 2001, 346, 347 und derselbe in Carl/Güttler/Siehr, 74, desgleichen Mansel, in: Anwaltskommentar Schuldrecht, § 194 Rn. 8.

1364 Siehr aaO, zitiert von Birr 136.

1365 Birr 136 spricht von einer „paradox anmutenden Patt-Situation".

c. Argumentation des Gesetzgebers

Dem wurde von der Gesetzgebungskommission entgegengehalten, dass diese Regel ja gerade *auch* den gutgläubigen Erwerber schützen soll, der mit Hilfe dieser Regel wenigstens nach dreißig Jahren vor unberechtigter Inanspruchnahme geschützt werden soll.[1366]

Vor dem Hintergrund vorstehender Ausführungen kann dieser Argumentation nicht gefolgt werden. Zudem mag dieses von der Kommission vorgetragene Hauptargument nicht zu überzeugen, da es bereits wichtige gesetzliche Wertungen im Verhältnis Verjährung-Ersitzung außer Acht lässt. Es ist schon deshalb nicht nachvollziehbar, weil ein gutgläubiger Eigenbesitzer im Sinne des § 937 I BGB ohnehin bereits nach zehn Jahren nach erfolgreicher Ersitzung mit keinem beachtlichen Prozessrisiko mehr belastet ist. Des Weiteren bleibt anzumerken, dass Kunstwerke häufig eine wertvolle Kapitalanlage bilden, die deshalb auf Dauer guten Glaubens besessen oder auch im Gegenzug längere Zeit versteckt werden.[1367]

Es bleibt damit festzuhalten, dass eine Nachbesserung der Regelungen über die Verjährung des dinglichen Herausgabeanspruchs dringend erforderlich ist.

IV. Rechtsvergleichende Betrachtung zur Verjährbarkeit des Herausgabeanspruchs

Die Frage der Verjährung, insbesondere der Möglichkeit des Eigentumserwerbs durch Zeitablauf spielt im common law der Vereinigten Staaten von Amerika eine gewichtige Rolle und wurde dort mit verschiedenen Ansätzen kontrovers diskutiert. Das dortige Richterrecht hat mehrere Ansätze entwickelt, die sich mit den Fragen des Beginns der Verjährung (*demand and refusal*), den damit einhergehenden Nachforschungspflichten des Erwerbers (*discovery rule mit due diligence Regel*) und den Möglichkeiten des Erwerbs durch Zeitablauf im Wege der Ersitzung (adverse possession) beschäftigen.[1368]

[1366] Deutscher Bundestag, Beschlussempfehlung und Bericht des Rechtsausschusses zu dem Gesetzentwurf, DrS 14/6040, S. 201.

[1367] So bereits von Plehwe KUR 2001, 55.

[1368] Eine Übersicht über diese Rechtsfiguren in den USA mit Rechtsprechungsnachweisen ist zu finden bei Prott/O'Keefe Law and the cultural Heritage, Movement, S. 418 (Ziffer 776ff.) Dort beginnt die Verjährung grundsätzlich erst zu laufen, „when the cause of action accrues", also der Klaggrund zu Tage tritt. Wann dies der Fall ist, wurde recht unterschiedlich beurteilt. Besonders eigentümerfreundlich ist die *demand and refusal-Regel*, welche die Verjährung der Vindikationsklage erst mit der Weigerung des Besitzers zur Herausgabe nach ausdrücklicher Aufforderung durch den Kläger beginnen lässt (Kunstsammlungen zu Weimar v. Elicofon). Aufgrund harscher Kritik modifizierte die *discovery rule* den Verjährungslauf zu Lasten des Eigentümers mit objektiven Sorgfaltsanforderungen. In de Weerth v. Bal-

So manche US-Bundesstaaten (so insbesondere New York und Kalifornien) kennen zwar grundsätzlich keine Unverjährbarkeit, stellen aber für den Beginn des Laufs der Verjährung erst auf den Zeitpunkt ab, an dem der Klaggrund zu Tage getreten ist (*when the cause of action accrues*).[1369] Eine eingehende Schilderung der aufgeworfenen Rechtsfiguren findet sich in den Werken Knotts und Köhlings.[1370]

In der Schweiz[1371] und in Großbritannien (zumindest im Ergebnis[1372]) gibt es überhaupt keine Verjährung des Herausgabeanspruchs. Der Dieb eines Gegenstands soll aber auch nach den Rechtsordnungen Österreichs, Italien und Frankreichs nicht unbehelligt bleiben.[1373] Zwar fehlen dort ausdrückliche Regelungen über die Verjährbarkeit des Herausgabeanspruchs, jedoch wird aus der Unverjährbarkeit des Eigentums der Schluss gezogen, dass Verjährungsvorschriften nicht zur Anwendung kommen können.[1374] Frankreichs Rechtsprechung geht entgegen dem klaren Wortlaut des Artikels 2262 Code civile mittlerweile in geradezu gefestigter Diktion von einer Unverjährbarkeit des Herausgabeanspruchs aus.[1375] Lediglich die Niederlande spricht auch dem Dieb durch die Ver-

---

dinger (5 D IV) wurde der Klägerin vorgeworfen, sie habe sich nicht mit der objektiven Sachlage nach angemessenem Nachdruck (due diligence als Bestandteil der demand-Regel) um die Rückführung der Champs de Blé a Vétheuil von Claude Monet bemüht; die Klage wurde daher abgewiesen. Vergleiche ausführlich zum Ganzen Palmer 79f. und Köhling 77ff., 82ff. In letzter Zeit ist wieder eine Rückbesinnung hin zur reinen demand and refusal-Regel feststellbar, vergleiche etwa Salomon R Guggenheim Foundation v. Lubell, 153 A.D. 2d 143, 550 N.Y.S. 2d 618 (1990): Dort wurde der diligence Test im Kern verworfen und durch Verwirkungserwägungen (*laches*) ersetzt.

1369 Noch weiter geht die Forderung des für Fragen der looted art in den USA anerkannten Experten Kaye in seinem Beitrag Looted Art: What can and should be done, 20, Cardozo Law Review, S. 667f., der die Abschaffung der Verjährung des Herausgabeanspruchs von Raubkunst im Rückgriff auf die Regelungen des Völkerrechts (Konvention von 1968 über die Unverjährbarkeit des Völkermords, siehe oben 4. Kapitel, I, III) fordert: So wie diese Konvention für die strafrechtliche Verfolgung anwendbar sei, „logically, this principle should apply to civil actions as well."

1370 Knott, Der Anspruch auf Herausgabe gestohlenen und illegal exportierten Kulturguts, 1990; Köhling, Der Eigentumserwerb abhanden gekommener Kunstgegenstände im amerikanischen Recht, 1999: Die vorliegende Abhandlung baut auf diesen Erkenntnissen auf und wird im Bewusstsein stark divergierender Rechtssysteme versuchen, die dort wiedergegebenen Regelungsgedanken auf seine Transfermöglichkeit auf das deutsche Recht hin zu untersuchen.

1371 Spiro II 1362f.

1372 Nach der Limitation Act 1980 Sektion 4 unterliegt eine Klage gegen den Dieb oder einen bösgläubigen Besitzer keiner Verjährung, Siehr, in: Carl/Güttler/Siehr 55.

1373 Österreich: §§ 1459 S. 1, 1481 ABGB, Italien: § 948 III Codice civile, siehe auch die französische Rechtsprechung zu Artikel 2262 und 2279 Code civil bei Carl/Güttler/Siehr 71.

1374 Danco 97 mwN aus der ausländischen Literatur.

1375 Remien AcP 2001, 739 mwN.

jährung einen Rechtserwerb (akquisitive Wirkung) zu, BW 3: 105 (1).[1376] Indes möchte die Schuldrechtsreform nicht auch in Deutschland ein „Paradies für Diebe“ schaffen, wie es in den Niederlanden mittlerweile Realität wurde.[1377] Die Gefahr hierzu ist aber durch die Ausschlusswirkung des § 197 I Nr. 1 im Zusammenspiel mit § 214 II BGB nicht von der Hand zu weisen.

V. Mögliche Lösungen de lege ferenda in Deutschland

1. Vorschlag de lege ferenda

Schon vor der Anregung des Bundesrats, die Neuregelung der Verjährung im Hinblick auf die NS-verfolgungsbedingt entzogenen und kriegsbedingt verlagerten Kulturgüter zu überdenken, hat Thomas *von Plehwe*[1378] einen Gesetzgebungsvorschlag unterbreitet, der den oben skizzierten Anforderungen gerecht werden soll. Der Vorschlag des Verfassers baut auf seinen Erwägungen, die einen Ausgleich zwischen dem Interesse an subjektiver Einzelfallgerechtigkeit und dem objektiven Interesse an Rechtssicherheit schaffen sollen, unter Berücksichtigung des nun geltenden neuen Verjährungsrechts auf.

Eine überarbeitete neue Fassung des § 195 BGB könnte wie folgt lauten[1379]:

> *(I) Die regelmäßige Verjährungsfrist beträgt drei Jahre.*
> *(II) Für die Verjährung des Anspruchs auf Herausgabe eines Kulturguts*[1380] *im Sinne des § 5 des Kulturgüterrückgabegesetzes findet § 935 Anwendung.*[1381] *Der Anspruch auf*

[1376] Der *Hoge Raad* (Oberste Gerichtshof) der Niederlande hat am 8. Mai 1998 eine Klage des Freistaates Sachsen auf Rückgabe des „Klooster in landschap“ von Jan von der Heyden, eines kriegsbedingt verlagerten Kulturguts, aus Gründen der Verjährung [Rechtsgrundlage dort noch Artikel 2004 BW a.F.] abgewiesen, vergleiche Nederlands International Privatrecht 1998 Nr. 194, S. 213; Besprechung der Entscheidung bei Blom, IJCP 2000, 138 ff., Schoen 537, Siehr, Vereinheitlichung des Rechts der Kulturgüter in Europa?, in: Basedow, Jürgen (Hrsg.), 75 Jahre Max Planck-Institut für IPR, S. 814.

[1377] Nachweise hierzu finden sich bei Siehr, Vereinheitlichung des Rechts der Kulturgüter in Europa?, in: Basedow, Jürgen (Hrsg.), 75 Jahre Max Planck-Institut für IPR, Tübingen 2001, S. 814, siehe auch Blom 147.

[1378] Von Plehwe, in KUR 2001, 55, sich für eine Verknüpfung relativer Fristen mit absoluten Fristen aussprechend.

[1379] In Anlehnung an von Plehwe 57 ff.

[1380] Die Unverjährbarkeit des Herausgabeanspruchs sollte entsprechend dem Vorschlag des Bundesrats auf die beiden bekannten Entzugsgruppen eingegrenzt werden. Freilich können auch weitere, bereits umgesetzte gesetzliche Eingrenzungsbegriffe herangezogen werden, insbesondere der aus der Haager Konvention 1954 (hierzu Hönes 987). Denkbar wäre auch der weite Begriff aus der Unesco-Konvention: In der Bundesrepublik Deutschland laufen Bestrebungen dorthin, die Unesco-Konvention umzusetzen, weshalb diese für den Kulturgutbegriff verwendet werden könnte.

[1381] Der Verweis auf § 935 BGB ist notwendig, weil er die Eingrenzung der Unverjährbarkeit an die Tatbestandsvoraussetzungen des § 935 I und II BGB knüpft. Mit anderen Worten: Nur

Herausgabe abhanden gekommener Kulturgüter im Sinne des Satzes 1 unterliegt nicht der Verjährung.

Alternativ könnte Absatz 2, Satz 2 zur Präzisierung des § 197 n.F. wie folgt gefasst werden, womit eine weitaus weniger einschneidende Lösung gewählt würde:

(III) *Im Falle abhanden gekommener Sachen beträgt die Verjährungsfrist 3 Jahre von dem Zeitpunkt an, in welchem der Eigentümer von den Anspruch begründenden Umständen und der Person des Schuldners Kenntnis erlangt und ohne grobe Fahrlässigkeit erlangen müsste*[1382]*, ohne Rücksicht auf diese Kenntnis 75 Jahre.*[1383]

2. Unvereinbarkeiten mit dem Rückwirkungsverbot?

Stehen Gesetzesänderungen an, so hat man sich insbesondere mit Fragen des Vertrauensschutzes für die von der Änderung Betroffenen zu befassen. Artikel 103 I GG verbietet eine echte Rückwirkung in bereits abgeschlossene Tatbestände. Das Rechtsstaatsprinzip als Ausdruck der Gewährleistung echter Rechtssicherheit lässt einen Eingriff deshalb nur dann zu, „wenn besonders zwingende und schwerwiegende, den Erwägungen der Rechtssicherheit übergeordnete Gründe dazu Anlaß geben.“ [1384]

Eine Verlängerung der Verjährungsfristen bewirkt indes die Aufrechterhaltung einer dinglichen Rechtsposition in ihrer materiell-rechtlichen Durchsetzbarkeit und greift damit gerade nicht in bereits abgeschlossene gesetzliche Tatbestände ein. Dem tritt der Umstand hinzu, dass die Verjährungseinrede nach § 214 II BGB (§ 222 a.F.) lediglich als eine peremptorische Einrede zu begreifen ist und keine Rechtsveränderung in der dinglichen Position mit sich bringt.[1385] Umgekehrt bedeutet aber die Verkürzung von Verjährungsfristen einen Eingriff in bestehende Rechtspositionen (hier in der Eigentumsposition), weswegen der Gesetzgeber in Artikel 229 EGBGB § 6 Übergangsregelungen geschaffen hat.[1386]

Zudem ist die Frage zu klären, wer überhaupt von der Unverjährbarkeit des Herausgabeanspruchs betroffen sein würde. Bei näherer Betrachtung bleiben nur

---

wenn ein Kulturgut abhanden gekommen ist, soll die Unverjährbarkeit des Herausgabeanspruchs gelten.

1382 Eine solche Regelung ist an die discovery rule im US-amerikanischen Recht angelehnt. Prinzipiell könnte man aber auch mit den Grundsätzen der Verwirkung arbeiten und dann solche Fristen komplett weglassen. Ein solcher Vorschlag würde sich aber voraussichtlich rechtspolitisch nicht durchsetzen lassen.

1383 Eine solche zeitliche Begrenzung hätte freilich zur Folge, dass binnen der nächsten 15 Jahre alle denkbaren Vindikationsansprüche gestellt sein müssen. Danach würde entgültig ein Schlussstrich gezogen.

1384 BVerfGE 2, 380, 405; 30, 367, 385ff. und 31, 222, 226.

1385 Hierzu ausführlicher im Abschnitt 6 A V 4 (Dogmatischer Unterschied zwischen Ersitzung und Verjährung).

1386 Hierzu im Abschnitt 5 G V 1.

Fremdbesitzer übrig, die auf den Ablauf gesetzlicher Fristen zur Legitimierung ihres unlauteren Erwerbs hoffen. Ein gutgläubiger Eigenbesitzer wird ohnehin durch das Rechtsinstitut der Ersitzung geschützt, das nach deutschem Privatrecht bereits nach zehn Jahren den Zustand der Befriedung herstellt. Auf die Ersitzung kann sich auch ein gutgläubiger Erwerber stützen, falls ihm bereits der gute Glaube beim Erwerb streitig gemacht würde; auf den Ablauf der Verjährung braucht auch er nicht zu warten.[1387]

3. Mögliche Anwendungsfälle und Abwägungsstrukturen

Der Abwägungsspielraum verengt sich bei Besitzern verfolgungsbedingt entzogener und kriegsbedingt verlagerter Kulturgüter in Deutschland auf die Personengruppe, die nicht als gutgläubig im Rechtssinne zu gelten hat, sei es bereits durch gutgläubigen Erwerb oder durch die im Falle der Raubkunst weitaus häufiger anzutreffende Ersitzung.[1388] Das derzeit geltende Recht gibt aber sogar zu bestimmten Verhaltensweisen, insbesondere der längeren Lagerung von Kunstschätzen bis zum Ablauf der Verjährung, Anlass. Der eigentliche Rechtsgrund des Rückwirkungsverbotes liegt indes im Vertrauensschutz.[1389] Sollen dann Vermögensdispositionen, die von vornherein zum Zwecke der „Legalisierung" des Erwerbes getroffen werden (etwa Lagerkosten), geschützt sein?

Dass hierzulande eine Rechtsänderung auch dogmatisch kein gravierender Eingriff wäre, zeigt sich am Charakter der Verjährung, der im Falle ihres Eintretens lediglich eine peremptorische Einrede, nicht aber eine akquisitive Wirkung, also einen vollwirksamen Rechtserwerb zu Eigentum, begründet. Der weitere Blick auf die Systematik zeigt, dass die Verkehrsschutzmechanismen des Gesetzes für diejenigen, die den Schutz verdienen, ohnehin schon viel früher greifen. Unter dem Eindruck des Postulats nach einer einheitlichen Rechtsordnung ist es nur sehr schwer nachzuvollziehen, dass das Gesetz seinen schützenden Mantel im Ergebnis auch noch über solche Personen legt, deren Verhalten sonst in Regionen des Strafrechts (Diebstahl, Hehlerei etc.) gewürdigt würde.

Der wiedergegebene Vorschlag tritt also in keinen signifikanten Konflikt zum Rückwirkungsverbot nach Artikel 103 II GG, da das geschilderte besondere Anliegen und insbesondere die schon gegebene übrige Gesetzessystematik Gesichtspunkte der Rechtssicherheit und des Vertrauensschutzes aufwiegen.[1390]

1387 Anders aber wohl die Einschätzung der Gesetzgebungskommission, wie zu Beginn des Abschnitts im Fußnotenapparat wiedergegeben.

1388 So Siehr ZRP 2001, 346f.

1389 Pieroth, Rückwirkung und Übergangsrecht, 119, vertiefend zum Vertrauensschutz Hess, Intertemporales Privatrecht, 294ff.

1390 Eine ausführlichere Diskussion der Rückwirkungsproblematik kann eingesehen werden bei Pieroth aaO und Hess aaO.

VI. Der Beginn des Verjährungslaufs und die Begrenzung durch Maximalfristen[1391]

1. Der Beginn der Verjährung nach neuem Recht

Die Verjährung beginnt nach neuem Recht mit dem Schluss des Jahres, in welchem der Anspruch entstanden ist und der Gläubiger von den Anspruch begründenden Umständen und der Person des Schuldners Kenntnis erlangt hat, § 199 I BGB neue Fassung.[1392] Hierfür ist es erforderlich, dass eine Person im Besitze der Sache steht, an dessen Eigentum sich der Anspruchssteller berühmt (Vindikationslage).[1393]

Hiernach wird vorausgesetzt, dass der Anspruch entstanden sein muss und der Gläubiger die anspruchgsbegründenden, tatsächlichen Umstände sowie die Person des Schulders[1394] kennen oder grob fahrlässig verkennen muss. Die Tatsachenkenntnis muss ein solches Ausmaß erreicht haben, dass der Gläubiger eine Klage zumindest schlüssig, wenn auch nicht unbedingt erfolgsversprechend, erheben kann.[1395] In den vorliegenden Fällen muss daher ein abgeschlossenes zeitgeschichtliches Gutachten vorliegen, welches die Provenienzforschung und die den Anspruch begründenden Entzugsumstände im ausreichenden Maße wiedergibt.[1396] Eine grob fahrlässige Unkenntnis liegt erst dann vor, wenn der Gläubiger in positiver Kenntnis aller anspruchsbegründenden Umstände sich rechtsmissbräuchlich einer sich aufdrängenden Kenntnis verweigert, also geradezu „die Augen verschließt".[1397]

Nach allgemeinen Grundsätzen, die in den Paragraphen §§ 198 S. 1, 199, 200 und 202 alter Fassung zum Ausdruck kamen, durfte die Verjährung nur dann gegen

---

1391 Das „Herzstück der Neuregelung" nach Schmidt-Räntsch 30.

1392 Im Falle grob fahrlässiger Unkenntnis von den anspruchsbegründenden Tatsachen beginnt die Verjährung ebenfalls zu laufen. Dies ist zu bejahen, wenn der Eigentümer Anhaltspunkte ignoriert, die ihm zu weiterer Nachforschung vom Verbleib des Anspruchsgegners Anlass geben müssten, er also einem sich aufdrängenden Verdacht nicht nachgeht, BGH NJW 2002, 2788, vergleiche zum Ganzen Heinrichs in Palandt, 62. Auflage, § 199 Rn. 36 ff.

1393 Plambeck 30.

1394 Nach BGH NJW 1999, 2735 erfordert dies bei meherern Schuldnern das Ausräumen bestehender Zweifel. Richtet sich der Anspruch gegen ein Organ (etwa einer Institution), kommt es auf die Kenntnis des Gläubigers von der Person des Mitarbeiters bzw. des Organs an, BGH NJW 2001, 965.

1395 BGH NJW 200, 953; BGH NJW 1984, 661 (zu § 852 BGB a.F.).

1396 Dies wäre eine Parallele zu dem erforderlichen Kenntnisstand eines Laien in Arzthaftungsprozessen, in welchen der Geschädigte erst nach definitiver Kenntnis im Sinne des Verstehens eines medizinischen Laiens vom Abweichen von medizinischen Standards zur Vermeidung von Komplikationen gegen einen Behandlungsfehler vorgehen muss, BGH NJW 2001, 885f.; BGH NJW 1995, 777.

1397 BGH NJW 1994, 3093; BGH NJW 1989, 2324; BGH NJW 1990, 2810, BGH NJW 1195, 776 (777).

den Berechtigten zu laufen beginnen, wenn dieser zur Geltendmachung des Anspruchs in der Lage ist.[1398] Dies war bislang nur für diejenigen Fälle anerkannt, in welchem der Beginn der Verjährung von dem Willen des Berechtigten durch Ausübung seines Gestaltungsrechts wie etwa der Kündigung und Anfechtung abhängt (sogenannter verhaltener Anspruch). Wird ein Gegenstand aber gegen seinen Willen entzogen, so hatte der Berechtigte im Umkehrschluss auf den Beginn der Verjährung keinerlei Einfluss. Dieser Misstand ist zwar grundsätzlich mit der Erneuerung des Verjährungsrechts seit dem 1.1.2002 entfallen. Wegen § 229 § 6 EGBGB vermag der neue subjektive Ansatz aber nicht im Hinblick auf die Beute- und Raubkunst zu wirken: Nach altem Recht sind die Ansprüche längst verjährt, da dort nach § 198 I BGB alter Fassung die Verjährung am Ende des Jahres der *Entstehung des Anspruchs,* mithin zum Zeitpunkt der Wegnahme, zu laufen begann. Nach altem Recht hat also der Lauf der Verjährung bereits zum Zeitpunkt der den Anspruch begründenden widerrechtlichen Handlung, so der Wegnahme im besetzten Gebiet etc. (je nach Fallgestaltung zwischen 1933 bis 1948) begonnen. Das neue Verjährungsrecht kann mit dem in § 199 BGB vorgesehenen subjektiven Ansatz daher schon gar nicht mehr greifen.

2. Begrenzung durch Maximalfristen

Die Reform bleibt zudem auf halbem Weg stehen, wenn sie den subjektiven Ansatz in §§ 197 I Nr. 1, 199 BGB mit der Höchstfrist von 30 Jahren begrenzt.[1399] Eine solche Begrenzung des subjektiven Ansatzes durch Höchstfristen steht zwar in der Rechtstradition einiger europäischer Staaten, die diesen Ansatz bereits verfolgen, so etwa in den Niederlanden, Norwegen und Belgien.[1400]

Übrig bleibt dennoch ein Kompromiss[1401], der in dieser Form nicht zufrieden stellen kann: Auf der einen Seite steht der begrüßenswerte Versuch, dem Gläubiger eine faire Chance zur Geltendmachung seines Anspruchs durch das Erfordernis der Kenntnis vom möglichen Anspruch und dem damit vinkulierten Gegner zu eröffnen; auf der anderen Seite aber bleibt das Festhalten an starren Maximalfristen in §§ 199 II und IV BGB, die dem soeben aufgestellten fairen Ansatz nach 10 respektive 30 Jahren automatisch keine Chance zur Entfaltung mehr gewährt.[1402] Für die Verjährung dinglicher Herausgabeansprüche gilt dem-

---

1398 Plambeck 44 mwN.

1399 Hierzu Birr 43 ff., Schmidt-Räntsch 33.

1400 Dazu ausführlich Danco 167 ff.

1401 Was dahinter zu stehen scheint, ist nichts anderes als der missglückte Versuch, zwei grundlegend verschiedene Verjährungskonzepte unter einem Dach zu vereinigen.

1402 Bei typisierender Betrachtungsweise erscheint eine Höchstfrist von 30 Jahren für die Durchsetzung eines dinglichen Herausgabeanspruchs durchaus als angemessen. Fehlt für diese Vermutung jedoch eine hinreichende Tatsachengrundlage, ist es insbesondere bei deliktischen Ansprüchen zugunsten der Einzelfallgerechtigkeit angebracht, die Gedanken der gegenüber die Sonderverjährung von 30 Jahren nach § 197 I BGB. Diese Frist solle nach dem Willen des Gesetzgebers der starken Rechtsposition ihres Inhabers Rechnung tragen.[1403]

Remien[1404] weist hingegen darauf hin, dass durch die gegenwärtige Lösung bei der Fristenberechnung gesetzlicher Ansprüche erhebliche Widersprüche zu Tage treten. Wird so etwa ein Dieb nach Ablauf der Verjährungsfrist bestohlen, so beginnt die Verjährung zugunsten des ursprünglichen Eigentümers erneut zu laufen. Dass ein endgültiger Rechtsfriede nach Entzug des Eigentums nicht eintreten kann, zeigt der Anspruch aus § 816 I BGB, der eben kein vollwertiger „Vindikationsersatz" ist, da er nicht an die Stelle des herauszugebenden Besitzes, sondern des Eigentums tritt. Dennoch hat der genehmigende Eigentümer auch noch nach Ablauf von 30 Jahren einen Anspruch auf Herausgabe des aus der unberechtigten Verfügung Erlangten.[1405]

Ein interessantes Druckmittel bildet für den Eigentümer die Geltendmachung von Unterlassungsansprüchen (actio negatoria) nach § 1004 I BGB, die keiner Verjährung unterliegt. So kann er beispielsweise ein gerichtliches Veräußerungsverbot erwirken, gegen einen Besitzer vorgehen, der sich des Eigentums berühmt[1406] und in den Grenzen des § 44 II UrhG zumindest die Erstveröffentlichung bislang unveröffentlichter Exponate untersagen. Der Eigentümer kann also zeitlich unbegrenzt Ansprüche geltend machen, die gerade den Besitzer von kriegsbedingt entzogenen und verfolgungsbedingten Kulturgutverlusten nach deutschem Recht das Leben schwer machen können.[1407] Diese Ansprüche beruhen allesamt auf den Gedanken, dass der Eigentümer nicht ungerechtfertigten Eingriffen gegen sein Eigentum ausgesetzt werden soll, für die es auch nach Ablauf von 30 Jahren keinen Rechtsfrieden geben kann. Warum aber der Eigentümer dann nicht gleich einen Anspruch auf Herausgabe geltend machen kann, ist vor diesem Hintergrund unverständlich: Ohne diesen Anspruch wurde er trotz der möglichen actio negatoria faktisch enteignet.

Rechtssicherheit und des Schutzes der Dispositionen des Schuldners zu verdrängen und den Eintritt der Verjährung erst nach Kenntnis des Gläubigers vom Anspruch und der notwendigen Einzelheiten zuzulassen, Oetker 49. Dies ist aber mit Anwendung einer starren Höchstfrist nicht möglich.

1403 Schmidt-Räntsch 25.

1404 Remien AcP 2001, 749.

1405 H. M., vergleiche Plambeck 212 mwN.

1406 So etwa durch gerichtliche Feststellung des eigenen Eigentums.

1407 Es ist aber zuzugeben, dass dies insbesondere für öffentliche Einrichtungen gilt. Eine Privatperson wird sich hiervon nur dann betroffen fühlen, wenn sie etwa den Gegenstand weiterverkaufen möchte.

VII. Abgrenzung zur Verwirkung

Im Gegensatz zur Verwirkung ist die Verjährung in die Dogmatik von Treu und Glauben als Bezugspunkt so eingebettet, dass sie allein durch den Umstand des Zeitablaufs eintritt und dadurch eine weiterhin bestehende Leistungspflicht des Schuldners als unzumutbar erscheinen lässt. Das gegenüber der Verwirkung fehlende Vertrauensmoment wird bei der Verjährung durch das Gebot gegenseitiger Rücksichtnahme ersetzt.

Bei der Verwirkung als Sonderfall der unzulässigen Rechtsausübung des *venire contra factum proprium* im Sinne des § 242 BGB kommt es neben dem Zeitmoment, für das in der Literatur als erste Orientierung etwa acht bis zehn Jahre veranschlagt werden, insbesondere auf den Vertrauenstatbestand (oder Umstandsmoment) an, der durch das wechselseitige Verhalten von Gläubiger und Schuldner gesetzt wird.[1408] Dabei wird insbesondere darauf abgestellt, inwieweit beide Seiten darauf vertrauen können, dass ein Anspruch endgültig nicht mehr weiterverfolgt wird. Im Fall der Beute- und Raubkunst konnte sich aber ein solcher Vertrauenstatbestand trotz eines ersichtlich langen Zeitablaufs nicht gebildet haben, weil ein hierfür notwendiger juristisch-intellektueller Dialog, der sich bis zu einem Vertrauenstatbestand hätte verdichten können, nicht geführt wurde.

Die Anwendung von Verwirkungsgrundsätzen auf Kunstraubfälle kommt daher nach deutschem Recht nicht in Betracht[1409], auch wenn dies eine flexiblere Berücksichtigung des Verhaltens auf beiden Seiten bewirken könnte.[1410] Zudem ist das Rechtsinstitut der Verwirkung ursprünglich dafür konzipiert worden,

---

1408 Heinrichs in Palandt § 242 BGB, Rn. 87ff.

1409 Die Verwirkung im Sinne des § 242 BGB kann aus dogmatischer Sicht auch deshalb nicht im Sachenrecht angewendet werden, weil § 242 BGB sich nur auf Leistungs- nicht aber auf Zuordnungsverhältnisse (wie im Sachenrecht) bezieht. Vergleiche zu diesem Streit Finkenauer, Eigentum und Zeitablauf, 218 mwN (FN. 33ff.).

1410 Das US-amerikanische Recht sieht das anders: Hier werden gerade Verwirkungsgedanken (*laches*) für den Beginn der Verjährung fruchtbar gemacht. Siehe etwa bei Salomon R Guggenheim Foundation v. Lubell, 153 A.D. 2d 143, 550 N.Y.S. 2d 618 (1990) oder 569 N.E. 2d 426 (N.Y. 1991). In diesem Fall wurde dem New Yorker Guggenheim-Museum eine Gouache von Marc Chagall gestohlen (Verkehrswert etwa $ 200.000). Über 20 Jahre lang befand sich das Bild im Besitz der gutgläubigen Beklagten Rachel Lubell. Das Gericht hat die Nachforschungs- und Sorgfaltspflichten (due diligence) der Käuferin des gestohlenen Bildes auferlegt, da solche Pflichten zu Lasten des vormaligen Eigentümers zu starke Anreize für den internationalen illegalen Handel in New York schaffen würden. Im Gegensatz zur Entscheidung de Weerth v. Baldinger, in welchem das Recht von New York falsch ausgelegt worden war (Schilderung unter 5 D IV), wurde eine Verwirkung schon deshalb ausgeschlossen, weil die Sorgfaltspflichten (due diligence) dem Käufer und nicht etwa wie in deWeerth v. Baldinger dem bestohlenen Eigentümer auferlegt wurden. Nach Anwendung der *demand and refusal* Regel, die das Gericht in diesem Urteil als New Yorker Recht anerkannte, konnte der Kläger noch immer die Herausgabe des Bildes fordern.

einem Schuldner unter besonderen Umständen auch schon *vor Ablauf* der langen Regelverjährungsfrist von 30 Jahren ausnahmsweise Abhilfe zu bringen, weil zu seinen Gunsten durch den Gläubiger ein Vertrauenstatbestand gesetzt wurde, dessen Abänderung nach Treu und Glauben für ihn nunmehr unzumutbar erscheinen muss.[1411]

VIII. Die Bedeutung des Besitzerwechsels in § 198 BGB n.F.

1. Regelungsgehalt und Anwendungsfälle

§ 198 BGB (§ 221 I a.F.[1412]) möchte im Grundsatz verhindern, dass der Fortgang des Verjährungslaufs durch einen Besitzwechsel im Wege der Rechtsnachfolge verhindert wird (accessio temporis): Nach § 198 I BGB a.F. würde an sich ein neues Rechtsverhältnis mit dem neuen Besitzer entstehen und einen neuen Anspruch mit einer neuen Verjährung in Gang setzen. Der Vorgänger des § 198 I BGB, § 221 I BGB, wurde daher als ein „systematischer Bruch mit der Rechtslogik" gewertet[1413]. Es wurde als zweifelhaft angesehen, dass ein Rechtsnachfolger sich nach einem Bruch der Besitzkette durch verbotene Eigenmacht gleich auf mehrere Besitzvorgänger im Hinblick auf den Weiterlauf der Verjährungsfrist berufen könne. Der Wortlaut des § 198 BGB („des Rechtsvorgängers") verbietet indes keine sukzessive Beurteilung des Anrechnungstatbestands, da in ihm nicht die Aussage getroffen wird, dass es sich nur um *einen* Rechtsvorgänger handeln dürfe.[1414]

Es ist aber in der Tat fragwürdig, ob es eine Verkehrsauffassung gibt, die einem Extraneus eines Rechtsverhältnisses, der durch verbotene Eigenmacht in Erscheinung tritt, die Berufung auf seinen „Rechtsvorgänger" gestattet. Grundsätzlich ist davon auszugehen, dass sich die Wirkung der Verjährung auf diejenigen Personen beschränkt, unter denen sie sich vollzogen hat.[1415] Dies entspricht dem allgemeinen Rechtsgrundsatz, dass der dingliche Anspruch mit jedem Besitzwechsel neu entsteht. Gerade hiervon bildet aber § 198 BGB einen gesetzlichen Ausnahmetatbestand.

Im Falle des originären Eigentumserwerbs wie etwa der Ersitzung gilt § 198 BGB jedoch nicht: Für ihn gelten Spezialvorschriften wie etwa § 943 BGB, da § 198

1411 Hierzu ausführlich Birr 167 ff.

1412 Im Hinblick auf die Anrechnung verstrichener Besitzzeiten gilt nunmehr § 198 I BGB, der aber lediglich kleinere redaktionelle Änderungen ohne materielle Auswirkungen gegenüber der Altfassung erkennen lässt.

1413 Zitat nach Ordemann, Zur Auslegung des § 221 BGB, JR 1961, 93 ff.

1414 Ähnlich Peters in Staudinger § 221 Rn. 5; Finkenauer JZ 00, 243 weist in Fn. 11 darauf hin, dass die accessio temporis unabhängig von der Häufigkeit des Besitzwechsels wirkt.

1415 Mugdan I S. 541 unten.

nur die Frage des Besitz- nicht aber des Eigentumserwerbs regelt.[1416] § 198 BGB ist in all jenen Sachverhalten von großer Bedeutung, in welchen Kulturgüter nach dem ersten verfolgungs- oder kriegsbedingten Entzug auf deutschem Territorium ihren Besitzer wechselten. Abgesehen von den Fällen, in welchen der Plünderer „seinen" Gegenstand bei sich behält[1417], kann also § 198 eine nicht unerhebliche Rolle spielen. Seine erste ausdrückliche Anwendung in der Rechtsprechung auf einen Beutekunstfall hat § 198 in seinem Vorgänger § 221 im Verfahren City of Gotha v. Cobert Finance erfahren.[1418]

2. § 198 BGB und illegaler Kulturguthandel

Im Kontext unserer Fragestellung tritt noch eine weitere Schwierigkeit hinzu: So würde es für den Eigentümer im Hinblick auf den Lauf der Verjährung von Nachteil sein, wenn die Besitzer, wie das Gesetz es fordert, im Einvernehmen, ja kollusiv ein Kulturgut zu Lasten des Berechtigten weitergeben. Nach ganz herrschender Meinung kommt es auf die Gut- oder Bösgläubigkeit des neuen Besitzers nicht an, weil auch der Rechtsvorgänger, in dessen Position der neue Besitzer eintritt, diese Eigenschaft nicht vorweisen kann.[1419]

Auf die Spitze gebracht würde dies aber bedeuten, dass § 198 BGB den einvernehmlich illegalen Handel mit Beutekunst, wie gerade durch Hehlerei im Sinne des § 259 StGB, von Gesetzes wegen fördert. In diesem Zusammenhang stellt sich die Frage, ob nicht nur der Diebstahl[1420], sondern gerade auch das selbständige Anschlussdelikt der Hehlerei im Sinne des § 259 StGB gegen einen einvernehmlichen Besitzübergang an der Sache sprechen. Nur „lebt" die Hehlerei ja bekanntermaßen von der Einvernehmlichkeit des Besitzübergangs als Perpetuierung der rechtswidrigen Besitzlage durch Verschaffung der unmittelbaren Verfügungsmacht über eine Sache. In konsequenter Anwendung des § 198 BGB würde dies bedeuten, dass die Hehlerei als strafwürdig befundener Verschaffungstatbestand gegenüber dem Diebstahl beim Vorbesitzer im Hinblick auf die Frage der Verjährung durch § 198 BGB gesetzlich privilegiert wäre.

1416 Zutreffend Finkenauer JZ 2000, 244f. Die Neufassung des § 943 I durch das Schuldrechtsmodernisierungsgesetz enthält nur redaktionelle Verbesserungen ohne materielle Auswirkungen.

1417 So etwa im Fall des Domschatzes von Quedlinburg, beschrieben in Kapitel 7 A I (insbesondere in den Fußnoten).

1418 Siehe hierzu ausführlich oben 2. Kapitel, Abschnitt B, I–IV.

1419 Peters in Staudinger § 221 Rn. 5, Hefermehl in Erman § 221 Rn. 4.

1420 Ob eine Unterschlagung im Rahmen des § 221 BGB dem Diebstahl zur Unterbrechung der Besitzkette gleichgesetzt werden kann, ist streitig. Finkenauer aaO spricht sich dagegen aus.

3. Lösungsvorschlag

Dieser Befund macht es notwendig, § 198 BGB dahingehend teleologisch zu reduzieren, dass nur der Erwerber eines Gegenstandes, der nicht in Kenntnis der Provenienz des Gegenstandes und damit im Wissen und Wollen um die einvernehmliche Benachteiligung, ja Schädigung des nicht notwendigerweise bekannten Anspruchstellers handelt, in den Genuss der Anrechnungsvorschrift kommen kann.

Der Tatbestand der Rechtsnachfolge gliedert sich mithin in den objektiv feststellbaren einvernehmlichen Besitzübergang und die subjektiv erforderliche Gutgläubigkeit zumindest auf Seiten des Erwerbers. Nur eine solche Personengruppe kann als legaler Nachfolger im Sinne der Vorschrift gelten. Ein rein einvernehmlicher Erwerbstatbestand kann im gegebenen Faktenzusammenhang nicht genügen. Die herrschende Meinung scheint das Problem der Hehlerei nach § 259 StGB, dessen strafwürdiges Verhalten in § 198 BGB gleichsam als Tatbestandsvoraussetzung für die Besitznachfolge angesehen wird, bislang ausgeklammert zu haben. Allerdings ist schon mehrfach angemerkt worden, dass die Formulierung des Tatbestands in § 198 BGB als zu ungenau, ja missglückt anzusehen ist.

Zumal der illegale Handel mit Kulturgütern seine Spuren verwischt und die Rechtsverfolgung erschwert, ist es auch gerechtfertigt, in Übereinstimmung mit dem Strafzweck des § 259 StGB die Verjährung im Sinne des § 198 I BGB erneut beginnen zu lassen. Damit kann § 198 BGB auch im Bereich des Kulturgüterschutzes fruchtbar gemacht werden.

Im Verfahren City of Gotha v. Sotheby's war die Rechtslage insoweit eindeutiger. Nach Abschluss des geheimen Transports des Bildes von Moskau nach Berlin hat die Frau des togolesischen Botschafters Dikeni („big mama") das Gemälde nach den Feststellungen des High Court nicht weitergegeben, sondern für eigene Zwecke an sich genommen. Hierfür sei § 198 BGB nicht anwendbar: Es sei nicht nachzuvollziehen, dass der unmittelbare Besitzer, der durch die Unterschlagung Eigenbesitz begründet hat, dem Dritterwerber diese illegale Besitzzeit zur Anrechnung übertragen könne.[1421]

Nach Ansicht des High Court wird die Kette rechtmäßiger Besitznachfolgen durch jede unerlaubte Handlung unterbrochen[1422]. Weiterhin stellte der High Court fest, dass § 198 BGB nicht für den unmittelbaren Fremdbesitzer (bailee) gilt, der seinen Besitz vom mittelbaren Besitzer (bailor) durch ein Besitzmittlungsverhältnis im Sinne des § 868 BGB (wie auch Miete, Pacht, Leihe, Auftrag)

[1421] Urteil des High Court bei CARL/GÜTTLER/SIEHR, 189ff.

[1422] COING in Staudinger, 10. Auflage, § 221 Rn. 4; der High Court schloss sich dieser Ansicht aus der Vorauflage an.

ableitet. Weil der Fremdbesitzer nicht die gleiche Qualität des Besitzes wie sein Rechtsvorgänger erlangt, sondern sich lediglich den Besitz an der Sache teilt, könne er nicht als Nachfolger im Besitz an der Sache angesehen werden.[1423] Diese Argumentation widerlegt diejenigen Literaturstimmen, welche die Unterscheidung zwischen unmittelbaren und mittelbaren Besitz nicht vornehmen[1424].

IX. Fälle des Rechtsmissbrauchs

Befindet sich ein Kulturgut noch immer in den Händen seines Diebes oder Plünderers, so würde seine Einrede der Verjährung im Sinne des § 214 II BGB n.F. (§ 222 II BGB a.F.) nach Ablauf der gesetzlichen Frist von 30 Jahren greifen. Dies ist zu Recht schon häufig stark kritisiert worden.[1425]

Der High Court nahm im Fall City of Gotha v. Cobert Finance eine ähnliche Konstellation zum Anlass, die Verjährung, auf welche deutsches Recht anwendbar war, gegen die englische public policy (ordre public) verstoßen zu lassen, womit er dann englisches Sachrecht mit der Folge der Unverjährbarkeit heranziehen konnte. Dort hatte sich der Beklagte auf die Verjährung berufen, obgleich er zuvor in aller Deutlichkeit zugegeben hatte, das Gemälde nicht im guten Glauben erworben zu haben.

Man könnte deshalb geneigt sein, die Barriere der Verwirkung nicht nur auf die Geltendmachung von Ansprüchen, sondern auch auf die Erhebung von Einreden – wie etwa die Einrede der Verjährung nach § 214 II BGB – anzuwenden. Dies ist jedoch nicht zulässig. Helfen kann hier aber die Prüfung rechtsmissbräuchlichen Verhaltens: Der Anspruchsgegner beruft sich auf eine Einwendung, die er durch sein eigenes Verhalten gezielt herbeigeführt hat (venire contra factum proprium). Hieran gäbe es in der Regel nichts auszusetzen. Nur begründet sich die Einrede der Verjährung hier nicht etwa auf ein rechtlich anerkanntes Verhalten, sondern auf einen durch den Anspruchsgegner mit allen Mitteln erzwungenen Zeitablauf. Dies verstößt aber gegen den allgemeinen Rechtsgedanken, dass niemand aus einem Ereignis für sich günstige Rechtsfolgen ableiten darf, wenn er dieses treuwidrig zu seinen Gunsten herbeigeführt hat, § 162 II BGB analog.[1426] Die Rechtsprechung hat diesen Gedanken für die Vereitelung des Be-

---

1423 Siehr in Carl/Güttler/Siehr, Kunstdiebstahl vor Gericht 67, Johannsen in RGR-Kommentar zum BGB I, § 221 Rn. 4, Ordemann 94.

1424 So etwa Peters in Staudinger 13. Auflage 1995 § 221 Rn. 5, von Feldmann in Müko § 221 Rn. 2.

1425 Kunze 235. Es ist aber darauf hinzuweisen, dass der Besitzer nach dem Wortlaut des inhaltlich gegenüber § 222 a.F. nahezu identischen § 214 II BGB auf die Einrede der Verjährung freiwillig verzichten kann („berechtigt, die Leistung zu verweigern").

1426 Vergleiche (jüngst) BGH NJW 1998, 3192 und BAGE 4, 306, 309 sowie Wolf in Soergel § 162 Rn. 16.

ginns der Verjährung durch den Anspruchssteller angewendet hat[1427]. Umgekehrt erfasst dann aber auch die bewusste Herbeiführung des Endes der Verjährungsfrist durch den Anspruchsgegner die §§ 162 I und II BGB, die nach ihrem Regelungszweck gerade davor schützen wollen.[1428]

H. Freies Geleit für Leihgaben von Beute- und Raubkunst?

I. Anwendungsbereich am Beispiel von § 20 KultSchG

Unter einem freien Geleit versteht man die rechtsverbindliche Zusage des Entleihers, einen entliehenen Gegenstand unbeschadet materieller Anspruchspositionen Dritter am Ort des Entleihers nach Ablauf der Leihfrist zurückzugeben.[1429] Damit dient das freie Geleit in erster Linie dem Vertrauensschutz im internationalen Kulturgüteraustausch zur Sicherung des internationalen Ausstellungswesens unbeschadet möglich bestehender ausländischer (Sach-)Rechte.[1430]

Der Verleiher kann die Sicherung seines Rückgabeanspruches vor Ansprüchen Dritter in Form von Herausgabeansprüchen, Klagen oder Arrestverfügungen[1431] und die Vollstreckung in seinen Gegenstand durch Pfändungen und Beschlagnahmen bei der nach Bundes- und Landesrecht zuständigen obersten Behörde[1432]

1427 BGH VersR 1991, 1032; BGH NJW 1996, 2933, 2934.

1428 *Siehr* sieht hierin den Beleg für eine gesetzgeberische Fehlentscheidung, die nicht mittels eines Missbrauchskonstrukts, sondern de lege ferenda korrigiert werden müsse („Ist es rechtsmissbräuchlich, sich auf einen absurden Rechtssatz (...) zu berufen? Nein, der Rechtssatz selbst ist falsch und sollte vergessen werden“), in: CARL/GÜTTLER/SIEHR Kunstdiebstahl vor Gericht, 62f.

1429 Grundlegend KEMPEN in FS Badura, 1097ff. Siehe auch JAYME, das freie Geleit, der auf S. 3 darauf hinweist, dass das freie Geleit *ursprünglich für Personen*, und nicht für Sachen konzipiert worden war. Hieraus schließt er später im Zusammenspiel mit der Freizügigkeit einer Person aus Artikel 30 EGV im Europarecht die Schlussfolgerung, dass diese Freizügigkeit der Person „zwangsläufig auch zur Freizügigkeit der ihr gehörenden Kunstwerke“ führe, S. 20.

1430 JAYME, das freie Geleit, 4 und 8f.

1431 Hierzu ausführlich BAUER in GENIEVA (Hrsg.), Gesten des guten Willens, 228ff., der zu bedenken gibt, das sachliche Gründe wie die Förderung des internationalen Kulturgüteraustausches den allgemeinen Justizgewährleistungsanspruchs aus Artikel 19 IV einschränken oder wie hier suspendieren können. Dies gelte auch für den vom Regelungsbereich des § 20 KultSchG nicht erfassten Erlass einer einstweiligen Anordnung durch das Bundesverfassungsgericht nach § 32 BVerfGG im Rahmen der dort vorzunehmenden Folgenabwägung.

1432 Zuständige Behörde im Bund ist der Beauftragte der Bundesregierung für Angelegenheiten der Kultur und der Medien, in den Ländern die jeweiligen Ministerien für Wissenschaft, Forschung und Kunst.

beantragen, § 20 I 1 und § 20 IV Kulturgutsicherungsgesetz[1433]. Hat dann die Behörde per Verwaltungsakt, der weder zurückgenommen noch widerrufen werden darf (§ 20 III KultSchG), freies Geleit mit der Überschrift „Rechtsverbindliche Rückgabezusage" auf Grundlage des § 20 KultSchG erteilt, so müssen Kulturgüter am Ende der Leihzeit zurückgegeben werden, auch wenn die Eigentumslage unsicher ist und ein Restitutionsanspruch (auf welcher Rechtsgrundlage auch immer) im Raume steht.[1434] Dies bewirkt § 20 IV KultSchG, der folgende Regelung enthält:

> *Bis zur Rückgabe an den Verleiher sind gerichtliche Klagen auf Herausgabe, Arrestverfügungen, Pfändungen und Beschlagnahmen unzulässig.*

Hierdurch wird dem Kulturgut für die Dauer des freien Geleits eine Art „dingliche Immunität" verliehen, welche die Kunstwerke gleichsam personalisieren[1435] und hierdurch Klagen unzulässig macht, Herausgabeansprüche als eigenes Recht zum Besitz und Vollstreckungsansprüche wirksam abwehrt, vor Pfändungen und Arrestverfügungen schützt sowie die Beschlagnahmung eines Kulturgutes als Beweismittel im Strafverfahren verbietet. Das freie Geleit bringt also im Streitfall zumindest zweitweise Frieden[1436] zwischen den am Kulturaustausch Beteiligten und bewirkt damit einen Aufschub direkter gerichtlicher Auseinandersetzungen.

Aufgrund möglicher entgegenstehender (dinglicher) Positionen ist dies in der Tat ein „kleines rechtliches Wunder"[1437]: Dies wird nur dadurch verständlich, dass durch das freie Geleit der internationale Kulturgutaustausch im Ganzen gefördert werden soll. Nach bisheriger Erfahrung sehen nämlich potentielle Verleiher unter dem Eindruck einer unsicheren Eigentumssituation oder auch nur potentieller Unwägbarkeiten von einer Leihgabe ins Ausland bewusst ab.

Wird so etwa Beutekunst nach Deutschland entliehen, so ist der Entleiher auf Grundlage des § 20 I und IV Kulturgutsicherungsgesetz zunächst zur Rückgabe verpflichtet.[1438] Einer Gegenansicht, die freies Geleit nicht auf Beutekunst anwenden will, dass in Russland aufbewahrt wird[1439], ist nicht zuzustimmen, da das

---

[1433] BGBl. 1998 II, 3162.

[1434] HIRSCH NJW 2001, 1627.

[1435] JAYME, das freie Geleit, 27.

[1436] So ausdrücklich JAYME, das freie Geleit, 27f.

[1437] So Ulrike HINRICHS in UNVERZAGT (Hrsg.), Kultur und Recht, L 3.3 auf S. 5.

[1438] So ausdrücklich HIRSCH, in: NJW 2001, 1627.

[1439] Siehe SCHOEN in NJW 2001, 537ff., 541 rechte Spalte oben und ausführlicher SCHOEN 202ff. (zum Begriff „ausländisches Kulturgut"). Auch STUMPF 304 spricht sich dafüür aus, dass das entliehene Kulturgut ausländischer Herkunft sein muss. Dies ergebe sich aus den völkerrechtlichen Verpflichtungen der Bundesrepublik Deutschland zum internationalen Kulturgutaustausch, PIEROTH/HARTMANN NJW 2000, 2129f. (2130).

Gesetz zum einen ausdrücklich von ausländischen Kulturgütern spricht und zum anderen eine nationale Zuordnung eines Kulturgutes nach Erteilung einer rechtsverbindlichen Rückgabezusage schon allein auf Grund der Schaffung dieses nach Sinn und Zweck gerade *hierauf* spezifizierten Vertrauenstatbestandes durch das freie Geleit keine Rolle spielen kann.[1440] Derselbe Zuordnungsgedanke gilt übrigens auch für die NS-verfolgungsbedingt entzogenen Kulturgüter.[1441]

II. Freies Geleit für Egon Schieles Werke in New York?

Die praktischen Auswirkungen der Gewährung freien Geleits ließen sich in New York beobachten.[1442] Dort hatte die New Yorker Staatsanwaltschaft zwei Gemälde Egon Schieles (Tote Stadt III und Bildnis Wally) auf Antrag von Erben der jüdischen Opfer Lea M. Bondi[1443] und Fritz Grünbaum[1444] beschlagnahmt. Das Museum of Modern Art, das die Bilder von der Wiener Leopold Stiftung entliehen hatte, berief sich hingegen vor dem New Yorker Gericht auf das freie Geleit, das in § 12.03 des New York Arts and Cultural Affairs Law („ACAL“) § 12.03 gewährt wird.[1445]

1440 So bereits Jayme, freies Geleit, S. 5 und 6.

1441 Kann aber eine unerlaubte Einfuhr nachgewiesen werden, so kann eine Beschlagnahme im Sinne der §§ 111 k StPO i.V.m § 66 IRG (internationale Rechtshilfe für Strafsachen) oder ihre Einziehung nach § 375 II Nr. 1 AO sinnvoll werden. Bei offiziellen Leihgaben handelt es sich aber um keine Einfuhr nach zollrechtlichen Bestimmungen, die eine Anmeldung der Gegenstände erfordern. Vergleiche zu diesem Themenkomplex Schumann/Schmidt-Bremme NJW 2002, 574 ff.

1442 Zum Verfahren sehr ausführlich Bender, Case Commentary: In Re Application to quash Grand Jury Subpoena Duces Tecum served on the Museum of Modern Art. 31, New York University Journal of International Law and Politics, S. 109–123 (1998) und auch Weller IPRax 1999, 212ff. Siehe auch den Beitrag Köhlings vom 15.4.2000: Freies Geleit für Raubkunst in den USA?, nachzulesen unter www.Kunstrecht.de im Bereich „Nachrichten“.

1443 Schwartz, The Limits of the Law: A Call for a new Attitude toward Artwork stolen during World War II, 32, Columbia Journal of Law and Social Problems, S. 16 schildert die Hintergründe des Entzugs: Lea Bondi Jaray war eine jüdische Kunsthändlerin in Wien und floh 1937 aus London. Sie nahm nur das mit, was sie tragen konnte. In einem Brief an ihren Kollegen Otto Kalir vom August 1966 bittet sie ihn um Unterstützung bei der Rückführung des Bildnisses Wally (Ego Schiele, 1912), welches ihr von dem NS-Kunsthändler Friedrich Welz abgepresst worden war. Auch ihr Ehemann hatte ihr mit den Worten: „Du weißt, was sie tun können“ geraten, das Bild herauszugeben. Siehe zu den beiden Bildern auch Lippman, „Art and Ideology in the Third Reich: The Protection of Cultural Property and the Humanitarian Law of War“, Dickinson J. Int'l L. 17 (1998), S. 85ff.

1444 Ein ähnliches Schicksal erfuhr die „Tote Stadt III“, die einst dem Verwandten der New Yorker Kolummnistin Rita Reif, Fritz Grünbaum, der 1940 im KZ Dachau ermordet worden war, gehört hatte: 16 Exponate aus der Sammlung Grünbaum waren 1998 im Besitz der Sammlung Leopold in Wien (Schwartz, The Limits of the Law, 17).

1445 Die Bestimmung lautet wie folgt: *„No process of attachment, execution, sequestration, replevin, distress or any kind of seizure shall be served or levied upon any work of fine art while the same is en route to or from, or while on exhibition or deposited by a nonresident exhibitor at*

Um ganz sicher zu gehen, hätte das MoMA aber freies Geleit in einem schwierigen bundesrechtlichen Verfahren gemäß 22 U.S.C. § 2459 Immunity from Seizure Act („IFSA“) anmelden können. Der Rechtsstreit ging über alle drei Instanzen. Das Appellationsgericht ging entgegen dem erstinstanzlichen New Yorker Supreme Court davon aus, dass die Immunität gegen Beschlagnahmen im New Yorker Arts and Cultural Affairs Law sich nicht nur auf zivilgerichtliche, sondern auch auf strafrechtliche Verfahren beziehe.[1446] Daher wurde die Beschlagnahme aufgehoben.[1447] Kurz darauf leitete der Bundesstaat New York vor dem

---

any exhibition held under the auspices or supervision of any museum, college, university or other nonprofit art gallery, institution or organization within any city or county of this state for any cultural, educational, charitable or other purpose not conducted for profit to the exhibitor, nor shall such work of fine art be subject to attachment, seizure, levy or sale, for any cause whatever in the hands of the authorities of such exhibition or otherwise.“ WELLER, 215f., sieht diese Bestimmung als richtungsweisend und einzigartig zugunsten des internationalen Leihverkehrs von Kunstwerken an.

1446 In Re Application to Quash Grand Jury Subpoena Duces Tecum, The People of the State of New York v. Museum of Modern Art, Court of Appeals of New York, 21.9.1999, 697 N.Y.S.2d 538 und 719 N.E.2d 897, zitiert bei PALMER 199; relevanter Entscheidungsteil auf S. 206ff.

1447 Die Grand Jury führt insbesondere auch praktische Gründe an, die sie dazu bewegt, das freie Geleit nur im zivilrechtlichen, nicht aber im strafrechtlichen Sinne einzuordnen (kursive Hervorhebungen durch den Verfasser): „Here, the result of quashing the Grand Jury subpoena is not nearly so drastic. The Grand Jury is not precluded from proceeding with its investigation; it simply cannot retain the Paintings. But, in point of fact, the Paintings are not needed for the investigation. *The present owner, provenance, value and whereabouts of the Paintings are known.* Indeed, Lea Bondi and Fritz Grunbaum are openly acknowledged by the Leopold Foundation to have owned their respective Paintings. M. Dabrowski & R. Leopold, supra, 144, 195. The whereabouts of art work covered by this statute will always be known, even if privately held. After all, the owner is willing to lend the art for public viewing. The *far more troubling* scenario occurs when art is stolen and then held privately for years, its location unknown and undiscoverable. See, Solomon R Guggenheim Foundation v. Lubell, 77 N.Y.2d 311 (1991). The statute merely precludes the use of a temporary exhibition as a mechanism to seize art. The People contend that in the context of a criminal investigation this result would be contrary to public policy in that it provides stolen property greater protection in New York than it might receive in its place of origin. *The distinction, of course, is that the art is only temporarily in New York. Claimants lose no potential rights they might have to the art*; they simply cannot use a temporary exhibition in New York to avoid pursuing their claims where the art originated. Indeed, for the reasons discussed above, this was the very result the Legislature sought in enacting. ACAL & sect; 12.03. Both parties have raised compelling policy concerns. *Words cannot convey the horror of the Holocaust.* But the tragedy of that event, although casting a pall over this matter, is not at issue here. *However, it is indeed troubling if museums and cultural institutions, which are „sources of civilized values“ are turning a blind eye to the exhibition of stolen art.* Ringer Aff, Ex. 12, Soltes Affidavit, • 13. Conceivably a Grand Jury investigation may uncover inappropriate or unlawful practices by such institutions and lenders, but the Paintings themselves are not needed for the exploration of this issue. Moreover, it appears the museums themselves are taking recognition of the fact that as cultural institutions they must hold themselves to a higher standard. See, *J. Dobrzynski,* Lenders Pull Two BonnardsFrom a Show at the

Bundesgericht gegen dieses Urteil ein selbständiges Verfahren ein, das die ursprüngliche Entscheidung auf den Kopf stellen sollte und die Beschlagnahme als rechtens legitimierte.[1448] Lea M. Bondi beantragte unbeschadet dessen die gerichtliche Feststellung, dass sie die rechtmäßige Eigentümerin des Bildnis Wally sei.[1449]

III. Vorläufiges Resümee

Die Bereitschaft zur Leihgabe von Exponaten im Rahmen des internationalen Kulturaustausches wird durch das Instrument des freien Geleits effektiv gefördert. Dies ist als ein wichtiger Fortschritt gegenüber der ehemals unsicheren Rechtslage zu begrüßen. Die Grenzen der hierdurch verliehenen Immunität sollten indes dort liegen, wo der illegale Kulturguthandel beginnt oder Beute- respektive Raubkunst verliehen wird: Im eben geschilderten Fall Tote Stadt III und Bildnis Wally von Egon Schiele bildeten Immunitätsfragen aus dem freien Geleit eher einen Hemmschuh für die Restitution, da über das eigentliche Rückgabeverlangen zunächst nicht entschieden werden konnte.

Gleichzeitig zeigte die Beschlagnahme dieser Bilder in New York künftigen potentiellen Verleihern, dass sie trotz freien Geleits mit erheblichen Schwierigkeiten zu rechnen haben, was sie zu einer Chancen- und Risikoabwägung veranlassen wird, die für den internationalen Kulturgüteraustausch nicht immer günstig ausfallen wird. Dem tritt in den Vereinigten Staaten von Amerika noch der *National Property Act* hinzu[1450], der den Import gestohlener und illegal verbrachter Kulturgüter kriminalisiert und es gerade auch der Bundesrepublik Deutschland ermöglicht, auf illegal in die Vereinigten Staaten importierte Kulturgüter (so auch Beute- und Raubkunst) zuzugreifen.[1451]

Modern, N.Y. Times, April 29, 1998, at C1; D. d'Arcy. Europeans Support US Museum Over Schiele Nazi Loot, 80 The Art Newspaper. April 1998, at 9."

1448 Das ursprüngliche Verfahren, dass die subpoena duces tecum verhängte, findet sich ursprünglich unter *New York v. MOMA,* No. 28012–98 (N.Y. Sup. Ct., filed Jan. 7, 1998). Das neue Verfahren des Bundesstaates New York gegen dieses Urteil, um eine Legitmation für die Beschlagnahme in einem gesonderten Verfahren herzustellen, findet sich unter *United States v. Portrait of Wally*, a painting by Egon Schiele, defandant in rem, 105 F. Supp. 2d (S.D.N.Y. 19 July 2000). Die genannten Entscheidungen werden kommentiert vom Prozessvertreter der Klägerin, Spiegler, Recovering Nazi-Looted Art, p. 306 et. seq. und ausführlicher besprochen bei Lufkin, The federal ‚Schiele' Case, p. 305 et seq.

1449 Bondi v. A Painting by Egon Schiele known as „Bildnis Vally" [or „Wally"], 99 CV 9986 (S.D.N.Y., filed Sept. 24, 1999).

1450 National Stolen Property Act, 18 U.S.C. §§ 2314–15 (1988), besprochen von Patt 1211 et seq. (1213): „Thus, the NSPA remains one of the most effective means of recovering stolen cultural objects in the United States."

1451 Hierzu Costello, in: Must Russia Return the Artwork stolen from Germany During World War II?, auf S. 144: „Besides case law, the National Stolen Property Act" criminalizes the

I. Zusammenfassende Bewertung

Im deutschen Privatrecht verhindern, wie ausführlich erörtert, in der Regel die nachfolgend benannten drei Rechtsinstitute den Erfolg der rei vindicatio an verfolgungsbedingt entzogenen oder kriegsbedingt verlagerten Kulturgütern. Diese sind:

1. Der gutgläubige Erwerb nach § 932 II BGB;
2. Die Ersitzung nach § 937 I BGB und
3. Die Verjährung des Herausgabeanspruchs nach § 195 I BGB.

Ausgehend von der Tatsache, dass Kulturgüter in der Bundesrepublik Deutschland nicht als dem allgemeinen Rechtsverkehr entzogen gelten (res extra commercium), liegt die Gefahr der Ersitzung eines ursprünglich geplünderten Kulturguts auf der Hand. Zudem besteht de lege ferenda ein erheblicher Nachbesserungsbedarf im Rahmen der Verjährbarkeit des Herausgabeanspruchs, da eine Hemmung der Verjährung nach § 206 BGB (§ 203 BGB a.F.) mit dem Erlass des bürgerlichen Rechts in der Russischen Föderation mit Ablauf des Jahres 1995 (lange vor Erlass des Beutekunstgesetzes) endete. Die Erörterungen im nachfolgenden Kapitel beschäftigen sich dann unter anderem mit Korrekturmöglichkeiten und der Anrechnung von Besitzzeiten bei der Ersitzung und der Verjährung im deutschen Kollisionsrecht. Beim gutgläubigen Erwerb in der Systematik der §§ 932 und 935 BGB könnte zudem nach Vorbild des schweizerischen Lösungsrechts nach Artikel 934 II ZGB de lege ferenda ein sachgerechter Ausgleich zwischen Eigentümer und Erwerber unter Berücksichtigung der Interessenlage und des besonderen historischen Hintergrunds geschaffen werden. Mittels des Lösungsrechts nach schweizerischem Vorbild könnten staatlich geraubte Kulturgüter, welche gutgläubig erworben wurden, doch noch herausverlangt und gleichzeitig die Interessen des gegenwärtigen Besitzers in angemessener Art und Weise gewahrt werden.

---

knowing transportation, sale, or receipt in interstate or foreign commerce stolen artwork. Under this statute, Germany would have to „acknowledge the ownership rights to the cultural property and have existing domestic legislation prohibiting the export, transfer, removal, or excavation of the cultural proprty at issue. Therefore, in the event that an American art dealer obtains a German painting from a Russian national, and knows that the property had been stolen, Germany would have recourse to try to obtain the cultural property. With the collapse of the Soviet Union and the stagnation of the present Russian economy, it would not be surprising if Russian citizens and museums try to turn the German artwork they have into hard currency. It would thus be advantageous for the Germans to keep watch over the American art market, since many of the German cultural objects in Russia may cross from the Russian black market into American galleries, museums, and private collections. By remaining diligent in tracing the movement of artwork into the American marketplace, American law could be used to expedite the return of German artwork rather than waiting for Russia to fulfill its bilateral and multilateral agreements."

Der Gesetzgeber ist dazu aufgerufen, an den genannten problematischen Stellen entsprechend den eigenen Vorgaben aus der Gemeinsamen Erklärung von 1999 zu handeln, faire und gerechte Lösungen für den Anspruchsteller zu finden. Jedenfalls verhindert das gegenwärtige deutsche Privatrecht gegenwärtig von vornherein die Realisierung solcher Lösungen und erstickt die Erfolgsaussichten des bundesweit konsentuierten Bestrebens grundsätzlich bereits mit dem eigenen Privatrecht im Keim.

Kapitel 6: Der Kunstraub im Internationalen Privatrecht

The law stands as a bulwark against the handiwork of evil, to guard to rightful owners the fruits of their labors.[1452]

A. Grundlagen

Die Geschichte hat gezeigt, dass die konkreten Entzugsumstände im Raubvorgang von kriegsbedingt verlagerten und verfolgungsbedingt entzogenen Kulturgütern sich ähnelten, wenn nicht gar identisch waren: So haben Nationalsozialisten im besetzten Frankreich und in den Niederlanden sowohl jüdisches Eigentum wie auch – hier aber recht selten – fremdes Privateigentum konfisziert.

Auch haben chronologisch aufeinanderfolgende Entzüge im sowohl verfolgungs- wie nachfolgend auch kriegsbedingten Zusammenhang, stattgefunden so etwa bei der *Inkunabelsammlung Victor von Klemperers* aus Dresden.[1453]

Ein im Ergebnis ähnliches Schicksal ereilte die Kulturgüter auf deutschem Territorium, die unter anderen durch sowjetische und „ukrainische" Trophäenbrigaden oder schlicht durch Offiziere „privat" weggenommen wurden, um dann in privaten oder öffentlichen Besitz überführt zu werden.

Wohin ein geraubtes Kulturgut seine Reise unternahm, lässt sich nicht einheitlich beantworten. Zweifellos handelte es sich aber stets um Fälle mit Auslandsberührung. Bevor man die einzelnen Rechtsinstitute en detail erörtert, ist eine geraffte Darstellung der auftretenden Fragestellungen hilfreich.

Dieser Zielsetzung dient eine zunächst kurze Zusammenfassung der wichtigsten Gesichtspunkte:

[1452] Menzel v. List, 267 N.Y.S. 2d 804, 820 (1966).

[1453] Derzeit schwebt ein Verfahren um die Rückgabe einer Inkunabelsammlung von Victor von Klemperer, die in Dresden belegen war und zunächst von den Nationalsozialisten beschlagnahmt und in die Dresdner Staatsbibliothek eingewiesen wurde, um dann in Sowjetunion verschleppt zu werden. Über diesen Fall, der den *Übergang von der Raub- zur Beutekunst* demonstriert, kann der Verfasser jedoch mangels Freigabe durch den Mandanten – gerade wegen des noch sehr unsicheren Verfahrensstandes – leider nicht näher berichten, dankt aber Herrn Rechtsanwalt Dr. Jörg Cramer von Clausbruch aus Dresden für diese grundlegende Information, die den tatsächlichen Beleg für solche Überlappungen abgibt.

1. Nach allgemeinen Regeln bleibt das Privatrecht in einem besetzten Gebiet in seiner ursprünglichen Form in Kraft.[1454] Daher sind alle rechtserheblichen Handlungen nach dem noch immer geltenden Recht des besetzten Staates zu bewerten.
2. Finden völkerrechtswidrige Enteignungen statt, etwa durch die Wegnahme von Kulturgütern entgegen Artikel 56 HLKO, so ist dies eine Frage des internationalen Enteignungsrechts, das im Internationalen Privatrecht im Bereich der ordre public (in Deutschland: Artikel 30 EGBGB a.F.) und der Generalklauseln angesiedelt ist.
3. Ein möglicher Eigentumsübergang bemisst sich nach den privatrechtlichen Regeln nach Maßgabe der Belegenheit (lex rei sitae). Völkerrechtliche Vorgaben, wie etwa eine Verpflichtung zur Restitution, haben an sich keinen Einfluss auf sich anschließende Sachnormen des anzuwendenden Privatrechts. Allerdings ist durch eine völkerrechtswidrige Wegnahme von Kulturgütern auch nach Maßgabe des Privatrechts kein Eigentumsverlust eingetreten. Ein kriegsbedingt verlagertes oder NS-verfolgungsbedingt entzogenes Kulturgut ist vielmehr abhanden gekommen.[1455]
4. Bei allen zivilrechtlichen Instituten, die rechtshindernde- und vernichtende Einwendungen gegen den Anspruch auf Herausgabe begründen können, ist gesondert anzuknüpfen. Dies gilt für die in solchen Fällen klassischen Institute wie etwa die Möglichkeit des gutgläubigen Erwerbs, der Ersitzung sowie der Verjährung des Herausgabeanspruchs.

I. Intertemporales Kollisionsrecht

Die wesentlichen Entzugstatbestände, die auf den Wirren des Krieges und nationalsozialistischer Verfolgung beruhen, spielten sich in zwei überschaubaren Zeiträumen ab. Die entscheidende Trennungslinie liegt in der historischen Zäsur, welche in der bedingungslose Kapitulation des Deutschen Reichs am 8. Mai 1945 ihren deutlichsten Ausdruck fand. Ab diesem Zeitpunkt sind nur noch „kriegsbedingt“ verlagerte Kulturgüter, nicht aber mehr verfolgungsbedingt entzogene Kulturgüter denkbar. Für das Kollisionsrecht ist diese Zäsur nur insoweit von Belang, als es die Gebietsänderungen in den jeweiligen – auch besetzten – Staaten zu berücksichtigen hat. Hiervon ist das intertemporale Sachrecht zu unterscheiden, dass unter den Begriffen der Wiedergutmachung und Rückerstattung durch die Alliierten und die Bundesrepublik Deutschland gefasst wurde und bereits Gegenstand der Erörterung war.[1456]

Ob, wann und wie die unter diesen Umständen verlagerten Kulturgüter erneut Fragen des (intertemporalen) Kollisionsrechts berühren, ist freilich am jeweiligen Einzelfall zu ermessen. Hierzu gilt es zunächst zu fragen, ob im internationalen Sachenrecht solche Entwicklungsstufen und Änderungen zu verzeichnen sind, dass diese im Sinne eines intertemporalen Rechts als zeitlicher Statutenwechsel zu berücksichtigen wären.

1454 Kegel I § 3 Rn. 159.

1455 Siehe bereits oben im fünften Kapitel, Abschnitt C, insbesondere zur Notwendigkeit einer Neubewertung des Vorgangs in einer eigenständigen sachenrechtlichen Kategorie (de lege ferenda).

1456 Siehe hierzu 3 B–C.

In den Vorarbeiten zum Bürgerlichen Gesetzbuch und den Beratungen der Kommissionen im Jahre 1891 wurde bereits über eine Kodifikation des internationalen Sachenrechts verhandelt. Da abgesehen von der situs-Regel, die als Selbstverständlichkeit empfunden wurde, keine einheitlichen Vorschriften für die verschiedenen sachenrechtlich relevanten Vorschriften gefunden werden konnten, blieb eine Normierung in diesem Bereich aus.[1457]

Auch später blieb eine eine gesetzlichen Neuordnung des internationalen Sachenrechts aus. Dergestalt vermied auch das Gesetz zur Neuregelung des Internationalen Privatrechts aus dem Jahre 1986 eine Kodifikation in diesem Bereich. Für den in Frage kommenden Zeitraum findet man im deutschen internationalen Sachenrecht daher vorwiegend Richter- und Gewohnheitsrecht vor. Die Kodifikation des internationalen Sachenrechts durch das Ergänzungsgesetz trat am 1. 7. 1999 in Kraft. Diese Neukodifikation der Artikel 43 ff. EGBGB kann aber erst für Fälle nach dem 1. Juli 1999 Auswirkungen haben, Artikel 220 EGBGB.[1458,1459]

Weil es in diesem Bereich aber an einer ausdrücklichen gesetzlichen Regelung fehlt, gelten die Grundsätze der Artikel 220 I, 236 § 1 EGBGB entsprechend.[1460] Inwieweit sich hierdurch Änderungen in der rechtlichen Bewertung im Einzelfall ergeben, lässt sich zwar jetzt noch nicht abschließend sagen. Es gilt aber zu beachten, dass die Neuregelung im Wesentlichen eine Kodifikation des gewohnheitsrechtlich geformten internationalen Sachenrechts darstellt.[1461] Die nun folgende Darstellung soll diesen Befund verdeutlichen.

1457 Stoll IntSar Rn. 9f.

1458 Hohloch in Erman vor Artikel 43 EGBGB Rn. 8.

1459 Das „klassische" Abgrenzungsproblem in Artikel 220 I EGBGB betrifft die Frage, was unter einem abgeschlossenen Tatbestand zu verstehen ist. Die herrschende Meinung favorisiert die kollisionsrechtliche Sichtweise. Entscheidend ist danach, ob die neuen Kollisionsnormen Anknüpfungsmerkmale erfassen, die sich in einem Tatbestand vor der Änderung des Internationalen Privatrechts am 1. 9. 1986 ereignet haben. Ist dem so, so bleibt es bei der Anwendung des vorherigen Kollisionsrechts. Die materiellrechtliche Betrachtungsweise, der sich große Teile der Literatur angeschlossen haben, versteht unter dem Abschluss eines Tatbestands einen sachlichrechtlichen Begriff, in welchem nicht nur die Anknüpfung selbst, sondern der gesamte materielle Vorgang selbst abgeschlossen sein muss. Nur wenn sich vor dem 1. 9. 1986 materielle Rechtswirkungen entfaltet haben, kann das frühere Kollisionsrecht Anwendung finden. Einer Entscheidung über den vorliegenden Meinungsstreit wird es also nur dann bedürfen, wenn es um kollisionsrechtlich zu erfassende Tatbestände geht, die über den 1. 9. 1986 hinaus Fragen des Eigentumserwerbs an Kulturgütern, so insbesondere im Rahmen der Ersitzung oder den gutgläubigen Erwerb, betreffen. Dies kann nach realistischer Einschätzung nur den gutgläubigen Erwerb treffen. Einer Entscheidung über den Meinungsstreit bedarf es hier aber nicht, da der materielle Kern zwischen Artikel 30 EGBGB a.F. und der derzeit geltenden Vorbehaltsklausel unverändert geblieben ist.

1460 Spickhoff in Bamberger/Roth III, Art. 43 EGBGB Rn. 17, Bt-Drs. 14/343 und Pfeiffer IPRax 2000, 272.

1461 Hohloch in Erman vor Artikel 43 EGBGB Rn. 1. Im Rahmen dieses Kapitels wird noch über mögliche dogmatische Abweichungen durch das Ergänzungsgesetz berichtet.

II. Anerkannte Grundsätze des internationalen Sachenrechts

Der allgemeine Grundsatz der Anknüpfung mit gewohnheitsrechtlichem Range[1462] an den Ort der Belegenheit beweglicher Sachen (lex rei sitae) wird mangels Sonderanknüpfungsregeln auch bei Kulturgütern herangezogen.[1463] Mittlerweile ist der zuvor gewohnheitsrechtlich gehandhabte Grundsatz der lex rei sitae in der Bundesrepublik Deutschland in Artikel 43 I 1 EGBGB gesetzlich fixiert.[1464]

Der Situs entscheidet über den Eintritt eines gesetzlichen Tatbestandes an demjenigen Orte, an welchem sich die Sache zum Zeitpunkt der Verwirklichung des jeweiligen Erwerbstatbestandes unter Berücksichtigung der sachenrechtlichen Prägung befindet.[1465] Ein neues Forum erkennt also die *Prägung* mit denjenigen Rechtswirkungen, die sich am alten situs als wohlerworbenes Recht verwirklicht haben an, wenn nicht elementare Unerträglichkeiten das Ergebnis einer solchen Prägung sind.

Allerdings bleibt es dem Zweitstatut unbenommen, den *Rechts-* und Zustands*wert* an einer Sache, etwa die Anrechnung von im alten Forum noch nicht abgelaufenen Ersitzungs- und Verjährungsfristen, eigenständig zu ermitteln. Kollisionsrechtlich wird dies in der Bundesrepublik Deutschland in den Artikeln 169 I und 185 I EGBGB verwirklicht.[1466] Der „Einsatzwert", der insbesondere durch frühere Besitzzeiten geprägt ist, kann unter Umständen im neuen Forum anders bewertet werden, so etwa wenn das alte Forum Besitzzeiten für den dinglichen Herausgabeanspruch für unbeachtlich hielt. Dann kann beispielsweise auch ein lange Zeit in der Schweiz belegenes Kulturgut nach deutschem Recht mittlerweile verjährt sein, obwohl diese „Verjährung" noch auf Schweizer Territorium eingetreten ist, das eine Verjährung selbst nicht kennt.

1462 Siehe BGHZ 39, 173; BGHZ 100, 321, 324.

1463 Kreuzer in Müko Nach Art. 38 Anh. I Rn. 197 mwN, Knott 87.

1464 Siehr, IPR, 270, merkt an, dass Artikel 43 EGBGB die klassische Verweisungsnorm des Internationalen Sachenrechts ist. Siehe auch von Plehwe, KUR 2001, 50. Änderungen in der Rechtsanwendung sind indes nicht zu erwarten, weshalb im Folgenden weiterhin von einer Anknüpfung an die lex rei sitae und nicht etwa nach Maßgabe des Artikels 43 I EGBGB gesprochen werden wird, zumal hierdurch eine der Sache nach nicht opportune Eingrenzung auf das deutsche IPR stattfinden würde.

1465 Blom möchte diesbezüglich insoweit eine Ausnahme machen, als der situs des *vorherigen Erwerbs*vorgangs entscheidend für den situs der *Verjährung* sein müsse, um zu verhindern, dass andere Länder nach ihrem Recht die klageweise Geltendmachung eines Anspruchs verhindern, der sich eigentlich auf den vorherigen Erwerbsvorgang bezieht (Blom IJCP 2001, 141). Problematisch an diesem Ansatz ist, dass ein Statutenwechsel auch eine Verbesserung der klägerischen Position mit sich bringen kann, womit ein Abstellen auf den situs des Erwerbs nicht in jedem Fall die Chance verbessert, den Anspruch im Sinne der Vernunft und Fairness noch geltend zu machen. Schließlich würde es dem Gebot der Rechtsklarheit widersprechen, die situs Regel fallbezogen anzuwenden.

1466 Raape, IPR, 5. Auflage 1961, S. 7; von Plehwe aaO.

III. Änderungen durch die Neukodifikation des Internationalen Sachenrechts im EGBGB?

Der Gesetzgeber hat sich bei Normierung des Internationalen Sachenrechts des EGBGB, das im Juli 1999 in Kraft trat, deutlich erkennbar an die situs-Methodik angelehnt und hierdurch den Fortbestand der zuvor gewohnheits- und insbesondere richterrechtlich entwickelten Sachenrechtsordnung gewährleistet.

Dementsprechend hat er sich in Artikel 43 III EGBGB für eine volle Anrechnung der Erwerbstatbestände anderer Rechtsordnungen entschieden.[1467] Dies entspricht dem Schutz von sachenrechtlich erheblichen Vorgängen im Ausland als wohlerworbenes Recht.[1468] Eine Unterscheidung zwischen abgeschlossenen und nicht abgeschlossenen Tatbeständen kennt Artikel 43 III EGBGB aber nicht.[1469] *Schurig* sieht einen Vorgang dann als nicht abgeschlossen an, wenn er weder nach dem Recht des Herkunftslandes, noch nach dem des Ankunftslandes im positiven wie negativen Sinne einer endgültigen tatbestandlichen Bewertung zugeführt wurde.[1470] Artikel 43 III EGBGB ist als eine Sachnorm im internationalen Privatrecht anzusehen, was daraus zu entnehmen ist, dass sie in Artikel 43 I, der den Grundsatz der lex rei sitae formuliert, zu berücksichtigen ist.[1471]

Der Gesetzgeber hat dies damit begründet, dass es dem jeweiligen Belegenheitsstaat überlassen bleiben müsse, darüber zu entscheiden, inwieweit er die Vorgänge im früheren Belegenheitsort anerkenne.[1472] Für eine einseitige Ausrichtung des Artikels 43 III EGBGB besteht aber eigentlich kein Anlass, weil die Entscheidung für eine kollisionsrechtliche Anerkennung eines Tatbestandes bereits im Altforum gefallen ist. Da aber diese Verweisung auf die lex rei sitae als Gesamtverweisung aufzufassen ist, bleibt es gleich, ob die Erwerbsnorm im Ursprungsland kollisionsrechtlicher oder sachenrechtlicher Natur ist.[1473]

1467 Pfeiffer IPRax 2000, 273, Hohloch in Erman Art. 43 Rn. 2, 26ff. Stoll, in: IPRax 2000, 263 sieht in § 43 III eine konstruktive Pedanterie, da er eindeutig über den Kernbestand internationalprivatrechtlicher Grundsätze hinausgehe.

1468 Siehr, IPR, 271.

1469 Anders noch die Vorschläge und Gutachten des Deutschen Rats für Internationales Privatrecht, herausgegeben von Henrich [1991], dort S. 2. Das soll aber nicht bedeuten, dass Vorgänge, die in einem Forum undenkbar sind (beispielsweise der gutgläubige Erwerb), nach Statutenwechsel im anderen Forum plötzlich möglich werden, Schurig in FS Stoll, 582.

1470 Er nennt dies „mit positivem oder negativem Ergebnis abgeschlossen", Schurig in FS Stoll, 583. Anderer Ansicht ist Stoll, der auf den Parteiwillen abstellen möchte, IPRax 2000, 263. In der Tat haben aber die Parteien über die Bewertung solcher rechtlichen Vorgänge in der Regel keine hinreichende Vorstellung, Schurig, 584.

1471 BT-Drucks. 14/343, S. 16.

1472 Ibid.

1473 Pfeiffer IPRax 2000, 273, a.A. Schurig FS Stoll 585, der darauf hinweist, dass nach einer Verweisung auf ein anderes Forum nur dieses über das dann anwendbare Sachrecht entscheiden könne.

Die Ausführungen belegen, dass dem deutschen internationalen Privatrecht das Anrechnungsprinzip als logische Konsequenz der Anerkennung wohlerworbener Rechte vertraut ist. Nach räumlichen Statutenwechseln findet mithin auch im deutschem Kollisionsrecht grundsätzlich eine vollständige Anrechnung bereits verstrichener Fristen im Bereich der Ersitzung und der Verjährung statt.[1474]

IV. Unterschiedliche Anspruchssituationen nach der lex fori?

Die streitentscheidenden Punkte, an welche schon zuvor selbständige Anknüpfungen vorzunehmen waren, betreffen den gutgläubigen Erwerb oder die Ersitzung des Kulturguts unter Beachtung der zeitlichen Grenzen, welche die Verjährung des dinglichen Herausgabeanspruchs der Rechtsverfolgung setzen kann. Bei Darstellung des möglichen gutgläubigen Erwerbs im Kollisionsrecht werden daher im Folgenden erste Korrekturvorschläge vorgestellt, die sich gegen die Ermöglichung des gutgläubigen Erwerbs aufgrund der Wahl eines bestimmten Forums wenden. Dann fragt sich, ob solch unerwünschte Mechanismen im Kollisionsrecht nicht auch beim Rechtserwerb durch Zeitablauf (Ersitzung, Verjährung) festzustellen sind.

Greift man die Erkenntnisse rechtsvergleichender Betrachtung im Hinblick auf die beschriebenen Institute noch einmal kurz auf, so wird deutlich, dass aufgrund materieller Besonderheiten in einigen Nationalstaaten (Institut der res extra commercium, Unverjährbarkeit des Herausgabeanspruchs) die Ergebnisse stark divergieren können. Weiterhin ergibt sich im Bereich des gutgläubigen Erwerbs eine differenzierte Spreizung möglicher Erwerbsvoraussetzungen im Spannungsfeld zwischen der nemo-dat Regel und dem Grundsatz la possession des meubles vaut titre.[1475]

Die lex fori ist die kollisionsrechtliche Grundnorm für die Behandung der aufgeworfenen Fragen[1476], weshalb das anwendbare Kollisionsrecht wie auch Gesichtspunkte des allgemeinen Teiles im IPR (Qualifikation, Rückverweisung) seiner Leitentscheidung folgen. Dementsprechend unterliegen prozessrechtliche Fragen grundsätzlich dem lex fori. Die Anknüpfung an einen bestimmten Gesichtspunkt kann den Richter aber auch zu der Anwendung fremden Rechtes nach der lex

---

1474 Wie hier Hanisch 220, Schmeinck 128, Stoll Int. Sachenrecht Rn. 273, eingehende Darstellung bei Kunze 143ff. Grundlegend Spickhoff in Bamberger/Roth, Band 3, Artikel 43 Rn. 11 und Soergel/Lüderitz Art. 38 Anh. II Rn. 73; Raape IPR S. 604 f.

1475 Dies ist der wesentliche Unterschied zwischen dem common law (USA, England) [exemplarisch etwa City of Gotha and Federal Republic of Germany v. Cobert Finance S.A. (1998) unrep., 9. September, Q.B.D., Moses J. (S. 75)] und dem civil law (etwa in Frankreich und der BRD).

1476 Grell 122f.

causae bringen. Die kollisionsrechtliche Anknüpfung ist zentral für die Ermittlung des anzuwendenden Rechts in Fragen der Ermittlung der materiellen Anspruchsnorm, der Ersitzung, Verjährung und des gutgläubigen Erwerb.

V. Die Verlagerung der Kulturgüter als Voraussetzung für einen Statutenwechsel am Beispiel der Verjährung

Nach der situs-Regel werden Beginn, Lauf und Ende der Verjährung nach dem Ort bemessen, in welchem sich die Sache befindet. Wie bereits zuvor erörtert wurde, spielen im Schicksal der im Zuge von Krieg und Verfolgung entzogenen Kulturgüter durch ihre häufige Lageveränderung die Statutenwechsel eine gewichtige Rolle. Man unterscheidet dabei zwischen abgeschlossenen und offenen Tatbeständen. Im letzteren Falle ist der rechtliche Tatbestand vor dem Wechsel der Belegenheit der Sache noch nicht abgeschlossen.

1. Die Verjährung im Kollisionsrecht

Nach der situs- Regel im Internationalen Privatrecht richtet sich der Anwendungsbereich der Verjährungsregeln als Einwendung nach dem Schicksal des Hauptanspruchs.[1477]

Der Herausgabeanspruch in kontinentaleuropäischen Rechtskreisen folgt der zivilrechtlichen Einordnung seiner sachenrechtlichen Natur (unselbständige Anknüpfung)[1478]. Die Verjährung des Anspruchs ist in der Bundesrepublik Deutschland in dieser Rechtstradition eine Frage des materiellen Rechts. Für die Frage der Verjährung ist daher die gleiche Anknüpfung vorzunehmen wie für die Frage des für den Anspruch anzuwendenden Rechts. Nach kontinental-europäischer Auffassung richtet sich die Prüfung der Verjährung nach dem Recht des materiellen Anspruchs mithin nach der lex causae.

Das anglo-amerikanische Recht ordnete diese Frage bislang den deliktsrechtlichen Besitzschutzansprüchen in den Klagen aus replevin oder conversion zu.[1479] Die Frage der Verjährung wurde dort prozessrechtlich eingekleidet und von daher der lex fori unterstellt. Entsprechend dem kontinental-europäischen Verständnis gibt es nunmehr auch in England und den Vereinigten Staaten von Amerika Gesetze, welche die Verjährungsfrage dem materiellen Recht zuordnen.[1480]

1477 Kegel/Schurig 301 f., von Bar I Anmerkung 548, Kropholler 283, rechtsvergleichend Danco 63.

1478 Peters in Staudinger vor § 194 Rn. 40.

1479 Über conversion und replevin Reyhan 965 et. seq. („right-defining rules"); siehe i.ü. Knott 28, Knott RIW 1991, 553, 554; Müller-Katzenburg 161.

1480 Zu den Besonderheiten des englischen Foreign Limitations Periods Act 1984, nach welcher grundsätzlich das Schuldstatut maßgeblich ist, siehe Danco 66 ff. Siehe im übrigen aus-

2. Die Funktion der Artikel 43 II und III EGBGB

Im Falle der Verjährung des Herausgabeanspruchs und der Ersitzung eines Kulturguts werden auf Grundlage des Artikel 43 III EGBGB neuer Fassung die Vorgänge im Ausland wie eigene inländische Vorgänge bewertet.[1481] Die Verjährbarkeit des Herausgabeanspruchs folgt nach der lex rei sitae den Sachregeln des Ankunftstaates.[1482]

Jedoch macht Artikel 43 II EGBGB hiervon eine gewichtige Ausnahme, soweit das Ergebnis eines sachenrechtlichen Vorgangs als Verstoß gegen die Rechtsordnung des Ankunftsstaates empfunden würde. Grundsätzlich ist bei der Heranziehung von Artikel 43 II EGBGB Vorsicht geboten, als im Wege der Transposition im Dienste der Beachtung des Typenzwangs sachenrechtlicher Institute die Möglichkeit zur Anpassung fremder dinglicher Rechts besteht. In den hier virulenten Fällen der Ersitzung und des gutgläubigen Erwerbs kommt deshalb in der Regel eine Ablehnung des wohlerworbenen Rechtes im Ankunftsstaate nicht in Betracht.[1483]

Dennoch kann etwa der Verbleib eines sogenannten Fluchtguts oder der Transfer von Kulturgütern in Foren ohne Verjährung der rei vindicatio nicht auf die Verjährungszeit des deutschen Herausgabeanspruchs im Sinne des § 195 I BGB (a.F.) angerechnet werden. Die Schweiz beispielsweise kennt keine Verjährung des Herausgabeanspruchs.[1484]

3. Der doppelte Statutenwechsel

Bei Rückkehr eines Kulturguts in sein ursprüngliches Belegenheitsgebiet können sich noch weitere offene Fragen ergeben. Im Falle abgeschlossener Tatbestände, die sich in der alten Rechtsordnung vollendet haben, erkennt das neue Gebiet diese Prägung grundsätzlich an. Allerdings stellt sich bei der Verjährung (wie auch bei der Ersitzung) häufiger die Frage nach der Bewertung eines noch nicht abgeschlossenen Tatbestands.

Wurden verfolgungsbedingt abhanden gekommene Kulturgüter in die Schweiz verbracht, so würde an dieser Stelle der Gang der Verjährung enden. Das gleiche gilt für den Weitertransport in die Vereinigten Staaten, die in vielen Bundesstaaten,

---

führlich bei Reyhan 977–1004 zu den verschiedenen Ansätzen zum Beginn der Verjährung (accrual at acquisition/delayed) und seine Dogmatik.

1481 Siehr, IPR, 270 weist in diesem Zusammenhang auf die ähnlich funktionierende Verweisungsvorschrift des schweizerischen IPR (Art 102 CH-IPRG) hin.

1482 Pfeiffer IPRax 2000, 273.

1483 Siehr, IPR, 271.

1484 BG, 15.2.1922, BGE 48 II (1922), 38, 44, 47. Zu den Verjährungsregeln in anderen betroffenen Privatrechtsordnungen 5 G II 3.

so insbesondere in New York, einem weltweit bedeutenden Handelsplatz für Kunst, Regelungen vorsehen, die den Beginn der Verjährung hinauszögern.[1485]

Es ist jedoch durchaus denkbar, dass Kulturgüter im Wege des internationalen Austausches und Handels den Weg zurück aus diesen Staaten in die Bundesrepublik Deutschland gefunden haben.

Nach einer Ansicht können nicht abgeschlossene Tatbestände nicht zum gleiches Status wieder aufleben, wenn das Kulturgut in das ursprüngliche Belegenheitsgebiet zurückkehrt. Diese Ansicht hat zur Folge, dass die durch das Sachstatut an der Sache anhaftenden Rechte durch den Grenzübertritt nur deshalb erlöschen, weil das neue Statut dieses Rechtsinstitut nicht kennt.[1486] Solange aber die Verjährungsfrist noch nicht abgelaufen ist, hat keine „Prägung" des Kulturguts durch die Verjährungseinrede stattgefunden.[1487]

Nach einem erneuten Wechsel des Lageorts lebt der in dieser Zeit im Ausland ruhende Tatbestand wieder auf, weshalb der Verjährungstatbestand eine dem Gedanken der res in transitu entsprechende Behandlung erfährt. Findet jedoch ein erneuter rechtserheblicher Vorgang statt, so kann ein dem ursprünglichen Staat fremdes Recht erlöschen, weil dann nur noch das Recht des neuen Lageorts maßgeblich sein kann. Der Bundesgerichtshof hat dies für die Frage des Lösungsrechts an alten Münzen entschieden, das aus der Schweiz stammte und in Deutschland durch eine erneute Veräußerung erlosch.[1488] Werden also bereits fremde Rechte bis zu einem bestimmten Punkt hin anerkannt, so ist dies ein weiterer Beleg dafür, dass der Rechtsstatus von ohnehin allgemein anerkannten Rechtsinstituten wie der Verjährung durch einen Wechsel des Lageorts nicht ohne weiteres untergehen kann.

Eine Anrechnung des Zeitablaufs findet daher gemäß Artikel 43 III EGBGB selbst dann statt, wenn im Ausland keine Verjährungsfrist lief.[1489]

4. Dogmatische Unterschiede zwischen Ersitzung und Verjährung

Diejenigen Fälle, die sich nie im Haftungsregime des Völkerrechts bewegt haben, zeigen oft dasselbe charakteristische Bild: Die *usucapio* des Zivilrechts ist hier schon oft vollendet, insbesondere dann, wenn der gegenwärtige Besitzer keine

---

[1485] Zu den einzelnen Regelungen in den Vereinigten Staaten Köhling, 34ff. Er weist darauf hin, dass der Anspruch aus replevin (vergleichbar mit § 985 BGB) erst dann zu laufen beginnt, „when the cause of action accrues".

[1486] Jayme, Entartete Kunst und IPR S. 29, Kegel IPR § 19 III und ders. in Soergel, vor Artikel 7 Rn. 568.

[1487] Zum Problem der Prägung vergleiche BGH IPRax 1987, 374.

[1488] BGH IPRax 1987, 374.

[1489] Kropholler, IPR, 527.

Vorstellungen von der Geschichte seines Exponats hat. Gegebenenfalls kann hier aber über eine Korrektur im Rahmen der kollisionsrechtlichen Vorbehalts- oder einzelstaatlichen Generalklauseln nachgedacht werden.[1490]

Der wesentliche dogmatische Unterschied der Verjährung im Vergleich zur Ersitzung zeigt sich darin, dass die Ersitzung in den meisten Rechtsordnungen *akquisitiv* wirkt.[1491] Im Falle der Verjährung nach deutschem Recht kann man eine Untragbarkeit des Ergebnisses gerade deswegen begründen, weil die Verjährung nach deutscher Rechtsauffassung lediglich eine peremptorische *Einrede* gegen den Anspruch begründet. Dann ist aber im Gegensatz zur Ersitzung nicht die ursprüngliche Eigentumsposition betroffen, sondern lediglich der darauf bezogene Anspruch. Auf dieser Grundlage lässt sich leichter argumentieren, dass der Verlust der Durchsetzbarkeit des Anspruchs aus dem Eigentum schlechterdings nicht hingenommen werden kann[1492].

Hingegen bewirkt eine erfolgreiche Ersitzung einen originären Eigentumserwerb. Dann bedarf es eines erhöhten Begründungsaufwandes, die schon eingetretene Rechtswirkung der Ersitzung im Rahmen der Vorbehaltsklausel doch noch zu versagen. Dies gilt in all jenen Privatrechtsordnungen, welche auch die Verjährung nicht als peremptorische Einrede, sondern als akquisitiven oder extinktiven Rechtsübergangstatbestand begreifen.

B. Die Ersitzung im Kollisionsrecht

I. Grundlegendes

Bei der Ersitzung handelt es sich um einen gestreckten Tatbestand, der durch mehrere, zeitlich aufeinanderfolgende Erwerbstatsachen erfüllt wird.[1493] Das entscheidende Gewicht liegt dabei in der Phase des Besitzerwerbs (mit dem Beginn der Ersitzungsfrist), die, geprägt durch den gutgläubigen Eigenbesitz, zum Eigentumserwerb führt. Im Falle der Ersitzung ist mithin eine selbständige Anknüpfung zu Beginn der Ersitzungszeit vorzunehmen. Damit ermittelt sich die Dauer der Ersitzungszeit nach dem Ort, an welchem die Ersitzung begonnen hat. Nach dem bereits geschilderten Fall *Weimar v. Elicofon* möge ein weiteres Fallbeispiel die Bedeutung der Ersitzung im Bereich des internationalen Privatrechts verdeutlichen. Er führt die Folgen eines Statutenwechsels vor Augen.

1490 H. Hartung, Spoils of War 2002, 64 et. seq., ders. in PPP, p. 337 et seq.

1491 Siehe hierzu Thorn, 240.

1492 So auch die Entscheidung des High Court im Fall City of Gotha v. Cobert Finance, relevanter Entscheidungsteil nachzulesen bei Carl/Güttler/Siehr 200ff. insbesondere S. 213. Justice Moses stellt dort klar, dass der Verstoß der deutschen Verjährung gegen das englische ordre public nicht allein auf dem Zeitablauf beruht, sondern auch weitere Umstände vorliegen müssen, die eine abweichende Bewertung rechtfertigen können.

1493 Sello 51.

II. Der Fall Koerfer gegen Goldschmidt

Im vom Schweizer Bundesgericht entschiedenen Fall *Koerfer gegen Goldschmidt*[1494] war der jüdische Bankier Goldschmidt durch finanzielle Schwierigkeiten im Jahre 1931 dazu gezwungen, seine Gemäldesammlung an die Dresdner Bank zur Sicherheit zu übereignen. Nach Erlass der 11. Verordnung zum Reichsbürgergesetz wurde Goldschmidts Vermögen als an das deutsche Reich verfallen erklärt und seine Sammlung auf einer privaten Auktion öffentlich versteigert. Auf dieser Versteigerung ersteigerte der Schweizer Koerfer zwei Bilder von Henri Toulouse-Lautrec und ließ diese 1944 durch seine Frau in seine Heimat bringen. In den Jahren 1948 und 1949 forderte Goldtschmidt selbst die Herausgabe; 1956 erhoben seine Erben dann schließlich Klage.

1. Der Anknüpfungszeitpunkt

Ein Kulturgut erfährt mit seinem Weg durch verschiedene „Sachrechtsgebiete“ mehrere Statutenwechsel, weshalb die Frage nach dem Zeitpunkt der Anknüpfung von entscheidendem Interesse ist. Da jedes Sachstatut selbst bestimmt, welche Voraussetzungen erfüllt sein müssen, damit ein sachenrechtliches Ergebnis eintritt, bestimmt sich der Anknüpfungszeitpunkt nach dem vom Sachstatut her erheblichen, im selben Statut abgeschlossenen Tatbestand.[1495] In concreto bedeutet dies, dass sie nach Maßregel der lex rei sitae in denjenigen Zeitraum eintreten, in welchem die Ersitzungsfrist vollendet wird.[1496] Wechselt eine Sache anschließend das Land, so handelt es sich bei diesem „wohlerworbenen Recht“ um ein *fait accomplis*, dessen Rechtswirkungen von nun an nicht mehr beeinträchtigt werden können: Das neue Forum muss die Ersitzung auch dann anerkennen, wenn es selbst längere Zeiten hierfür einfordert.[1497]

Für das Schweizer Bundesgericht war die Frage der Ersitzung der Gemälde durch Koerfer streitentscheidend. Die Rechtsunsicherheiten, die sich für die Frage der Ersitzung in Deutschland von 1941 und 1943 ergaben, konnte das Schweizer Bundesgericht dadurch ignorieren, indem es nur auf die Ersitzung der Bilder in der Schweiz ab dem Jahre 1944 abstellte. Daher ließ es die Frage der Rechtmäßigkeit der Versteigerung in Berlin bewusst offen.[1498] Da Koerfer nach dem

---

1494 BGE 94 II 297 ff.; Knott 79 ff. schildert den Fall ausführlich.

1495 Ganz h.M., vergleiche Stoll Int SaR Rn. 161, BGH NJW 1963, 1200, von Bar II 529f.; die Gegenansichten schildert Kunze 143f.

1496 Kegel/Schurig 666, Kropholler IPR § 54 III 2, OLG Hamm 14.8.1985, IPRspr. 1985, Nr. 143.

1497 Stoll Int SaR 205.

1498 Hinzuweisen ist aber darauf, dass es sich hier um eine Versteigerung von der Dresdner Bank zur Sicherheit übereigneter Gegenstände handelt (§§ 929, 930 BGB); Goldtschmidt konnte sein Darlehen wegen finanzieller Schwierigkeiten nicht valutieren. Es handelte sich also nicht um die Situation einer sogenannten Judenauktion.

Herausgabeverlangen Goldtschmidts Nachforschungen über die Provenienz der ersteigerten Gemälde angestellt hatte, hatte er mit Ablauf des Jahres 1949 die Gemälde gutgläubig ersessen. Die Klage aus dem Jahr 1956 änderte an diesem Ergebnis dann nichts mehr.[1499]

Allerdings äußerte sich das Gericht in einem obiter dictum dahingehend, dass grundsätzlich die dreijährige Ersitzungszeit in Deutschland auf die schweizerische Ersitzungsfrist von fünf Jahren nach Artikel 728 ZGB anrechenbar ist, wenn nicht Begebenheiten vorliegen, die nach dem Recht des Belegenheitsortes den Lauf der Ersitzung unterbrechen oder hemmen würden, so etwa eine rechtswidrige Versteigerung.[1500]

2. Die Rechtswirkungen eines Statutenwechsels

Ein Wechsel des Sachstatuts kann nur dann bedeutsam sein, wenn der Tatbestand der Ersitzung im alten Forumstaat noch nicht abgeschlossen wurde. Nach der vorherrschenden Transpositionslehre werden alle ausländischen Sachenrechte in äquivalente Rechtstypen des inländischen Rechts umgewandelt. Im Falle der Ersitzung ist jedoch in der Regel keine Transposition nötig, da das Rechtsinstitut der Ersitzung in beiden Rechtssystemen bekannt ist. Dann ist fragwürdig, wie die im vorherigen Forum verstrichene Ersitzungszeit kollisionsrechtlich zu würdigen ist. Mögliche Vorgehensweisen sind:

1. Anwendung des Personalstatuts des ursprünglichen Eigentümers [1501], was zur Folge hat, dass nur sein Statut maßgeblich ist und eine Anrechnung von einem Ortswechsel seinerseits abhängt (von Bar, 1889).
2. Verhältnismäßige Anrechnung der Ersitzungszeit: *Meili*[1502] möchte die bereits verstrichene Zeit im vorherigen Land ins Verhältnis zur gesetzlichen Ersitzungsfrist des neuen Forums setzen und diesen Quotienten entsprechend übertragen.
3. Anerkennung der verstrichenen Ersitzungszeit im Ausland als eigene (Richterrecht, vergleiche auch Artikel 43 III neuer Fassung EGBGB)

Die Darstellungen der ersten beiden Ansätze verfolgen den Zweck, den Diskussionsstand aus der Zeit aufzuzeigen, in welcher sich die noch heute zu lösenden Fälle abgespielt haben. Dass die Argumentation *von Bars* aus dem Jahre 1889 auch heute nicht stichhaltig ist, lässt sich am einfachsten dadurch erklären, dass die Ersitzung als *originärer* Eigentumserwerb gerade nicht das Verhältnis zwischen Alteigentümer und Ersitzendem (Auktor und Sukzessor) beschreibt.[1503]

1499 BGE 94 II S. 309–311.

1500 BGE 94 II S. 306–308.

1501 Von Bar, Theorie und Praxis des Internationalen Privatrechts, 1889.

1502 Meili, Das internationale Zivil- und Handelsrecht auf Grund der Theorie, Gesetzgebung und Praxis, 1902.

1503 So schon Sello 43.

Abgesehen von den praktischen (rechnerischen) Schwierigkeiten einer verhältnismäßigen Anrechnung der vorherigen Besitzzeit ist der Ansatz Meilis auch nach heutigen Maßstäben als gar nicht so abwegig einzustufen, wird sie doch dem dogmatischen Erfordernis der situs-Regel am ehesten gerecht, wenn man sie in die Komponenten Belegenheitsort und gesetzliche Belegenheitszeit zerlegt. Jedoch würde hierdurch die Ersitzungszeit in den verschiedenen Belegenheitsorten keine absolute, sondern eine relative sein: Meili trägt dem Umstand Rechnung, dass die verschiedenen Foren verschiedene Ersitzungszeiten kennen und setzt diese zueinander im neuen Belegenheitsort als Fremdfaktor in Relation. Dadurch wird aber die gesetzliche Wertung des ersten Forums ignoriert, die von dem Ablauf einer absoluten, ganz bestimmten Ersitzungszeit ausgeht.[1504] Der Aufgabe des Internationalen Privatrechts, verschiedene Rechtssysteme zueinander in Einklang zu bringen, ist damit sicher nicht gedient. Damit bleibt es bei der vollwertigen Anerkennung im Ausland verstrichener fremder Ersitzungsfristen als eigene, wie es mittlerweile in Artikel 43 II EGBGB festgehalten ist.

C. Der gutgläubige Erwerb von Beute- und Raubkunst

I. Grundsätzliche Kritik an einer Anknüpfung nach der lex rei sitae

Die Besitzsituation von geplünderten Kunstwerken (Beute- wie Raubkunst) lässt sich in vier wesentliche Szenarien einteilen: Aufgefunden werden kann „looted art" in einer staatlichen Institution (einem Museum), beim Dieb selbst oder beim gut- wie bösgläubigen Erwerber.[1505]

Bekannte Probleme ergeben sich beim gutgläubigen Erwerb aus der in der gängigen Praxis des Kulturgüterschutzes vertrauten Situation, dass sich der Käufer eines Kulturguts das Rechtssystem eines bestimmten Staates zunutze macht, um einen rechtswirksamen Eigentumserwerb zu ermöglichen[1506], den er an einem anderen Belegenheitsort nicht erzielen könnte (sogenanntes lex shopping oder auch lex hopping). In konsequenter Anwendung der situs Regel bemessen sich die Wirksamkeitsvoraussetzungen für den Erwerbsvorgang nach dem Veräußerungsstatut. Dies kann aber zu unerwünschten Ergebnissen führen, wenn das hierdurch

---

1504 Ein einfaches Rechenbeispiel: In Deutschland ist eine Ersitzungszeit von 5 Jahren, also die Hälfte, verstrichen. Wird derselbe Gegenstand jetzt in die Schweiz verbracht (Ersitzungszeit: 5 Jahre), so verblieben noch 2,5 Jahre um der deutschen Ersitzungszeit aus Sicht der Schweiz gerecht zu werden.

1505 TURNER, The Innocent Buyer of Art Looted during World War II, 32, Vanderbilt Journal of Transnational Law, et. seq. p. 1522 (1999).

1506 Auslöser der Kritik der starren Anknüpfung an den Situs war die bekannte Entscheidung Winkworth v. Christie, Manson & Woods and another [1980] 1 Ch. 496 = [1980] 2 W.L.R. 937 = [1980] 1 All E.R. 1121 (Slade, J.).

anwendbare Recht die Möglichkeit zum Eigentumserwerb, etwa an abhanden gekommenen Sachen, eröffnet. Ein bekanntes Beispiel sind die Erwerbsregeln in Italien (insbesondere Artikel 1153 cci), welche einen gutgläubigen Erwerb auch an abhanden gekommenen Kulturgüter gestatten.

Im Bereich der kriegsbedingt verlagerten und verfolgungsbedingt entzogenen Kulturgüter wurden vergleichbare, aus der Rechtslage des Forumstaats für den illegalen Handel günstige Umstände schon recht früh erkannt und genutzt. Denn beispielsweise auch die Schweiz, in welcher sich zeitweise zumindest einige Raubkunst-Exponate befanden[1507], kennt erleichterte Umstände zum Erwerb von abhanden gekommenen Kulturgütern. So können in der Schweiz erworbene Kunstgegenstände, die zuvor gestohlen worden sind oder anderweit abhanden gekommen sind, nur binnen einer 5-Jahresfrist herausverlangt werden, Art. 934 I ZGB. Zudem steht dem Erwerber in dieser Zeitspanne das bereits besprochene Lösungsrecht zu, das er geltend machen kann, wenn er das Kulturgut auf dem Markt, auf einer öffentlichen Versteigerung oder bei einem Kaufmann, der mit Sachen der gleichen Art handelt, erworben hat. Dann muss er das Bild aber nur dann herausgeben, wenn der Eigentümer ihm den Kaufpreis entrichtet, den er selbst zum Ankauf des Bildes aufgewendet hat, Artikel 934 II ZGB.[1508]

Nach der situs-Regel richten sich mögliche Einwendungen nach dem Schicksal des Hauptanspruchs.[1509] Es fragt sich, ob die nachfolgend vorgestellten Ansätze zur Korrektur unerwünschter Ergebnisse, die aus einer strikten Anwendung der situs-Regel resultieren, auch bei schweren Verstößen gegen das Völkerrecht (ius cogens, erga-omnes-Verpflichtungen und gewohnheitsrechtlich begründete Gebote zur Restitution) nutzbar gemacht werden können. Es handelt sich vorliegend um eines der „klassischen" Probleme im internationalen Sachenrecht im Bereich des Kulurgüterschutzes, weshalb die Diskussion sich auf die Anknüpfung im Hinblick auf kriegsbedingt verlagerte und verfolgungsbedingt entzogene Kulturgüter konzentriert.

II. Korrekturen und Lockerungen

1. Alternative Anknüpfung vs. Prägungslehre

Die *alternative Anknüpfung* möchte demjenigen Recht den Vorzug geben, nach dem das Kulturgut am besten geschützt scheint. Eine solche Anknüpfung würde aber ein nicht mehr hinnehmbares Maß an Rechtsunsicherheit bewirken. Vor diesem Hintergrund ist auch die Anwendung der neuen Ausweichklausel in

---

1507 Zu erwähnen sind auch die neutralen Drittstaaten Schweden und die Niederlande.

1508 Ausführlich zum Lösungsrecht oben 5 D IV ff. sowie GEYRHALTER, 53 ff.

1509 KEGEL/SCHURIG 301 f., VON BAR I Anmerkung 548, KROPHOLLER 283, rechtsvergleichend DANCO 63.

Artikel 46 EGBGB bedenklich, zumal hier in aller Regel auch Interessen Dritter betroffen sein werden.[1510]

Nach der *Prägungstheorie* soll das Recht des Herkunftsstaates vom neuen Belegenheitsstaat übernommen werden. Wertvoll ist sie für besodere zivilrechtliche Sachenrechtstypen wie etwa das Lösungsrecht und die res extra commercium. Diese von Teilen der deutschen Rechtsprechung[1511] vertretene Ansatz würde zu einer nicht opportunen Zersplitterung der jeweiligen Anspruchssituationen führen, wären doch insbesondere nur diejenigen Kulturgüter jener Staaten geschützt, die entsprechende Schutzvorschriften kennen. Dies würde dem legitimen Bedürfnis nach einer möglichst einheitlichen, fairen und damit gleichen Problembehandlung zuwiderlaufen. Abgesehen von diesem eher praktischen Ansatz ist mit Kreuzer hinzuzufügen, dass eine zwangsweise Aufrechterhaltung dieser wohlerworbenen Rechte dem Systemgefüge des Internationalen Sachenrechts widerspricht, weil es entgegen den Zielsetzungen des Internationalen Privatrechts fremden Staatszwecken funktionswidrig zu ihrer Durchsetzung verhilft.[1512]

2. Locus furti

Kunze, Hanisch und (wohl auch) Mansel[1513] bevorzugen die Anknüpfung an den Ort des *Abhandenkommens* des Kulturguts. Dies habe den Vorteil, dass dem betroffenen Eigentümer nicht fremde Rechtssysteme aufgebürdet werden, auf deren meist zufälligen Anwendbarkeit er keinen Einfluss hat. Außerdem werden ihm aus den Statutenwechseln entstehende Rechtsunsicherheiten genommen, da die Anknüpfung an den Ort des Abhandenkommens als rechtliches, zeitliches und räumliches Fixum solche Statutenwechsel ignorieren kann. Zudem kann der Schutz eines Kulturguts als res extra commercium, der nur in seinem Heimatstaat wirkt und in der Regel nicht als wohlerworbenes Recht in einem neuen Staate anerkannt wird, erhalten bleiben.

Ob aber gerade der Ort des Abhandenkommens in den besprochenen Fällen ein vergleichsweise günstiges Sachrecht enthält, mag bezweifelt werden. Dass im Falle wie etwa der „entarteten Kunst" eine solche Anknüpfung gewählt wurde, erscheint vor dem historischen Hintergrund, in welchem die Nationalsozialisten auf eigenem Territorium systematisch Gemälde zur „Säuberung der deutschen Kultur" beschlagnahmt haben, zwar sinnvoll. Jedoch wird dann zumindest nach deutschem Privatrecht eine Ersitzung des Kulturguts nach § 937 I BGB in aller

---

1510 Stephan Geisler, Die engste Verbindung im Internationalen Privatrecht [2001], 334 und Heldrich in Palandt Artikel 46 EGBGB Rn. 3.

1511 BGHZ 100, 321; OLG Schleswig NJW 1989, 3105.

1512 Kreuzer in Müko Nach Artikel 38 Anhang I, Rn. 204.

1513 Kunze 138 ff.; Mansel IPRax 1988, 271; Hanisch FS Müller-Freienfels 215.

Regel eingetreten sein.[1514] Bei einer Anknüpfung an deutsches Recht im Falle der Beutekunst wäre indes das zur Zeit äußerst ungünstige deutsche Verjährungsrecht anwendbar, was nicht im Sinne der locus furti als kulturgutschützende Sonderanknüpfung sein kann.

3. Lex originis

Erik Jayme[1515] und das Institut de Droit International[1516] haben sich für eine Anknüpfung an dasjenige Land, zu dem das Kunstwerk den engsten sachlichen, räumlichen, zeitlichen und auch nationalen Bezug hat, ausgesprochen (origio-Formel, lex *originis*).

Die dabei erwogenen Kriterien[1517] sind äußerst vielfältig und hängen insbesondere vom Charakter eines Kunstwerkes ab[1518]. Gerade hieran entzündet sich die Kritik, die den Ansatz als unpraktikabel ansieht, weil eine eindeutige Zuordnung an ein bestimmtes Land häufig nicht möglich ist.[1519] Es ist auch nicht ohne

---

1514 Siehe hierzu schon oben 5 E und 6 B.

1515 Jayme sieht die Nationalität des Kunstwerks als Rechtsfrage, Zweckbegriff und Zuordnungskriterium, 54ff., ferner entwickelt er den Gedanken des „Heimatrechts" eines Kunstwerks, 95ff.

1516 Auf einer Baseler Sitzung des Instituts wurde 1991 eine Resolution verabschiedet, dessen Artikel 2 folgendes vorsieht: „Le transfert de la propriété des objets d'art appartenant au patrimoine culturel du pays d'origine du bien est soumis à la loi de ce pays", vergleiche RabelsZ 56 (1992) 556, 567–570.

1517 Anknüpfungskriterien sind hierbei
- Die lex cultus bei Entwendung von religiös-spirituellen Gegenständen
- Die Nationalität des Künstlers, die seine Anbindung zum Heimatstaat verdeutlicht
- Der Fundort bei archäologischen Gegenständen
- Der Sitz des Kulturguts nach dem erkennbaren Willen des Künstlers, insbesondere im Falle der Widmung an eine Person oder an einen Ort (Indiz: Dargestellte Kulturlandschaft).

1518 Dies sind insbesondere die Nationalität des Künstlers, die besondere räumliche Zugehörigkeit der res sacrae, der „Sitz" und Fundort des (oft auch archäologischen) Kulturguts.

1519 Hierfür gelten natürlich Ausnahmen, die aber bislang zumindest nicht als Beispiele benannt worden sind. Die origio-Formel kann und muss sich im Einzelfall bewähren; eine schematische Zuordnung verbietet sich. Das ist aber zumindest bei umfangreicheren Verhandlungen über einen weitreichenden Raubbestand von Nachteil. Der locus furti indes kann in einem Zivilverfahren durchaus wertvoll werden: Es gibt deutsche Maler in der Romantik und des Biedermeier, die in ihren Bildern einen besonders persönlichen und inneren Bezug zum Dargestellten verarbeiteten, was sich in der Darstellung idealer deutscher Landschaften widerspiegelt, so etwa die Eisplatten und der Mönch am Meer von *Caspar David Friedrich*, die Ringe von *Philipp Otto*. Aufgrund der eingeschränkten Mobilität und der Erkenntnisse der Wissenschaft war der regionale Bezug ohnehin viel stärker; ein globales Bewußtsein nicht möglich. Das Werk und Schaffen Albrecht Dürers, das sich in großer Zahl als Beutekunst in Russland wiederfindet, mag aber ein Beispiel sein, in welcher die *origio-Formel* sich in den geraubten Objekten widerspiegelt: Dürer gilt als typisch deutscher Künstler und hat neben seinen Erfahrungen aus Auslandsreisen (Italien) insbesondere seine Eindrücke aus dem

Weiteres klar, ob dieser Ansatz in Artikel 12 der Kulturgüterrichtlinie 93/7 EWG ihren Niederschlag gefunden hat, was als Argument für die Gültigkeit der origio-Formel herangezogen wird.[1520] Jedenfalls gibt der Wortlaut der genannten Vorschrift für eine solche Annahme keine Anhaltspunkte. In ihm heißt es: „Die Frage des Eigentums an dem Kulturgut *nach* erfolgter Rückgabe bestimmt sich nach dem Recht des ersuchenden Mitgliedstaates."[1521] Die deutsche Umsetzung dieser Richtlinie in § 8 KultGüRückG lautet: „Das Eigentum an Kulturgut bestimmt sich *nach erfolgter Rückgabe* nach den Sachvorschriften des ersuchenden Staates." Die Vorschriften stehen im Kontext der Richtlinie, dass die Mitgliedstaaten der europäischen Union ausländische Verbringungsverbote zu beachten haben. Resultiert daraus eine Rückführungspflicht wie etwa in § 3 Kulturgüterrückgabegesetz, so entscheidet erst nach erfolgter Rückgabe der Empfängerstaat über die Eigentumszuweisung. Die origio-Formel setzt aber nicht an dieser Stelle, sondern bereits zuvor bei der Anknüpfung zur Ermittlung des für den Wegnahmetatbestand anzuwendenden Rechts an. Insoweit vermögen die wiedergegebenen Regeln allenfalls einen Hinweis dahingehend abzugeben, dass die Rückgabeverfahren nach dem KRG keine endgültige Eigentumszuweisung nach dem Recht des Nationalstaates treffen, die diese Entscheidung unter Berücksichtigung ihrer – eventuell – eigenen Restriktionen im Kulturgutrecht eigenständig vornehmen. Dies ist aber ein Novum, da nationale Kulturgutschutznormen eines Forums im anderen Forum nach der Rechtsprechung zum internationalen Sachenrecht bislang überhaupt nicht beachtet worden sind.[1522]

4. Das Restitutionsstatut

Langen und Sauer[1523] treffen im Anschluss an die Feststellung, dass für die Beurteilung der Frage, ob Gewalt oder Zwang für den Besitzerwechsel von Kulturgütern ausschlaggebend war, das Recht des besetzten Gebietes entscheiden müsse.[1524] Daher richte sich die Beantwortung der Frage, was unter Gewalt und Zwang zu verstehen ist, nach dem „von vielen Seiten befürworteten Restitutionsstatut"[1525] des internationalen Privatrechts. Das von Langen und Sauer so

---

Inland verarbeitet. Der Fall Weimar v. Elicofon (im fünften Kapitel, C II 2) bildet hierfür ein erstes Beispiel aus der Rechtsprechung, auch wenn diese sich mit solchen Erwägungen nicht beschäftigte.

1520 So jüngst auch Kunze 131.

1521 Hervorhebung durch den Verfasser.

1522 Vergleiche etwa die Rechtsprechung: Attorney General of New Zealand v. Ortiz, (1984) 1 A.C. 1 (H.L.); Trib. Roma 27.6.1987, Riv. Dir. Int. 71 (1988) 920 (Stato francese c. De Contessini).

1523 Langen und Sauer 20 (insbesondere 25: „Für ein Restitutionsstatut").

1524 In eine ähnliche Richtung tendiert bereits Scholz, 27.

1525 Langen und Sauer 25.

bezeichnete Restitutionsstatut leitet sich, abgesehen von der Tatsache, dass es sich nicht auf festgelegte territoriale Gefüge in Friedenszeiten, sondern auf besetzte Gebiete bezieht, von der bekannten situs-Regel ab. Für die Anknüpfung stellt sich dann die Frage, ob die Umstände von Gewalt und Zwang „isoliert" nach dem materiellen Recht des besetzten Staates oder unter Heranziehung der geschilderten völkerrechtlichen Wertungen zu qualifizieren sind. Es leuchtet ein, bereits zum Zeitpunkt der Bestimmung das anzuwendenden materiellen Rechts und insbesondere bei der sich anschließenden Qualifikation des rechtlichen Tatbestands völkerrechtliche Wertungen miteinzubeziehen. Eine solche Vorgehensweise sichert einen weitreichenden Entscheidungsgleichklang unter Beachtung praktischer Bedürfnisse, die sich bereits bei systemimmanenten Begriffen wie Gewalt und Zwang zeigen, weil diese in den verschiedenen Foren unterschiedlichen Rechtsdefinitionen kennen.[1526]

Erfolgt also die Anknüpfung unter Berücksichtigung der genannten völkerrechtlichen Wertungen und Normen, kommt als Anknüpfungsgegenstand – und Ort derjenige in Betracht, an welchem der Erfolg eines international wrongful act eingetreten ist, also an dem Ort, an welchem ein Kulturgut geplündert wurde. Damit wird das gleiche Ergebnis wie bei einer Anknüpfung an den Ort des Abhandenkommens erzielt, jedoch mit dem Unterschied, dass auch scheinbar legale Transaktionen von Kulturgütern unter Ausnutzung einer völkerrechtswidrig geschaffenen, allgemeinen Zwangslage als abhanden gekommen zu Gunsten der Anwendung der locus *furti* gelten.

III. Vorläufiges Fazit

Jede der soeben vorgestellte Anknüpfungsmethoden hat seine Vorzüge, jedoch auch nicht unerhebliche Nachteile. Der Ansatz des Abhandenkommens (lex furti) kann im Ergebnis in den Fällen nicht weiterzuhelfen, in welchem Kulturgüter auf deutschem Territorium entzogen werden und die Anknüpfung sich an diesem Ausgangsort orientiert: Das Problem der Ersitzung und der Verjährung nach deutschem Recht liegt auf der Hand.

Auch die anderen betroffenen Privatrechtsordnungen kennen die Möglichkeit eines rechtswirksamen Erwerbs unbeschadet zuvor höchst bedenklicher Vorgänge, wie sie bei verfolgungsbedingt entzogenen Kulturgütern angesprochen wurden. So ist unter anderem in Frankreich, Italien, Niederlande und Belgien die Er-

---

1526 Während nach deutschem Recht jede widerrechtliche Drohung für die Bejahung von Zwang genügt, fordert das französische Zivilrecht (Art. 1111 Code civil) einen unmittelbaren unwiderstehlichen Zwang, der jedem Vernünftigen den Eindruck einer unmittelbar bevorstehenden Gewalteinwirkung, wie im deutschen Strafrecht üblich, vermittelt, Langen/Sauer 26.

sitzung unter jeweils ähnlich gelagerten Voraussetzungen[1527], jedoch mit verschiedenen Fristen, möglich. Die Fristen bewegen sich zwischen einem Jahr (Lettland) über zumeist drei (Polen, Niederlande), fünf (Russland, Schweiz), zehn (Bundesrepublik Deutschland) bis hin zu 30 Jahren (Artikel 2262 Code civil Frankreichs).[1528]

Abgesehen von der Schweiz sehen auch die meisten Privatrechtsordnungen, von der Qualifikation als res extra commercium einmal abgesehen, die Verjährbarkeit des Herausgabeanspruchs vor.[1529] Die Rechtslage fällt also auch im Falle der Anknüpfung an das dortige Recht, also etwa bei Bewertung von Kulturgut-Konfiskationen in den von den Nationalsozialisten besetzten Gebieten, nicht günstiger aus.[1530]

Auf Grundlage der bereits zuvor geschilderten Verstöße gegen geltendes Völkerrecht[1531] gilt es zu fragen, ob und wie das anzuwendende Privatrecht diese Wertungen im eigenen Anspruchssystem zu berücksichtigen hat. Die Darstellung wird sich hier auf das deutsche internationale Privatrecht konzentrieren. Wie auch immer diese Problematik bewertet wird, gilt es zu hinterfragen, ob es einem Anspruchssteller zum Nachteil gereichen darf, dass nach einem gravierenden völkerrechtswidrigen Verstoß im Ausland oder (im Hinblick auf das Naturrecht und der Formel Radbruchs) nichtigem Entzug im Inland privatrechtliche Rechtsinstitute anzuwenden sind, welche die Verfolgung des Anspruches noch zusätzlich erschweren, wenn nicht gar unmöglich machen.

Aufgrund der zeitlich vorgelagerten schweren Verstöße gegen völkerrechtliche Bestimungen und des prägenden Faktors „Zeitablauf“ ist daher eine abschließende Korrektur unerwünschter Ergebnisse nicht allein durch von der situs-Regel abweichenden Anknüpfungen zu erzielen.[1532]

[1527] Typische Voraussetzungen der Ersitzung unabhängig vom zivilrechtlichen oder vökerrechtlichen Anspruchssystem sind: Guter Glaube an den Eigenbesitz (bona fides), Erwerb des Gegenstandes ohne Besitzmangel (nicht heimlich oder mit Gewalt) sowie ein wirksamer Erwerbstitel, vergleiche H. Hartung, Spoils of War 2002, 65.

[1528] Ein wesentlicher Unterschied besteht jedoch darin, dass manche Forumstaaten (Österreich, Spanien) den guten Glauben an den Eigenbesitz während der gesamten Ersitzungsdauer, und nicht nur bei Erlangung des Eigenbesitzes einfordern.

[1529] Freilich auch hier unter Zugrundelegung verschiedener Fristen, siehe vorheriges Kapitel.

[1530] Zu den rechtsvergleichenden Einzelheiten vergleiche insbesondere Thorn 232ff.

[1531] Siehe das Kapitel 4 und die Zusammenfassung der Anspruchssituation im Völkerrecht.

[1532] Anders freilich bei der Bekämpfung des derzeitigen internationalen illegalen Kunsthandels, der die Probleme des Zeitablaufs nicht in dieser Ausprägung mit sich bringt.

IV. Die kollisionsrechtliche Behandlung des Lösungsrechts

Die Frage der Anerkennung eines im Ausland erworbenen Lösungsrechts bestimmt sich nach den allgemeinen Grundsätzen der wohlerworbenen Rechte.[1533] Das Lösungsrecht ist als wohlerworbenes unselbständiges Gegenrecht unter Berücksichtigung der §§ 999–1003 BGB anzuerkennen.[1534]

Das einst wohlerworbene Lösungsrecht kann daher im deutschen Vindikationsprozess im Rahmen einer Einrede oder als Zurückbehaltungsrecht geltend gemacht werden. Damit kann ein im Ausland erworbenes Lösungsrecht mit Erfolg einer Herausgabeklage entgegengehalten beziehungsweise dieses gegenüber einem gutgläubigenn Erwerber zu Gunsten seines Herausgabeverlangens fruchtbar gemacht werden. Hierdurch wird es möglich, die Herausgabe eines in Deutschland gutgläubig erworbenen Gegenstands, an dem ursprünglich ein Lösungsrecht (etwa nach Artikel 934 II ZGB) begründet wurde, zu verlangen.[1535]

Allerdings erlischt das Lösungsrecht im Fall der erfolgreichen Verjährungseinrede. Das Lösungsrecht wird kollisionsrechtlich als gestreckter Tatbestand wie die Verjährung behandelt[1536]. Hierdurch kommt die in der Schweiz begonnene, aber nicht vollendete Verwirkungsfrist in Deutschland als verstrichene Verjährungsfrist zur Anrechnung, § 43 III EGBGB. Im Falle der Ersitzung, die im schweizerischen Gebiet nach Artikel 728 ZGB nicht vollendet wurde, gilt für die Ersitzung als gestreckten Tatbestand dieselbe Methodik der Anrechnung nach § 43 III EGBGB.[1537]

D. Grundzüge des (internationalen) Privatrechts der Russischen Föderation[1538]

I. Grundzüge des russischen Kollisionsrechts

Das neue russische Kollisionsrecht trat als dritter Teil des Zivilgesetzbuchs am 01. 03. 2002 in Kraft, in dessen Abschnitt VI zivilrechtliche Beziehungen mit ausländischem Element (Auslandsberührung) geregelt sind.[1539] Wie bereits die ersten

---

1533 Stoll, Staudinger internationales Sachenrecht Rn. 239, Siehr ZvglRWiss 1984, 109ff.

1534 Hierzu im Einzelnen mit eingehender Begründung Geyrhalter 102–116.

1535 Zu den einzelnen Fallgestaltungen Geyrhalter 126–146.

1536 Hierzu Geyrhalter 152ff.

1537 Geyrhalter 173.

1538 Die knappe Darstellung in diesem Abschnitt kann sich nur auf die dem Verfasser zugänglichen Literatur stützen, so insbesondere dem Sammelband „Das schwierige Schicksal von Kulturgütern", herausgegeben vom Ministerium für Kultur der Russischen Föderation, Staatliche Bibliothek für Ausländische Literatur *Ministerium für Kultur der Russischen Föderation*, Moskau, Berlin 2002. Die Quellennachweise entstammen aus Beiträgen russischer Rechtswissenschaftler in diesem Buch.

1539 Zvekov in Ministerium für Kultur der Russischen Föderation, 305ff.

beiden Bücher des russischen ZGB (in diesem Abschnitt nur: ZGB) folgt auch das dritte Buch den dogmatischen Vorbildern deutschen und schweizerischen (internationalen) Privatrechts.[1540]

Artikel 1205 ZGB entspricht dem im internationalen Sachenrecht vertrauten Grundsatz der *lex rei sitae* für die Frage des anzuwendenden Rechts bei beweglichen Sachen. Für den gutgläubigen Erwerb bedeutet dies, dass ein möglicher Erwerb von Beutekunst auf russischem Territorium nach russischem Sachrecht zu bewerten wäre.[1541] Allerdings knüpft Artikel 1206 Ziffer 1 ZGB für die Entstehung dinglicher Rechte an den Ort an, an welchem Umstände zuerst aufgetreten sind, die für eine Eigentumsänderung relevant sein können. Dies ermöglich es ähnlich der locus furti, die Frage der Rechtmäßigkeit der Wegnahme eines Gegenstands nach dem Recht seines ursprünglichen Lageorts zu bemessen.[1542]

II. Gutgläubiger Erwerb

Eine Rückforderung eines Vermögensgegenstandes gegen den gutgläubigen Erwerber ist nach Artikel 302 ZGB ausgeschlossen, wenn der Erweber von der mangelnden Berechtigung des Veräußeres keine Kenntnis hatte oder haben konnte und das Vermögen entgeltlich erworben hat.[1543] Dies gilt jedoch in der Vindikationsklage nach Artikel 301 ZGB nicht, wenn die Sache dem Eigentümer gegen seinen Willen abhanden gekommen ist.[1544]

Nach Artikel 1186 I ZGB bestimmt sich das Rechtsverhältnis der Parteien im Fall der Auslandsberührung zunächst nach den internationalen Vereinbarungen, welcher die russische Föderation beigetreten ist, so insbesondere die Haager Konvention vom 14.05.1954, die Unesco-Konvention vom 14.11.1970 und die Unidroit-Konvention von 24.06.1995.[1545] Hiernach sind Rückgabeansprüche vorrangig zunächst nach den genannten Konventionen zu prüfen.

1540 Boguslavskij, 111.

1541 Zvekov aaO (insbeondere 307).

1542 Zvekov 306f.

1543 Makarovskij in Ministerium für Kultur der Russischen Föderation 329: Gutgläubig ist, wer „nicht gewusst hat und nicht wissen konnte."

1544 Makarovskij aaO, Boguslavskij 118 weist darauf hin, dass das russische Recht ebenso dem Vindikationsprinzip folgt wie das deutsche Sachrecht in § 985 BGB.

1545 Zvekov 306. In der Bundesrepublik Deutschland wurde hingegen weder die Unesco – noch die Unidroitkonvention ratifiziert, vergleiche hierzu ausführlich unter 4 C. Artikel 1186 ZGB ermöglicht bereits im Zeitpunkt der Ermittlung des anzuwendenden Rechts die vorrangige Berücksichtigung der von der Russischen Föderation geschlossenen internationalen Verträge und Abkommen. Hieraus ließe sich der Rückschluss ziehen, dass neben den genannten Konventionen der Kompensationanspruch des Artikels 3 HLKO vorrangig vor möglichen Erwerbstatbeständen nach russischem Kollisionsrecht zu prüfen ist, zumal die HLKO auch für die Russische Föderation verbindlich ist.

Auf dieser Grundlage machen die §§ 43ff. des *Gesetzes über die Ausfuhr von Kulturgütern vom 15. 04. 1993* beim gutgläubigen Erwerb eine gewichtige Ausnahme, als illegal eingeführte, gestohlene oder verloren gegangene Kulturgüter dem rechtmäßigen Eigentümer *gegen Gewährung einer angemessenen Entschädigung* zurückzugeben sind.[1546] Vorausetzung hierfür ist aber, dass die Geltendmachung des Anspruchs durch den Heimatstaat des Anspruchsstellers unterstützt wird, welcher sich wie die Russische Föderation sich einschlägigen internationalen Vereinbarungen zur Durchsetzung des Rückgabeanspruchs aus § 10 unterworfen haben muss (Grundsatz der Gegenseitigkeit). Eine Entschädigung ist indes nicht zu leisten, wenn der vormalige Eigentümer ein staatliche Einrichtung (Museum, Archiv, Bibliothek, religiöse Vereinigung) ist, § 44[1547].

Grundsätzlich könnte jede Privatperson nach Artikel 46 der Verfassung Russlands und § 42 des Gesetzes über die Ein- und Ausfuhr von Kulturgütern auf Herausgabe von einem kriegsbedingt verlagerten Kulturgut vor einem ordentlichen russischen Zivilgericht klagen.[1548] Allerdings verheißen die Regelungen des Beutekunstgesetzes (inbesondere des Rechts zur kompensatorischen Restitution aus §§ 6–8 des Beutekunstgesetzes, welche föderales Eigentum begründen) zu Lasten ehemaliger Feindstaaten und seiner Staatsangehörigen als lex spezialis nur geringe Erfolgsaussichten.[1549]

III. Ersitzung

Die Möglichkeit der Ersitzung abhanden gekommener Kulturgüter bemisst sich nach Artikel 234 ZGB nach einer Frist von 5 Jahren offenen, gutgläubigen und ununterbrochenen Eigenbesitzes. Artikel 234 ZGB ist durch § 43 des Gesetzes über die Ausfuhr und Einfuhr von Kulturgütern vom 15. 04. 1993 insoweit eingeschränkt, als es über 20 Jahre lang im Eigenbesitz gewesen sein muss.[1550] Die Gutgläubigkeit im Sinne des Artikels 234 ZGB bezieht sich wie in § 937 BGB auf das eigene Recht.[1551]

Aufgrund der Verkaufsatmospähre in staatlichen Kommissionsläden um 1946, in welchen Beutestücke verkauft worden sind, sei es nach Ansicht in der russichen Lehre[1552] heute nur sehr schwer nachzuvollziehen, ob ein Erwerber sich die

---

1546 Zvekov 306 und 309.

1547 Ibid.

1548 Boguslavskij in Ministerium für Kultur der Russischen Föderation, 116.

1549 So sinngemäß Boguslavskij aaO., zur kompensatorischen Restitution ausführlich 2 VIII und 8 A.

1550 Zvekov 310. Zur Ersitzung nach deutschem Recht ausführlich 5 E.

1551 Makarovskij, 330 (erster Absatz).

1552 Makarovskij, 330f.

notwendigen moralischen Gedanken über die Legitimität seines Erwerbs gemacht hat, zumal er gar nicht wissen konnte, ob der Gegenstand ursprünglich von einem Beutezug in der Sowjetischen Besatzungszone oder aus dem Inland stammte.

Allerdings hat das Verfassungsgericht der russischen Föderation im Rahmen seiner materiellen Prüfung des Beutekunstgesetzes mit Urteil vom 20.07.1999 festgestellt, das die heimliche Verwahrung von Beutekunst in geschlossenen Depots (Fonds) in den staatlichen Museen nicht den Anforderungen einer *öffentlichen* Ersitzung von herrenlosen Sachen nach Maßgabe des Artikels 234 ZGB entsprechen könne.[1553]

IV. Verjährung

Die Frage der Verjährung bestimmt sich gemäß Artikel 1208 ZGB nach dem Recht des geltend gemachten Hauptanspruchs und damit wie im deutschen Kollisionsrecht nach Maßgabe des für den Anspruch heranzuziehenden materiellen Rechts.[1554] Unter Berücksichtigung von Artikel 1206 ZGB Ziffer 1 würde aus der Sowjetischen Besatzungszone geraubtes Kulturgut somit nach deutschem Verjährungsrecht entschieden, da an diesem Ort die entscheidende Handlung stattfand, welcher eine mögliche Eigentumsänderung zur Folge haben konnte.

Nach russischem Privatrecht in Artikel 200 Ziffer 1 ZGB würde die Verjährung bei einer Frist von nur drei Jahren mit dem Zeitpunkt zu laufen beginnen, an welchem der Berechtigte von der Verletzung seines Rechts zuverlässig Kenntnis erlangt hat oder hätte erlangen müssen.[1555] Problematisch werden auch im russischen Recht die Fälle, in welchem der Anspruchssteller lange Zeit keine Kenntnis vom Verbleib seines Gegenstands und dem gegenwärtigen Besitzer respektive Anspruchsgegner hat.[1556]

E. Internationales Enteignungsrecht und Konfiskation

In vielen Fällen wurden Kulturgüter auf Grundlage von militärischen Befehlen und Verordnungen aus der sowjetischen Besatzungszone „verbracht". Bisweilen erfolgten solche Verlagerungen zwar ohne ausdrückliche (gesetzliche) Weisung

---

1553 Zvekov 310 mit Nachweis in Fußnote 6 der Abhandlung auf „Kommentar zum Zivilgesetzbuch der Russischen Föderation, Teil I (nach Artikeln), S. 541", Boguslavskij in Ministerium für Kultur der Russischen Föderation 120.

1554 Zvekov 310f.

1555 Sarbasch 335.

1556 Sarbasch 335 macht hierüber aber nur Andeutungen und keine weiteren Ausführungen. Zur Behandlung dieses Problems im deutschen Verjährungsrecht 5 G.

des sowjetischen Besatzers, aber im einem engen räumlichen und zeitlichen Zusammenhang mit ausdrücklich angeordneten Plünderungsaktionen. Das internationale Enteignungsrecht gibt Antworten auf die Frage, ob im deutschen internationalen Privatrecht eine Anerkennung eines Eigentumswechsels durch solche Enteignungen, Beschlagnahmen und Konfiskationen denkbar ist.

I. Grundprinzipien des internationalen Enteignungsrechts

Das internationale Enteignungsrecht[1557] ergibt sich aus verschiedenen Grundprinzipien, welche die Grundlage für die rechtliche Bewertung der Enteignungen, Beschlagnahmen, Konfiskationen und weiterer „formloser" Wegnahmen von Kulturgütern in den besetzten Gebieten bilden.

Mögliche Abweichungen, die sich aus dem Einfluss des Kriegsvölkerrechts auf das Kollisionsrecht ergeben können, werden in dieser Darstellung von vornherein berücksichtigt. In diesem Zusammenhang sei nochmals erwähnt, dass das allgemeine Völkerrecht ausländisches Vermögen in Kriegszeiten grundsätzlich in dem gleichen Umfange schützt wie in Friedenszeiten.[1558] Grundlegend ist somit zwischen dem Vermögen im Inland und demjenigen Vermögen, das der Inländer im Ausland hält, zu unterscheiden. Der Schutz des Inlandsvermögens vor Zugriffen fremder Staaten ist die klassische Variante des internationalen Konfiskationsrechts. Er betrifft die Fallgruppe der kriegsbedingt verlagerten Kulturgüter in seiner „klassischen" historischen Konstellation. Zudem gibt es die Fallvariante, in welcher sich das Vermögen eines Inländers im Ausland befindet. Dies ist der Fall, wenn sich Bestandteile einer Sammlung in verschiedenen Staaten befinden, so etwa, wenn Bilder aus der Kollektion eines Bürgers jüdischen Glaubens aus Frankreich auf deutschem Territorium beschlagnahmt werden.

Enteignungen können grundsätzlich auch durch eine Besatzungsmacht wirksam vorgenommen werden.[1559] Hält sich ein „fremder" Staat bei der Durchführung von Hoheitsakten an die Grenzen seiner Macht, also innerhalb seines Gebiets (Territoriums), so sind seine Hoheitsakte nicht angreifbar (*Territorialitätsprin-*

[1557] Literatur mit Bezug auf die Problematik findet sich bei ADRIAANSE, P., Confiscation in private international law; Seidl-Hohenveldern, Ignaz, Internationales Konfiskations- und Enteigungsrecht; VON DER BECK, Stefan, Die Konfiskationen in der Sowjetischen Besatzungszone von 1945 bis 1949, Ein Beitrag zu Geschichte und Rechtsproblemen der Enteignungen auf besatzungsrechtlicher und besatzungshoheitlicher Grundlage und insbesondere bei SCHWEISFURTH, SBZ-Konfiskationen privaten Eigentums 1945–1949, Völkerrechtliche Analyse und Konsequenzen für das deutsche Recht.

[1558] VEITH/BÖCKSTIEGEL Der Schutz von ausländischem Vermögen im Völkerrecht, in: Studien zum europäischen Wirtschaftsrecht, S. 201; Fall Rizzo in International Law Reports, 1952, 478 ff.

[1559] BGHZ 25, 134, 140 = NJW 1957, 1433.

zip). Danach können Enteignungen durch ausländische Staaten von vornherein nur solches Vermögen ergreifen, das zum Zeitpunkt der Enteignung im Hoheitsgebiet des enteignenden Staates belegen war.[1560]

II. Verhältnis des Territorialprinzips zur Haager Landkriegsordnung

Grundsätzlich fragt sich, ob das Territorialitätsprinzip durch die Regelungen zur kriegerischen Besetzung (*occupatio bellica*) in der HLKO verdrängt wird, sodass es dann keine Geltung mehr beanspruchen kann.

Zur Beantwortung dieser Frage wird eine Rückbesinnung auf Sinn und Zweck der Artikel 42–56 HLKO unter Berücksichtigung der Tatbestandselemente des Territorialitätsprinzips erforderlich. Hier wird deutlich, dass die *occupatio bellica* im Sinne der HLKO aufgrund ihres rein provisorischen Charakters lediglich der Verwirklichung von Kriegszielen und damit als Mittel der Kriegsführung dienen soll, nicht aber zur Ausübung von Herrschaftsgewalt auf Dauer ausgelegt ist. Durch die Bestimmungen der HLKO wird das Territorialitätsprinzip also nicht angetastet. Auch wenn eine weitgehend stabile Besatzungsgewalt etabliert wurde, handelt der Besatzer noch immer als fremder Staat.

Wie bereits in der Darstellung der historischen Begebenheiten geschildert, vollzog sich der Entzug von Kulturgütern unter verschiedenen rechtlichen Bezeichnungen und tatsächlichen Vorgehensweisen: Konfiskation, Beschlagnahme, Enteignung, „Sicherstellung". Ausgehend von diesen verschiedenen Facetten fremdstaatlicher Entzüge werden nunmehr die gemeinsamen Prüfungsgrundsätze bei der möglichen Anerkennung von Enteignungen näher betrachtet.

III. Der kollisionsrechtliche Enteignungsbegriff

Als Enteignung ist jede Entziehung privatrechtlicher Rechtsmacht durch artfremden Hoheitsakt respektive jede aus wirtschafts- oder allgemeinpolitischen Gründen erfolgende gänzliche oder teilweise Entziehung oder wirkungsgleiche Beschränkung jeglichen Vermögenswerts – oder Rechts durch einen – im Fall der Beutekunst ausländischen – Staat anzusehen.[1561] Wesensprägend für die Enteignung ist der finale Vermögenszugriff durch einen Staat oder einen ihm zurechenbaren Rechtsträger. Die deutsche Rechtsprechung hat sich bislang aber noch nicht über den (kollisionsrechtlichen) Enteignungsbegriff im Hinblick auf

---

1560 BVerfG NJW 1991, 1597, 1600; BGHZ 25, 134, 140 = NJW 1057, 1433; BGHZ 32, 97, 99; BGHZ 39, 220, 224; OLG Hamburg IPRspr. 1989 Nr. 25; Erman/Hohloch Anh. zu Art. 46 Rn. 10; v. Bar IPR I Rn. 240ff.; Kegel/Schurig IPR § 23 II 1; Staudinger/Stoll IntSachenR Rn. 198.

1561 Definitionen entnommen aus Ambrosch-Keppeler, 19 mwN.

die Plünderungen und Beschlagnahmungen von Kulturgütern in den besetzten Gebieten geäußert.[1562]

Indes wurde in England und Frankreich für diese *räuberischen Enteignungen* schon lange ein eigenständiger Terminus entwickelt: *Spoilation*, definiert als die räuberische entschädigungslose Vermögensentziehung feindlicher Mächte in besetzten Gebieten.[1563]

1. Abgrenzung der Enteignung zur Konfiskation

Eine Enteignung ist zu beschreiben als ein hoheitlicher Akt, durch welchen eine Eigentumsposition endgültig gegen Gewährung einer Entschädigung entzogen wird. Im letzten Tatbestandsmerkmal zeigt sich der wesentliche Unterschied zur Konfiskation, der keine oder eine gemessen am Wert des Gegenstandes wesentlich zu geringe, ja unangemessene Entschädigung vorsieht.[1564]

2. Eigenschaft als Hoheitsträger

Nur bei einem Hoheitsträger, dessen Staatsqualität anerkannt wurde, stellt sich die Frage der Anerkennung seiner Konfiskationen.[1565] Zwar war das Deutsche Reich als Staatengebilde anerkannt. Äußerst fragwürdig ist aber die institutionelle Stellung der NS-Rauborganisationen. So liegt es eher nahe, diese als staatlich gelenkte und organisierte Räuberbande ansehen, zumal sie institutionell der NSDAP zugeordnet war[1566]. Eindeutig liegt stets keine Enteignung im Rechtssinne vor, wenn eine – auch staatlich koordinierte oder gebilligte – Plünderung zu beklagen ist, da dieses Verhalten als strafwürfig anzusehen ist und nicht Fragen nach der Statuszuordnung des internationalen Enteignungsrechts aufwirft: „Hier gibt es a limine nichts anzuerkennen."[1567] Infolgedessen sind Fragen der Anerkennung ihrer Konfiskationen gar nicht zu diskutieren, da die Agitation der NS-Rauborganisation dann nicht als Konfiskation im Sinne des Völkerrechts, sondern schlicht als strafrechtlich relevanter Raub zu werten ist. Nichts anderes gilt für die Konfiskationen der sowjetischen Trophäenbrigaden in der Sowjetischen Besatzungszone.

1562 Köhling 146.

1563 Ambosch-Keppeler 88, Schaeffer, Eugene, Spoilation Nr. 1, in: Encyclopédie Juridique, Répertoire de droit international (Hrsg.: Ph. Francescakis), Paris 1968.

1564 Seidl-Hohenveldern, Konfiskationsrecht, S. 5; Schütz 92 mwN: „Allein die Entschädigungslosigkeit bildet das entscheidende Kriterium."

1565 Seidl-Hohenveldern Konfiskationsrecht § 4, S. 20.

1566 So etwa Siehr, in FS für Rainer Frank, S. 65 ff. Ein Fallbeispiel bildet die Beschlagnahme eines Chagall durch den ERR in Brüssel – siehe die Besprechung des Urteils Menzel v. List unter 6 E I 4.

1567 Von Bar IPR I, 247 f.

Allerdings wurde, wie gesehen, häufig nur auf indirekte Art und Weise „Beute" gemacht (Zwangskäufe, Tauschgeschäfte und dergleichen), die aufgrund ihres rechtsgeschäftlichen Erscheinungsbilds der näheren Betrachtung dahingehend bedürfen, ob sie gegebenenfalls als rechtmäßige Enteignung zu bewerten sind.[1568] Handelt es sich also nicht um die Hauptfälle einer evident völkerrechtswidrigen und durch Gewalt oder unwiderstehlichem Zwang geprägte Plünderung durch hierfür organisierte Einheiten oder eine Privatperson, bleibt die Anerkennungsfrage zur Diskussion offen.

3. Der Vollzug der Enteignung

Erst wenn eine Enteignung vollzogen ist, bedarf es einer weiteren Entscheidung über ihre Anerkennung. Mit der herrschenden Meinung ist auf die tatsächliche Besitzergreifung durch den enteignenden Staat selbst abzustellen.[1569]

Dies dürfte bei Plünderungen durch staatlich gelenkte Beuteeinheiten kein Problem sein[1570], auch wenn sie selbst keine Hoheitsträgereinschaft besitzen, war der von den Früchten der Plünderung begünstigte Staat doch mit dem Entzug der Kulturgüter nicht nur einverstanden, sondern hatte sie sogar direkt angeordnet. Auch in den Fällen des durch äußere Zwangseinwirkung erzwungenen Tausches oder des Ankaufes von Kulturgütern ist mit Erlangung der Verfügungsgewalt ein solcher Vollzug anzunehmen.

4. Kollisionsrechtliche Grundsätze bei der Anerkennung ausländischer Enteignungen

Die Anerkennung einer fremdstaatlichen Enteignung ist als öffentlichrechtliche[1571] Vorfrage zur Beantwortung der privatrechtlichen Hauptfrage zu behandeln.[1572] Ihre Bewertung bestimmt sich nicht nach allgemeinen Regeln des Internationalen Privatrechts[1573], sondern durch eine autonome internationalenteignungsrechtliche Qualifikation nach der lex fori.[1574]

[1568] Ein gutes Beispiel bilden etwa die Ankäufe in Paris für das Linzer Museum und die Aquisitionspolitik Hermann Görings in den besetzten Gebieten.

[1569] Seidl-Hohenveldern Konfiskationsrecht 38, Stoll in Staudinger Rn. 207 und Vischer IPRax 209, 213f., Turner Restitutionsrecht 104.

[1570] Am Tatbestandsmerkmal des Vollzugs der Enteignung wird auch die Bedeutung der Abgrenzung zu staatlich nicht zu zurechenbaren Privatplünderungen offenbar: In solchen Fällen ist die Enteignung nicht vollzogen.

[1571] Hier in völkerrechtlicher Natur.

[1572] BGHZ 31, 367, 371f., Kreuzer in Müko nach Art. 38 Anh. III Rn. 12 ff.

[1573] Die Bewertung der Enteignung nach der allgemeinen situs- Regel könnte sich nur auf Erwerbstatbestände unter Privaten beziehen und ist daher für die Einordnung hoheitlich geprägter Eingriffe nicht von Nutzen, Beitzke in FS Raape 93 und 94 sowie Stoll in Staudinger Rn. 199.

[1574] Dies darf aber nicht dazu führen, mit dem BGH (NJW 1988, 2173, 2174f.) rein privatrechtliche Handlungen auf gleicher Ebene einzubeziehen.

Gegenstand der internationalprivatrechtlichen Anerkennung ist stets der Terminus Enteignung, auch wenn er entschädigungslos[1575] erfolgt und von daher „normalerweise" als Konfiskation bezeichnet würde.[1576] Ein enteignender Charakter ist daher auch in Tauschgeschäften zu sehen, die als Gegenwert Kunstgegenstände vorsehen, die in ihrem Verkehrswert in einer beachtlichen Diskrepanz unter dem einzutauschenden Gegenstand liegen. Bezeichnungen und Etikettierungen jeglicher (irgendwelcher) Art sind nicht von Bedeutung, solange eine hoheitliche Maßnahme im Raume steht, die im Ergebnis einen Vermögensentzug zu für den Betroffenen unangemessenen Bedingungen zur Folge hat.

Legt man den oben geschilderten Enteignungsbegriff sowie den eben geschilderten Grundsatz zugrunde, ist es nicht erforderlich, nach Art und Weise der Wegnahme von Kulturgütern in den bekannten Fallgruppen und den einhergehenden Begleitumständen (sei es durch Beschlagnahme, Konfiskation, ...) zu unterscheiden. Im folgenden wird daher nur noch von Enteignungen die Rede sein, auch wenn diese entschädigungslos als Konfiskation erfolgten oder unter einer anderen Bezeichnung („Nationalisierung"[1577]) vollzogen wurden.[1578] Entscheidend für die kollisionsrechtliche Bewertung der Anerkennung des Entzugsvorgangs ist also nicht seine Erscheinungsform, sondern allein, ob es sich *kollisionsrechtlich* um eine Enteignung handelt[1579], auch wenn für sich anschließende Fragen (etwa der Entschädigung) weitere Differenzierungen notwendig wären.

1575 Nach dem Vorliegen einer Entschädigung zu unterscheiden empfiehlt sich im vorliegenden Zusammenhang nicht, da die Anerkennung Fragen der Entschädigung ohnehin nicht nachgehen kann.

1576 Ganz allgemeine Meinung, KREUZER in MüKo Nach Art. 38, III, 20, VON BAR I Rn. 269, STOLL in Staudinger Rn. 201.

1577 Seit der russischen Revolution im Oktober 1917 hat sich dieser Begriff eingebürgert. Er steht für einen rechtlich und politisch schillernden Begriff der Sozialisierung weiter Wirtschaftsbereiche, dessen rechtliche Zuordnung einige Schwierigkeiten bereitet. Während die einen ihn als Unterfall der Enteignung ansehen, sehen ihn andere als unabhängig von der Enteignung an, was ihn vom Junktim (Entschädigungspflicht) entbinden würde. Eine weitere Erörterung ist jedoch entbehrlich, da eine „Nationalisierung" von Kulturgütern im hier interessierenden Zusammenhang nie stattgefunden hat.

1578 An diesem Punkt scheint SCHÜTZ, 90ff., anderer Meinung zu sein, da er rechtliche Unterschiede im Hinblick auf den internationalen ordre public in Fragen der Anerkennung von Enteignungen, Konfiskationen, Nationalisierungen für möglich hält.

1579 Zur Wiederholung: Jede Entziehung privatrechtlicher Rechtsmacht durch artfremden Hoheitsakt respektive jede aus wirtschafts- oder allgemeinpolitischen Gründen erfolgende gänzliche oder teilweise Entziehung oder wirkungsgleiche Beschränkung jeglichen Vermögenswerts – oder Rechts durch einen ausländischen Staat.

IV. Die Voraussetzungen für eine Anerkennung fremdstaatlicher Enteignungen

Die Anerkennungsvoraussetzungen, die stets kumulativ vorliegen müssen, sind:

- die Intraterritorialität,
- die Völkerrechtsmäßigkeit der Enteignung und
- die Vereinbarkeit mit dem eigenen ordre public.

Liegt nur eine dieser Voraussetzungen nicht vor, so entfaltet die Enteignung im Inland keinerlei Rechtswirkungen. Man spricht dann von dem rechtlichen Nullum.

1. Das Territorialitätsprinzip

Das Territorialitätsprinzip[1580] besagt, dass Enteignungen solange anzuerkennen sind, wie sie sich im eigenen Belegenheitsgebiet (Hoheitsgebiet) des Enteignungsstaats abspielen – sogenanntes positives Territorialitätsprinzip. Ist der streitbefangene Gegenstand nach der Vollendung des Enteignungstatbestandes – der Vollzug der Enteignung erfolgt hier bereits durch Besitzergreifung – in das Hoheitsgebiet eines fremden Staates verlagert worden, stößt seine Anerkennung auch dann grundsätzlich auf keine Bedenken.[1581] Dementsprechend werden ultraterritoriale Enteignungen, die außerhalb des Enteignungsstaats erfolgt sind, nicht per se anerkannt (negatives Territorialitätsprinzip), soweit nicht ein ausdrückliches Einverständnis vorgelegen hat, etwa durch einen Staatsvertrag als autonome kollisionsrechtliche Anerkennungsregelung.[1582]

Mit diesem Grundsatz ist die Enteignungszuständigkeit verbunden, die sich aus einem engen Bezug zum Enteignungsstaat in Form der Gebiets- und Personalhoheit ergibt. Eine kriegerische Besetzung im Sinne der HLKO begründet aber keine eigene Enteignungszuständigkeit. Auch wenn die staatliche Leitungsmacht vorübergehend suspendiert ist, befindet sich der Besatzer auf fremdem Boden. Er handelt ultra vires, auch wenn ihm vorübergehend Verwaltungskompetenzen an die Hand gegeben werden.

2. Völkerrechtsmäßigkeit der Enteignung und eigener ordre public

Es gibt keine Regel im Internationalen Privatrecht, die ein Ge- oder Verbot der Anerkennung völkerrechtswidrig konfiszierter Kulturgüter im besetzten Gebiet

---

[1580] Es ist umstritten, ob das Territorialitätsprinzip internationalprivatrechtlich (siehe etwa BGHZ 7, 302, 304), internationalverwaltungsrechtlich (so etwa BGH 31, 367, 372) oder beiden (BGHZ 25, 123, 134; BGH WM 1958, 557, 560) zugeordnet werden soll. Dieser Streit hat jedoch keine praktische Relevanz und soll deshalb nicht weiter vertieft werden.

[1581] BVerfGE 84, 90, 123f. = NJW 1991, 1597, 1599; LG Hamburg RabelsZ 37 (1973), 579, 581.

[1582] Beitzke, Probleme der Enteignung im Internationalprivatrecht, 111.

ausspricht.[1583] So steht es dem betroffenen Staate frei, eine Entscheidung hierüber zu treffen. Unter Anwendung der geschilderten Grundsätze lässt sich aber festhalten, dass die Wegnahmen in den besetzten Gebieten keiner Anerkennung zugänglich sind, weil sie außerhalb der Grenzen der Besatzergewalt stattfanden.[1584] Zwar begründet die bloße Völkerrechtswidrigkeit für sich noch keinen hinreichenden Grund, die Anerkennung zu versagen, da es keinen Rechtssatz im Internationalen Privatrecht gibt, der die Nichtigkeit völkerrechtswidriger Enteignungen vorsieht.

Dies gilt jedoch nicht für Verstöße gegen die Artikel 43ff. HLKO unter Überschreitung der dort festgelegten Befugnisse: Hier kann die Besatzungsmacht schlechterdings nicht mit der Hinnahme solcher Enteignungen rechnen, hat sie doch in diesem Fall klar extraterritorial unter bewusster Ausnutzung der Verhältnisse gehandelt.[1585]

Der internationale ordre public zwingt zur Einhaltung völkerrechtlicher Standards im deutschen internationalen Privatrecht.[1586] In den typischen Fallgestaltungen entschädigungsloser Enteignungen in der Sowjetischen Besatzungszone wird es deshalb im Regelfall dabei bleiben, dass die Konfiskationen von Kulturgütern in der Sowjetischen Besatzungszone *zumindest* völkerrechtswidrig waren. Völkerrechtswidrige Enteignungen wie die Verschleppung von Beutekunst aus der Sowjetischen Besatzungszone können dann als nichtig und damit unbeachtlich erklärt werden[1587]. Unter Berücksichtigung der bekannten historischen Umstände findet man bei der Beutekunst also eine recht eindeutige Rechtslage vor, die eindeutig gegen eine Anerkennung dieser fremdstaatlichen Enteignungen durch die Sowjetunion spricht.[1588]

Im Rahmen der Anerkennung fremdstaatlicher Enteignungen sieht die act of state Doktrin in den USA einen ganz anderen Prüfungsvorgang vor[1589].

[1583] Stoll in Staudinger Internationales Sachenrecht Rn. 208 und 210, von Bar I 246 f., BVerfGE 84, 90 = NJW 1991, 1597; a.A. aber Mann, in Festschrift für Duden 1977, 287, 302.

[1584] Eine Anerkennung kann aber politisch opportun sein, so man sich für die Schaffung gemeinsamer Beutekunststiftungen ausspricht.

[1585] Kein Gericht mache sich „zum Büttel" eines fremden Staates, indem es die rechtliche Verantwortung für ihr Handeln übernehme, vgl. etwa Beitzke 99, Seidl-Hohenveldern Konfiskationsrecht 31–34, Stoll aaO Rn. 209.

[1586] Schütz 44, 129, von der Beck 196.

[1587] So Mann, NJW 1961, 707ff. und in FS Duden (1977), 301.

[1588] Dies sei insbesondere im Hinblick auf die von Raape 567 und Kegel in Soergel vor Artikel 7 Rn. 808, 812 vertretenen Gegenansicht gesagt, in welcher eine Anerkennung für möglich gehalten wird.

[1589] Siehe etwa Siehr RdC Nr. 177, S. 142ff. mit ausführlicher Begründung.

V. Die Justiziabilität fremdstaatlicher Akte vor amerikanischen Gerichten

1. Menzel v. List

Nach US-amerikanischem Recht ist es den dortigen Gerichten aus Gründen der Anerkennung fremder Souveränität verwehrt, über die Rechtmäßigkeit der Enteignungen ohne extraterritoriale Auswirkungen zu befinden.[1590] Dies wird damit begründet, dass eine fremde, originär anerkannte staatliche Leitungsmacht ausgeübt worden sei, welche dem Prüfungsrecht US-amerikanischer Gerichte entzogen ist.[1591] Im Fall der Plünderungen durch NS-Organisationen hat die amerikanische Rechtsprechung gleichwohl dort eine Überprüfung vorgenommen, wo ein Gemälde (L'échelle de Jacob von Marc Chagall) zum einen nicht von einem Organ der deutschen Verwaltung (die ERR), zum anderen nicht auf deutschem Boden (in Belgien) beschlagnahmt worden war.[1592] Auf die act of state doctrine kam es hier nicht an, da die ERR ein Parteiorgan der NSDAP und damit keine deutsche staatliche Instanz gewesen ist.[1593]

Das *Hickenlooper Amendment* setzte zwar die Wirkungen der act of state doctrine seit 1961 außer Kraft. Indes steht eine weitere Präzisierung der act of state doctrine für Enteignungen bis 1941 (Eintritt der USA in den Zweiten Weltkrieg) noch immer aus. Ist dem Gericht verwehrt, über die Rechtmäßigkeit einer extraterritorialen Enteignung zu befinden, kann jeder Beklagte die Einrede des *forum non conveniens* erheben. Diese zwingt ein US-amerikanisches Gericht zur Verweisung an den angemesseneren Gerichtsstand. Bei rein inländischen nationalsozialistischen Enteignungen ohne erkennbare Auswirkungen auf das US-amerikanische Forum durch das spätere Schicksal des Kulturguts ist den amerikanischen Gerichten ohnehin das Prüfungsrecht entzogen.[1594]

1590 Knott 89ff.

1591 Die act of state doctrine dient damit im Gegensatz zum Territorialitätsprinzip nicht etwa primär der Aufrechterhaltung einer internationalen Ordnung, sondern der Gewaltenteilung, Knott 99 mwN.

1592 Menzel v. List 267 N.Y.S. 2d 804 (Super.Ct. 1966). Zur Erinnerung: Familie Menzel hatte den Chagall im Jahre 1941 auf der Flucht vor dem Einmarsch der Nationalsozialisten in ihrem Appartement in Brüssel zurückgelassen. Die ERR konfiszierte den Chagall zur „Sicherstellung". 1955 hatte eine New Yorker Galerie das Bild von einer renommierten Pariser Galerie aufgekauft und es im gleichen Jahr noch an Herrn List weiterverkauft (Menzel v. List, 806 und 807).

1593 Menzel v. List 267 N.Y.S. 2d 804, 813–815.

1594 Siehe hierzu die bekannten Bernstein-Urteile, welche die gleichnamigen Exemptionen begründeten, so etwa Bernstein v. van Heygen Ferres S.A., (1947) 163 F.2d 246.

2. Altmann v. Republic of Austria

Der vorliegende Fall handelt von fünf bekannten Exponaten Gustav Klimts, die aus der Hinterlassenschaft von Adele Bloch-Bauer, der 1925 verstorbenen Gattin des jüdischen Zuckermagnaten Ferdinand Bloch-Bauer, stammen. Die Bilder *Adele Bloch-Bauer I* und *II*, *Apfelbaum I*, *Häuser in Unterach am Attersee* und *Buchenwald/Birkenwald* waren lange Zeit zentraler Bestandteil der Klimtsammlung der Österreichischen Staatsgalerie. Eine Erbin der Familie Bloch-Bauer, Maria Altmann, verlangt nun die Herausgabe dieser Bilder.[1595]

Im Testament von Adele vom 13. Januar 1923 heißt es zu diesen Bildern[1596]:

> *„Mein letzter Wille.*
> *Bei klarem Bewußtsein und unbeeinflußt verfüge ich für den Fall meines Todes wie folgt:*
>
> *I*
> *Zum Universalerben meines gesamten Vermögens setze ich meinen Ehegatten, Ferdinand Bloch Bauer ein.*
>
> *II*
> *Für den Fall daß mein Ehegatte vor mir sterben sollte, bestimme ich zu meinen Universalerben meinen Schwager Dr. Gustav Bloch Bauer bezw. falls dieser vor mir sterben sollte, dessen Descendenz.*
>
> *III*
> *Ich hinterlasse je fünfzigtausend (50.000) Kc (tsch. Kr.)*
> *1.) dem Wiener Arbeiterverein „Kinderfreunde"*
> *2.) dem Wiener Verein „Die Bereitschaft"*
>
> *Die Gebühren dieser Anfälle hat mein Ehegatte als mein Universalerbe zu tragen.*
> *Da ich überzeugt bin daß mein Ehegatte diese seine Verpflichtung voll erfüllen wird, hat jede Sicherstellung der Ansprüche dieser Zwei Vereine zu entfallen. Sollte in der Zeit bis zum Anfalle obiger Zuwendungen einer der genannten 2 Vereine zur Auflösung gelangen, fällt der frei werdende Teil der Wiener Rettungs-Gesellschaft zu.*
>
> ***Meine 2 Porträts und die 4 Landschaften von Gustav Klimt, bitte ich meinen Ehegatten nach seinem Tode der österr. Staats-Gallerie in Wien, die mir gehörende Wiener und Jungf. Brezaner Bibliothek, der Wiener Volks u. Arbeiter Bibliothek zu hinterlassen.*** *Ich stelle es der Wiener Volks u. Arbeiter Bibliothek anheim die Bücher zu behalten oder sie zu verkaufen und den Erlös als Legat anzunehmen. Auch für dieses Legat hat jegliche Sicherstellung zu entfallen. Meinen Schmuck bitte ich meinen Ehegatten nach seinem Ableben, unseren Neffen Karl, Robert u. Leopold Bloch Bauer und unseren Nichten Luise und Bettina Bauer (Anm: die Kopie des Originals und die kundgemachte Abschrift weichen hier voneinander ab. In der Abschrift werden als Nichten Luise und Maria-Viktoria sowie Mira und Bettina als Nichten genannt), möglichst zu gleichen Teilen, aufteilen zu wollen.*
>
> *IV*
> *Für den Fall daß mein Schwager Dr. Gustav Bloch Bauer, bezw. seine Deszendenz meine Erben werden,* ***verpflichte ich ihn bzw. seine Deszendenz****, je 50.000 Kc den 2 Vereinen „Wr.*

[1595] Zu den Hintergründen ausführlich die Website des anwaltlichen Vertreters der Anspruchstellerin, www.Adele.at.

[1596] Hervorhebungen durch den Verfasser.

Arbeiterverein Kinderfreunde" und dem Wr. Verein „Die Bereitschaft", ***die 2 Porträts und 4 Landschaften von Gustav Klimt an die österr. Staatsgalerie in Wien,*** *meine Wiener u. Jungfer. Brezaner Bibliothek der Wiener Volks und Arbeiter Bibliothek als Legat, gleich nach meinem Tode* ***zu übergeben****.*
Dieses Testament habe ich eigenhändig geschrieben und unterschrieben.

Adele Bloch Bauer
Wien, 19. Jänner 1923
Zu meinen Testamentsvollstrecker ernenne ich meinen Schwager Dr. Gustav Bloch Bauer."

Der Streit geht um die Frage, ob Adele Bloch-Bauer in diesem Testament ihren Gatten rechtsverbindlich[1597] und rechtswirksam verpflichten wollte, die Gemälde nach seinem Tode an die Österreichische Staatsgalerie zu übereignen. Bei Auslegung des Testaments sprechen indes gewichtige Indizien für eine bloße Unverbindlichkeit der „Bitte" Adeles. Als entscheidendes Argument erscheint, dass die Ersatzerben im Gegensatz zum Gatten in Ziffer IV ausdrücklich zur Weitergabe an die österreichische Nationalgalerie aufgefordert worden sind (siehe Abdruck des Testaments oben).[1598]

Die in Kalifornien lebende Erbin Maria Altmann hat aufgrund der hohen Gerichtskosten in Österreich Klage auf Herausgabe der Bilder beim District Court von Los Angeles erhoben. Für die Justiziabilität in den Vereinigten Staaten stützt sie sich auf die expropriation exception in § 1605 (a) (3) des Foreign Sovereign Immunities Act (FSIA), in der es heißt:

1597 Hierzu ausführlich das Rechtsgutachten von WELSER, abzurufen unter www.adele.at.

1598 Im Gutachen von WELSER heißt es hierzu auf S. 47ff. zusammenfassend:
„1. Das Wort „Bitte" bedeutet nach dem allgemeinen Sprachgebrauch ein unverbindliches Ersuchen. An dieser Bedeutung ist festzuhalten, wenn sich nicht eindeutig erweisen läßt, daß der Wille des Erblassers auf eine verpflichtende Anordnung gerichtet war. Ein solcher eindeutiger Nachweis fehlt im vorliegenden Fall.
2. Eine Reihe von Indizien sprechen dafür, daß der Erblasserin die Bedeutung der verwendeten Begriffe für den Inhalt der Verfügung klar war. Es trifft zu, daß sie mit ihrer Bitte nicht nur die Klimt-Bilder, sondern auch ihre Bibliothek erfassen wollte und daß sie es der begünstigten Wiener Volks- und Arbeiter-Bibliothek anheimstellte, die Bücher zu behalten oder sie zu verkaufen und den Erlös „als Legat" anzunehmen. Daraus ist aber keineswegs ein verpflichtender Charakter der „Bitte" abzuleiten, weil die Gestattung der Veräußerung und die Widmung des Erlöses als „Legat" ohne weiteres auch nur für den Fall gelten kann, daß Ferdinand Bloch-Bauer der unverbindlichen Bitte nachkommen und das Legat anordnen oder daß die Ersatzerbschaft zum Tragen kommen würde.
3. Meint man, daß die Unverbindlichkeit der „Bitte" dennoch zweifelhaft bleibe, so liegt eine entsprechende Anwendung des § 614 ABGB nahe. Wenn nach dieser Bestimmung im Zweifel nicht anzunehmen ist, daß der Erblasser den Erben zur Weitergabe des vererbten Vermögens verpflichten wollte, so darf im Zweifel noch weniger angenommen werden, daß der Erblasser den Erben verbindlich verpflichten wollte, seine eigenen Sachen (bei seinem Tod) an Dritte weiterzugeben. Daher ist unabhängig davon, wem die strittigen Sachen im Zeitpunkt der Testamentserrichtung gehörten, im Zweifel ein bloßer Wunsch der Erblasserin anzunehmen. Die „Bitte" Adele Bloch-Bauers ist daher unverbindlich."

„(a) A foreign state shall not be immune from the jurisdiction of the courts of the United States or of the States in any case …
(3) in which rights in property ***taken in violation of international law are in issue and*** *… that property or any property exchanged for such propert is present in the United States in connection with a commercial activity carried on in the United States by the foreign state, or that property or any property exchanged for this property* ***is owned or operated by an agency or instrumentality of the foreign state*** *and that agency or instrumentality is engaged in a commercial activity in the United States."*

Der District Court von Los Angeles hat am 12.12.2002[1599] mit eher praktischen Argumenten den Einwand des forum non conveniens entkräftet[1600] und nach dem Foreign Sovereign Immunities Act (FSIA)[1601] die Klage gegen die Republik Österreich auf Rückgabe von Bildern aus der Sammlung Ferdinand Bloch-Bauer, welche nach Annexion Österreichs an das Deutsche Reich in Wien konfisziert

---

1599 Altmann v. Republic of Austria, 9th Cir., 12-12-2002, Nos. 01-56003 01-56398, 02 C.D.O.S. 11905.

1600 Obgleich der District Court nicht der Argumentation der Klägerin folgte, dass der hohe Streitwert und die damit einhergehenden Gerichtskosten in der Republik Österreich gegen die Wahl eines Gerichtsstands in Österreich spreche, bejahte es den angemessenen Gerichtsstand u.a. aus folgenden Erwägungen: „Nevertheless, our conclusions with respect to the filing fees and the statute of limitations do not compel us to dismiss the complaint on the grounds of forum non conveniens. Altmann's choice of forum should not be disturbed unless, when weighing the convenience of the parties and the interests of justice, „the balance is strongly in favor of the defendant." Gulf Oil Corp. v. Gilbert, 330 U.S. 501, 508 (1947). To make this determination, we consider both the „private interest" factors affecting the convenience of the litigants, including all „practical problems that make trial of a case easy, expeditious and inexpensive" as well as the „public interest" factors affecting the convenience of the forum, which include the administrative difficulties flowing from court congestion; the local interest in having localized controversies resolved at home; the interest in having the trial of a diversity case in a forum that is familiar with the law that must govern the action; the avoidance of unnecessary problems in conflicts of law, or in application of foreign law; and the unfairness of burdening citizens in an unrelated forum with jury duty. Id. at 508–09.

1601 This exception to foreign sovereign immunity „is based upon the general presumption that states abide by international law and, hence, violations of international law are not ‚sovereign' acts." West, 807 F.2d at 826; H.R. Rep. No. 94–1487, at 14, reprinted in 1976 U.S.C.C.A.N. 6604, 6613".
Dass die Wegnahme der Bilder aus der Sammlung Adele Bloch-Bocher gegen internationales Recht verstieß, begründete das Gericht wie folgt: „The facts of record, which in this procedural posture we must take as true, show that the Klimt paintings have been wrongfully and discriminatorily appropriated in violation of international law. The Nazis did not even pretend to take the Klimt paintings for a public purpose; instead, Dr. Fuehrer sold them for personal gain or exchanged them to supplement his private collection. In addition, their taking appears discriminatory. Altmann is a Jewish refugee, now a United States citizen, who is a descendant of a Czech family whose property was looted by the Nazis because of their religious heritage. According to Altmann, despite convening a Committee to evaluate expropriation claims and return stolen artwork, the Austrian government intentionally intervened to thwart a fair and impartial vote on the restitution of the Klimt paintings. Further, the Austrian government has not yet returned the paintings to Altmann and her family or justly compensated them for the value of the paintings. Without compensation, this taking cannot be valid. See West, 807 F.2d at 832."

worden waren, zugelassen. Nachdem die Republik Österreich gegen diese Entscheidung Rechtsmittel eingelegt hat[1602], hat der *Supreme Court* über die Frage der Justiziablität fremdstaatlicher Hoheitsakte in den Vereinigten Staaten ein wegweisendes Urteil erlassen.[1603] Nach Ansicht des Supreme Court kann der FSIA, wie er 1976 verabschiedet worden ist, rückwirkende Wirkung entfalten[1604]:

> *"(c) Nothing in the FSIA or the circumstances surrounding its enactment suggests that it should not be applied to petitioners' 1948 actions. Indeed, clear evidence that Congress intended it to apply to preenactment conduct lies in its preamble's statement that foreign states' immunity claims ... should henceforth be decided by [American] courts ... in conformity with the principles set forth in this chapter, § 1602 (emphasis added). Though perhaps not sufficient to satisfy Landgraf's express command requirement, 511 U. S., at 280, this language is unambiguous: Immunity "claims" not actions protected by immunity, but assertions of immunity to suits arising from those actions are the relevant conduct regulated by the Act and are "henceforth" to be decided by the courts. Thus, Congress intended courts to resolve all such claims in conformity with [FSIA] principles regardless of when the underlying conduct occurred. The FSIA overall structure strongly supports this conclusion: Many of its provisions unquestionably apply to cases arising out of conduct that occurred before 1976, see, e.g., Dole Food Co., supra, and its procedural provisions undoubtedly apply to all pending cases. In this context, it would be anomalous to presume that an isolated provision (such as the expropriation exception on which respondent relies) is of purely prospective application absent any statutory language to that effect. Finally, applying the FSIA to all pending cases regardless of when the underlying conduct occurred is most consistent with two of the Act's principal purposes: clarifying the rules judges should apply in resolving sovereign immunity claims and eliminating political par-ticipation in the resolution of such claims. Pp. 18–22.*
> *(d) This holding is extremely narrow. The Court does not review the lower courts determination that 1605(a)(3) applies here, comment on the application of the so-called "Act of state" doctrine to petitioners alleged wrongdoing, prevent the State Department from filing statements of interest suggesting that courts decline to exercise jurisdiction in particular cases implicating foreign sovereign immunity, or express an opinion on whether deference should be granted such filings in cases covered by the FSIA. The issue here concerns only the interpretation of the FSIA reach pure question of statutory construction ... well within the province of the "Judiciary". INS v. Cardoza-Fonseca, 480 U.S. 421, 446, 448. Pp. 22–24."*

Die ebenso wichtige Frage der Verletzung des Völkerrechts (violation of international law) durch den beklagten Staat als erste Tatbestandsvoraussetzung für die Anwendbarkeit der Exemption im FSIA hat der Supreme Court hingegen

---

[1602] Martha LUFKIN, Supreme Cort to decide wether Austria can be sued in the US, nachzulesen unter www.artnewspaper.com/news/article.asp?idart=11406. Die Republik Österreich ist der Auffassung, dass die Ausnahmetatbestände des FSIA nicht greifen, sodass eine Klage gegen die Rechtmäßigkeit eines Entzugs auf österreichischem Territorium nicht in einem US-amerikanischen Forum zulässig wäre.

[1603] Republic of Austria et al. V. Maria V. Altmann, 541 U.S. (2004), vollständig in Faksimilie abgedruckt in PPP Vol. 7, S. 437ff. Die abgedruckten Seitenzahlen sind daher die des Originalurteils.

[1604] Hierzu der Supreme Court (siehe PPP S. 437ff., Syllabus des Supreme Court, S. 3.

nur gestreift. Die in der Begründung abweichende Meinung (concurring opinion) von Justice Breyer[1605] sagt hierzu:

> *But what about the last element: Is this a case in which rights in property taken in violation of international law are in issue? Altmann claims that Austria's 1948 actions (falsely asserting ownership of the paintings and extorting export permits in return for acknowledge of its ownership) violated either customary international law or a 1907 Hague Convention. App. 203–204; Brief for Respondent 4, 35; Hague Convention (IV) on the Laws and Customs of War on Land, Oct. 18, 1907, in 1 Dept. of State, Treaties and Other International Agreements of the United States of America 1776?949, pp. 631, 653 (C. Bevans comp. 1968) ("All seizure of ... works of art ... is forbidden, and should be made the subject of legal proceedings").*
>
> *Austria replies that, even so, this part of the statute is not "retroactive". Austria means that § 1605(a)(3), the expropriation exception, does not apply to events that occurred in 1948, almost 30 years before the FSIA's enactment. The upshot is that if the FSIA general rule of immunity, 1604, applies retroactively to events in 1948 (as is undisputed here), but the expropriation exception, 1605(a)(3), does not apply retroactively, then the Gallery can successfully assert its sovereign immunity defense, preventing Altmann from pursuing her claim.*

Justice *Breyer* bezieht sich in seiner Aussage auf den notwendigen Verstoß gegen Artikel 56 HLKO respektive völkerrechtlichem Gewohnheitsrecht. Entscheidend wird hier die Bewertung des völkerrechtlichen Status der Republik Österreich als annektiertes Reichsgebiet im engen Zusammenhang mit den Handlungen des NS-Anwalts Dr. Führer[1606] in den Jahren 1941 und 1943, der die Bildnisse Adele Bloch-Bauer I und II vor dem Ableben von Ferdinand Bloch-Bauer ohne seine Vollmacht als vom NS-Staat zur „Arisierung“ des Vermögens bevollmächtigter Vertreter an die Österreichische Nationalgalerie verkaufte und im Gegenzug hierfür das schon zuvor von der Familie an die Galerie geschenktes Bild „Schloß Kammer am Attersee III“ erhielt.

Hieraus entwickeln sich die für das Ergebnis entscheidenden Fragen, ob es sich bei der Weitergabe der Bilder durch Dr. Führer und das sich anschließende Verhalten der Republik Österreich in 1948 um Verstöße gegen Völkerrecht gehandelt hat, die dann heutzutage die expropriation-exception des § 1605 (a) (3) FSIA auslösen.

[1605] *Republic of Austria v. Altmann, Breyer, J.* concurring, p. 4.

[1606] Hierzu das Gutachten von Welser, 15: „Dr. Führer verkaufte daraufhin das Bild „Schloß Kammer am Attersee III“ an Gustav Ucicky. Das Bild „Buchenwald (Birkenwald)“ verkaufte er 1942 an die Städtische Sammlung in Wien, das Bild „Adele Bloch-Bauer II“ verkaufte er 1943 an die Österreichische Galerie. Das Schicksal des Bildes „Häuser in Unterach am Attersee“ ist nicht ganz klar. Dr. Führer dürfte es behalten haben. Wahrscheinlich wurde es ihm von den Behörden als „Belohnung“ für die „Verwertung“ der Kunstsammlung Ferdinand Bloch-Bauers zugesprochen. Die Gutachter haben davon auszugehen, daß sich der Besitz Dr. Führers auf eine derartige Rechtshandlung stützte. Nach seiner Verhaftung im Jahre 1945 gelangte „Häuser in Unterach am Attersee“ jedenfalls in den Besitz Karl Bloch-Bauers. Dieser verwahrte es zunächst für die Erben nach Ferdinand Bloch-Bauer auf, bis es später der Österreichischen Galerie übergeben wurde (dazu unten).“

Zur Beantwortung dieser Fragen ist zunächst der völkerrechtliche Status Österreichs zum Zeitpunkt des Verkaufs der Bilder an die Galerie durch Dr. Führer 1941/1943 von großem Interesse. Der Anschluss Österreichs durch Volksabstimmung an das Deutsche Reich am 10. April 1938 wird als einzigartiger völkerrechtlicher *Grenzfall zwischen Annexion, Fusion und Okkupation* angesehen[1607], wobei nach der damaligen völkerrechtlichen Praxis gewichtige Gründe für ein völkerrechtliche Bewertung außerhalb der Okkupationstheorie entweder als wirksame Annexion oder Fusion sprechen.[1608] Da Österreich völkerrechtlich auf diesen Grundlagen als Bestandteil des Deutschen Territoriums anzusehen war, konnte schon denknotwendig keine „violation of international law" geschweige denn eine kriegerische Besetzung vorgelegen haben. Vielmehr sind aufgrund des so beschriebenen völkerrechtlichen Status die in Frage kommenden Handlungen Dr. Führers als Verletzungen nationalen Rechts, gegen zivilrechtliche und strafrechtliche Bestimmungen, anzusehen.[1609]

1607 Siehe Gutachten von SIMMA/FOLZ 44 (nachzulesen unter www.historikerkommission.gv.at) und zum Meinungsstand in der Zusammenfassung 343: „Die Okkupationstheorie erweist sich als schlüssige und mit guten Gründen vertretbare Wertung der völkerrechtlichen Rechtslage Österreichs zwischen 1938 und 1945. Sie steht im Einklang mit der Völkerrechtsentwicklung nach 1945. Es erscheint jedoch fraglich, ob die der Okkupationstheorie zugrunde liegende Rechtsauffassung bereits zum Zeitpunkt des „Anschlusses" im Jahre 1938 dem damals geltenden Völkerrecht entsprach. Vielmehr wäre zu diesem Zeitpunkt auch die Beurteilung des „Anschlusses" als wirksam gewordene Annexion und sogar als wirksame Fusion vertretbar gewesen. Auch die völkerrechtliche Praxis der Alliierten bis zum Abschluss des Staatsvertrages 1955 kam zwar der Okkupationstheorie entgegen, behielt sich jedoch auch die Anknüpfung von Rechtsfolgen an andere völkerrechtliche Gesichtspunkte vor. [Anm. des Verfassers. Siehe hierzu in der übernächsten Fn.]. Selbst unter Annahme einer völkerrechtlich wirksamen Vereinigung Österreichs mit dem Deutschen Reich und einer Rechtsnachfolge Österreichs nach seiner Wiedererstehung im Jahre 1945 wäre aber eine Haftung der Republik Österreich für durch Deutschland verursachte Kriegs- und Verfolgungsschäden nach allgemeinem Völkergewohnheitsrecht ausgeschlossen gewesen."

1608 Zentral ist in diesem Kontext die Einordnung und Bewertung des völkerrechtlichen Gewaltverbots zur Zeit des Anschlusses. Entgegen den eindeutigen Entwicklungen nach dem Zweiten Weltkrieg kann nicht von einem dergestalt entwickelten völkerrechtlichen Gewohnheitsrechts um 1938 gesprochen werden, SIMMA/FOLZ 20 mwN. Es finden sich mehrere Belege für eine de jure Anerkennung einer wirksamen völkerrechtlichen Annexion Österreichs, so insbesondere im Rahmen der Staatenanleihen, SIMMA/FOLZ 23. Auch der Grundsatz der Effektivität scheint hierfür zu sprechen, siehe etwa KELSEN, Austria: Her Actual Legal Status and Re-Establishment as an Independent State, unveröffentlicht, S. 4: „The acquisition of the territory according to the principle of effectiveness does not, of course, exclude the consequences which international law provides for its violation. The State remains responsible for its violation of the law; it exposes itself to the sanctions stipulated by general or particular international law. But the fact that the State has violated international law does not and cannot alter the circumstance that a new legal situation has been created, under the condition that this situation is firmly established. The doctrine advocated by some writers, *ex injuria jus non oritur*, is not applicable without considerable restrictions in constitutional law as well as in international law."

1609 Die Klägerin stützt sich indes insbesondere auf eine Nichterfüllung des Art. 26 des Staats-

Auf dieser Grundlage hat der Supreme Court die FSIA im Hinblick auf die Übereignungshandlungen durch Dr. Führer und auch im Hinblick auf das Verhalten der Republik Österreich in 1948 falsch angewendet. Dies ergibt sich auch aus einem Gutachten für Maria Altmann, der im Verhalten von Dr. Führer strafrechtlich relevante Handlungen und Verstöße gegen zivilrechtliche Bestimmungen, nicht aber gegen das Völkerrecht[1610] erörtert. Formaler Hintergrund der Handlungen des Dr. Führer war zudem eine rechtswidrige Steuerstrafe gegen Ferdinand Bloch-Bauer, die Dr. Führer für den NS-Staat zu liquidieren hatte.

Sodann müsste das Verhalten der Republik Österreich zum Zeitpunkt des Herausgabeverlangens in 1948 als völkerrechtswidrige *expropriation* zu werten sein. Hier gilt es zu bedenken, dass die Republik Österreich zu diesem Zeitpunkt bereits wieder als souveräner Staat agierte und sich die bereits aufgeworfenen Fragen des Besatzungsstatus in Deutschland sich im Hinblick auf mögliche Entzüge von Kulturgütern in Österreich so nicht stellen. Auf dieser Grundlage stellen Enteignungen an eigenen Staatsbürgern keine „violation of international law" dar.[1611] Tatsächlich liegt es im vorliegenden Falle näher, den Fall in Österreich

---

vertrags vom 15.05.1955 und einem Bruch der Hager Landkriegsordnung, vgl. amended complaint, einzusehen unter www.adele.at Art. 26 des Staatsvertrags legt die Vermutung nahe, daß zu dieser Zeit nicht ausschließlich von der Okkupationstheorie ausgegangen wurde, zumal es wegen der HLKO einer solchen Regelung überhaupt nicht bedurft hätte (siehe hierzu ausführlich oben unter 4 F bis 4 G).

1610 So in seiner Zusammenfassung auf S. 102ff.: „Die Behauptung der Finanzprokuratur, Dr. Führer habe durch die Übergabe der Bilder „Adele Bloch-Bauer I", „Adele Bloch-Bauer II" und „Apfelbaum II" die letztwillige Anordnung Adele Bloch-Bauers oder das Schenkungsversprechen Ferdinand Bloch-Bauers wirksam erfüllt, entbehrt jeder rechtlichen Grundlage. Ohne Ermächtigung Ferdinand Bloch-Bauers konnte Dr. Führer eine derartige Verpflichtung nicht erfüllen. Daß eine solche Ermächtigung durch Ferdinand Bloch-Bauer nicht bestand, liegt auf der Hand. Daß sich Dr. Führer bei der Übergabe von „Adele Bloch-Bauer I" und „Apfelbaum II" auf die letztwillige Verfügung Adele Bloch-Bauers berief, ist irrelevant, weil durch diese erstens keine Verpflichtung Ferdinand Bloch-Bauers erzeugt wurde, und dieser Dr. Führer zu ihrer Erfüllung auch nicht autorisiert hat. Diese Berufung diente offensichtlich der „Bemäntelung" der Transaktionen Führers, die der Vermächtnis-Erfüllungstheorie auch inhaltlich widersprechen, weil Dr. Führer kein einziges Bild der Österreichischen Galerie ohne Gegenleistung überlassen hat. Dabei fällt gar nicht mehr ins Gewicht, daß die behauptete Verpflichtung Ferdinand Bloch-Bauers zu diesem Zeitpunkt noch gar nicht fällig war. Darin, daß die Erben Ferdinand Bloch-Bauers (vertreten durch Dr. Rinesch) nach 1945 kein Rückstellungsbegehren stellten, kann entgegen der Auffassung der Finanzprokuratur keinesfalls eine konkludente Genehmigung der Handlungen Dr. Führers erblickt werden. Ein Rückstellungsbegehren wurde deshalb nicht gestellt, weil man sich mit der Österreichischen Galerie ausdrücklich auf eine Überlassung der Bilder einigte. Im Ergebnis wurde somit in der Zeit zwischen 1938 und 1945 weder ein Anspruch der Republik Österreich gegen Ferdinand Bloch-Bauer auf die Übereignung der Bilder begründet, noch wurde ein bestehender Titel wirksam erfüllt."

1611 Stellungnahme von Justice Breyer, 10, sich auf Dayton v. Czechoslovak Socialist Republic, 317 F. 3d, 968 beziehend.

nach dem hierfür eigens geschaffenen Bundesgesetz zur Rückgabe aus Österreichischen Sammlungen[1612] zu bewerten. Ein entsprechender Antrag der Klägerin bei der nach diesem Gesetz zuständigen Kommission ist aber bereits negativ beschieden worden.

Festgehalten werden muss daher, dass der Supreme Court auf den Prüfungspunkt „violation of international law“ näher hätte eingehen müssen. Dennoch wird in Zukunft unter Berufung auf dieses Urteil versucht werden, den Gerichtsstand für in europäischen Ländern befindlichen Kulturgütern, deren Eigentumstitel streitig ist, in die Vereinigten Staaten zu verlagern. Dies kann zumindest in den Fällen nicht befürwortet werden, in welchen eine Verletzung des Völkerrechts aufgrund von Enteignungen im eigenen Staatsgebiet nicht vorliegen kann. Es bleibt abzuwarten, ob das Urteil einen Dammbruch in der Zuständigkeit bei Raubkunstfällen hin zu den Vereinigten Staaten bewirken wird.

[1612] Abgedruckt als Anlage 5.

Kapitel 7: Die Geltung völkerrechtlicher Standards im Kollisionsrecht

A. Die Ausgangslage

I. Der Übergang vom Völkerrecht ins Internationale Privatrecht

1. Die Problemstellung

Das Völkerrecht scheint auf den ersten Blick als übergreifende Rechtsordnung der internationalen Staatengemeinschaft in seinem Regelungsgehalt nicht viel mit dem Kollisionsrecht der einzelnen Privatrechtsordnungen gemein zu haben, welche zur Aufgabe hat, das zur Anwendung berufene Sachrecht bei Fällen mit Auslandsberührung zu ermitteln.

Die Staatenpraxis nach dem Zweiten Weltkrieg bewegte sich in ihrem Bemühen um die Rückstellung völkerrechtswidrig geraubter Kulturgüter zwischen den Maximen völkerrechtlicher Haftung neben der Berücksichtigung davon unabhängiger sachenrechtlicher und damit zivilrechtlicher Maßstäbe (so etwa der Berücksichtigung des gutgläubigen Erwerbs). Man befand sich in einen der wenigen Rechtsmaterien, in welcher sowohl das Völkerrecht als auch das internationale Privatrecht sedes materiae einer Entscheidung waren. In diesen ging es darum, die natur- und völkerrechtswidrigen Wegnahmen bei Behandlung rein privatrechtlicher Fragestellungen zu berücksichtigen.[1613]

Ausgehend von der Prämisse, dass Plünderungen in kriegerisch besetzten Gebieten originär Fragen des Völkerrechts betreffen, stellen sich in der Fallbearbeitung folgende Fragen:

1. In welchen Fällen greifen Bestimmungen des Internationalen Privatrechts?
2. Finden völkerrechtliche Normen Anwendung und Geltung im Kollisionsrecht und einzelstaatlichen Privatrecht?

2. Fallgruppen

In einigen Fällen tritt das Internationale Privatrecht an die Stelle des Völkerrechts, um die Frage zu beantworten, ob eine Restitution, nunmehr: Vindikation, zu befürworten ist. Die gängigsten Fallgruppen sollen im Folgenden beschrieben werden.

[1613] Siehe hierzu das Sonderrecht der Rückerstattung und Wiedergutmachung im dritten Kapitel.

a. Der Besitz am Raubgut ist einem Staat nicht mehr zuzuordnen

Wenn sich die Kulturgüter nicht mehr im staatlichem „Eigentum" respektive einem Staate zurechenbaren Besitz befinden, kann die Herausgabe des Gegenstands nur noch auf privatrechtlichem Wege weiterverfolgt werden. Das klassische Beispiel für eine formale Zuordnung an einen staatlichen Träger ist die Ausstellung eines Kulturguts in einem Museum, dessen Träger organisatorisch in einer staatlichen Verwaltung eingegliedert ist.[1614]

Ein Restitutionsverfahren auf völkerrechtlicher Grundlage ist auch dann nicht mehr sinnvoll, wenn ein Staat eine Rückstellung aus tatsächlichen[1615] oder rechtlichen Gründen nicht (mehr) durchführen kann. Eine völkerrechtliche Primärhaftung auf Restitution ist dann prozessual meist nicht (mehr) durchsetzbar.[1616] Allerdings kann eine Entschädigung gefordert werden. Gerade dies ist aber zumeist nicht das Ziel des Anspruchstellers.

Charakteristisch ist in diesen Fällen, dass politische Sachzwänge und die Blockadehaltung des Staates, in welchem sich die völkerrechtswidrig verschleppten Kulturgüter befinden (wie etwa in der deutsch-russischen Beutekunstdebatte) ein Vorgehen auf Grundlage des Völkerrechts praktisch unmöglich machen. In den letzten Jahren zeichnete sich zudem bereits ab, dass am Restitutionsprozess beteiligte Staaten im international illegalen Kunsthandel involviert sind und zur Deckung finanzieller Engpässe Beutekunst in den grauen Markt lancieren. Auch kann es vorkommen, dass der gegenwärtige staatliche Besitzer von Kriegsbeute sich seiner völkerrechtlichen Verantwortung zur Erfüllung des Wiedergutmachungsanspruches entziehen möchte. So sind bereits Verkäufe von Beutekunst aus russischen Museen bekannt geworden.[1617]

[1614] Das aktuelle Beispiel zwischenstaatlicher Rückführungsverhandlungen, so insbesondere der Bundesrepublik Deutschland mit der Russischen Föderation illustrieren den Fall, in welchen Fragen des Internationalen Privatrechts nicht einschlägig sind. Dies liegt an der einfachen Tatsache, dass nach Begehung der geschilderten Verstöße gegen das Völkerrecht keine weiteren Vorkommnisse hinzutraten, die eine anderweitige Verlagerung des Kulturgutes außerhalb der staatlichen Sphäre bewirkt hätten.

[1615] Hat aber der Staat die tatsächlichen Möglichkeit eines unmittelbaren Zugriffs auf das Kulturgut (etwa im Rahmen einer Leihgabe durch den Privateigentümer), kann sie sich nicht auf die tatsächliche Unmöglichkeit der Restitution berufen.

[1616] Siehe hierzu oben 2 A V 3 (tatsächliche und rechtliche Unmöglichkeit).

[1617] *Güttler*, in: Carl/Güttler/Siehr berichtet auf S. 12 über die Lagerung bedeutender Kunstwerke in der Hauptstädtischen Bank in Moskau, welch den „Appetit des internationalen Kunsthandels errege" [siehe auch S. 15f.]. Volkert, 192, nennt Presseberichte, die über den Verkauf von Beutekunst in Russland an private Abnehmer berichten („dunkle Geschäfte"). Schon 1994 berichtete die Welt in der Ausgabe vom 7. Januar über Verkäufe von Beutekunst aus Russland (Privatplünderungen russischer Offiziere) in die USA, siehe Karl Ludwig Günsche, Moskaus Blockade der Beutekunst, Russen sperren sich gegen Rückgabe deutscher Kulturgüter – Erste Verkäufe auf dem Schwarzmarkt.

b. Ein Individuum beruft sich auf Völkerrechtsverletzungen

Eine Person, die nicht Subjekt eines völkerrechtlichen Restitutionsverfahrens sein kann (also hier jede Privatperson) macht die Verletzung des Kriegsrechts durch Wegnahme eines Kulturguts im besetzten Gebiet und damit auch die Verletzung seiner zivilrechtlichen Eigentümerrechte geltend. Hier stellt sich die Frage, ob Verstöße gegen das Völkerrecht auch in einem späteren zivilrechtlichen Verfahren und der Beleuchtung möglicher Erwerbstatbestände streitentscheidend berücksichtigt werden können.

c. Keine völkerrechtliche Verantwortlichkeit von Staaten für das Handeln Privater

In dieser im einzelnen schwierigen Abgrenzungsfrage ist danach zu fragen, ob es einen irgendwie gearteten Zusammenhang zwischen dem staatlichen und dem privaten Handeln gibt, in welchem das staatliche Verhalten vor, während oder nach der Privathandlung mit eindeutigem Bezug auf sie einsetzt.[1618] Die Handlung eines Individuums ist als eine eigenständige Privathandlung anzusehen, wenn sie ohne militärischen Befehl[1619] und ohne jeden erkennbaren Zusammenhang zu den sonstigen Kriegsereignissen erfolgt ist.

Im Fall der Beutekunst ist ein solcher Zurechnungszusammenhang unproblematisch, hat der Staat doch mit seinem Auftrag, Beute in den besetzten Gebieten zu machen, bereits eine bestimmte Gefahrenlage geschaffen, die sich ein „Privatplünderer" nur noch zu Nutze machen muss. Artikel 3 der Haager Landkriegsordnung erfasst einen sehr weitreichenden Haftungstatbestand für alle an den kriegerischen Handlungen beteiligten Personen. Aufgrund des weitreichenden Begriffs der an den kriegerischen Auseinandersetzungen beteiligten Personen (Kombattanten) in Artikel 2 HLKO folgt hieraus die völkerrechtliche Haftung der Kombattanten nach Maßgabe von Artikel 3 HLKO.

Die den amerikanischen Gerichten zur Entscheidung vorgelegten Fälle ließen nach dem Streitgegenstand nur eine zivilrechtlich geprägte Betrachtungsweise zu. Ein bekanntes Beispiel bildet hierfür das Verfahren *Stiftskirche-Domgemeinde of Quedlinburg v. Meador*.[1620]

[1618] Vergleiche zum Ganzen Epiney, Die völkerrechtliche Verantwortlichkeit von Staaten für rechtswidriges Verhalten im Zusammenhang mit Aktionen Privater, S. 179–202.

[1619] Verdross/Simma, § 1274 a.E.

[1620] Zum Vergleich mit den Erben des amerikanischen Soldaten im Verfahren *Stiftskirche-Domgemeinde of Quedlinburg v. Meador, CA3-90-1440-D (N.D. Tex. June 18, 1990)*. Kennon beschreibt am Beispiel des Quedlinburger Domschatzes, auf welchen Wegen geplünderte Kunst wieder auf den freien Markt gelangen, siehe dort „Take a Picture, It May Last Longer if Guggenheim becomes the Law of the Land: Repatriation of Fine Art", St. Thomas L. Rev. 8 (1995/1996), auf S. 376f.: Jack Meador hatte nach Raub und Versendung der Beute per

Zudem gibt es in der Tat Fälle, in welcher trotz kriegerischer Besetzung keine völkerrechtliche Haftung des Staates zu befürworten ist. Dies muss insbesondere dann gelten, wenn die Wegnahme sich dem äußeren Erscheinungsbild nach ersichtlich als ein vereinzelter Exzess dargestellt hat, weil der okkupierende Staat alle notwendigen Sicherungsmaßnahmen zum Schutze von fremden Kulturgütern im besetzten Gebiete ergriffen hat.[1621]

d. Schlussfolgerungen

Aus den Ausführungen resultiert mithin zwangsläufig die grundlegende Fragestellung, ob das internationale Privatrecht den Wertungen des Völkerrechts zur Durchsetzung verhilft. Dies wäre der Fall, wenn der völkerrechtliche Schadensersatzanspruch, der sich auf Naturalrückgabe richtet (restitutio in integrum) als Grundlage für die innerstaatliche Prüfung des Rückgabeanspruchs herangezogen wird. Hierfür bedarf es im innerstaatlichen Recht einer Schnittstelle, welche den originären völkerrechtlichen Verstoß aufgreift und in seine Wertungen mit einbezieht.

Feldpost die wertvollen Manuskripte des Quedlinburger Schatzes eingewickelt auf seiner Toilette verwahrt. Nach seinem Tode ließen die Erben den Wert der Kunstschätze schätzen und erhielten zur Antwort, dass diese als Diebesgut für sie ohne Wert seien. Erst nach ersten Verkaufsversuchen der Familie Meador erfuhr die Deutsche Regierung vom Verbleib dieser einmaligen Sakralen. Dem Sachverhalt überhaupt nicht angemessen erscheint, dass insgesamt 2,65 Mio US-$ zur Vermeidung hoher Prozesskosten aufgewendet werden mussten, damit die Kunstschätze nach Quedlinburg zurückkehren konnten. [Siehe dort auch auf S. 381 ff. über umfangreiche Transaktionen von Beute- und Raubkunst von der damaligen DDR in den Westen.] Siehe i.ü. Schmid, „Vergleich oder kompromißlose Rückforderung – Der Quedlinburger Schatz als Gegenstand rechtlicher Auseinandersetzungen", in: Der Quedlinburger Schatz wieder vereint, Dietrich Kötzsch (Hrsg.), Katalog zur Ausstellung im Kunstgewerbemuseum, Staatliche Museen zu Berlin – Preußischer Kulturbesitz, Berlin 1992, S. XVII–XX, siehe auch Kogelfranz/Korte, Quedlinburg – Texas und zurück, Schwarzhandel mit geraubter Kunst und schließlich Maurice, Klaus, „Kunstraub und Rückgabe", in: Der Quedlinburger Schatz wieder vereint, Dietrich Kötzsch (Hrsg.), Katalog zur Ausstellung im Kunstgewerbemuseum, Staatliche Museen zu Berlin – Preußischer Kulturbesitz, Berlin 1992, S. XV–XVII. Die Haltung letzteren Autors kann nicht befürwortet werden, weil er den Kauf geplünderter Kulturgüter als geeignetes Mittel für eine friedvolle Rückführung ansieht. Vergleiche zu den Hintergründen des Raubs des Quedlinburger Domschatzes durch einen amerikanischen Soldaten Heydenreuter, Kunstraub, Die Geschichte des Quedlinburger Stiftsschatzes, Esslingen, 10 ff.

1621 Freilich ist dies eine Frage, mit der sich die Geschichtswissenschaft noch weiterhin beschäftigen wird. Bis heute ist noch weitgehend ungeklärt, wie das Besatzerverhalten von Frankreich und den USA in der Gesamtschau im Hinblick auf den Schutz von Kulturgütern während der Besatzungszeit zu würdigen ist. Es finden sich in der Literatur hierzu widersprüchliche Aussagen, siehe bereits unter 1 F.

3. Wertender Systemvergleich am Beispiel der Behandlung des Zeitablaufs nach völkerrechtlichen und zivilrechtlichen Sachnormen

In den beiden Anspruchssystemen (völkerrechtlicher Restitutions-respektive privatrechtlicher Vindikationsanspruch) ergeben sich aus dem bloßen Faktum eines längeren Zeitablaufs divergierende Rechtsfolgen. Zu vergleichen sind die unter jeweils abweichenden Voraussetzungen mögliche Ersitzung und Fragen der Verjährung.

Wie bereits in den einzelnen Rechtsinstituten ausgeführt, stellt sich die Rechtslage im Völkerrecht ungleich günstiger dar als nach dem materiellen Privatrecht der im Restitutionsprozess involvierten Privatrechtsordnungen.[1622] Dies gilt insbesondere im Hinblick auf die zentralen Fragen der Verjährung des Herausgabe (Restitutions-)Anspruchs und die mögliche Ersitzung abhanden gekommener Kulturgüter. Ein weiterer Vorteil des Völkerrechts liegt in seiner Möglichkeit, einen noch weiter gehenden „Entscheidungsgleichklang" zu erzielen. Ist dies eigentlich eine originäre Aufgabe des IPR, werden im Regelfall nach der Anknüpfung an das Forum der jeweiligen lex furti oder nach dem klassischen Situs höchst divergierende Ergebnisse erzielt. Die völkerrechtliche Beurteilung der Raubvorgänge in Krieg und Verfolgung mündet in eine weitgehend einheitliche Anspruchssituation, welche zumeist auf die Frage der vormaligen Territorialität (Belegenheit des Kulturguts) als Grundlage des Restitutionsrechts eines Staates abstellt. Privatrechtliche Rechtsinstitute wie die Ersitzung und die Verjährung vermögen indes nicht Hintergründe, die durch Kriegsverbrechen und Völkermord gekennzeichnet sind, adäquat nach ihrer Gesetzestechnik zu erfassen und zu bewerten. Aus vorstehenden Erwägungen heraus erscheint es notwendig, *das zivilrechtliche Erwerbsinstitut an der Schwere des völkerrechtlichen Verstoßes zu messen.*[1623]

Das Bedürfnis nach verbindlichen Rechtsgrundlagen für die Behandlung dieser Sondersituation im einzelstaatlichen Privatrecht (so auch im deutschen BGB) wird so deutlich sichtbar: Im Rahmen der Besprechung der zivilrechtlichen Verjährungsproblematik in der Bundesrepublik Deutschland ist bereits gesagt wor-

---

[1622] Im Privatrecht wird etwa eine Ersitzung unabhängig von der Kenntnis oder gar Zustimmung des Betroffenen ermöglicht. Zudem verjährt in den meisten Privatrechtsordnungen der Herausgabeanspruchs nach Ablauf einer bestimmten Frist.

[1623] Aus rein zivilrechtlicher Betrachtungsweise ließe sich argumentieren, dass sowohl die Ersitzung wie auch die Verjährung am Ablauf einer bestimmten Zeitspanne ansetzen und Rechtssicherheit bei abhanden gekommenen Gegenständen vermitteln möchten, die materiell durch die gegebene Rechtslage der Trennung von Eigentum und Besitz geschieden sind. Diese Entscheidung des Gesetzes muss hingenommen werden, weswegen die Gründe, die im zivilrechtlichen Anspruchssystem geschaffene Rechtssicherheit doch noch aufzuheben, besonders schwer wiegen müssen.

den, dass neue Regelungen geschaffen werden sollten, welche eine faire Chance zur Durchsetzung eines begründeten Eigentumsherausgabeanspruchs auch nach einem längeren Zeitablauf begründen sollten.[1624] Soll aber dann noch immer ein Ergebnis hingenommen werden, das sich mit der Möglichkeit der Ersitzung abfindet?[1625]

Jede Besserung der Rechtslage in verjährungsspezifischer Hinsicht würde im Ergebnis keine wirkliche Verbesserung der Anspruchssituation mit sich bringen, wenn die Möglichkeit der Ersitzung kriegsbedingt verlagerter und verfolgungsbedingt entzogener Kulturgüter hingenommen wird. Bislang hat ein Anspruchssteller aber nur dann eine reelle Chance, wenn der Nachweis erbracht werden kann, dass das Kulturgut gebunkert wurde oder eine entsprechende Kenntnislage vorlag, die mit der „eigennützigen Blindheit" beschrieben wird.[1626] In allen anderen Fällen wird er wegen der Ersitzung des Kulturguts unterliegen, mögen die tatsächlichen und historischen Fakten noch so grausam und tragisch sein.

4. Die offensichtliche Untragbarkeit im Ergebnis nach Anwendung ausländischen oder eigenen Rechts

Die Diskussion um die Rückgabe verfolgungsbedingt entzogener Kulturgüter wird vorwiegend unter moralischen Gesichtspunkten geführt. So wird es als untragbar empfunden, Kulturgüter, welche in einem Zusammenhang mit der Verfolgung und Ermordung seines Eigentümers entzogen wurden, dem Rechtsnachfolger des vormaligen Eigentümers vorzuenthalten. Der Bundesgerichtshof hat zur Anwendung der Vorbehaltsklausel eine Formel gebildet, nach der zu fragen ist, „ob das Ergebnis der Anwendung ausländischen Rechts zu den Grundgedanken der deutschen Regelung und der in ihnen liegenden Gerechtigkeitsvorstellungen in so starkem Widerspruch steht, dass er von uns als untragbar empfunden wird."[1627]

Die Untragbarkeit der Anwendung ausländischen Sachrechts soll in pointierter Ausdrucksweise dann gegeben sein, „wenn einem so richtig schlecht wird."[1628] Zweifelsohne wird damit auch nach sorgfältiger Analyse am Einzelfall der besondere Ausnahmecharakter der ordre public betont.[1629] Auch Justice Moses hat

---

1624 Siehe die obige Diskussion bei 5 G II.

1625 VON PLEHWE, S. 60, ist jedoch der Ansicht, dass die Resultate der Ersitzung trotz der widrigen Hintergründe des Abhandenkommens (unglücklicherweise) hingenommen werden müssen.

1626 Siehe hierzu ausführlich oben 5 E II 3.

1627 BGH 17.9.1958, BGHZ 50, 370, 375f., siehe auch BGHZ 54, 123, 130.

1628 MÜLLER-KATZENBURG, KUR 2001, 129 zitiert diesen Ausspruch als griffige Formel zum Verständnis der Vorraussetzungen eines ordre-public Eingriffs.

1629 SIEHR, IPR 490, SPICKHOFF 87.

im Fall City of Gotha v. Sotheby's besondere fallbezogene Erwägungen für die Versagung der Anwendung des deutschen Verjährungsrechts angeführt.[1630]

5. Fallbeispiele: Die Sammlungen Littmann und Silberberg

Sowohl Max Silberberg[1631] wie auch Ismar Littmann[1632] verloren größte Teile ihrer Sammlung in den Jahren 1935–1937 infolge gravierender wirtschaftlicher Schwierigkeiten, aber auch durch Konfiskation. Ihre wirtschaftlichen Schwierigkeiten beruhten insbesondere auf der Verfolgung durch die nationalsozialistische Gesetzgebung, die horrende Sonderabgaben wie die Reichsfluchtsteuer und die Judenvermögensabgabe verhängte.[1633] Erst viel später wurden sie deportiert und in einem Konzentrationslager ermordet, zu spät aber, um von einem Zurechnungszusammenhang von Kunstraub und Ermordung sprechen zu können.[1634] Nach

---

1630 Im genannten Fall City of Gotha war für die Anwendung der ordre public das Verhalten der Beklagten ein wesentlicher Faktor. Diese hatten zugegeben, nicht gutgläubig gewesen zu sein und sich dennoch auf die Verjährung des Herausgabeanspruchs berufen. Zur Begründung des englischen public policy bereits oben 2 B (Wiedergabe aus Carl/Güttler/Siehr, 212). Zwar bezieht sich diese Aussage nur auf die Frage, ob der Anspruch auf Herausgabe der Verjährung im englischen Recht unterliegen kann. Das Zitat zeigt aber auch, dass Justice Moses sich nicht nur von den Grundsätzen im englischen Verjährungsrecht hat leiten lassen, sondern auch von allgemeinen Gerechtigkeitserwägungen.

1631 Heuß, Die Sammlung Max Silberberg. In: Die Moderne und ihre Sammler, herausgegeben von Passagen/Passages, Paris/München 2001, S. 311–325.

1632 Heuß: Das Schicksal der jüdischen Kunstsammlung von Ismar Littmann. Ein neuer Fall von Kunstraub wirft grundsätzliche Fragen auf, Neue Zürcher Zeitung vom 17.8.98, S. 21.

1633 Hierzu Auszüge aus dem Beitrag von Anja Heuss, Die Sammlung Max Silberberg, aaO: „Ab 1935 wurde der politische Druck auf die jüdische Bevölkerung im Deutschen Reich zusehends verstärkt. So wurden vor allem immer neue diskriminierende Steuern und Abgaben gegenüber der jüdischen Bevölkerung wie zum Beispiel die Reichsfluchtsteuer und die Judenvermögensabgabe erhoben. Durch diese wirtschaftlichen Verfolgungsmaßnahmen war auch Max Silberberg, der von einem Zeitgenossen einmal als „einer der reichsten Juden Breslaus“ bezeichnet wurde, 1938 völlig verarmt. Sein gesamter Besitz wurde wegen Steuerschulden dem Finanzamt Breslau-Süd verpfändet. Ein Teil der Objekte musste er dem Schlesischen Museum der Bildenden Künste unter der Leitung von Cornelius Müller-Hofstede verkaufen. 1938 verkaufte er so dem Museum zwei Ölgemälde, ein „Frauenporträt“ von Manet und „Köpfe“ von Daumier, für 36.000 RM, den Erlös musste er jedoch sofort an die mittlerweile „arisierte“ Firma Weissenberg überweisen, die ebenfalls Forderungen geltend gemacht hatte. Die restliche Sammlung wurde auf Anweisung des Finanzamtes Breslau-Süd vom einem Antiquitätenhändler in Breslau im Februar 1940 geschätzt. Unter den Objekten, die sich noch im Eigentum Silberbergs 1940 befanden, war z. B. ein Aquarell von Paul Klee mit dem Titel „Dammweg“ sowie mehrere Zeichnungen von Menzel, Trübner, Purrmann, Liebermann, Gustav Klimt und Otto Mueller, außerdem mehrere Bronzen von Georg Kolbe, also vorwiegend deutsche Kunst. Die in diesem Zusammenhang besonders interessierenden Werke der Impressionisten waren zu diesem Zeitpunkt bereits verkauft.“

1634 Heuß, aaO, meint hierzu: „Nachdem 1932 die wichtigsten Impressionisten versteigert worden waren, war die Sammlung Silberberg merklich geschrumpft. Bedingt durch die Verfolgung der Juden im Deutschen Reich musste Silberberg 1935 erneut seine Sammlung dezidem Zweiten Weltkrieg tauchen Gemälde aus ihrer Sammlung im Kunsthandel in der Bundesrepublik Deutschland wieder auf: Eine Galerie hat ein Bild Silberbergs ohne Wissen um die Vorgeschichte auf einer öffentlichen Versteigerung erworben. In einem ebenfalls ahnungslosem Kunstfreund findet es seinen Käufer.

Der Fall scheint klar: Das Eigentum am Gemälde wird nach deutschem Recht durch die öffentliche Versteigerung, spätestens aber durch den gutgläubigen Erwerb in der Regel übergegangen sein, §§ 935 II und 932 BGB. Was aber, wenn sowohl der Galerist als auch der Erwerber bösgläubig im Rechtssinne waren? Dann könnte trotzdem ein einziger weiterer ahnungsloser Erwerber den sicheren Eigentumsverlust bedeuten, so im deutschen Recht nach zehn Jahren unter den Voraussetzungen der §§ 937ff. BGB.

Hierdurch stößt man gleichsam zwangsläufig auf die Frage, ob der Gesetzgeber bei Normierung der uscucapio auch solche Fallgestaltungen erfassen wollte. Die Antwort hierauf ist klar: Privatrecht im Allgemeinen (in den verschiedenen Rechtsordnungen) und das BGB im Besonderen ist grundsätzlich für rein privatrechtlich geprägte Rechtsverhältnisse geschaffen worden – also gerade nicht für die Rückabwicklung schwerer Verstöße gegen geltendes Völkerrecht.

II. Zwischenergebnis

Bereits diese beiden Sammlungsschicksaale zeigen, dass eine isolierte zivilrechtliche Bewertung der Vielschichtigkeit der Fragestellungen nicht gerecht werden kann. Insbesondere berücksichtigt es nicht die Verstöße gegen grundsätzliche

---

mieren. 50 Gemälde und Zeichnungen des 19./20. Jahrhunderts wurden beim Auktionator Paul Graupe am 12.10.1935 in Berlin versteigert. Zwei Monate später wurden ebenfalls bei Graupe am 21.12.1935 zehn Plastiken von Barlach, Georg Kolbe, Maillol, Matisse, Renée Sintenis und August Gaul versteigert; in zwei weiteren Versteigerungen bei Paul Graupe wurde die Bibliothek im Dezember 1935 und im März 1936 veräußert. Der Kern der Sammlung, der überwiegend aus Landschaften und Straßenszenen des französischen Impressionismus und zahlreichen Porträts der Münchner Schule bestand, wurde jedoch auf dieser ersten Versteigerung im Oktober 1935 verkauft. Darunter befanden sich immerhin 15 Gemälde und 19 Zeichnungen der französischen Künstler, vor allem von Corot, Courbet, Daumier, Manet, Monticelli, Pissarro, Signac, Sisley, Cézanne, Delacroix, Maillol, Matisse, Millet und mehrere Aktzeichnungen von Rodin (vergleiche den Auktionskatalog Nr. 141 von Paul Graupe) (…) Abschließend lässt sich die Sammlung Max Silberbergs folgendermaßen skizzieren: Zwischen 1920 und 1932 erwarb Silberberg eine Sammlung von deutschen und französischen Impressionisten, meist Landschaften und Straßenszenen, sowie Porträts der Münchner Schule. Die Werke des Impressionismus hatte er vermittelt über Cassirer, aber wohl auch über die Auflösung anderer Impressionistensammlungen in der Weimarer Republik (Sammlung Rothermundt, Sammlung Leo Lewin) erworben. Die Sammlung Silberberg kann damit als Musterbeispiel einer deutsch-jüdischen Sammlung gelten, die in der Zwischenkriegszeit entstanden ist und zum Teil in der Zwischenkriegszeit wieder aufgelöst wurde. Diese Sammlungen wurden stets sehr kurzfristig angelegt und blieben meist nur eine Generation lang in Familienbesitz, bis zuerst die Weltwirtschaftskrise und dann die Verfolgung durch die Nationalsozialisten die Sammler dazu zwangen, ihren Kunstbesitz zu veräußern."

Vorgaben des Natur- und des Völkerrechts. Die Untragbarkeit ergibt sich in den Beispielsfällen aus den tatsächlichen Begleitumständen im Rahmen des Entzugs der Kulturgüter: Beide Sammlungen wurden aufgrund eigener wirtschaftlicher Schwierigkeiten ihrer Eugentümer, die teilweise durch die nationalsozialistische Verfolgung bedingt war, signifikant dezimiert. Ihre Eigentümer wurden kurz darauf in Konzentrationslagern ermordet. Eine Korrektur eventuell auftretender zivilrechtlicher Erwerbstatbestände über die Vorbehaltsklausel respektive einer einschlägigen einzelstaatlichen Generalklausel scheint daher nicht nur aus moralischen Gründen dringend geboten.

Um solche Einzelfallentscheidungen in Zukunft zu vermeiden, wären de lege ferenda auf diese Sondersituation zugeschnittene, abschließende zivilrechtliche Normen in den betroffenen Privatrechtsordnungen die einzig sachgerechte Lösung. Da das Problem aber mehrere Staaten gleichermaßen betrifft, ist zu befürchten, dass die Bemühungen um einen darauf bezogenen Konsens in dieser Spezialmaterie eher bescheiden ausfallen werden. So wird man nicht umhinkommen, auch weiterhin nach der Rechtslage zu arbeiten, wie sie sich de lege lata darstellt.

B. Funktion und Wirkungsweise der ordre public nach deutschem Kollisionsrecht

I. Der deutsche ordre public in Artikel 30 EGBGB a.F. und Artikel 6 EGBGB

Zur Korrektur unerträglicher Ergebnisse ist dem Internationalen Privatrecht seit jeher das Instrument des ordre public vertraut. Allerdings soll die ordre public vom ursprünglichen Gedanken her dazu dienen, gravierende Ungerechtigkeiten, die sich aus der Anwendung eines *fremden* Rechtes ergeben, die dem jeweiligen fundamentalen nationalen Rechtsverständnis widersprechen, auszugleichen. Wegen dieser Schutzfunktion zur Durchsetzung des eigenen Rechtes entgegen dem grundsätzlichen Anwendungsbefehl durch das Internationale Privatrecht wird sie seit Zitelmann auch als „Vorbehaltsklausel" bezeichnet.

Diese ist in der durch Artikel 220 I EGBGB zur Anwendung berufenen Vorgängerfassung in Artikel 30 EGBGB a.F. festgeschrieben.[1635] Die gegenwärtige Vorbehaltsklausel in Artikel 6 EGBGB gilt hingegen für alle Vorgänge, die nicht bis zum 1.9.1986 abgeschlossen wurden. Dies hängt vom Zeitpunkt des Eintritts eines bestimmten tatbestandlichen Erfolges, der an den Maßstäben der Vorbe-

---

[1635] Mahr 81, siehe auch das Urteil des Kammergerichts vom 29.9.1987, in: NJW 1988, 341, 343.

haltsklausel zu messen ist, ab, so etwa vom Ablauf bestimmter tatbestandlicher Fristen, wie sie bei der Ersitzung und der Verjährung vorgesehen sind.[1636]

Der folgende Abschnitt beschäftigt sich zunächst mit allen grundsätzlichen Voraussetzungen, welche den Zugang zur Anwendung des Artikels 30 EGBGB a.F. eröffnen. Hierzu gehört das Verhältnis des ordre public zu den Bestimmungen des Völkerrechts. Von Interesse ist hier insbesondere die Frage, welche völkerrechtlichen Bestimmungen verletzt sein müssen, damit Fragen des ordre public auch im fremden Forumstaat diskutiert werden müssen.

Sodann soll geklärt werden, welche Stellung der zivilrechtliche ordre public gegenüber den völkerrechtlichen Instituten des ius cogens und der erga-omnes Verpflichtungen einnimmt. Pointiert ausgedrückt geht es hier um die Frage, ob jedes anzuwendende Privatrecht Verstöße gegen Völkergewohnheits- und zwingendes Recht als so untragbar empfindet, dass es ihnen im Rahmen seiner Gesetze die zivilrechtliche Wirkung versagt.

Schließlich werden Fallgruppen der ordre public aus verschiedenen historischen Tatsachenebenen und rechtlichen Blickwinkeln heraus erörtert: Es wird versucht, einen gerafften Überblick über alle wichtigen Konstellationen zu geben, in welchen das Rechtsinstitut des ordre public im Kontext der verfolgungsbedingt entzogenen und kriegsbedingt verlagerten Kulturgüter eine Rolle spielen kann.

I. „Internationaler" ordre public

Der internationale ordre public[1637] steht für die Beachtung international anerkannter sachrechtlicher Standards. Indes ist bei der Verwendung dieses Begriffs Vorsicht geboten, wird er doch in verschiedenen Sinnzusammenhängen gebraucht.[1638] Insbesondere ist er vom nur im jeweiligen Staat eingeführten und anerkannten ordre *public interne* strikt zu unterscheiden.[1639]

Der Vorteil des internationalen ordre public, so er verbindlich festgelegt ist, liegt in der Befreiung vom Vorwurf eines engstirnigen Provinzialismus und nationalstaatlicher Protektion durch die Wahrung einer universellen Werteordnung.[1640] Der internationale ordre public bewirkt daher auch unter Umständen den

---

1636 Die in Frage kommenden Entzüge von „Beute- und Raubkunst" spielten sich im wesentlichen im Zeitraum zwischen 1939 und 1946 ab. Zu den Fristen der Ersitzung zuvor abhanden gekommener Kulturgüter nach ausländischen Privatrechten siehe SIEHR in FS STOLL, 374ff. und 5 E.

1637 BLUMENWITZ in Staudinger Artikel 6 Rn. 56 und 140.

1638 Eine instruktive Übersicht findet sich bei SCHÜTZ S. 9ff.; VÖLKER, 254 sieht ihn in dieser Form in seinem „schillerndsten Gewand."

1639 Hierzu eingehend VÖLKER 254ff.

1640 SIEHR, IPR, 488.

Ausschluss völkerrechtswidrigen Rechts im deutschen internationalen Privatrecht.[1641] Dass dies aber nicht immer funktionieren kann, kommt in der Aussage von *Keller* und *Siehr* zum Ausdruck, die von einer faktischen Aussicht zur Anwendung und Anerkennung der gegebenen Standards, keineswegs aber von einer verbindlichen Rechtsquelle sprechen.[1642]

2. Der internationale ordre public im deutschen Recht[1643]

In der Tat ist die Bezeichnung eines internationalen ordre public als missglückt anzusehen, suggeriert er doch eine gemeinsame Ordnung, die in dieser Form im Kollisionsrecht nicht existiert.[1644] Allerdings brachte Völkerrecht solche gemeinsamen Standards hervor, so im zwingenden Recht und den damit verbundenen erga omnes-Verpflichtungen, den völkerrechtlichen Grundnormen (general principles) und nicht zuletzt dem Gewohnheitsrecht.[1645] Der völkerrechtliche ordre public bezieht sich aber nur auf den Kernbereich des ius cogens und der ergaomnes Verpflichtungen *zwischen den Staaten* und vermag zudem nicht die Anwendung fremden Rechts auszuschließen.[1646] Die zwingenden Menschenrechte bilden seine wesentliche Grundlage.

Zur Durchsetzung universeller Werte darf es aber keine Unterschiede zwischen dem völkerrechtlichen ordre public und seinem innerstaatlichen Pendant im Kollisionsrecht geben: Das betroffene Forum würde sonst Beihilfe zu einer Völkerrechtsverletzung leisten.[1647] Die Beachtung der betroffenen Völkerrechtssätze dient damit auch den wesentlichen Grundlagen der innerstaatlichen Ordnung.[1648] Zumindest in diesem Bereich spricht viel dafür, den innerstaatlichen deutschen ordre public mit den allgemeinen Regeln des Völkerrechts nach Artikel 25 GG zu konkretisieren. Damit wird die innerstaatliche Sensibilität für Verstöße gegen das Völkergewohnheitsrecht gestärkt.[1649]

[1641] So auch SCHÜTZ S. 11, der aber – irreführend – von einem ordre public international spricht.

[1642] KELLER/SIEHR IPR 1986, § 42 II 3, S. 540f.: „Gemeint ist deshalb in Wahrheit nur ein Ordre public, der sich an übernationalen Werten orientiert und der deswegen die Aussicht hat, mit demselben Inhalt in mehreren Staaten angewandt und anerkannt zu werden."

[1643] Oder auch *deutscher ordre public völkerrechtlicher (internationaler) Prägung*, SONNENBERGER in MüKo Art. 6 Rn. 71 und SPICKHOFF 91.

[1644] So SONNENBERGER in Müko Art. 6 Rn. 69ff.

[1645] Zu den general principles und dem völkerrechtlichen Gewohnheitsrecht vergleiche das Vierte Kapitel.

[1646] KOKOTT, Grund- und Menschenrechte als Inhalt eines internationalen ordre public, in: Die Wirkungskraft der Grundrechte bei Fällen mit Auslandsbezug (BerDGV), S. 73, 76.

[1647] KOKOTT BerDGV 38, 92.

[1648] BLUMENWITZ in STAUDINGER [Bearbeitung 2003], Art. 6 Rn. 64.

[1649] KOKOTT plädiert für eine völkerrechtliche Konkretisierung des ordre public, weil sie dem rechtspolitischen Kulturimperialismus den Boden entziehen möchte (S. 102). Damit sei auch die unpräzise Voraussetzung des Inlandsbezugs in den Griff zu bekommen (S. 107).

Es steht jedem Staate frei, über den Eingang völkerrechtliche Sätze in seine eigene innerstaatliche Rechtsordnung zu entscheiden. Dies gilt indes nicht für das zwingende Völkerrecht (ius cogens), das im jeden Fall zu berücksichtigen ist. Jedoch bleibt auch hier freigestellt, auf welchem Wege dies bewerkstelligt wird: Denkbar ist neben der Heranziehung von Generalklauseln und dem internationalprivatrechtlichen ordre public auch die Inkorporierung des zwingenden Völkerrechts als „allgemeine Regel des Völkerrechts" im Rahmen des Artikels 25 GG.[1650]

Bei Anwendung des innerstaatlichen ordre public kann man sich deshalb auf die eigenen Rechtsquellen berufen (so etwa Artikel 25 GG, der die Völkerrechtsfreundlichkeit des Grundgesetzes vorsieht) und nicht etwa auf die genannte Völkerrechtsquelle selbst, die erst nach einer entsprechenden innerstaatlichen Umsetzung unmittelbar anwendbar wäre. In Bezug auf die Einflussmöglichkeiten des Völkerrechts als Bestandteil des betroffenen ordre public des Forums der Bundesrepublik Deutschland soll daher im folgenden auch (einschränkend) vom *völkerrechtsbezogenen* ordre public die Rede sein.[1651]

Begründet eine Wegnahme von Kulturgütern gar einen Verstoß gegen zwingendes Recht, hat dies zur Folge, dass hierdurch ein Eigentumsübergang auf den Delinquenten in jedem zur Anwendung berufenen Forum schlechterdings ausgeschlossen ist. Dementsprechend kann zunächst festgehalten werden, dass besonders schwerwiegende Verstöße gegen geltendes Völkerrecht nicht nur die Wiedergutmachungspflicht im Sinne der Restitution, sondern den Ausspruch absoluter Nichtigkeit des Eigentumsentzugs nach sich ziehen.[1652] Inwieweit aber *auch später auftretende zivilrechtliche Erwerbstatbestände* wie die Ersitzung und der gutgläubige Erwerb in den einzelnen Staaten davon betroffen sein können, wird noch zu klären sein.

II. Richtungskonkordanz des zwingenden Rechts mit der Vorbehaltsklausel

Aus vorstehenden Ausführtungen ergibt sich die Notwendigkeit, den internationalen ordre public mit den fundamentalen, nicht dispositiven Mindeststandards des Völkerrechts (ius cogens) als Kernsubstanz des völkerrechtlichen ordre public zu einer materiell übereinstimmenden, in gleichen Bahnen verlaufenden Einheit einzuschmelzen.

Für unsere Überlegungen ist dieser Ansatz insoweit hilfreich, als er die Überschneidungen zwischen dem Völker- und Kollisionsrecht mit einem ersten Lösungsansatz aufgreift.

1650 Blumenwitz in Staudinger [Bearbeitung 2003], Art. 6 Rn. 66.

1651 Der so verwendete Terminus stammt von Schütz, 129, siehe auch Kropholler, IPR, § 36 III 2.

1652 Veith/Böckstiegel 224.

In allen Fällen, in welchen ein Verhalten die Interessen der gesamten Staaten- ja Weltengemeinschaft grob verletzt, bedarf es einer solchen einheitlichen Vorgehensweise. Dies hat den Vorteil, dass sie den Anforderungen der zur Lösung ausstehenden Fälle am ehesten Stand halten kann, trägt sie doch dem Umstand Rechnung, dass es sich bei kriegsbedingt verlagerten Kulturgütern originär um Verstöße gegen das völkerrechtliche Deliktsrecht, ja um Kriegsverbrechen handelt. Noch deutlicher wird dies beim Kunstraub an verfolgten Völkern, der eng mit dem Verbrechen des Völkermords verzahnt ist und somit das fundamentale Rechtsempfinden der Völkergemeinschaft am Stärksten angreift. Letzten Endes geht es um die Sicherung der aus der Haager Landkriegsordnung erkennbaren, im zwingenden Völkerrecht manifestierten völkervertraglichen Verpflichtungen.

Die gegebenen historischen Rahmenbedingungen erwarten eine klare juristische Antwort. In der Bestätigung und Weiterentwicklung disziplinübergreifender gemeinsamer Standards unter Berücksichtigung der dogmatischen Bedürfnisse des internationalen Privatrechts ist ein gangbarer Weg gefunden. Hierdurch werden auch den nationalstaatlichen Partikularismen genügend Beachtung geschenkt. Gleichzeitig kann der Wunsch nach der gerechten Lösung einer schweren Hypothek der Vergangenheit in einem weitgehenden, internationalen Entscheidungsgleichklang erfüllt werden.

Aufbauend auf der Zuweisung an das anzuwendende Recht tritt die gemeinsame Sperre gültiger substantieller und unabdingbarer Standards hinzu, die durch den „internationalen" ordre public repräsentiert werden. Greift dann der internationale ordre public, hat man sich über das anzuwendende Ersatzrecht Gedanken zu machen.

III. Allgemeine Erfordernisse für die Heranziehung der Vorbehaltsklausel

1. Die örtliche Relativität nach deutschem ordre public

Der zu beurteilende Sachverhalt muss eine hinreichend starke örtliche Beziehung zur deutschen Rechtsordnung im Urteilszeitpunkt besitzen.[1653] Die Vorbehaltsklausel kann nur dann eingreifen, wenn die angegriffene Handlung inländische Interessen mit hinreichender Intensität berührt: Nur wenn der Eingriff in die eigenen, innerdeutschen Rechtsverhältnisse als gravierend zu bezeichnen ist, steht er der Beurteilung durch den deutschen ordre public offen.[1654]

[1653] Ständige Rechtsprechung, so etwa BGHZ 31, 168, 172; BGH NJW 1969, 988, 991; siehe auch SPICKHOFF 97.

[1654] Ähnlich SCHÜTZ 65f.

Ein mögliches Kriterium hierfür bildet die von der Rechtsprechung des öfteren herangezogene Staatsangehörigkeit des von der Maßnahme Betroffenen.[1655] Dieser Ansatz kann aber nicht greifen, wenn ein Ausländer im Inland Opfer von Entziehungsmaßnahmen einer ausländischen Organisation geworden ist.

Zutreffender wird es daher sein, in Fragen der Binnenbeziehung allein auf die räumliche Komponente des Belegenheitsorts des Kulturguts in Übereinstimmung mit der situs-Regel des internationalen Privatrechts abzustellen, um sich dann mit der Feststellung zu begnügen, dass die angegriffene Handlung auch gegen Regeln des Völkerrechts verstoßen hat und aus diesem Grunde der Überprüfung nach den Regeln des ordre public bedarf. Eine rein durch die Staatsangehörigkeit determinierte ordre-public Prüfung wäre ein „juristischer Provinzialismus", der dem Erfordernis des Schutzes der gesamten Rechtsordnung nicht gerecht werden kann.[1656]

Im Bodenreformurteil hat das Bundesverfassungsgericht eine Inlandsbeziehung der Enteignungen durch sowjetische Besatzungseinheiten in der damals sowjetischen Besatzungszone verneint.[1657] Zur Begründung wird dort ausgeführt, dass auf Grundlage des Territorialitätsprinzips entschädigungslose Konfiskationen als wirksam anzusehen seien, da die sowjetische Besatzung sich in den Grenzen ihrer Machtbefugnisse gehalten habe. Das Urteil ist von der Literatur stark angegriffen worden.[1658]

Diese Kritik hat vor dem Hintergrund von Artikel 43ff. HLKO, welcher nach seinem Regelungsgehalt die Rechte des Besatzers begrenzt, eine besondere Berechtigung: Die besatzungshoheitlichen Konfiskationen respektive Enteignungen waren aufgrund der Überschreitung der occupatio bellica und ihres Verfolgungscharakters (bei verfolgungsbedingten Entzügen) nicht gewöhnlicher, ja alltäglicher Art. Aus Artikel 43 HLKO ergibt sich bereits die Unzulässigkeit sowjetischer Konfiskationen in der Sowjetischen Besatzungszone. Artikel 143 III GG regelt indes, dass Eingriffe in das Eigentum nicht mehr rückgängig gemacht werden dürfen. Im Lichte des Rechtsstaatsprinzips, dem Schutz der Menschenwürde und des Eigentums sowie nach den durch Artikel 25 GG rechtsverbindlichen allgemeinen Regeln des Völkerrechts darf aber der Forderung des Artikels 143 III GG nicht über dem Umfange hinaus Folge geleistet werden, als dies die Vertragspartner Deutschlands im Einklang mit dem Völkerrecht fordern würden.[1659]

1655 So etwa in der Kranzgeldentscheidung in BGHZ 28, 375, 385.

1656 Seidl-Hohenveldern RIW 1979, 154.

1657 BVerfGE 84, 90, 123.

1658 Blumenwitz in Staudinger Artikel 6 Rn. 58, von der Beck 200; wohl auch Armbrust 157, der sich auf das Verhältnis zum Restitutionsausschluss in § 1 VIII VermG bezieht.

1659 Blumenwitz, in: BayVBl 1993, 715.

Da bereits mit Artikel 43 HLKO das formale Argument des Territorialitätsprinzips widerlegt ist, ist kein weiterer Anhaltspunkt dafür ersichtlich, den Inlandsbezug der Konfiskationen in der Sowjetischen Besatzungszone in Frage zu stellen. Das gefundene Ergebnis lässt sich auch bei Wertung der Raubzüge sowjetischer Trophäenbrigaden durch öffentliche Einrichtungen und Museen in der Sowjetischen Besatzungszone untermauern: Auch wenn die staatliche Leitungsmacht zu dieser Zeit vorübergehend suspendiert war, wurde Beutekunst vom deutschen Territorium aus in die Sowjetunion verschleppt. Ein unmittelbarer Inlandsbezug liegt damit ohne jeden Zweifel vor.[1660]

2. Die zeitliche Relativität in der normativen Kraft des Faktischen

„Public policy is the policy of the day" C. K. Allen

Um dem Wandel der Rechtsanschauungen gerecht werden zu können, bemisst sich die ordre public nach den Anschauungen der Rechtsgemeinschaft zum Zeitpunkt der Entscheidung.[1661] Erforderlich für das Eingreifen von Artikel 30 EGBGB a.F. ist daher die Gegenwartsbeziehung des Sachverhalts. Es wird häufig gesagt, dass ein länger zurück liegender Sachverhalt keine Gegenwartsberührung mehr aufzeigen könne: Wenn schon die Zeit im Recht eine Heilungsfunktion hat, welche Wunden heilen kann (so wie es in Instituten der Verjährung, Ersitzung, Verwirkung im Zivilrecht bekannt ist), so könnten Menschen sich mittlerweile mit einem langandauernden Zustand abgefunden haben, der aus heutiger Sicht nicht mehr als offensichtlich untragbar erscheint.[1662] Aus diesem Grunde seien Vorkommnisse in und nach dem Zweiten Weltkrieg mit der heute zeitgemäßen Distanz nach dem Geist zum Zeitpunkt der Beurteilung (neudeutsch: Zeitgeist) zu betrachten.

Diese Argumentation kann in der gegebenen Problemlage nicht überzeugen. In den letzten Jahren sind vielfach erst die ersten Bruchstücke vom Verbleib der kriegsbedingt und verfolgungsbedingt entzogenen Kulturgüter zu Tage getreten. Die Leidenschaft, mit welcher die Diskussion um die Rückführung auf allen Seiten geführt wird, liefert einen wichtigen Beleg für die Aktualität des Anliegens. Zudem ist zu berücksichtigen, dass die Wegnahmen der Kulturgüter schwere Verstöße gegen geltendes Kriegsrecht (Kriegsverbrechen) bis hin zu Verbrechen gegen die Menschlichkeit bei verfolgten ethnischen Gruppen waren.[1663] In vielen

---

[1660] Im Fall der Raubkunst gilt es hingegen zu ermitteln, wo der unmittelbare Inlandsbezug zu finden ist. Wurde so etwa der gesamte Inventarbestand jüdischer Galeristen aus Paris weggeführt, so ist dies eine Frage des französischen ordre public.

[1661] Blumenwitz in Staudinger Artikel 6 Rn. 123, 124; Sonnenberger in Müko Artikel 6 Rn. 89.

[1662] Kegel/Schurig IPR 465.

[1663] Hierzu bereits oben 4 F und G.

Fällen wurde die Problematik noch nie ernsthaft juristisch diskutiert, zumal die Existenz der Kriegsbeute verheimlicht wurde oder viele Exponate über Jahrzehnte sich unbemerkt in Privatbesitz befanden. An den Gegenwartsbezug nach langem Zeitablauf ohne adäquate Sachbehandlung- und Aufarbeitung dürfen daher nur geringe Anforderungen gestellt werden. Von einem zu schwachen Gegenwartsbezug, der durch seine Behandlung neues Unrecht zu schaffen geeignet ist, kann daher weder bei der Debatte um die Rückgabe der Beute- wie auch der Raubkunst die Rede sein.[1664]

C. Das Verhältnis des Völkerrechts zum Kollisionsrecht

I. Geltung und Anwendbarkeit des Völkerrechts im Kollisionsrecht

1. Zur Notwendigkeit der Geltung völkerrechtlicher Standards im Kollisionsrecht

Außerhalb der Anerkennung und des Anwendungsbereichs eines Lösungsrechts, das als solches in der Bundesrepublik Deutschland derzeit ohnehin nicht existiert, verbleiben in Restitutionsfragen die aufgeworfenen Probleme des gutgläubigen Erwerbs, der Ersitzung und der Verjährung des Herausgabeanspruchs zur Diskussion offen.

Gegen einen Einfluss völkerrechtlicher Wertungen in diese privatrechtlichen Institute werden sich all jene aussprechen, die in beiden Systemen zwar zwei konzentrische Kreise, aber keine signifikanten Schnittmengen sehen.[1665] Eine Abgrenzung des Internationalen Privatrechts vom Völkerrecht nach dem dualistischen oder dem (vorzugswürdigen) monistischen Weltrechtsbild führt aber schon deswegen nicht weiter, weil dort eine strikte Trennung zweier Rechtssysteme verfolgt wird. Auch werden dort keine Aussagen darüber getroffen, ob das Völkerrecht überhaupt Geltung im innerstaatlichen Recht erlangen kann.

Bei alledem wird aber nicht berücksichtigt, dass die Eigentumsposition von der staatlichen in die rein privatrechtliche Zuordnung wechseln kann, sei dies häufig absichtlich oder manchmal auch zufällig. Dieses Phänomen ist aber gerade bei kriegsbedingt verlagerten Kulturgütern sehr häufig anzutreffen, so inbesondere in der Beutekunstdebatte der Bundesrepublik Deutschland mit der Russischen Föderation.

1664 Im Hinblick auf die Debatte um die Enteignungen in der SBZ (Bodenreform) und der Möglichkeit zur Heranziehung der Vorbehaltsklausel von der Beck, S. 200 und dort FN 228.

1665 In Anlehnung an Triepel, der die zwei Rechtsordnungen als Kreise sieht, die sich aufgrund ihrer grundlegenden Verschiedenheit zwar berühren, aber niemals schneiden, Holzer 9.

In der Tat besagt aber auch selbst die Annahme einer innerstaatlichen Anwendung des Völkerrechts noch nichts darüber aus, wie das Privatrecht sich zu diesen Wertungen verhält. Die Verletzung einer erga omnes-Verpflichtung betrifft aber direkt die Interessen des Privatrechts: Niemand wird behaupten, dass das Privatrecht sich gegenüber Vorgängen solcher Tragweite verschließt. Alles andere würde eine gegenüber schweren Verstößen einheitlich auftretende Rechtsordnung künstlich aufspalten: Es leuchtet nicht ein, dass einerseits die Bestrafung des Täters eines international crime ohne Begrenzung möglich sein soll, andererseits aber der Strafgrund, die Kriegsbeute, als Frucht des Verbrechens im Hinblick auf dann nur zivilrechtlich zu lösende Eigentumsfragen ein hiervon unabhängiges Schicksal nimmt.[1666] In diesem Sinne ist auch nicht nachzuvollziehen, wenn zivilrechtliche Institute wie etwa die Ersitzung oder auch die Verjährung des Herausgabeanspruchs die Aufgabe übernehmen sollen, Rechtsfrieden durch eine *rein zivilrechtliche* Betrachtungsweise zu schaffen, ohne dass die Schwere des völkerrechtlichen oder naturrechtlichen Verstoßes, das dem Kulturgut auch weiterhin anhaftet, Berücksichtigung findet.

Grundsätzlich ist davon auszugehen, dass das innerstaatliche Recht für eine angemessene Bewertung eines Raubvorganges nach strafrechtlichen Kategorien sowie dem Deliktsrecht ausreicht. Im Falle besonders gravierender grenzüberschreitender Kriegsverbrechen und Verbrechen gegen die Menschlichkeit, welche die globale Staatengemeinschaft als Ganze betreffen und in welcher krasse Ausnahmesituationen als Regelfall angesehen werden dürfen, stößt dieses System aber an seine Grenzen. Dann bedarf es einer sorgfältigen Einzelfallprüfung, in welcher Art und Schwere des völkerrechtlichen Verstoßes ausgearbeitet werden. Kommt man zum Ergebnis, dass der Entzug des Kulturguts in Krieg und Verfolgung einen Verstoß gegen völkerrechtlich zwingendes Recht bedeutet und erga omnes Verpflichtungen hervorruft, muss in einem zweiten Schritt unter Berücksichtigung des weiteren Schicksals des Raubguts geprüft werden, ob vor dem Hintergrund der Schwere des Verstoßes ein durch weitere rechtsgeschäftliche Vorgänge eingetretener Eigentumsverlust zu befürworten ist.

Jedes innerstaatliche Privatrecht, das sich dem Völkerrecht soweit öffnet, als es die Notwendigkeit einer Ahndung von Kriegsverbrechen und von Verbrechen gegen die Menschlichkeit anerkennt, wird unter Einstellung der aus dem Fall ersichtlichen Interessen bestrebt sein, eine sachgerechte Lösung zu finden. Ausgehend von der Tatsache, dass die partikularen Privatrechtsordnungen zum Zwecke der Durchsetzung nationenübergreifender Interessen nicht geschaffen wurden, ja auch nicht ausgelegt sein können, ergibt sich die Notwendigkeit der Analyse des Verhältnisses zwischen den völkerrechtlichen und privatrechtlichen Rechtsinstituten.

[1666] So bereits WALTER 84ff.

So gesehen ist es gerechtfertigt, allein wegen der grob völkerrechtswidrigen Vergangenheit auch in der Gegenwart des Zivilrechts zu prüfen, ob dieses einen Anspruchsverlust durch dazwischengetretene privatrechtliche Vorkommnisse legitimieren kann.

2. Zur Abgrenzung zwischen Völker- und Kollisionsrecht

Es gab und gibt viele Versuche, die Wechselwirkungen und Interdependenzen zwischen Völkerrecht und dem Internationalen Privatrecht in gemeinsame Grundsätze zu fassen.[1667]

Eine erste inhaltliche Überlappung zwischen dem Völkerrecht und dem Internationalen Privatrecht wurde im Bereich des internationalen Enteignungsrechts vorgestellt: Hier wirkt ein völkerrechtlicher Verstoß so weit in das innerstaatliche Recht hinein, dass dieses einen Eigentumsübergang an den konfiszierenden Staat nicht akzeptieren kann, ja ihn als unerträglich im Rahmen der innerstaatlichen ordre public ansieht.[1668] Damit ist an dieser Stelle eine erste *Fortwirkung* völkerrechtlicher Standards im deutschen internationalen Privatrecht festzustellen. Diese Fortwirkung geht so weit, dass man gar von einer *Geltung* im Sinne der Anerkennung völkerrechtlicher Wertungen im deutschen Kollisionsrecht sprechen kann.[1669] Für eine solche Geltungswirkung streitet ein weiteres praktisches, wenn nicht sogar dogmatisches Bedürfnis. Geht man von einer klaren Trennung zwischen Völkerrecht und internationalem Privatrecht aus, so könnten völkerrechtliche Gebote, selbst wenn diese dem Kernbestand gemeinsamer Staateninteressen entsprechen sollten, durch eine gegenläufige Eigentumszuordnung im anzuwendenden einzelstaatlichen Privatrecht leicht untergehen.

Nach herkömmlicher Ansicht gibt es zwar eine ausschließliche Zugriffsgewalt des Heimatstaates auf Individualansprüche seines Staatsangehörigen, womit das Individuum selbst hiervon explizit ausgeschlossen ist.[1670] Das völkerrechtliche Haftungsregime endet jedoch an den Stellen, an welchen keine ausdrücklichen zwischenstaatlichen Streitbelegungsmechanismen vorgesehen sind.[1671]

[1667] VON BAR IPR I, Rn. 138ff., KELLER/SIEHR beschreiben den „Aufstieg und Niedergang völkerrechtlicher Theorien im Kollisionsrecht" in ihren allgemeinen Lehren sehr eingehend, § 17, S. 176–184.

[1668] Siehe unter 6 E, auch wenn der betroffene Staat hierauf explizit nicht beharren muss.

[1669] Artikel 1 II IPRG (Schweizer Kollisionsrecht) sieht gar einen ausdrücklichen Vorbehalt völkerrechtlicher Verträge vor. Auch ungeschriebenes Völkerrecht (etwa Rechtsgrundsätze) finden vorrangig Eingang im Rahmen des schweizerischen ordre public (Artikel 17 und Artikel 27 I IPRG), vergleiche zum Ganzen SCHNYDER/LIATOWITSCH, Internationales Privat- und Verfahrensrecht [Zürich 2000], 26ff.

[1670] HEẞ, Staatenimunität, 340ff.

[1671] HEẞ in BARWIG 74f.

In Kenntnis der mannigfaltigen Diskussion und Lösungsansätze[1672], die hier nicht weiter vertieft werden sollen, ist vorliegend das Verhältnis der beiden internationalen Regelungssysteme auf die durch die historischen Begebenheiten vorgegebenen Determinanten zu konzentrieren. Im Grunde genommen geht es gar nicht um die Beantwortung der Frage, wer hier wessen Diener sein soll, wie es von den Gelehrten des internationalen Privatrechts[1673] und des Völkerrechts[1674] je nach der von ihnen gewählten Perspektive beantwortet wird. Dies mag man bereits daraus ersehen, dass Fragen um die Restitution oder Vindikation von Beute- und Raubkunst erst nach Zuordnung der Eigentümer- und auch der Besitzerstellung (privat oder staatlich) zur Ermittlung der Anspruchssituation zuverlässig beantwortet werden können. Schon deshalb ist es heutzutage nicht mehr vertretbar, von einem Kollisionsrechts zu sprechen, dass sich nur innerhalb der fest zementierten Schranken („Barrieren“) des Völkerrechts frei bewegen kann.[1675] Dementsprechend bleibt zu klären, welche Verstöße gegen geltendes Völkerrecht sich auf das Kollisionsrecht auswirken können. Die folgende Darstellung kann aber nur in einem eingegrenzten Umfang verbindliche Aussagen über diese Fragen treffen.

3. Das Gesetz der funktionellen Verdoppelung

Werden die Definitionen beider Systeme auf ihren kleinsten Nenner reduziert, so erkennt man, dass das IPR die Beziehungen von Mensch zu Mensch, also zwischen Individuen aufgreift, während das Völkerrecht die Rechtsbeziehungen zwischen dem staatlichen Überbau genau dieser Individuen im internationalen Verhältnis regelt.[1676] Kurz gefasst treffen dann die Individualinteressen des Privatrechts auf die Kollektivinteressen des Völkerrechts.

Für den globalen Ausnahmezustand eines Krieges zwischen Staaten hat das Völkerrecht im Laufe der Jahrhunderte verschiedene Reaktionsmechanismen entwickelt. Hier treten die Interessen des Kollektivs neben die des Individuums. Aus diesem Chaos versucht sich jeder Staat aber auch in privatrechtlicher Hin-

---

1672 Einen guten Überblick zu den einzelne Schattierungen zwischen den dualistischen und monistischen Lösungsansätzen geben KELLER/SIEHR, § 17, VON BAR I, Rn. 131ff. und Rn. 135ff., BLECKMANN 6ff.

1673 *Scelle* bezeichnet das Völkerrecht schlicht und provokativ als „Diener des internationalen Privatrechts“, da die Rechtsbeziehungen zwischen Einzelpersonen erst das eigentliche Wesen der internationalen Gemeinschaft bilden könnten, zitiert von WIEBRINGHAUS 30.

1674 Die Begründer der monistischen Theorie VERDROSS und SIMMA gehen von der Existenz völkerrechtlicher Grenzen und Rahmenbedingungen aus, in welchen sich das Kollisionsrecht bewegen kann: Das internationale Kollisionsrecht sei mithin Völkerrecht, VERDROSS/SIMMA § 7.

1675 So aber noch etwa STRUPP/SCHLOCHAUER, Wörterbuch des Völkerrechts, Band 2, S.131 unter Darstellung der damals (noch) vorherrschenden Lehrmeinungen.

1676 WIEBRINGHAUS 83f.

sicht „am eigenen Schopfe aus dem Sumpf zu ziehen" und übersieht dabei bisweilen, dass die zivilrechtlichen Probleme inhaltlich wesentlich mit dem Völkerrecht überlappen.[1677]

Das Völkerrecht selbst kann jedoch nur in dem Umfang Rahmenbedingungen für das Kollisionsrecht schaffen, soweit die Staaten sich ihrer freien Disposition hierüber in das internationale Verhältnis hinein entäußert haben, etwa durch den Abschluss völkerrechtlicher Verträge. Ein darüber hinaus gehender Einfluss würde das Bekenntnis der Staatengemeinschaft zum zweischiffigen, dualistischen Gebäude, das durch das Bindeglied der Transformation zusammengehalten wird, arg ins Wanken bringen.[1678] Es würde auch nicht dem Demokratieprinzip entsprechen, souveränen Nationalstaaten bis ins Detail hinein Vorschriften aus dem Völkerrecht zu diktieren.

Mit dem Abschluss der Haager Landkriegsordnung wurde die Hoheitsgewalt des Besatzers aus den Vertragsstaaten im bewaffneten Konflikt entscheidend reduziert. Dort wird klargestellt, das völkerrechtlich die Plünderung nicht akzeptiert wird (Artikel 47 und 56 HLKO), womit auch das Privatrecht des Forums im Hinblick auf Eigentumsfragen diese Wertung übernehmen wird. Übersetzt auf die Beutekunstproblematik bedeutet dies, dass die Behandlung von Kriegsbeute im Hinblick auf die Eigentumsfrage im IPR wie im Völkerrecht denselben Ursprung hat. Im Grunde genommen handelt es sich bei beiden Systemen eigentlich um nichts anderes als um Teilgebiete einer staatenübergreifenden Rechtsordnung, welche die partikularen nationalstaatlichen Rechtsordnungen unter einem Dach vereinigen.[1679] Mit dem Ansatz der *funktionellen Verdoppelung*, wie ihn Wiebringhaus[1680] in Anlehnung an den französischen Rechtsgelehrten Scelle[1681] entwickelt hat, wird die Rolle eines staatlichen Organs abstrahiert von der Hierarchie der Rechtsordnungen verdoppelt, wenn ein Tatbestand zur Prüfung ansteht, der ihn sowohl in seinem nationalen wie auch internationalen Element in der betroffenen Rechtsfrage fordert.[1682]

1677 WIEBRINGHAUS 86.

1678 BLECKMANN, Die völkerrechtlichen Grundlagen, 22, geht von einer „dualistischen Grundstruktur der Weltrechtsordnung" aus.

1679 Diese Aussage hat nichts mit der Diskussion von Monismus und Dualismus zu tun, da diese der Frage nachgehen, welche Natur die Beziehung beider Systeme zueinander hat. Auch Theorien vom droit acquis und den vested rights des common law (comitas gentium) gehören nicht hierher, da diese sich mit der Frage auseinandersetzen, warum und wie fremdes Recht zur Anwendung kommen kann. (vergleiche zu den angesprochenen Themen VON BAR Rn. 145–154). Hier geht es aber um die Frage, inwieweit das innerstaatliche Recht möglichen Vorgaben des Völkerrechts zu folgen bereit ist oder ihnen sogar Folge leisten muss.

1680 WIEBRINGHAUS 93ff.

1681 Georges SCELLE, Manuel de droit international public, Paris 1948, 21–23.

1682 KELLER/SIEHR 181 merken hierzu an, dass diese Lehre außer dem Appell der Koordination

Nach diesem Ansatz wird ein staatliches Organ sowohl im innerstaatlichen Individual- wie auch im Kollektivinteresse der Weltengemeinschaft tätig, zumindest dann, wenn er durch den aufgeworfenen Tatbestand sowohl in seinen eigenen innerstaatlichen wie in den internationalen Interessen berührt wurde. Hat ein betroffener Staat den Tatbestand „Kunstraub" einzuordnen, so wird er beide Elemente zu berücksichtigen haben. Beim Kunstraub in seinem eigenen Gebiet durch den Besatzer stellen sich dem betroffenen Staate und seinen Angehörigen im selben Moment zwei zueinander gleichwertige Fragen: Zum einen nach den innerstaatlichen zivilrechtlichen Eigentumszuordnungen, *gleichzeitig* aber auch nach den völkerrechtlichen Konsequenzen. Denknotwendig darf das wertungsmäßige Ergebnis nicht unterschiedlich ausfallen. Wurde beispielsweise festgestellt, dass die Plünderung völkerrechtswidrig war, ist auch in zivilrechtlicher Hinsicht kein Eigentum an den Plünderer übergegangen.

Es handelt sich hier um *zwei Aspekte derselben Frage.* Dies ist die wesentliche Schlussfolgerung, die aus dem Gedanken der funktionellen Verdoppelung zu ziehen ist.

Damit bildet die funktionelle Verdoppelung einen wichtigen Ausgangspunkt für die Gegenüberstellung der normativen Systematik der Ersitzung und Verjährung im restitutionsfreundlichen Völkerrechts gegenüber den zumeist restitutionsfeindlichen einzelstaatlichen Regelungen.

Der gutgläubige Erwerb kann, wie bereits dargestellt, mittels des Lösungsrechts, soweit es dem Kulturgut anhaftet, für den Eigentümer wie für den Erwerber befriedigend „aufgelöst" werden. Dieser Umstand legt es im deutschen Recht nahe, auch dort eine dem Artikel 934 II ZGB entsprechende Regelung zu schaffen.

4. Einheitsrecht und universelle Sachnormen

Ursprünglich wurden die Rechtsverhältnisse im Allgemeinen im privatrechtlichen Sinne verstanden und geregelt. Das Völkerrecht wendete sich dann auf höherer Ebene grundsätzlich nur an Staaten als Adressat von Sachnormen. Heutzutage verfügt das Völkerrecht nur ausnahmsweise über Sachnormen, die als *Einheitsrecht* privatrechtliche Rechtsverhältnisse regeln.[1683] Das Bundesverfassungsgericht hat sich in einem obiter dictum[1684] gegen eine Exklusivität von Ansprüchen des Völkerrechts gegenüber dem Privatrecht ausgesprochen. Es hält infolgedessen eine Parallelität von Ansprüchen sowohl aus dem Zivil- wie auch aus dem Völkerrecht für denkbar.

---

internationalen Privatrechts mit dem ausländischen Recht auf keinen bemerkenswerten Widerhall gestoßen sei (ein Widerspruch ist aber nicht zu konstatieren). Dies mag vielleicht auch daran liegen, dass die Ausführungen von Wiebringhaus eine konkrete Umsetzung an praktischen Fällen vermissen lassen.

1683 KROPHOLLER, Einheitsrecht, 258ff., HERZOG, 103.

1684 BVerfGE 94, 213.

Im Kollisionsrecht wird grundlegend zwischen Kollisions- und Sachnormen primär nationalen Ursprungs unterschieden. Zentraler Ausgangspunkt aller Überlegungen muss daher der Inhalt der vom Kunstraub in Krieg und Verfolgung betroffenen völkerrechtlichen Normen sein. Die hier in Frage stehenden Regelungen internationaler Herkunft aus dem zwingenden Völkerrecht (ius cogens), Völkervertragsrecht (der Haager Landkriegsordnung) und dem Völkergewohnheitsrecht sind international gebildete *Sachnormen* mit staatenübergreifendem Geltungsanspruch.[1685]

Insoweit kann man sagen, dass in der Haager Landkriegsordnungen Einheitsrecht dahingehend geschaffen wurde, dass ein privatrechtlicher Eigentumsübergang durch einen völkerrechtswidrigen Akt unter Verletzung der Bestimmungen der Haager Landkriegsordnung nicht akzeptiert wird[1686]: Das Völkerrecht besagt zunächst, dass ein plündernder Staat kein Eigentüm an den weggenommenen Gegenständen begründen kann, weil Artikel 47 und 56 HLKO die Plünderung ausdrücklich untersagen. Erst später können jedoch durch das einzelstaatliche Kollisionsrecht ermittelte nationale Normen hinzutreten und im Ergebnis ihrer Anwendung den zuvor durch das Völkerrecht explizit untersagten Eigentumswechsel in Frage stellen.

Auch die zahlreichen Fälle um die Restitution jüdischer Kulturgüter sehen sich mit ähnlichen Problemen konfrontiert. Moralische Erwägungen und ein hier am Einzelfall oft klar feststellbarer Verstoß gegen völkerrechtlich bindendes, zwingendes Recht fallen hier noch eindeutiger ins Gewicht. Im Unterschied zur „Beutekunst“ kann aber mangels Subjektsqualität der Eigentümer von vornherein kein völkerrechtlicher Restitutionsanspruch greifen; der Anspruchssteller ist unter Berufung auf die gravierenden Verstöße gegen das Völkerrecht auf den ordentlichen Rechtsweg angewiesen.[1687] Es ist aber auch hier nicht nachzuvollziehen, dass der Prüfungsmasstab des Völkerrechts nicht auch vor einem ordentlichen Gericht gelten sollte.

1685 Zu der Einordnung der Normen der HLKO als zwingendes Recht und als Anwendungsbefehl mit erga omnes Wirkung 4 F und G.

1686 Siehe bereits den Wortlaut der Artikel 47 und 56 HLKO („untersagt und soll geahndet werden“).

1687 Die Bewertung von auf deutschem Territorium konfiszierten Kulturgütern verfolgter Personen (Raubkunst) nach Maßgabe des Internationalen Privatrecht würde dann einschlägig werden, wenn das konfiszierte Kulturgut deutsches Belegenheitsgebiet verlassen hätte und sich im neuen Belegenheitsort die Frage der Anerkennung der Konfiskation stellt. Hingegen sind Entzüge verfolgter Völker (insbesondere Juden) in den besetzten Gebieten (Frankreich, Niederlande, Belgien, Italien) wie bekannt nach völkerrechtlichen Grundsätzen zu bewerten: Artikel 56 HLKO unterscheidet nicht danach, welcher Völkergruppe oder gar Rasse der Eigentümer der vom Schutzbereich der Norm erfassten Kulturgüter angehört. Es gelten dann die oben zu den kriegsbedingt verlagerten Kulturgütern entwickelten grundlegenden Systematisierungen entsprechend.

5. Bedeutung des Völkerrechts für die Konkretisierung des ordre public

Die Meinungen über den Einfluss völkerrechtswidriger Akte für die Anwendung des ordre public gehen weit auseinander. Das Spektrum der Ansichten reicht von einer völligen Ausklammerung völkerrechtlicher Anforderungen[1688] bis hin zur Annahme, jeder nachgewiesene Verstoß gegen Bestimmungen des Völkerrechts löse ipso iure den Mechanismus des ordre public im betroffenen Nationalstaat aus.[1689]

In der Tat wird man danach unterscheiden müssen, ob es sich um eine allgemeine Regel des Völkerrechts im Sinne des Artikel 25 GG oder um solches Völkerrecht handelt, dessen Missachtung erst durch die wertende Gesamtschau nach Art, Dauer und Schwere des Eingriffs im Fall der Anerkennung eines fremden Eingriffsaktes („Übergriff") erkennbar wird.[1690]

Dieser Ansatz ist jedoch in zeitlicher Hinsicht insoweit zu präzisieren, als es sich um Verstöße handelt, die zum – wenn auch nur formalen – Geltungszeitpunkt der Weimarer Reichsverfassung begangen wurden. Aus diesem Grunde können ausweislich des Artikels 4 der Weimarer Reichsverfassung nur solche allgemeinen Regeln des Völkerrechts gemeint sein, die von der Staatengemeinschaft, so insbesondere vom Deutschen Reich[1691], anerkannt worden sind. Durch die Einbeziehung überstaatlicher Normen als Prüfungsmaßstab erfährt die Vorbehaltsklausel mithin eine „Auffüllung"[1692] und „Prägung"[1693].

II. Der Anwendungsbefehl des Völkerrechts im Kollionsrecht

Zur weiteren Berücksichtigung der universell verbindlichen Sachnormen des Völkerrechts im nationalen Kollisionsrecht bedarf es eines ausdrücklichen Rechtsanwendungsbefehls.[1694] Es existiert indes bereits schon kein Satz des Völkerrechts, der die Staaten zur Heranziehung der Vorbehaltsklausel zur Sicherung und Durchsetzung völkerrechtlicher Verpflichtungen verpflichtet.

In vielen Fällen steht indes noch imer eine Entschädigung für völkerrechtswidrig begangene Akte und damit die Erfüllung völkerrechtlicher Verpflichtungen nach Artikel 3 HLKO aus. Die Durchsetzung eines solchen völkerrechtlichen Anspruchs ist jedoch gefährdet, wenn durch Erwerbstatbestände in einem aus-

---

[1688] Niemeyer Internationales Privatrecht, S. 98, aus dem Jahre 1901 (!).

[1689] Schütz 66.

[1690] Völker 145ff.

[1691] So Anschütz, 64.

[1692] Kokott BerDGVR [38], 71, 100.

[1693] Sonnenberger in Müko Art. 6 Rn. 71.

[1694] Vergleiche zum Ganzen bereits Neuss, 168ff.

schließlich privatrechtlich geprägten Haftungsregime die völkerrechtlichen Wertungen komplett verdrängt werden. Zentrale Frage ist daher, ob eine völkerrechtliche Verpflichtung zur Restitution, wie sie nach Artikel 3 HLKO besteht, Einfluss auf spätere privatrechtliche Erwerbsvorgänge nehmen kann. Hierzu müsste die originär begründete Restitutions- respektive Entschädigungsverpflichtung noch immer auf spätere privatrechtliche Erwerbstatbestände einwirken können. Vorraussetzung hierfür wäre die *Geltung und Anwendbarkeit der HLKO mit allen völkerrechtlichen Konsequenzen* (jus cogens, erga-omnes-Verpflichtung) im innerstaatlichen Privatrecht und in dessen Kollisionsrecht.

Vor der Geltung einer völkerrechtlichen Norm muss diese zunächst anwendbar sein.[1695] Hierzu bedarf es eines innerstaatlichen Vollzugsbefehls, wie er in Artikel 25 GG enthalten ist.[1696]

Für die Frage von Anwendbarkeit und Geltung völkerrechtlicher Normen im innerstaatlichen Recht ist es nicht von Bedeutung, ob es eines Vollzugsakts (nach der dualistischen Theorie) bedarf oder nicht.[1697] Innerstaatliche Geltung kann eine völkerrechtliche Norm ohnehin nur dann finden, wenn sie einer Umsetzung im innerstaatlichen Recht aus ihrem Normeninhalt zugänglich ist. Auf eine Verleihung subjektiver Rechte oder einen self-executing Charakter kommt es gerade nicht an.[1698] Entscheidend bleibt, dass ein völkerrechtlicher Vertrag innerstaatlich tatsächlich einbezogen wurde. Durch die Ratifikation der Haager Landkriegsordnung[1699] ist dies für das Deutsche Reich und die Bundesrepublik Deutschland (über Artikel 25 GG) ohne jeden Zweifel der Fall.

Über Artikel 25 GG werden die völkerrechtlichen Normen Bestandteil des innerstaatlichen Rechts und damit zu wesentlichen Grundsätzen des deutschen Rechts. Kraft dieser Inkorporation reichern sie den innerstaatlichen ordre public in den allgemeinen Gerechtigkeitsvorstellungen mit gemeinsamen, unverrückbaren Werten der Völkergemeinschaft an. Der deutsche ordre public berücksichtigt wegen der Völkerrechtsfreundlichkeit des Grundgesetzes und der Inkorporation in innerstaatliches Recht zwingendes Völkerrecht sowie seine allgemeinen Grundsätze. Neben der ausdrücklichen Nennung der Grundrechte in Artikel 6

[1695] Verdross/Simma § 863, Voltz 237.

[1696] BVerfGE 46, S. 342ff. (403) erblickt in Artikel 25 einen allgemeinen Rechtsanwendungsbefehl, der die „Regeln des Völkerrechts als solche mit ihrer jeweiligen völkerrechtlichen Tragweite" zum Bestandteil des in Bundesrepublik Deutschland geltenden Rechts mache. Die Arbeit muss sich auf die innerstaatliche Geltung völkerrechtlicher Normen in der Bundesrepublik Deutschland beschränken. Die gleiche Frage gilt selbstverständlich auch für alle ausländischen Staaten, in welchen die dergestalt entwickelte Problematik auftritt.

[1697] Partsch, BerDGVR 6 (1964), 13 (45).

[1698] Voltz 235ff. mwN.

[1699] Für das Dt. Reich in Kraft getr. am 26.01.1910 (Bek. v. 25.01.1910, RGBl. II S. 375). Siehe i.ü. Laun 9, der auch weitere Staaten benennt, welche die Haager Landkriegsordnung ratifiziert haben.

EGBGB sind völkerrechtliche Normen Grundlagen des deutschen Rechts, die ohne ausdrückliche Verweisung unmittelbar zur Anwendung gelangen sollen.[1700] Zu den im Rahmen von Artikel 6 EGBGB ausdrücklich genannten Grundrechten zählt als Prüfungsmaßstab zumindest auch das zwingende Völkerrecht, welches unmittelbare Geltung im innerstaatlichen Recht als allgemeine Grundsätze des deutschen Rechts kraft Artikel 25 I GG beansprucht.

I. Die Funktion von Artikel 25 GG im deutschen Verfassungsrecht

a. Zur Auslegung von Artikel 25 GG

In Artikel 25 des Grundgesetzes heißt es:

> Die allgemeinen Regeln des Völkerrechts sind Bestandteil des Bundesrechtes. Sie gehen den Gesetzen vor und erzeugen Rechte und Pflichten unmittelbar für die Bewohner des Bundesgebietes.

Mit diesen Worten regelt die Norm den Grundsatz der Völkerrechtsfreundlichkeit des Grundgesetzes. Hiernach sind alle allgemeinen Regeln des Völkerrechts gegenüber dem deutschen innerstaatlichen Recht als vorrangig anzusehen. Ohne in Einordnungsdetails gehen zu wollen, kann man festhalten, dass man unter allgemeinen Regeln des Völkerrechts primär das völkerrechtliche Gewohnheitsrecht zu verstehen hat.[1701] Artikel 25 ist ohne die Einschränkung eines innerstaatlichen Anerkennungserfordernisses im Bezug auf völkerrechtliche Grundregeln normiert worden („die allgemein anerkannten Regeln des Völkerrechts").

Eine solche Einschränkung war noch seinem Vorgänger in der Weimarer Reichsverfassung, Artikel 4 WRV, zu eigen. Dort hieß es:

> Die allgemein anerkannten Regeln des Völkerrechts gelten als bindende Bestandteile des deutschen Reichsrechts.

Es ist fragwürdig, ob es abgesehen von der zeitlichen Anwendbarkeit einen Unterschied machen würde, Artikel 25 GG oder Artikel 4 WRV zur Fallösung heranzuziehen. Letzterer wäre aber für die Bewertung von Verkäufen geplünderter Kulturgüter *vor dem Inkrafttreten des Grundgesetzes* vorrangig.

b. Anwendungsbereiche der Artikel 4 WRV und des Artikel 25 GG

Vorliegend geht es um Verstöße gegen Völkerrecht, die zum – wenn auch nur formalen – Geltungszeitpunkt der Weimarer Reichsverfassung begangen wurden. Aus diesem Grunde können nur solche allgemeinen Regeln des Völkerrechts gemeint sein, die von der Staatengemeinschaft, so insbesondere vom Deutschen Reich, anerkannt worden sind, Artikel 4 WRV.

[1700] Neuss 168ff., Voltz 237ff.

[1701] Auch wenn Teile der Literatur hierzu das völkerrechtliche Vertragsrecht zählen wollen, so etwa Anschütz in seiner Kommentierung zu Artikel 4 WRV, Rn. 2ff.

Nach den Vorgaben des Artikels 4 WRV wird man Verstöße gegen völkerrechtliche Verträge, die vom Deutschen Reich ratifiziert wurden, und ein durch Übung und Anerkennung im deutschen Reich gefestigtes Gewohnheitsrecht bis zum Ende der Weimarer Republik berücksichtigen müssen.[1702] Die von Artikel 4 WRV anerkannten allgemeinen Regeln des Völkerrechts waren zunächst Verstöße gegen völkerrechtliche Verträge, die vom Deutschen Reich ratifiziert wurden, des weiteren das durch Übung und Anerkennung im deutschen Reich gefestigte Gewohnheitsrecht bis zum Ende der Weimarer Republik. Völkerrechtliche Akte, die vom NS-Terrorregime mitgetragen – und unterzeichnet wurden, können keine Berücksichtigung finden, weil das nationalsozialistische Gewaltregime seit seiner Machtübernahme zum 30.1.1933 kein Völkerrecht im Sinne der allseits notwendigen bona fides Regelung und damit im Sinne des Artikels 4 WRV mehr anerkannte geschweige denn praktizierte. Damit gehören zu den durch das Deutsche Reich in Artikel 4 WRV anerkannten und angewendeten Regelungen insbesondere die Haager Landkriegsordnung von 1907 im Gewande des sonstigen bis dato bestehenden ius in bello und das entsprechende völkerrechtliche Gewohnheitsrecht.[1703]

Es würde einen gravierenden logischen Bruch darstellen, einerseits Verstöße gegen die von der Staatengemeinschaft inklusive dem deutschen Reich anerkannten völkerrechtlichen Standards festzustellen und andererseits solche qualifizierten Verstöße überhaupt nicht auf ihre Hinnehmbarkeit im Sinne des ordre public im Internationalen Privatrecht hin zu überprüfen.

Die Ansicht von *Schütz*[1704] bedarf aber wegen Artikel 4 WRV der Ergänzung, dass *nicht jeder Verstoß* gegen eine Bestimmung des Völkerrechts einen ordre public Verstoß bedeutet. Berechtlich sind aber solche, in welchen die Anerkennung und Diskussion in der Staatengemeinschaft gefunden hat, soweit es sich nicht ohnehin um eine zwingende völkerrechtliche Sachnorm im Sinne der jus cogens handelt. So ist es auch eine Selbstverständlichkeit, dass besonders schwerwiegende Verstöße gegen geltendes Völkerrecht nicht nur die Wiedergutmachungspflicht im Sinne der Restitution, sondern den Ausspruch absoluter Nichtigkeit nach sich ziehen.[1705] Dies gilt insbesondere im Bereich der zwingenden, unabdingbaren Gebote im Völkerrecht, wie sie bereits zuvor beschrieben worden sind.

Das dann kein anderes Rechtsanwendungsergebnis festzustellen ist, liegt daran, dass auch Artikel 4 WRV das völkergewohnheitsrechtlich fundamentierte Verbot des Beutemachens, so wie es in Artikel 56 auch völkervertragsrechtlich formu-

---

[1702] Anschütz 64.

[1703] Anschütz 67.

[1704] Schütz auf S. 129.

[1705] Veith/Böckstiegel 224.

liert wurde, als eine von Deutschland anerkannte allgemeine Regel des Völkerrechts ansieht. Dies ergibt sich aus folgenden Begebenheiten: Das deutsche Reich ist mit Unterzeichnung selbst Vertragspartner der Haager Landkriegsordnung geworden. Es hat damit zum Ausdruck gebracht, dass er die Fixierung gewohnheitsrechtlicher Grundsätze in einem völkerrechtlichen Vertrag als für sich verbindlich anerkennt. Zudem ist keine Haltung des Deutschen Reichs im Sinne eines *persistent objector* gegen dieses Gewohnheitsrecht bis zu den Vorkommnissen im Zweiten Weltkrieg festzustellen, was einen gewichtigen Indiz für ihre Annahme in Deutschland bildet. Das völkerrechtlichgewohnheitsrechtliche Verbot des Beutemachens kann also sowohl möglicherweise über Artikel 4 WRV wie über den nachfolgenden Artikel 25 GG das innerstaatliche Recht beeinflussen.

Der parlamentarische Rat hat sich für eine bewusst weite Fassung dieser Verfassungsnorm entschieden. Der Vorgänger, Artikel 4 WRV, hatte die Geltung des Völkerrechts auf die vom Deutschen Reich allgemein *anerkannten* Regeln beschränkt. Deshalb sollte Artikel 25 GG ein klares Bekenntnis zur Völkerrechtsfreundlichkeit des Grundgesetzes, nicht aber zum einem uneingeschränkten Primat des Völkerrechts, aussprechen. Dies entspricht der Stellung des Völkerrechts in den Nationalstaaten, welches sich vom Koexistenz- zum Kooperationsrecht entwickelte.[1706]

Eine erste Orientierung der für Artikel 25 GG maßgeblichen Völkerrechtsquellen bietet Artikel 38 Absatz 1 lit. a–c des IGH- Statuts, also auch das völkerrechtliche Gewohnheitsrecht nach lit. b[1707], wenn nicht eine eindeutig regionale Begrenzung erkennbar ist, die eine Geltung für die Allgemeinheit der Staaten ausschließt.[1708] Daneben gelten auch die Bestimmungen des zwingenden Völkerrechts[1709]: Das Bundesverfassungsgericht subsumiert sie unter Artikel 25 GG und führt aus, dass ius cogens bei der Auslegung und Anwendung innerstaatlichen Rechts von Gerichten und der Verwaltung zu beachten sei.[1710] Als Rechtsfolge spricht Artikel 25 GG die unmittelbare Geltung der allgemeinen Regeln des Völkerrechts im innerstaatlichen Recht aus.

Ungeachtet verschiedener Ansätze zur dogmatischen Begründung dieses Transfers bedeutet dies für das deutsche IPR, dass gravierende Verstöße gegen die allgemeinen Regeln des Völkerrechts auch eine entsprechende kollisionsrechtliche Kurskorrektur zur Folge haben können, so etwa im Rahmen ordre public: Durch die Transformation völkerrechtlicher Normen gemäß Artikel 25, 59 I werden diese Teil des innerstaatliches Rechts und damit Prüfungsmaßstab im Rahmen

---

1706 Verdross/Simma §§ 40ff., 52ff., Ingolf Pernice in Dreier Art. 25 Rn. 5.

1707 Herdegen in Maunz/Dürig Art. 25, Rn. 15 und 23ff.

1708 BVerfGE 68, 1 (83) und 92, 377 (320).

1709 Doehring 128, Verdross/Simma S. 328ff.

1710 BVerfGE 75, 1 (18ff., 20).

des Artikels 6 EGBGB.[1711] Eine darüber hinaus gehende Bedeutung ist aber nicht ersichtlich; insbesondere gibt Artikel 25 keine weiter reichende Hilfestellung bei der Abgrenzung zwischen Völker- und Kollisionsrecht.[1712]

2. Missachtung des Ausnahmecharakters der ordre public?

Es ist allgemein anerkannt, dass Artikel 6 EGBGB eine Ausnahmevorschrift beinhaltet, von der nur sehr behutsam Gebrauch gemacht werden darf.[1713]

Gegen eine im Ergebnis sehr weitreichenden Anwendung der Vorbehaltsklausel kann eingewendet werden, dass das Mindestmaß an Rechtssicherheit und Entscheidungsgleichklang im Kollisionsrecht nicht mehr gewahrt sei. So erscheint es als grundlegend problematisch, das eigene materielle Sachrecht, dass durch seine gefestigten Institute wie die Ersitzung, den gutgläubigen Erwerb oder auch der Verjährung des Herausgabeanspruchs maßgeblich geprägt worden ist, unter Berücksichtigung staatenübergreifender Maxime im Völkerrecht im Rahmen der innerstaatlichen Vorbehaltsklausel erneut zur Disposition zu stellen.

In dieser Diskussion muss man sich jedoch vor Augen halten, dass es sich bei den Fallgruppen der Beute- wie auch der Raubkunst um solch einzigartige Ausnahmekonstellationen handelt, dass es des Rückgriffs auf die Vorbehalts- respektive Generalklausel zur Wahrung von nicht zur Disposition stehenden Gerechtigkeitsmaximen bedarf. Eigentlich müssten die Entzugsfälle schon allein aufgrund ihrer Vielzahl anders behandelt werden als durch Hinzuziehung einer kollisionsrechtlichen Einzelfallskorrektur. Die Ausnahme ist hier aber die Regel, weshalb sich im Hinblick auf die vergleichsweise geringe Gesamtzahl der Fälle eine andere Vorgehensweise verbietet.[1714]

III. Völkerrechtliches Verbot des Handels mit Beute- und Raubkunst?

Es gibt für den relevanten Zeitraum zwischen 1933 und 1949 keinen geschriebenen Satz des Völkerrechts, der den Handel mit Beute- oder Raubkunst ausdrücklich verboten hat. Aufgrund der klaren Ächtung der vorangegangenen Kriegsverbrechen und Verbrechen gegen die Menschlichkeit erscheint dies jedoch mehr als eine unbeabsichtigte Regelungslücke, denn als eine bewusste Auslassung. Im Privatrecht behilft man sich in solchen Fällen gesetzgeberischer Untätigkeit mit der Analogie. Das Völkerrecht der Nachkriegszeit kennt indes so

---

[1711] SPICKHOFF 88.

[1712] SCHÜTZ 44 mwN.

[1713] KROPHOLLER § 36 II 3; BVerfG NJW 1989, 1275, BLUMENWITZ in Staudinger [Bearbeitung 2003] Art. 6 Rn. 19.

[1714] H. HARTUNG, Peace Palace Papers 2003 [im Druck].

manche Sachnorm, welche den Erwerb illegal importierter und/oder verbrachter Kulturgüter verbietet oder restriktiv regelt. Auch wenn diese Rechtsquellen des Völkerrechts keine Rückwirkung besitzen[1715], ist ein *vorwirkender Charakter* nicht von der Hand zu weisen: Schon während des 2. Weltkriegs hat die *Londoner Erklärung*[1716] – wenn auch nur als soft law – den Handel in scheinbar legalen Transaktionen, welche auch mit Beute- und Raubkunst stattfanden, scharf verurteilt. Dieses damals nur unverbindliche Postulat ist in den Konventionen nach dem 2. Weltkrieg zu völkerrechtlich verbindlichen Ge- und Verboten mit Bezug auf den Handel illegal verbrachter Kulturgüter erstarkt. Von daher ist es dringend angezeigt, diese im Ergebnis klare Völkerrechtsentwicklung auch in dem einzelstaatlich anzuwendenden Privatrecht zu berücksichtigen.

D. Die Korrektur untragbarer Ergebnisse durch Vorbehalts- und Generalklauseln nach deutschem Privatrecht

Als Ergebnis der Anwendung in- und ausländischen Privatrechts steht häufig die endgültige Versagung eines an sich im völkerrechtlichen Haftungsregime zulässigen und begründeten Restitutionsanspruchs. Man mag dies insbesondere dann als anstößig empfinden, wenn bis vor kurzem eine Restitution ausschließlich nach völkerrechtlichen Vorgaben zu bewerten gewesen wäre (bei vormals staatlich zurechenbarem Besitz, das dann in den „grauen Markt" sickert). Die Untragbarkeit des materiellen Ergebnisses einer Ersitzung nach russischem Recht im Sinne des Artikels 234 ZGB nach deutschen ordre public[1717] könnte mit dem Gedanken der Gesetzesumgehung (fraus legis) beispielsweise darin liegen, dass eine Ersitzung nur deswegen stattfinden konnte, weil das Kulturgut in eine

---

[1715] Siehe zu den in Frage kommenden völkerrechtlichen Quellen ausführlich oben unter 4 C ff.

[1716] Siehe hierzu unter 3 B ff.

[1717] Das Interesse an der Restitution eines völkerrechtswidrig verbrachten Kulturguts gegenüber dem Interesse eines privaten Erwerbers an einem endgültigen Eigentumserwerb ist als vorrangig einzustufen, womit auch der ordre public einer anderen Privatrechtsordnung mit diesen Erwägungen angereichert werden kann. Dies ist damit zu begründen, dass ein Verstoß gegen das in jedem Forum vorliegende ordre public darin begründet ist, dass der Plünderungsakt sogar einem Bruch gegen den international geltenden ius cogens, mindestens aber gegen etabliertes Gewohnheitsrecht, zuzuordnen ist. Im Ergebnis hängt der Erfolg der Anwendung der Vorbehaltsklausel von der Völkerrechtsfreundlichkeit des Forums, in welcher Fragen des gutgläubigen Erwerbs oder der Ersitzung im Raume stehen, ab. Solange aber Staaten, die wissentlich Raubgut beherbergen, sich dem Bewusstsein eines gravierenden völkerrechtlichen Verstoßes verschließen, bringen solche rechtlichen Erwägungen mit Sicherheit überhaupt keinen praktischen Nutzen, ganz zu schweigen von der Situation bei privaten Besitzern, die wenig Verständnis für dieses Ansinnen aufbringen werden.

privatrechtlich geprägte Sphäre verbracht wurde[1718], um dort eine öffentliche Ersitzung im Sinne des § 234 russ. ZGB zu ermöglichen.[1719] Zuvor konnte aber selbst nach russischem Recht in den geschlossenen Beutekunstdepots mangels Außenwirkung zum allgemeinen Rechtsverkehr keine öffentliche Ersitzung stattfinden.[1720]

Oft erscheint es auch nicht nachvollziehbar, dass Kriegsverbrechen oder Verbrechen gegen die Menschlichkeit nur auf strafrechtlicher, nicht aber auf sachenrechtlicher Ebene angemessen gewürdigt werden (Beute als verbleibende Frucht des Verbrechens). Aus diesen Gründen empfiehlt es sich, die Ergebnisse der Anwendung ausländischen und eigenen materiellen Sachrechts an den Grundsätzen der bundesdeutschen Rechtsordnung zu hinterfragen. Dies ist zunächst eine durch zivilrechtliche Institute geschaffenen Rechtslage, die häufig als *moralisch untragbar* empfunden wird, wenn sie den Erfolg eines Rückgabeanspruches in Frage stellt. Dem tritt *auch aus rechtlicher Sicht* die Schwere des *völkerrechtlichen respektive naturrechtlichen* Verstoßes hinzu. Entscheidend bleibt aber letzten Endes die zivilrechtliche Einordnung.

Es ist bereits an anderer Stelle festgehalten worden, dass das Völkerrecht sich in Fragen der Ersitzung eines Kulturguts und der Verjährung des Wiedergutmachungsanspruchs wesentlich „günstiger“ als die jeweilige materielle Norm eines Forums im Gefüge des Kollisionsrechts verhält.[1721] Gleichzeitig sind die außergewöhnlichen tatsächlichen Hintergründe der Umstände des Entzugs von Beute- und insbesondere Raubkunst aufgezeigt worden. Dementsprechend erscheint kaum nachvollziehbar, dass allein die Frage des einzuschlagenden Verfahrens über das Schicksal des Restitutionsanspruchs entscheiden soll.

Im Kollisionsrecht kann und darf aber auch nicht jede „einfache“ Völkerrechtswidrigkeit genügen, um die Statuszuordnung im eigenen Forum in Frage zu stellen. So ist es mittlerweile anerkannt, dass „bloß“ gewohnheitsrechtliche Maximen keine absolut zwingende Rolle spielen können, da das Gewohnheitsrecht

---

1718 Die Motive für ein solches Verkaufsverhalten sind unerheblich, es muss nicht etwa das Bemühen kennzeichnend sein, sich einer drohenden Restitutionspflicht zu entziehen. Es genügen auch rein wirtschaftliche Interessen, die ausländische Institutionen zum Verkauf von Raubgütern bewegen.

1719 War bis zum Verkauf von Beutekunst die Durchsetzung eines völkerrechtlichen Restitutionsanspruchs vielversprechend, droht dieser durch die Anwendung zivilrechtlicher Erwerbsinstitute des Forums – in der Russischen Föderation durch Ersitzung, Artikel 234 ZGB ins Leere zu laufen. Da auch andere Foren ähnliche Erwerbsmechanismen kennen – bei einer Anknüpfung an die lex furti zum deutschen Recht wäre der Eigentumsverlust genauso vorprogrammiert – kann eine allein kollisionsrechtlich geprägte Korrektur das Problem nicht erschöpfend lösen.

1720 Vergleiche zur Ersitzung im russischen Recht oben 6 D.

1721 Siehe im Einzelnen den Wertungsvergleich in den Kapiteln 4 I und 5 E.

noch lange keine absolute Verbindlichkeit in jedem Forum beanspruchen kann.[1722] Ein Verstoß gegen völkerrechtlich bindenden ius cogens setzt aber *ab initio* die damit verbundenen Konzeptionen des international crime und des erga-omnes Gedankens in Gang: Durch eine Plünderung eines Kulturguts ist nicht nur der besetzte Staat, sondern die gesamte Staatengemeinschaft in ihrem Interesse auf Wahrung fundamentaler und unabdingbarer Standards verletzt. Neuerdings sieht dies Artikel 5 Paragraph 3 der Draft Articles on State Responsibility der ILC vor.[1723] Dass aber ein Eigentumsübergang wegen der Völkerrechtswidrigkeit der Konfiskation ohnehin nicht möglich ist, wurde bereits im Rahmen der Frage der Anerkennung fremdstaatlicher Akte diskutiert.[1724] Hier liegt aber noch kein Verstoß gegen zwingendes Recht oder gar ein Verbrechen gegen die Menschlichkeit vor. Erst wenn Verstöße von solcher Qualität dezidiert festgestellt worden sind, kann in Erwägung gezogen werden, darauf folgende einzelstaatliche zivilrechtliche Tatbestände vor dem Hintergrund dieser schweren Verstöße einer erneuten Bewertung zu unterziehen.

Wie herausgearbeitet wurde, ist im deutschen Kollisionsrecht durch § 6 EGBGB im Lichte des Artikels 25 GG das Völkerrecht als eigenes Normengefüge mit innerstaatlichem Geltungsanspruch zu behandeln. Ein völkerrechtlich begründetes Restitutionsgebot kann im Einzelfall daher dazu führen, dass die Anwendung *ausländischen* Rechts als im Rahmen des Artikels 6 EGBGB offensichtlich untragbar empfunden wird. Dies gilt auch für die Bewertung eines Verkaufs geplünderter Kulturgüter als sittenwidriger Vorgang im *innerstaatlichen* Privatrecht (beispielsweise nach § 138 I BGB). Es ist ferner zu bedenken, dass nicht die Abwehr fremden materiellen Rechts im klassischen Sinne, wie sie vom einzelstaatlichen ordre public verfolgt wird[1725], sondern die Wahrung und Beachtung gemeinsamer indisponibler Ziele und Standards erzielt werden soll. Dieses Ansinnen ist aber schon deshalb nicht leicht umzusetzen, weil der völkerrechtliche Kernbestand (insbesondere im ius cogens, weniger im Gewohnheitsrecht) nur sehr schwer zu ermitteln ist.[1726]

Vor diesem Hintergrund soll nun der Versuch unternommen werden, Fallgruppen für die Heranziehung der Vorbehaltsklausel unter Berücksichtigung völkerrechtlicher Vorgaben beim gutgläubigen Erwerb, der Ersitzung und auch der Verjährung des Herausgabeanspruchs aufzuzeigen. Da es sich gerade hier um

[1722] Man denke hier nur an den peristant objector.

[1723] ANNACKER 45.

[1724] Siehe dort 6 E I.

[1725] Deshalb kann zum Beispiel die Entscheidung des Reichsgerichts in RGZ 106,82ff., die Schweizer Verjährungsregeln verstießen gegen den *deutschen* ordre public, keinen Einfluss nehmen.

[1726] Vergleiche hierzu ausführlich Kapitel 4, Abschnitt G.

eine Wertungsfrage handelt, ist eine genaue Unterscheidung zwischen dem kriegs- respektive verfolgungsbedingtem Entzug in der Einkleidung der anstehenden Fallgestaltung erforderlich. Auf dieser Grundlage darf eine Rechtslage, wie sie durch anerkannte Institute der betroffenen Privatrechtsordnungen ermittelt worden ist, allein wegen einer schweren Vergangenheit, die häufig durch eine völkerrechtlich stark abweichenden Bewertung gekennzeichnet ist, im Rahmen der Vorbehaltsklausel erneut zur Disposition gestellt werden.

Der folgende Abschnitt möchte typische Fallgestaltungen aufzeigen, bei denen die Anwendung der Vorbehaltsklausel und der zivilrechtlichen Generalklauseln besonders in Frage kommt. Aus Gründen der Übersichtlichkeit bezieht sich die Darstellung auf den deutschen ordre public in Artikel 6 EGBGB, der die Anwendung ausländischen Rechts versagt sowie die Generalklauseln im Bürgerlichen Gesetzbuch in §§ 138 I und 242 BGB, welche eine immanente Begrenzung für die Anwendung des eigenen Privatrechts bilden. Es ist jedoch darauf hinzuweisen, dass in jedem anzuwendenden Privatrecht, in welchem die Vorbehaltsklausel und Generalklauseln im (Kollisions-)Recht beheimatet sind, ähnliche Erwägungen in Frage kommen.

I. Korrektur durch die Vorbehaltsklausel

1. Verstöße gegen zwingendes Recht: Kultureller Genozid, Völkermord, Kriegsverbrechen nach der IMT-Charta

a. Raubkunst

Unabhängig von dem Umstand, dass der Umfang und Geltungsbereich völkerrechtlich zwingenden Rechts nur schwer festzulegen ist, wird von dem Ergebnis der Untersuchung[1727] ausgegangen, dass der Raub oder Entzug von Kulturgütern im Zusammenhang mit der rassistisch motivierten Ermordung seines Eigentümers einen gravierenden ius cogens Verstoß bedeuten, der das allgemeine Rechtsempfinden der Weltengemeinschaft auf das Empfindlichste verletzt. Dies gründet auf der Tatsache, dass mit dem Raub des Kulturguts im Zusammenhang mit der Ermordung seines Eigentümers ein *Verbrechen gegen die Menschlichkeit* begangen wurde.

In dieser Fallgruppe steht es somit an, privatrechtliche Erwerbstatbestände am Maßstab der Schwere der Entzugsumstände zu messen. Wird ein Zurechnungszusammenhang zwischen dem systematischen Kunstraub und der Ermordung seines Eigentümers offenbar, so überwiegt das natur- und völkerrechtlich motivierte Interesse an einer gerechten Wiedergutmachung und Rückabwicklung

---

[1727] Zur Problematik des Verstoßes gegen zwingendes Recht eingehend 4. Kapitel, Abschnitt G.

gegenüber den (Verkehrsschutz-)Interessen des privatrechtlich geprägten Rechtsverkehrs, argumentum ex Artikel 25 I GG. Dogmatisch wird dieser Befund dann durch die Anwendung der Vorbehaltsklausel ausgefüllt, welche dann herangezogen werden kann, wenn die Zumutbarkeit und Erträglichkeit eines durch einen zivilrechtlichen Tatbestand gesetzten Erfolgs nach den Grundsätzen des deutschen Rechts definitiv bejaht worden ist.

b. Beutekunst

In besonders schwerwiegenden Fällen kann die Heranziehung der Vorbehaltsklausel auch bei kriegsbedingt verlagerten Kulturgütern sinnvoll werden. Dies gilt insbesondere dann, wenn die Plünderung von Kulturgütern mit dem Erscheinungsbild einer systematischen Ausbeutung im Rahmen eines Wirtschaftskriegs (exploitation) einhergeht, wie es aus der Besatzungspolitik der Nationalsozialisten in der Sowjetunion und im Gegenzug aus dem Beutegebaren in der SBZ (Beutekunst) bekannt wurde. Dann wäre ein schweres *Kriegsverbrechen* zu bewerten.

Im Regelfall wird dort aber eher „nur“ von einem Verstoß gegen die Haager Landkriegsordnung oder das entsprechend manifestierte völkerrechtliche Gewohnheitsrecht auszugehen sein. Ein solches, unter dem Vorzeichen der Schwere und Tragweite des völkerrechtlichen Verstoßes vergleichsweise „milderes“ Verhalten verbietet die Heranziehung der Vorbehaltsklausel für den kriegsbedingt motivierten Kulturgutraub, wenn nicht weitere Umstände, wie sie beispielsweise im Fall City of Gotha v. Cobert Finance hervorgetreten sind, erkennbar sind.

2. Völkergewohnheitsrechtswidrige Konfiskationen in besetzten Gebieten

Im Falle einer „einfachen“ Völkerrechtswidrigkeit erscheint es bei wertender Betrachtungsweise nicht mehr angebracht, weitere Eingriffe in das Systemgefüge des materiellen Privatrechts eines Forums zuzulassen. Hiervon unberührt bleibt die Frage der Anerkennung fremdstaatlicher Konfiskationen als wirksamer Eigentumserwerb.[1728] Eine Fortwirkung des Verstoßes gegen das Völkergewohnheitsrecht in weitere Institute des Privatrechts kann aber nicht befürwortet werden: Zum Einen würden die Wertungsstufen des Rechts, also die Summe aller Regeln in den verschiedenen Hierarchiestufen, über die zu entscheiden ist, ignoriert. Zum Anderen würde es zu einer Ausuferung des Einflusses völkerrechtlicher Wertungen kommen, das zu einer inakzeptablen Rechtsunsicherheit und einen der Unabhängigkeit der Nationalstaaten nicht mehr gerecht werdenden völkerrechtlichen Intervention führen würde.

[1728] Hierzu ausführlich oben, 6. Kapitel, Abschnitt E.

II. Die Rechtsfolgen eines Verstoßes gegen die Vorbehaltsklausel

1. Nichtanwendung der betroffenen Norm

Artikel 6 Satz 1 EGBGB ordnet im Grundsatz die Nichtanwendung der von der Vorbehaltsklausel betroffenen Norm, soweit dieses bis zur Erreichung eines nicht gegen den ordre public verstoßenden Ergebnisses erforderlich ist, an.[1729]

Die materiellen Wirkungen des anzuwendenen ausländischen Sachrechts treten nach Heranziehung der Vorbehaltsklausel nach deutschem Internationalen Privatrecht nicht mehr ein. Dies gilt für die Möglichkeit der Ersitzung ebenso wie für die Verjährung des Herausgabeanspruchs und der Annahme eines gutgläubigen Erwerbs.

2. Das zur Anwendung berufene Ersatzrecht

Die Rechtsfolge eines Verstoßes gegen den ordre public wurde weder in Artikel 30 EGBGB (a.F.) noch in dem derzeit geltenden Artikel 6 EGBGB festgehalten.

Ist man zum Ergebnis gekommen, dass ein bestimmter tatbestandlicher Erfolg wegen der Vorbehaltsklausel nicht greifen kann, gilt es zu ermitteln, ob als *Ersatzrecht*[1730] eigene Substitute aus der materiellrechtlichen Lösung nach der lex fori[1731] oder das nach der kollisionsrechtlichen Lösung anwendbare ausländische Recht[1732] (lex causae) zur Anwendung kommen.

Sowohl nach der lex fori wie nach der lex causae ist man nach dem Prinzip des geringstmöglichen Eingriffs gehalten, wiederum einschlägiges materielles Sachrecht zur Anwendung zu bringen. Schließt man sich jedoch der Ansicht an, dass der internationale ordre public der Beachtung unabdingbarer völkerrechtlicher Standards im Kollisionsrecht dienen soll, kommt man weder mit der Heranziehung einer lex fori noch einer lex causae inhaltlich weiter, da das durch diese Methoden konservativ ermittelte nationale Sachrecht den ursprünglichen schweren Verstoß gegen internationales Recht – sprich völkerrechtliche Vorgaben – nicht angemessen berücksichtigen kann. Die Anwendung eines Ersatzrechts aus

---

1729 LORENZ in BAMBERGER/ROTH Art. 6 EGBGB Rn. 16, zu diesem Streichungseffekt SCHWUNG, die Rechtsfolgen aus der Anwendung der ordre public Klausel im IPR, 75ff.

1730 Siehe SIEHR, IPR, 490; auch die Schweizer Vorbehaltsklausel in Artikel 17 IPRG sieht im Falle ihres Eingreifens keine ausdrückliche Rechtsfolge vor. Allerdings regelt Artikel 19 IPRG (ähnlich Artikel 7 EVÜ) die Möglichkeit der Berücksichtigung zwingender internationaler Bestimmungen, die im Interesse eines Drittstaates liegen, das nach der lex fori nicht zur Anwendung kommt, SIEHR, IPR in der Schweiz, 607, 609.

1731 BGH 28, 375, 387, KG Berlin NJW 1968, 361, 362, wohl auch HOHLOCH in Erman Art. 6 EGBGB Rn. 26.

1732 RG 106, 82, 85f., BLUMENWITZ in Staudinger Artikel 6 EGBGB Rn. 125.

der lex causae oder lex fori führt also zu einem unbefriedigenden Ergebnis, da man ja bereits zuvor schon festgestellt hatte, dass ein bestimmter tatbestandlicher Erfolg, wie er üblicherweise durch „Befriedungsnormen" wie die Ersitzung und die Verjährung geschaffen wird, vor dem besonders schwerwiegenden tatsächlichen Hintergrund von Krieg uns Verfolgung gerade nicht eintreten soll, ganz gleichgültig, welche tatbestandlichen Voraussetzungen im Einzelnen infolge des anzuwendenden Rechts gelten.

Eine Lückenfüllung durch ein Ersatzrecht aus der lex causae, lex fori und speziellen Sachnormen[1733] ist aus diesem Grunde nicht erforderlich. Es bleibt damit bei der dinglichen Lage, welche vor dem ursprünglichen (völker- oder naturrechtswidrigen) Wegnahmetatbestand bestand und durch Plünderung, Konfiskation oder Zwangskauf zwar nicht geändert werden konnte, jedoch durch spätere zivilrechtliche Erwerbstatbestände erneut zur Disposition gestellt worden ist. Durch den tatbestandlichen Vorgang eines verfolgungsbedingten Entzugs oder einer kriegsbedingten Verlagerung ist der Status eines *„fortwährend abhanden gekommenen"* Kulturguts begründet worden. Dies bedeutet nichts anderes als die Fortwirkung der Eigentumsposition in der bundesdeutschen Rechtsordnung, so die *Entscheidung am Einzelfall* eine Durchbrechung materiell sachenrechtlicher Zuordnungen, wie sie durch die Ersitzung und den gutgläubigen Erwerb erfolgen, gebietet. Der ursprüngliche Eigentumstitel ist in diesem Falle als weiterhin existent und durchsetzbar anzusehen.[1734]

Dies ist der Rechtswirkung der ordre public (public policy) zu verdanken, welche zunächst immer die *Nichtanwendung* einer von der Vorbehaltsklausel erfassten Norm vorsieht. Ein mögliches Ersatzrecht kann nach Ansicht des Verfassers dann nicht im Sachrecht einer lex causae oder lex fori, sondern vielmehr auf die Problematik speziell zugeschnittenen Erklärungen und Restitutionsprinzipien gefunden werden[1735]. Indes sind sowohl die Washingtoner Erklärung, die EU-Resolution vom 17.12.2003 als auch die Resolution Nr. 1205 als völkerrechtliches soft law rechtlich nicht verbindlich. Aus diesem Grund muss es derzeit bei der Nichtanwendbarkeit einer Norm respektive dem Nichteintritt eines bestimmten tatbestandlichen Erfolges bleiben.

Erst wenn eine international verbindliche Konvention auf Grundlage des völkerrechtlichen Kernbestands geschaffen worden ist, kann diese als Ersatzrecht an die Stelle untragbarer tatbestandlicher Ergebnisse treten. Als Sonderrecht würde eine solche Konvention aber ohnehin die Problematik abschließend regeln und

---

[1733] Zu dem Ersatzrecht ausführlich SCHWUNG 109ff. und SIEHR, IPR, 491.

[1734] Zur fortwährenden Existenz des Eigentumstitels die bereits genannten Entscheidungen BGHZ 10, 350, 353f. und BVerfGE 23, 98, 106 sowie BVerfGE 84, 90, 123 (Bodenreformurteil), der diese Rechtsposition jedoch aufgrund des intertemporalen Sonderrechts der Rückerstattungsgesetze als keine vermögenswerte, durchsetzbare Rechtsposition ansieht.

[1735] Siehe die Erklärungen und Prinzipien unter 2 E I 1ff.

das zivilrechtliche Anspruchssystem verdrängen, sodass die Vorbehaltsklausel ohnehin nicht mehr bemüht werden müsste.

Nach Heranziehung der Vorbehaltsklausel hat der Anspruchsteller im Falle des Nachweises seiner ursprünglichen Eigentümerstellung nach deutschem Sachrecht einen Anspruch auf Herausgabe aus § 985 I BGB, soweit die weiteren Tatbestandsvoraussetzungen (Vindikationslage, kein Recht zum Besitz) vorliegen.

III. Korrektur durch Generalklauseln im deutschen Recht

Die folgenden Fallgruppen schildern Konstellationen, die sich mit der Möglichkeit der Korrektur bei Anwendbarkeit deutschen Sachrechts beschäftigen. Relevant werden hier §§ 138 I, 162 I und 242 I BGB.

1. „Bunkern" von Kulturgütern bis nach Ablauf der Verjährungsfrist

§ 162 I BGB zeigt die Reaktion des Gesetzes, wenn ein tatbestandlicher Erfolg durch eigenes treuwidriges Verhalten mutwillig erwirkt oder verhindert wurde, obgleich der von dieser Norm Betroffene dieses Ereignis *treuwidrig* zu seinen Gunsten herbeigeführt hat: Nemo auditur turpitudinem suam allegans. Dementsprechend kann ein Kulturgut, dass im Verborgenen bis nach Ablauf der Verjährungsfrist gelagert wurde, weder ersessen werden, noch kann der bösgläubige Fremdbesitzer dem Herausgabeanspruch die Einrede der Verjährung entgegenhalten, suchte er sich doch durch sein eigenes Verhalten dem Anspruch zu entziehen, § 242 I BGB.

In einer vom Einzelfall abhängigen Bewertung gelangt man in den Fällen, in welchem ein Kulturgut dem allgemeinen Rechtsverkehr entzogen ist, der Besitzer aber selbst allenfalls nur vage Vorstellungen von der zweifelhaften Herkunft seines Exponates hat: Genau das sind die Fälle des Fremdbesitzes in deutschen und ausländischen öffentlichen Museen. Ein treuwidriges Verhalten, dass sich einem „Bunkerungsverhalten" annähert, kann aber erst dann angenommen werden, wenn eine mit der eigennützigen Blindheit beschriebene Situation vorliegt, sich also der betroffene Besitzer Umständen verschließt, obgleich er aufgrund äußerer Umstände gleichsam dazu gedrängt wird, den Status des Museumsstückes zu überprüfen.

2. Einfluss des soft law im innerdeutschen Privatrecht

Innerstaatliche Generalklauseln wie die §§ 138 und 242 BGB können über rechtlich unverbindliches soft law wie die Washington Principles, der Gemeinsamen Erklärung und der Resolution Nr. 1205 des Europarats konkretisiert werden.[1736] Dies ist insbesondere dann zu erwägen, wenn das tatbestandliche Ergebnis der

[1736] Zur Konkretisierungswirkung des soft law (oder der „narrativen Normen") siehe oben 2 E I.

Anwendung einer innerstaatlichen Sachnorm in Fällen ohne Auslandsbezug als offensichtlich untragbar erscheint.

Eine Ersitzung eines verfolgungsbedingt entzogenen Kulturguts kann im Einzelfall gegen Treu und Glauben verstoßen, wenn ein eindeutiger Zusammenhang zwischen der Wegnahme des Kulturguts und der Ermordung seines Eigentümers festzustellen ist. Dies ist dann eine bewusste Entscheidung für die Einbeziehung staatenübergreifender Standards, welche bei Verbrechen gegen die Menschlichkeit eine unbegrenzte Verfolgung, Ahndung und den Ausgleich dieser Taten anstrebt. Im Falle der Anwendbarkeit ausländischen Rechts könnte man hier nämlich mit der Vorbehaltsklausel die Tragbarkeit des Ergebnisses nach den Grundsätzen des deutschen Rechts im Rahmen des Artikels 6 EGBGB hinterfragen. Mittels der Korrektur nach Treu und Glauben unter Berücksichtigung der Verkehrssitte nach § 242 I BGB kann ein Gleichklang der Bewertung zwischen innerstaatlichem Privatrecht und dem eigenen internationalen Privatrecht erzielt werden.

Unter Umständen kann der Verkauf eines verfolgungsbedingt entzogenen oder kriegsbedingt verlagerten Kulturguts auch als sittenwidrig nach Maßgabe des § 138 I BGB bewertet werden.[1737] In diesem Fall besteht innerhalb der Verjährungsfrist von 30 Jahren die Möglichkeit, mittels der Leistungskondiktion nach § 812 I 1 erste Alternative den Gegenstand zurückzufordern.[1738]

3. Treuwidriges Verhalten

Die Generalklauseln des Bürgerlichen Rechts kommen erst dann zum Einsatz, wenn nicht seine klassischen Institute und Regelungsmechanismen ein bestimmtes Verhalten aufgreifen. Die Kasuistik treuwidrigen Verhaltens reicht so weit, dass eine detaillierte Darstellung den notwendigen Überblick vereiteln würde. Dennoch lassen sich die folgenden grundlegenden Erwägungen festhalten: – Treuwidrig handelt der, der sich seiner Verpflichtung zur Restitution absichtlich, also mit Wissen und Wollen, entzieht. Hierzu gehört auch die Ausnutzung rechtlicher Rahmenbedingungen, um sich seiner Restitutionspflicht zu entziehen. Damit ist hier weniger das allseits bekannte forum shopping, sondern die bewusste Flucht aus der staatlichen Restitutionsverantwortung durch Verbringung eines Kulturguts in den privaten Kunstmarkt gemeint.

Ob und wie der (Schieds-)Richter auf einen solchen Rechtsmissbrauch reagiert, steht ihm unter Berücksichtigung des Einzelfalls zur Entscheidung frei. Keineswegs sollte er aber ein als treuwidrig erkanntes Verhalten auf Seiten einer Partei im Interesse einer einvernehmlichen Lösung ignorieren.

[1737] Hierzu ausführlich oben 5 B III ff.

[1738] Zur Möglichkeit der Leistungskondiktion 5 E II 6.

Kapitel 8: Neue Ansätze für die Kulturgüterrückführung

Das Problem ist seit 50 Jahren ungelöst.
Wenn es in den nächsten Jahren nicht gelöst wird, bleibt es eine ständige Quelle von Reibungen, welches die Entwicklung der politischen Harmonie behindern.
L. V. Prott[1739]

A. Die deutsch-russischen Verhandlungen um die Rückführung von Kulturgütern

I. Ausgangslage

Mit dem Ende des kalten Krieges und dem Fall des „Eisernen Vorhangs" vollzog sich in der Sowjetunion eine stille politische Revolution, die am Ende zu deren Auflösung und der Unabhängigkeit vieler „Satellitenstaaten" führte. So begann zwischen der Bundesrepublik Deutschland und der Sowjetunion auch kulturpolitisch eine konstruktive Phase der gegenseitigen Annäherung. Am 9. November 1990 vereinbarten beide Staaten im „Vertrag über Gute Nachbarschaft, Partnerschaft und Zusammenarbeit",

> *„verschollene und unrechtmäßig verbrachte Kunstschätze, die sich auf ihrem Territorium befinden, an den Eigentümer oder seinen Rechtsnachfolger zurückzugeben" (Artikel 16 II)*.[1740]

Diese Aussage wurde erneut in dem deutsch-russischen Abkommen über kulturelle Zusammenarbeit am 8. 7. 1993 in Artikel 15 bekräftigt.[1741] Deutlich erkennbar ging es beiden Seiten im Wesentlichen um die Aufarbeitung der Verschleppungen der Kulturgüter während und nach dem Zweiten Weltkrieg.[1742] Daraufhin

---

1739 Leitzitat in freier Übersetzung aus dem Sammelband „Das schwierige Schicksal von Kulturgütern", herausgegeben von der Ministerium für Kultur der Russischen Föderation – Bibliothek, Berlin 2002.

1740 Abgedruckt in BGBl. II 1991 S. 702, 921. Ausführlich zu Enstehung, Regelungsgehalt und Interpretation dieser Rückführungsklausel im deutsch-russischen Abkommen Schoen 65–80.

1741 BGBl. II 1993, 1256, Schoen 539, Jenschke 82ff.

1742 Dolzer NJW 2000, 561. Siehe hierzu das Moskauer Protokoll der gemeinsamen deutsch-russischen Rückführungskommission vom 24. März 1994 (Fiedler, Kriegsbeute, 41–44), in dem es in Ziffer 5 Abs. 1 heißt: „Beide stimmen darin überein, dass auf Grundlage der in Nummer 2 dieses Protokolls erwähnten zweiseitigen Dokumente [also die deutsch-sowjetischen Verträge von 1990 und 1992, Anmerkung des Verfassers] Gegenstand der Tätigkeit der Gemeinsamen Kommission diejenigen Kulturgüter sind, die während und infolge des Zweiten Weltkriegs verbracht worden sind."

wurde eine „gemischte Regierungskommission“ aus Juristen, Historikern und Kunsthistorikern gebildet, die sich seit 1994 in regelmäßigen Abständen trafen und ihre Diskussionen um die Rückführung von Kulturgütern in Sitzungsprotokollen festhielten.[1743] Die Verhandlungen der vier Fachgruppen teilten sich in die verschiedenen Restitutionsgegenstände- und fragen: Museen und Sammlungen, Archive, Bibliotheken, Rechtsfragen. Jedoch war recht bald auf russischer Seite massiver Widerstand gegen eine einvernehmliche Verhandlungslösung zu konstatieren. Dies drückte sich in den Vorschlägen aus, Deutschland möge doch die Kunst auf dem internationalen Markt ankaufen oder selbst mit Russland tauschen.[1744] Bereits 1995 stellten beide Seiten fest, dass ihre Ansichten unvereinbar sind; dies galt besonders für die Rechtskommissionen beider Staaten, die über die Auslegung des zentralen Restitutionsartikels 16 des deutsch-russischen Partnerschaftsvertrages keine Einigung erzielen konnten. Es konnte nicht festgelegt werden, welche Kulturgüter rechtmäßig verlagert worden waren und welche nicht.[1745] Auch über die Definition des Schlüsselbegriffs „verschollen“ konnte kein Einvernehmen erzielt werden.[1746]

Ein Grund für das damalige Scheitern der Verhandlungen liegt unter anderem im grundlegenden Wandel in der russischen Innenpolitik. Russland leidet in den letzten Jahren unter gravierenden innenpolitischen und wirtschaftlichen Problemen. Nachdem man schon ohnehin auf westliche finanzielle Hilfe angewiesen war, wollte man sich im Hinblick auf die Rückführung der „Beutekunst“ keine weitere Blöße mehr geben. Die Haltung zur Frage der Restitution spiegelt einen zunehmend aufkeimenden Nationalismus in Russland als Reaktion auf die eigenen Probleme wieder, die mit dem Besitz deutscher Kulturgüter überhaupt nichts zu tun haben. Außerdem wurde der Weltöffentlichkeit erst durch die Enthüllungen russischer Kunsthistoriker Mitte der 90er Jahre das Ausmaß des russischen Kunstraubs bekannt: Was bis dahin als verschollen galt, wurde nunmehr in den russischen Beutekunstdepots „wiederentdeckt“. Als Antwort auf das Herausgabeverlangen deutscher Behörden wird von Seiten Russlands immer wieder der Gedanke der kompensatorischen Restitution als Begründung für ihre blockierende Haltung herangezogen: Deutschland solle den von ihm angerichteten – freilich unbestrittenen – immensen Schaden, der Russland während des Zweiten Weltkriegs zugefügt wurde, dadurch wiedergutmachen, indem es die Wegnahme seiner

---

1743 Burchardi 17f., Burchardi/Kalb 17.

1744 Burchardi 17.

1745 Die Präambel des Nachbarschaftsvertrag vom 9. November 1990 äußert jedenfalls den Wunsch, „mit der Vergangenheit endgültig abzuschließen“, BGBl. 1991 II 703. Im Lichte des Artikels 31 WVK ist mit dem Wort „Vergangenheit“ auch das ausgehende 19. Jahrhundert zu verstehen. Zu den strittigen Punkten im Einzelnen Jenschke 85–94.

1746 Weber, Wem gehört der Schatz des Priamos? Die deutsch-russische Kontroverse über die Rückgabe der sogenannten ‚Beutekunst‘, HuV-I 12 (1999), S. 42f.

Kulturgüter als angemessene Entschädigung hierfür hinnehme (sogenannte kompensatorische Restitution).[1747]

Dies ist der zentrale Regelungsgegenstand der Artikel 4 und 6 des „Föderalen Gesetzes über die infolge des Zweiten Weltkriegs in die UdSSR verbrachten und sich im Hoheitsgebiet der Russischen Föderation befindlichen Kulturgüter" (im folgenden: Beutekunstgesetz) vom März 1997 (in der Fassung vom April 1998), der durch dieses Mittel den Erwerb deutscher und anderer ausländischer Kulturgüter zu Eigentum in Russland begründet. Das Beutekunstgesetz hat insbesondere in der hiesigen Literatur für großes Aufsehen gesorgt. Bevor aber eine Bewertung vorgenommen werden soll, werden seine wesentlichen Inhalte und die Rechtsprechung des russischen Verfassungsgerichts hierzu dargestellt.

II. Rang und Geltung des Völkerrechts im Rechtsgefüge der russischen Föderation

Artikel 15 IV Satz 1 der russischen Verfassung lautet wie folgt:

> *„Die allgemein anerkannten Prinzipien und Normen des Völkerrechts und die völkerrechtlichen Verträge der Russischen Föderation sind Bestandteil ihrer Rechtsordnung. Sieht ein völkerrechtlicher Vertrag der Russischen Föderation andere als im Gesetz enthaltene Bestimmungen vor, werden die Bestimmungen des völkerrechtlichen Vertrags angewendet."*

Hieraus resultiert die Fragestellung, ob innerstaatliches Recht an den Maßstäben der Vertrags über Gute Nachbarschaft, Partnerschaft und Zusammenarbeit vom 9.11.1990[1748] und seiner Folgevereinbarung von 1992 zu messen ist. Das russische Verfassungsgericht hat sich entgegen Artikel 15 IV seiner Verfassung unter Berücksichtigung der allgemeinen politischen Befindlichkeiten in seinen beiden Beutekunsturteilen verständlicherweise nicht dezidiert mit dieser Frage auseinandergesetzt[1749]. Ansonsten hätten nämlich die tragenden Bestim-

---

[1747] Dolzer NJW 00, 561, siehe hierzu ausführlich 2 A VIII.

[1748] Zu diesem Vertrag noch ausführlich 8. Kapitel, § 1 A.

[1749] Zwar führt das Verfassungsgericht zunächst aus: „Darüber hinaus ist der Antragsteller der Meinung, dass die durch die angegriffenen Bestimmungen der Art. 5–10 und 18 des Gesetzes festgelegten Bedingungen der Rückgabe von verlagerten Kulturgütern an die ausländischen Staaten einer Reihe der allgemein anerkannten Prinzipien und Normen des Völkerrechts, einzelnen völkerrechtlichen Verträgen der Russischen Föderation sowie den Verpflichtungen, die durch die Russische Föderation im Zusammenhang mit ihrer Mitgliedschaft in der UNESCO und im Europarat übernommen worden seien, widersprächen und daher nicht dem Art. 15 Abs. 4 der Verfassung der Russischen Föderation entsprächen." Eine genaue Antwort auf diese Fragestellung gibt das Verfassungsgericht aber nicht, sondern umgeht dies mit Ausführungen über Anmeldefristen ehemaliger Feindstaaten und der kompensatorischen Restitution: „Darüber hinaus folgt aus Art. 18 Punkt 2 und 3 des Gesetzes in Verbindung mit seinen Art. 22 und 23, dass die Entscheidung derartiger Fragen betreffend die Übergabe von Kulturgütern durch völkerrechtliche Verträge, die in den gesetzlich festgelegten Fällen einer Ratifikation unterliegen, gemäß Art. 15 Abs. 4 und Art. 71

mungen des Beutekunstgesetzes unter Berufung auf Artikel 15 IV als völkerrechtswidrig gewertet werden müssen. Schon zuvor hatte die russische Rechtsprechung aber das Völkergewohnheitsrecht (obščepriznannye principy i normy meždunarodnogo prava) als anerkannte Norm des Völkerrechts genannt und immerhin als willkommenes Hilfsmittel zur Auslegung begrüßt. Mittlerweile ist das Völkerrecht zumindest in der dortigen rechtswissenschaftlichen Literatur von einem „samostojatel'noe pravovoe osnovanie [...]rešenija" (selbständigem Rechtsgrund der Entscheidung[1750]) zum ausdrücklichen Prüfungsmaßstab avanciert. In konsequenter Anwendung des Vorrangs der völkerrechtlichen Verträge aus Artikel 15 IV der Verfassung der Russischen Föderation verdrängt der Vertrag über gute Nachbarschaft, Partnerschaft und Zusammenarbeit vom 9. 11. 1990[1751] und seine Folgevereinbarung von 1992 mit der Bundesrepublik Deutschland das bestehende innerstaatliche Beutekunstgesetz.[1752] Nach Artikel 15 IV der russischen Verfassung kann somit das russische Beutekunstgesetz also allenfalls eine innerstaatliche Wirkung haben. Schon jetzt könnte mit dem Ergebnis geschlossen werden, dass die Erfüllung der von der Bundesrepublik Deutschland gestellten Ansprüche auf Rückgabe der Beutekunst von der eigenen Verfassung der Russischen Föderation in Verbindung mit den Nachbarschaftsverträgen zwischen der Bundesrepublik Deutschland und der Russichen Föderation aus den Jahren 1990 und 1992 verbrieft sind. Gleichwohl gewährt die Russische Föderation seinem Beutekunstgesetz Vorrang, weswegen die damit verbundene Restitutionspraxis einer Prüfung nach Maßstäben des Völkerrechts unterzogen werden soll.

III. Regelungen des Beutekunstgesetzes[1753]

Das Beutekunstgesetz verwendet eine sehr weite Auslegung für den Begriff „verlagerte Kulturgüter". Es sind ausweislich des Artikels 4 V alle Kulturgüter[1754], die von sowjetischen Organen in Ausübung ihrer Rechte auf kompensatorische Resti-

---

Buchstaben j der Russischen Föderation nicht ausgeschlossen wird." Das Verfahren wird ausführlich im 8. Kapitel geschildert.

1750 So in der russischen fachwissenschaftlichen Literatur, vorgestellt von SCHRÖDER, Kieler Ostrechts-Notizen 1999, 22–24.

1751 Zu diesem Vertrag noch ausführlich 8. Kapitel, § 1 A.

1752 So auch PIENKNY 236.

1753 Vergleiche zu diesem Themenkomplex ausführlich die juristische Dissertation von Ronald PIENKNY, so zur Entstehungsgeschichte des Gesetzes (17–40), dem Meinungsbild in der Russischen Föderation vor seiner Verabschiedung (41–59) und dem Weg bis zum endgültigen Inkrafttreten (61–98) einschließlich einer eingehenden Beurteilung der formellen Rechtmäßigkeit des Beutekunstgesetzes (90–97). Eine umfangreichere Darstellung der aufgeworfenen Thematik ist an dieser Stelle schon von daher nicht angezeigt (siehe zudem zur Entstehung und Intention des Gesetzes SCHOEN 104–106, STUMPF 129ff.).

1754 Die Definition in Artikel 4 IV ist sehr umfassend, da fast alle denkbaren Vermögensgegenstände, die einen kulturell – materiellen Wert besitzen, aufgeführt sind.

tution aus Deutschland und den Gebieten seiner Kriegsverbündeten (sogenannte „ehemalige Feindsstaaten") in die UdSSR verbracht worden sind. Erfasst sind auch die Kulturgüter aus den „interessierten Staaten", die von Deutschland oder seinen Verbündeten besetzt worden waren (so unter anderem die Niederlande, Frankreich, Polen). Im Unterschied zu Kulturgütern der ehemaligen Feindstaaten besteht für interessierte Staaten (Art. 4 VIII) ein Anspruch auf Restitution, wenn diese ihren Anspruch 18 Monate nach Inkrafttreten des Gesetzes geltend gemacht haben, Art. 6, 9 Punkt 1. Indes werden alle Kulturgüter der „ehemaligen Feindstaaten" zu russischem Eigentum, wenn sie sich nicht im Eigentum

- religiöser Organisationen
- privater wohltätiger Einrichtungen
- von Opfern des Faschismus

stehen, die sich in dem ehemaligen Feindstaat befinden, Artikel 6 bis 8.

I. Die Urteile des russischen Verfassungsgerichts

Der damalige russische Staatspräsident Boris Jelzin hatte sich wegen formeller und materieller Bedenken geweigert, das Gesetz zu unterzeichnen und reichte deshalb Klage beim russischen Verfassungsgericht ein. Im ersten Urteil vom 6. April 1998 nahm das Verfassungsgericht zunächst zu formellen Fragen des Beutekunst-Gesetzes Stellung. Nachdem die Klage zurückgewiesen und der Präsident der Russischen Föderation zur Unterzeichnung des Gesetzes verurteilt worden war, beantragte dieser die materielle Überprüfung.[1755] Erst wesentlich später, nämlich am 20. Juli 1999, verkündete das russische Verfassungsgericht dann sein Urteil[1756], dessen Aussagen sich wie folgt skizzieren lassen:

Ausgehend von den Friedensverträgen mit Verbündeten Deutschlands[1757], in denen die kompensatorische Restitution vorgesehen sei, gelte dieser Gedanke

---

[1755] Vergleiche insbesondere die Stellungnahmen zu den Beutekunsturteilen von Hartwig, Moskau locuta – causa non finita – Das Beutekunst-Gesetz vor dem Verfassungsgericht der Russischen Föderation/Die Entscheidung vom 6. April 1998" , EuGRZ 25 (1998), S. 369–373 [insbesondere auch formelle Fragen] und ders., Vae victis – Völkerrechtliche Fragwürdigkeiten in der Argumentation des Russischen Verfassungsgerichts zum Beutekunst-Gesetz, Anmerkungen zum Urteil vom 20. Juli 1999 (EuGRZ 1999, S. 589), EuGRZ 26 (1999), S. 553–563 [materielle Fragen] sowie entsprechend Schröder, „Anmerkung zum Beschluß des Verfassungsgerichts der Russischen Föderation vom 6. April 1998", OstEurR 45 (1999), S. 44–48 und Wem gehört die Beutekunst? – Zum zweiten Beutekunst-Urteil des russischen Verfassungsgerichts, in: OstEurR 46 (2000), S. 29–56.

[1756] Übersetzung von Hartwig EuGRZ 99, 589ff. Im Internet ist eine komplette Übertragung des Urteils in deutscher Sprache von Tigran B. *Beknazar* (Heidelberg) unter http://www.virtual-institute.de/de/hp/beutekunsturteil.cfm verfügbar. Die nachfolgenden Zitate entstammen dieser Fassung.

[1757] Verträge vom 10. Februar 1947 mit den Achsenmächten Bulgarien, Ungarn, Italien, Rumänien und Finnland.

entsprechend für die Bundesrepublik Deutschland. Mangels einer ausdrücklichen Regelung in einem Friedensvertrag mit Deutschland lasse sich dies aus der Anlage III des Einigungsvertrags erkennen.[1758]

Das Gericht scheint davon auszugehen, dass der besatzungsrechtliche Status zur Wegnahme der Kulturgüter ermächtigt habe: Es zitiert unter Ziffer 4 der Entscheidungsgründe Dokumente völkerrechtlicher Akte[1759], welche die Übernahme der Besatzungsgewalt – auch durch die Sowjetunion – belegen. Regelungen über eine restitution in kind geschweige denn der kompensatorischen Restitution enthalten diese jedoch nicht.[1760] Nach Ansicht des Verfassungsgerichts verstößt der Gedanke der kompensatorischen Restitution auch nicht gegen das geltende Völkerrecht.[1761]

1758 Schröder, Osteuropa-Recht 2000, 32.

1759 Namentlich die Deklaration der Übernahme der obersten Regierungsgewalt vom 5. Juni 1945 und das Abkommen über einige zusätzliche Forderungen an Deutschland vom 25. Juli 1945. Im Urteil heißt es dazu: „Die *Verlagerung der Kulturgüter* in die Union der SSR im Rahmen der kompensatorischen Restitution in der Folge des Zweiten Weltkriegs vom Territorium Deutschlands und seiner ehemaligen Militärverbündeten *stützte sich auf völkerrechtliche und andere Akte*, die während des Zweiten Weltkriegs und danach erlassen wurden und die in bezug auf die auf der Grundlage dieser Akte entstandenen Vermögensverhältnisse weiter gelten, insbesondere, auf das Abkommen zwischen den Regierungen der Union der Sowjetischen Sozialistischen Republiken, der Vereinigten Staaten von Amerika und des Vereinigten Königreichs Großbritannien und Nordirland über das Kontrollverfahren in Deutschland vom 14. November 1944 [Anm. des Verfassers: Kommentiert von Schoen 109], auf die Deklaration betreffend die Niederlage Deutschlands und die Übernahme der Hoheitsrechte durch die Regierungen der Union der Sowjetischen Sozialistischen Republiken, des Vereinigten Königreichs, der Vereinigten Staaten von Amerika und der Provisorischen Regierung der Französischen Republik vom 5. Juni 1945 [Anm. des Verfassers: Kommentiert von Schoen 110], auf das zwischen den Regierungen der Union der Sowjetischen Sozialistischen Republiken, des Vereinigten Königreichs, der Vereinigten Staaten von Amerika und der Provisorischen Regierung der Französischen Republik geschlossene Abkommen betreffend einige zusätzliche Forderungen gegenüber Deutschland vom 25. Juli 1945, auf den Beschluss des Nürnberger Tribunals vom 1. Oktober 1946, auf Akte, die aufgrund der Rechte und Verantwortlichkeiten der Besatzungsmächte in Deutschland in den Jahren 1945–1949 verabschiedet wurden [Anm. des Verfassers: Kommentiert von Schoen 115f.], sowie auf die Friedensverträge vom 10. Februar 1947 mit Bulgarien, Ungarn, Italien, Rumänien und Finnland [Anm. des Verfassers: Kommentiert von Schoen 119–122], durch welche die Verantwortung dieser Staaten in Form von Reparationen und Restitution geregelt und auch über das Schicksal ihres Eigentums entschieden worden ist, das sich auf dem Territorium der Vereinten Nationen befand." Wie man sehen kann, handelt es sich hier um eine bloße Auflistung von völkerrechtlichen Dokumenten, ohne aber die genauen Rechtsgrundlagen näher auszuführen: Echte völkerrechtliche Eingriffsgrundlagen hat das Gericht nicht genannt, vergleiche die eingehende Analyse bei Schoen 109–122.

1760 Hartwig 99, 554.

1761 Berger, „Die Rückgabe von Beutekunst aus der Russischen Föderation – Zum Beutekunst-Urteil des Russischen Verfassungsgerichts vom 20. Juli 1999 –", IPRax 20 (2000), S. 319.

a. Interessierte Staaten

Allerdings stelle die Ausweitung des Gedankens der kompensatorischen Restitution gegenüber interessierten Staaten einen Verstoß gegen Artikel 35 der Verfassung dar, soweit diese ihre Ansprüche binnen 18 Monaten nach Inkrafttreten des Gesetzes geltend zu machen haben: Es gebe noch keine allgemein zugänglichen, verlässlichen Informationen über den Verbleib dieser Kulturgüter, sodass noch viele Gegenstände sich unentdeckt in Russland befänden.[1762] Daher sei eine 18-Monats Frist für die Anmeldung von Ansprüchen zu kurz. Allerdings sei die 18-Monate Frist bei der Anmeldung von Ansprüchen ehemaliger Feindstaaten (also auch deutscher Träger), die von den Ausnahmeregelung des Beutekunstgesetzes erfasst sind, nicht zu beanstanden.

b. Verfolgungsbedingt entzogene Kulturgüter

Eine weitere Ausnahme vom Gedanken der kompensatorischen Restitution gelte zugunsten verfolgungsbedingt entzogener Kulturgüter, die den Kompensationsgedanken nicht erfassen können. Das gleiche gelte für die Ausnahmetatbestände zugunsten deutscher Privatpersonen, so auch kirchlichen Institutionen, die in den Artikeln 6 bis 8 genannt sind: Ihre Rückgabeansprüche bleiben von dem Beutekunstgesetz unberührt und können auf dem ordentlichen Gerichtsweg geltend gemacht werden.

Fazit: Nach Artikel 6 des Gesetzes, der verfassungsgemäß ist, sei bis auf wenige Ausnahmen (Artikel 7 und 8) von einem rechtmäßigen Eigentumserwerb durch die Russische Föderation auszugehen.

2. Kritische Rezension

Der Literatur ist beizupflichten, dass eine einheitliche Bewertung dieses Urteils kaum möglich ist.[1763] Grundsätzlich ist denjenigen Passagen, die eine Rückgabe von verfolgungsbedingt entzogenen Kulturgütern und des Eigentums interessierter Drittstaaten ermöglichen, nichts hinzuzufügen. Vor dem Hintergrund des damals

---

1762 Die kompensatorische Restitution erfasse nicht das Eigentum interessierter Drittstaaten: „Die kompensatorische Restitution konnte nach dem Sinn der Rechtsakte, auf deren Grundlage sie erfolgte, nur auf diejenigen Kulturgüter angewendet werden, die sich vor ihrer Verlagerung auf gesetzmäßigen Grundlagen im Eigentum der ehemaligen Feindstaaten befanden. Die Kulturgüter der betroffenen Staaten, die durch Deutschland und seine Militärverbündeten erbeutet wurden, konnten nicht als gesetzmäßiges Eigentum der Feindstaaten, ihrer natürlichen oder juristischen Personen angesehen und demgemäß zu Zwecken der Wiedergutmachung der Verluste, die dem Kulturbesitz der UdSSR zugefügt wurden, benutzt werden. Daher konnte die Russische Föderation das Eigentumsrecht an den Kulturgütern, die Eigentum der betroffenen Staaten waren, eben im Wege der kompensatorischen Restitution nicht erwerben."

1763 Siehe etwa bei Rossi/Syssoeva, 63ff.

geltenden Völkerrechts sind aber die Ausführungen zu den kriegsbedingt verlagerten Kulturgütern, die aus der Sowjetischen Besatzungszone entfernt wurden, nur schwer verständlich. Mit keiner Silbe erwähnt das Verfassungsgericht die Haager Landkriegsordnung, die seinerzeit selbst von Russland vorangetrieben und auch vom russischen Richter im Nürnberger Kriegsverbrechertribunal ausdrücklich angewendet worden war. Selbst wenn die Haager Landkriegsordnung innerhalb der längeren Zeit russischer Besatzung nicht (mehr) anwendbar gewesen wäre, verbliebe, wie bereits ausgeführt, noch immer ein inhaltlich gleichwertig ausgestaltetes Völkergewohnheitsrecht.

Dass deutsche Behörden und Vereinigungen, die in den Genuss des Ausnahmetatbestands des Gesetzes fallen, keinen Anspruch auf Herausgabe binnen der gesetzten 18-Monate Frist gestellt haben, ist verständlich: Russland wollte sich mit dieser Regelung die Anerkennung seines Gesetzes von Seiten Deutschlands gleichsam „abkaufen“. Bei kritischer Lektüre merkt man, dass die Systematik des Beutekunstgesetzes und damit auch das Urteil mit der kompensatorischen Restitution steht und fällt. So führt das Verfassungsgericht im Hinblick auf das Eigentum interessierter Drittstaaten aus[1764]:

„[Eigentum der Drittstaaten; Folgen des Fristversäumnisses für die Restitutionsansprüche (Punkt 5 und 6)]

> 6. Nach der Verfassung der Russischen Föderation wird das Recht auf Privateigentum durch Gesetz geschützt; jeder ist berechtigt, Vermögen allein oder gemeinsam mit anderen als Eigentum zu haben, zu besitzen, zu nutzen und darüber zu verfügen; niemandem darf sein Vermögen entzogen werden, es sei denn auf Entscheidung eines Gerichts; Zwangsenteignung für staatliche Bedürfnisse darf nur bei vorheriger und gleichwertiger Entschädigung durchgeführt werden; das Erbrecht wird garantiert (Art. 35); in der Russischen Föderation werden private, staatliche, kommunale und andere Formen des Eigentums gleichermaßen anerkannt und geschützt (Art. 8 Abs. 2); *Ausländer und Staatenlose genießen in der Russischen Föderation die gleichen Rechte und tragen die gleichen Pflichten wie die Bürger der Russischen Föderation, außer in den durch Bundesgesetz oder völkerrechtlichen Vertrag der Russischen Föderation festgelegten Fällen (Art. 62 Abs. 3); die allgemein anerkannten Prinzipien und Normen des Völkerrechts und die völkerrechtlichen Verträge der Russischen Föderation sind Bestandteil ihres Rechtssystems (Art. 15 Abs. 4); in der Russischen Föderation werden die Rechte und Freiheiten des Menschen und Bürgers entsprechend den allgemein anerkannten Prinzipien und Normen des Völkerrechts und in Übereinstimmung mit der Verfassung der Russischen Föderation anerkannt und garantiert (Art. 17 Abs. 1); Anerkennung, Wahrung und Schutz der Rechte und Freiheiten des Menschen und Bürgers sind Pflicht des Staates (Art. 2).*
> Nach dem Sinn dieser Vorschriften des Kapitels 1 (Grundlagen der Verfassungsordnung) und des Kapitels 2 (Rechte und Freiheiten des Menschen und Bürgers) der Verfassung der Russischen Föderation, gelten die Verfassungsgarantien des Eigentumsrechts auch in bezug auf das Eigentumsrecht der betroffenen Staaten an den ihnen auf gesetzmäßiger Grundlage ehemals gehörenden Kulturgüter, die im Rahmen der kompensatorischen Restitution in die Union der SSR verbracht wurden und sich auf dem Territorium der Russischen Föderation befinden.

[1764] Kursive Hervorhebungen durch den Verfasser.

Aus Art. 62 Abs. 3 der Verfassung der Russischen Föderation und Art. 2 Punkt 1 Abs. 4 sowie Art. 7 des Bürgerlichen Gesetzbuchs der Russischen Föderation ergibt sich, daß Einschränkungen des Eigentumsrechts der ausländischen Staatsangehörigen, der Staatenlosen sowie der ausländischen juristischen Personen durch völkerrechtlichen Vertrag oder durch Bundesgesetz festgelegt werden können. Sowohl die Möglichkeit der Einschränkung dieses Rechts durch Bundesgesetz als solche als auch der Charakter dieser Einschränkungen werden dabei durch den Gesetzgeber nicht willkürlich, sondern in Übereinstimmung mit der Verfassung der Russischen Föderation bestimmt, nach deren Art. 55 Abs. 3 *die Rechte und Freiheiten des Menschen und Bürgers durch Bundesgesetz nur in dem Maße eingeschränkt werden können, wie dies zum Schutz der Grundlagen der Verfassungsordnung, der Moral, der Gesundheit, der Rechte und gesetzlichen Interessen anderer sowie zur Gewährleistung der Landesverteidigung und Staatssicherheit erforderlich ist.*

Mit diesen Verfassungsvorschriften korrespondieren die zu den allgemein anerkannten Normen des Völkerrechts gehörenden Bestimmungen der *Allgemeinen Erklärung der Menschenrechte, insbesondere darüber, daß niemandem sein Vermögen willkürlich entzogen werden darf (Art. 17 Abs. 2). Darüber hinaus hat jede natürliche und juristische Person gemäß der Konvention zum Schutze der Menschenrechte und Grundfreiheiten (Art. 1 des Protokolls Nr. 1 vom 20. März 1952) das Recht auf ungestörte Nutzung seines Vermögens; niemandem darf sein Eigentum entzogen werden, es sei denn, daß das öffentliche Interesse es verlangt, und nur unter den durch Gesetz und durch die allgemeinen Grundsätze des Völkerrechts vorgesehenen Bedingungen;* die obigen Bestimmungen beeinträchtigen jedoch nicht das Recht des Staates, die Durchsetzung derjenigen Gesetze zu gewährleisten, die er für die Ausübung der Kontrolle der Nutzung des Eigentums im Einklang mit dem Allgemeininteresse oder zur Sicherung der Zahlung der Steuern oder sonstiger Abgaben oder von Geldstrafen für erforderlich hält.

Daher verstoßen die in Art. 3, 5 und 6 des Gesetzes enthaltenen Bestimmungen, soweit sie das *Eigentum der betroffenen Staaten betrifft*, sowie die Bestimmung des Art. 8 Punkt 1 des Gesetzes in Verbindung mit seinen Art. 3, 5 Abs. 3, Art. 6 und Art. 9 Punkt 1 Abs. 1, auf deren Grundlage die betroffenen Staaten das Eigentumsrecht an den ihnen ehemals gehörenden Kulturgütern, die in die Union der SSR verbracht wurden und sich auf dem Territorium der Russischen Föderation befinden, verlieren und die Russische Föderation das Eigentumsrecht an diesen erwirbt, wenn die genannten Staaten keine Ansprüche auf ihre Restitution von dem Territorium der ehemaligen Feindstaaten innerhalb der in Art. 8 Punkt 1 genannten Fristen, geltend gemacht haben, *gegen die Verfassungsgarantien des Eigentumsrechts und gegen die Grenzen der zulässigen Einschränkung dieses Rechts und entsprechen daher nicht der Verfassung der Russischen Föderation*, namentlich ihren Artikeln 8 Abs. 2, 35, 55 Abs. 3 und 62 Abs. 3."

Es ist bereits dargelegt worden, dass die Ausführungen des russischen Verfassungsgerichts zur kompensatorischen Restitution weder aus völkerrechtlicher[1765], noch aus der Perspektive innerstaatlichen russischen Rechts (Artikel 15 IV der russischen Verfassung[1766]) tragbar sind. Damit gelten die Ausführungen zum Eigentum interessierter Drittstaaten auch für das Eigentum ehemaliger Feindstaaten. Auf dieser Grundlage bleibt festzuhalten, dass das von russischer Seite einseitig erlassene Beutekunstgesetz aus völkerrechtlicher Sicht untragbar ist

[1765] Hierzu im zweiten Kapitel, Abschnitt A VIII, ergänzend SCHOEN 108–137.

[1766] Siehe soeben unter 8 A I 1.

und damit mit Sicherheit keine Befriedung in dieser hochsensiblen Materie erzielen kann. *Hartwig* drückt dies so aus: Moskau locuta – causa non finita.[1767]

In einer Verbalnote der Russischen Regierung vom 6. Januar 2000 heißt es demgegenüber,

> *„dass die Entscheidung des Verfassungsgerichts ... dafür ... die rechtliche Grundlage schafft, da sie die Möglichkeit der Rückführung verbrachter Kulturgüter zwischen Russland und Deutschland durch beiderseits vorteilhaftem Austausch bzw. freundschaftlichem Akt sowie als Ausdruck guten Willens und der Menschlichkeit nicht verschließen."*[1768]

Bei aller Berechtigung der völkerrechtlichen Anspruchsposition der Bundesrepublik Deutschland und den genannten völkerrechtswidrigen Regelungen im Beutekunstgesetz würde es die Verhandlungen beleben, diesen von Russland ausgesendeten positiven Impuls des freundschaftlichen Akts und des Ausdrucks guten Willens und der Menschlichkeit aufzugreifen und mit Leben zu füllen.

IV. Erste Rückgaben

1. Die Bleiglasfenster kehren in die Marienkirche nach Frankfurt/Oder zurück

Die russische Föderation hält sich nach wie vor konsequent an die Vorgaben ihres Beutekunstgesetzes. Das jüngste Beispiel bildet die Rückgabe der kostbaren Kirchenfenster zurück in die Marienkirche nach Frankfurt an der Oder, die am 30. Juni 2002 zurückkehrten.[1769] Die Staatsduma musste per Gesetz[1770] der Rückgabe zustimmen, da es sich um ein Kunstwerk von überragender Bedeutung handelte, welches unter einen die Restitution zulassenden Exemtionstatbestand des

---

[1767] HARTWIG, „Moskau locuta – causa non finita – Das Beutekunst-Gesetz vor dem Verfassungsgericht der Russischen Föderation/Die Entscheidung vom 6. April 1998", in: EuGRZ 25 (1998), S. 369–373. Obgleich sich dieser Beitrag auf das Erste Urteil bezieht, gilt seine Aussage ganz besonders im Hinblick auf das Zweite Urteil des Russischen Verfassungsgerichts.

[1768] Note Nr. 26/n/4E (4. Europäisches Department) des Ministeriums für Auswärtige Angelegenheiten der Russischen Föderation.

[1769] Vergleiche zur Rückkehr Sabine KLAUS (dpa): „Beutekunstodysee ist beendet – Marienkirchenfenster wieder in Frankfurt eingetroffen" (wiedergegeben u.a. in Mitteldeutsche Zeitung, Ausgabe vom 30. 6. 2002). Zur Vorgeschichte: „Die Marienkirche in Frankfurt (Oder) ist eine der größten Backstein-Hallenkirchen in Norddeutschland. Ihre 20 Meter hohen Fenster sind aus 111 Bleiglasscheiben zusammengesetzt. Fast 60 Jahre lang lagerten die zu Kriegsende von sowjetischen Truppen verschleppten Glasmalereien im Museum Eremitage. Seit Dienstag zeigt die Eremitage 15 der insgesamt 111 Fenstermalereien. Das Museum hat die wertvollen Fenster für die Ausstellung in der Kirche des Winterpalastes in St. Petersburg hergerichtet." Vergleiche zu dieser bislang einmaligen Rückgabe auch den Bericht der dpa vom 5. April 2002.

[1770] Gesetz vom 17. April 2002 Nr. 37-SZ RF 2002 Nr. 16 Pos. 1498, in deutscher Übersetzung mitgeteilt und übersetzt durch Tim *Schröder*.

Beutekunstgesetzes nach Artikel 18 Pkt. 2 des Beutekunstgesetzes fiel. In diesem Gesetz heißt es:

> Artikel 1
> Gegründet auf Artikel 8 Unterpunkt 2, Artikel 10 Punkt 1, Artikel 18 Punkt 2 des föderalen Gesetzes vom 18.4.1998 (...) [es folgt die amtliche Bezeichnung des Beutekunstgesetzes], ist anzuerkennen, dass der Anspruch der BRD auf Rückgabe an die evangelischen Kirchengemeinde St. Marien (Marienkirche) in der Stadt Frankfurt/Oder von *21 vitražej* (Kirchenfenster) besteht, die zu Kulturgütern gehören, die unikalen Charakter, besonders überragende historische, künstlerische und wissenschaftliche Bedeutung haben, als Ergebnis des Zweiten Weltkriegs in die UdSSR verbracht wurden und sich in der staatlichen Ėrmitaž befinden.
>
> Artikel 2
> Gemäß Artikel 18 Punkt 3.4 und 5 des genannten föderalen Gesetzes werden die in Artikel 1 dieses föderalen Gesetzes genannten Kulturgüter der Bundesrepublik Deutschland übergeben.
>
> Artikel 3
> Dieses föderale Gesetz tritt in Kraft mit dem Tag seiner offiziellen Verkündigung.

Auf Grundlage dieses Einzelgesetzes wurden dann 111 Bleiglasfenster nach Frankfurt an der Oder restituiert.[1771] Dennoch zeigt sich deutlich, dass Beutekunst von russischer Seite noch immer für rein politische Zwecke als Verhandlungs- und Druckmittel missbraucht wird. Die Bundesrepublik Deutschland ist für die Ziele Russlands, namentlich der Öffnung gen Westen, ein gewünschter Kooperationspartner.[1772] Als Appetithappen für eine fortlaufende westliche Unterstützung werden also nunmehr sukzessive völkerrechtswidrig geplünderte Gegenstände zurückgeführt.[1773]

Im vorliegenden Fall wurde eine Rückgabe nur deshalb möglich, weil die Eigentümerstellung einer religiösen Organisation im Sinne des Artikels 8 Punkt 2 des

---

[1771] Zum Fall ausführlich PIENKNY, 101.

[1772] Aus einem Bericht der Frankfurter Neuen Presse 10.4.2002, „Beutekunst kehrt nach Deutschland zurück": „Die Kulturbeziehungen haben dennoch aus Sicht beider Seiten eine neue Qualität erreicht. ‚Das Treffen war freundschaftlich wie nie zuvor', sagte Schwydkoi. Nida-Rümelin, der mit dem russischen Kollegen ein Papier über die deutsch-russischen Kulturgespräche zum Gipfel in Weimar unterschrieb, sprach von einer wachsender ‚Kultur des Vertrauens'. Auch damit blieben jedoch Streitpunkte offen. Die deutsche Seite fordert die Rückführung des Rathenau-Archivs, der Restbestände der Gothaer Bibliothek, von Werken des Bremer Kunstvereins und des Nachlasses von Ferdinand Lassalle. Russland bat Deutschland um die Prüfung russischer Wünsche nach Übergabe historischer Archivalien und Handschriften."

[1773] Siehe etwa die Haltung des russischen Kulturstaatsmininsters Michail Schwydkoi, der, gefragt nach der Gegenleistung für den umfangreichen Schuldenerlass von Seiten Deutschlands für Verbindlichkeiten aus DDR-Zeiten, unmissverständlich zum Ausdruck brachte, dass mit Beutekunst vor dem Hintergrund der Geschehnisse im Zweiten Weltkrieg nicht gehandelt werde, Beitrag in der Sendung des ZDF: „Berlin direkt" vom 9. Juni 2002, um 19.25 Uhr.

Beutekunstgesetzes nach längerer Recherche (seit 1991) zweifellos nachgewiesen werden konnte.[1774]

Im Übrigen haben Vorgaben des Völkerrechts in der Russichen Föderation auf höchster politischer Ebene wegen der Befolgung des eigenen Beutekunstgesetzes überhaupt keinen Stellenwert. Die Bundesrepublik Deutschland favorisiert derzeit dennoch eine behutsame und möglichst geräuschlose Politik der kleinen Schritte unter dem Dach eines groß angelegten kulturellen Austausches[1775], in welchem völkerrechtswidrig geplünderte Kulturgüter nur einen Teilausschnitt bilden sollen. Der damals amtierende Kulturstaatsminister Julian Nida-Rümelin musste in einer Rückbetrachtung der Entwicklung in den letzten zehn Jahren vor dem Kulturausschuss am 6. Juni 2002 bilanzieren, das bislang trotz des ersichtlich guten deutsch-russischen Klimas keine objektiv messbaren Fortschritte in der Beutekunstdebatte erzielt worden sind.[1776] Auch das Jahr 2003 brachte keine greifbaren Fortschritte, wie die Debatte um die Rückführung der 364 Zeichnungen in die Bremer Kunsthalle zeigte, welche Viktor Baldin in die Sowjetunion verbracht hatte.[1777] Die Ende des Jahres 2004 amtierende Kultur-

---

1774 PIENKNY 102.

1775 Dazu die Frankfurter Neue Presse vom 10. 4. 2002: „Die (deutsch-russische, Anm. des Verfassers) Arbeitsgruppe hat laut Lehmann mehrere größere gemeinsame Kulturprogramme beschlossen, wozu die deutsch-russischen Kulturtage der Jahre 2003 und 2004 gehören. Großes Einzelprojekt ist die Ausstellung ‚Moskau – Berlin 1950–2000', die im Jahr 2003 im Martin-Gropius-Bau in Berlin und im Jahr darauf in Moskau gezeigt werden soll. Begleitet wird sie von umfangreichen Programmen neuer russischer Musik und des Theaters sowie des jungen russischen Films auch im Rahmen der Berlinale. Zum 300-jährigen Stadtjubiläum von St. Petersburg plant die Petersburger Eremitage gemeinsam mit der Preußischen Stiftung Schlösser und Gärten die Ausstellung ‚Berlin – St. Petersburg'. Im Jahr 2004 ist eine Ausstellung im deutsch-russischen Museum in Berlin-Karlshorst geplant. Die Stiftung Weimarer Klassik wird 2004 an die russische Zarentochter und Weimarer Großherzogin Maria Pawlowna erinnern. Länderschwerpunkt der Frankfurter Buchmesse 2003 ist Russland."

1776 Nachzulesen in den Pressemitteilungen unter www.Bundestag.de.

1777 Zur gegenwärtigen Entwicklung auch STUMPF 131 ff. Siehe i.ü. Johannes VOSWINKEL, in: Die Zeit 14/2003, Stalingrad der Künste, Russlands Kulturminister Michail Schwydkoj will den Streit um die Beutekunst beenden – bislang erfolglos; Eduard BEAUCAMP, Spätheimkehrer Dürer, FAZ vom 12. 03. 2003: „Der Kriegsveteran Viktor Baldin hatte sich kurz vor seinem Tod offenbart: 1945 habe er auf Schloß Karnzow in der Mark Brandenburg, einem der drei Auslagerungsorte der Bremer Kunsthalle, ein zerstreutes Konvolut von 362 Zeichnungen, ferner zwei Gemälde von Dürer und Goya, in einen Koffer gepackt und sichergestellt. Baldin deponierte die Beute 1948 im Moskauer Museum für russische Architektur. Die „Raubkunst"-Depots unterlagen in der Zeit der Diktatur strengster Geheimhaltung. Baldin wollte schon 1973, defintiv aber nach 1989 den Schatz zurückgeben. Das Konvolut stand schon vor der Abreise, als heftige, chauvinistische Debatten in Russland alle Restitutionen verhinderten. Erstmals zeigte die Eremitage dann 1992, 138 ausgewählte Bremer Blätter, darunter 28 Aquarelle und Zeichnungen von Dürer; 128 stammten aus dem Baldin-Fund, die restlichen zehn aus den Geheimdepots der Eremitage." In der FAZ vom 18. 03. 2003 (Quelle: dpa) hieß es dann, die Staatsanwaltschaft der Russischen Föderation staatsministerin Kristina Weiss zeigte sich über die Situation zwar sehr frustriert, aber auch kämpferisch. Ein weiteres Beispiel für die nur äußerst schleppend verlaufenden bilateralen Verhandlungen bildet der berühmte *Schatz des Priamos.*[1778]

Ob also ein allzu behutsames Vorgehen mittel- oder langfristig erfolgversprechend ist, darf bezweifelt werden. Jedenfalls wird das öffentliche Bewusstsein dann eher in andere Bahnen gelenkt, namentlich solchen, die einer direkten Konfrontation in diesem wichtigen Thema aus dem Wege gehen.[1779] Mit Sicherheit ist in diesem sensiblen Thema Besonnenheit die wichtigste Tugend. Es darf aber nicht vergessen werden, dass im Grunde genommen nur das öffentliche Bewusstsein in beiden Völkern die Betroffenen zum Einlenken bewegen kann.[1780] Dass nicht nur Deutschland sich eines Kunstraubs (in einem) von schier unglaublichem Ausmaß schuldig gemacht hat, dürfte sich mittlerweile herumgesprochen haben. Solange aber die innenpolitische Lage in Russland die Kriegstrophäen als notwendigen Beleg eines Obsiegens im Zweiten Weltkrieg für das Selbstwertgefühl benötigt, wird sich die Haltung in Russland nicht wesentlich ändern.

Wie lange aber Russland auf seinem Standpunkt bleibt, vermag niemand zuverlässig abzuschätzen. Es ist aber sicher nicht unrealistisch, davon auszugehen, dass in der kommenden Generation das Bewusstsein in Russland, unberechtigt Kriegstrophäen zu beherbergen, so ausgeprägt sein wird, dass wirkliche Fortschritte in der Restitutionsdebatte erzielt werden können. Bis dahin braucht es in der Tat einen langen Atem. Andererseits sind Menschen gerne vergesslich, weshalb die Aufarbeitung der deutsch-russischen Geschichte nicht in den Hintergrund gedrängt werden darf.

---

habe die Rückgabe der Bilder mit der Begründung gestoppt, dass diese ersessen worden seien.

1778 Zum Schatz des Priamos GOLDMANN, KLAUS, The Treasure of the Berlin State Museums and Its Allied Capture: Remarks and Questions, IJCP 7 (1998), S. 308–341 *ders.,* The Trojan Treasures in Berlin: The Disappearance and Search for the Objects after World War II, in: ELIZABETH SIMPSON (Hrsg.), The Spoils of War, World War II and Its Aftermath: The Loss, Reappearance, and Recovery of Cultural Property, New York 1997, S. 200–203. Siehe auch GOLDMANN/SCHNEIDER, Wolfgang, Das Gold des Priamos, Geschichte einer Odyssee, Leipzig 1995.

1779 In diese Richtung scheint auch die amtierende Kulturstaatsministerin *Christina Weiss* zu tendieren, die entsprechend der bereits von ihrem Amtsvorgänger *Julian Nida-Rümelin* eingeschlagenen Marschroute dies aber durch eine verstärkte Integration russischer Kultur in den europäischen Kontext lösen will.

1780 Die jüngsten Beispiele aus dem Bereich der Raubkunst belegen diesen traurigen Befund in aller Deutlichkeit: So etwa die öffentlichen Debatten in Österreich und in Frankreich zum Umgang mit Raubkunst, die zur Verabschiedung entsprechender Rückgabegesetze und Dekrete führten, siehe erstes Kapitel und das laufende Kapitel.

2. Prozessuale Hindernisse und ihre Überwindung am Beispiel der Sammlung Martha Nierenberg

Ein erster Lichtstreif am Horizont ist bereits schon jetzt sichtbar, werden doch durch die Novellierung des Beutekunstgesetzes mittlerweile immerhin Einzelklagen ausdrücklich erlaubt – und falls geboten, auch zumindest zur Verhandlung zugelassen.[1781] Welches materielle Schicksal aber die Sammlung von Martha Nierenberg[1782], einer ungarischen Staatsbürgerin jüdischer Herkunft mit wertvollen Exponaten von Tintoretto, Tizian, Caravaggio, Renoir, El Greco u.a. nehmen wird, darf mit Spannung abgewartet werden.[1783] *Schröder* gibt hier zu bedenken, dass die Perspektiven für Rückgabeforderungen von verfolgungsbedingt entzogenen und daraufhin nach Russland verbrachten Kulturgütern maßgeblich von der Bewertung der russischen rei vindicatio in Artikel 301 ZGB (russisches Zivilgesetzbuch) mit aus der bisherigen Abhandlungen bekannten Problemen wie etwa der *priobretatel'naja davnost* (Artikel 234 ZGB, Ersitzung) und den sehr knappen Fristen zur Geltendmachung aus dem Beutekunstgesetz in Artikel 10 Punkt 2 belastet ist. Im letzteren Punkt ist freilich zu präzisieren, dass die 18-Monate-Frist für Individualklagen wegen Artikel 10 Punkt 1 des Beutekunstgesetzes nicht gilt und daher der Zeitpunkt maßgeblich wird, an welchem „der Betroffene von der Verletzung seines Rechts erfahren hat oder hätte erfahren müssen“, Artikel 200 Pkt. 1 ZGB. Zumindest die klassisch grammatische Interpretation dieses Gesetzespassus lässt nur den einen Rückschluss zu[1784], dass die Restitutionsansprüche nach russischem Privatrecht verjährt sind, da die Erbin der

---

[1781] SCHRÖDER, Entwicklung der russischen Rechtsprechung bis zur Beseitigung der Kostenbarriere für Individualklagen auf Rückgabe von Beutekunst, Anmerkungen zur Entscheidung des russ. Obersten Gerichts vom 27. Oktober 2000, in: EuGRZ 2002, verweist auf S. 3 auf die Artikel 9 Punkte 2 und 3 n.F. sowie Artikel 10 Punkte 2 und 3 n.F.

[1782] Beim Rückzug der deutschen Besatzer aus Ungarn Ende 1944 wurden auf Geheiß von Adolf Eichmann größte Teile der Sammlung des Großvaters der Klägerin, Baron Mór Lipót Herzog nach Deutschland verschleppt und dort größtenteils über das Central Collecting Point München zurück nach Ungarn restituiert, das aber die Rückgabe an die berechtigten Erben bis heute ablehnt. Ein anderer Teil der Sammlung Herzog (nunmehr Nierenberg) verschwand in den Kriegswirren aus dem Berliner Raum in die Sowjetunion, wo es in Novgorod in staatlichen Sammlungen wieder ans Tageslicht kam.

[1783] Das russische Oberste Gericht hob die Prozesskostenfestsetzung der ersten Distanz in Höhe von 37 Millionen Euro nach § 6 Punkt des 2 des russischen Gesetzes über staatliche Gebühren am 27. 10. 2000 auf und erklärte die Klage für kostenfrei in Übereinstimmung mit Artikel 5 Punkt 2 Unterpunkt 15 des genannten Gebührengesetzes. Zwar behandelte die Begründung nur prozessuale Fragen in materieller Einkleidung (insbesondere im Hinblick auf das Recht freien Zugangs zur Rechtsprechung), ließ aber die Tendenz erkennen, dass sich die russische Rechtsprechung in Zukunft offener im Einklang mit Artikel 62 III der Russischen Verfassung vom 21. 12. 1993 mit entsprechenden Einzelklagen auseinandersetzen wird. Vergleiche ausführlich SCHRÖDER FN supra S. 4f.

[1784] So auch im Ansatz bei NEUBERT in der SZ vom 31. 5. 2002: Die Stunde der Nachtwächter, S. 17.

Sammlung Herzog, Martha Nierenberg schon vor langer Zeit von seinen verfolgungsbedingten Verlusten Kenntnis erlangt hat.[1785]

Die russische Föderation stellt sich aber im Fall Nierenberg unter Berufung auf den ungarischen Friedensvertrag mit den Allliierten ohnehin auf den Standpunkt, dass diese Kulturgüter von der kompensatorischen Restitution des Artikels 29 des Friedensvertrages erfasst sind mit Ausnahme des Eigentums religiöser Organisationen und wohltätiger Einrichtungen.[1786]

V. Ansätze zur Lösung der Beutekunstfrage

1. Diskussionsgrundlagen

Ein Kunstraub reißt tiefe Wunden in der kulturellen Identität einer Nation oder auch seines stolzen Besitzers. Nachdem die bislang dargestellten Lösungsansätze sich insbesondere mit Problemen von Individuen mit dem Umgang ihrer verfolgungsbedingt entzogenen Privatverluste beschäftigten (Raubkunst), bewegt sich die Diskussion um die Rückführung von Beutekunst auf einer „höheren" Ebene, nämlich im zwischenstaatlichen Rahmen. Hier wird deutlich, dass Lösungsvorschläge denknotwendig entsprechend der zu behandelnden Dimensionen ausfallen sollten.[1787]

Im deutsch-russischen Dialog wird von deutscher Seite zunehmend die prekäre Frage in einen angenehmeren Zusammenhang eines übergreifenden kulturellen Austausches gebettet. Diese Vorgehensweise deckt sich mit der Vorstellung, man solle die Beutekunst doch wechselseitig sowohl in Deutschland wie in Russland

---

[1785] Dennoch sind die Parallelen zur discovery rule des US-art law (*when the cause of action accrues*) verblüffend, verbleiben dem Kläger doch auch nach neuem russischen Recht drei Jahre nach Kenntnis vom Klaggrund Zeit, zu handeln. Allerdings ist der Zeitpunkt gegenüber dem US-Recht vorgelagert, da der Kläger nur Kenntnis von einer Verletzung seiner Rechtspositionen im Allgemeinen, nicht aber von seinem Verletzer (Person des Anspruchsgegners) zu haben braucht (wie etwa auch bei der demand and refusal-Regel).

[1786] Der Friedensvertrag kennt aber nicht die Exemtion der Opfer des Nationalsozialismus im Unterschied zum russischen Beutekunstgesetz. Hieraus ist abzuleiten, dass Martha Nierenberg nicht in den Genuss der Exemption des russischen Beutekunstgesetzes kommen wird, weil bereits mit Abschluss des genannten Friedensvertrages durch Artikel 29 alle Rechte der Erblasserin erloschen sind. Der Prozessvertreter von Martha Nierenberg ist hier aber der Ansicht, dass Artikel 32 des Friedensvertrags aufgrund eines Handelns des deutschen (nicht alliierten) Besatzers freilich nicht in Frage kommen kann.

[1787] Dies verkennt Trey G. ELMER, 20 N.Y.L. School J. Int'l & Comp. Law 132 (2000), der die Vergleichsvereinbarung im Goodman-Searle Raubkunstfall (Schilderung im zweiten Kapitel) als Vorbild für die Lösung der Beutekunstproblematik zwischen Deutschland und Russland ansieht. Die größte Schwäche dieses Ansatzes liegt darin, dass es das Problem über Entschädigungen lösen möchte. Man fragt sich schon, ob Russland denn die Hälfte des Verkehrswertes zum Behalten der geraubten Güter zu zahlen bereit wäre, was die analoge Lösung zum Goodman-Searle Fall wäre.

in umfangreich angelegten, gemeinsam organisierten und durchgeführten Ausstellungen der Öffentlichkeit zugänglich machen.[1788] Ein anderer Vorschlag hält eine Aufteilung[1789] der geraubten Kulturgüter zwischen Deutschland und Russland für angemessen[1790], sodass Russland im Ergebnis die Hälfte der völkerrechtswidrig geraubten Kunstschätze und Archive behalten würde. Noch weiter geht die Anregung, Beutekunst als ein europäisches Kulturgut zu verstehen und in diesem Sinne einen Eigentumsverzicht von deutscher Seite zugunsten der Errichtung einer deutsch-russischen Beutekunststiftung auszusprechen[1791] – eine etwas differenziertere Ausgestaltung des status quo, welche Russland die geraubten Kulturgüter belassen möchte, obwohl bislang eine deutliches Rückführungsdefizit in der bilateralen Bilanz auf russischer Seite zu beklagen ist.

Zunächst sollte man festhalten, dass die Lösung des Beutekunstproblems nicht einen einzigen richtigen Weg kennt. Die Marschroute sollte sich jedoch gut balanciert an den verständlichen historischen Empfindlichkeiten wie auch an der geschilderten Rechtslage orientieren. Mit einer Gewinner-Verlierer Mentalität kommt man gerade hier nicht weiter.

Obgleich die völkerrechtliche Lage eine klare Sprache spricht, wurden in jüngster Zeit von Seiten der Bundesrepublik Deutschland politische Zugeständnisse gemacht, ohne das hierfür eine Gegenleistung der Russischen Föderation erbracht, geschweige denn eingefordert worden wäre. Als ein solches Zugeständnis ist beispielsweise auch der Schuldenerlass zu werten, den der deutsche Bundeskanzler Gerhard Schröder im April 2002 aussprach.[1792] Die Erfahrungen aus den mühsamen Verhandlungen um die Rückführung der Kirchenfenster nach Frankfurt/Oder zeigen zumindest, dass ein einzelfallbezogenes Vorgehen in Anbetracht der noch zu bewältigenden Restitutionsmasse nicht effektiv ist.

1788 Maksimytchev in Genieva (Hrsg.), Gesten des guten Willens, 284ff., schlägt den Ausbau des Petersburger Dialogs durch Aufbau eines neuen Ausstellungskomplexex in Ostberlin neben dem Karlshorstmuseum (Museum der Kapitulation vor), in welchem zeitlich begrenzt Beutekunst auf deutschem Boden ausgestellt werden könne (S. 289).

1789 Perspective – The War Loot Question: No Easy Answer, ARTnews, Summer 1995, S. 144 (Comments of Mary Garner Neill, Director of the Seattle Art Museum), zitiert bei Stephens Houston J. Int'l L. 18 (1995), S. 59, 110, sowie Prunty, Georgetown L. J. 72 (1983–84), S. 1155, 1181. Auch der Ansatz von Rumpf, ZfTS 6 (1993), S. 287, 293, sieht eine Teilung des Pergamon-Altares vor, so dass Originalteile des Altares sowohl in der Türkei als auch in Berlin besichtigt werden könnten. Der Teilungsansatz leidet darunter, dass er keine eindeutige Lösung entgegen einer klar völkerrechtswidrigen Vergangenheit findet; er ist mithin abzulehnen. Siehe auch Stephens aaO.

1790 Mastroberardino Pace Int'l L. Rev. 9 (1997), S. 315, 355.

1791 Burchardi 30ff.

1792 Es fällt aber auf, dass dort ein hinreichender Zusammenhang zur Rückführungsdebatte nicht hergestellt worden ist.

2. Lösungsmodelle im Überblick

Im vergangenen Jahrzehnt wurden mehrere Vorschläge zur Konfliktlösung unterbreitet. Aus den verschiedenen Ansätzen bildeten sich folgende Strömungen heraus:

- Völkerrechtliches Modell: Lösung nach den geltenden Maßstäben des internationalen Rechts[1793]
- Stiftungsmodell: Überführung der Kulturgüter in eine deutsch-russische „Beutekunst-Stiftung" mit internationalem Expertenkuratorium, eventuell unter Aufgabe der deutschen Eigentümerstellung („nationaler Verzicht zugunsten eines vereinten Europa")[1794]
- „Privatmodell": Einzelfallbezogene Direktverhandlungen auf Museumsebene unter Ausschaltung von staatlicher Jurisprudenz und Diplomatie[1795]
- Museumsmodell: Einrichtung von Beutekunstmuseen (Beispiel deutsch-polnisches Beutekunstmuseum) respektive gemeinsamer Restaurationsprojekte[1796]

3. Vorstellung und Diskussion

Es soll mit derjenigen Lösung begonnen werden, die keineswegs zu akzeptieren ist: Die *Privatlösung*. Direktverhandlungen zwischen kulturellen Institutionen sind dann sinnvoll, wenn sie in einem eingegrenzten Kontext stehen. Unter Berücksichtigung der internationalen historischen und juristischen Dimensionen ist es unangemessen, seinen Vorteil über die direkte und lokale Kontaktaufnahme zu suchen und auf diesem Wege über die Ansprüche zu verhandeln. Die Gefahren der Einzelfallgerechtigkeit, die mitunter aus der Höhe der zugesagten

---

[1793] Dies ist die von der deutschen Rechtslehre favorisierte Lösung, vergleich hierzu die Positionen von Wilfried FIEDLER und Kurt SIEHR.

[1794] Der Gedanke einer supranationalen Stiftung stammt aus der Museumsebene, konkret von Klaus *Lehmann.* Er wurde im Hinblick auf die praktische Durchführung (Eigentumsverzicht) zugespitzt von Kristiane *Burchardi.*

[1795] Dieses Vorgehen wurde schon erfolgreich praktiziert, so etwa bei der Rückführung von 101 Skizzen aus dem Nachlass des Offiziers und Architekten *Victor Baldin* (362 Zeichnungen und 2 Gemälde) in die Bremer Kunsthalle, die zur Rückführung bereits über längere Zeit in der deutschen Botschaft lagerten und dann endlich von russischen Behörden zum Rücktransport freigegeben wurden. Insoweit handelt es sich hier nicht um einen klassischen Fall von Beutekunst, der aus einer fremdstaatlichen Sphäre seinen Weg zurück in die „Heimat" findet, sondern um eine sogenannte Privatplünderung: Baldin selbst hatte über Jahrzehnte hinweg die Kunstwerke unter seinem Bett versteckt gehalten und vor seinem Tode in einem Brief an Boris Jelzin den Wunsch geäußert, die Zeichnungen mögen ihren Weg zurück in die Bundesrepublik Deutschland finden, AKINSCHA/KOSLOW 265ff., insbesondere S. 289ff.

[1796] Als Beispiel wäre der Wiederaufbau der zerstörten Kirchen in Novgorod zu nennen, welcher maßgeblich durch die Bundesrepublik Deutschland finanziert wird, vergleiche etwa WILSKE, International Law and the Spoils of War: To the Victor the Right of Spoils?, 3 UCLA J. Int'l L. & For. Aff., S. 282: „Germany will have to pay in order to get back its last ‚prisoners of war'".

finanziellen Unterstützungen für den Verhandlungspartner sprießen, sind zu hoch, ganz zu schweigen von ihrem materiellen und juristischen Bestand. Es bleibt zu hoffen, dass dieser Weg nicht Schule macht.

Als Alternative wird die Errichtung einer deutsch-russischen Beutekunststiftung, welche als selbständige juristische Person die Kriegsbeute aufnehmen soll, ohne über deren Zuordnung entscheiden zu müssen, diskutiert. Zu Beginn dieser Debatte ist gar eine Stiftung angeregt worden, dessen Stiftungszweck durch einen einseitigen Eigentumsverzicht von Seiten der Bundesrepublik Deutschland auf die in die Sowjetunion verlagerten Gegenstände geprägt sein sollte. Dieses *Stiftungsmodell*[1797] ist selbst unter Historikern stark umstritten und stößt auch dort wohl mehrheitlich auf Ablehnung.[1798] So sehr sein moralisch- ethischer Ansatz zu begrüßen ist, wird es sich aus tatsächlichen[1799] wie auch aus juristischen[1800] Gründen nicht durchsetzen können.[1801] Die russische Position ist durch das Beute-

---

1797 Siehe Burchardi und Kalb, „Unterwegs nach Europa – Rußland, Deutschland und der Streit um die ‚Beutekunst'", DA 30 (1997), S. 939–945. Nach der Replik Fiedlers, Unterwegs zu einem europäischem Beutemuseum? Zum Vorschlag der Einrichtung einer deutsch-russischen Kulturstiftung (DA 6/1997) die Duplik von Burchardi und Kalb: „Noch einmal zur ‚Beutekunst' – Eine Replik auf Wilfried Fiedlers kritische Einwände", DA 31 (1998), S. 791–795.

1798 Vergleiche etwa Volkert 197, die an die Privatverluste erinnert und einen der Sache nach nicht zutreffenden Vergleich zu den Trophäenmuseen Hitlers und Stalins zieht.

1799 Nicht zufriedenstellend sind bislang die Fragen des modus vivendi, sprich die einzelnen Modalitäten einer supranationalen deutsch-russischen Beutekunststiftung beantwortet worden. Neben der Zuordnung des Stiftungsvermögens wird der Vorschlag, den Sitz der Stiftung nach Moskau zu legen, kaum Anklang finden. Betrachtet man die derzeit bestehenden massiven Rechtsunsicherheiten, die im Umgang mit Kulturgütern in Russland anzutreffen sind, in welchen diese oft nur als genehmes Medium zur Beschaffung liquider Mittel angesehen werden, erscheint es wenig praktikabel, den Sitz der Stiftung nach Moskau zu legen. Wenn denn schon eine Eigentumsaufgabe deutscher Eigentümer – entgegen aller geschilderten Schwierigkeiten – stattfinden soll, besteht für diese sicherlich hierzu kein Anreiz, wenn sie der damit verbundenen Risiken gewahr sind. Es wird daher vorgeschlagen, als Sitz der Stiftung einen Ort zu wählen, zu denen die vormaligen Eigentümer einen näheren räumlichen und rechtlichen Bezug haben. Die Bundeshauptstadt Berlin bietet sich hierfür als Sitz zahlreicher kultureller Institutionen an. Dies wiederum wird Russland derzeit kaum akzeptieren, da dies faktisch einer echten Restitution gleichen würde.

1800 Kerngegenstand aller Kritik ist die Frage nach der Zulässigkeit einer Aufgabe der Eigentumsposition durch die bisherigen Eigentümer. Die praktischen Probleme, die hinter diesem Vorschlag stehen, sollen an dieser Stelle nicht erneut erörtert werden. In jedem Fall könnte der Bund allenfalls sein Eigentum aufgeben. Ein großer Teil der nach Russland verschleppten Kulturgüter stammt jedoch aus Privatbesitz und aus dem Bestand der jeweiligen Bundesländer, über das der Bund in den bilateralen Verhandlungen nicht frei verfügen kann, ganz abgesehen davon, dass bislang überhaupt nicht bekannt ist, welche Tragweite eine solche Disposition hätte.

1801 Damit soll aber nicht in allen Punkten die Stellungnahme Fiedlers, Unterwegs zu einem europäischem Beutemuseum? Zum Vorschlag der Einrichtung einer deutsch-russischen Kulturstiftung (DA 6/1997 [Anmerkung: dies bezieht sich auf den Artikel von Burchardi/Kalb aaO]), DA 31 (1998), S. 258–270 unterstützt werden, zumal sich bei unbefangener kunstgesetz derzeit stark zementiert und erlaubt schon von daher keine solche Gestaltungsform.[1802]

Vor dem Hintergrund von Artikel 15 IV der russischen Verfassung erscheint hingegen der Ansatz *Olaf Werners* realistischer, der eine Stiftung vorschlägt, welche durch beide Staaten mittels eines völkerrechtlichen Vertrages errichtet werden solle.[1803] Jedoch wäre bei einer „klassischen" Stiftung die Russische Föderation in letzter Konsequenz dazu gehalten, von seinem Eigentumsanspruch an den völkerrechtswidrig in die damaligen Sowjetunion verlagerten Kulturgütern als Grundstockvermögen zugunsten der Stiftung abzurücken. Es erscheint aber als ein Brückenschlag, anstelle einem Eigentumsübergang an eine Stiftung eine *fidusziarische Lösung* anzustreben, welche die gemeinsame kuratorische Plattform für die Bewahrung der verbrachten Kulturgüter bilden könnte. In dem so verstandenen Vorschlag Werners handelt es sich nicht um eine Stiftung im klassischen Sinne, in welcher entgültig Eigentum übertragen wird, sondern um eine spätere Entscheidungen vorbereitende und die Kulturgüter absichernde Treuhandslösung, die mit Nachdruck zu begrüßen ist. Durch das letztgenannte „Stiftungsmodell" soll das eigentliche Restitutionsproblem ohnehin nicht abschließend gelöst werden, da es als Übergangslösung bis zur entgültigen Lösung der Beutekunstfragen dienen soll.[1804] Dennoch gilt es zu bedenken, das Kulturgüter von privaten Anspruchstellern versehentlich der Stiftungsmasse zugeführt werden könnten, sodass die Stiftung von vornherein so manch neues Konfliktpotential schaffen würde.

Schließlich führt *in praxi* eine rein dogmatisch- juristische Vorgehensweise nach dem *völkerrechtlichen Modell*, wie sie auf Grundlage geltenden Völkerrechts von Seiten Deutschlands in den 90er Jahren vertreten wurde, in Anbetracht großer Enttäuschungen auf deutscher Seite leider nicht zum ersehnten Erfolg. Auch der Brückenschlag, wie er durch gemeinsame Beutekunstmuseen geschaffen werden soll, wird nicht von jedem als ein Solcher empfunden.

4. Ein Vorschlag aus London

Der Londoner Rechtsanwalt und Solicitor Dr. Michael H. *Carl* hat als Prozessvertreter die Verfahren Weimar v. Elinconfon und City of Gotha v. Sotheby's betreut oder war maßgeblich an ihnen beteiligt.[1805] Seine Thesen vom Mai 2001

Betrachtung der Auseinandersetzung zwischen den Autoren die Einschätzung aufdrängt, dass die Terminologie je nach wissenschaftlichem Hintergrund (Jurist vs. Historikerin /Philosoph) unterschiedlich aufgefasst wurde.

1802 Siehe mit ähnlicher Argumentation Pienkny 105 und Syssoeva, 54ff.

1803 Werner in Genieva (Hrsg.), Gesten des guten Willens, S. 360ff. Die hohe Kapitalausstattung zur Deckung der beträchtlichen laufenden Kosten solle insbesondere von Industrieunternehmen beider Staaten erbracht werden.

1804 Ibid.

1805 Schilderung oben 2 B und 5 E IVa.

sollen im Folgenden im Wortlaut abgedruckt und sodann noch mit einigen vertiefenden Bemerkungen versehen werden.

a. Beutekunst in Russland: Gedanken über eine Neuausrichtung der beiderseitigen Interessen

Die Diskussion über die Rückgabe von Beutekunst ist gegenwärtig festgefahren. Die offizielle russische Seite versucht offensichtlich, die verschleppten Kunstobjekte politisch und wirtschaftlich in Verhandlungen mit Deutschland zu nutzen. Deutschland besteht (meiner Ansicht nach zu Recht) auf einer bedingungslosen Rückgabe aufgrund des geltenden Völkerrechts. Die Fronten sind verhärtet.

Es könnte helfen, bei der Betrachtung einen Schritt zurückzugehen, um das eigentliche Problem zu erkennen: Während des letzten Krieges ist durch deutsche Aktivitäten eine große Anzahl von russischen Kulturobjekten geraubt oder zerstört worden. Eine weitere erhebliche Anzahl von russischen Kulturobjekten wurde durch sowjetische Aktionen vor dem Krieg verschleppt, verkauft oder zerstört. Deutschland hat nur wenige russische Kulturobjekte, die es zurückgeben kann, da das meiste bereits retourniert wurde. Es gibt keine Grundlage für eine reziproke Rückgabe in jeweils entsprechendem Umfang und gleicher Qualität. Auf der anderen Seite gibt es großen Bedarf und Möglichkeiten auf dem Gebiet der Wiederherstellung oder des Rückkaufs von russischen Kulturobjekten.

Kurz zusammengefasst: Russland kann eigentlich kein wirkliches Interesse an dem haben, was es geraubt hat. Diese Gegenstände sind meistens deutsches Kulturerbe. Russlands eigentliches Interesse sollte in der Wiederherstellung, soweit dies heute möglich ist, seines vor dem Krieg vorhandenen Kulturerbes sein. Deutschland kann nicht zurückgeben, was es zerstört hat oder was es nicht besitzt. Auf der anderen Seite kann Deutschland mit der hier angebrachten großzügigen Einstellung Russland bei der Wiederauffüllung seiner Verluste helfen.

Die etablierten Regeln des Völkerrechts gegen Plünderung von Kulturgütern dürfen nicht unterlaufen oder aufgeweicht werden.

Ein neuer Ansatz könnte die folgenden Elemente benutzen:

1. Feststellung des „status quo" zur Vertrauensbildung

Wer besitzt was und von wem wurden die Objekte entwendet, zerstört oder verkauft? Diese Fragen müssen in einer absolut ehrlichen und objektiven Weise angegangen werden und müssen die mögliche Zerstörung oder den Verkauf durch Organe des eigenen Landes miteinbeziehen, da sonst nicht die erforderliche Vertrauensbasis für großzügige Gesten der anderen Seite geschaffen wird.

2. Zuordnung zum Kulturerbe

Jede Seite sollte sich ehrlich fragen, ob die Gegenstände, die durch Raub ins eigene Land verbracht wurden, wirklich Kulturgegenstände sind, an denen man vom Gesichtspunkt des nationalen Kulturerbes interessiert ist oder ob sie in Wahrheit nicht eher eine Belastung darstellen. Das letztere scheint insbesondere bei den verschleppten Bibliotheksbeständen, aber auch bei dem weit überwiegenden Teil der verschleppten Kunst der Fall zu sein.

3. Vorrang des Völkerrechts

Es kann keine Legalisierung von präventivem Kunstraub für spätere Kompensationsgeschäfte geben. Dies zuzulassen würde einen völlig unannehmbaren Präzedenzfall für gegenwärtige und künftige militärische Auseinandersetzungen darstellen.

Alle „Kulturgeiseln" sollten als Geste des guten Willens umgehend zurückgegeben werden.

4. Hilfe bei der Auffüllung von Verlusten

Das Empfängerland sollte rechtzeitig ankündigen, dass es aus dem Gesichtspunkt der eigenen Scham über die von ihm verursachten Verluste bereit ist, eine großzügig finanziell ausgestattete Einrichtung zu schaffen, um
(a) dem Geberland bei der Restitution von geraubten Kulturgütern zu helfen, die gefunden und identifiziert werden können;
(b) bei der Erstellung von Datenbanken und bei der Katalogisierung von verlorenen Kulturgegenständen zu helfen;
(c) Hilfe bei der Restitution oder einem Rückkauf von Objekten anzubieten, die durch Verkäufe in neue Hände gelangt sind;
(d) Hilfe bei der Restaurierung oder bei der Anfertigung von Kopien von zerstörten oder endgültig verlorenen Kulturgütern zu leisten.

Die oben dargestellten Ansatzpunkte sollten Unterstützung bei den betroffenen russischen Museen, Bibliotheken und Kircheneinrichtungen finden, da sie ihr eigentliches Interesse besser berücksichtigen als das strikte Bestehen auf einem Austausch, der in dieser Form gar nicht möglich ist. Unter Nutzung günstig gesonnener Kontakte bei den jeweiligen Behörden, Politikern und einflussreichen Persönlichkeiten sollten diese Ansatzpunkte eine Chance haben.[1806]

Was zwischen diesen Zeilen steht, soll nicht unerwähnt bleiben. Der Ansatz Carls geht über das eben Gesagte noch deutlich hinaus. In einem Vortrag in der Rudomino-Bibliothek zu Moskau[1807] am 28. Mai 2002 unterstreicht er die Bedeutung einer historisch übergreifenden Lösung unter Berücksichtigung nicht nur der Ereignisse, die als Verschleppung der Beutekunst in die Sowjetunion bekannt sind, sondern auch einer möglichen Mithilfe der Bundesrepublik Deutschland bei der Rückführung der Kulturgüter, die seit 1921 unter dem Regime Stalins in den Westen zu Dumpingpreisen verschleudert worden waren („Rembrandt für Traktoren").

b. Möglichkeiten und Chancen einer gemeinsamen Aufarbeitung der Vergangenheit im deutsch-russischen Verhältnis

Die russische Kultur wurde bereits vom eigenen Machthaber zwangsweise vermarktet, bevor deutsche Beuteeinheiten das Land verwüsteten, plünderten und brandschatzten.[1808] Tatsächlich fanden durch *Russenauktionen* in Deutschland

---

1806 Im Mai 2001, Dr. Michael H. Carl.

1807 Von der Konferenz über „Privatrecht und Probleme der Restitution privater Schätze" vom 28.5.2002 berichtet Neubert in der SZ vom 31.5.2002: Die Stunde der Nachtwächter, S. 17. Der Verfasser dankt Herrn Dr. Carl für die freundliche Übermittlung seines Redemanuskripts.

1808 Im Sammelband „Verkaufte Kultur", herausgegeben von Waltraud Bayer, wird über Verkäufe aus der Eremitage (41ff.) und dem Leningrader Schlossmuseum (63ff.) in den Jahren 1926–1933 berichtet, um die Geldnot zu lindern. Mitunter hat der sowjetische Staat selbst Kulturgüter aus eigenen Museumsbeständen eingezogen, um diese in den Westen zu vervor und auch nach der Machtergreifung durch die Nationalsozialisten Exponate aus russischen Museen ihren Weg nach Deutschland – nach 1933 auch in die Sammlungen für das Linzer Führermuseum und von Herrmann Göring, versteigert durch das hinlänglich bekannte Auktionshaus Paul Graupe am 25. und 26. Januar 1935.[1809]

Eine historisch übergreifende Lösung sollte versuchen, eine Saldierung historischer Sünden in einer Balance zwischen der kriegsbedingten Verschleppung von Ost wie von West und den massiven, selbstverschuldeten sowjetischen Kulturverlusten gen Westen herzustellen. Ein solches Vorgehen würde noch eindringlicher deutlich machen, dass Fehler auf beiden Seiten begangen wurden. In diesem Sinne müsste man sich aber auch konsequent um eine *gemeinsame Aufarbeitung* der Vergangenheit bemühen, die sowohl die kriegsbedingten Verlagerungen als auch die genannten Verkäufe berücksichtigt, die zu schon lange vor den NS-Beutezügen den Beginn eines kulturellen Ausblutens der Sowjetunion verkünden sollten. Hierdurch würde eine integrative Synthese der Versöhnung geschaffen und die Diskussion auf ein neues *Plateau kultureller Solidarität* gestellt.

Die Bundesrepublik Deutschland wäre also gut beraten, den Weg der Kooperation mit Russland nicht nur über einen groß angelegten kulturellen Austausch zu suchen, sondern ihre *aktive Mithilfe* im russischen Bemühen anzubieten, die in der Zeit vor dem Zweiten Weltkrieg nach Westen – insbesondere in die Vereinigten Staaten von Amerika – verschleuderte russische Kunst mit Erfolg zu repatriieren. Es wäre erfreulich, wenn dieser Vorschlag zur Aufweichung verhärteter Fronten im deutsch-russischen Beutekunstdiskurs Anklang fände und auf offene Gesprächsbereitschaft bei den Besitzern, insbesondere in den USA, trifft.

B. Lösungswege bei der Rückgabe von Raubkunst

I. Restitutionsspezifische Probleme in einem forensischen Verfahren im Ausland

Neben den geschilderten möglichen rechtlichen Hindernissen gibt es viele praktische Gründe, die einen Anspruchssteller von der Beschreitung des Gerichtswegs zur Durchsetzung seiner Rückgabeansprüche abhalten.

---

kaufen. Die *Russenauktionen* in der Weimarer Zeit (ab 1928) bildeten das Beispiel einer für die russische Kultur beispielslose Verkaufsoffensive in Deutschland und Österreich, worunter das Land noch heute zu leiden hat (S. 101–127, vergleiche insbesondere *Heuß* ab S. 203ff.). Die Sowjetunion begann also kulturell schon lange vor den Plünderzügen der NS-Einheiten auszubluten, was sich auch in verdeckten Geschäften mit Frankreich (133ff.) und einem regen Handel mit der Niederlanden (151ff.) zeigt. Zur Tragweite des russischen Kulturexports in die USA zu dieser Zeit siehe U. Hartung S. 171–203.

[1809] Hiervon berichtet Heuß in Bayer, 207ff.

Zunächst ist dies einmal eine vergleichsweise sehr lange Verfahrensdauer, die dadurch entsteht, dass die Beweisführung meist sehr umfangreich und aufwendig ist. Auch wenn ein Prozess sich dann auf etwa sieben Jahre hinzieht (dieser grobe Mittelwert ergibt sich unter Berücksichtigung der bisherigen Verfahren[1810]), kann der Kläger sich absolut nicht sicher sein, ob die von ihm angebotenen Beweise zur Rekonstruktion des Gemäldeschicksals und seiner Eigentümerstellung auch wirklich akzeptiert werden.

Die durch die Dauer und Art des Verfahrens entstehenden Kosten stehen häufig nicht mehr im Verhältnis zum Verkehrswert des Kulturguts. So konnte so mancher Prozess nur mit staatlicher Hilfe[1811] oder durch finanzielle Unterstützung von Interessensorganisationen zu Ende geführt werden. Der amerikanische Kunstanwalt Thomas Kline zog aus solchen Erfahrungen das Resümee, das ein gerichtliches Verfahren erst ab einem Verkehrswert des Bildes ab 3 Mio-$ als wirtschaftlich angesehen werden könne.[1812] Nicht von der Hand zu weisen sind auch verfahrenstypische Unwägbarkeiten, mit denen beide Parteien in einem solchen Prozess zu rechnen haben.[1813]

So ist das mediale Interesse an solchen Verfahren wegen eines möglichen Zusammenhangs zum Holocaust respektive dem Zweiten Weltkrieg groß, was meist schnell zur einer öffentlichen Präjudiz zu Gunsten desjenigen führen kann, der sich des Eigentums an dem Kunstwerk berühmt. Nicht vergessen werden sollte aber auch die Tatsache, dass einem Kläger wegen des langen Zeitablaufs nicht mehr die eigentlichen Täter, sondern zumindest im Regelfall nur ahnungslose Käufer des geplünderten Kulturguts gegenüberstehen. So treffen heute „unschuldige“ Parteien aufeinander, die mit dieser hochsensiblen Materie nur durch Erbfolge und Erwerbsvorgänge auf dem recht seriösen internationalen Kunstmarkt in Berührung gekommen sind. Zumindest in dem Punkt, dass außerforensische Verhandlungen gerichtlichen Verfahren vorzuziehen sind, herrscht in der US-amerikanischen Fachliteratur eine weitgehende Übereinstimmung.[1814]

[1810] Kaye, Looted Art: What can and should be done, 20, Cardozo Law Review, S. 659 (1998) [ohne Zahlenangabe].

[1811] Carl/Güttler/Siehr im Hinblick auf die Kostenübernahme durch die Bundesrepublik Deutschland als Unterstützung zur Rückerlangung des Wtewael auf S. 49f. und 229ff.

[1812] Der Anwalt von Searle, Trienens, 97, zitiert Kline wie folgt: „I am almost at the point of saying that if the art isn't worth $ 3 million, don't go after it“.

[1813] Zu den typischen Problemen der Arbeit vor Gericht am Beispiel des *Holocaust Claims Processing Office (HCPO)* siehe Dugot, Fordham Int'l Law Journal (25, 2001), 133 et seq., die hervorbebt, dass der Nachweis der Aktivlegitimation und die Verarbeitung traumatischer Erlebnisse für die Erben schwer zu handhaben sei.

[1814] Garrett, Time for a Change? Restoring Nazi-looted Artwork To Its Rightful Owners, 12, Pace Int'l Law Review, nennt dies auf S. 390ff. die „Obligation to negotiate“; siehe auch Schwartz, The Limits of the Law: A Call for a new Attitude toward Artwork stolen during World War II, 32, Columbia Journal of law and Social Problems, S. 22 und Lippman, „Art and Ideology in the Third Reich: The Protection of Cultural Property and the Humanitarian

Die Position der öffentlichen Museen, die sich dann häufig auf der Gegenseite wiederfinden, ist wegen ihrer besonderen Funktion als der öffentlicher Vermittler von Kunst als vergleichsweise günstig anzusehen. Ihre Zielsetzung, auch Raubkunst in ihrer Sammlung zu halten, ist durch das nur schwer angreifbare Argument der Notwendigkeit einer öffentlichen Zugänglichkeit meist von Erfolg gekrönt.

Kirby empfiehlt den Museen deshalb eine konsequent einheitliche Vorgehensweise, die durch gemeinsam entwickelte *policies* intern auf eine zuverlässige Linie hin ausgearbeitet und dann extern mit großem Entgegenkommen gegenüber potentiellen Eigentümern bei Streitigkeiten über Herkunftsfragen kommuniziert werden sollte.[1815] Vor dem Hintergrund einer rechtlich, historisch und tatsächlich äußerst problematischen Gemengelage geben sich viele Berechtigte dennoch meist sehr schnell mit einer Kompromisslösung zufrieden, die in der amerikanischen Literatur als win-win-win Situation[1816] beschrieben wird: Das beklagte Museum darf den Kunstgegenstand behalten und der Kläger wird hierfür im Gegenzug mit einer bestimmten Summe, meist weit unter dem Verkehrswert des Bildes, entschädigt. Gleichzeitig verpflichtet das Museum sich dazu, die Herkunft des ausgestellten Gegenstands gegenüber der Öffentlichkeit angemessen zu dokumentieren, meist durch einen entsprechenden Hinweis in der musealen Beschreibung des Bildes.[1817] Weitere Alternativen sind der gänzliche Rückkauf des Gegenstands oder sogar Vereinbarungen über eine (un-)entgeltliche Dauerleihgabe an.

Solche Lösungen können besonders effektiv im Rahmen alternativer Streitschlichtungsmechanismen gefunden werden. Diese sollen im Folgenden am Beispiel der USA, Großbritannien und Frankreich als mögliches Vorbild für die Bundesrepublik Deutschland vorgestellt werden.

Law of War", Dickinson J. Int'l L. 17 (1998), S. 84, der sich insbesondere auch auf die Konventionen zum Schutze von Kulturgütern nach dem Zweiten Weltkrieg bezieht, vergleiche hierzu bereits zu Beginn des 4. Kapitels.

1815 Kirby, Stolen Cultural Property; Available Museum Responses to an international Dilemma, 104, Dickinson Law Review, S. 745f. (2000). In dieselbe Richtung weisen auch die Ausführungen von Kaye, Looted Art: What can and should be done, 20, Cardozo Law Review, S. 667f. (1998), der sich aber noch zusätzlich für die Abschaffung der Verjährung des Herausgabeanspruchs der „loooted art" ausspricht.

1816 Der Begriff wird auch hierzulande als Zielkorridor innerhalb von Mediationen verwendet.

1817 Es darf aber entgegen mancher Stimmen bezweifelt werden, ob diese Lösung in jedem Fall als ideal zu bezeichnen ist.

II. Aushandlung einer internationalen Lösung?

Das Restitutionsproblem betrifft viele Staaten auf dem Globus in vielfach ähnlichen Schattierungen. Daher liegt es nahe, eine internationale Lösung anzustreben, die eine einheitliche Vorgehensweise bei den involvierten Staaten zum Ziel hat.[1818] Der IGH sieht eine gewohnheitsrechtlich begründete Pflicht zur Aufnahme von Verhandlungen vor, wenn die Ziele zugrunde liegender völkerrechtlicher Verträge ernstlich in Gefahr sind.[1819]

Es erscheint jedoch als zu weitgehend, aus der Existenz verschiedener völkerrechtlicher Verträge zum Schutz und zur Rückführung von Kulturgut (Haager Landkriegsordnung, Konvention von 1954[1820]) eine Pflicht zur Aufnahme von Verhandlungen über die Rückführung von kriegsbedingt verlagerten oder verfolgungsbedingt entzogenen Kulturgütern zu statuieren.[1821] Die genannten Konventionen beschäftigen sich zwar mit der Restitution von in Folge von bewaffneten Konflikten verlagerten Kulturgütern. Sie sind jedoch ganz bewusst nicht retroaktiv ausgestaltet und begründen schon von daher keinen Anspruch auf die Aufnahme bilateraler Rückführungsverhandlungen.

Auch wenn das Problem auf internationaler Ebene mit Sicherheit am Effektivsten gelöst würde[1822], ist dieser Ansatz in der gegenwärtigen Situation als weitgehend unrealistisch anzusehen: Erst wenn die einzelnen Foren die rechtlichen Rahmenbedingungen für eine angemessene innerstaatliche Problemlösung geschaffen haben (so wie es etwa die Resolution 1205 des Europarats rät), kann über eine übergreifende internationale Lösung nachgedacht werden.[1823] Auf europäischer Ebene soll nach dem Willen des Parlaments dies schon bald geschehen. Die Einrichtung einer *internationalen Kommission*, wie Lerner[1824] sie vorschlägt, käme zur Zeit deshalb mit Sicherheit zu früh. Dasselbe gilt für ein

---

[1818] So ausdrücklich SCHWARTZ, The Limits of the Law: A Call for a new Attitude toward Artwork stolen during World War II, 32, Columbia Journal of law and Social Problems, auf S. 19: „The need for a uniform international solution".

[1819] North Sea Continental Shelf 1969 I.C.J., S. 4, insbesondere S. 25f. (20. Februar).

[1820] Siehe dazu ausführlich oben 4. Kapitel, C.

[1821] GARRETT, 12 Pace Int'l Law Review, 391 (2000) sieht aber in den genannten völkerrechtlichen Verträgen die Möglichkeit, eine Pflicht zur Aufnahme von Verhandlungen zu statuieren.

[1822] Hierfür spricht sich pointiert SCHWARTZ auf S. 20 aus.

[1823] H. HARTUNG, Holocaust and Art looted in World War II: Arbitrated between great dreams and reality, in: PPP Vol. 7, 334 et seq. Freilich bleibt es den Staaten unbenommen, die rechtlichen Rahmenbedingungen zugunsten einer Restitution im gegenseitigen Benehmen zueinander abzustimmen.

[1824] LERNER, „The Nazi Art Theft Problem and the Role of the Museum: A Proposed Solution to Disputes Over Title", N.Y.U.J. Int'l L. & Pol. 31 (1998), S. 35.

internationales Schiedsgericht für Beute- und Raubkunst, wie es bereits von Owen C. *Pell*[1825] vorgeschlagen wurde.[1826]

III. Einzelstaatliche Entwicklungen

1. Frankreich: Kommission für die Untersuchung von Rückgabeklagen

Zur Lösung der Eigentumsfragen der verbleibenden 2058 Gemälde in französischen öffentlichen Einrichtungen suchte man in Frankreich Wege zu beschreiten, die kostengünstiger und schneller sind als gerichtliche Verfahren. Durch den schlichtenden Charakter des eingeschlagenen Verfahrens sollten gleichzeitig schwierige rechtliche Fragen sowie tatsächliche Barrieren überwunden werden.

Per Dekret vom 25. März 1997 wurde die *Mattéoli Mission* ins Leben gerufen. Diese hat den Verbleib von im Zuge der deutschen Besetzung entzogenen Gegenständen ermittelt und am 17. April 2000 einen Zwischenbericht abgegeben. In diesem Zwischenbericht finden sich unter anderem die (jüdischen) Opfer der Entzüge und der Verbleib ihres Eigentums in öffentlichen Institutionen.[1827] Des weiteren entschied man sich am 10. September 1999 für die Einrichtung einer Kommission (*Commission Drai*)[1828], die zur Aufgabe hat, Eigentumsstreitigkeiten mit Hilfe eines weitgehend informellen Verfahrens unter Beiziehung eines *rapporteurs* zu schlichten.[1829] Kann der Streit nicht durch eine einvernehmliche Vereinbarung zwischen den Parteien gelöst werden, so hat ein von der Kommission bestellter Berichterstatter die Aufgabe, den Sach- und Streitstand der eingereichten Klage aufzubereiten und einen Entscheidungsvorschlag zu unterbreiten.

2. USA: Holocaust Assets Commission Act

Der Senat richtete diese staatliche[1830] Kommission ein, um eine geeignete Plattform für die Behandlung der Anliegen Betroffener in den Vereinigten Staaten bereitzustellen.[1831] Die rechtlichen Rahmenbedingungen sind dort zwar mitunter wesentlich günstiger, schwanken jedoch sehr stark aufgrund der vom jeweiligen Bundesstaat abhängigen Gesetze. So liegt die wesentliche Aufgabe der Kommis-

---

[1825] Pell in PPP 315.

[1826] Siehe auch H. Hartung, International Law Forum, Volume 5, 290.

[1827] Im Internet abzurufen unter www.ladocumentationfrancaise.fr/brp/notices/984000110.shtml.

[1828] Giovannini 269.

[1829] Siehe das Dekret Nr. 99–778 du 10 septembre 1999 in Anlage 5.

[1830] Die bekannteste Privatkommission der USA im Hinblick auf Raubkunst ist die Commission for Art Recovery des Jüdischen Weltkongresses, siehe bei Lowenthal, „The Commission for Art Recovery of the World Jewish Congress", p. 20 et. seq.

[1831] Tyler 30, Rutgers Law Journal, S. 467, 470ff.

sion neben einer exakten Bestandsaufnahme und Analyse in der Entwicklung konkreter Vorschlägen, um eine einheitliche gesetzliche Grundlage zur Behandlung des Restitutionsanliegens zu schaffen.[1832]

IV. Entschädigungspflicht für den An- oder Verkauf von Raubkunst nach dem Zweiten Weltkrieg?

1. Eine Empfehlung des britischen Spoliation Advisory Panel: *Ex gratia*-Zahlung der Tate Gallery in London

Das Gemälde „View of Hampton Court Palace" (1710) von Jan Griffier dem Älteren entstammt aus einer jüdischen Sammlung, die von Nationalsozialisten beschlagnahmt und 1961 von der Tate Gallery zu London im guten Glauben erworben worden war. Die Empfehlung der britischen *Spoliation Advisory Panel*[1833], eine *ex-gratia*-Zahlung in Höhe von 125000 britischen Pfund an die anonym gebliebenen Erben als Entschädigung zu gewähren[1834], möchte eine Brücke zuwischen dem Anliegen öffentlicher Museen, bedeutende Werke in einer öffentlichen Sammlung zu halten und den Erben ehemals verfolgter Individuuen schlagen. Bei Verkündigung der Entscheidung am 18. Januar 2001 meinte der britische[1835] KulturstaatsministerAlan Howarth:

> *"It is important that questions of ownership of works of art arising from the terrible events of the Nazi era are resolved. Although the report makes clear that the family, who wish to remain anonymous, have no legal title to the painting, and that there is no criticism whatsoever of the Tate Gallery, I accept the Panel's advice that there is a moral strength to the claimants' argument. This justifies an ex gratia payment in recognition of the loss to the family of their ownership of the picture and the benefit to the public of the picture being held in a UK national collection. I am mindful also of the Government's commitments made in the declaration from the Washington Conference on Holocaust Era Assets in December 1998 and at the London Conference on Nazi Gold in December 1997, which also addressed the issue of looted works of art. This country's record in fighting fascism and in offering assistance to those who fled from the horrors of the Nazi regime is one in which we all take pride. I believe that the British public would be unhappy to know that museums and galleries of this country contained works which had been identified as being wrongfully separated from their proper owners and that nothing had been done to right that wrong."*

[1832] Neben dieser Institution gibt es die von US Präsident Bill Clinton einberufene Presidential advisory board on Holocaust Era Assets (Vorsitz: Jonathan Petropoulos), der sich schwerpunktmäßig mit den historischen Hintergründen der Holocaustentzüge beschäftigt.

[1833] Das *Spoliation Advisory Panel* ist eine Kommission aus Fachleuten im Vereinigten Königreich, das bei ungeklärten Auseinandersetzungen zwischen öffentlichen Museen und Privatpersonen eingeschaltet wird, um eine unabhängige Stellungnahme abzugeben, sozusagen die britische Schiedstelle für Raubkunst.

[1834] Abzurufen im Internet unter http://www.culture.gov.uk/PDF/galleries_spoliation.pdf.

[1835] Zu den Bemühungen der National Museums Directors Conference in Großbritannien siehe Pocock, 81 et seq.

Dieser Einzelfall demonstriert eine beruhigende Sensibilität öffentlicher Stellen in Europa für die Raubkunstfrage und offenbart den möglichen Anwendungsbereich von ex-gratia Zahlungen: Einer Entschädigung anstelle der Restitution sollte in der Tat erst dann Raum gewährt werden, wenn der Anspruchssteller seine Berechtigung nicht im ausreichenden Maße darzulegen imstande ist.[1836]

2. „Odalisque" von Henri Matisse

Das Seattle Museum of Modern Art (SAM) konnte neben dem Verfahren Goodman v. Searle in einem weiteren Raubkunstfall einen günstigen Ausgang erstreiten: Gegen Rückgabe des Gemäldes *Odalisque* von Henri Matisse (1928)[1837] an die gesetzlichen Erben erwirkte es eine hohe, nicht näher spezifizierte Entschädigung vom New Yorker Kunsthändler Knoedler & Co., der das Gemälde an die Familie Bloedel im Jahre 1954 verkaufte hatte.[1838] Prentice und Virginia Bloedel hatten das Gemälde an das SAM weitergegeben. Erst später sollte sich herausstellen, dass es sich um NS-Raubgut aus der Sammlung des bekannten jüdischen Kunsthändlers Paul Rosenberg handelte. Das SAM restituierte umgehend an Rosenbergs Nachfahren.[1839]

In Anbetracht einer weitreichenden Rufschädigung und nachfolgender Schadensersatzforderungen entrichtete die New Yorker Galerie Knoedler eine offiziell nicht bekannt gewordene Entschädigung und stellte alle Beteiligten von ihren Anwalts- und Verfahrenskosten frei. Das SAM ließ daraufhin seine Klage (Streitwert: 11 Mio. US-$) fallen.

3. L'Homme à la Guitarre (1914) von Georges Braque (1882–1963)

Nicht alle Bemühungen kommen so schnell zum Erfolg. So kämpft ein Nachfahre des berühmten jüdischen Kunstsammlers *Alphonse Kann*, Francis Warin, nach wie vor vergeblich um die Rückgabe von Exponaten aus der Sammlung Kanns, die von den Nationalsozialisten im besetzten Paris beschlagnahmt worden waren und vorwiegend nach dem Zweiten Weltkrieg auf Auktionen erworben wurden, so etwa den kubistischen *L'Homme à la Guitarre* (1914) von Georges

---

[1836] Im Hinblick auf weitere Verfahren gab Howarth zu verstehen, dass jeder Fall seine eigene Lösung brauche: „The Panel may be called on to resolve other claims so it is important to recognise that the decision regarding the Griffier painting does not set a precedent. The circumstances surrounding each claim are bound to be different. The Panel will need to consider and make a judgment on each case on its own merits."

[1837] Rosenberg v. Seattle Art Museum, No. C99-5462 (W.D. Wash., filed July 31, 1998).

[1838] Weil 295 et. seq.

[1839] Vergleiche zu den Bemühungen Paul Rosenbergs, seine Kunstwerke wiederzuerlangen, Tyler, Barbara J., The Stolen Museum: Have United States Art Museums Become Inadverted Fences for Stolen Artworks looted by the Nazis in World War II?, 30, Rutgers Law Journal, auf S. 451.

Braque (1882–1963), der jetzt im Centre Pompidou in Paris ausgestellt wird.[1840] Als Alphonse Kann 1940 in seine Heimat Großbritannien floh, konfiszierten die Nationalsozialisten größte Teile seiner Sammlung.[1841]

V. Die Schaffung einer Kommission für Raubkunstfragen in Deutschland

1. Die Diskussion

Kulturstaatsminister Nida-Rümelin hat erstmals bei der Vorstellung der Handreichung im April 2001 die Schaffung einer nationalen Schiedsstelle vorgeschlagen.[1842] Diese solle unter dem Vorsitz eines sachverständigen Experten „mit eigener Autorität" unter Mitarbeit eines materiell unabhängigen Gremiums Empfehlungen in den Fällen abgeben, in welchen aufgrund rechtlicher Hindernisse oder tatsächlicher Schwierigkeiten keine eindeutige Lösung gefunden werden kann.[1843]

Die hiesige Rechtsprechung hat bei Raubkunstfällen aufgrund der sehr speziell gelagerten Probleme mitunter recht unbeholfen judiziert.[1844] Durch eine private Schiedsstelle könnten schließlich auch die geschilderten Nachteile eines forensischen Verfahrens (Dauer, Kosten, Arbeitsaufwand für den Tatrichter) aufgefangen werden[1845]. Am 14. Juli 2003 wurde der Vorschlag schließlich mit der offiziellen Errichtung einer staatlichen Kommission Realität.

[1840] Tyler aaO, auf S. 450. Das Bild galt bei den Nationalsozialisten als entartet, womit es sich hier um „Entartete Beutekunst" handelt: 1942 wurde es gegen ein niederländisches Landschaftsbild eingetauscht und erst 1981 hatte das Centre Pompidou das Bild vom Sammler Heinz Berggruen erworben, Palmer 16.

[1841] Palmer, aaO, weist auf drei weitere anhängige Verfahren der Nachfahren Kanns um je einen Picasso, Legèr und Matisse in öffentlichen Museen hin [bei Palmer: FN 17].

[1842] Dieser Vorschlag wurde von dem Berliner Rechtsanwalt Peter *Raue* anlässlich eines Treffens von Provenienzforschern in Hamburg (siehe hierzu in der Einleitung) erneut unterbreitet.

[1843] FAZ online (www.FAZ.net) vom 27. 2. 2002: NS-Raubkunst: Schiedsstelle für Ansprüche auf NS-Raubkunst.

[1844] Urteile des Landgerichts Berlin 9 O 165/97, erfolglose Berufung beim KG Berlin, Urteil vom 6. 11. 1998, Aktenzeichen 13 U 4313/98 (unveröffentlicht). Bemerkenswert an diesen Urteilen, die sich mit einem Kunstdiebstahl in einem Auslagerungsort auseinandersetzen, ist, dass diese zwar eine Ersitzung nach § 937 BGB bejahen, gleichzeitig aber klare Hinweise auf die Bösgläubigkeit des Erwerbers (Eigentumshinweise zugunsten des Märkischen Museums auf der Rückseite des Bildes) ignorieren.

[1845] Zu den Vorteilen der Schiedsgerichtsbarkeit Palmer, in PPP 265 et seq. sowie unter Untersuchung kollisionsrechtlicher Apekte Palmer in PPP 291 ff.

2. Die beratende Kommission im Zusammenhang mit der Rückgabe NS-verfolgungsbedingt entzogenen Kulturguts, insbesondere aus jüdischem Besitz

Seit Juli 2003 kommt der Koordinierungsstelle für Kulturgutverluste[1846] eine weitere Aufgabe als Geschäftsstelle für die Beratende Kommission im Zusammenhang mit der Rückgabe NS-verfolgungsbedingt entzogenen Kulturguts, insbesondere aus jüdischem Besitz[1847], zu. Diese mit bekannten Persönlichkeiten aus Politik und Wissenschaft besetzte Kommission[1848] kann im Fall von Differenzen über die Rückgabe solcher Kulturgüter angerufen werden, die in der NS-Zeit ihren damaligen Eigentümern entzogen worden waren und sich heute in öffentlichen Einrichtungen wie etwa Museen befinden. Die Kommission hat – unter der Voraussetzung, dass dies vom Träger der öffentlichen Sammlung und vom Anspruchssteller gewünscht wird – die Aufgabe, als Mediatorin zwischen den Beteiligten zu vermitteln und Empfehlungen aussprechen.[1849] Die Kommission sieht ihre primäre Funktion in einer Mediation ohne feste Verfahrensregeln und formeller Verbindlichkeit, wie sie etwa in Schiedsverfahren möglich sind. Dementsprechend soll die Kommission insbesondere in den Fällen wirken, in welchen der Rechtsweg ausgeschöpft ist oder der Herausgabeanspruch verjährt ist.[1850]

Am 12. 01. 2005 empfahl die Kommission in ihren ersten zur Entscheidung vorgelegten Fall die Rückgabe von drei Gemälden von Karl Blechen und einem Aquarell von Anselm Feuerbach an die Erbengemeinschaft der jüdischen Sammler Julius und Clara Freund. Die Sammlung Freund wurde als Fluchtgut in die Schweiz verbracht und 1942 an das Auktionshaus Fischer aus wirtschaftlichen Gründen zur Auktion gegeben. Dort wurden sie von Hans Posse für das Führermuseum Linz erworben. Die Kommission befürwortete die Restitution, da die – freiwillige – Veräußerung auf wirtschaftlichen Schwierigkeiten basierte, die ausschließlich auf nationalsozialistischen Verfolgungsmaßnahmen beruhten.

[1846] Vorstellung der Arbeit der Koordinierungsstelle unter 2 F II 1.

[1847] Pressemitteilung Nr. 237 vom 14. 07. 2003 des Presse- und Informationsamtes der Bundesregierung, einzusehen unter www.Bundesregierung.de.

[1848] Gründungsmitglieder sind: Der Kunsthistoriker Prof. Dr. Thomas Gaehtgens, die frühere Präsidentin des Bundesverfassungsgerichts und heutige Präsidentin des Goethe-Instituts Inter Nationes Prof. Dr. Jutta Limbach, der Philosoph Prof. Dr. Günter Patzig, der Rechtsphilosoph Prof. Dr. Dietmar von der Pfordten, der Historiker Prof. Dr. Reinhard Rürup, die ehemalige Präsidentin des Deutschen Bundestages Prof. Dr. Rita Süssmuth, der Bundespräsident a.D. Richard von Weizsäcker und die Philosophin Prof. Dr. Ursula Wolf.

[1849] Vergleiche hierzu Joachim Güntner, Berater im Raubkunststreit, Deutschland richtet Kommission ein, Beitrag vom 08. 08. 2003 nachzulesen in der NZZ-online unter www.nzz.ch/2003/08/08/fe/page-article8ZEJH.html.

[1850] Das diese Fragen im Einzelnen nur sehr schwer zu beantworten sind, hat diese Abhandlung detailliert aufgezeigt.

3. Möglichkeiten und Chancen einer Kommission bei Auseinandersetzungen um die Rückgabe von Raubkunst in Deutschland

Die Kommission soll in dem Bestreben, eine faire und gerechte Lösung im Sinne der Gemeinsamen Erklärung aus dem Jahre 1999 zu finden, eine wichtige Stütze werden. Es fragt sich jedoch, ob die Kommission zur endgültigen Befriedung langer Streitverfahren um die Rückgabe NS-verfolgungsbedingt entzogener Kulturgüter nur die eigene moralische Autorität in Anspruch nehmen kann, um in schwierigen Streitfragen eine abschließende und einvernehmliche Lösung zu entwickeln. Es ist zu wünschen, dass die Kommission in seine Entscheidung neben der wegweisenden moralischen Würdigung des Einzelfalles fundierte Ergebnisse aus den Disziplinen der (kunst-)historischen Provenienzforschung und deren rechtlichen Bewertung berücksichtigt. Praktisch könnte dies durch ein Verfahren erzielt werden, in welchem die Kommission zunächst den historischen und kunsthistorischen Tatbestand ermittelt und sodann eine rechtliche Bewertung des Falles vornimmt. Hierdurch ist auch die Reichweite des praktischen Bedürfnisses nach der eigenständigen moralischen Bewertung formuliert, welche die Empfehlung der Kommission im Wesentlichen tragen soll. Zur abschließenden Bearbeitung der beiden ersten Stufen könnte sich die Kommission gegebenenfalls auch der Stellungnahmen fachkundiger Sachverständiger bedienen, wenn nicht bereits die Aktenlage hierüber erschöpfend Auskunft gibt.

Nach den bisherigen Erfahrungen reichen indes Streitbeilegungen im Wege der Mediation bei weitem nicht aus, die gewünschte Rechtssicherheit – und Klarheit herzustellen.[1851] Genau dies ist aber im Regelfall das erklärte Ziel des Anspruchsstellers sowie des in Anspruch genommenen Besitzers. Daher ist es sinnvoll, dass die Verbindlichkeit der Empfehlung dieser Kommission sich nicht nur auf die Personen, von welchen die Empfehlung stammt, beschränkt. Eine Empfehlung kann als moralischer Ratschlag ohnehin rechtlich nicht verbindlich sein. Insoweit sollte die Empfehlung der Kommission von den Parteien die wesentliche Grundlage für einen außergerichtlichen Vergleich bilden, der die angestrebte Rechtssicherheit – und Klarheit schaffen kann. Auf diesem Weg kann die Mediation zu einem befriedenden Verfahren mit der Verbindlichkeit eines Schiedsspruchs werden. Dies sollten die betroffenen Parteien vor Anrufung der Kommission bedenken und vereinbaren, dass die Empfehlung der Kommission als Vergleich vor einem staatlichen Gericht protokolliert werden wird.

Langfristig könnte man an eine enge Kooperation der deutschen Kommission mit verschiedenen nationaler Institutionen (so mit den britischen, französischen

---

[1851] Giovannini, The Holocaust and Looted Art, AAL 2001, 279 weist darauf hin, dass das Ergebnis einer Mediation nicht durchsetzbar ist.

und amerikanischen Einrichtungen) oder gar an eine Einrichtung einer internationalen Stelle denken, wie sie bereits als spezialisiertes Schiedsgericht für Raubkunst (Specialised International Arbitral Tribunal)[1852] vorgeschlagen worden ist. Derzeit ist ein einheitliches internationales Schiedsgericht für Raubkunst aufgrund stark divergierender Interessen, Rechtsverständnisse und einer hieraus ersichtlich unterschiedlichen Handhabung in den verschiedenen Staaten aber nur sehr schwer vorstellbar.

Die Einrichtung der Kommission in der Bundesrepublik Deutschland möchte augenscheinlich die gegebenen Defizite in der derzeitigen Rechtslage durch die moralische Integrität der Kommission kompensieren. Das moralische Werturteil erfahrener und angesehener Persönlichkeiten sollte aber nicht nur dazu dienen, eine der Sache nach nicht nachvollziehbare gesetzgeberische Untätigkeit auszugleichen. Die beratende Kommission würde als Mediatorin schließlich auch dann nicht ihre Berechtigung verlieren, wenn die notwendigen rechtlichen Rahmenbedingungen geschaffen worden sind. Das deutliche Signal an die Parteien, dass ihr Anliegen aufgrund der moralischen Fragestellungen in einem besonderen Verfahren erörtert wird, schafft unabhängig von den damit verbundenen rechtlichen Rahmenbedingungen eine angemessene Grundlage für ganzheitliche befriedende Verhandlungen.

VI. Prinzipien zur Restitution von Kulturgütern[1853]

1. Kulturgüter, die aus Gebieten stammen, die während und unmittelbar nach dem Zweiten Weltkrieg von einem feindlichen Staat besetzt worden waren, werden demjenigen Staate zurückgegeben, dem sie weggenommen worden sind.
2. Dasselbe gilt für die Kulturgüter aus dem Eigentum von Privatpersonen der Völker und ethnischen Gruppen, die von den Nationalsozialisten und weiteren faschistischen und kommunistischen Regimes verfolgt worden sind. Dergestalt entzogene Gegenstände sind dem betroffenen Opfer oder seinem Rechtsnachfolger zurückzustellen.
3. Hat ein Kulturgut mehrere aufeinanderfolgende Ortswechsel erfahren, so ist es an den Ort zurückzuführen, an welchem es sich zu Beginn des Zweiten Weltkriegs – alternativ: zum Zeitpunkt seiner ersten Verlagerung im Zuge des Zweiten Weltkrieges oder während der Besatzungszeit – befand.
4. Das erste Prinzip findet auf alle Formen der Verlagerungen und des Entzugs von Kulturgütern Anwendung, sei es durch Raub, Plünderung oder Trans-

[1852] Siehe auch den Konferenzbericht von H. Hartung, International Law Forum, Vol. 5, 2003, 291; Pell in PPP p. 307 et seq., p. 316 et seq.

[1853] Im Anschluss und in Fortentwicklung der Ausführungen Protts in Spoils of War 227ff. Weitere (teilweise ähnliche) Ratschläge stammen vom Ekkart-Comittee aus den Niederlanden (Anlage 6).

aktionen auf rechtsgeschäftlicher Basis. Es ist aber sorgsam zu prüfen, ob das Kulturgut unter solchen Rahmenbedingungen weitergegeben wurde, die in überhaupt keinem Zusammenhang zu den Ereignissen während und nach dem Zweiten Weltkrieg standen (reiner Privatverkauf).

5. Die Wegnahme von Kulturgütern in besetzten Gebieten kann nie als Reparationsleistung angesehen werden.
6. Ist das nach dem Prinzip 1 weggenommene Kulturgut rechtswirksam an einen Dritten weiterveräußert worden, so muss derjenige Staat, dem die Verlagerung zur Last gelegt werden kann, durch eine geeignete Maßnahme (Rückkauf, Entschädigung oder ähnliche geeignete Mittel) Ausgleich schaffen.
7. Der Anspruch auf Rückgabe von Kulturgütern im Sinne des ersten und zweiten Prinzips unterliegt keiner Verjährung. Es ist sorgsam zu prüfen, ob eine mittlerweile eingetretene zivilrechtliche Ersitzung in einer Privatrechtsordnung vor dem Hintergrund der Schwere des völkerrechtlichen Verstoßes Bestand haben kann.
8. Die Restitution von Kulturgütern beinhaltet auch die Rückgabe dazu gehörender wissenschaftlicher Dokumentationen und dazu gehörender Bestandslisten.
9. Kulturgüter von herausragender Bedeutung, die im Zuge des Zweiten Weltkrieges zerstört worden sind, sind in eng eingegrenzten Ausnahmefällen im beidseitigen Einvernehmen der beteiligten Parteien durch ein äquivalentes Kulturgut oder der Vornahme einer geeigneten Kompensationshandlung zu ersetzen.

VII. Übergreifender Ansatz: Miteigentum nach § 1008 BGB

Die Auseinandersetzungen um die Restitution verfolgungsbedingt entzogener respektive kriegsbedingt verlagerter Kulturgüter fokussieren sich auf den Eigentumsbegriff und damit auf die angestrebten uneingeschränkten Nutzungsbefugnisse eines Eigentümers. Eine entgültige Zuweisung zugunsten des Anspruchsstellers mag dann angehen, wenn der gegenwärtige Besitzer sich im Hinblick auf das Schicksal des Kulturguts während des Entzugs und insbesondere danach unter keinen Umständen auf anzuerkennende Erwerbstatbestände berufen kann.

In der Lösungsfindung werden insbesondere die Raubkunstfälle schwierig, in welchen der gegenwärtige Besitzer keinerlei Vorstellungen zur Vorgeschichte hatte und im Vertrauen darauf hohe Vermögensdispositionen getroffen hat. Hier kann eine von einer eindeutigen Eigentumszuordnung gelöste Betrachtungsweise weiterhelfen. Voraussetzung hierfür aber ist, dass beide Parteien sich bewusst sind, dass Handlungen Dritter sie in diese für sie beide unverschuldete Lage gebracht haben, die sie jetzt zu diesem Schritt veranlassen: Sie erklären, dass es sich bei dem Exponat um Miteigentum nach § 1008 BGB handelt, über welches ohne die Zustimmung des anderen nicht verfügt werden darf. Durch diesem

Ansatz wird dem besonderen Wert von Kulturgütern für die Allgemeinheit und dem Bedürfnis nach allgemeiner Zugänglichkeit unter Anerkennung der Verantwortung auf beiden Seiten Rechnung getragen. Mit dem so *gemeinschaftlich* zugeordneten Bild kann dann durch Leihgaben der internationale Kulturaustausch gefördert oder gemeinsam am Kunstmarkt gehandelt oder gegen ein drittes Bild eingetauscht werden. In jedem Fall muss eine wirtschaftliche Aufteilung stattfinden, die sich von der eindeutigen, meist unbefriedigenden Gewinner-Verlierer Mentalität distanziert, wie sie den gegenwärten Anspruchsparadigmen trotz zweier unschuldiger Parteien zu eigen sind.

Es versteht sich von selbst, dass das Recht derzeit solche gemeinsamen Lösungen nicht vorsieht, gleichwohl aber die Privatautonomie im Bestreben um eine würdige Streitkultur und ein offener Eigentumsbegriff. Wiedergutmachung bedeutet im eigentlichen Sinne das nachhaltige Engagement für eine echte Versöhnung. Gerade die öffentlichen Museen, für welche die Restitution gutgläubig erworbener Raubkunst einen signifikanten wirtschaftlichen Verlust bedeuten würde, sollten versuchen, eine gemeinsame Lösung des Miteigentums mit dem Anspruchsteller anzustreben. Auch in der Beutekunstdebatte, die noch immer eine tiefe kulturelle und emotionale Schneise zwischen den beteiligten Staaten zieht, kann ein *Bewusstsein* helfen, das ein gemeinsames kulturelles Erbe der Menschheit, wie es in der Russischen Föderation verwahrt wird, nur dann zu einem solchen wird, wenn es fair zugeordnet und gemeinsam ausgestellt wird. So wäre die Beutekunst im Miteigentum beider Völker ein glaubwürdiges Zeichen der Versöhnung.

Verharrt man ohne Not in zu starren und kompromisslosen Zuordnungsdebatten, degradiert man die Kunst zum bloßen Investitions- und Prestigeobjekt. Man streitet, debattiert und spricht viel über die Befreiung dieser letzten Gefangenen aus Krieg und Verfolgung, die noch immer auf eine Lösung von den Fesseln ihrer Vergangenheit hoffen. Eine Loslösung aber kennt viele Formen; die Restitution ist nur eine davon.

C. Zusammenfassung und Ausblick

Mit möglichen Ansätzen zur Lösung in der Beute- und Raubkunstdebatte schließt eine Darstellung, die ihren Anfang in einer rechtstatsächlichen Betrachtung genommen hat. Im Laufe der Erörterungen ist immer deutlicher geworden, dass sich die Annahme, man könne Vorgänge, mit denen sich bereits die Zeitgeschichte als eigenständige Disziplin beschäftigt, unter Berücksichtigung des gegenwärtigen (internationalen) Rechts vollständig und angemessen bewältigen, als Wunschdenken erweist.

Zu Beginn der Ausarbeitung hatte der Verfasser noch das Ziel, durch eine Analyse des (insbesondere deutschen) Sachrechts unter grundlegender Berücksichtigung völker- wie auch kollisionsrechtlicher Fragestellungen arbeitsfähige Lösungsvorschläge anbieten zu können. Bereits die Normen deutschen Sachrechts gehen aber ganz ersichtlich nicht von solchen Ausnahmesituationen aus, die in der Beute- und Raubkunstdebatte den traurigen Regelfall bilden.

Sämtliche Versuche, durch spezifische, aber doch unverbindliche Empfehlungen wie etwa in den Washington Principles oder der Gemeinsamen Erklärung den Umgang mit dieser Materie zu erleichtern, sind solange zum Scheitern verurteilt, als sie noch immer von hohen moralischen Haltungen aller Beteiligten ohne Rücksichtsnahme auf den materiellen Wert des Verhandlungsgegenstands ausgehen müssen. Jedes Schicksal eines Kulturguts gestaltet sich zudem so einmalig, dass selbst eine große Bibliothek nicht ausreichen würde, die kriegsbedingten Verlagerungen und verfolgungsbedingten Entzüge im Einzelnen adäquat und vor allem abschließend (!) zu dokumentieren. Doch wenn schon die Geschichtswissenschaft sich mit Lücken zufrieden geben muss, hat sich auch die Jurisprudenz mit solchen abzufinden. Dennoch sind nun, gewappnet mit der Warnung der Unvollständigkeit, folgende Feststellungen zu treffen:[1854]

I. Beutekunst – Raubkunst

Die „letzten Kriegsgefangenen" wurden im kriegs- wie auch im verfolgungsbedingten Zusammenhang verschleppt. Die Hintergründe dieses Entzugs sind genau zu untersuchen und zu unterscheiden, gelten doch Sonderregelungen der Rückerstattung und Wiedergutmachung grundsätzlich für die in öffentlichen Institutionen aufgefundenen verfolgungsbedingt entzogenen Kulturgüter. Da sich in der Bundesrepublik Deutschland jede öffentliche Institution der freiwilligen Selbstverpflichtung durch die Gemeinsame Erklärung aus dem Jahre 1999 unterworfen hat, ist die Frage der Rückgabe vorrangig nach der Maßstabe des Bundesrückerstattungsgesetzes zu prüfen. Allerorten ist hier eine große Unsicherheit im Umgang mit diesen Regeln und bisweilen eine mangelnde Bereitschaft zu einer den moralischen Anforderungen entsprechenden raschen und fairen Lösung festzustellen. Allerdings bestehen daneben Ansprüche nach Maßgabe des allgemeinen Zivilrechts, da die Regeln des Bundesrückerstattungsgesetzes formell außerhalb einer freiwilligen Unterwerfung nicht mehr gültig sind.

II. Qualifikation des Kunstraubs

Je nach den Umständen des Einzelfalls fällt die völkerrechtliche Beurteilung des Kunstraubs in den besetzten Gebieten aus.

Nach Artikel 6 lit b der Statuten des IMT handelt es sich bei der Plünderung fremden Eigentums in kriegerisch besetzten Gebieten um ein Kriegsverbrechen; in

[1854] Soweit nicht weiter vermerkt, wird bei Darstellung der Institute von der Anwendung deutschen Sachrechts ausgegangen.

(fast) jedem Fall handelt es sich um einen Verstoß gegen Artikel 56 der Haager Landkriegsordnung. Nach der Doktrin des zwingenden Rechts (ius cogens) ist in typisch gelagerten Fällen der verfolgungsbedingten Entzüge von Kulturgütern ein entsprechender Verstoß anzunehmen. Im Fall kriegsbedingt verlagerter Kulturgüter mag eine solche Zuordnung jedoch nicht immer zweifelsfrei gelingen, womit es mit einem Verstoß gegen völkerrechtliches Gewohnheitsrecht und/oder der Haager Landkriegsordnung sein Bewenden hat.

III. Rechtliche Rahmenbedingungen

Das Privatrecht der Bundesrepublik Deutschland ist nicht für die Bewertung von Ausnahmesituationen in Krieg und Verfolgung konzipiert. Dementsprechend machen seine Befriedungsnormen der Verjährung des dinglichen Herausgabeanspruchs und der Ersitzung einer beweglichen Sache, die beide beim Zeitablauf ansetzen, wenig Sinn, wenn demgegenüber die Rechtsrealität des Anspruchssystems im Völkerrecht eine unbegrenzte Ahndung und Verfolgung von Kriegsverbrechen und Verbrechen gegen die Menschlichkeit einschließlich der hierfür notwendigen Formen der Wiedergutmachung (wie hier die Restitutio in integrum) möglich macht.

Kollisions- und Völkerrecht trennen sich daher insoweit, als sie diese Frage mit zwei verschiedenen Ansätzen bearbeiten: Während das durch das Kollisionsrecht zur Anwendung berufene nationale materielle Privatrecht Befriedungsnormen („Schönwetterrecht“) einsetzt, spielen in bilateralen Verhandlungen Fragen des Zeitablaufs und des guten Glaubens nicht die entscheidende Rolle. Letztendlich entscheidet sich ein Fall danach, welches Anspruchssystem zur Anwendung kommt. Wird der Anspruch im Haftungsregime des Zivilrechts geltend gemacht, hat ein Anspruchssteller keine Aussichten auf Erfolg, wenn nicht die Schwere des völkerrechtlichen Verstoßes Einfluss auf zeitlich spätere Erwerbsvorgänge nehmen kann.

Doch auch ein völkerrechtlich begründeter Anspruch auf Wiedergutmachung eines international wrongful act ist an sich nichts wert, wenn er prozessual nicht durchgesetzt werden kann. In der deutsch-russischen Beutekunstdebatte kann die Bundesrepublik Deutschland die russische Föderation nicht vor dem Internationalen Gerichtshof verklagen, weil die russische Föderation sich nicht seiner Gerichtsbarkeit unterworfen hat.

IV. Das Völkerrecht als Teil des Kollisionsrechts

Grundlegend ist festzuhalten, dass das völkerrechtliche Haftungsregime an der Stelle endet, an welchen der Besitz eines Raubguts einem Staate nicht (mehr) zugerechnet werden kann. Zu denken ist hier an eine Verbringung des Kulturguts aus dem öffentlichen Besitz in den Privatbesitz oder auch an eine ursprünglich reine „Privatplünderung“, von dessen Existenz der Belegenheitsstaat keine Kenntnis hat und auch nicht haben musste.

Aufgrund der schweren völkerrechtlichen Ächtung des Kunstraubs in besetzten Gebieten stellt sich die Frage nach einer Fortwirkung völkerrechtlicher Wertungen im Kollisionsrecht nicht nur bei einem Wechsel des Haftungsregimes, sondern auch im Hinblick auf den Systemvergleich zwischen Völker- und Kollisionsrecht in den jeweiligen Erwerbstatbeständen.

V. Ersitzung und Verjährung, gutgläubiger Erwerb

In besetzten Gebieten oder im Inland geraubte Kulturgüter können nach deutschem Privatrecht nicht gutgläubig erworben werden. Offen bleibt jedoch die Möglichkeit des Erwerbs im Rahmen einer öffentlichen Versteigerung und im originären Wege durch Ersitzung. Nach rein zivilrechtlicher Betrachtungsweise (bei Ausklammerung völkerrechtlicher Vorgänge) kommt es dann zu einer Ersitzung des Kulturguts nach § 937 I BGB oder bereits zuvor zu einem gutgläubigen Erwerb während einer öffentlichen Versteigerung. Zudem ist der Anspruch auf Herausgabe in den meisten Fällen längst verjährt, wenn nicht Sonderregeln greifen.

Im Völkerrecht stellt sich der Rechtserwerb durch Zeitablauf weitaus „restitutionsfreundlicher“ dar. Solange nicht die definitive Zustimmung des betroffenen Staates zur Sachzuordnung eines Kulturgutes an den wegnehmenden Staat nachgewiesen wird, gelingt weder die Ersitzung noch die Erhebung der Einrede der erwerbenden Verjährung (aquisitive prescription). Da die Kulturgüter nach ihrer Verschleppung ohnehin bei einer Institution im Verborgenen bleiben, sind Fragen eines gutgläubigen Erwerbs nicht zu erörtern.

Rechtspolitisch ist die Bundesrepublik Deutschland gut beraten, über einen effektiven Schutz seines Erbes im bürgerlichen Recht nachzudenken, wie es als res extra commercium in den Nachbarstaaten Frankreich und Italien mit Erfolg praktiziert wird – und das gerade nicht nur im Hinblick auf Beute- und Raubkunst. Die Unverjährbarkeit des Vindikationsanspruchs zugunsten von Kulturgütern wäre ein erster richtiger Schritt in diese Richtung.

Hat dennoch ein gutgläubiger Erwerb von Beute- und Raubkunst stattgefunden, ist es de lege ferenda auch für Deutschland empfehlenswert, nach dem Vorbild des schweizerischen Lösungsrechts nach Art. 934 ZGB zu verfahren. Hiernach besteht für den Anspruchssteller die Möglichkeit, das Kulturgut vom gutgläubigen Erwerber gegen Gewährung einer angemessenen Entschädigung (zumeist den Kaufpreis des Bildes) zu fordern.

VI. Korrekturmöglichkeiten bei untragbaren Ergebnissen nach der Anwendung ausländischen respektive eigenen Rechts

Das klassische Anwendungsfeld der Vorbehaltsklausel (ordre public) ist die Anerkennung völkerrechtswidriger, fremdstaatlicher Enteignungen als Eigentumsübergang an den plündernden Staat, die in der Regel nicht ausgesprochen werden wird.

Auf dieser Grundlage wurde erörtert, ob der Anwendungsbereich der ordre public nicht auch auf weitere materiellrechtliche Institute des Privatrechts unter Berücksichtigung völkerrechtlicher Sätze ausgedehnt werden kann. So kann die Vorbehaltsklausel in den Fällen greifen, in welcher in Befolgung gemeinsamer Standards aus dem Völkerrecht (Ächtung des Völkermords, Wahrung des kulturellen Bestands des Opfers zur Bekämpfung eines cultural genocide) der Eintritt eines Eigentümerwechsels auf zivilrechtlicher Grundlage als untragbar empfunden werden muss. Zumindest im Bereich offensichtlicher Verstöße gegen zwingendes Völkerrecht (ius cogens) sowie der Qualifikation des Kunstraubs als Menschenrechtsverletzung ist dies zu bejahen. Dies gilt etwa bei „typischen" Fällen der Raubkunst, in welchen ein zumindest äußerer Zusammenhang zwischen dem Entzug von Kulturgütern und der Ermordung seines Eigentümers erkennbar ist.

Natürlich ist in diesem Fall aber auch das Verhalten des Anspruchsstellers zu berücksichtigen. Ist dieser bereits entschädigt worden oder hat er sich trotz Möglichkeit hierzu eines Zugriffs auf sein Eigentum für eine längere Zeit enthalten, war er nicht rechtsschutzlos gestellt. Dann ist es auch nicht mehr notwendig, die Vorbehaltsklausel zu seinen Gunsten wirken zu lassen. Der Einzelfall kann auch bei der Beutekunst ein Beurteilung sachenrechtlicher Erwerbsvorgänge durch Heranziehung der Vorbehaltsklausel rechtfertigen. Wegen der häufig ausschließlich völkerrechtlich geprägten Anspruchskonstellation in Verhandlungen um die Rückführung kriegsbedingt verlagerter Kulturgüter stellt sich hierfür aber weitaus seltener ein entsprechendes praktisches Bedürfnis.

Nach Anwendung der Vorbehaltsklausel in den Artikeln 30 EGBGB (a.F.) und Artikel 6 EGBGB bleibt es dann bei dem Ergebnis, dass vor Eintritt eines zivilrechtlichen Erwerbstatbestandes bestanden hat. Der Besitzer eines Kulturguts hat dieses zu diesem Zeitpunkt (noch) nicht rechtswirksam zu Eigentum erworben, weswegen dann nach deutschem Recht kein Eigentumsverlust eingetreten ist. Es besteht hierdurch nach wie vor der Anspruch des Eigentümers gegen des Besitzer auf Herausgabe des Gegenstands nach § 985 I BGB.

Die in den letzten Jahren eingeführten Internetdatenbanken vermögen nur dann einen materiellrechtlichen Einfluss auf die Erwerbstatbestände zu nehmen, wenn das Kulturgut weiterhin den Status als „abhanden gekommen" innehat. Geht man also zu Gunsten des Anspruchsstellers davon aus, dass durch die Vorbehaltsklausel zivilrechtliche Erwerbsvorgänge faktisch außer Kraft gesetzt werden, ist der Anspruchssteller im Gegenzug auch gehalten, alles Erforderliche zur Wiedererlangung seines Eigentums zu veranlassen. Hierzu gehört der Nachweis einer sorgfältigen Recherche in mindestens einer Verlustdatenbank.

VII. Resümee

Zunächst darf an dieser Stelle festgehalten werden, dass auch das gegenwärtige Recht wesentlich weiter reicht, als weithin angenommen wird.

Solange aber Raubgüter aus Krieg und Verfolgung im Fremdbesitz in öffentlichen und privaten Händen gehalten werden, gilt es den besten Weg für alle Beteiligten aus dieser Misere zu suchen. Die Überzeugung einer *moralischen Verpflichtung* zur Rückgabe bildet hier einen wichtigen Ausgangspunkt. Dennoch muss es dabei bleiben, dass die Fragen um die Rückgabe nicht willkürlich entschieden werden dürfen; es sind und bleiben Rechtsfragen. Moralische Gründe für eine Rückgabe sollten erst dann an die Stelle des Rechts treten, wenn dieses das Problem mit eigenen Mitteln nicht mehr bewältigen kann. Davor ist die Moral wie immer der beste Begleiter des Rechts.

Das Bewusstsein einer moralischen Verantwortung ist bei den gegenwärtigen Besitzern von Raubkunst erfreulicherweise schon recht weit verbreitet. Leider wird das im Bereich der Beutekunst unter dem Vorwand nationaler Befindlichkeiten im ehemaligen „Ostblock" noch recht gerne verdrängt. Sechs Jahrzehnte sind mittlerweile vergangen, ohne dass die geschilderten Probleme zufriedenstellend gelöst worden wären. Es ist höchste Zeit, den stillen und doch ausdrucksstarken Zeugen einer schweren Vergangenheit Frieden zu geben und sie dorthin zu bringen, wo sie hingehören.

Hierfür ist noch immer viel zu tun. Nach wie vor fehlen international verbindliche rechtliche Rahmenbedingungen für die Restitution verfolgungsbedingt entzogener Kulturgüter; zur Zeit existieren allenthalben nur gutgemeinte Empfehlungen. Sodann sollten alternative Schleitschlichtungsmechanismen wie etwa die Schiedsgerichtsbarkeit oder die Mediation durch die UNESCO das qualifizierte Forum für die Debatte um die Rückgabepflicht sein.

Im Bereich der Beutekunst hängt derzeit noch viel vom politischen Willen und der Moral des inanspruchgenommenen Staates ab. Bislang scheinen einige Staaten noch immer an die Berechtigung einer aus der Antike bekannten praeda bellica zu glauben. Dass der Zweite Weltkrieg in jeglicher Hinsicht kein gerechter Krieg war, steht außer Frage. Solange aber ein Staat wie die Russische Föderation sich nicht dem Völkerrecht sowie seinem Gerichtsplatz des Internationalen Gerichtshofs unterwirft, kann die Bundesrepublik Deutschland nur auf die Einsicht der Russischen Föderation hoffen, eine echte Versöhnung beider Staaten in Übereinstimmung mit den Vorgaben des Völkerrechts durch eine Rückgabe der verschleppten Kulturgüter unter Befolgung der völkerrechtlichen Rechtslage zu vollziehen.

Unbeschadet der Hintergründe des Kulturgutraubs in Krieg oder Verfolgung lohnt es sich, im Geiste internationaler Solidarität und Kooperation nach für alle Beteiligten angemessenen Lösungen zu suchen. Möglich ist dies zunächst in fairen Verhandlungen am Einzelfall im klaren Bewusstsein, dass eine gerechte Entscheidung nur dann zu erzielen ist, wenn neben den rechtlichen Schwierigkeiten die meist einander bedingenden moralischen wie historischen Befindlichkeiten eingestellt werden. Ein starres Festhalten an den derzeit existenten einzelstaatlichen zivilrechtlichen Normen ist deshalb schon nicht befriedigend, weil diese der aufgeworfenen außergewöhnlichen Situation häufig nicht gerecht werden können. Zur Zeit besteht daher im begründeten Einzelfall die Möglichkeit zu einer Ergebniskorrektur durch die einzelstaatlichen Vorbehalts- und Generalklauseln.

Was bleibt, ist die Hoffnung und der Wunsch um das notwendige Maß an Verantwortungsbewusstsein, Fairness und Menschlichkeit bei allen Betroffenen. So mögen im Rahmen der anstehenden schwierigen Verhandlungen um die Restitution von Beute- und Raubkunst die letzten Zeugen von Krieg und Verfolgung die Behandlung erfahren, welche der würdigen Erinnerung an das Schicksal ihrer Eigentümer und der vollständigen Versöhnung der Völker gerecht werden kann. Im guten Glauben darf eine gerechte Sühne keinen Zeitablauf kennen.

Anlagen

I. Resolution 1205 of the Council of Europe

On 5th November 1999, the Parliamentary Assembly of the Council of Europe, representing forty-one nations, unanimously passed Resolution 1205, calling for the restitution of looted Jewish cultural property in Europe:

*Resolution 1205 (1999) **
Looted Jewish cultural property
(Extract from the Official Gazette of the Council of Europe – November 1999)

1. One essential part of the Nazi plan to eradicate the Jews was the destruction of the Jewish cultural heritage of movable and immovable property, created, collected or owned by Jews in Europe.
2. This involved the systematic identification, seizure and dispersal of the most significant private and communal Jewish property.
3. Subsequent expropriation and nationalisation of Jewish cultural property, whether looted or not, by communist regimes was illegal, as was similar action in countries occupied by the Soviet Union.
4. Though early moves were made following the end of the second world war to find and return this looted property, a very considerable amount has not been recovered and has remained in private and public hands.
5. A new attempt is now being made, characterised inter alia by major conferences held in London and in Washington, to complete this process and advance the recovery of looted Jewish cultural property before the last of those persons from which it was taken has died.
6. The Assembly has long recognised the Jewish contribution to European culture (Resolution 885 (1987)) and recently underlined the significance of Yiddish culture (Recommendation 1291 (1996)). From local community to national and European levels, Jewish culture is a part of the heritage.
7. Moreover, Europe, as represented in the Council of Europe, now includes the wider Europe, including Russia, throughout which looted Jewish cultural property remains dispersed.

---

* Text adopted by the Standing Committee, acting on behalf of the Assembly, on 4 November 1999. See Doc. 8563, report of the Committee on Culture and Education, rapporteur: Mr Zingeris.

8. The Assembly believes that restitution of such looted cultural property to its original owners or their heirs (individuals, institutions or communities) or countries is a significant way of enabling the reconstitution of the place of Jewish culture in Europe itself.

9. A number of European countries have already made moves in this direction, notably Austria and France.

10. The Assembly invites the parliaments of all member states to give immediate consideration to ways in which they may be able to facilitate the return of looted Jewish cultural property.

11. Attention should be paid to the removal of all impediments to identification such as laws, regulations or policies which prevent access to relevant information in government or public archives, and to records of sales and purchases, customs and other import and export records. Russia in particular should keep open its files on Jewish heritage.

12. Bodies in receipt of government funds which find themselves holding looted Jewish cultural property should return it. Where such works have been destroyed, damaged or are untraceable, or in other cases where restitution may not be possible, such bodies should be assisted to pay compensation at the full market value.

13. It may be necessary to facilitate restitution by providing for legislative change with particular regard being paid to:
    a) extending or removing statutory limitation periods;
    b) removing restrictions on alienability;
    c) providing immunity from actions for breach of duty on the part of those responsible for collections;
    d) waiving export controls.

14. Such legislative change may require modification and clarification of human rights laws in relation to security and enjoyment of property.

15. Consideration should also be given to:
    a) providing guarantees for those returning looted Jewish cultural property against subsequent claims;
    b) relaxing or reversing anti-seizure statutes which currently protect from court action works of art on loan;
    c) annulling later acquired titles, that is, subsequent to the divestment.

16. The Assembly encourages co-operation in this question of non-governmental organisations, and in particular the European Jewish communities, at both national and European levels. Such encouragement extends to the exploration and evolution of out of court forms of dispute resolution such as mediation and expert determination.

17. Due diligence should be imposed on purchasers and the art world by the implementation of the Unidroit convention on stolen or illegally exported cultural objects.

18. In circumstances where dealers, agents or intermediaries know or suspect a work they have in their possession to be looted, provision should be made in law requiring them to hold on to it and alert the relevant authorities, and every effort should be made to locate and alert the dispossessed owner or his or her heirs.

19. The Assembly calls for the organisation of a European conference, further to that held in Washington on the Holocaust era assets, with special reference to the return of cultural property and the relevant legislative reform.

II. Vilnius Forum Declaration

The Vilnius Forum

Recognizing the massive and unprecedented looting and confiscations of art and other cultural property owned by Jewish individuals, communities and others, and the need to reach just and fair solutions to the return of such art and cultural property,

Referring to Resolution 1205 of the Parliamentary Assembly of the Council of Europe and the Washington Conference Principles on Nazi-Confiscated Art,

Noting in particular their emphasis on reaching just and fair solutions to issues involving restitution of cultural assets looted during the Holocaust era and the fact that such solutions may vary according to the differing legal systems among countries and the circumstances surrounding a specific case,

Makes the following declaration:

1. The Vilnius Forum asks all governments to undertake every reasonable effort to achieve the restitution of cultural assets looted during the Holocaust era to the original owners or their heirs. To this end, it encourages all participating States to take all reasonable measures to implement the Washington Conference Principles on Nazi-Confiscated Art as well as Resolution 1205 of the Parliamentary Assembly of the Council of Europe.

2. In order to achieve this, the Vilnius Forum asks governments, museums, the art trade and other relevant agencies to provide all information necessary to such restitution. This will include the identification of looted assets; the identification and provision of access to archives, public and commercial; and the provision of all data on claims from the Holocaust era until today. Governments and other bodies as mentioned above are asked to make such information available on publicly accessible websites and further to co-operate in establishing hyperlinks to a centralized website in association with the Council of Europe. The Forum further encourages governments, museums, the art trade and other relevant agencies to co-operate and share information to ensure that archives remain open and accessible and operate in as transparent a manner as possible.

3. In order further to facilitate the just and fair resolution of the above mentioned issues, the Vilnius Forum asks each government to maintain or establish a central reference and point of inquiry to provide information and help on any query regarding looted cultural assets, archives and claims in each country.

4. Recognizing the Nazi effort to exterminate the Jewish people, including the effort to eradicate the Jewish cultural heritage, the Vilnius Forum recognizes

the urgent need to work on ways to achieve a just and fair solution to the issue of Nazi-looted art and cultural property where owners, or heirs of former Jewish owners, individuals or legal persons, cannot be identified; recognizes that there is no universal model for this issue; and recognizes the previous Jewish ownership of such cultural assets,

5. The Vilnius Forum proposes to governments that periodical international expert meetings are held to exchange views and experiences on the implementation of the Washington Principles, the Resolution 1205 of the Parliamentary Assembly of the Council of Europe and the Vilnius Declaration. These meetings should also serve to address outstanding issues and problems and develop, for governments to consider, possible remedies within the framework of existing national and international structures and instruments.

6. The Vilnius Forum welcomes the progress being made by countries to take the measures necessary, within the context of their own laws, to assist in the identification and restitution of cultural assets looted during the Holocaust era and the resolution of outstanding issues.

(Vilnius, im November 2000)

III. American Association of Museums Guidelines concerning the unlawful appropriation of objects during the Nazi Era

Issued by AAM, November 1999 and amended April 2001

Introduction

From the time it came into power in 1933 through the end of World War II in 1945, the Nazi regime orchestrated a system of theft, confiscation, coercive transfer, looting, pillage, and destruction of objects of art and other cultural property in Europe on a massive and unprecedented scale. Millions of such objects were unlawfully and often forcibly taken from their rightful owners, who included private citizens, victims of the Holocaust; public and private museums and galleries; and religious, educational, and other institutions.

In recent years, public awareness of the extent and significance of Nazi looting of cultural property has grown significantly. The American museum community, the American Association of Museums (AAM), and the U.S. National Committee of the International Council of Museums (AAM/ICOM) are committed to continually identifying and implementing the highest standard of legal and ethical practices. AAM recognizes that the atrocities of the Nazi era demand that it specifically address this topic in an effort to guide American museums as they strive to achieve excellence in ethical museum practice.

The AAM Board of Directors and the AAM/ICOM Board formed a joint working group in January 1999 to study issues of cultural property and to make recommendations to the boards for action. The report that resulted from the initial meeting of the Joint Working Group on Cultural Property included the recommendation that AAM and AAM/ICOM offer guidance to assist museums in addressing the problems of objects that were unlawfully appropriated during the Nazi era without subsequent restitution (i.e., return of the object or payment of compensation to the object's original owner or legal successor).

The efforts of the Working Group were greatly informed by the important work on the topic that had gone before. In particular, three documents served as a starting point for the AAM guidelines, and portions of them have been incorporated into this document. These include: *Report of the AAMD Task Force on the Spoliation of Art during the Nazi/World War II Era (1933–1945); ICOM Recommendations Concerning the Return of Works of Art Belonging to Jewish Owners;* and *Washington Conference Principles on Nazi-Appropriated Art* released in connection with the Washington Conference on Holocaust-Era Assets co-hosted by the U.S. Department of State and the United States Holocaust Memorial Museum.

The Presidential Advisory Commission on Holocaust Assets in the United States (PCHA) was created in June 1998 to study and report to the president on issues relating to Holocaust victims' assets in the United States. AAM and the Association of Art Museum Directors (AAMD) worked with the PCHA to establish a standard for disclosure of collections information to aid in the identification and discovery of unlawfully appropriated objects that may be in the custody of museums. In January 2001, the PCHA issued its final report, which incorporated the agreed standard for disclosure and recommended the creation of a searchable central registry of the information museums disclose in accordance with the new standard. AAM and AAMD agreed to support this recommendation, and these guidelines have been amended to reflect the agreed standard for disclosure of information.

Finally, AAM and AAM/ICOM acknowledge the tremendous efforts that were made by the Allied forces and governments following World War II to return objects to their countries of origin and to original owners. Much of the cultural property that was unlawfully appropriated was recovered and returned, or owners received compensation. AAM and AAM/ICOM take pride in the fact that members of the American museum community are widely recognized to have been instrumental in the success of the post-war restitution effort. Today, the responsibility of the museum community is to strive to identify any material for which restitution was never made.

General Principles

AAM, AAM/ICOM, and the American museum community are committed to continually identifying and achieving the highest standard of legal and ethical collections stewardship practices. The *AAM Code of Ethics for Museums* states that the "stewardship of collections entails the highest public trust and carries with it the presumption of rightful ownership, permanence, care, documentation, accessibility, and responsible disposal."

When faced with the possibility that an object in a museum's custody might have been unlawfully appropriated as part of the abhorrent practices of the Nazi regime, the museum's responsibility to practice ethical stewardship is paramount. Museums should develop and implement policies and practices that address this issue in accordance with these guidelines.

These guidelines are intended to assist museums in addressing issues relating to objects that may have been unlawfully appropriated during the Nazi era (1933–1945) as a result of actions in furtherance of the Holocaust or that were taken by the Nazis or their collaborators. For the purposes of these guidelines, objects that were acquired through theft, confiscation, coercive transfer, or other methods of wrongful expropriation may be considered to have been unlawfully appropriated, depending on the specific circumstances.

In order to aid in the identification and discovery of unlawfully appropriated objects that may be in the custody of museums, the PCHA, AAMD, and AAM have agreed that museums should strive to: (1) identify all objects in their collections that were created before 1946 and acquired by the museum after 1932, that underwent a change of ownership between 1932 and 1946, and that were or might reasonably be thought to have been in continental Europe between those dates (hereafter, "covered objects"); (2) make currently available object and provenance (history of ownership) information on those objects accessible; and (3) give priority to continuing provenance research as resources allow. AAM, AAMD, and PCHA also agreed that the initial focus of research should be European paintings and Judaica.

Because of the Internet's global accessibility, museums are encouraged to expand online access to collection information that could aid in the discovery of objects unlawfully appropriated during the Nazi era without subsequent restitution.

AAM and AAM/ICOM acknowledge that during World War II and the years following the end of the war, much of the information needed to establish provenance and prove ownership was dispersed or lost. In determining whether an object may have been unlawfully appropriated without restitution, reasonable consideration should be given to gaps or ambiguities in provenance in light of the passage of time and the circumstances of the Holocaust era. AAM and AAM/ICOM support efforts to make archives and other resources more accessible and to establish databases that help track and organize information.

AAM urges museums to handle questions of provenance on a case-by-case basis in light of the complexity of this problem. Museums should work to produce information that will help to clarify the status of objects with an uncertain Nazi-era provenance. Where competing interests may arise, museums should strive to foster a climate of cooperation, reconciliation, and commonality of purpose.

AAM affirms that museums act in the public interest when acquiring, exhibiting, and studying objects. These guidelines are intended to facilitate the desire and ability of museums to act ethically and lawfully as stewards of the objects in their care, and should not be interpreted to place an undue burden on the ability of museums to achieve their missions.

Guidelines

1. Acquisitions

It is the position of AAM that museums should take all reasonable steps to resolve the Nazi-era provenance status of objects before acquiring them for their collections – whether by purchase, gift, bequest, or exchange.

a) Standard research on objects being considered for acquisition should include a request that the sellers, donors, or estate executors offering an object provide as much provenance information as they have available, with particular regard to the Nazi era.

b) Where the Nazi-era provenance is incomplete or uncertain for a proposed acquisition, the museum should consider what additional research would be prudent or necessary to resolve the Nazi-era provenance status of the object before acquiring it. Such research may involve consulting appropriate sources of information, including available records and outside databases that track information concerning unlawfully appropriated objects.

c) In the absence of evidence of unlawful appropriation without subsequent restitution, the museum may proceed with the acquisition. Currently available object and provenance information about any covered object should be made public as soon as practicable after the acquisition.

d) If credible evidence of unlawful appropriation without subsequent restitution is discovered, the museum should notify the donor, seller, or estate executor of the nature of the evidence and should not proceed with acquisition of the object until taking further action to resolve these issues. Depending on the circumstances of the particular case, prudent or necessary actions may include consulting with qualified legal counsel and notifying other interested parties of the museum's findings.

e) AAM acknowledges that under certain circumstances acquisition of objects with uncertain provenance may reveal further information about the object and may facilitate the possible resolution of its status. In such circumstances, the museum may choose to proceed with the acquisition after determining that it would be lawful, appropriate, and prudent and provided that currently available object and provenance information is made public as soon as practicable after the acquisition.

f) Museums should document their research into the Nazi-era provenance of acquisitions.

g) Consistent with current practice in the museum field, museums should publish, display, or otherwise make accessible recent gifts, bequests, and purchases, thereby making all acquisitions available for further research, examination, and public review and accountability.

2. Loans

It is the position of AAM that in their role as temporary custodians of objects on loan, museums should be aware of their ethical responsibility to consider the status of material they borrow as well as the possibility of claims being brought against a loaned object in their custody.

a) Standard research on objects being considered for incoming loan should include a request that lenders provide as much provenance information as they have available, with particular regard to the Nazi era.

b) Where the Nazi-era provenance is incomplete or uncertain for a proposed loan, the museum should consider what additional research would be prudent or necessary to resolve the Nazi-era provenance status of the object before borrowing it.

c) In the absence of evidence of unlawful appropriation without subsequent restitution, the museum may proceed with the loan.

d) If credible evidence of unlawful appropriation without subsequent restitution is discovered, the museum should notify the lender of the nature of the evidence and should not proceed with the loan until taking further action to clarify these issues. Depending on the circumstances of the particular case, prudent or necessary actions may include consulting with qualified legal counsel and notifying other interested parties of the museum's findings.

e) AAM acknowledges that in certain circumstances public exhibition of objects with uncertain provenance may reveal further information about the object and may facilitate the resolution of its status. In such circumstances, the museum may choose to proceed with the loan after determining that it would be lawful and prudent and provided that the available provenance about the object is made public.

f) Museums should document their research into the Nazi-era provenance of loans.

3. Existing Collections

It is the position of AAM that museums should make serious efforts to allocate time and funding to conduct research on covered objects in their collections whose provenance is incomplete or uncertain. Recognizing that resources available for the often lengthy and arduous process of provenance research are limited, museums should establish priorities, taking into consideration available resources and the nature of their collections.

Research

a) Museums should identify covered objects in their collections and make public currently available object and provenance information.

b) Museums should review the covered objects in their collections to identify those whose characteristics or provenance suggest that research be conducted to determine whether they may have been unlawfully appropriated during the Nazi era without subsequent restitution.

c) In undertaking provenance research, museums should search their own records thoroughly and, when necessary, contact established archives, databases, art dealers, auction houses, donors, scholars, and researchers who may be able to provide Nazi-era provenance information.

d) Museums should incorporate Nazi-era provenance research into their standard research on collections.

e) When seeking funds for applicable exhibition or public programs research, museums are encouraged to incorporate Nazi-era provenance research into their proposals. Depending on their particular circumstances, museums are also encouraged to pursue special funding to undertake Nazi-era provenance research.

f) Museums should document their research into the Nazi-era provenance of objects in their collections.

Discovery of Evidence of Unlawfully Appropriated Objects

g) If credible evidence of unlawful appropriation without subsequent restitution is discovered through research, the museum should take prudent and necessary steps to resolve the status of the object, in consultation with qualified legal counsel. Such steps should include making such information public and, if possible, notifying potential claimants.

h) In the event that conclusive evidence of unlawful appropriation without subsequent restitution is found but no valid claim of ownership is made, the museum should take prudent and necessary steps to address the situation, in consultation with qualified legal counsel. These steps may include retaining the object in the collection or otherwise disposing of it.

i) AAM acknowledges that retaining an unclaimed object that may have been unlawfully appropriated without subsequent restitution allows a museum to continue to care for, research, and exhibit the object for the benefit of the widest possible audience and provides the opportunity to inform the public about the object's history. If the museum retains such an object in its collection, it should acknowledge the object's history on labels and publications.

4. Claims of Ownership

It is the position of AAM that museums should address claims of ownership asserted in connection with objects in their custody openly, seriously, responsively, and with respect for the dignity of all parties involved. Each claim should be considered on its own merits.

a) Museums should review promptly and thoroughly a claim that an object in its collection was unlawfully appropriated during the Nazi era without subsequent restitution.

b) In addition to conducting their own research, museums should request evidence of ownership from the claimant in order to assist in determining the provenance of the object.

c) If a museum determines that an object in its collection was unlawfully appropriated during the Nazi era without subsequent restitution, the museum should seek to *resolve the matter with the claimant in an equitable, appropriate, and mutually agreeable manner.*

d) If a museum receives a claim that a borrowed object in its custody was unlawfully appropriated without subsequent restitution, it should promptly notify the lender and should comply with its legal obligations as temporary custodian of the object in consultation with qualified legal counsel.

e) When appropriate and reasonably practical, museums should seek methods other than litigation (such as mediation) to resolve claims that an object was unlawfully appropriated during the Nazi era without subsequent restitution.

f) AAM acknowledges that in order to achieve an equitable and appropriate resolution of claims, museums may elect to waive certain available defenses.

IV. Décret no 99-778 du 10 septembre 1999

instituant une commission pour l'indemnisation des victimes de spoliations intervenues du fait des législations antisémites en vigueur pendant l'Occupation

NOR: PRMX9903660D

Le Premier ministre,
Vu l'ordonnance du 9 août 1944 relative au rétablissement de la légalité républicaine sur le territoire continental,
Décrète: :

Art. 1er. – Il est institué auprès du Premier ministre une commission chargée d'examiner les demandes individuelles présentées par les victimes ou par leurs ayants droit pour la réparation des préjudices consécutifs aux spoliations de biens intervenues du fait des législations antisémites prises, pendant l'Occupation, tant par l'occupant que par les autorités de Vichy. La commission est chargée de rechercher et de proposer les mesures de réparation, de restitution ou d'indemnisation appropriées.

Art. 2. – La commission s'efforce de parvenir à une conciliation entre les personnes intéressées.
En cas d'échec de la conciliation, elle peut émettre toutes recommandations qui lui paraîtraient utiles.

Art. 3. – La commission est composée de:
10 Deux magistrats du siège hors hiérarchie de la Cour de cassation, en activité ou honoraires;
20 Deux conseillers d'Etat, en activité ou honoraires;
30 Deux conseillers maîtres à la Cour des comptes, en activité ou honoraires;
40 Deux professeurs d'université;
50 Une personnalité qualifiée.
Le président de la commission est choisi parmi les membres mentionnés au 10.
Le président et les membres de la commission sont désignés par décret du Premier ministre pour une durée de trois ans.
En outre, un rapporteur général et des rapporteurs sont nommés auprès de la commission par arrêté du ministre de la justice parmi les magistrats de l'ordre judiciaire et les membres des juridictions administratives.

Art. 4. – Les victimes ou leurs ayants droit saisissent la commission par une demande écrite accompagnée de tous les documents utiles.
Chaque demande est instruite par un rapporteur, qui peut convoquer toute personne dont l'audition lui paraît utile et solliciter de tout tiers qualifié un avis ou une consultation. Le rapporteur peut notamment faire appel aux services de l'établissement public régi par le décret no 70-982 du 27 octobre 1970.

Art. 5. – A l'issue de l'instruction, le rapporteur désigné transmet son rapport à la commission, après avoir sollicité les observations des personnes dont la conciliation est recherchée.
Ces personnes sont avisées de la date d'examen de l'affaire par la commission. Elles peuvent demander à être entendues par la commission.

Art. 6. – La commission peut demander au rapporteur de procéder à toutes mesures d'instruction complémentaires qui lui paraissent utiles.
Elle peut entendre toute personne dont l'audition paraît utile et solliciter de tout tiers qualifié un avis ou une consultation.

Art. 7. – Pour les besoins de la procédure, le demandeur et les personnes impliquées peuvent se faire assister par la personne de leur choix.
Ils peuvent également se faire représenter par toute personne pourvue d'un mandat régulier.

Art. 8. – La commission ne peut valablement se réunir que si au moins cinq de ses membres sont présents.
Les recommandations sont adoptées à la majorité des membres présents. En cas de partage, la voix du président est prépondérante.
Les séances de la commission ne sont pas publiques.

Art. 9. – Les crédits nécessaires au fonctionnement de la commission sont inscrits au budget des services généraux du Premier ministre.

Art. 10. – Le garde des sceaux, ministre de la justice, le ministre de l'éducation nationale, de la recherche et de la technologie, le ministre des affaires étrangères, le ministre de l'économie, des finances et de l'industrie, le ministre de la défense, la ministre de la culture et de la communication, le secrétaire d'Etat au budget et le secrétaire d'Etat à la défense chargé des anciens combattants sont chargés, chacun en ce qui le concerne, de l'exécution du présent décret, qui sera publié au Journal officiel de la République française.

Fait à Paris, le 10 septembre 1999.

V. Rückgabe von Kunstgegenständen aus den Österreichischen Bundesmuseen und Sammlungen

(NR: GP XX RV 1390 AB 1464 S. 146. BR: AB 5802 S. 646.)

Publikationsorgan BGBl. I Nr. 181/1998

Bundesgesetz über die Rückgabe von Kunstgegenständen aus den Österreichischen Bundesmuseen und Sammlungen

Der Nationalrat hat beschlossen:

§ 1.

Der Bundesminister für Finanzen wird ermächtigt, jene Kunstgegenstände aus den österreichischen Bundesmuseen und Sammlungen, wozu auch die Sammlungen der Bundesmobilienverwaltung zählen, unentgeltlich an die ursprünglichen Eigentümer oder deren Rechtsnachfolger von Todes wegen zu übereignen, welche

1. Gegenstand von Rückstellungen an die ursprünglichen Eigentümer oder deren Rechtsnachfolger von Todes wegen waren und nach dem 8. Mai 1945 im Zuge eines daraus folgenden Verfahrens nach den Bestimmungen des Bundesgesetzes über das Verbot der Ausfuhr von Gegenständen von geschichtlicher, künstlerischer oder kultureller Bedeutung, StGBl. Nr. 90/1918, unentgeltlich in das Eigentum des Bundes übergegangen sind und sich noch im Eigentum des Bundes befinden;
2. zwar rechtmäßig in das Eigentum des Bundes übergegangen sind, jedoch zuvor Gegenstand eines Rechtsgeschäftes gemäß § 1 des Bundesgesetzes vom 15. Mai 1946 über die Nichtigerklärung von Rechtsgeschäften und sonstigen Rechtshandlungen, die während der deutschen Besetzung Österreichs erfolgt sind, in das Eigentum der Republik Österreich gelangt sind, BGBl. Nr. 106/1946, waren und sich noch im Eigentum des Bundes befinden;
3. nach Abschluß von Rückstellungsverfahren nicht an die ursprünglichen Eigentümer oder deren Rechtsnachfolger von Todes wegen zurückgegeben werden konnten, als herrenloses Gut unentgeltlich in das Eigentum des Bundes übergegangen sind und sich noch im Eigentum des Bundes befinden.

§ 2.

(1) Der Bundesminister für Unterricht und kulturelle Angelegenheiten, der Bundesminister für wirtschaftliche Angelegenheiten und der Bundesminister für Landesverteidigung werden ermächtigt,

1. die ursprünglichen Eigentümer oder deren Rechtsnachfolger von Todes wegen festzustellen und die Kunstwerke an diese zu übereignen;

2. jene Kunstgegenstände gemäß § 1, welche nicht an die ursprünglichen Eigentümer oder deren Rechtsnachfolger von Todes wegen rückübereignet werden können, weil diese nicht festgestellt werden können, an den Nationalfonds der Republik Österreich für Opfer des Nationalsozialismus zur Verwertung zu übereignen, der den Verwertungserlös für die in § 2a des Bundesgesetzes über den Nationalfonds der Republik Österreich für Opfer des Nationalsozialismus, BGBl. Nr. 432/1995, genannten Zwecke zu verwenden hat.

(2) Die genannten Bundesminister haben vor der Übereignung den nach § 3 eingerichteten Beirat anzuhören. Durch die Bestimmungen dieses Bundesgesetzes wird keinerlei Anspruch auf Übereignung begründet.

(3) Der Bundesminister für Unterricht und kulturelle Angelegenheiten hat den Nationalrat über die erfolgte Übereignung von Kunstgegenständen in einem Bericht jährlich zu informieren.

§ 3.

(1) Beim Bundesministerium für Unterricht und kulturelle Angelegenheiten wird ein Beirat eingerichtet, der die in § 2 genannten Bundesminister bei der Feststellung jener Personen, denen Kunstgegenstände zu übereignen sind, zu beraten hat.

(2) Mitglieder des Beirates sind:

1. je ein Vertreter des Bundesministeriums für wirtschaftliche Angelegenheiten, des Bundesministeriums für Justiz, des Bundesministeriums für Unterricht und kulturelle Angelegenheiten sowie des Bundesministeriums für Landesverteidigung;
2. ein Vertreter der Finanzprokuratur;
3. je ein von der Rektorenkonferenz zu nominierender Experte auf dem Gebiet der Geschichte sowie der Kunstgeschichte.

(3) Für jedes Mitglied ist ein Ersatzmitglied zu bestellen.

(4) Der Beirat kann weiters Sachverständige und geeignete Auskunftspersonen beiziehen.

(5) Die Bestellung und Abberufung des Vorsitzenden und dessen Stellvertreter aus dem Kreise der in Abs. 2 genannten Mitglieder sowie die Bestellung und Abberufung der weiteren in Abs. 2 genannten Mitglieder des Beirates obliegt dem Bundesminister für Unterricht und kulturelle Angelegenheiten. Die Bestellung erfolgt jeweils auf ein Jahr. Neuerliche Bestellungen sind zulässig.

(6) Der Bundesminister für Unterricht und kulturelle Angelegenheiten oder der Vorsitzende berufen den Beirat zu Sitzungen ein.

(7) Zu einem Beschluß des Beirates ist die Anwesenheit von mindestens der Hälfte der Mitglieder und die Mehrheit der abgegebenen Stimmen erforderlich.

(8) Der Beirat beschließt seine Geschäftsordnung, die vom Bundesminister für Unterricht und kulturelle Angelegenheiten zu genehmigen ist, mit einfacher Mehrheit. Die Geschäftsordnung hat unter Bedachtnahme auf Abs. 1 die Tätigkeit des Beirates möglichst zweckmäßig zu regeln. Die Geschäftsordnung ist zu genehmigen, wenn sie dieser Voraussetzung entspricht.

§ 4.

Die Bestimmungen des Denkmalschutzgesetzes, BGBl. Nr. 533/1923, in der Fassung des Bundesgesetzes BGBl. Nr. 473/1990 über die freiwillige Veräußerung von Denkmalen, die sich im alleinigen Eigentum des Bundes befinden, sowie die Bestimmungen des Bundesgesetzes über das Verbot der Ausfuhr von Gegenständen von geschichtlicher, künstlerischer oder kultureller Bedeutung, StGBl. Nr. 90/1918, in der Fassung des Bundesgesetzes BGBl. Nr. 605/1987 finden auf die Übereignung sowie die Ausfuhr von Gegenständen, die nach den Bestimmungen dieses Bundesgesetzes ausgefolgt werden, auf die Dauer von 25 Jahren nach Inkrafttreten dieses Bundesgesetzes keine Anwendung.

§ 5.

Die durch dieses Bundesgesetz unmittelbar veranlaßten Zuwendungen sind von allen Abgaben befreit.

§ 6.

Mit der Vollziehung dieses Bundesgesetzes sind betraut:

1. hinsichtlich der §§ 1 und 5 der Bundesminister für Finanzen;

2. hinsichtlich der §§ 2 und 3 der Bundesminister für Unterricht und kulturelle Angelegenheiten, der Bundesminister für wirtschaftliche Angelegenheiten und der Bundesminister für Landesverteidigung, soweit ihr Wirkungsbereich betroffen ist;

3. hinsichtlich des § 4 der Bundesminister für Unterricht und kulturelle Angelegenheiten.

[Unterschriften]

VI. Empfehlungen des Ekkart Committee, Niederlande

1. Recommendations regarding the restitution of works of art[1855]

April 2001

Recommendations:

1. The committee recommends that the notion of "settled cases" be restricted to those cases in which the Council for the Restoration of Property Rights or another competent court has pronounced judgment or in which a formal settlement was made between the lawful owners and the bodies which in hierarchy rank above the SNK.
2. The committee recommends that the notion of *new facts* be given a broader interpretation than has been the usual policy so far and that the notion be extended to include any differences compared to judgments pronounced by the Council for the Restoration of Property Rights as well as the results of changed (historic) views of justice and the consequences of the policy conducted at the time.
3. The Committee recommends that sales of works of art by Jewish private persons in the Netherlands from 10 May 1940 onwards be treated as forced sales, unless there is express evidence to the contrary. The same principle should be applied in respect of sales by Jewish private persons in Germany and Austria from 1933 and 1938 onwards, respectively.
4. The Committee recommends that the sales proceeds be brought into the discussion only if and to the extent that the then seller or his heirs actually obtained the free disposal of said proceeds.
5. The Committee recommends that for the purposes of applying this rule the rightful claimants be given the benefit of the doubt whenever it is uncertain whether the seller actually enjoyed the proceeds.
6. The Committee recommends that whenever it is necessary to couple a restitution to the partial or full repayment of the sales proceeds, the amount involved be indexed in accordance with the general price-index figure.
7. The Committee recommends that the authorities, when restituting works of art, refrain from passing on the administration costs fixed by the SNK at the time.
8. The Committee recommends that a work of art be restituted if the title thereto has been proved with a high degree of probability and there are no indications of the contrary.

1855 Auszug der wichtigsten Empfehlungen, der vollständige Text findet sich unter www.originsunknown.org. Dort wird jede einzelne Empfehlung ausführlich erläutert.

9. The Committee recommends that owners who did not use an earlier opportunity of repurchasing works of art be reafforded such opportunity, at any rate insofar as the works of art do not qualify for restitution without any financial compensation according to other applicable criterions.

2. Recommendations for the restitution of artworks of art dealers

Ekkart Committee, 28 January 2003

Recommendations

1. The committee recommends using the same points of departure for the art trade as those laid down in Recommendations No. 1, 4, 5, 6, 7 and 8 of April 2001 with regard to private art property.
2. The committee recommends there where the recommendations refer to loss of property or transactions by Jewish dealers in the Netherlands during the period from the occupation of the Netherlands in 1940 onwards, to have the same recommendations apply to loss of property or transactions by Jewish dealers in Germany as of 1933 and in Austria as of 1938.
3. If there are enough indications that a work of art does not belong to an art dealer's trading stock, but to his private collection requests for restitution will be dealt with according to the standards for private art property.
4. The committee recommends that if in a declaration form after the war the transfer of artworks from the property of an art dealer has been qualified as theft or confiscation, and nothing has been discovered which refutes this the qualification concerned should be accepted. If no declaration form was made or there is only a internal declaration form, clues which make it highly probable that the case concerns theft or confiscation must be considered a reason for restitution, whereby with regard to Jewish art dealers the threatening general circumstances must be taken into account.
5. The committee recommends viewing the qualification binding in all cases in which the art dealer himself, his heirs or an immediate representative appointed by him or his heirs has filled in 'voluntary sale', unless very clear clues are submitted which make it probable that a mistake was made when the form was filled in or that the filling in of the form took place under disproportionately burdening circumstances.
6. In all cases in which after the war the party involved, his heirs or his immediate representative appointed by him or his heirs have filled in the qualification 'involuntary sale' on a declaration form and there are no indications that contradict this qualification, such a qualification should be accepted. In all cases in which such a declaration form is missing, clues – which make it highly probable that coerced sale took place – serve as the point of departure for the restitution policy.

Clues indicating involuntary sale in any case include the threat of reprisal and the promise of the provision of passports or safe conduct as part of the transaction. Involuntary sales are also taken to mean sales by Verwalters or other managers not appointed by the owner from the stocks under their management in as far as the original owners or their heirs have not fully benefited from the transaction and have explicitly waived their rights after the war.

VII. Arbeitspapier der Kopernikus-Gruppe

Entwurf für eine Lösung der Probleme um kriegsbedingt verbrachte Kulturgüter in Deutschland und Polen[1856]

Zusammenfassung

1. Ausstellung über Verluste europäischen kulturellen Erbes in Deutschland und Polen
2. Ergänzung der Satzung der Stiftung Preußischer Kulturbesitz
3. Zusammenführung der Buchbestände und Handschriftensammlung der „Berlinka" in Berlin
4. Dauerleihgabe von Teilen der Musikalien-Sammlung der „Berlinka" nach Krakau
5. Zusammenführung des Deutschordensarchivs in Thorn
6. Pragmatische Lösung für Archivalien

Der Vertrag über gute Nachbarschaft und freundschaftliche Zusammenarbeit vom Juni 1991 sieht in seinem Artikel 28.3 vor, „die Probleme im Zusammenhang mit Kulturgütern und Archivalien, beginnend mit Einzelfällen, zu lösen". Dabei wollten sich beide Seiten vom „Geiste der Verständigung und Versöhnung" leiten lassen.

Wie in anderen besetzten Gebieten hatten deutsche Behörden während des Zweiten Weltkriegs in Polen planmäßig und in großem Stil Kunstraub und -vernichtung betrieben.

Die drei westlichen Alliierten hatten nach der Besetzung Deutschlands geraubte Kunstwerke in sogenannten Collecting Points gesammelt und in die Ursprungsländer zurückgeführt. In der sowjetischen Besatzungszone hatten die sowjetischen Behörden deutsche sowie dorthin verbrachte ausländische Kulturgüter beschlagnahmt und in die Sowjetunion verbracht. Der Verbleib vieler seit dem Zweiten Weltkrieg vermißter Kunstwerke konnte nicht aufgeklärt werden. Einen weiteren Aspekt von „Verbringung" stellen Akten und andere Archivalien aus den deutschen Gebieten östlich von Oder und Lausitzer Neiße dar, die sich am Kriegsende in den vier Besatzungszonen Deutschlands befanden.

Während des Krieges hatten Berliner Museen und Bibliotheken zum Schutz vor Bombardierungen umfangreiche Auslagerungen von Kulturgütern vorgenommen, u.a. nach Schlesien. Dort wurden ausgelagerte umfangreiche Bestände der Preußischen Staatsbibliothek („Berlinka") nach dem Kriegsende von polnischen Behörden und Privatpersonen aufgefunden und galten lange als verschwunden.

Sie befinden sich heute allgemein zugänglich als Sammlung in der Bibliothek der Jagiellonen-Universität Krakau.

[1856] Von Dieter Bingen, Darmstadt, Kazimierz Wóycicki, Stettin, vom November 2001.

Dies war im groben der Ausgangspunkt der seit Februar 1992 geführten Verhandlungen auf der Grundlage des Art. 28.3 des deutsch-polnischen Nachbarschaftsvertrags.

Als Geste des guten Willens übergab die deutsche Seite den sog. Posener Goldschatz (über 1 000 frühgeschichtliche Schmuckstücke/Münzen) aus Gold und Silber. Nach der vierten Verhandlungsrunde im Juni 1993 kam es zu einem längeren Stillstand. Bei der fünften Verhandlungsrunde im April 1995 gelang es erstmals, ein Sachprotokoll zu vereinbaren, welches ein für beide Seiten verbindlich vereinbartes Verhandlungsmandat fixiert, nämlich die Ermittlung kriegsbedingt verlagerter Kulturgüter, ihre Pflege und die Gewährung ungehinderten Zugangs zu ihnen sowie ausdrücklich die Rückführung (Restitution) der Kulturgüter. Zwischenzeitlich hat die polnische Seite der deutschen Seite eine umfangreiche Liste ihrer Wünsche in Bezug auf Archivalien vorgelegt. Auch wenn die Gespräche im Februar 1999 auf höherer Ebene fortgesetzt wurden, sind sich beide Seiten bisher kaum in ihren Vorstellungen näher gekommen.

Seit dem deutsch-polnischen Vertragsabschluß sind über neun Jahre vergangen. Die Verhandlungen über die Rückführung kriegsbedingt verbrachter Kulturgüter sind festgefahren. Die unterschiedlichen, in Teilbereichen inkompatiblen Vorstellungen beider Seiten und langandauernde Verhandlungen ohne konkrete Ergebnisse können das an sich gute bilaterale Verhältnis belasten. Die Gefahr innenpolitischer Instrumentalisierung ist in beiden Ländern nicht von der Hand zu weisen. Andererseits werden Kernfragen des kulturellen Selbstverständnisses und kultureller Identität in Deutschland und in Polen angesprochen, die eine gegenseitig verständnis- und rücksichtsvolle Behandlung des Kulturgüterkomplexes verlangen. Aus diesem Grund erscheinen uns neue Impulse für eine konstruktive Lösung dringend notwendig zu sein.

Ein erfolgreicher Abschluß der Verhandlungen über die Kulturgüter würde nach der vor einiger Zeit gefundenen Regelung der Entschädigung der Zwangsarbeiter den Abschluß einer historischen Etappe im deutsch-polnischen Verhältnis besiegeln. Zugleich deutet der bisher erfolglose Fortgang der Verhandlungen darauf hin, daß man mit rein völkerrechtlichen – eher auf deutscher Seite –, nationalen oder kompensatorischen Betrachtungsweisen – eher auf polnischer Seite – dem Komplex von Kulturgütern mit europäischer Bedeutung nicht gerecht werden kann. Es wird deshalb ausdrücklich für die Europäisierung eines Lösungsansatzes plädiert, der zugleich dem berechtigten Anliegen der Pflege von in unterschiedlichem Kontext verbrachten Kulturgütern in dem historischen Raum ihrer Entstehung entgegenkommt, soweit sie für die historisch-kulturelle Identität der Deutschen und Polen von wesentlicher Bedeutung sind.

Bei der Behandlung der Kulturgüterfrage sind eine emotionalisierte öffentliche Meinung, Prestigegesichtspunkte, die eine Lösung der Fragen nach dem „gesunden Menschenverstand“ behindern, und nachvollziehbare Sensibilitäten auf beiden

Seiten zu berücksichtigen, aber auch die große Verantwortung der Politiker und der veröffentlichten Meinung, die sich der Aufklärung, nicht jedoch einseitiger Stimmungsmache verpflichtet sehen sollte. Die „Berlinka" eignet sich nicht als „Geisel". Die bisherige Herangehensweise, mit Hilfe von kleinen und kleinsten Schritten einer Gesamtlösung näher zu kommen, stößt immer mehr an ihre Grenzen. Notwendig erscheint uns deshalb ein explizit politischer Impuls von beträchtlicher Tragweite, der klare Vorgaben für die Verhandlungen auf Expertenebene macht. Die „Kopernikus-Gruppe" hat versucht, einen solchen Fahrplan für eine Gesamtlösung auszuarbeiten.

Ausgangspunkt: Die Unterschiedlichkeit von Verlusten

In diesem Kontext sei daran erinnert, daß die ungeheuren Verluste an polnischem Kulturgut, an unersetzbaren öffentlichen und privaten Sammlungen durch zielgerichtete deutsche Vernichtungspolitik mit dem Ziel verursacht wurde, die kulturelle Identität Polens zu zerstören. Darüber hinaus gibt es den Komplex einer unbekannten Anzahl polnischer Kulturgüter, die während der deutschen Besatzung Polens widerrechtlich von amtlichen Stellen und Privatpersonen ins Ausland verbracht und bis heute nicht zurückgegeben wurden.

Der Verlust jahrhundertealter deutscher Kulturräume ist eine der schmerzlichen Folgen des Zweiten Weltkriegs, Kulturgüter von unschätzbarem Wert sind durch die Kriegshandlungen in Deutschland verloren gegangen. Deutsche Kunstgegenstände und Archivalien sind durch die Änderung der deutsch-polnischen Grenze in polnischen Besitz gelangt. Hier eröffnet sich die bereits vielerorts wahrgenommene Chance der Wiedergewinnung von materieller Kultur und Gedächtniskultur durch gemeinsame Anstrengung der ehemaligen deutschen Bewohner und ihrer Nachfahren und der heutigen polnischen Bewohner, ihre Aneignung der deutschen Geschichte und Kultur. Die polnischen Bewohner sind so zu Vermächtnisnehmern geworden. Dazu kommt der Wiederaufbau deutscher materiell-kultureller Hinterlassenschaft seit Jahrzehnten durch polnische Hände. Bei aller Schmerzlichkeit des Verlusts bleibt die Unvergleichbarkeit. Das Vernichtete ist verloren. Das durch neue Grenzziehung „Verlagerte" kann als europäisches kulturelles Erbe von Deutschen und Polen gemeinsam wiedergewonnen werden.

Forderung: Die Verantwortung der Politik wahrnehmen

Von polnischer wie von deutscher Seite und insbesondere von den seit Jahren mit den Verhandlungen beauftragten Beamten und Spezialisten für das Archiv- und Bibliothekswesen wird fast ebenso lange wie die Verhandlungen andauern, eine politische Entscheidung von oben eingefordert. Die Beauftragten sehen sich mit einem Aufgabe betraut, die sie nicht lösen können. Die Verantwortung muß an die zurückgegeben werden, die sie im Vertrag von 1991 mit der Formulierung des

Art. 28.3 übernommen haben, die beiden demokratisch legitimierten Regierungen der Bundesrepublik Deutschland und der Republik Polen.

Die „Kopernikus-Gruppe" schlägt deshalb vor, auf der politischen Ebene einen Stufenplan zu verabschieden, der den Beteiligten klare Vorgaben für eine „große Lösung" gibt. Dies schließt nicht aus, parallel und unkonditioniert mit „kleinen Schritten" ein Klima des Vertrauens zu schaffen, das einer umfassenden Lösung zusätzliche Schubkraft gibt.

Es sei ausdrücklich darauf hingewiesen, daß der im folgenden vorgestellte Stufenplan von den Unterzeichnenden mit Zustimmung aller Teilnehmer der Kopernikus-Gruppe aus Anregungen und Ideen innerhalb einer vertrauensvollen und außerordentlich konstruktiven Diskussion entwickelt worden ist.

Stufenplan zur Lösung der Kulturgüterfrage im deutsch-polnischen Verhältnis

Ausstellung Verluste europäischen kulturellen Erbes

Auf Initiative und unter Schirmherrschaft des deutschen Bundeskanzlers und des polnischen Ministerpräsidenten zur Erhöhung der Aufmerksamkeit der deutschen und der polnischen Öffentlichkeit für die riesigen Verluste an Kulturgütern in Deutschland, in Polen und im größeren europäischen Kulturkreis als Folge des Zweiten Weltkriegs. Die Ausstellung sollte zur Sensibilisierung für die Verluste des Anderen beitragen und einen Eindruck von den in vielen Jahrhunderten angesammelten Kulturgütern und Schätzen von europäischer, nationaler, regionaler und lokaler Bedeutung geben, die durch den Zweiten Weltkrieg unwiderbringlich verlorengingen. Zugleich sollte die Ausstellung dafür werben, daß nur mit einer gemeinsamen Kraftanstrengung als europäische Aufgabe von Deutschen, Polen und europäischen Nachbarn das noch vorhandene materielle und geistige Erbe bewahrt und wiederbelebt und als „Erbmasse" in die Europäische Union eingebracht werden kann, die ja um Bestand zu haben, mehr als eine Wirtschafts- und Währungsunion sein muß.

Die Frage nach der Finalität der Europäischen Union läßt sich in Zeiten der Globalisierung und weitverbreiteter Ängste um Identitätsverluste zumindest teilweise durch die aktive Aneignung und „Renovatio" des europäischen Kulturerbes beantworten. Dabei kann die Bewußtwerdung der Verluste und der Verantwortung für das Gerettete einen positiven und die europäischen Kulturräume verbindenden Impuls geben.

Die Ausstellung wäre als Wanderausstellung vorstellbar, die in größeren deutschen, polnischen, aber auch anderen vornehmlich mitteleuropäischen Städten gezeigt wird und ihre dauerhafte Bleibe in einem Museum des Krieges und der Versöhnung im 20. Jahrhundert in Warschau finden könnte. Die Errichtung eines solchen Museums im Zentrum der polnischen Hauptstadt wäre ein in die Zukunft gerichtetes Mahnmal gegen die rassistische Politik des Nationalsozialismus, die nach der Vernichtung des jüdischen Volkes die dauerhafte Versklavung der slawischen Völker zum Ziel hatte. Das Museum sollte zugleich durch eine geeignete zukunftsorientierte Konzeption einen überzeugenden Beitrag zur Förderung des Verständnisses für die Grundwerte der europäischen Zivilisation und Kultur leisten.

Das Dach Stiftung Preußischer Kulturbesitz

Variante I: Ergänzung der Satzung der Stiftung Preußischer Kulturbesitz (SPK)

Sowohl die ursprünglich aus Berlin stammenden, in Krakau bewahrten Bestände der Sammlung Preußischer Kulturbesitz als auch deren in Berlin archivierte Teile genießen derzeit im jeweiligen Land einen rechtlichen Sonderstatus. Die Berliner Bestände sind formal eine Leihgabe des Staates an die Stiftung Preußischer Kulturbesitz mit einer Zweckbestimmung „bis zu einer Neuregelung nach der Wiedervereinigung“ (Gesetz zur Errichtung einer „Stiftung Preußischer Kulturbesitz“ vom 25. Juli 1957, § 3). Die deutsche Einheit wurde vor mehr als zehn Jahren hergestellt. Die Möglichkeit einer Änderung des Stiftungsgesetzes ist gegeben. Da das historische Preußen zu keiner Zeit ein auf das Gebiet des heutigen Deutschland beschränkter Nationalstaat war, sondern ein a-nationaler Territorialstaat, an dessen kulturellem Erbe heute mehrere Nationen teilhaben, erscheint es eine Verengung des Blickwinkels auf die historische Bedeutung des preußischen Staates, ihn allein auf Deutschland zu projizieren. Vor 1918 war beispielsweise ein hoher Prozentsatz der auf dem Territorium Preußens lebenden Bevölkerung polnischer Nationalität. Es wird deshalb für erwägenswert gehalten zu prüfen, ob die Republik Polen nach einer Ergänzung der Satzung als gleichberechtigter Partner in die Stiftung Preußischer Kulturbesitz aufgenommen werden kann. Nach erfolgter Aufnahme Polens in den Stiftungsrat der SPK befände sich die „Berlinka“ als Deposit in einer neuen Außenstelle der Stiftung, nämlich in dem Teil der Bibliothek der Jagiellonen-Universität, die das Deposit seit Jahrzehnten verwahrt. Das wäre der Ausgangspunkt für weitere Schritte.

Variante II: Stiftung (mitteleuropäisches Kulturerbe)

Als Alternative zu der Satzungsänderung der SPK wäre die Gründung einer Stiftung Europäisches Kulturerbe bzw. Stiftung Mitteleuropäisches Kulturerbe vorstellbar. In diese Stiftung könnte von deutscher Seite die SPK eingebracht werden. Andere Länder, darunter Polen, könnten eingeladen werden, ihrerseits Kulturgüter von europäischem Rang (z.B. das Nationalinstitut Ossolineum – eine wertvolle Bibliothek – strittig zwischen Ukraine und Polen) in die Stiftung aufzunehmen. In einem solchen Fall erhielten nicht nur Deutschland und Polen, sondern auch beitretende Staaten, die in ähnlichen Verhandlungen wie Deutschland und Polen (wie zum Beispiel Polen und die Ukraine wegen des Ossolineums) stehen, die Möglichkeit, als gleichberechtigte Mitglieder in den Stiftungsorganen über die Wahrung des europäischen kulturellen Ebes gemeinsam zu bestimmen, ohne daß über eine „Europäisierung“ die nationale Identifizierung aufgegeben werden müßte.

3. Übergabe von Kulturgütern

Es wird empfohlen, daß die deutsche Seite sobald als möglich eine eigene Liste der im Krieg aus Polen illegal verbrachten Kunstgegenstände offenlegt. Beide Seiten beauftragten eine unabhängige Institution mit Nachforschungen über Kunstgegenstände, von denen die polnische Seite vermutet, daß sie in Deutschland aufbewahrt werden, die aber auf diese offengelegten Liste nicht enthalten sind. Die unabhängige Institution wird verpflichtet, nach Abschluß ihrer zeitlich zu begrenzenden Nachforschungen diese öffentlich zu machen.

Es wäre ein Zeichen des guten Willens beider Seiten und des gegenseitigen Vertrauens, kriegsbedingt verbrachte Kulturgüter, soweit solche unabhängig von schwer verifizierbaren Listen gefunden werden, ohne Vorbedingung und sofort zurückzugeben, um bei den Verhandlungen ein Klima des Vertrauens zu schaffen.

Die deutsche Seite gibt die von ihr und der unabhängigen Institution offengelegten Kunstgüter nach einem noch vor deren Offenlegung bilateral vereinbarten Zeitraum ohne Vorbedingungen an die polnische Seite zurück.

Die polnische Seite übergibt nach einem ebenfalls vor der Offenlegung vereinbarten Zeitplan die in Folge der deutsch-polnischen Grenzveränderung nach dem Zweiten Weltkrieg auf polnischem Territorium befindlichen Bestände der Preußischen Staatsbibliothek („Berlinka“) an den Hauptsitz der Stiftung in Berlin.

Ausgehend von der Überzeugung, daß die Welt der Musik mehr als jedes andere künstlerische Schaffen nationale und kulturelle Grenzen überwindet und im Gegensatz zum Schrifttum keiner Übersetzung bedarf, um verstanden zu werden, und die Komponisten mehr als alle anderen Künstler der Welt gehören und nicht nur der nationalen Kultur, der sie entstammen und die in ihr Werk zweifellos einfließt, ist in der Kopernikus-Gruppe die Idee vorgetragen worden, die Musikalien-Sammlung aus den Beständen der „Berlinka“ oder Teile von ihr im Rahmen einer Generallösung nach ihrer Zusammenführung in Berlin und nach einer Wanderausstellung in Deutschland und in Polen als Weltkulturerbe in Dauerleihgabe der Stiftung Preußischer Kulturbesitz in der Bibliothek der Jagiellonen-Universität Krakau der Öffentlichkeit zugänglich gemacht.

Die empfangende Seite verpflichtet sich, während des Zeitraums der Dauerleihgabe den entsprechenden Bestand im Rahmen des Möglichen und Sinnvollen zu kopieren und diese Kopien der übergebenden Seite möglichst kostenlos zur Verfügung zu stellen.

Es wird vorgeschlagen, im Rahmen der Stiftungslösung in der Ordensstadt Thorn das Deutschordensarchiv zusammenzuführen und zur dauerhaften Aufbewahrung, Pflege und Ausstellung zu übergeben. Zu diesem Zweck erhält das zu errichtende Ordensarchiv die 73 Urkunden des Deutschen Ordens, die im Geheimen Preußischen Staatsarchiv lagern, zurück. Die darüber hinaus in Berlin archivierten Bestände des Ordensarchivs werden mit den erwähnten Urkunden in Thorn zusammengeführt.

4. Regelung für Archivalien

Es wird vorgeschlagen, die Diskussion um die Anwendung des personalen bzw. territorialen Provenienzprinzips zu beenden, fundamentalistische Vorstellungen zu vermeiden und eine pragmatische Lösung zu suchen. Die generelle Anwendung des territorialen Provenienzprinzips würde abgesehen von den schwer zu lösenden Fragen der Bedeutung der Archivalien für die jeweilige nationale und historisch-kulturelle Identität wegen ihrer schieren Masse nicht zu bewältigende technisch-organisatorische Probleme nach sich ziehen. Allein durch die Suche nach praktischen Teillösungen über einen längeren Zeitraum werden sich Lösungen finden lassen.

Diese könnten u.a. in der Anwedung des personalen Prinzips auf Archivalien beruhen, denen heute noch eine juristische Bedeutung zukommt. Archivalien ohne heutige juristische Bedeutung könnten nach dem territorialen Prinzip aufbewahrt werden. Archivalien, denen von einer Seite eine bedeutende symbolische Bedeutung zugemessen wird, sollten behandelt werden wie Kunstgegenstände.

Die Idee, durch die Übergabe symbolisch weniger belasteter Archivalien einer umfassenden Lösung näher zu kommen, ist deshalb begrüßenswert. Hier ist ein Prozeßcharakter anzuerkennen, der in engster Verbindung mit der Integration der deutschen Kulturgeschichte in den heutigen polnischen Staat und die gemeinsame Gewinnung und Pflege dieser Geschichte durch die ehemaligen und die heutigen Bewohner dieser Räume zu sehen ist. Deshalb sollte der Komplex der „kleinen“ und lokalen Archivalien nicht mit der „großen Lösung“ der Kulturgüterübergabe verknüpft werden.

Als Zeichen des guten Willens und der Anerkennung des gemeinsamen deutschen und polnischen Interesses an einer sowohl den historisch-kulturellen als auch den pragmatischen Gesichtpunkten gerecht werdenden Regelung der Aufbewahrung von Archivalien, die für die deutsche und die polnische Geschichte wichtig sind, übergibt die Stiftung das Depositum Breslau zur dauerhaften Aufbewahrung und Pflege an die Stadt Breslau und das Depositum Danzig an die Stadt Danzig. Beide Städte stehen exemplarisch für die Pflege und Aneignung der deutschen und polnischen Geschichte und Gegenwart durch die jetzt in diesen Städten lebende Generation.

Es wird angeregt, daß ehemalige Bewohner, aber auch in Deutschland befindliche ostdeutsche Einrichtungen auf freiwilliger Basis den ehemaligen Heimatgemeinden Archivgut überlassen, das der Ausstattung des „Heimatmuseums“ an Ort und Stelle zugute kommt und der heutigen polnischen Bevölkerung die Möglichkeit der Auseinandersetzung und Identifikation mit ihrer neuen Heimat erleichtert und sie zur Pflege der deutschen Geschichte ihrer Heimat ermuntert. Eine weitere Zunahme der freundschaftlichen Kontakte und der Zusammenarbeit zwischen Heimatvereinen der Vertriebenen bzw. ihrer Nachkommen und den polnischen Bewohnern ihrer früheren Heimatorte wäre wünschenswert.

VIII. Föderales Gesetz Nr. 64-FS vom 15. April 1998 über die infolge des Zweiten Weltkriegs in die UdSSR verbrachten und sich im Hoheitsgebiet der Russischen Föderation befindenden Kulturgüter

– verabschiedet von der Staatsduma am 05. Februar 1997 und gebilligt vom Föderationsrat am 05. März 1997 –
(in der Fassung vom 25. 05. 2000)

Kapitel I	Allgemeine Bestimmungen	Artikel 1–5
Kapitel II	Verbrachte Kulturgüter und Eigentumsrechte	Artikel 6–13
Kapitel III	Internationale Zusammenarbeit bei der Auffindung und Rückführung von Kulturgütern der Russischen Föderation	Artikel 14–15
Kapitel IV	Verfahren zur Umsetzung dieses föderalen Gesetzes	Artikel 16–21
Kapitel V	Das föderale Gesetz und die völkerrechtlichen Übereinkünfte der Russischen Föderation	Artikel 22–23
Kapitel VI	Schlußbestimmungen	Artikel 24–25

Dieses föderale Gesetz regelt die Verhältnisse im Zusammenhang mit den infolge des Zweiten Weltkriegs in die UdSSR verbrachten und sich im Hoheitsgebiet der Russischen Föderation befindenden Kulturgüter. Hauptzweck dieses Gesetzes ist es,

- diese Kulturgüter vor Diebstahl zu schützen und ihre illegale Ausfuhr aus der Russischen Föderation sowie unrechtmäßige Weitergabe an wen auch immer zu verhindern;
- die notwendigen rechtlichen Voraussetzungen zu schaffen, um diese Kulturgüter zur Teilkompensation des Schadens, der dem Kulturerbe der Russischen Föderation infolge der Plünderung und Vernichtung von Kulturgüter durch Deutschland und seine militärischen Verbündeten während des Zweiten Weltkriegs zugefügt wurde, wirklich einzusetzen;
- auf der Grundlage der konsequenten Einhaltung des Prinzips der Gegenseitigkeit die Interessen der Russischen Föderation bei der Regelung von strittigen Fragen mit fremden Staaten hinsichtlich dieser Kulturgüter wahrzunehmen;
- Bürgern der Russischen Föderation und Ausländern, darunter auch Fachleuten aus den Bereichen Bildung, Wissenschaft und Kultur die Möglichkeit zu bieten, diese Kulturgüter kennenzulernen;

- günstige Voraussetzungen für die weitere Entwicklung der internationalen Zusammenarbeit in den Bereichen Bildung, Wissenschaft und Kultur zu schaffen.

Kapitel I

Allgemeine Bestimmungen

Artikel 1. Rechtsvorschriften der Russischen Föderation über die infolge des Zweiten Weltkriegs in die UdSSR verbrachten und sich im Hoheitsgebiet der Russischen Föderation befindenden Kulturgüter

Die Rechtsvorschriften der Russischen Föderation über die infolge des Zweiten Weltkriegs in die UdSSR verbrachten und sich im Hoheitsgebiet der Russischen Föderation befindenden Kulturgüter bestehen aus diesem föderalen Gesetz und anderen in Übereinstimmung mit der Verfassung der Russischen Föderation und mit diesem föderalen Gesetz ergehenden gesetzlichen Bestimmungen.

Artikel 2. Völkerrechtliche Übereinkünfte und andere Rechtsvorschriften, auf die sich dieses föderale Gesetz gründet

Dieses föderale Gesetz gründet sich auf völkerrechtliche Übereinkünfte und andere Rechtsinstrumente, die in der Zeit des Zweiten Weltkriegs und nach dessen Beendigung verabschiedet wurden und die ihre Gültigkeit in bezug auf die dadurch entstandenen Vermögensverhältnisse behalten; es sind dies die Friedensverträge von 1947, die aufgrund der hoheitlichen Rechte der Besatzungsmächte in Deutschland von 1945 bis 1949 verabschiedeten Rechtsvorschriften, der Staatsvertrag vom 15. Mai 1955 über die Wiederherstellung eines unabhängigen und demokratischen Österreich, der Vertrag vom 12. September 1990 über die abschließende Regelung in bezug auf Deutschland sowie Artikel 107 der Charta der Vereinten Nationen und die Erklärung der Vereinten Nationen vom 05. Januar 1943.

Artikel 3. Geltung dieses föderalen Gesetzes in Bezug auf den tatsächlichen Besitz von infolge des Zweiten Weltkriegs in die UdSSR verbrachten und sich im Hoheitsgebiet der Russischen Föderation befindenden Kulturgüter

Dieses föderale Gesetz gilt in Bezug auf die in Artikel 4 bestimmten Kulturgüter unabhängig davon, in wessen tatsächlichem Besitz sie sich befinden.

Artikel 4. Grundbegriffe, die in diesem föderalen Gesetz verwendet werden

Im Sinne dieses föderalen Gesetzes haben die verwendeten Grundbegriffe folgende Bedeutung:

„Restitution" ist die Art der materiellen völkerrechtlichen Haftung eines Staates, der einen Aggressionsakt oder einen anderen völkerrechtswidrigen Akt begangen hat, die in der Verpflichtung dieses Staates zur Beseitigung oder Verminderung des dem anderen Staat zugefügten materiellen Schadens durch Wiederherstellung des früheren Zustands besteht, insbesondere durch Rückgabe des Vermögens, das von ihm aus dem von seinen Truppen besetzten Gebiet des anderen Staates geraubt und unrechtmäßig ausgeführt wurde.

„Kompensatorische Restitution" ist die Art der materiellen völkerrechtlichen Haftung eines Aggressorstaates, die in den Fällen angewandt wird, in denen die Durchführung seiner Haftung in Form einer gewöhnlichen Restitution nicht möglich ist, und die in der Verpflichtung dieses Staates besteht, den einem anderen Staat zugefügten materiellen Schaden durch Übergabe (oder Einzug durch den geschädigten Staat zu seinen Gunsten) von Gegenständen der gleichen Art wie die geraubten und von dem Aggressorstaat unrechtmäßig aus dem Hoheitsgebiet des geschädigten Staates ausgeführten zu kompensieren.

„Kulturgüter" sind Vermögenswerte religiöser oder weltlicher Art, die historische, künstlerische und wissenschaftliche oder andere kulturelle Bedeutung haben, wie Kunstwerke, Bücher, Manuskripte, Inkunabeln, Archivmaterialien, Bestandteile und Fragmente von Bau-, Geschichts- und Kunstdenkmälern sowie Monumentalkunstwerken und andere Kategorien von Gegenständen, wie sie in Artikel 7 des Gesetzes der Russischen Föderation über die Aus- und Einfuhr von Kulturgütern definiert sind.

„Verbrachte Kulturgüter" sind Kulturgüter, die in Durchführung der kompensatorischen Restitution aus dem Hoheitsgebiet Deutschlands und dem seiner ehemaligen militärischen Verbündeten – Bulgarien, Ungarn, Italien, Rumänien und Finnland – nach Maßgabe der Befehle der militärischen Führung der Sowjetischen Armee und der Sowjetischen Militäradministration in Deutschland oder der Verfügungen anderer zuständiger Organe der UdSSR in das Hoheitsgebiet der UdSSR verbracht worden sind und sich heute im Hoheitsgebiet der Russischen Föderation befinden.

„Ehemalige Feindstaaten" sind Deutschland und die mit ihm während des Zweiten Weltkriegs verbündeten Staaten: Bulgarien, Ungarn, Italien, Rumänien und Finnland.

„Eigentum der ehemaligen Feindstaaten" ist staatliches, privates und kommunales Eigentum sowie Eigentum gesellschaftlicher oder anderer Organisationen und Vereinigungen in den ehemaligen Feindstaaten.

„Betroffene Staaten" sind Staaten (außer der Russischen Föderation und den in Artikel 7 genannten Staaten), deren Hoheitsgebiet vollständig oder teilweise von Truppen der ehemaligen Feindstaaten besetzt war.

„Eigentum der betroffenen Staaten" ist staatliches, privates und kommunales Eigentum sowie Eigentum gesellschaftlicher oder anderer Organisationen und Vereinigungen in den betroffenen Staaten.

„Kulturelle Einrichtungen“ sind russische staatliche (darunter auch behördliche) und kommunale Museen, Archive, Bibliotheken sowie andere wissenschaftliche, Bildungs-, darstellende und wissensvermittelnde Unternehmen, Einrichtungen und Organisationen, die in den Bereichen Bildung, Wissenschaft und Kultur tätig sind.

Artikel 5. Zusammensetzung der verbrachten Kulturgüter

Hinsichtlich ihrer ehemaligen staatlichen Zuständigkeit gehören zu den verbrachten Kulturgütern Kulturgüter, die im Sinne von Artikel 4 Eigentum der ehemaligen Feindstaaten waren.

Kapitel II

Verbrachte Kulturgüter und Eigentumsrechte

Artikel 6. Eigentumsrecht der Russischen Föderation an den verbrachten Kulturgütern

1. Alle verbrachten Kulturgüter, die in die UdSSR in Wahrnehmung ihres Rechts auf kompensatorische Restitution eingeführt wurden und sich im Hoheitsgebiet der Russischen Föderation befinden, sind vorbehaltlich der Artikel 7 und 8 Besitz der Russischen Föderation und befinden sich im Eigentum der Föderation.

2. Das Eigentumsrecht der Föderation erstreckt sich nicht auf konkrete verbrachte Kulturgüter, die auf rechtmäßiger Grundlage in das Eigentum von russischen natürlichen und juristischen Personen, Subjekten der Russischen Föderation, kommunalen Einrichtungen, gesellschaftlichen und anderen Organisationen und Vereinigungen übergegangen sind.

Artikel 7. Garantie des Eigentumsrechts der Republik Weißrußland, der Republik Lettland, der Republik Litauen, der Republik Moldau, der Ukraine und der Republik Estland an verbrachten Kulturgütern

1. Artikel 6 berührt nicht das Eigentumsrecht der Republik Weißrußland, der Republik Lettland, der Republik Litauen, der Republik Moldau, der Ukraine und der Republik Estland an Kulturgegenständen, die sich unter den verbrachten Kulturgütern befunden haben können, jedoch von Deutschland und (oder) dessen militärischen Verbündeten während des Zweiten Weltkriegs nicht aus dem Gebiet der RSFSR, sondern aus dem Gebiet der Weißrussischen SSR, der Lettischen SSR, der Litauischen SSR, der Moldauischen SSR, der Ukrainischen SSR und der Estnischen SSR geraubt und ausgeführt wurden und zum nationalen Erbe der genannten und nicht der anderen Unionsrepubliken der UdSSR in den Grenzen vom 1. Februar 1950 gehörten.

2. Kulturgegenstände nach Absatz 1 können zuständigkeitshalber der Republik Weißrußland, der Republik Lettland, der Republik Litauen, der Republik Moldau, der Ukraine und der Republik Estland übergeben werden, sofern diese Artikel 18 Absatz 4 beachten und damit einverstanden sind, dass Kulturgüter der Russischen Föderation, die aus den ehemaligen Feindstaaten in die UdSSR verbracht wurden und sich in ihrem Hoheitsgebiet befinden, nach dem Grundsatz der Gegenseitigkeit die gleiche Behandlung erfahren.

Artikel 8. Verbrachte Kulturgüter, die nicht unter die Artikel 6 und 7 fallen

Folgende verbrachte Kulturgüter fallen nicht unter die Artikel 6 und 7:

1. Kulturgüter betroffener Staaten, die gewaltsam beschlagnahmt und unrechtmäßig aus deren Hoheitsgebiet von den ehemaligen Feindstaaten ausgeführt worden sind;
2. Kulturgüter, die Eigentum religiöser Organisationen oder privater Wohltätigkeitseinrichtungen waren, ausschließlich zu religiösen oder wohltätigen Zwecken verwandt wurden und nicht den Interessen des Militarismus und (oder) des Nationalsozialismus (Faschismus) gedient haben;
3. Kulturgüter, die Personen gehört haben, denen diese Güter wegen ihres aktiven Kampfes gegen den Nationalsozialismus (Faschismus), auch im Zusammenhang mit einer Beteiligung am nationalen Widerstand gegen die Besatzungsregime der ehemaligen Feindstaaten oder gegen Regime der Kollaboration, und (oder) wegen ihrer rassischen, religiösen oder nationalen Zugehörigkeit entzogen worden sind.

Artikel 9. Bedingungen für die Übergabe von Kulturgütern, die unter Artikel 8 fallen, an betroffene Staaten

1. Kulturgüter, hinsichtlich derer ein betroffener Staat einen Anspruch auf Rückgabe geltend macht und Beweise dafür vorlegt, daß diese Güter unter einen einschlägigen Unterabsatz (oder unter mehrere einschlägige Unterabsätze) von Artikel 8 fallen und dabei offiziell bestätigt, dass er für diese Kulturgüter keine pauschale Entschädigung von Deutschland oder einem anderen ehemaligen Feindstaat erhalten hat, sind zu den in Artikel 18 genannten Bedingungen dem betroffenen Staat zu übergeben. Dieser Anspruch hinsichtlich genau bezeichneter Kulturgüter (eines genau bezeichneten Kulturguts) kann von dem betroffenen Staat, sobald ihm bekannt wird, dass sich diese Güter (dieses Gut) im Hoheitsgebiet der Russischen Föderation befinden (befindet), jeder Zeit, jedoch spätestens 18 Monate nach Veröffentlichung der Angaben über diese Güter (dieses Gut) durch das von der Regierung der Russischen Föderation mit der staatlichen Regelung auf dem Gebiet der Erhaltung der Kulturgüter beauftragte föderale Organ der vollziehenden Gewalt in der von der Regierung der Russischen Föderation festgelegten Informationsquelle geltend gemacht werden.

Die in Absatz 1 Teil 1 vorgesehenen Rechte kann jeder betroffene Staat in Anspruch nehmen, der der Russischen Föderation auf der Grundlage des Prinzips der Gegenseitigkeit für die Rückgabe des Teils der von den ehemaligen Feindstaaten geraubten Kulturgütern der Russischen Föderation, die sich im Hoheitsgebiet dieses betroffenen Staates befinden oder in Zukunft befinden können, nicht weniger günstige rechtliche Voraussetzungen einräumt.

2. Ansprüche nach Absatz 1, die nicht innerhalb der in diesem Absatz genannten Frist geltend gemacht wurden, werden zur Prüfung nicht entgegengenommen, was den natürlichen und juristischen Personen des betreffenden Staates nicht verbietet, eine Befriedigung ihres Anspruchs auf dem Rechtsweg innerhalb der in den Rechtsvorschriften der Russischen Föderation festgelegten Fristen zu suchen.

3. Unter Artikel 8 fallende verbrachte Kulturgüter, die nach den in diesem föderalen Gesetz festgelegten Bedingungen und Verfahren von dem betroffenen Staat oder von natürlichen bzw. juristischen Personen dieses Staates aufgrund eines in Kraft getretenen Gerichtsurteils nicht zurückgefordert wurden, werden einem speziellen Fonds (Register) für Kulturgüter zugeführt, die für den Tausch gegen Kulturgüter der Russischen Föderation bestimmt sind, welche von den ehemaligen Feindstaaten während des Zweiten Weltkriegs geraubt wurden und sich im Hoheitsgebiet des Staates befinden, der seine Kulturgüter nicht zurückgefordert hat. Die Vorschriften betreffend den (das) in diesem Absatz genannten (genannte) speziellen Fonds (Register) für Kulturgüter werden von der Regierung der Russischen Föderation erlassen.

Artikel 10. Bedingungen für die Übergabe von in Artikel 8 Unterabsätze 2 und 3 genannten Kulturgütern an ehemalige Feindstaaten

1. Die in Artikel 8 Unterabsätze 2 und 3 genannten Kulturgüter, hinsichtlich derer ein ehemaliger Feindstaat einen Anspruch auf Rückgabe geltend macht und Beweise dafür vorlegt, daß diese Güter unter Artikel 8 Unterabsatz 2 und (oder) Unterabsatz 3 fallen, können zuständigkeitshalber dem den Anspruch geltend gemacht habenden Staat zu den in Artikel 18 vorgesehenen Bedingungen übergeben werden. Dieser Anspruch hinsichtlich genau bezeichneter Kulturgüter (eines genau bezeichneten Kulturguts) kann von dem ehemaligen Feindstaat, sobald ihm bekannt wird, dass sich diese Güter (dieses Gut) im Hoheitsgebiet der Russischen Föderation befinden (befindet), jeder Zeit, jedoch spätestens 18 Monate nach Veröffentlichung der Angaben über diese Güter (dieses Guts) durch das von der Regierung der Russischen Föderation mit der staatlichen Regelung auf dem Gebiet der Erhaltung der Kulturgüter beauftragte föderale Organ der vollziehenden Gewalt in der von der Regierung der Russischen Föderation festgelegten Informationsquelle geltend gemacht werden.

   Die in Absatz 1 Teil 1 vorgesehenen Rechte kann der ehemalige Feindstaat in Anspruch nehmen, der besondere gesetzgeberische Maßnahmen ergreift, um die Erfüllung seiner Verpflichtung gegenüber der Russischen Föderation zur unentgeltlichen Rückgabe ihrer von den ehemaligen Feindstaaten geraubten und unrechtmäßig ausgeführten Kulturgüter, die sich im Hoheitsgebiet dieses ehemaligen Feindstaates befinden oder in Zukunft befinden können, zu gewährleisten.

2. Ansprüche nach Absatz 1, die nicht innerhalb der in diesem Absatz genannten Frist geltend gemacht wurden, werden zur Prüfung nicht entgegengenommen, was den natürlichen und juristischen Personen der ehemaligen Feindstaaten nicht verbietet, eine Befriedigung ihres Anspruchs auf dem Rechtsweg innerhalb der in den Rechtsvorschriften der Russischen Föderation festgelegten Fristen zu suchen.

3. Die in Artikel 8 Unterabsätze 2 und 3 genannten verbrachten Kulturgüter, die nach den in diesem föderalen Gesetz festgelegten Bedingungen und Verfahren von den ehemaligen Feindstaaten oder von natürlichen bzw. juristischen Personen dieser Staaten aufgrund eines in Kraft getretenen Gerichtsurteils nicht zurückgefordert wurden, werden zu Eigentum der Föderation, was den in Artikel 8 Unterabsatz 3 genannten Personen nicht verbietet, eine Entschädigung für den ihnen zugefügten Schaden nach Maßgabe der geltenden Rechtsvorschriften des ehemaligen Feindstaats, der den Schaden verursacht hat, zu fordern.

Artikel 11. Verbrachte Kulturgüter, die fremden Staaten sowie internationalen Organisationen nicht zu übergeben und (oder) nicht aus der Russischen Föderation auszuführen sind

Verbrachte Kulturgüter (Archiv- und andere Materialien, Andenken und andere Werte), die ihrem Inhalt oder ihrem Charakter nach dem Wiedererstehen von Militarismus und (oder) Nationalsozialismus (Faschismus) dienen können, dürfen fremden Staaten sowie internationalen Organisationen nicht übergeben und (oder) aus der Russischen Föderation nicht ausgeführt werden.

Artikel 12. Verbrachte Kulturgüter, die Familienandenken sind

1. Verbrachte Kulturgüter, die Familienandenken – Familienarchive, Fotografien, Briefe, Auszeichnungen und Ehrungen, Porträts von Familienmitgliedern und deren Vorfahren – darstellen, die nach Artikel 6 in das Eigentum der Föderation übergegangen sind, können aus humanitären Erwägungen ordnungsgemäß bevollmächtigten Vertretern der Familien, denen diese Güter (Andenken) früher gehört haben, zu den in Artikel 19 genannten Bedingungen übergeben werden.

2. Absatz 1 gilt nicht für Familienandenken aktiver Repräsentanten militaristischer und (oder) nationalsozialistischer (faschistischer) Regime.

Artikel 13. Rechte kultureller Einrichtungen in Bezug auf verbrachte Kulturgüter

1. Eine kulturelle Einrichtung, der nach Maßgabe des Bürgerlichen Gesetzbuchs der Russischen Föderation das Recht der operativen Verwaltung verbrachter Kulturgüter, die nach Artikel 6 Eigentum der Föderation sind, übertragen ist, übt die Besitz-, Nutzungs- und Verfügungsrechte hinsichtlich dieser Güter entsprechend dem eigenen Tätigkeitszweck und der Bestimmung dieser Güter aus. Eine Veräußerung dieser Kulturgüter und (oder) deren Weitergabe jedoch können vorbehaltlich Absatz 2 nur nach dem Verfahren und zu den in diesem föderalen Gesetz vorgesehenen Bedingungen erfolgen.
2. Duplikate verbrachter Kulturgüter – Bücher, Lithographien und andere Druckerzeugnisse –, die sich in der operativen Verwaltung einer kulturellen Einrichtung befinden, können Gegenstand eines Kulturaustausches mit ausländischen Einrichtungen und Organisationen sein, sofern diese Duplikate nicht für andere kulturelle Einrichtungen der Russischen Föderation von Interesse sind.

Kapitel III

Internationale Zusammenarbeit bei der Auffindung und Rückführung von Kulturgütern der russischen Föderation

Artikel 14. Kulturgüter, die aus dem während des Zweiten Weltkriegs von Truppen Deutschlands und seiner militärischen Verbündeten besetzten Gebiet der Russischen Föderation unrechtmäßig verbracht worden sind

Die Russische Föderation wird mit den Staaten, die gemeinsam mit der UdSSR die oberste Regierungsgewalt in Deutschland während dessen Besetzung ausgeübt haben – dem Vereinigten Königreich Großbritannien und Nordirland, den Vereinigten Staaten von Amerika und der Französischen Republik –, zusammenarbeiten, um ihre Kulturgüter, die möglicherweise aus den jeweiligen Besatzungszonen Deutschlands in diese Staaten verbracht worden sind, aufzufinden und wieder in das Eigentum der Russischen Föderation zurückzuführen.

Die Russische Föderation wird zu denselben Zwecken auch mit anderen Staaten, in denen sich ihre Kulturgüter befinden können und die die Erklärung der Vereinten Nationen vom 5. Januar 1943 unterzeichnet haben oder ihr beigetreten sind, zusammenarbeiten und nach Artikel 22 die entsprechenden völkerrechtlichen Übereinkünfte schließen.

Artikel 15. Bedingungen für den Tausch von verbrachten Kulturgütern gegen Kulturgüter der Russischen Föderation, die sich außerhalb der Russischen Föderation befinden

Der Tausch von verbrachten Kulturgütern gegen Kulturgüter der Russischen Föderation, die sich außerhalb der Russischen Föderation befinden und hinsichtlich derer die Russische Föderation keine Restitutionsforderungen geltend gemacht hat, ist nur bei Gleichwertigkeit des jeweiligen Tausches, die durch eine begründete Stellungnahme der bevollmächtigten föderalen Behörde zur Erhaltung von Kulturgütern bestimmt wird, zulässig. Dieser Tausch wird durch eine völkerrechtliche Übereinkunft der Russischen Föderation unter Berücksichtigung von Kapitel V formalisiert.

Kapitel IV

Verfahren zur Umsetzung dieses föderalen Gesetzes

Artikel 16. Bevollmächtigte föderale Behörde zur Erhaltung von Kulturgütern

1. Die Kontrolle über die Unversehrtheit der verbrachten Kulturgüter und die Vorbereitung von Entscheidungen über Fragen, die die Eigentumsrechte an diesen Gütern betreffen, werden der zur Erhaltung von Kulturgütern bevollmächtigten föderalen Behörde (im weiteren „föderale Behörde") übertragen.

2. Der föderalen Behörde werden auch folgende Aufgaben übertragen:

- Überwachung der Erfassung und Führung einer elektronischen Datenbank aller verbrachter Kulturgüter, Veröffentlichung diesbezüglicher Angaben und Führung des Registers der nach Artikel 9 Absatz 3 zum Tausch bestimmten Kulturgüter;
- Prüfung von Ansprüchen fremder Staaten und Anträgen von Ausländern nach Artikel 18 und Artikel 19, Vorbereitung der Entscheidungen über diese Ansprüche und Treffen von Entscheidungen über diese Anträge;
- Aufteilung der verbrachten Kulturgüter auf kulturelle Einrichtungen mit dem Ziel, diese Güter zur Wiedergutmachung des Schadens, den diese kulturellen Einrichtungen infolge von Plünderungen und Vernichtung ihres Vermögens durch Truppen der ehemaligen Feindstaaten erlitten haben, wirklich einzusetzen;
- Entscheidung von Streitfragen zwischen kulturellen Einrichtungen in Bezug auf die Aufteilung der verbrachten Kulturgüter unter ihnen;
- Bestimmung der Kategorien verbrachter Kulturgüter, die fremden Staaten und internationalen Organisationen nicht zu übergeben und (oder) aus der Russischen Föderation nicht auszuführen sind, sowie Festlegung der Vorschriften für deren Aufbewahrung;
- Erteilung von Genehmigungen an kulturelle Einrichtungen zur Ausübung des Rechts, Duplikate verbrachter Kulturgüter für den Kulturaustausch mit ausländischen Einrichtungen und Organisationen nach Maßgabe des Artikels 13 zu nutzen;
- Überwachung der Einhaltung der Vorschriften für die außenwirtschaftliche Tätigkeit betreffend verbrachte Kulturgüter;
- Einreichung von Vorschlägen gemeinsam mit dem Ministerium für Auswärtige Angelegenheiten der Russischen Föderation oder in Abstimmung mit diesem

für Verhandlungen betreffend verbrachte Kulturgüter bei der Regierung der Russischen Föderation;
- Überwachung der Einhaltung dieses föderalen Gesetzes.

3. Die von der föderalen Behörde in Übereinstimmung mit ihren in diesem Artikel festgelegten Aufgaben und Befugnissen getroffenen Entscheidungen sind verbindlich. Entscheidungen der föderalen Behörde können nach Maßgabe der Rechtsvorschriften der Russischen Föderation auf dem Rechtsweg angefochten werden. Eine Entscheidung, die nicht innerhalb der in den Rechtsvorschriften der Russischen Föderation festgelegten Frist angefochten wurde, gilt als in Kraft getreten und kann durch eine neue Entscheidung der föderalen Behörde geändert werden. Die Regierung der Russischen Föderation kann die Entscheidung der föderalen Behörde aufheben oder deren Vollzug aussetzen.
4. Als kollegiales Beratungsgremium wird ein Ressortübergreifender Rat für Fragen der infolge des Zweiten Weltkriegs verbrachten Kulturgüter geschaffen. Vorsitzender des Ressortübergreifenden Rates für Fragen der infolge des Zweiten Weltkriegs verbrachten Kulturgüter ist der Leiter der föderalen Behörde.

Artikel 17. Anträge und Ansprüche kultureller Einrichtungen in Bezug auf verbrachte Kulturgüter und in Bezug auf die Rückgabe ihres Vermögens

Eine kulturelle Einrichtung kann bei der föderalen Behörde die Zuteilung bestimmter verbrachter Kulturgüter als Kompensation für den Schaden der ihr infolge der Plünderung und (oder) Vernichtung ihres Vermögens durch Truppen der ehemaligen Feindstaaten zugefügt wurde, beantragen sowie Ansprüche wegen Nichtzustimmung zur Aufteilung dieses Vermögens geltend machen. Das Verfahren zur Prüfung dieser Anträge und Ansprüche wird durch eine von der Regierung der Russischen Föderation zu bestätigende Verordnung geregelt.

Eine kulturelle Einrichtung kann bei der föderalen Behörde auch einen Anspruch auf Rückgabe ihr gehörender Kulturgüter, die unbegründeterweise einer anderen kulturellen Einrichtung übergeben worden sind, geltend machen.

Artikel 18. Ansprüche fremder Staaten auf verbrachte Kulturgüter

1. Ansprüche auf die in Artikel 8 Unterabsätze 1, 2 und 3 genannten verbrachten Kulturgüter können von der Regierung des diese Güter beanspruchenden Staates nur gegenüber der Regierung der Russischen Föderation geltend gemacht werden; Ansprüche natürlicher und juristischer Personen, kommunaler Behörden, gesellschaftlicher und anderer Organisationen und Vereinigungen werden zur Prüfung nicht entgegengenommen. Der Anspruch der Regierung des beanspruchenden Staates gegenüber der Regierung der Russischen Föderation ist in der Amtssprache der Russischen Föderation geltend zu machen.

2. Die Übergabe eines verbrachten Kulturguts, das einzigartig oder von besonders großer historischer, künstlerischer, wissenschaftlicher oder anderer kulturellen Bedeutung ist, an den beanspruchenden Staat erfolgt aufgrund eines föderalen Gesetzes. Der Entwurf des föderalen Gesetzes über die Übergabe eines verbrachten Kulturguts wird von der Regierung der Russischen Föderation in Abstimmung mit der Behörde des Subjekts der Russischen Föderation, in dessen Gebiet sich die dieses Kulturgut operativ verwaltende regionale kulturelle Einrichtung befindet, in der Staatsduma der Föderalen Versammlung der Russischen Föderation eingebracht. Die Kriterien und das Verfahren für die Klassifizierung eines verbrachten Kulturguts als einzigartig oder von besonders großer historischer, künstlerischer, wissenschaftlicher oder anderer kulturellen Bedeutung oder als Kulturgut, das diese Eigenschaft oder Bedeutung nicht besitzt, sind von der Regierung der Russischen Föderation zu bestätigen. Die Übergabe eines verbrachten Kulturguts, das nicht einzigartig oder von besonders großer historischer, künstlerischer, wissenschaftlicher oder anderer kulturellen Bedeutung ist, an den beanspruchenden Staat erfolgt aufgrund einer von der Regierung der Russischen Föderation nach Abstimmung mit der Behörde des Subjekts der Russischen Föderation, in dessen Gebiet sich die dieses Kulturgut operativ verwaltende regionale kulturelle Einrichtung befindet, und nach Unterrichtung der Kammern der Föderalen Versammlung der Russischen Föderation zu erlassenden Verordnung. Die Verordnung der Regierung der Russischen Föderation tritt am Tag ihrer Verkündung in Kraft.
3. Ohne die Verabschiedung eines entsprechenden föderalen Gesetzes oder einer entsprechenden Verordnung der Regierung der Russischen Föderation kann kein verbrachtes Kulturgut Gegenstand einer Übergabe, einer Schenkung, eines Tausches oder irgendeiner anderen Form der Veräußerung zugunsten eines Staates, einer Organisation oder einer Einzelperson sein.
4. Die Übergabe eines verbrachten Kulturguts, das Gegenstand eines Anspruchs ist, an den beanspruchenden Staat erfolgt gegen Erstattung der Kosten für die Identifizierung, Begutachtung, Verwahrung und Restaurierung des Kulturguts sowie für dessen Übergabe (Transportkosten u.a.) durch diesen Staat.
5. Aufgrund eines föderalen Gesetzes oder einer Verordnung der Regierung der Russischen Föderation über die Übergabe eines verbrachten Kulturguts erteilt die föderale Behörde der kulturellen Einrichtung, in deren operativer Verwaltung sich das verbrachte Kulturgut befindet, welches Objekt des Anspruchs ist, die Weisung, mit der von der Regierung des beanspruchenden Staats bevollmächtigten Organisation (Einrichtung oder Einzelperson) einen Vertrag zu schließen, aufgrund dessen die Erstattung der Kosten nach Absatz 4 und die tatsächliche Übergabe des Kulturguts (des Andenkens) erfolgen.

   Das Original des Protokolls über die Übergabe des verbrachten Kulturguts wird bei der föderalen Behörde registriert und verwahrt, die Kopien des Protokolls hingegen werden bei der kulturellen Einrichtung und den betroffenen Parteien aufbewahrt.

Artikel 19. Anträge betreffend Familienandenken

1. Anträge betreffend verbrachte Kulturgüter, die Familienandenken nach Artikel 12 darstellen, können von ordnungsgemäß bevollmächtigten Vertretern der Familien, denen diese Güter (Andenken) früher gehört haben, an die föderale Behörde gerichtet werden.

2. Ist dem Antrag stattzugeben, trifft die föderale Behörde die Entscheidung, das Familienandenken, das Gegenstand des Antrags ist, der Familie, der es früher gehört hat, unter der Bedingung zurückzugeben, dass sein Wert bezahlt und die Kosten für seine Identifizierung, Begutachtung, Verwahrung und Restaurierung sowie die Ausgaben für seine Übergabe (Transportkosten u.a.) erstattet werden.

3. Die kulturelle Einrichtung, in deren operativer Verwaltung sich das verbrachte Kulturgut befindet, das Gegenstand des Antrags ist, schließt auf der Grundlage einer Weisung der föderalen Behörde mit dem ordnungsgemäß bevollmächtigten Vertreter der Familie, der dieses Kulturgut (Andenken) früher gehört hat, einen Vertrag, aufgrund dessen die Zahlung seines Wertes und die Erstattung der Kosten nach Absatz 2 sowie die tatsächliche Übergabe des Guts (Andenkens) erfolgen.

   Das Original des Protokolls über die Übergabe des verbrachten Kulturguts (Andenkens) wird bei der föderalen Behörde registriert und verwahrt, die Kopien des Protokolls hingegen werden bei der kulturellen Einrichtung und den betroffenen Parteien aufbewahrt.

Artikel 20. Verbrachte Kulturgüter, die sich in kulturellen Einrichtungen der Subjekte der Russischen Föderation oder in kommunalen kulturellen Einrichtungen befinden

Künftig werden bis zum Ablauf der in den Artikeln 9 und 10 festgesetzten Fristen für die Prüfung von Ansprüchen fremder Staaten auf verbrachte Kulturgüter diejenigen Güter, die sich in kulturellen Einrichtungen der Subjekte der Russischen Föderation oder in kommunalen kulturellen Einrichtungen befinden, nach Artikel 6 als Eigentum der Föderation betrachtet. Eine Umverteilung der verbrachten Kulturgüter auf föderale kulturelle Einrichtungen, kulturelle Einrichtungen der Subjekte der Russischen Föderation oder kommunale kulturelle Einrichtungen ist vor Ablauf dieser Fristen nicht zulässig.

Artikel 21. Haftung für Verstöße gegen dieses föderale Gesetz

Wer gegen dieses föderale Gesetz verstößt, haftet dafür verwaltungs-, zivil- und strafrechtlich nach Maßgabe der Rechtsvorschriften der Russischen Föderation.

Kapitel V

Das föderale Gesetz und die völkerrechtlichen Übereinkünfte der russischen Föderation

Artikel 22. Völkerrechtliche Übereinkünfte der Russischen Föderation, die zur Erreichung der Ziele dieses föderalen Gesetzes geschlossen werden

Die Russische Föderation schließt völkerrechtliche Übereinkünfte, die der Erreichung der Ziele dieses föderalen Gesetzes förderlich sind, darunter völkerrechtliche Übereinkünfte

über die Regelung von Fragen im Zusammenhang mit der Erstattung der Aufwendungen der Russischen Föderation und ihrer kulturellen Einrichtungen zur Erhaltung und Wiederherstellung der verbrachten Kulturgüter, die fremden Staaten auf außervertraglichem Weg oder gemäß völkerrechtlichen Übereinkünften, die eine solche Erstattung nicht vorsehen und zwischen der Regierung der UdSSR bzw. der Regierung der Russischen Föderation und Regierungen anderer Staaten vor Inkrafttreten dieses föderalen Gesetzes geschlossen wurden, übergeben worden sind;

über den gleichwertigen Tausch verbrachter Kulturgüter gegen Kulturgüter der Russischen Föderation, die sich außerhalb der Russischen Föderation befinden;

über die Unterstützung kultureller Einrichtungen der Russischen Föderation bei der Zusammenarbeit mit kulturellen Einrichtungen anderer Staaten zum Tausch von verbrachten Kulturgütern gegen Kulturgüter, die zu verschiedenen Zeiten aus dem Gebiet der Russischen Föderation rechtmäßig ausgeführt worden sind, sowie über den Ankauf derartiger Güter;

über regierungsamtliche Garantien für die Unversehrtheit und den Schutz der verbrachten Kulturgüter bei deren Präsentation in Kunstsalons, auf Ausstellungen im Ausland und bei anderen Expositionen durch das empfangende Land;

über die Rückgabe von Kulturgütern der Russischen Föderation, die im Hoheitsgebiet der UdSSR von Besatzungstruppen der ehemaligen Feindstaaten geraubt und unrechtmäßig ausgeführt worden sind, an die Russische Föderation.

Artikel 23. Ratifizierung völkerrechtlicher Übereinkünfte der Russischen Föderation betreffend das kulturelle Erbe der Russischen Föderation

Völkerrechtliche Übereinkünfte der Russischen Föderation, die verbrachte Kulturgüter betreffen, sind ebenso wie beliebige andere völkerrechtliche Übereinkünfte der Russischen Föderation, die deren kulturelles Erbe betreffen, ratifizierungspflichtig.

Kapitel VI

Schlussbestimmungen

Artikel 24. In-Kraft-Treten dieses föderalen Gesetzes

Dieses föderale Gesetz tritt am Tag seiner amtlichen Veröffentlichung in Kraft.

Artikel 25. Harmonisierung maßgebender Rechtsvorschriften mit diesem föderalen Gesetz

Dem Präsidenten der Russischen Föderation wird vorgeschlagen, und die Regierung der Russischen Föderation wird beauftragt, ihre maßgebenden Rechtsvorschriften mit diesem föderalen Gesetz zu harmonisieren.

Der Präsident der Russischen Föderation
B. Jelzin
Moskau, Kreml; 15. April 1998
Nr. 64-F

Literaturverzeichnis

Benutzungshinweis

Im Fußnotenquelltext innerhalb der Ausarbeitung findet sich in der Regel **nur** der **Zuname** der Autorin respektive des Autors **und** danach sogleich der dazu gehörende **Fundstellennachweis** (wenn nicht nach Gliederungszeichen des zitierten Werkes angegeben, in arabischen Seitenzahlen). Zur Ermittlung der weiteren bibliographischen Nachweise siehe das nun folgende Verzeichnis in alphabetischer Ausführung. Vereinzelt zitierte Quellen werden bereits vollständig in der jeweiligen Fußnote wiedergegeben.

Aalders, Gerard, Geraubt! Die Enteignung jüdischen Besitzes im Zweiten Weltkrieg, Köln 2000

Adriaanse, P., Confiscation in private international law, Den Haag 1956

Akinscha, Konstantin / Koslow, Grigori, Beutekunst – Auf Schatzsuche in russischen Geheimdepots, München 1995

ders. / Toussaint, Clemens, Operation Beutekunst – Die Verlagerung deutscher Kulturgüter in die Sowjetunion nach 1945, Nürnberg 1995

Akinsha, Konstantin / Kozlov, Grigorii, „Spoils of War: The Soviet Union's Hidden Art Treasures", ARTnews 90, No. 4 (April 1991), S. 130–141

Alexandrov, Emil, International Legal Protection of Cultural Property, Sofia 1979

Alford, Kenneth D., The Spoils of World War II, The American Military's Role in the Stealing of Europe's Treasures, New York 1994

Ambrosch-Keppeler, Karin, Die Anerkennung fremdstaatlicher Enteignungen: Eine rechtsvergleichende Untersuchung, Diss. Konstanz 1991

Antonowa, Irina, „Kunstschätze als Opfer des Krieges", in: Irina Antonowa / Jörn Merkert (Hrsg.), Berlin–Moskau 1900–1950, dritte Auflage, München, New York 1995, S. 469–473

Annacker, Claudia, Die Durchsetzung von erga omnes Vepflichtungen vor dem Internationalen Gerichtshof, Diss. Wien, Hamburg 1994

Anderl, Gabriele / Caruso, Alexander, NS-Kunstraub in Österreich und seine Folgen, Innsbruck 2004

Arendts, Carl, Ersitzung beweglicher Sachen im internationalen Privatrecht, Diss. Leipzig 1911

d'Argent, Pierre, „The Russian Law on Removed Cultural Property: Some International Law Remarks", Spoils of War, No. 4, August 1997, S. 20–27

Armbrust, Peter, Der besatzungsrechtliche und hoheitliche Vermögenszugriff in der SBZ, Baden-Baden 2001

Aroneanu, Eugène, Le crime contre l'humanité, Paris 1961.

Anglade, Leila, The portrait of Pastor Adrianus Tegularius by Franz Hals: A landmark criminal decision on looted art is finally handed down by french courts, AAL 2003, 77–87, zit.: Anglade, portrait

dies., Art, law and the Holocaust: The French situation, AAL 1999, pp. 301–311.

Anschütz, Gerhard, Die Verfassung des Deutschen Reichs vom 11. August 1919, Neudruck der 14. Auflage 1933, Aalen 1987

Auswärtiges Amt (Hrsg.), Außenpolitik der Bundesrepublik Deutschland, Dokumente von 1949 bis 1994, Herausgegeben aus Anlaß des 125. Jubiläums des Auswärtigen Amtes, Köln 1995

Die vertraglichen Vereinbarungen zwischen Deutschland und Rußland zur Rückführung kriegsbedingt verbrachter Kulturgüter – Die Rechtslage aus deutscher Sicht, Bonn 1994

dass. / Bundesministerium des Innern / Botschaft der Republik Polen (Hrsg.), Die deutsch-polnischen Verträge vom 14. 11. 1990 und 17. 6. 1991 – Traktaty polskiniemieckie z 14. 11. 1990 r. i 17. 6. 1991 r., Magdeburg o.D.

Bailer-Galanda, Brigitte, Die Entstehung der Rückstellungs- und Entschädigungsgesetzgebung, Die Republik Österreich und das in der NS-Zeit entzogene Vermögen, in: Veröffentlichungen der Österreichischen Historikerkommission, Wien München 2003

Bayer, Waltraud (Hrsg.), Verkaufte Kultur, Die sowjetischen Kunst- und Antiquitätenexporte 1919–1938, Frankfurt am Main, Berlin, Bern et.al. 2001

Bar, Christian von, Internationales Privatrecht; Erster Band: Allgemeine Lehren, München 1987, zit.: von Bar I; Zweiter Band: Besonderer Teil, München 1991, zit.: von Bar II

Barkan, Elazar, The Guilt of Nations, Restitution and the Negotiating historical Injustices, New York 2000

Barker, Godfrey, „Jewish Art – a scandal?“, The Daily Telegraph (London), 14. April 1997, S. 16

Bauer, Karen, Ersitzung und Bereicherung im klassischen römischen Recht und die Ersitzung im BGB, Diss. Freiburg, Berlin 1988.

Bauer, Walter, Ausgewählte Kapitel der völkerrechtlichen Restitutionen, Diss. Mainz 1956

Bassiouni, M. Cherif, „Reflection on Criminal Jurisdiction in International Protection of Cultural Property“, Syr. J. Int'l L. & Com. 10 (1983), S. 281–322

Beauftragter der Bundesregierung in Angelegenheiten der Kultur und der Medien, Handreichung vom Februar 2001 zur Umsetzung der „Erklärung der Bundesregierung der Länder und der kommunalen Spitzenverbände zur Auffindung und zur Rückgabe NS-verfolgungsbedingt entzogenen Kulturgutes, insbesondere aus jüdischem Besitz“, Berlin 2001, zit.: Handreichung

Becher, Karl, „On the Obligation of Subjects of International Law to Return Cultural Property to its Permanent Place“, Annuaire de l'A.A.A. 44 (1974), S. 96–99

Becker, Astrid, Der Tatbestand des Verbrechens gegen die Menschlichkeit, Überlegungen zur Problematik eines völkerrechtlichen Strafrechts, Diss. Regensburg 1995, Berlin 1996

Beker, Avi (Hrsg.), The Plunder of Jewish Property during the Holocaust, Confronting European History, Palgrave Houndmills Basingstocke Hampshire United Kingdom, 2001

Belgrad, Eric Aristide, The Theory and Practice of Prescriptive Acquisition in International Law, Baltimore (John Hopkins University), Diss. 1969 (University Microfilms, Inc., Ann Arbor, Michigan 1984)

Bentwich, Norman, „International Aspects of Restitution and Compensation for Victims of the Nazis", BYIL 32 (1955–6), S. 204–217

Berber, Friedrich, Lehrbuch des Völkerrechts, Band – Allgemeines Friedensrecht, zweite Auflage, München 1975; Band – Kriegsrecht, München 1969 (zit.: Berber, Völkerrecht, Bd.)

ders., Völkerrecht, Dokumentensammlung, Band II, Konfliktsrecht, München, Berlin 1967, zit.: Berber, Dokumentensammlung

Bergé, Jean-Sylvestre, „La Convention d'Unidroit sur le biens culturels: remarques sur la dynamique des sources en droit international", J.D.I. (Clunet) 127 (2000), S. 215–262

Berger, Henning, „Die Rückgabe von Beutekunst aus der Russischen Föderation – Zum Beutekunst-Urteil des Russischen Verfassungsgerichts vom 20. Juli 1999 –", IPRax 20 (2000), S. 318–321

Berndt, Joachim, Internationaler Kulturgüterschutz – Abwanderungsschutz, Regelungen im innerstaatlichen Recht, im Europa- und Völkerrecht, Köln, Berlin, Bonn, München 1998

Bernhardt, Rudolf (Hrsg.), Encyclopedia of international law, issued in parts (in insgesamt 4 Bänden), Amsterdam, London, New York, Tokyo 1992–2000, zit.: Bearbeiter in EPIL, Band, Seite

Bernhardt, Marianne (Hrsg.), Verlorene Werke der Malerei, München 1965

Bender, Daniel J., Case Commentary: In Re Application to quash Grand Jury Subpoena Duces Tecum served on the Museum of Modern Art, 31, New York University Journal of International Law and Politics, S. 109–123 (1998)

Bibas, Stephanos, „The Case Against Statutes of Limitations for Stolen Art", IJCP 5 (1996), S. 73–109 (Nachdruck aus Yale L.J. 103 (1994), S. 2437ff.)

Birr, Christiane, Verjährung und Verwirkung, Fristen-Beginn-Hemmung-Wirkung, Berlin 2003

Bila, Jaqueline, Nationaler Kulturgüterschutz in der Europäischen Union, Diss. Bonn 1997

Bindschedler, Rudolf L., „Neutrality, Concept and General Rules", in: Rudolf Bernhardt (Hrsg.), EPIL, Instalment 4 (1982), S. 9–14

Birov, Victoria A., „Prize or Plunder?: The Pillage of Works of Art and the International Law of War", N.Y.U. J. Int'l L. & Pol. 30 (1997/1998), S. 201–249

Bleckmann, Albert, Sittenwidrigkeit wegen Verstoßes gegen den ordre public international, Anmerkung zum Urteil des BGH vom 22. Juni 1972, in: ZaöRV 1974, 112–132

ders., Die völkerrechtlichen Grundlagen des internationalen Kollisionsrechts, Unter Mitwirkung von Sabine Schmeinck und Andres Schollmeier, Köln, Berlin et.al. 1992

Blessin, Georg / Wilden, Hans, Bundesrückerstattungsgesetz, Kommentar, München Berlin 1958

Blom, Joost, Laying Claim to long-lost Art: The Hooge Raad of Netherlands and the question of limitation periods, IJCP 2000, pp. 138–150

Blum, Yehuda Z., „Restitution of Jewish Cultural Property Looted in World War II: To Whom?“, LJIL 11 (1998), S. 257–264, zit.: Blum LJIL

ders., On the restitution of jewish cultural property looted in World War II, ASIL Proceedings 2000, pp 88–94.

Bluntschli, Johann Caspar, Das Beuterecht im Krieg und das Seebeuterecht insbesondere – Eine völkerrechtliche Untersuchung, Nördlingen 1878 (zit.: Bluntschli, Beuterecht)

ders., Das moderne Völkerrecht der civilisirten Staaten als Rechtsbuch dargestellt, Nördlingen 1868, zit.: Bluntschli, Völkerrecht

Boguslavsky, Mark M., „Contempory Legal Problems of the Return of Cultural Property to its Country of Origin in Russia and the Confederation of Independent States“, IJCP 3 (1994), S. 243–256

Boguslavsky Mark, „Legal Aspects of the Russian Position in Regard to the Return of Cultural Property“, in: Elizabeth Simpson (Hrsg.), The Spoils of War, World War II and Its Aftermath: The Loss, Reappearance, and Recovery of Cultural Property, New York 1997, S. 186–190

Brandt, Sven, Eigentumsschutz in europäischen Völkerrechtsvereinbarungen, Diss. Göttingen 1994

Boguslawskij Mark, „About the Basic Legal Principles of the Russian Law“, Spoils of War, No. 4, August 1997, S. 27–29

Brockhaus, Redaktion F. A. Brockhaus (Hrsg.), Der Brockhaus Kunst, Mannheim Leipzig 2001

ders./ bibliographisches Institut, Der Brockhaus multimedial (CD-Rom), Mannheim 2000

Brückler, Theodor (Hrsg.), Kunstraub, Kunstbergung und Restitution in Österreich 1938 bis heute, Wien, Köln, Weimar, 1999, zit.: Bearbeiter in Brückler

Bühler, Ottmar, Der völkerrechtliche Gehalt des internationalen Privatrechts,in: Caemmerer/Hallstein/Mann/Raiser (Hrsg.), Festschrift für Martin Wolf, Tübingen 1952, S. 177–201

Bothe, Michael / Partsch, Karl Josef / Solf, Waldemar A., New Rules for Victims of Armed Conflicts, Commentary on the Two 1977 Protocols Additional to the Geneva Conventions of 1949, The Hague, Boston, London 1982

Boylan, Patrick J., Review of the Convention for the Protection of Cultural Property in the Event of Armed Conflict (The Hague Convention of 1954), Paris/London 1993

Breidenbach, Stephan / Baller, Oesten / et al. (Hrsg.), Handbuch Wirtschaft und Recht in Osteuropa, Bände 1–3, München Loseblatt Stand Juni 2000

Brownlie, Ian, Principles of Public International Law, vierte Auflage, Oxford 1990 (zit.: Brownlie)

ders., State Responsibility, Part I, Oxford 1983 (zit.: Brownlie, State Responsibility)

Brückler, Theodor, „Kunstwerke zwischen Kunstraub und Kunstbergung: 1938–1945", in: Theodor Brückler (Hrsg.), Kunstraub, Kunstbergung und Restitution in Österreich 1938 bis heute, Wien, Köln, Weimar 1999, S. 13–30

Brüning, Sybille, Die Beachtlichkeit des fremden ordre public, Berlin 1997

Bruhn, Peter, Bibliographie Bernsteinzimmer, Berlin, Fürstenwalde 1999

ders., Beutekunst, Bibliographie des Internationalen Schrifttums über das Schicksal des im Zweiten Weltkrieg von der Roten Armee in Deutschland erbeuteten Kulturgutes, Berlin 2000

Brunner, Georg (Hrsg.), Verfassungs- und Verwaltungsrecht der Staaten Osteuropas (VSO), Band II, Südosteuropa, Berlin, Loseblatt Stand Januar 1999

Buhse, Karl-Heinrich, Der Schutz von Kulturgut im Krieg, Hamburg 1959

Bundesamt zur Regelung offener Vermögensfragen (Hrsg.), Behandlung der vermögensrechtlichen Ansprüche der NS-Verfolgten, Schriftenreihe, Heft 6, Berlin 1994 [nicht veröffentlicht]

dies., Behandlung von Vermögenswerten politisch und rassisch Verfolgter des Nationalsozialismus in der SBZ/ DDR, Berlin 1994 [nicht veröffentlicht]

Bülck, Hartwig, „Vertreibung", in: Karl Strupp/Hans-Jürgen Schlochauer (Hrsg.), Wörterbuch des Völkerrechts, Dritter Band, zweite Auflage, Berlin 1962, S. 560–562

Bundesamt für Zivilschutz (Hrsg.), Schutz von Kulturgut bei bewaffneten Konflikten, vierte Auflage, Bonn 1997

Beitzke, Günther, Probleme der Enteignung im Internationalprivatrecht, S. 93–111, in: Festschrift für Leo Raape, Hamburg 1948

Best, Geoffrey, War and Law since 1945, Oxford 1994

Buchs, Gaby, Die unmittelbare Anwendbarkeit völkerrechtlicher Bestimmungen: Am Beispiel der Rechtssprechung der Gerichte Deutschlands, Österreichs, der Schweiz und der Vereinigten Staaten von Amerika, Baden-Baden 1993

Buck, Petra, Wissen und juristische Person: Wissenszurechnung und Herausbildung zivilrechtlicher Organisationspflichten, Tübingen 2001

Buomberger, Thomas, Raubkunst – Kunstraub, Die Schweiz und der Handel mit gestohlenen Kulturgütern zur Zeit des Zweiten Weltkriegs, Zürich 1998

Burchardi, Kristiane, Der deutsch-russiche Streit um die kriegsbedingt verlagerten Kulturgüter, Baden-Baden 2000

Burchardi, Kristiane / Kalb, Christof, „Noch einmal zur ‚Beutekunst' – Eine Replik auf Wilfried Fiedlers kritische Einwände", DA 31 (1998), S. 791–795

dies., „Unterwegs nach Europa – Rußland, Deutschland und der Streit um die ‚Beutekunst'", DA 30 (1997), S. 939–945

Buschbom, Helmut, „Die völkerrechtlichen und staatsrechtlichen Maßnahmen zur Beseitigung des im Namen des Deutschen Reiches verübten nationalsozialistischen Unrechts", in: Das Bundesrückerstattungsgesetz von Friedrich Biella, Helmut Buschbom et al., Die Wiedergutmachung nationalsozialistischen Unrechts durch die Bundesrepublik Deutschland, hrsg. vom Bundesminister der Finanzen in Zusammenarbeit mit Walter Schwarz, Bd. II, München 1981, S. 1–71 (zit.: Buschbom in Das Bundesrückerstattungsgesetz)

Bundesminister der Justiz (Hrsg.), Gutachten und Vorschläge zur Überarbeitung des Schuldrechts, Band I, Köln 1981

Buß, Regina, Der Kombattantenstatus: Die kriegsrechtliche Entstehung eines Rechtsbegriffs und seine Ausgestaltung in Verträgen des 19. und 20. Jahrhunderts, Diss. Bochum 1992

Byrne-Sutton, Quentin, Le traffic international des biens culturels sous l'angle de leur revendication par l'etat d'origine, Zürich 1988

Carducci, Guido, „L'obligation de restitution des biens culturels et des objets d'art en cas de conflit armé: Droit coutumier et droit conventionnel avant et après la Convention de la Haye de 1954 – L'importance du facteur temporel dans les rapports entre les traités et la coutume", RGDIP 104 (2000), S. 289–357, zit.: Carducci RGDIP

ders., La restitution internationale des biens culturels et des objets d'art, Droit commun, Directive CEE, Conventions de l'Unesco et d'Unidroit, Paris 1997, zit.: Carducci

Carl, Michael H. / Güttler, Herbert / Siehr, Kurt, Kunstdiebstahl vor Gericht, City of Gotha v. Sotheby's /Cobert Finance S.A., Berlin, New York 2001

Chesnoff, Richard Z., Pack of Thieves, How Hitler and Europe plundered the Jews and committed the greatest Theft in History, London 1999

Chklaver, Georges, „Le mouvement en faveur du Pacte Roerich", Revue de Droit International 11 (1933), S. 460–462

Chklaver, Georges, „Projet d'une Convention pour la Protection des Institution et Monuments consacrés aux Arts et aux Sciences", Revue de Droit International 6 (1930), S. 589–595

Clemen, Paul, Kunstschutz im Kriege, Berichte über den Zustand der Kunstdenkmäler auf den verschiedenen Kriegsschauplätzen und über die deutschen und österreichischen Maßnahmen zu ihrer Erhaltung, Errichtung, Erforschung, Band 1: Die Westfront, Leipzig 1919

Costello, Steven, Must Russia return the artwork stolen from Germany during the World War II?, ILSA journal of international & comparative law. – Ft. Lauderdale, Fla. – 4 (1997) 1, S. 141–151

Coulée, Frédérique, „Quelques remarques sur la restitution interétatique des biens culturels sous l'angle du droit international public", RGDIP 104 (2000), S. 359–392

Crüwell, Konstanze, „Hände weg von Beutekunst – Diebesgut verjährt nicht mehr: Ein Londoner Musterprozeß trocknet den grauen Markt aus", FAZ, 4. November 1998, S. 41

Dahm, Georg, Völkerrecht, Band 2, Stuttgart 1961; Band 3, Stuttgart 1961

ders./Delbrück, Jost/Wolfrum, Rüdiger, Völkerrecht, Band I 1, 2. Auflage, Berlin 1988

Danco, Anne, Die Perspektiven der Anspruchsverjährung in Europa, Eine rechtsvergleichende Untersuchung unter besonderer Berücksichtigung der Sachmängelgewährleistungsfristen im Kaufrecht, Berlin 2001

Dauner-Lieb, Barbara/Heidel, Thomas u.a. (Hrsg.), Schuldrecht, Erläuterungen der Neuregelungen zum Verjährungsrecht, Schuldrecht, Schadensersatzrecht und Mietrecht, Bonn 2002, zit.: Bearbeiter in Anwaltskommentar Schuldrecht

Depta, Sylvia L., „Twice saved or twice stolen?: The trophy art tug-of-war between Russia and Germany", Temp. Int'l & Comp. L.J. 10 (1996), S. 371–394

Der Schatz aus Troja, Schliemann und der Mythos des Priamos-Goldes, Katalogbuch, Ausstellung in Moskau 1996/97, Staatliches Puschkin-Museum für Bildende Künste/ Kulturministerium der Russischen Föderation (Hrsg.), Stuttgart, Zürich 1996

Desch, Thomas, „Der Schutz von Kulturgut bei bewaffneten Konflikten nach der Konvention von 1954", HuV-I 12 (1999), S. 230–234

Doehring, Karl, „War die Universität Heidelberg verpflichtet, die Bibliotheca Palatina dem Vatikan zurückzugeben?", Ruperto Carola, Heidelberger Universitätshefte 39 (1987), Heft 76, S. 138–142

ders., „Zum Rechtsinstitut der Verwirkung im Völkerrecht", in: Karl-Heinz Böckstiegel/Hans-Ernst Folz/Jörg Manfred Mössner/Karl Zemanek (Hrsg.). Völkerrecht – Recht der Internationalen Organisationen – Weltwirtschaftsrecht – Law of Nations – Law of International Organizations – World's Economic Law – Festschrift für Ignaz Seidl-Hohenveldern, Köln, Berlin, Bonn, München 1988, S. 51–61 (zit.: Doehring Festschrift für Seidl-Hohenveldern)

ders., Völkerrecht, Ein Lehrbuch, Heidelberg 1999

ders., Völkerrechtswidrige Konfiskation eines Gemäldes eines Fürsten von Liechtenstein als „deutsches Eigentum": Ein unrühmlicher Schlusspunkt, IPrax 1998, S. 465–467

ders./Fehn, Bernd Josef/Hockerts, Hans Günther, Jahrhundertschuld, Jahrhundertsühne: Reparationen, Wiedergutmachung, Entschädigung für nationalsozialistisches Kriegs- und Verfolgungsrecht, München 2001

Dolzer, Rudolf, „Die Deklaration des Kulturguts zum ‚common heritage of mankind'", in: Rudolf Dolzer/Erik Jayme/Reinhard Mußgnug (Hrsg.), Rechtsfragen des internationalen Kulturgüterschutzes, Symposium vom 22./23. Juni 1990 im Internationalen Wissenschaftsforum Heidelberg, Heidelberg 1994, S. 13–26

ders., Eigentum, Enteignung und Entschädigung im geltenden Völkerrecht, Berlin, Heidelberg, New York, Tokyo 1985

ders., Kompensatorische Restitution?, NJW 53 (2000), S. 560–562

ders., Kulturgüter im Friedensvölkerrecht, in: Rudolf Dolzer/Erik Jayme/Reinhard Mußgnug (Hrsg.), Rechtsfragen des internationalen Kulturgüterschutzes, Symposium vom 22./23. Juni 1990 im Internationalen Wissenschaftsforum Heidelberg, Heidelberg 1994, S. 149–159

ders., Die rechtliche Ordnung des Verhältnisses der Bundesrepublik Deutschland zur Deutschen Demokratischen Republik, in: Josef Isensee / Paul Kirchhof (Hrsg.), Handbuch des Staatsrechts der Bundesrepublik Deutschland, Band I, Grundlagen von Staat und Verfassung, Heidelberg 1987, S. 547–590

Rudolf Dolzer / Erik Jayme / Reinhard Mußgnug (Hrsg.), Rechtsfragen des internationalen Kulturgüterschutzes, Symposium vom 22./23. Juni 1990 im Internationalen Wissenschaftsforum Heidelberg, Heidelberg 1994

Dörrmann, Knut, „The Protection of Cultural Property as laid down in the Roerich-Pact of 15 April 1935", HuV-I 6 (1993), S. 230–231

Dünkel, Hans Peter, Öffentliche Versteigerung und gutgläubiger Erwerb, Karlsruhe 1970

Dölle, Hans / Zweigert, Konrad, Gesetz Nr. 52, Kommentar, Stuttgart 1947

DuSold, Alexandra, Restitution vor Entschädigung: Wiedervereinigung zu welchem Preis? Analyse und Wertung nach rechtlichen, wirtschaftlichen und politischen Gesichtspunkten, Baden-Baden 1993

Drobnig, Ulrich: Amerikanische Gerichte zum internationalen Sachenrecht auf dem Hintergrund der Teilung Deutschlands, in: IPrax 1984, S. 61–65

Dugot, Monica, The Holocaust Claims Processing Office's handling of Art Claims, Fordham International Law Journal (25, 2001), pp 133–138

Eck, Christina, Die Wiedergutmachung zwischen 1945 und 1989 und die Regelung der Ansprüche von Verfolgten des Nationalsozialismus in § 1 Absatz 6 VermG, Diss. München 1996

Eichhorn, Bert Wolfgang, Reparation als völkerrechtliche Deliktshaftung – Rechtliche und praktische Problem unter besonderer Berücksichtigung Deutschlands (1918–1990), Baden-Baden 1992

Eichwede, Wolfgang, „Deutsch-russische Irritationen – Kunst als Beute zwischen Recht und Geschichte", DA 29 (1996), S. 86–92

ders. / Hartung, Ulrike (Hrsg.), „Betr.: Sicherstellung" – NS-Kunstraub in der Sowjetunion, Bremen 1998

Einhorn, Talia, „Restitution of Archaeological Artifacts: The Arab-Israeli Aspect", IJCP 5 (1996), S. 133–153

Eitel,Tono, „Nazi-Gold" und andere „Holocaust-Vermögenswerte", Zu den beiden Konsultationskonferenzen von London (2. bis 4.12.1997) und Washington (30.11 bis 3.12.1998), S. 57–75, in Hrsg. Brücken bauen und begehen, Festschrift für Knut Ipsen, München 2000

Elsner, Tobias von, Alles verbrannt? Die verlorene Gemäldegalerie des Kaiser-Friedrich-Museums Magdeburg, Magdeburg 1995

Epiney, Astrid, Die völkerrechtliche Verantwortlichkeit von Staaten für rechtswidriges Verhalten im Zusammenhang mit Aktionen Privater, Diss. Mainz 1991, Baden-Baden 1992

Ermacora, Felix, Die sudetendeutschen Fragen, Rechtsgutachten, München 1992

Ernst, Wolfgang, Eigenbesitz und Mobiliarerwerb, Tübingen 1992

Elmer, Trey G., A Question of Dignity: An Equitable Solution to the Trophy Art Debate, 20, N.Y.L. Sch. J. Int'l & Comp.L., S. 117–135 (2000)

Engstler, Ludwig, Die territoriale Bindung von Kulturgütern im Rahmen des Völkerrechts, Köln, Berlin, Bonn, München 1964

Farmer, Walter I., „Custody and Controversy at the Wiesbaden Collecting Point", in: Elizabeth Simpson (Hrsg.), The Spoils of War, World War II and Its Aftermath: The Loss, Reappearance, and Recovery of Cultural Property, New York 1997, S. 131–134

ders., The Safekeepers – A Memoir of the Arts at the End of World War II, Berlin, New York 2000

Farmer, Walter I. (†) / Farmer Planton, Margaret, „The Wiesbaden Manifesto of 7 November 1945", JPK 33 (1997), S. 91–119

Faustmann, Uwe Julius, Die Reichskulturkammer: Aufbau, Funktion und rechtliche Grundlagen einer Körperschaft des öffentlichen Rechts im nationalsozialistischen Regime, Aachen 1995

Fechner, Frank (Hrsg.), Prinzipien des Kulturgüterschutzes, Berlin 1996

Fedoruk, Alexander, „Ukraine: The Lost Cultural Treasures and the Problem of Their Return", in: Elizabeth Simpson (Hrsg.), The Spoils of War, World War II and Its Aftermath: The Loss, Reappearance, and Recovery of Cultural Property, New York 1997, S. 72–76

Feilchenfeld, Ernst H., The International Economic Law of Belligerent Occupation, Washington, D.C. 1942

Feliciano, Hector, Das Verlorene Museum – Vom Kunstraub der Nazis, Berlin 1998

Ferid, Murad, Das französische Zivilrecht, Erster Band, Allgemeine Lehren, Recht der Schuldverhältnisse, Frankfurt am Main, Berlin 1971

Fiedler, Wilfried, „Einleitung", in: Wilfried Fiedler (Hrsg.), Internationalter Kulturgüterschutz und deutsche Frage: völkerrechtliche Probleme der Auslagerung, Zerstreuung und Rückführung deutscher Kulturgüter nach dem Zweiten Weltkrieg, Berlin 1991, S. 13–18, zit.: Fiedler in Fiedler

ders., Die Alliierte (Londoner) Erklärung vom 5. 1. 1943: Inhalt, Auslegung und Rechtsnatur in der Diskussion der Nachkriegsjahre, in: Basedow, Jürgen et.al. (Hrsg.) Private Law in the International Arena, Liber Amicorum Kurt Siehr, The Hague, 2000, S. 197–218

ders., Zur Entwicklung des Völkergewohnheitsrechts im Bereich des internationalen Kulturgüterschutzes", in: Kai Hailbronner / Georg Ress / Torsten Stein (Hrsg.), Staat und Völkerrechtsordnung, Festschrift für Karl Doehring, Berlin, Heidelberg, New York, London u.a. 1989, S. 199–218 (zit.: Fiedler in FS Doehring)

(Hrsg.), Internationaler Kulturgüterschutz und deutsche Frage: völkerrechtliche Probleme der Auslagerung, Zerstreuung und Rückführung deutscher Kulturgüter nach dem Zweiten Weltkrieg, Berlin 1991, zit.: Fiedler

ders., ‚Kriegsbeute' im internationalen Recht, in: Volker Michael Strocka (Hrsg.), Kunstraub – ein Siegerrecht? Historische Fälle und juristische Einwände, Berlin 1999, S. 47–61, zit.: Fiedler in Strocka

ders., Kulturgüter als Kriegsbeute? Rechtliche Probleme der Rückführung deutscher Kulturgüter aus Rußland, Heidelberg 1995, zit.: Fiedler, Kriegsbeute

ders., Kulturgüter als Kriegsbeute: Völkerrechtliche Probleme seit dem Ende des Zweiten Weltkrieges, in: Matthias Frehner (Hrsg.), Das Geschäft mit der Raubkunst – Fakten, Thesen, Hintergründe, Zürich 1998, S. 87–96, zit.: Fiedler in Frehner

ders., Die letzten Kriegsgefangenen – Die New Yorker Debatte über Kulturschätze, die im Weltkrieg verschwanden und geraubt wurden und wiederaufgetaucht sind, FAZ, 27. Januar 1995, S. 38

ders., Neue völkerrechtliche Ansätze des Kulturgüterschutzes, in: Gerte Reichelt (Hrsg.), Internationaler Kultürgüterschutz, Wiener Symposium 18./19. Oktober 1990, Wien 1990, S. 69–79, zit.: Fiedler in Reichelt

ders., Russian Federal Law of 13 May 1997 on Cultural Values that have been Displaced to the U.S.S.R. as a Result of World War II and are to be Found in the Russian Federation Territory, IJCP 7 (1998), S. 512–514

ders., Unterwegs zu einem europäischem Beutemuseum? Zum Vorschlag der Einrichtung einer deutsch-russischen Kulturstiftung (DA 6/1997), DA 31 (1998), S. 258–270

ders., Vom territorialen zum humanitären Kulturgüterschutz, in: Frank Fechner / Thomas Oppermann / Lyndel V. Prott (Hrsg.), Prinzipien des Kulturgüterschutzes – Ansätze im deutschen, europäischen und internationalen Recht, Berlin 1996, S. 159–173, zit.: Fiedler in Fechner

ders., Zwischen Kriegsbeute und internationaler Verantwortung – Kulturgüter im Internationalen Recht der Gegenwart. Plädoyer für eine zeitgemäße Praxis des Internationalen Rechts, in: Gerte Reichelt (Hrsg.), Neues Recht zum Schutz von Kulturgut – Internationaler Kulturgüterschutz – EG-Richtlinien, UNIDROIT-Konvention und Folgerecht, Wien 1997, S. 147–160, zit.: Fiedler in Reichelt

Finkenauer, Thomas, „Zum Begriff der Rechtsnachfolge in § 221 BGB“, JZ 55 (2000), S. 241–247

ders., Gutgläubiger Erbe des bösgläubigen Erblassers – Das Bernsteinzimmer-Mosaik, NJW 1998, S. 960–962

ders., Eigentum und Zeitablauf – das dominium sine re im Grundstücksrecht, zugleich ein Beitrag zur Entstehungsgeschichte des BGB, Diss. Trier 1999, Berlin 2000, zit. Finkenauer, Eigentum und Zeitablauf

Fitschen, Thomas, „Licit International Art Trade in Times of Armed Conflict?“, IJCP 5 (1996), S. 127–132

Fitzmaurice, Gerald, The general principles of international law considered from the standpoint of the rule of law, RdC 1957 II, S. 5–222 (Inhaltsübersicht auf S. 223)

Fleck, Dieter (Hrsg.), Handbuch des humanitären Völkerrechts in bewaffeten Konflikten, München 1994

Fleischhauer, Carl August, „Prescription“, in: Rudolf Bernhardt (Hrsg.), EPIL, Instalment 10 (1987), S. 327–330

ders., „Verjährung“, in: Karl Strupp / Hans-Jürgen Schlochauer (Hrsg.), Wörterbuch des Völkerrechts, Dritter Band, Berlin 1962, S. 509–513

Focarelli, Carlo, „On the Restitution to Italy of Cultural Property Removed to Germany during the Second World War under the Terms of the 1947 Treaty of Peace", Spoils of War, No. 4, August 1997, S. 41–45

Fombad, Charles Manga, The Principle of Unjust Enrichment in International Law, 30, XXX CILSA, S. 120–130 (1997)

Frank, Rainer (Hrsg.), Recht und Kunst, Symposium aus Anlass des 80. Geburtstags von Wolfram Müller-Freienfels, Heidelberg 1996, zit.: Bearbeiter in Frank

Förster, Andreas, Schatzräuber – Die Suche der Stasi nach dem Gold der Nazizeit, Berlin 2000

Foramitti, Hans, Kulturgüterschutz, Empfehlungen zur praktischen Durchführung, Teil 1, Einleitung, Historische Entwicklung, Dokumentation, Wien, Köln, Graz 1970

Francini-Tisa, Esther / Heuß, Anja / Kreis, Georg, Fluchtgut – Raubgut, Der Transfer von Kulturgütern in und über die Schweiz 1933–1945 und die Frage der Restitution, Zürich 2001

Franz, Michael Markus, „Datenbanken abhanden gekommener Kulturgüter am Beispiel der Koordinierungsstelle der Länder für die Rückführung von Kulturgütern", KUR 1 (1999), S. 345–351

ders., „Test Case on Looted Art Decided: Painting by Wtewael Returned to Germany", Spoils of War, No. 6, February 1999, S. 7–10

ders., Ein virtuelles Glashaus autonomer Datenbanken – (nur) eine Vision?, in KUR 2002, S. 7–10, zit: Konferenzbericht

ders., www.LostArt.de – „A new initiative", Spoils of War, No. 7, August 2000, S. 13–15

ders., Zivilrechtliche Probleme des Kulturgüteraustausches, Frankfurt am Main, Berlin et al. 1995, zit.: Franz

Fraoua, Ridha, Le Trafic Illicite des Biens Culturels et leur Restitution, Fribourg 1985

Freeman, Alwyn V., „General Note on the Law of War Booty", AJIL 40 (1946), S. 795–803

Frehner, Matthias (Hrsg.), Das Geschäft mit der Raubkunst – Fakten, Thesen, Hintergründe, Zürich 1998

Freitag, Gabriele / Grenzer, Andreas, „Der nationalsozialitische Kunstraub in der Sowjetunion", in: Wolfgang Eichwede / Ulrike Hartung (Hrsg.), „Betr.: Sicherstellung"; NS-Kunstraub in der Sowjetunion, Bremen 1998, S. 20–66

Freytag, Christiane, „‚Cultural Heritage': Rückgabeansprüche von Ursprungsländern auf ‚ihr' Kulturgut?", in: Frank Fechner / Thomas Oppermann / Lyndel V. Prott (Hrsg.), Prinzipien des Kulturgüterschutzes, Ansätze im deutschen, europäischen und internationalen Recht, Berlin 1996, S. 175–200

Friedman, S., Expropriation in International Law, London 1953

Friemuth, Cay, Die geraubte Kunst – Der dramatische Wettlauf um die Rettung der Kulturschätze nach dem Zweiten Weltkrieg (Entführung, Bergung und Restitution europäischen Kulturgutes 1939–1948), Mit dem Tagebuch des britischen Kunstschutzoffiziers Robert Lonsdale Charles, Braunschweig 1989

Frigo, Manlio, La protezione dei beni culturali nel diritto internazionale, Milano 1986

Frowein, Jochen A. / Zimmermann, Andreas, Rechtsgutachten über die Rückführung kriegsbedingt verlagerter Kulturgüter dem Auswärtigen Amt erstattet vom Max-Planck-Institut für ausländisches öffentliches Recht und Völkerrecht, Heidelberg ohne Datum [nicht veröffentlicht]

ders., Die Verpflichtungen erga omnes im Völkerrecht und ihre Durchsetzung, in: Bernhardt (Hrsg.), Völkerrecht als Rechtsordnung, Internationale Gerichtsbarkeit, Menschenrechte, Berlin Heidelberg New York, 1983

Fuchs, Angelika, „Kulturgüterschutz im Kulturgutsicherungsgesetz", IPRax 20 (2000), S. 281–286

Furtak, Oliver, Abschluß im New Yorker Verfahren DeWeerth v. Baldinger um den gutgläubigen Erwerb eines Monet, IPrax 1995, S. 128f.

Garner, James Wilford, International Law and the World War, Volume I, London 1920, zit.: Garner, International Law

ders., Prize Law During the World War, A Study of the Jurisprudence of the Prize Courts, 1914–1924, New York 1927, zit.: Garner, Prize Law

ders., „Some Question of International Law in the European War", AJIL 9 (1915), S. 71–112, 372–401 und 594–626 sowie 818–857

Garrett, Rebecca L., Time for a Change? Restoring Nazi-looted Artwork To Its Rightful Owners, 12, Pace Int'l Law Review, S. 367–395 (1999)

Gasser, Hans-Peter, „Schutz der Zivilbevölkerung" in: Dieter Fleck (Hrsg.), Handbuch des humanitären Völkerrechts in bewaffneten Konflikten, München 1994, S. 168–235

Gattini, Andrea, „The Fate of the Koenigs Collection: Public and Private International Law Aspects", IJCP 6 (1997), S. 81–108

dies., „Restitution by Russia of Works of Art Removed from German Territory at the End of the Second World War", EJIL 7 (1996), S. 67–88

Gehér, József, „Hungarian Considerations Regarding the Russian Law on Cultural Property", Spoils of War, No. 4, August 1997, S. 29–31

Geisler, Stefan, Die engste Verbindung im internationalen Privatrecht, Berlin 2001

Genieva, Ekaterina Ju. / Michaletz, Claus / Werner, Olaf (Hrsg.), Gesten des guten Willens und der Gesetzgebung, Dokumentation der internationalen Konferenz zur Problematik kriegsbedingt verlagerter Kulturgüter, Moskau, 24. und 25. April 2001, Berlin Moskau 2001, zit.: Bearbeiter in Genieva

Geyerhalter, Volker, Das Lösungsrecht des gutgläubigen Erwerbers: Ein vergessener Kompromiss und die Auswirkungen auf das heutige deutsche Recht unter besonderer Berücksichtigung des internationalen Sachenrechts, Diss. Regensburg, Berlin, Bern et.al. 1996

Genius-Devime, Barbara, Bedeutung und Grenzen des Erbes der Menschheit im völkerrechtlichen Kulturgüterschutz, Baden-Baden 1996

Gerstenblith, Patty, „United States News Notes", IJCP 3 (1994), S. 347–348

Giese, Friedrich / Menzel, Eberhard, Deutsches Kriegführungsrecht, Sammlung der für die deutsche Kriegführung geltenden Rechtsvorschriften, Berlin 1940

Giovannini, Teresa, The Holocaust and Looted Art, AAL 2002, pp. 263–280

Glahn, Gerhard von, The Occupation of Enemy Territory, A Commentary on the Law and Practice of Belligerent Occupation, Minneapolis 1957

Goldmann, Klaus, In staatlichem Gewahrsam – Zum Schicksal archäologischer Funde aus dem Berliner Museum für Vor- und Frühgeschichte, Nbg. Bl. Arch. Heft 13 (1996/97), S. 39–52

ders., The Treasure of the Berlin State Museums and Its Allied Capture: Remarks and Questions, IJCP 7 (1998), S. 308–341

ders., The Trojan Treasures in Berlin: The Disappearance and Search for the Objects after World War II, in: Elizabeth Simpson (Hrsg.), The Spoils of War, World War II and Its Aftermath: The Loss, Reappearance, and Recovery of Cultural Property, New York 1997, S. 200–203

ders. / Schneider, Wolfgang, Das Gold des Priamos, Geschichte einer Odyssee, Leipzig 1995

ders. / Wermusch, Günter, Vernichtet, Verschollen, Vermarktet – Kunstschätze im Visier von Politik und Geschäft, Asendorf 1992

Goldrich, Ian M., Balancing the Need for Repatriation of illegally removed cultural property with the interests of bona fide purchasers: Applying the Unidroit Convention to the Case of the Gold Phiale, 23, Fordham International Law Journal, S. 118 ff. (1999)

Gornig, Gilbert H., Das rechtliche Schicksal der Danziger Kulturgüter seit 1939/45 am Beispiel der Naturforschenden Gesellschaft zu Danzig – Ein Rechtsgutachten, Köln 1999

ders., Wem gehört der Pergamonaltar? Völkerrechtliche Diskussion der Forderungen Griechenlands auf Rückgabe von Kulturgütern, in Gornig, Gilbert (Hrsg.), Griechenland in Europa, Frankfurt, Berlin et.al. 2000, S. 61–95

Graf-Lambsdorff, Hagen, Die Rückführung deutscher Kulturgüter – Ein Prüfstein deutscher Beziehungen zu Russland, aus: Braun, Günter und Waltraut (Hrsg.), Zu Kunst und Kunstpolitik, Beiträge aus Berlin, Berlin, New York 1995, S. 85–118

Graf, Hans-Jörg, Rückgabe von Vermögenswerten an Verfolgte des nationalsozialistischen Regimes im Beitrittsgebiet – Eine Untersuchung zur entsprechenden Anwendung westalliierten Rückerstattungsrechts im Beitrittsgebiet aufgrund rechtsvergleichender Ergebnisse zwischen dem US-Rückerstattungsgesetz und dem Vermögensgesetz, Berlin 1999

Graham, Gael M., „Protection and Reversion of Cultural Property: Issues of Definition and Justification“, Int’l Lawyer 1987, S. 755–793

Grassi, Mario, Die Rechtsstellung des Individuums im Völkerrecht, Diss. Zürich, Winterthur 1955

Grassmann, Gerhard Otto, Die deutsche Besatzungsgesetzgebung während des Zweiten Weltkrieges, Institut für Besatzungsfragen Tübingen 1948

Greenfield, Jeanette, The Return of Cultural Treasures, zweite Auflage, Cambridge 1996

dies., „The Spoils of War“, in: Elizabeth Simpson (Hrsg.), The Spoils of War, World War II and Its Aftermath: The Loss, Reappearance, and Recovery of Cultural Property, New York 1997, S. 34–38

Greenwood, Christopher, „Customary international law and the First Geneva Protocol of 1977 in the Gulf conflict“, in: Peter Rowe (Hrsg.), The Gulf War 1990–91 in International and English Law, London, New York 1993, S. 63–88

Grell, Boris Thorsten, Entartete Kunst – Rechtsprobleme der Erfassung und des späteren Schicksals der sogenannt Entarteten Kunst, Zürich, Diss. 1999 (Entlebuch 1999)

Grewe, Wilhelm, Ein Besatzungsstatut für Deutschland – Die Rechtsformen der Besetzung, Stuttgart 1948

Grimsted, Patricia Kennedy, Trophies of War and Empire, The Archival Heritage of Ukraine, World War II and the the International Politics of Restitution, Cambridge (Mass.) 2001

Groeger, Stefan, Anwendbarkeit des Vermögensgesetzes auf Ansprüche von NS-Verfolgten gegen private Erwerber, VIZ 1995, S. 142–146

Grotewohl, Otto, „Schöpferische Freundschaft“, in: Staatliche Museen zu Berlin (Hrsg.), Schätze der Weltkultur von der Sowjetunion gerettet, Berlin, Leipzig, Freiberg 1958, o.S.

Grotius, Hugo, De jure belli ac pacis libri tres, Drei Bücher vom Recht des Krieges und des Friedens, Paris 1625, Neuer deutscher Text und Einleitung von Walter Schätzel, Die Klassiker des Völkerrechts, Bd. 1, Tübingen 1950

Gutmann, Thomas, Freiwilligkeit als Rechtsbegriff, München 2001.

Günsche, Karl-Ludwig, „Rückkehr nur unter strenger Geheimhaltung möglich – Armenien gibt Beutekunst zurück – 575 kostbare Werke aus Hamburg, Bremen, Lübeck und Berlin“, Die Welt, 5. Mai 1998, S. 2

Günther-Hornig, Margot, Kunstschutz in den von Deutschland besetzten Gebieten 1939–1945, Tübingen 1958

Haase, Günther, Kunstraub und Kunstschutz, Hildesheim 1991, zit.: Haase, Kunstraub

ders., Die Kunstsammlung des Reichsmarschalls Hermann Göring – Eine Dokumentation, Berlin 2000, zit.: Haase, Göring

ders., Die Kunstsammlung Adolf Hitler: Eine Dokumentation, Hamburg 2002, zit.: Haase, Hitler

Hachenburg, Max, Probleme der Rückerstattung, Heidelberg 1950

Hager, Johannes, Verkehrsschutz durch redlichen Erwerb, Habil. München 1990

Hall, William Edward, A Treatise on International Law, achte Auflage von Alexander Pearce Higgins, Oxford 1924

Hall, Ardelia R., „The Recovery of Cultural Objects Dispersed During World War II“, Dep’t St. Bull. 25 (1951), S. 337–344

Hamon, Marie, „Spoliation and Recovery of Cultural Property in France, 1940–94“, in: Elizabeth Simpson (Hrsg.), The Spoils of War, World War II and Its A5ftermath: The Loss, Reappearance, and Recovery of Cultural Property, New York 1997, S. 63–66

Handreichung des Beauftragten der Bundesregierung in Angelegenheiten der Kultur und der Medien, Handreichung vom Februar 2001 zur Umsetzung der „Erklärung der Bundesregierung der Länder und der kommunalen Spitzenverbände zur Auffindung und zur Rückgabe NS-verfolgungsbedingt entzogenen Kulturgutes, insbesondere aus jüdischem Besitz“, Berlin 2001

Hanisch, Hans, Internationalprivatrechtliche Fragen im Kunsthandel, in: Albrecht Dieckmann (Hrsg.), FS für Wolfgang Müller-Freienfels, 1986, S. 193–224

Hannikainen, Lauri, Peremptory Norms (jus cogens) in International Law, Historical Development, Criteria, Present Status, Helsinki 1988

Harclerode, Peter / Pittaway, Brendan, The Lost Masters, The Looting of Europe's Treasure Houses, London 1999

Harris, D. R., „Remedies“, in: Benjamin's Sale of Goods, A. G. Guest (Hrsg.), fünfte Auflage, London 1997, Chapter 15

Hartung, Hannes, Internet Databases and the *usucapio* of WW II – looted art in international law: A new chance for restitution? Spoils of War 2002, Special Edition, S. 63–67

ders., Holocaust and World War II Looted Art: Arbitrated between Great Dreams and Reality, in: Peace Palace Papers, Resolution on Cultural Property Disputes, Volume 7, The Hague 2004, pp. 327–338

ders., The international law seminar in The Hague, „The International Law Seminar in the Hague: Resolution of Cultural Property Disputes etc.“. Conference Scene, in: The Journal of the International Law Association, Le revue de l'Assocoation du droit international, Vol. 5, No. 4, 2003, pp. 282–292

ders., „Weitergeschoben an die nächste Generation, In den Beutekunstverhandlungen geht es dem Bund mehr um Zuständigkeiten als um das Erbe,“ in: „Die Welt“ vom 26. 10. 2004, Feuilleton, Seite 28

Hartung, Ulrike, Raubzüge in der Sowjetunion, Das Sonderkommando Künsberg 1941–1943, Bremen 1997

dies., „The ‚Sonderkommando Künsberg‘. Looting of Cultural Treasures in the USSR“, Spoils of War, No. 2, 15.07.1996, S. 14–16

dies., (Hrsg.), Verschleppt und verschollen – Eine Dokumentation deutscher, sowjetischer und amerikanischer Akten zum NS-Kunstraub in der Sowjetunion (1941–1948), Bremen 2000

Hartwig, Matthias, „Moskau locuta – causa non finita – Das Beutekunst-Gesetz vor dem Verfassungsgericht der Russischen Föderation / Die Entscheidung vom 6. April 1998“, EuGRZ 25 (1998), S. 369–373

ders., Vae victis – Völkerrechtliche Fragwürdigkeiten in der Argumentation des Russischen Verfassungsgerichts zum Beutekunst-Gesetz, Anmerkungen zum Urteil vom 20. Juli 1999 (EuGRZ 1999, S. 589), EuGRZ 26 (1999), S. 553–563

Haunton, Marion, „Peacekeeping, Occupation and Cultural Property“, HuV-I 6 (1993), S. 199–203

Hay, Peter, Ungerechtfertigte Bereicherung im internationalen Privatrecht, Ein Vergleich zwischen dem deutschen Recht und dem amerikanischen Restatement Second, Frankfurt am Main 1978

Heffter, August Wilhelm, Das Europäische Völkerrecht der Gegenwart, zweite Auflage, Berlin 1848

Hefty, Georg Paul, Ein Macke auf Gegenseitigkeit, Das Gemälde „Waldesrand“ sollte mit seinen Verwahrern verbunden bleiben, FAZ vom 3. Juni 2002, S. 12

Hempel, Heinrich, Die Freiheit der Kunst, Eine Darstellung des schweizerischen, deutschen und amerikanischen Rechts, Diss. Zürich 1991, Entlebuch 1991

Herdegen, Matthias, „Zur Geschäftsführung ohne Auftrag (negotiorum gestio) im Völkerrecht“, in: Kai Hailbronner / Georg Ress / Torsten Stein (Hrsg.), Staat und Völkerrechtsordnung, Festschrift für Karl Doehring, Berlin, Heidelberg, New York, London u.a. 1989, S. 303–321, zit.: Herdegen Festschrift für Doehring

ders., „Der Kulturgüterschutz im Kriegsvölkerrecht“, in: Rudolf Dolzer / Erik Jayme / Reinhard Mußgnug (Hrsg.), Rechtsfragen des internationalen Kulturgüterschutzes, Symposium vom 22./23. Juni 1990 im Internationalen Wissenschaftsforum Heidelberg, Heidelberg 1994, S. 161–173,.t.: Herdegen in Dolzer / Jayme / Mußgnug

Herstatt, Claudia, Die Schuld der Käufer, Der Handel mit NS-Raubkunst wird erschwert – aber das ist erst der Anfang, Die Zeit (Nr. 30) vom 19. 7. 2001, S. 39

Herzog, Roland, Kulturgut unter Wasser: Schatztaucher, das Seevölkerrecht und der Schutz des kulturellen Erbes, Diss. Tübingen 2001, Aachen 2002

Heß, Burkhard, Intertemporales Privatrecht, in: Ius Privatum 26, Habil., Tübingen 1998

ders., Staatenimmunität bei Distanzdelikten, Diss. München 1991, erschienen 1992, zit.: Distanzdelikte

ders., Völker- und zivilrechtliche Beurteilung der Entschädigung für Zwangsarbeit vor dem Hintergrund neuerer Entscheidungen deutscher Gerichte, S. 65–92 in: Barwig, Klaus (Hrsg.), Entschädigung für NS-Zwangsarbeit, Baden-Baden 1998

ders., Das neue Schuldrecht – In-Krafttreten und Übergangsregelungen, in: NJW 2002, S. 253–260

Heuer, Carl-Heinz, „Die Kunstraubzüge der Nationalsozialisten und ihre Rückabwicklung“, NJW 52 (1999), S. 2558–2564

Heuß, Anja, „Der Fall Goudstikker: Die Niederlande und die Raubkunst“, in: Matthias Frehner (Hrsg.), Das Geschäft mit der Raubkunst – Fakten, Thesen, Hintergründe, Zürich 1998, S. 105–114, zit.: Heuss in Frehner

dies., Kunst- und Kulturgutraub – Eine vergleichende Studie zur Besatzungspolitik der Nationalsozialisten in Frankreich und der Sowjetunion, Diss. phil., Heidelberg 2000

dies., „Die Vernichtung jüdischer Sammlungen in Berlin“, in: Frehner, Matthias (Hrsg.), Das Geschäft mit der Raubkunst – Fakten, Thesen, Hintergründe, Zürich 1998, S. 97–104, (zit.: Heuss in Frehner)

dies., Das Sonderkommando Künsberg und der Kulturgutraub in der Sowjetunion. In: Vierteljahrshefte für Zeitgeschichte, Heft 4/1997

dies., Der Kunstraub der Nationalsozialisten. Eine Typologie. In: kritische berichte. Zeitschrift für Kunst- und Kulturwissenschaften, Heft 2/1995

dies., Die Mauerbach-Versteigerung. In: kritische berichte. Zeitschrift für Kunst und Kulturwissenschaften, Heft 2/1997

dies., Stalins Auktionen in Berlin. In: sediment. Mitteilungen zur Geschichte des Kunsthandels. Heft 2/1997

dies., Die Reichskulturkammer und die Steuerung des Kunsthandels im Dritten Reich. In: sediment. Mitteilungen zur Geschichte des Kunsthandels. Heft 3/1998

dies., Die Vernichtung jüdischer Sammlungen in Berlin. In: Neue Zürcher Zeitung, 25. 2. 1997

dies., Es ist nicht alles deutsch, was glänzt. In: Neue Zürcher Zeitung, 1. 4. 1997

dies., Zwangsverkauft, restituiert, verstaatlicht. Der Fall Goudstikker: Die Niederlande und die Raubkunst, in: Neue Zürcher Zeitung, 19. 12. 1997

dies., Aufgeschlitzt, zertrampelt und als Abfall verbrannt. „Aktion Entartete Kunst" des „Einsatzstabs Reichsleiter Rosenberg" 1943 in Paris, in: Neue Zürcher Zeitung, 15. 6. 1998

dies., Das Schicksal der jüdischen Kunstsammlung von Ismar Littmann. Ein neuer Fall von Kunstraub wirft grundsätzliche Fragen auf. In: Neue Zürcher Zeitung, 17. 8. 98

Heusel, Wolfgang, „Weiches" Völkerrecht: Eine vergleichende Untersuchung typischer Erscheinungsformen, Baden-Baden 1991

Heydenreuter, Reinhard, Kunstraub, Die Geschichte des Quedlinburger Stiftsschatzes, Esslingen, München 1993

Hiller, Marlene P., „The Documentation of War Losses in the Former Soviet Republics", in: Elizabeth Simpson (Hrsg.), The Spoils of War, World War II and Its Aftermath: The Loss, Reappearance, and Recovery of Cultural Property, New York 1997, S. 81–83

Hipp, Anette, Schutz von Kulturgütern in Deutschland, Diss. Heidelberg, Berlin, New York 2000

Hirsch, Burkhard, Die Bedeutung der Zusage „freien Geleits" für Kulturgüter, in NJW 2001, 1627

Hohloch, Gerhard (Hrsg.), Festschrift für Hans Stoll zum 75. Geburtstag, Tübingen 2001

Höhn, Christine, „Die Verlagerung deutscher Kulturgüter nach dem Zweiten Weltkrieg aus völkerrechtlicher Sicht", HuV-I 8 (1995), S. 26–32

Hönes, Ernst-Rainer, Zum Kulturgutbegriff der Haager Konventionen von 1899 bis heute, in: DÖV 1998, S. 985–995

Hollander, Barnett, The International Law of Art, London 1959

Holm, Kerstin, „Ewige Beute", FAZ, 7. April 1998, S. 41

dies., „Jelzin unterliegt im Streit um deutsche Beutekunst“, FAZ, 7. April 1998, S. 1 und 2

dies., „Zwei Diktatoren raubten sich aus“, FAZ, 3. Dezember 1996, S. 41–42

Holzer, Patrick Edgar, Die Ermittlung der innerstaatlichen Anwendbarkeit völkerrechtlicher Vertragsbestimmungen, Zürich 1998

Hondius, Ewoud H., Extinctive Prescription, On the Limitation of Actions, Den Haag 1995

Höpfner, Gerd, „Die Rückführung der ‚Leningrad-Sammlung‘ des Museums für Völkerkunde“, JPK 29 (1993), S. 157–171

Hudson, Manley O., „Editor's Note“ zum „Treaty on the Protection of Artistic and Scientific Institutions and Historic Monuments (Roerich Pact)“, in: Hudson, Manley O. (Hrsg.), International Legislation, Band 7, 1935–1937, Washington 1941, S. 56–57

Hübner, Heinz, Der Rechtsverlust im Mobiliarsachenrecht, Erlangen 1955

Hugger, Heiner, „Rückführung nationaler Kulturgüter und internationales Recht am Beispiel der Elgin Marbles“, JuS 32 (1992), S. 997–1004

Illies, Florian, „Auch vor Schutz muß man die Bilder schützen – Ein vergessenes, verworrenes Kapitel deutscher Kunstpolitik im Ersten Weltkrieg: Zwischen Beutelust und Versailler Vertrag“, FAZ, 16. August 1997, S. 27

Imbusch, Birgit, Der gutgläubige rechtsgeschäftliche Erwerb gestohlener Sachen im deutschen Recht, Diss. Münster 1999

Institut für Analyse und Management von Konflikten und Stabilität (IAUKS), Information zur völkerrechtlichen Kulturgüterregelung in bewaffneten Konflikten, Moskau o.D.

Ipsen, Knut, Völkerrecht, vierte Auflage, München 1999 (zit.: Ipsen/Bearbeiter)

Jackson, Sarah, „Looted Art: A Practical Response“, Spoils of War, No. 6, February 1999, S. 16–19

Jacobs, Steven L., Raphael Lemin's Thoughts on Nazi Genocide, Not Guilty?, Edwin Mellen, New York 1992

Jaeger, Andrea, Rechtsfragen des internationalen Kulturgüterschutzes – Rechtslage, Rechtspraxis, Rechtsfortentwicklung, Köln, Berlin, Bonn, München 1993

Jaeger, Charles de, Das Führermuseum – Sonderauftrag Linz, Esslingen, München 1988

Jager, Koen de, „Claims to Cultural Property under International Law“, LJIL 1 (1988), S. 183–197

Jähne, Armin, Geheimsache Troja, Der Streit um Schliemanns Gold, Leipzig 1998

Jaenicke, Günther / Wiethölter, Rudolf, Zur Frage des internationalen ordre public, S. 77–178, zit.: Bearbeiter in BDGesV, Deutsche Gesellschaft für Völkerrecht, Verhandlungen der 9. Tagung, Heft 7, Karlsruhe 1967

Jayme, Erik, Nationales Kunstwerk und Internationales Privatrecht, Vorträge, Aufsätze, Gutachten, gesammelte Schriften, Band 1, Heidelberg 1999, zit.: Jayme

ders., Beutekunst als Rechtsfrage, Frankfurter Rundschau vom 13. 7. 2001, Feuilleton, S. 17

ders., Das freie Geleit, in: Gerte Reichelt (Hrsg.), Ludwig Boltzmann Institut für Europarecht, Vorlesungen und Vorträge, Heft 11, Wien 2001, zit: Jayme, freies Geleit

ders., Narrative Normen im Kunstrecht, in: Becker / Hilti / Stöckli / Würtenberger (Hrsg.), Recht im Wandel seines sozialen und technologischen Umfeldes, Festschrift für Manfred Rehbinder, Bern 2002, S. 539–544, zit: Jayme in FS Rehbinder

ders., Kulturelle Identität und Internationales Privatrecht, Heidelberg 2003, zit.: Bearbeiter in kulturelle Identität

Jenschke, Christoff, Der völkerrechtliche Rückgabeanspruch auf in Kriegszeiten widerrechtlich verbrachte Kulturgüter, Schriftenreihe „Schriften zum Völkerrecht" Berlin 2004

Joffe, Josef, „Die Beute und das Gesetz", SZ, 7. April 1998, S. 4

Johnson, H. N., „Acquisitive Prescription in International Law", BYIL 27 (1950), S. 332–354

Jote, Kifle, International legal protection of cultural heritage, Stockholm 1994

Kadelbach, Stefan, Zwingendes Völkerrecht, Berlin 1992

Kathmann, Dorothea, Wege und Schicksaale jüdischer Kunstsammlungen aufgezeigt am Beispiel der Sammlung Silberberg aus Breslau, Der Versuch einer späten Wiedergutmachung, in: Jahrbuch preußischer Kulturbesitz, Band 35, 1998, S. 165–177

Kaiser, Gerhard, „Schillers Einspruch gegen den Kunstraub der Weltmächte – Zur Bedeutung der Ästhetik für ein rechtliches Problem", in: Volker Michael Strocka (Hrsg.), Kunstraub – ein Siegerrecht? Historische Fälle und juristische Einwände, Berlin 1999, S. 41–46

Kapralik, C. I., Reclaiming the Nazi Loot – The History of the Work of the Jewish Trust Corporation for Germany, London 1962

Karasik, Monroe, „Problems of Compensation and Restitution in Germany and Austria", LCP 16 (1951), S. 448–468

Karrer, Pierre, Der Fahrniserwerb kraft guten Glaubens im internationalen Privatrecht, Zürich 1968

Kaufmann, Erich, „Die völkerrechtlichen Grundlagen und Grenzen der Restitutionen", AÖR 75 (1949), S. 1–26

ders. (Hrsg.) Gustav Radbruch, Gesamtausgabe, Band 1, Heidelberg 1997??

Kaye, Lawrence M., „Cultural Property Theft During War: Application of the Statute of Limitations", in: Legal Aspects of International Trade in Art, Vol. V, Martine Briat / Judith A. Freedberg (Hrsg.), Den Haag, London, Boston 1996, S. 217–228

ders., Laws in Force at the Dawn of World War II: International Conventions and National Laws", in: Elizabeth Simpson (Hrsg.), The Spoils of War, World War II and Its Aftermath: The Loss, Reappearance, and Recovery of Cultural Property, New York 1997, S. 100–105

ders., Looted Art: What can and should be done, 20, Cardozo Law Review, S. 657–670 (1998)

Keeton, Georg W. / Schwarzenberger, Georg, Expropriation in international law, London 1953

Kegel, Gerhard / Schurig, Klaus, Internationales Privatrecht, Ein Studienbuch, München 2000

Kempen, Bernhard, Internationaler Kulturgüteraustausch: Die Bedeutung der „Rechtsverbindlichen Rückgabezusage", in: Brenner, Michael / Badura, Peter et.al., Der Staat des Grundgesetzes – Kontinuität und Wandel, Festschrift für Peter Badura zum 70. Geburtstag, , S. 1079–1097, Tübingen 2004, zit.: Kempen in FS Badura

Kemper, Bernhard / Burkhardt, Herbert, Kommentar zum Bundesrückerstattungsgesetz, Stuttgart 1958

Kennon, Hans, „Take a Picture, It May Last Longer if Guggenheim becomes the Law of the Land: Repatriation of Fine Art", St. Thomas L. Rev. 8 (1995/1996), S. 373–422

Keller, Max / Siehr, Kurt, Allgemeine Lehren des internationalen Privatrechts, Zürich 1986

Kienle, Christiane, „Books from Armenia Returned to Germany", Spoils of War, No. 5, June 1998, S. 85

Kilian, Michael, Kriegsvölkerrecht und Kulturgut – Die Bemühungen um den Schutz der Kulturgüter bei bewaffneten Auseinandersetzung, in: NZWehr 1983, 41 ff.

Kimminich, Otto / Hobe, Stephan, Einführung in das Völkerrecht, siebte Auflage, Tübingen, Basel 2000

King, B. E., „Prescription of Claims in International Law", BYIL 15 (1934), S. 82–97

Kinley, G. D., „Carriage by Land", in: Chitty on Contracts, Band 2, Specific Contracts, A. G. Guest (Hrsg.), 27. Auflage, London 1994, Chapter 35

Kirby, Christa L., Stolen Cultural Property; Available Museum Responses to an international Dilemma, 104, Dickinson Law Review, S. 729–748 (2000)

Kirchner, Jörg, Völkergewohnheiten aus Sicht der Rechtsanwendung: Möglichkeiten und Grenzen bei der Ermittlung völkergewohnheitsrechtlicher Normen, München 1989

Kischel, Uwe, „Wiedergutmachungsrecht und Reparationen", JZ 52 (1997), S. 126–131

Klausewitz, Wolfgang, „Beutekunst – Versuch einer Dokumentation", Museumskunde 57 (1992), S. 130–136

Kline, Thomas R., „The Russian Bill to Nationalize Trophy Art: An American Perspective", Spoils of War, No. 4, August 1997, S. 31–36

Klöss, Erhard (Hrsg.), Von Versailles zum Zweiten Weltkrieg – Verträge zur Zeitgeschichte 1918–1939, München 1965

Knott, Hermann J., Der Anspruch auf Herausgabe gestohlenen und illegal exportierten Kulturguts: Internationalprivatrechtliche und rechtsvergleichende Aspekte zum Herausgabeanspruch des privaten Eigentümers und des Herkunftsstaates, Baden-Baden 1990

Knyschewskij, Pawel Nikolaewitsch, Moskaus Beute – Wie Vermögen, Kulturgüter und Intelligenz nach 1945 aus Deutschland geraubt wurden, München und Landsberg am Lech 1995

Köhling, Lambert, Der Eigentumserwerb abhanden gekommener Kunstgegenstände im amerikanischen Recht, Diss. Münster 1999

Kokott, Juliane, Grund- und Menschenrechte als Inhalt eines internationalen ordre public, in: Band 38: Die Wirkungskraft der Grundrechte bei Fällen mit Auslandsbezug, Deutsche Gesellschaft für Völkerrecht, Berichte der, Heidelberg 1998, S. 71–111

König, Detlef, Ungerechtfertigte Bereicherung, Tatbestände und Ordnungsprobleme in rechtsvergleichender Sicht, Heidelberg 1985

Koordinierungsstelle für Kulturgutverluste (KK, Hrsg.), Bearbeitet von Ulf Häder, Beiträge öffentlicher Einrichtungen der Bundesrepublik Deutschland zum Umgang mit Kulturgütern aus ehemaligem jüdischen Besitz, Band 1, Magdeburg 2001, zit.: Bearbeiter in KK

dies., Museen im Zwielicht, Ankaufspolitik 1933–1945 / Die eigene Geschichte, Provenienzforschung an deutschen Kunstmuseen im internationalen Vergleich, Band 2, Magdeburg 2002, zit.: Bearbeiter in KK II

Körbs, Hartmut, „Der internationale Schutz von Kulturgütern – Ein Rückblick", HuV-I 9 (1996), S. 138–148

Kogelfranz, Siegfried / Korte, Willi A., Quedlinburg – Texas und zurück, Schwarzhandel mit geraubter Kunst, München 1994

Kolasa, Ingo, „A Splendid Gesture. Chronology of a Restitution, Part I", Spoils of War, No. 3, December 1996, S. 53–57

Korbmacher, Günter, Das Entnahmerecht des Okkupanten, Eine völkerrechtliche Untersuchung unter besonderer Berücksichtigung der Rechtsprechung der Nürnberger Militärtribunale und der deutschen Besetzungen im 2. Weltkriege, Diss. Tübingen 1956

Korkmasova, Evgenia, „Review of the Russian Press for 1997 on the Question of the Restitution of Cultural Values", Spoils of War, No. 4, August 1997, S. 48–51

Korkmazova, Evgenia, „Review of the 1997 Russian Press on the Issue of the Restitution of Cultural Values. Part II", Spoils of War, No. 5, June 1998, S. 41–43

dies., „Review of the 1998 Russian Press on the Issue of the Restitution of Cultural Values. Part III", Spoils of War, No. 6, February 1999, S. 22–25

Korkmazova, Evgenyja, „Review of the Russian press for 1999 on issues of restitution of cultural valuables", Spoils of War, No. 7, August 2000, S. 36–38

Koslow, Grigorij, „Dokumente in russischen Archiven", in: Ulrike Hartung (Hrsg.), Verschleppt und verschollen – Eine Dokumentation deutscher, sowjetischer und amerikanischer Akten zum NS-Kunstraub in der Sowjetunion (1941–1948), Bremen 2000, S. 217–262

Kot, Sergei, „The Ukraine and the Russian Law on Removed Cultural Values", Spoils of War, No. 5, June 1998, S. 9–15

Kott, Christina, „Kunstwerke als Faustpfänder im Ersten Weltkrieg", NZZ, 25. März 1997, S. 46

Kostenevich, Albert, Hidden Treasures Revealed, Impressionist Masterpieces and other important French Paintings preserved by the State Hermitage Museum, St. Petersburg

(Ausstellungskatalog der Beutekunstausstellung „Twice saved“), Moskau, St. Petersburg, 1995

Kowalski, Wojciech W., Art Treasures and War, A study on the restitution of looted cultural property, pursuant to Public International Law, Leicester 1998, zit.: Kowalski, Art Treasures

ders., Introduction to the International Law on the Restitution of Works of Art Looted During Armed Conflicts, Part I, Spoils of War, No. 2, 15. 07. 1996, S. 6–8; Part II, Spoils of War, No. 3, December 1996, S. 10–12; Part III, Spoils of War, No. 4, August 1997, S. 39–41; Part IV, Spoils of War, No. 5, June 1998, S. 7–9

ders., Liquidation of the Effects of World War II in the Area of Culture, Warschau 1994 (zit.: Kowalski, Liquidation)

ders., „Russian Law: The Polish Perspective“, Spoils of War, No. 4, August 1997, S. 36–38

ders., World War II Cultural Losses of Poland: A Historical Issue or Still a ‚Hot‘ Political and Legal Topic?“, in: Elizabeth Simpson (Hrsg.), The Spoils of War, World War II and Its Aftermath: The Loss, Reappearance, and Recovery of Cultural Property, New York 1997, S. 235–236

ders., Repatriation of cultural property following a cession of territory or dissolution of multinational states, AAL 2001, 139–166, zit.: Kowlaki, repatriation

ders., Restitution of works of art persuant to private and public international law, Recueil des Cours (288, 1), Den Haag 2001, pp. 17–244, zit: Kowalski, restitution

Kropholler, Jan, Internationales Privatrecht, 4. Auflage, Tübingen 2001

ders., Internationales Einheitsrecht, Tübingen 1975

Krämer-Noppeney, Evmarie, Zum Kausalzusammenhang zwischen Drohung und Vermögensverfügung in den Rückerstattungsgesetzen der westdeutschen Besatzungszonen und in Österreich, Diss. Münster 1991

Kraus, Herbert, „Völkerrechtliches Gutachten“, in: Akademie der Wissenschaften Göttingen, Zwei Gutachten über die Archive des Deutschen Ordens sowie des altpreussischen Herzogtums, Göttingen 1949, S. 5–12

Kreiner, Paul / Stehrer, Sabine, „Für eine Dose Schmalz gibt’s einen Solitär – Im Dezember 1944 ist im Salzkammergut Endstation für den Goldzug“, Stuttgarter Zeitung, 24. Juni 2000, S. 3

Kreis, Georg, „Die Schweiz und der Kunsthandel 1939–1945“, in: Matthias Frehner (Hrsg.), Das Geschäft mit der Raubkunst, Zürich 1998

Kriesch, Elli G., Der Schatz von Troja und seine Geschichte, Hamburg 1994

Krois, Isabella, Die Restitution von Kunst- und Kulturgütern am Fall der Familie Rothschild aus zeithistorischer und rechtlicher Sicht, Wien 2000

Kubin, Ernst, Raub oder Schutz?: Der deutsche militärische Kunstschutz in Italien, Stuttgart 1994

Horn, Edgar, Die Bedeutung der Ersitzung im geltenden Recht, Diss. Tübingen, Würzburg 1933

Krülle, Siegrid, Die Konfiskation deutschen Vermögens durch Polen – Teil I: Die Enteignungsmaßnahmen, Bonn 1993

Kuhn, Petra, „Comment on the Soviet Returns of Cultural Treasures Moved because of the War to the GDR", Spoils of War, No. 2, 15.07.1996, S. 45–47

Kühnel-Kunze, Irene, Bergung – Evakuierung – Rückführung, Die Berliner Museen in den Jahren 1939 – 1959, JPK, Sonderband 2, zweite Auflage, Berlin 1984

Kühn-Ludewig, Maria (Hrsg.), Displaced Books, Bücherrückgabe aus zweierlei Sicht, 2. Auflage, Hannover 1999

Kunze, Hans Henning, Restitution „Entarteter Kunst" – Sachenrecht und Internationales Privatrecht, Berlin, New York 2000

Kupisch, Berthold, Ungerechtfertigte Bereicherung, Geschichtliche Entwicklungen, Heidelberg 1987

Kurtz, Michael J., Nazi Contraband – American Policy on the Return of European Cultural Treasures, 1945–1955, New York und London 1985

ders., Resolving a Dilemma: The Inheritance of Jewish Property, 20, Cardozo Law Review, S. 625–655 (1998)

Kurz, Jakob, Kurzraub in Europa 1938–1945, Hamburg 1989

Krämer, Gerd, Bernsteinzimmer-Mosaik: Ersitzung durch den gutgläubigen Erben des bösgläubigen Besitzers ? NJW 1997, S. 2580–2581

Krämer, Steffen, Die grobe Fahrlässigkeit im Sachenrecht und beim sonstigen Recht des gutgläubigen Erwerbs, Diss. Göttingen 1994

Langen, Eugen / Sauer, Ernst, Die Restitution im internationalen Recht, Sonderdruck Der Betrieb, Düsseldorf 1949

dies., Rechtsprobleme der Restitutionen, Freiwillige Verträge oder Zwangsakte im Besatzungsrecht, Der Betrieb (23) 1949, S. 265–267

Långström, Tara, „War Trophies" from World War II in Russia – robbery or restitution, in: The Finnish Yearbook of International Law, 2000, 249–296

Laski, Piotr, „The Prescription in International Law – Some Remarks", PYIL 23 (1997/1998), S. 219–227

Lattmann, Eveline, Schutz der Kulturgüter bei bewaffneten Konflikten – Die schweizerische Gesetzgebung und Praxis aufgrund des Haager Abkommens vom 14. Mai 1954 für den Schutz von Kulturgut bei bewaffneten Konflikten, Diss. Zürich 1974

Laun, Rudolf, „Staats- und Völkerrecht in Deutschland", MDR 1 (1947), S. 246–248

ders., Die Haager Landkriegsordnung,Textausgabe mit einer Einführung, Hannover 1950

Lawson, Frederick H., Zeitablauf als Rechtsproblem, in: AcP 1960, S. 97–106

Lehmann, Klaus-Dieter / Kolasa, Ingo (Hrsg.), Die Trophäenkommissionen der Roten Armee – Eine Dokumentensammlung zur Verschleppung von Büchern aus Deutschen Bibliotheken, Frankfurt a.M. 1996

ders., Restitution von Bibliotheksgut, Frankfurt am Main, 1992

Leistra, Josefine, „The Netherlands“, Spoils of War, Nr. 1, 19.12.1995, S. 21–22

Leistra, Josefine, „A Short History of Art Losses and Art Recovery in the Netherlands“, in: Elizabeth Simpson (Hrsg.), The Spoils of War, World War II and Its Aftermath: The Loss, Reappearance, and Recovery of Cultural Property, New York 1997, S. 53–57

Le Masne de Chermont, Isabelle / Schulmann, Didier, Le Pillage de l'art en France pendant l'occupation et la situation des 2000 œuvres confiées aux musées nationaux, Paris 2000

Lemkin, Raphael, Axis Rule in Occupied Europe, Laws of Occupation, Analysis of Government, Proposals for Redress, Washington 1944

ders., Akte der Barbarei und des Vandalismus als delicta juris gentium, in: Internationales Anwaltsblatt, 19. Jahrgang, Heft 6, Wien, November 1933

Lerner, Ralph E., „The Nazi Art Theft Problem and the Role of the Museum: A Proposed Solution to Disputes Over Title“, N.Y.U.J. Int'l L. & Pol. 31 (1998), S. 15–41

Lillie, Sophie, Was einmal war: Handbuch der enteigneten Kunstsammlungen Wiens, Wien 2003

Lippman, Matthew, „Art and Ideology in the Third Reich: The Protection of Cultural Property and the Humanitarian Law of War“, Dickinson J. Int'l L. 17 (1998), S. 1–97

Liszt, Franz von, Das Völkerrecht, Sytematisch dargestellt, zwölfte Auflage bearbeitet von Max Fleischmann, Berlin 1925

Lorentz, Claude, La France et les restitutions allemands aus lendemain de la seconde guerre mondiale (1943–1954), Direction des Archives et de la Documentation, Ministere des Affaires etrangeres, ohne Datum (2000)

Lowenthal, Constance, „The Commission for Art Recovery of the World Jewish Congress“, Spoils of War, No. 6, February 1999, S. 20–22

Ludwig, Michael, „Vorsichtige Terrainsondierung“, FAZ, 3. Dezember 1996, S. 42

Lufkin, Martha, The Subpoena heard around the world, The Schiele Case and other legal immunities for art loaned into the U.S., AAL 1999, pp. 363–372

dies., Criminal Liability for receiving state-claimed antiquities in the United States: The ‚Schultz'-Case, AAL 2003, pp. 321–342, zit.: Lufkin, Schultz

Mahnke, Hans H., „Das Kulturabkommen zwischen den beiden deutschen Staaten vom 6. Mai 1986“, ROW 30 (1986), S. 340–343

Maldis, Adam, „The Tragic Fate of Belarusan Museum and Library Collections during the Second World War“, in: Elizabeth Simpson (Hrsg.), The Spoils of War, World War II and Its Aftermath: The Loss, Reappearance, and Recovery of Cultural Property, New York 1997, S. 77–80

Mann, F. A., „German Property in Switzerland“, BYIL 23 (1946), S. 354–358

ders., Völkerrechtswidrige Enteignungen vor nationalen Gerichten, in: NJW 1961, S. 705–711

ders., Nochmals zu völkerrechtswidrigen Enteignungen vor deutschen Gerichten, in: Festschrift für Duden, 1977, S. 288ff.

Manasse, Peter M., Verschleppte Archive und Bibliotheken, St. Ingbert 1997
Maschke, Hermann M., Das Krupp-Urteil und das Problem der „Plünderung", Göttingen 1951

Mahr, Heidi, Enteignung und ordre public, Ein Beitrag zur zivilrechtlichen Rückabwicklung der Grundstücksenteignungen in der Sowjetischen Besatzungszone Deutschlands, Diss. München 1996

Martens, Friedrich von, Völkerrecht. Das Internationale Recht der civilisirten Nationen, deutsche Ausgabe von Carl Bergbohm, erster Band, Berlin 1883

Martens, George-Fréderic de, (Georg Friedrich von Martens), Nouveau Recueil général de traités et autres actes relatifs aux rapports de droit international, fortgeführt von Felix Stoerk, Série 2, 35 Bände, Gottingue/Leipzig 1876–1908

ders., Nouveau Recueil général de traités et autres actes relatifs aux rapports de droit international, fortgeführt von Heinrich Triepel, Série 3, 41 Bände, Leipzig/Greifswald 1909–1944 , zit.: Martens, NRG, 3e sér.

ders., Nouveau recueil de traités d'alliance, de paix, de trêve, de neutralité, de commerce, de limits, d'échange etc. et de plusieurs autres actes servant à la connoissance des relations étrangères des puissances et Etats de l'Europe, 20 Bände, Gottingue 1817–1842, zit.: Martens, NR

Martin, Andrew, „Private Property, Rights, and Interests in the Paris Peace Treaties", BYIL 24 (1947), S. 273–300

Mansel, Heinz-Peter, DeWeerth v. Baldinger, Kollisionsrechtliches zum Erwerb gestohlener Kunstwerke, IPrax 1988, S. 268–271

Manske, Gisela, Verbrechen gegen die Menschlichkeit als Verbrechen gegen die Menschheit, Zu einem zentralen Begriff der internationalen Strafgerichtsbarkeit, Diss. Hamburg 2002, Berlin 2003

Mastalir, Roger W., „A Proposal for Protecting the ‚Cultural' and ‚Property' Aspects of Cultural Property Under International Law", Fordham Int'l L.J. 16 (1992/1993), S. 1033–1093

Mastroberardino, Margaret M., „The Last Prisoners of World War II", Pace Int'l L. Rev. 9 (1997), S. 315–356

Maurice, Klaus, „Kunstraub und Rückgabe", in: Der Quedlinburger Schatz wieder vereint, Dietrich Kötzsch (Hrsg.), Katalog zur Ausstellung im Kunstgewerbemuseum, Staatliche Museen zu Berlin – Preußischer Kulturbesitz, Berlin 1992, S. XV–XVII

Menghin, Wilfried, „Berlin – Moskau … und zurück? Die Trophäen aus dem Museum für Vor- und Frühgeschichte in Rußland. Euphorie und Depression", JPK 31 (1995), S. 53–68

ders., „Das Museum für Vor- und Frühgeschichte – Der Zweite Weltkrieg und seine Folgen", in: Schliemanns Gold und die Schätze Alteuropas aus dem Museum für Vor- und Frühgeschichte – Eine Dokumentation, Staatliche Museen zu Berlin – Preussischer Kulturbesitz (Hrsg.), Mainz am Rhein 1993, S. 9–12

Menzel, Eberhard, „Einführung in die Friedensverträge“, in: Die Friedensverträge von 1947 mit Italien, Ungarn, Bulgarien, Rumänien und Finnland, in Quellen für Politik und Völkerrecht, hrsg. von Wilhelm Cornides und Eberhard Menzel, Band 1, Oberursel 1948, S. 1–61

Meron, Theodor, „The Martens Clause, Principles of Humanity, and Dictates of Public Conscience“, AJIL 94 (2000), S. 78–89

Merryman, John Henry, Thinking about the Elgin Marbles: Critical Essays on Cultural Property, Art and Law, The Hague, London, Boston 2000, zit.: Merryman

Merryman, John Henry / Elsen, Albert E. ,Law, Ethics and the Visual Arts, London, 1998

Messerschmidt, Burkhard, Die Rückgabe von Kulturgütern an NS-Verfolgte, in: VIZ 2001, S. 289–293

Meurer, Christian, Die Haager Friedenskonferenz, 2. Band: Das Kriegsrecht der Haager Konferenz, München 1907

Meyer, Karl E., Geplünderte Vergangenheit, Der illegale Kunsthandel – Fälscher, Diebe und Bewahrer, Zug (CH) 1977

Mężyński, Andrzej, Kommando Paulsen, Organisierter Kunstraub in Polen 1942–45, Köln 2000

Michel, Werner, Zur Geltung und Wirksamkeit von Normen des Völkergewohnheitsrechts, Diss. Marburg 1990

Ministerium für Kultur der Russischen Föderation, Staatliche Bibliothek für Ausländische Literatur Rudomino, Moskau et.al. (Hrsg.), Das schwierige Schicksal von Kulturgütern, Materialien der internationalen Konferenz Privatrecht und Probleme der Restitution von kriegsbedinbgt verbrachten Kulturgütern, Moskau, 27. und 28. Mai 2002, Berlin Moskau 2002, zit.: Bearbeiter in Ministerium für Kultur der Russischen Föderation

dies., Kulturgüter-Möglichkeiten und Perspektiven einer gesamteuropäischen Zusammenarbeit, Materialien der internationalen Konferenz, St. Petersburg, 12. Mai 2003, Berlin Moskau 2004, zit.: Bearbeiter in Ministerium

Ministero degli Affari Esteri (Hrsg.), Treasures untraced, An Inventory of the Italian Art Treasures lost during the Second World War, Rom 1995

Mönninghoff, Wolfgang, Enteignung der Juden, Wunder der Wirtschaft, Erbe der Deutschen, Wien 2001

Monden, Anneliese / Wils, Geert, „Art Objects as Common Heritage of Mankind“, Revue belge de droit international 19 (1986), S. 327–338

Moore, John Barrett, A Digest of International Law, Band 7, Washington 1906 (zit.: Moore, Digest International Law)

Morgenbesser, Mischa, Staatenverantwortlichkeit für Völkermord, Verbrechen gegen die Menschlichkeit und Kriegsverbrechen, Diss. Zürich 2002, Zürich 2003

Morgenstern, (ohne Vorname), Validity of the Acts of the Belligerent Occupant, BYIL 28 (1951), S. 291–322

Mosler, Hermann, „General Principles of Law“, in: Rudolf Bernhardt (Hrsg.), EPIL, Vol. II (1995), S. 511–527

Mráz, Michael, „Raubgold im Lichte des Völkerrechts", SZIER/RSDIE 8 (1998), S. 207–248

Müller, Jörg Paul / Wildhaber, Luzius (Hrsg.), Praxis des Völkerrechts, Bern 2001

Müller-Katzenburg, Astrid, „Besitz- und Eigentumssituation bei gestohlenen und sonst abhanden gekommenen Kunstwerken", NJW 52 (1999), S. 2251–2558

dies., Internationale Standards im Kulturgüterverkehr und ihre Bedeutung für das Sach- und Kollisionsrecht, Berlin 1995

dies., Auswirkungen der Neuregelung des Verjährungsrechts für NS-verfolgungsbedingt und kriegsbedingt entzogenes Kulturgut, KUR (6) 2001, S. 124–129

dies., Aktuelle Gesetzesänderung: Verjährt ? FAZ vom 20.10.2001

dies., „Art, Law and the Holocaust – the Position in Germany", Beitrag zum Seminar des Institute of Art and Law vom 5.10.1999: Art, Law and the Holocaust, London 1999 (nicht veröffentlicht), zit.: Müller-Katzenburg, art law

Müller-Meiningen, Ernst, Der Weltkrieg 1914–1917 und der „Zusammenbruch des Völkerrechts", Eine Abwehr und Anklage, zwei Bände, vierte Auflage, Berlin 1917

Müller, Jörg-Paul / Cottier, Thomas, Acquiescence in Bernhardt (Hrsg.), EPIL I, 14–16

Mugdan, Benno, Die gesamten Materialen zum Bürgerlichen Gesetzbuch für das Deutsche Reich, Band 1: Einführungsgesetz und Allgemeiner Teil, Aalen 1979, Band 3: Sachenrecht, Aalen 1979 (Neudruck von Berlin 1899)

Mußgnug, Reinhard, „Das Kunstwerk im internationalen Recht", in: Kunst und Recht, mit Beiträgen von Johann-Tönjes Cassens et al., Justiz und Recht, Schriften der Deutschen Richterakademie, hrsg. von der Deutschen Richterakademie, S. 15–42

ders., Museums- und Archivgut als ‚res extra commercium, in: Gerte Reichelt (Hrsg.), Internationaler Kulturgüterschutz, Wiener Symposium, 18./19. Oktober 1990, Wien 1992, S. 141–147

ders., Wem gehört Nofretete? Anmerkungen zu dem deutsch-deutschen Streit um den ehemals preußischen Kulturbesitz – Vortrag gehalten vor der Berliner Juristischen Gesellschaft am 1. Dezember 1976, Berlin, New York 1977

ders., Der kriegsrechtliche Kulturgüterschutz, S. 333–345, in: Festschrift für Kurt G. A. Jeserich, Verfassung und Verwaltung, Köln 1994

Myerowitz, Elissa S., Protecting cultural property during a time of war: Why Russia should return Nazi- Looted Art, AAL 1998, pp. 137–164.

Nafziger, James A. R., „The New International Legal Framework for the Return, Restitution or Forfeiture of Cultural Property", N.Y.U. J. Int'l L. & Pol. 15 (1982/1983), S. 789–812

ders., „UNESCO-Centered Management of International Conflict Over Cultural Property", Hastings L. J. 27 (1975/1976), S. 1051–1067

Nahlik, Stanisław E., „Des Crimes Contre Les Biens Culturels", Annuaire de l'A.A.A. 29 (1959), S. 14–27

ders., International Law and the Protection of Cultural Property in Armed Conflicts, Hastings L.J. 27 (1975/1976), S. 1069–1087

ders., La Protection Internationale des Biens Culturels en Cas de Conflit Armé, RdC 120 (1967-I), S. 61–163, zit.: Nahlik RdC

ders., Le cas des collections polonaises au Canada, Considérations juridiques, Annuaire Polonais des Affaires Internationales 1 (1959/1960), S. 172–190

ders., The Case of Displaced Art Treasures – History and Appreciation of a Polish-Canadian Strife, GYIL 23 (1980), S. 255–295

Neu, Heinrich, „Die Verluste an Kulturgut in Deutschland durch den zweiten Weltkrieg", in: Bundesminister für Vertriebene, Flüchtlinge und Kriegsgeschädigte (Hrsg.), Dokumente Deutscher Kriegsschäden – Evakuierte – Kriegssachgeschädigte – Währungsgeschädigte – Die geschichtliche und rechtliche Entwicklung, Band I, Bonn 1958, S. 373–487

Neubert, Miriam, Die Stunde der Nachtwächter: In einer Ausstellung der Moskauer Rudomino-Bibliothek waren Beutekunststücke aus privaten Sammlungen zu besichtigen – aber nur für wenige Stunden, in: Süddeutsche Zeitung vom 31. Mai 2002, Feuilleton, S. 17

Neuhaus, Paul Heinrich, Der Beitrag des Völkerrechts zum internationalen Privatrecht, GYIL (21), 1978, S. 60–73

Neumann, Leopold, Grundriss des heutigen Europäischen Völkerrechtes, zweite Auflage, Wien 1877

Neuss, Jobst Joachim, Handelsembargos zwischen Völkerrecht und IPR, Diss. Bayreuth 1989, München 1989

Nevelev, Boris V., The Soviet Union's Seizure ans Removal of ‚objets d'art' from Germany in 1945–1948: Evaluating the Conflicting Claims to Legal Authority over Occupied Territory, 42 GYIL 1999, S. 337–399

Nicholas, Lynn H., Der Raub der Europa, Das Schicksal europäischer Kunstwerke im Dritten Reich, München 1995

Nikandrov, Nikolai, „The Transfer of the Contents of German Repositories into the Custody of the USSR", in: Elizabeth Simpson (Hrsg.), The Spoils of War, World War II and Its Aftermath: The Loss, Reappearance, and Recovery of Cultural Property, New York 1997, S. 117–120

Nowlan, Jacqueline, „Cultural Property and the Nuremberg War Crimes Trial", HuV-I 6 (1993), S. 221–223

O'Connell, Daniel Patrick, International Law, Band 1 und 2, zweite Auflage, London 1970

Oetker, Hartmut, Die Verjährung: Strukturen eines allgemeinen Rechtsinstituts, Baden-Baden 1994

O'Keefe, Roger, „The Meaning of ‚Cultural Property' under the 1954 Hague Convention", NILR 46 (1999), S. 26–56

O'Keefe, Patrick, J., The Draft Resolution on looted jewish cultural property produced by the parliamentary assembly of the Council of Europe, Beitrag zum Seminar des

Institute of Art and Law vom 5.10.1999: Art, Law and the Holocaust, London 1999 (nicht veröffentlicht), zit.: O'Keefe

ders., Vilnius International Forum on Holocaust-Era Looted Cultural Assets, Vilnius, Lithuania (October 3–5, 2000), IJCP 2001, pp. 127–133, zit.: O'Keefe, Vilnius

ders., The use of Databases to combat theft of cultural heritage material, AAL 1997, pp. 357–366, zit: O'Keefe, databases

Oppenheim's International Law, Robert Jennings / Arthur Watts (Hrsg.), neunte Auflage, Vol. 1, Peace, Parts 2 to 4, Harlow 1992

ders., Achte Auflage, Volume 2: Disputes, War and Neutrality, zit.: Oppenheim

Ordemann, W., Zur Auslegung des § 221 BGB, JR 1961, S. 93–94

Ohne Verfasser, „Armenien gibt Kulturgüter an Deutschland zurück", Der Tagesspiegel, 5. Mai 1998, S. 2

Ohne Verfasser, „Beitritt Polens zur Stiftung Preußischer Kulturbesitz? – Das noch ungelöste Problem kriegsbedingt verlagerter Kulturgüter / Vorschläge der ‚Kopernikus-Gruppe'", FAZ, 11. Dezember 2000, S. 1

Ohne Verfasser, „International Discussion of the Russian Law", Spoils of War, No. 4, August 1997, S. 9–10

Paffrath, Constanze, Macht und Eigentum, Die Enteignungen 1945–1949 im Prozeß der deutschen Wiedervereinigung, Diss. rer. pol. an der Gerhard-Mercator-Universität 2003, Köln 2004

Palandt, Otto, Bürgerliches Gesetzbuch, 61. Auflage, München 2002

ders., Gesetz zur Modernisierung des Schuldrechts, Ergänzungsband zu Palandt 61. Auflage, München 2002, zit. Palandt Ergänzung

Palmer, Norman, Museums and the Holocaust: Law, Principles and Practice, London 2000

ders., Memory and Morality, Museum Policy and Holocaust Cultural Assets, AAL 2001, pp. 259–292, zit.: Palmer, memory

Parisot, Véronique, The Genitili di Guiseppe Case in France, IJCP 2001, pp. 264–273

Partsch, Karl Josef, „Protection of Cultural Property", in: Dieter Fleck (Hrsg.), The Handbook of Humanitarian Law in Armed Conflicts, Oxford 1995, S. 377–404

ders., „Stillschweigen, qualifiziertes", in: Karl Strupp / Hans-Jürgen Schlochauer (Hrsg.), Wörterbuch des Völkerrechts, Dritter Band, Berlin 1962, S. 391–392

ders., Die Anwendung des Völkerrechts im innerstaatlichen Recht – Überprüfung der Transformationslehre, BerDGVR 6 (1994), S. 13ff.

Patt, Jodi, The Need to revamp current domestic Protection for Cultural Property, in: 96 Northwestern University Law Review 2002, Vol. 5, No. 3, pp. 1207–1237.

(The) **Permanent Court of Arbitration/Peace Palace Papers** (PPP Volume 7), Resolution of Cultural Property Disputes, Papers emanating from the seventh PCA International Law Seminar, May 23, 2003, edited by The International Bureau, The Hague 2004, zit.: Bearbeiter in PPP (siehe auch Hartung, Hannes)

Petropoulos, Jonathan, „For Germany and Themselves: the Motivation behind the Nazi Leaders Plundering and Collecting of Art.“ Part I, Spoils of War, August 1997, S. 66–70; Part II, Spoils of War, June 1998, S. 28–35; Part III, Spoils of War, February 1999, S. 29–37

ders., Kunstraub und Sammelwahn: Kunst und Politik im Dritten Reich, Berlin 1999

ders., The Faustian Bargain, The Art World in Nazi Germany, London New York 2000

Petrovich, John J., The Recovery of Stolen Art: Of Paintings, Statutes and Statutes of Limitations, 27, UCLA LAW REVIEW, S. 1122–1158 (1980)

Petsch, Peter (Hrsg.), Bücher als Beute, Zur Geschichte der Stadtbibliothek Magdeburg zwischen 1925 und 1999, Halle/Saale

Plambeck, Barbara, Die Verjährung der Vindikation, Diss. Hamburg 1996, Frankfurt, Berlin et.al. 1997

Plehwe, Thomas von, Verjährung des dinglichen Herausgabeanspruchs und Ersitzung in Fällen abhanden gekommener Kulturgüter – Zur Notwendigkeit der Reform, KUR (3), 2001, S. 49–61

Pophanken, Andrea / Billeter, Felix (Hrsg.), Die Moderne und ihre Sammler, Französische Kunst in deutschem Privatbesitz vom Kaiserreich zur Weimarer Republik, Passages/Passages, Berlin 2001

Raape, Leo / Sturm, Fritz, Internationales Privatrecht, Band 1: Allgemeine Lehren, München 1977

Rave, Paul Ortwin, Kunstdiktatur im Dritten Reich, Berlin, ohne Datum

Remien, Oliver, Vindikationsverjährung und Eigentumsschutz, Oder: Welche Rechte bestehen an vor langer Zeit abhanden gekommenen Sachen, insbesondere Kunstwerken? AcP 2001, 730–756

Peters, Frank, Der Entzug des Eigentums an beweglichen Sachen durch gutgläubigen Erwerb, Tübingen 1991

Perry, Victor, Stolen Art, Jerusalem 2000

Pfeiffer, Thomas, Der Stand des internationalen Sachenrechts nach seiner Kodifikation, in: IPrax 2000, 270–281

Pienkny, Roland, Das Kulturgütergesetz der Russischen Föderation und seine völkerrechtliche Vereinbarkeit: Eine Abhandlung unter besonderer Berücksichtigung der deutsch-russischen Beziehungen mit eingehender Darstellung des Kulturgüterschutzes beibewaffneten Konflikten, Diss. Potsdam 2003, Berlin: dissertation.de, 2003

Pieroth, Bodo, Rückwirkung und Übergangsrecht, Verfassungsrechtliche Maßstäbe für intertemporale Gesetzgebung, Habil. Heidelberg, Berlin 1981

ders. / Hartmann, Bernd J., Rechtswegbeschränkung zur Sicherung des Leihverkehrs mit ausländischen Kulturgütern, in: NJW 2000, 2129–2131

Plaßmeier, Heiko, Ungerechtfertigte Bereicherung im Internationalen Privatrecht und aus rechtsvergleichender Sicht, Berlin 1996

Pocock, Emily, Spoliation of works of art during Holocaust and world war II period: A commentary on the National Museum Directors'Conference first progress report on provenance research for the period 1933–1945, in: AAL 2000, 81–96

Principles With Respect To Nazi-Confiscated Art as stated by the Washington Conference On Holocaust-Era Assests/U.S. Holocaust Memorial Museum (U.S. Department of State), Spoils of War, No. 6, February 1999, S. 64–65

Protection of Cultural Property in the Event of Armed Conflict, Information on the Implementation of the Convention for the Protection of Cultural Property in the Event of Armed Conflict, The Hague 1954, 1995 Reports, UNESCO, Paris 1995

Prott, Lyndel V. „Commentary" (zur 1954 Hague Convention for the Protection of Cultural Property in the Event of Armed Conflict (With Final Protocol)), in: Natalino Ronzitti (Hrsg.), The Law of Naval Warfare – A Collection of Agreements and Documents with Commentaries, Dordrecht, Boston, London 1988, S. 582–593

dies., Kulturgüterschutz nach der UNIDROIT-Konvention und nach der UNESCO-Konvention, ZVglRWiss 95 (1996), S. 188–202

dies., Kulturgüterschutz – Neue Aktionen der UNESCO", in: Gerhard Sladek (Hrsg.), Das Kulturelle Erbe im Risiko der Modernität, Salzburger Symposium 1992, Wien 1993, S. 105–120

dies., Principles for the Resolution of Disputes Concerning Cultural Heritage Displaced During the Second World War, Spoils of War, Nr. 1, 19. 12. 1995, S. 6–9, zit: Prott in Simpson, Spoils of War

dies., Problems of Private International Law for the Protection of the Cultural Heritage, RdC 217 (1989-V), S. 215–317

dies., The View of UNESCO on Cultural Objects Displaced During World War II, Spoils of War, No. 1, 19. 12. 1995, S. 5–6, zit: Prott Unesco

dies. / Hladik, Jan, „The Role of UNESCO ‚Intergovernmental Committee for Promoting the Return of Cultural Property' in the Resolution of Disputes Concerning Cultural Property Removed in Consequence of the Second World War", Spoils of War, No. 4, August 1997, S. 59–61

dies. / O'Keefe, Patrick, J., Law and the Cultural Heritage, Vol. 1, Discovery and Excavation, Oxford 1984, zit.: Prott/O'Keefe, discovery

dies. / O'Keefe, Patrick, J., Law and the Cultural Heritage, Vol. 3, Movement, London, Edinburgh 1989, zit.: Prott/O'Keefe

Prolingheuer, Hans, Hitlers fromme Bilderstürmer, Kirche & Kunst unterm Hakenkreuz, Köln 2001

Prunty, Ann P., „Toward Establishing an International Tribunal for the Settlement of Cultural Property Disputes: How to Keep Greece from Losing its Marbles", Georgetown L. J., 72 (1983–84), S. 1155–1182

Pruszynski, Jan P., „Poland: The War Losses, Cultural Heritage, and Cultural Legitimacy", in: Simpson, Elizabeth, (Hrsg.), The Spoils of War, World War II and Its Aftermath: The Loss, Reappearance, and Recovery of Cultural Property, New York 1997, S. 49–52

Raber, Hans Georg, Das kulturelle Erbe der Menschheit – Bestandsaufnahme und Perspektiven des internationalen Kulturgüterschutzes, Köln, Diss. 1994

Rajasingham, R., „Extinctive Prescription in International Law", IJIL 6 (1966), S. 45–48

Randelzhofer, Albrecht / Dörr, Oliver, Entschädigung für Zwangsarbeit? Zum Problem individueller Entschädigungsansprüche von ausländischen Zwangsarbeitern während des Zweiten Weltkriegs gegen die Bundesrepublik Deutschland, Berlin 1994

Raschèr, Andrea Francesco Giovanni, Kulturgütertransfer und Globalisierung, Zürich und Baden-Baden 2000

ders., Richtlinien im Umgang mit Raubkunst, AJP/JPA 1999, S. 155–160

ders., The Washington Conference on Holocaust-Era Assets (November 30–December 3, 1998), IJCP 1999, S. 338–343

Rauschning, Dietrich, „Beendigung der Nachkriegszeit mit dem Vertrag über die abschließende Regelung in bezug auf Deutschland", DVBl. 105 (1990), S. 1275–1285

Rebmann, Kurt (Hrsg.), Münchener Kommentar zum Bürgerlichen Gesetzbuch, Band 1, Allgemeiner Teil, Redakteur: Franz Jürgen Säcker, München 2001; Band 6, Sachenrecht, Redakteur: Friedrich Quack, München 1997; Band 10, Internationales Privatrecht, Redakteur: Hans Jürgen Sonnenberger, München 1998, zit.: Bearbeiter in Müko

Rehork, Joachim, Plünderer – Archäologie und Macht, Berlin 1994

Reich, Steven A. / Fischer, Hermann J., Wem gehören die als „entarte Kunst" verfemten, von den Nationalsozialisten beschlagnahmten Werke?, in: NJW 1993, 1417–1421

Reichelt,Gerte (Hrsg.), Internationaler Kulturgüterschutz, Wiener Symposium, 18./19. Oktober 1990, Wien 1992

Report of the AAMD Task Force on the Spoliation of Art during the Nazi/World War II Era (1933–1945), IJCP 7 (1998), S. 545–548

Ress, Georg, „Grundlagen und Entwicklung der innerdeutschen Beziehungen", in: Josef Isensee / Paul Kirchhof (Hrsg.), Handbuch des Staatsrechts der Bundesrepublik Deutschland, Band I, Grundlagen von Staat und Verfassung, Heidelberg 1987, S. 449–546

Reyhan, Patricia Youngblood, A chaotic palette: Conflict of Laws in litigation between original owners and good-faith purchasers of stolen art, 50 Duke Law Journal 2001 (No. 4), 955–1043.

Ritter, Waldemar, Kulturerbe als Beute?, Nürnberg 1997, zit.: Ritter, Kulturerbe

ders., Der Schutz kulturellen Erbes in Deutschland und Europa", DA 29 (1996), S. 770–772

ders., The Soviet Spoils Commissions: On the Removal of Works of Art from German Museums and Collections, IJCP 7 (1998), S. 446–455

Röhling, Kerstin, Restitution jüdischer Kulturgüter nach dem Zweiten Weltkrieg: eine völkerrechtliche Studie, Baden-Baden 2004

Rosenne, Shabtai, The Law and Practice of the International Court, 1920–1996, Vol. III: Procedure, dritte Auflage, Den Haag, Boston, London 1997

Rossi, Matthias / Syssoeva, Elena, „Kulturgüter zwischen russischem Verfassungsrecht und Völkerrecht", AVR 38 (2000), S. 63–71

Rothstein, Susan H., „All's Not Fair for Art in War: A Proposal for the Equitable Exchange of Soviet and German Art Pillaged in World War II", DePaul J. Art & Ent. L. 4 (1993), S. 35–48

Rousseau, Jean-Jacques, Vom Gesellschaftsvertrag oder Grundsätze des Staatsrechts, Amsterdam 1762, Reclam, Stuttgart 1986

Rüb, Matthias, „Die Suche nach 60000 Werken", FAZ, 3. Dezember 1996, S. 41

Rudolf, Walter, „Über den internationalen Schutz von Kulturgütern", in: Kai Hailbronner/Georg Ress/Torsten Stein (Hrsg.), Staat und Völkerrechtsordnung, Festschrift für Karl Doehring, Berlin, Heidelberg, New York, London u.a. 1989, S. 853–871, zit.: Rudolf in FS Doehring

Rumpf, Christian, „Wem gehört der Pergamon-Altar?", ZfTS 6 (1993), S. 287–294

Sailer, Gerhard, „Austria", in: Elizabeth Simpson (Hrsg.), The Spoils of War, World War II and Its Aftermath: The Loss, Reappearance, and Recovery of Cultural Property, New York 1997, S. 88–91

ders., „Country Reports: Austria", Spoils of War, No. 3, December 1996, S. 35–38

ders., „Rückbringung und Rückgabe: 1945–1966", in: Theodor Brückler (Hrsg.), Kunstraub, Kunstbergung und Restitution in Österreich 1938 bis heute, Wien, Köln, Weimar, 1999, S. 31–38

Saliger, Frank, Radbruch'sche Formel und Rechtsstaat, Heidelberg 1995

Schabas, William A., Genozid im Völkerrecht, aus dem Englischen von Holger Fliessbach, Hamburg 2003

Schade, Günter, „Kulturbeute und Friedensordnung – Aspekte eines Problems. Die kriegsbedingt verbrachten Kulturgüter der Staatlichen Museen zu Berlin und ihr Schicksal", in: Volker Michael Strocka (Hrsg.), Kunstraub – ein Siegerrecht? Historische Fälle und juristische Einwände, Berlin 1999, S. 63–87

Schätzel, Walter, Das Recht des völkerrechtlichen Gebietserwerbs, Bonn 1959

Schauerte, Günther, „Restitution von Kulturgut als Problem bei europäischen Kooperationen", Museumskunde 62 (1997), S. 123–130

Schindler, Dietrich, Die erga omnes-Wirkung des humanitären Völkerrechts, in: Ulrich Beyerlin/Michael Bothe (Hrsg.), Recht zwischen Umbruch und Bewahrung, Festschrift für Rudolf Bernhardt, S. 199–211, Berlin Heidelberg New York 1995

ders./Toman, Jiří, Droit des conflits armés, Recueil des conventions, résolutions et autres documents, Genève 1996

Schircks, Rhea, Die Martens'sche Klausel: Rezeption und Rechtsqualität, Diss. Zürich 2001, Baden-Baden 2002

Schlögel, Anton, „Einleitung", in: Die Genfer Rotkreuz-Abkommen vom 12. August 1949 und Die Beiden Zusatzprotokolle vom 10. Juni 1977 sowie das Abkommen betreffend die Gesetze und Gebräuche des Landkrieges vom 18. Oktober 1907 und Anlage (Haager Landkriegsordnung), Schriften den Deutschen Roten Kreuzes, Bonn 1980, S. 1–93

Schmeinck, Sabine, Internationalprivatrechtliche Aspekte des Kulturgüterschutzes, Diss. Münster, Berlin 1993

Schmidt, Arthur B., Eigentumserwerb unter Kriegsrecht, Universität Tübingen, Rede des Rektors am Geburtstag des Königs 1918, S. 1–34, Tübingen 1918

Schmid, Irene, „Vergleich oder kompromißlose Rückforderung – Der Quedlinburger Schatz als Gegenstand rechtlicher Auseinandersetzungen“, in: Der Quedlinburger Schatz wieder vereint, Dietrich Kötzsch (Hrsg.), Katalog zur Ausstellung im Kunstgewerbemuseum, Staatliche Museen zu Berlin – Preußischer Kulturbesitz, Berlin 1992, S. XVII–XX

Schmidt, Werner, „The Loss of German Artistic Property as a Result of World War II“, in: Elizabeth Simpson (Hrsg.), The Spoils of War, World War II and Its Aftermath: The Loss, Reappearance, and Recovery of Cultural Property, New York 1997, S. 95–98

Schmidt-Herwig, Angelika, Rückgabe von Kulturgut: Zur Funktion ethischer Normen internationaler Organisationen im Entscheidungsprozeß; eine Fallstudie über die Rückgabe von altmexikanischer Wandmalerei aus der Sammlung Wagner, San Francisco (Calif., USA) unter Berücksichtigung der mexikanischen Museumspolitik / Angelika Schmidt-Herwig. – Frankfurt a.M. 1999

Schmidt-Raentsch, Jürgen (Hrsg.): Das neue Schuldrecht: Einführung-Texte-Materialien, Köln 2001

Schmoller, Gustav von / Maier, Hedwig / Tobler, Achim, Handbuch des Besatzungsrechts (in zwei Bänden), Tübingen 1957

Schneider, Annette, Auktionsrecht: Das Rechtsverhältnis zwischen Einlieferer, Versteigerer und Ersteigerer, Baden-Baden, 1999

Schneider, Eric C., „Plunder or Excavation? Observations and Suggestions on the Regulation of Ownership and Trade in the Evidence of Cultural Patrimony“, Syr. J. Int'l L. & Com. 9 (1982), S. 1–19

Schoen, Susanne, „Kulturgüterschutz bei – illegaler – Rückkehr kriegsbedingt verbrachter Kulturgüter aus Russland nach Deutschland“, NJW 54 (2001), S. 537–543, zit.: Schoen NJW

dies., Der rechtliche Status von Beutekunst: Eine Untersuchung am Beispiel der aufgrund des Zweiten Weltkrieges nach Russland verbrachten deutschen Kulturgüter, Diss. Düsseldorf 2003, Berlin 2004

Scholz, Franz, Privateigentum im besetzten und unbesetzten Feindesland, unter besonderer Berücksichtigung der Praxis des Weltkrieges, Berlin 1919

Schorlemer, Sabine von, Internationaler Kulturgüterschutz – Ansätze zur Prävention im Frieden sowie im bewaffneten Konflikt, Berlin 1992

dies., „Stolen Art“, GYIL 41 (1998), S. 317–343

Schreuer, Christoph H., „Unjust Enrichment“, in: Rudolf Bernhardt (Hrsg.), EPIL Instalment 9 (1986), S. 381–383

Schröder, Meinhard, „Verantwortlichkeit, Völkerstrafrecht, Streitbeilegung und Sanktionen“, in: Wolfgang Graf Vitzthum (Hrsg.), Völkerrecht, Berlin 1997

Schröder, Tim, „Anmerkung zum Beschluß des Verfassungsgerichts der Russischen Föderation vom 6. April 1998“, OstEurR 45 (1999), S. 44–48

ders., The Russian Constitutional Court's decisions on the restitution of cultural values“, Spoils of War, No. 7, August 2000, S. 6–9

ders., Wem gehört die Beutekunst? – Zum zweiten Beutekunst-Urteil des russischen Verfassungsgerichts, in: OstEurR 46 (2000), S. 29–56 EUGRZ 2002

ders., Entwicklung der russischen Rechtsprechung bis zur Beseitigung der Kostenbarriere für Individualklagen auf Rückgabe von Beutekunst, Anmerkungen zur Entscheidung des russ. Obersten Gerichts vom 27. Oktober 2000, in: EuGRZ 2002, 3–6

ders., Völkerrecht als Prüfungsmaßstab? Zur Bedeutung des Völkerrechts in der Rechtsprechung des russischenVerfassungsgerichts seit 1995, in: Kieler Ostrechts-Notizen 1999 [2. Jahrgang], S. 22–24

Schütz, Dieter, Der internationale ordre public, Der Ausschluß völkerrechtswidrigen fremden Rechts im internationalen Privatrecht der Bundesrepublik Deutschland, Diss. Würzburg 1983, Frankfurt am Main, Bern, New York 1984

Schurig, Klaus, Kollisionsnorm und Sachrecht, Zu Struktur, Standort und Methode des internationalen Privatrechts, Berlin 1981

Schumacher, Björn, Rezeption und Kritik der Radbruchschen Formel, Diss. Göttingen 1985

Schuhmann, Stefan / Schmidt-Bremme, Götz, Zur Rückführung eingeschmuggelter Kunstwerke in ihre Herkunftsstaaten, NJW 2002, S. 574–577

Schulze, Dorothee, Die Restitution von Kunstwerken, Zur völkerrechtlichen Dimension der Restitutionssresolutionen der Generalversammlung der Vereinten Nationen, Bremen 1983

Schwadorf-Ruckdeschel, Brigitte, Rechtsfragen des grenzüberschreitenden rechtsgeschäftlichen Erwerbs von Kulturgütern, Frankfurt am Main, Berlin u.a. 1995

Schwarz, Walter, Rückerstattung nach den Gesetzen der Alliierten Mächte, Die Wiedergutmachung nationalsozialistischen Unrechts durch die Bundesrepublik Deutschland, hrsg. vom Bundesminister der Finanzen in Zusammenarbeit mit Walter Schwarz, Bd. 1, Rückerstattung nach den Gesetzen der Alliierten Mächte, München 1974, zit.: Schwarz I

ders., Das Bundesrückerstattungsgesetz, Band 2, München 1981, zit.: Schwarz II

ders., Wie kam die Rückerstattung zustande? Neue Erkenntnisse aus den amerikanischen und britischen Archiven, in: Das Bundesrückerstattungsgesetz von Friedrich Biella, Helmut Buschbom et al., Die Wiedergutmachung nationalsozialistischen Unrechts durch die Bundesrepublik Deutschland, hrsg. vom Bundesminister der Finanzen in Zusammenarbeit mit Walter Schwarz, Bd. II, München 1981, S. 801–814 (zit.: Schwarz in Das Bundesrückerstattungsgesetz)

Schwartz, Robert, The Limits of the Law: A Call for a new Attitude toward Artwork stolen during World War II, 32, Columbia Journal of law and Social Problems, S. 1–33 (1998)

Schwarzenberger, Georg, Law of War, London 1943

Schweisfurth, Theodor, „Germany, Occupation after World War II", in: Rudolf Bernhardt (Hrsg.), EPIL Vol. II (1995), S. 582–590

ders., SBZ-Konfiskationen privaten Eigentums 1945–1949, Völkerrechtliche Analyse und Konsequenzen für das deutsche Recht, erste Auflage, Baden-Baden 2000

ders., Vom Einheitsstaat (UdSSR) zum Staatenbund (GUS) – Juristische Stationen eines Staatszerfalls und einer Staatenbundentstehung, ZaöRV 52 (1992), S. 541–702

Seeliger, Karl-Gerhard, Das ausländische Privateigentum in der Schweiz – Rechtsstellung und Rechtsschutz gegenüber dem angelsächsischen und deutschen Kriegsrecht des 2. Weltkrieges, München 1949

Seidler, Franz. W. / de Zayas, Alfred M. (Hrsg.), Kriegsverbrechen in Europa und im Nahen Osten im 20. Jahrhundert, Hamburg, Berlin, Bonn 2002, zit.: Bearbeiter in Seidler

Seidl- Hohenveldern, Ignaz, Internationales Konfiskations- und Enteigungsrecht, Berlin, Tübingen 1952, zit.: Seidl-Hohenveldern, Konfiskation

ders., Kunstraub im Krieg, in: Friedrich Graf von Westphalen / Otto Sandrock (Hrsg.), Lebendiges Recht – Von den Sumerern bis zur Gegenwart, Festschrift für Reinhold Trinkner zum 65. Geburtstag, Heidelberg 1995, S. 51–62, zit.: Seidl-Hohenveldern in FS Trinkner

ders., La protection internationale du patrimoine culturel national, RGDIP 97 (1993), S. 395–409, zit.: Seidl-Hohenveldern RGDIP

ders., Reparations, in: Rudolf Bernhardt (Hrsg.), EPIL, Instalment 4 (1982), S. 178–180

ders., Schafft Plünderung Eigentum?, in: IPRax 2000, S. 321–323

ders., The Auction of the „Mauerbach Treasure", IJCP Vol 6 (1997) No. 2, pp 247–266

ders. / Stein, Thorsten, Völkerrecht, zehnte Auflage, Köln, Berlin, Bonn, München 2000 (zit.: Seidl-Hohenveldern, Völkerrecht)

Selbmann, Frank, Der Tatbestand des Genozids im Völkerstrafrecht, Diss. Leipzig 2002, Schriftenreihe zum Völkerstrafrecht, Band 1, Leipzig 2002

Sello, Gottfried, Die lex rei sitae im Fahrnisrecht, besonders bei Ersitzung, Fund, Aneignung, Diss. Berlin 1936

Semirjaga, Michail, „In die Zukunft blicken – Warum das ‚Beutekunstgesetz' Rußland schadet", Der Tagesspiegel, 16. April 1997, S. 10

Shvidkoi, Mikhail, „Russian Cultural Losses during World War II", in: Elizabeth Simpson (Hrsg.), The Spoils of War, World War II and Its Aftermath: The Loss, Reappearance, and Recovery of Cultural Property, New York 1997, S. 67–71

Sidorow, Jewgnij, „Vorwort", in: Tatjana Ilatowskaja, Meisterzeichnungen in der Eremitage, Wiederentdeckte Werke aus deutschen Privatsammlungen, München 1997, S. 6

Sidorsky, Emily, „The 1995 UNIDROIT Convention on Stolen or Illegally Exported Cultural Objects: The Role of International Arbitration", IJCP 5 (1996), S. 19–72

Siehr, Kurt, „Comment on the Russian Federal Law of 1997 on Cultural Values", Spoils of War, No. 4, August 1997, S. 38–39

ders., Die Zukunft der Vergangenheit – Vergangenheitsbewältigung im IPR und in der Rechtsvergleichung, in Hadding, Walter, Festgabe Zivilrechtslehrer 1934/35, Berlin New York 1999, S. 617–628

ders., „Erster Blick auf eine lang verleugnete Beute", FAZ, 19. November 1992, S. 35

ders., Ersitzung und Bereicherung, Zum Verhältnis zwischen Sachenrecht und Schuldrecht, in: Gerhard Hohloch, Rainer Frank, Peter Schlechtriem, Festschrift für Hans Stoll, Tübingen 2001, S. 373–384, zit.: Siehr in FS Stoll

ders., Internationales Privatrecht: Deutsches und Europäisches Kollisionsrecht für Studium und Praxis, Heidelberg 2001, zit.: Siehr IPR

ders., Das Internationale Privatrecht der Schweiz, Zürich 2002, zit.: Siehr IPR in der Schweiz

ders., International Art Trade and the Law, RdC 243 (1993-VI), S. 9–292, zit: Siehr RdC

ders., Kunstraub und das internationale Recht, SJZ 77 (1981), S. 189–197 und S. 207–212, zit.: Siehr SJZ

ders., Kulturgüter als res extra commercium im internationalen Rechtsverkehr, in: Friedrich Graf von Westphalen (Hrsg.) Lebendiges Recht, Festschrift für Reinhold Trinkner zum 65. Geburtstag, Heidelberg 1995, S. 703–722, zit: Siehr in FS Trinkner

ders., Restitution of Stolen Cultural Objects and Statute of Limitations, Spoils of War, No. 2, 15.07.1996, S. 9–10

ders., Return of Cultural Treasures to Germany, IJCP 6 (1997), S. 134–136

ders., The Return of Cultural Property expropriated abroad, in: Clark, David S., Comparative and private international law, Essays in Honour of John Henry Merryman, S. 431–441, Berlin 1990

ders., „Völkerrecht und Internationaler Kulturgüterschutz vor Gericht", in: Rainer Frank (Hrsg.), Recht und Kunst, Symposium aus Anlaß des 80. Geburtstages von Wolfram Müller-Freienfels, Heidelberg 1996, S. 57–71

ders., Zivilrechtliche Fragen des Kulturgüterschutzes, in: Gerte Reichelt (Hrsg.), Internationaler Kulturgüterschutz, Wiener Symposium, 18./19. Oktober 1990, Wien 1992, S. 41–68

ders., Vereinheitlichung des Rechts der Kulturgüter in Europa?, in: Basedow, Jürgen (Hrsg.), 75 Jahre Max Planck-Institut für IPR, Tübingen 2001, S. 811–827

ders., Verjährung der Vindikationsklage?, in: ZRP (8) 2001, S. 346–347

ders., Das Sachenrecht der Kulturgüter, Kulturgütertransfergesetz und das schweizerische Sachenrecht, in: Heinrich Honsell et al. (Hrsg.), Aktuelle Aspekte des Schuld- und Sachenrechts, Festschrift für Hans Rey zum 60. Geburtstag, Zürich 2003, S. 127–140, zit.: Siehr in FS Rey

Simma, Bruno / Folz, Hans-Peter, Restitution und Entschädigung im Völkerrecht. Die Verpflichtungen der Republik Österreich nach 1945 im Lichte ihrer außenpolitischen Praxis, herausgegeben von der Historikerkommission, Wien 2002, abzurufen unter www.historikerkommission.gv.at

Simpson, Elisabeth (Hrsg.), The Spoils of War, World War II and Its Aftermath: The Loss, Reappearance, and Recovery of Cultural Property, New York 1997

Smith, H. A., „Booty of War", BYIL 23 (1946), S. 227–239

Smola, Franz, Die Fürstlich Liechtenstein'sche Kunstsammlung – Rechtsfragen zur Verbringung der Sammlung von Wien nach Vaduz in den Jahren 1944/45, Frankfurt am Main, Berlin, Bern et al. 1999

Smyth, Craig Hugh, Repatriation of Art from the Collecting Point in Munich after World War II, Den Haag, Maarssen 1988

Solf, Waldemar A., „Cultural Property, Protection in Armed Conflict", in: Rudolf Bernhardt (Hrsg.), EPIL Instalment 10 (2000), S. 892–897

ders., Enemy Property, in: EPIL Instalment 4 (2000) S. 87–89

Speck, Anton-Andreas, Der Fall Rothschild, NS-Judenpolitik, Opferschutz und „Wiedergutmachung" in der Schweiz 1942–1962, Zürich 2003

Spiegler, Howard N., Recovering Nazi-Looted Art: Report from the front lines, Connecticut Journal of Int'l Law (16, 2001), pp. 299–312

St. Clair, William, Lord Elgin and the Marbles, Oxford New York 1998

Staudinger, J. von (Begr.) / Beitzke, Günther (Hrsg.), Kommentar zum Bürgerlichen Gesetzbuch mit Einführungsgesetz und Nebengesetzen, eingeteilt in Bücher nach der Chronologie des Gesetzes in Paragraphen (= Gesamtwerk Staudinger), Berlin 1978–2003 (je nach Bearbeitung), zit.: Bearbeiter in Staudinger

Steinkamm, Armin Arne, Pillage, in: Rudolf Bernhardt (Hrsg.), EPIL Instalment 4 (2000), S. 1029–1030

Stephens, S. Shawn, „The Hermitage and Pushkin Exhibits: An Analysis of the Ownership Rights to Cultural Properties Removed from Occupied Germany", Houston J. Int'l L. 18 (1995), S. 59–112

Stoll, Hans, Zur gesetzlichen Regelung des internationalen Sachenrechts in Art. 43–46 EGBGB, in: IPrax 2000, 259–270

ders., Internationales Sachenrecht, in: Staudingers Kommentar zum Bürgerlichen Gesetzbuch, 13. Bearbeitung, Berlin 1996

Strebel, Helmut, „Die Haager Konvention zum Schutze der Kulturgüter im Falle eines bewaffneten Konfliktes vom 14. 5. 1954", ZaöRV 16 (1955/56), S. 35–75

Streinz, Rudolf, Internationaler Schutz von Museumsgut (Handbuch des Museumsrechts, Band 4), Obladen 1998

Strocka, Volker Michael (Hrsg.), Kunstraub – ein Siegerrecht? Historische Fälle und juristische Einwände, Berlin 1999, zit.: Bearbeiter in Strocka

Strupp, Karl, Das internationale Landkriegsrecht, Frankfurt am Main 1914

Stumpf, Eva, Kulturgüterschutz im internationalen Recht unter besonderer Berücksichtigung der deutsch-russischen Beziehungen, Diss. Würzburg 2003, Berlin 2003

Suckau, Claudia, „Summary on the Russian press coverage concerning looted art (January–June 1999)", Spoils of War, No. 7, August 2000, S. 38–43

Seeliger, Karl-Gerhard, Das ausländische Privateigentum in der Schweiz, Rechtsstellung und Rechtsschutz gegenüber den angelsächsischen und deutschen Kriegsrecht des Zweiten Weltkriegs, München 1949

Silagi, Michael, Staatsuntergang und Staatennnachfolge: Mit besonderer Berücksichtigung des Endes der DDR, Frankfurt am Main, Berlin, et. al., Habil. Göttingen 1996

Spannuth, Jan Philipp, Rückerstattung Ost, Der Umgang der DDR mit dem arisierten und enteigneten Eigentum der Juden und die Gestaltung der Rückerstattung im wiedervereinigten Deutschland, Diss. Freiburg 2001

Spickhoff, Andreas, Der ordre public im internationalen Privatrecht: Entwicklung – Struktur – Konkretisierung, Diss. Tübingen 1989, Neuwied/Frankfurt am Main 1989

Spiro, Karl, Die Begrenzung privater Rechte durch Verjährungs-, Verwirkungs- und Fatalfristen Band 1: Die Verjährung der Forderungen, Bern 1975; Band 2: Andere Befristungen und Rechte, Bern 1975

Staatliche Kunstsammlungen Dresden, Uta Neithardt (Redaktion), Zurück in Dresden, Ausstellungskatalog, Edition Minerva, Eurasburg 1998

Stark, Berner Kommentar, Band IV, 3. Abteilung, Art. 919–941 ZGB, Bern 1984, zit. Stark.

Strocka, Volker Michael, Kunstraub – Ein Siegerrecht? Historische Fälle und juristische Einwände, Berlin 1999

Syssoeva, Elena, Perspektiven der praktischen Umsetzung des russischen Kulturgüterschutzes, Bericht über eine internationale Konferenz am 24.–25. April 2002 in Moskau, Archiv des Völkerrechts 2002, 54 ff.

dies., Kunst im Krieg: eine völkerrechtliche Betrachtung der deutsch-russischen Kontroverse um kriegsbedingt verbrachte Kulturgüter, Berlin 2004

Tatzkow, Monika / Hennicke, Hartmut, Zur Beweislage bei Rückerstattung von Kunstwerken im Geltungsbereich des Vermögensgesetzes, in: ZOV 2000, S. 67–72

Taylor, Francis Henry, The Taste of Angels – A History of Art Collecting from Ramses to Napoleon, London 1948

Thirlway, H. W. A., „Evidence before International Courts and Tribunals", in: Rudolf Bernhardt (Hrsg.), EPIL Instalment 1 (1981), S. 58–60

Thorn, Karsten, Der Mobiliarerwerb vom Nichtberechtigten, Baden-Baden 1996

Thomason, Douglas N., „Rolling Back History: The United Nations General Assembly and the Right to Cultural Property", Case W. Res. J. Int'l L. 22 (1990), S. 47–96

Thomsen, Sabine, „Restitution", in: Rudolf Bernhardt (Hrsg.), EPIL Instalment 10 (1987), S. 372–378

Tilberg, Hugo, „General Private Law – Obligations", in: Hugo Tilberg / Pär Cronhult / Fredrik Sterzel (Hrsg.), Swedish Law, a survey, Stockholm 1994, S. 118–141

Toman, Jiří, The Protection of Cultural Property in the Event of Armed Conflict, Commentary on the Convention for the Protection of Cultural Property in the Event of Armed Conflict and its Protocol, signed on 14 May 1954 in The Hague, and on other instruments of international law concerning such protection, Aldershot, Brookfield 1996

Treskow, Wiprecht von, Der Begriff der Debellatio, 1965

Treue, Wilhelm, Kunstraub, Über die Schicksale von Kunstwerken in Krieg, Revolution und Frieden, Düsseldorf 1957

Trienens, Howard J., Landscape with Smokestacks, The Case of the allegedely plundered Degas, Nortwestern University Press, Evanston 2000

Trenkler, Thomas, Der Fall Rothschild – Chronik einer Enteignung, Wien 1999

Trott zu Solz, Jost von, Die Behandlung nichtiger Enteignungen im Rahmen von § 1 Abs. 6 VermG, dargestellt am Beispiel der Vermögensentziehungen nach § 3 der 11. VO zum Reichsbürgergesetz, ZOV 1998, S. 163–168

Turner, Stefan, „Das internationale Kulturgüterrecht und die Zerstreuung des deutschen Kulturbesitzes nach dem Zweiten Weltkrieg", in: Wilfried Fiedler (Hrsg.), Internationaler Kulturgüterschutz und deutsche Frage: völkerrechtliche Probleme der Auslagerung, Zerstreuung und Rückführung deutscher Kulturgüter nach dem Zweiten Weltkrieg, Berlin 1991, S. 109–182, zit.: Turner, Kulturgüterrecht, in Fiedler

ders., Die Zuordnung beweglicher Kulturgüter im Völkerrecht, in: Wilfried Fiedler (Hrsg.), Internationaler Kulturgüterschutz und deutsche Frage: völkerrechtliche Probleme der Auslagerung, Zerstreuung und Rückführung deutscher Kulturgüter nach dem Zweiten Weltkrieg, Berlin 1991, S. 19–108, zit.: Turner in Fiedler

ders., Bemerkungen zur Restitutionspaxis nach dem Zweiten Weltkrieg, insbesondere zur Restitution von Kulturgütern, S. 215–224, in: Weber, Peter Johannes / Weber Marc / Seitz, Ricardo / Künzle, Hans Rainer, Liber discopolorum et amicorum, Festschrift für Prof. Dr. Kurt Siehr zum 65. Geburtstag, Zürich 2001, zit.: Turner, Liber Amicorum Siehr

ders., Das Restitutionsrecht des Staates nach illegaler Ausfuhr von Kulturgütern: Eigentumszuordnung und völkerrechtliche Zuordnung, Diss. Saarbrücken 2001, Berlin, New York 2002, zit.: Turner, Restitutionsrecht

Turner, Michelle I., The Innocent Buyer of Art Looted during World War II, 32, Vanderbilt Journal of Transnational Law, S. 1511–1548 (1999)

Tyler, Barbara J., The Stolen Museum: Have United States Art Museums Become Inadverted Fences for Stolen Artworks looted by the Nazis in World War II?, 30, Rutgers Law Journal, S. 440–471 (1999)

Uhl, Antje-Katrin, Der Handel mit Kunstwerken im europäischen Binnenmarkt – Freier Warenverkehr versus nationaler Kulturgutschutz, Berlin 1993

Uhler, Oskar, Der völkerrechtliche Schutz der Bevölkerung eines besetzten Gebiets gegen Maßnahmen der Occupationsmacht, Zürich 1950

Unabhängige Expertenkommission Schweiz – Zweiter Weltkrieg (Hrsg.), Die Schweiz, der Nationalsozialismus und das Recht, Band I: Öffentliches Recht (Bd. 18), Die Schweiz, der Nationalsozialismus und das Recht, Band I: Privatrecht (Bd. 19), Zürich 2001, zit.: Bearbeiter in UEK, Band, Seite

UNESCO (Hrsg.), Conventions and Recommendations of Unesco concerning the protection of the cultural heritage, erste Auflage 1983, aktualisierter Nachdruck, Paris, Genf 1985

Unverhau, Kurt, Der Schutz von Kulturgut bei bewaffneten Konflikten, Diss. Göttingen 1955

Unverzagt, Mechthilde, „Materialien zur Geschichte des Staatlichen Museums für Vor- und Frühgeschichte zu Berlin während des Zweiten Weltkriegs – zu seinen Bergungsaktionen und seinen Verlusten", JPK 25 (1988), S. 313–384

Vagts, Detlev F., „Restitution for Historic Wrongs, the American Courts and International Law“, AJIL 92 (1998), S. 232–235

Van Dahm, Hendrik G., Die Unverjährbarkeit des Völkermordes, Mainz 1969

Vásárhelyi, István, Restitution in International Law, Budapest 1964

Vattel, Emmerich de, The Law of Nations or the Principles of Natural Law, Translation of the edition of 1758 by Charles G. Fenwick, Washington 1916

Verdross, Alfred / Simma, Bruno, Universelles Völkerrecht, Theorie und Praxis, dritte Auflage, Berlin 1984

Veith, Werner / Böckstiegel, Karl-Heinz, Der Schutz von ausländischem Vermögen im Völkerrecht, in: Studien zum europäischen Wirtschaftsrecht, Heft 4, Baden-Baden 1962

Vest, Hans, Genozid durch organisatorische Machtapparate: An der Grenze von individueller und kollektiver Verantwortlichkeit, Habil. Basel 2001, Baden-Baden 2002

Visscher, Charles de, „La protection internationale des objets d'art et des monuments historiques, Revue de Droit International et de Législation Comparée, 3e sér., 16 (1935), S. 32–74 und 246–288

Vitzthum, Graf Wolfgang (Hrsg.), Völkerrecht, Berlin New York 2001, zit.: Bearbeiter in Vitzthum

Völker, Christian, Zur Dogmatik des ordre public: Die Vorbehaltsklausel bei der Anerkennung fremder gerichtlicher Entscheidungen und ihr Verhältnis zum ordre public des Kollisionsrechts, Diss. Tübingen, Berlin, 1998

Volkert, Natalia, Kunst- und Kulturraub im Zweiten Weltkrieg – Versuch eines Vergleichs zwischen den Zielsetzungen und Praktiken der deutschen und der sowjetischen Beuteorganisationen unter Berücksichtigung der Restitutionsfragen, Frankfurt am Main, Berlin, Bern et al. 2000

Von der Beck, Stefan, Die Konfiskationen in der Sowjetischen Besatzungszone von 1945 bis 1949, Ein Beitrag zu Geschichte und Rechtsproblemen der Enteignungen auf besatzungsrechtlicher und besatzungshoheitlicher Grundlage, Diss. Würzburg, Frankfurt am Main, Berlin, Bern et. al. 1995

Voltz, Markus, Menschenrechte und ordre public im Internationalen Privatrecht, Diss. Würzburg 2002, Frankfurt am Main 2002

Vries, Willem de, Kunstraub im Westen 1940–1945 – Alfred Rosenberg und der „Sonderstab Musik“, Frankfurt am Main 2000

ders., „The ‚Sonderstab Musik‘ of the ‚Einsatzstab Reichsleiter Rosenberg‘ 1940–1945“, Spoils of War, No. 0, 19. 12. 1995, S. 9–12

Wahl, Rainer, „Kunstraub als Ausdruck von Staatsideologie“, in: Volker Michael Strocka (Hrsg.), Kunstraub – ein Siegerrecht? Historische Fälle und juristische Einwände, Berlin 1999, S. 27–39

ders., „Kunstraub als Ausdruck von Staatsideologie“, in: Rainer Frank (Hrsg.), Recht und Kunst, Symposium aus Anlaß des 80. Geburtstages von Wolfram Müller-Freienfels, Heidelberg 1996, S. 105–136

Walk, Josef (Hrsg.), Das Sonderrecht für die Juden im NS- Staat, Eine Sammlung der gesetzlichen Maßnahmen und Richtlinien, Inhalt und Bedeutung, Heidelberg 1981

Walter, Bernhard, Rückführung von Kulturgut im internationalen Recht, Übersee-Museum Bremen, Reihe D, Band 14, Diss. Tübingen, Bremen 1988

Wanner, Jens, Die Sittenwidrigkeit der Rechtsgeschäfte im totalitären Staate: Eine rechtshistorische Untersuchung zur Auslegung und Anwendung des § 138 Absatz 1 BGB im Nationalsozialismus und in der DDR, Ebelsbach 1996

Watts, Sir Arthur, The International Law Commission 1949–1998, 3 Bände, Oxford 1999

Weber, Hermann, „Anmerkungen zur ‚Liechtenstein-Entscheidung' des Bundesverfassungsgerichts vom 28. Januar 1998", AVR 36 (1998), S. 188–197

ders., Wem gehört der Schatz des Priamos? Die deutsch-russische Kontroverse über die Rückgabe der sogenannten ‚Beutekunst'", HuV-I 12 (1999), S. 36–51

Weber, H., Die völkerrechtlichen Restitutionen, Diss. München 1949

Weber, Marc, Unveräußerliches Kulturgut im nationalen und internationalen Rechtsverkehr, Diss. Zürich 2001, Berlin New York 2002

Wechsler, Helen J. / Coate-Saal, Teri / Lukavic, John, Museum Policy and Procedures for Nazi-Era Issues, American Association of Museums, Washington 2001, zit.: Wechsler

Wehberg, Hans, Das Beuterecht im Land- und Seekriege. Dargestellt unter besonderer Berücksichtigung der modernen Entwicklung des internationalen Handels, Tübingen 1909, zit.: Wehberg, Beuterecht

ders., Das Seekriegsrecht, in: Handbuch des Völkerrechts, Fritz Stier-Somlo (Hrsg.), Band VI, Land- und Seekriegsrecht, zweite Abteilung: b, Stuttgart 1915

Weidner, Amalie, Kulturgüter als res extra commercium im internationalen Sachenrecht, Berlin New York 2001

Weil, Stephen E., The American legal response to the problem of Holocaust Art, Institute of Art and Law Annual Lecture, National Gallery, 4 October 1999, AAL 1999, pp. 285–300

Weller, Matthias, International Ownership Disputes over Stolen Artworks in New York: Litigating about Jurisdiction on the Civil-Criminal Line, IPrax 1999, S. 212–216

Westermann, Harm Peter (Hrsg.), Erman, Bürgerliches Gesetzbuch, Handkommentar in zwei Bänden, 10. neubearbeitete Auflage, Köln 2000, zit.: Bearbeiter in Erman

Wiebringhaus, Hans, Das Gesetz der funktionellen Verdoppelung, Beitrag zu einer universalistischen Theorie des Internalprivat- und Völkerrechts, 2. Auflage Saarbrücken 1955

Weichelt, Marion Yvonne Petra, Kriegsrepressalien, Zürich, Diss. 1993

Weiss, Shevah, The Restitution of Jewish Property in Eastern Europe, in: The International Association of Jewish Lawyers and Jurists (Hrsg.), Justice, No. 7 December 1995, S. 19–22.

Weiß, Gottfried, „Beutegüter aus besetzten Ländern – Die privatrechtliche Stellung des schweizerischen Erwerbers", SJZ 42 (1946), S. 265–274

Wenger, Claude F., „Article 53 – Protection of cultural objects and of places of worship", in: Yves Sandoz / Christophe Swinarski / Bruno Zimmermann (Hrsg.), Commentary on the Additional Protocols of 8 June 1977 to the Geneva Conventions of 12 August 1949, International Committee of the Red Cross, Genf 1987, S. 639–649

Wengler, Wilhelm, Völkerrecht, zwei Bände, Berlin, Göttingen, Heidelberg 1964

Wermusch, Günter, Tatumstände (un)bekannt, Kunstraub unter den Augen der Alliierten, Braunschweig 1991

Welser, Rudolf/Rabl, Christian, Rechtsgutachten zur Frage, ob die Republik Österreich in der Zeit zwischen 1923 und 1948 einen Anspruch auf die Klimt-Bilder „Adele Bloch-Bauer I", „Adele Bloch-Bauer II", „Apfelbaum I", „Buchenwald (Birkenwald)" und „Häuser in Unterach am Attersee" oder das Eigentum daran erworben hat und ob eine Ermächtigung zur unentgeltlichen Rückgabe der Bilder an die Erben nach Ferdinand Bloch-Bauer gemäß § 1 des Bundesgesetzes über die Rückgabe von Kunstgegenständen aus den Österreichischen Bundesmuseen und Sammlungen vom 4.12.1998 besteht, Wien 24.01.2002, abzurufen unter www.adele.at

Wescher, Paul, Kunstraub unter Napoleon, Berlin 1976

Wetzel, Johannes, „Geraubte Bilder, geraubtes Leben – Frankreich erinnert sich an seine Rolle beim Kunstraub der Nazis", Die Zeit, 4. April 1997, S. 49

Wheaton, Henry, Elements of International Law, achte Auflage, herausgegeben von Richard Dana, London 1866

Wiedemann, Erich, Die Kunsträuber, Der Spiegel 25/2001, S. 50–58

Wieling, Hans Josef, Sachenrecht, 4. Auflage, Berlin New York 2001

Williams, Sharon A., The International and National Protection of Movable Cultural Property. A Comparative Study, Dobbs Ferry, N.Y. 1978

Wilske, Stephan, International Law and the Spoils of War: To the Victor the Right of Spoils?, 3 UCLA J. Int'l L. & For. Aff., S. 223–282 (1998)

Windisch, Elke, „Bewegung bei Beutekunst – Wieder Gespräche zwischen Moskau und Berlin", Stuttgarter Zeitung, 7. Oktober 2000, S. 5

Wirth, Wilfried, „Entziehung von Sachvermögen außerhalb des Geltungsbereichs des Bundesrückerstattungsgesetzes", in: Das Bundesrückerstattungsgesetz von Friedrich Biella, Helmut Buschbom et al., Die Wiedergutmachung nationalsozialistischen Unrechts durch die Bundesrepublik Deutschland, hrsg. vom Bundesminister der Finanzen in Zusammenarbeit mit Walter Schwarz, Bd. II, München 1981, S. 143–309

Wogersien, Maik, Die Rückerstattung von ungerechtfertigt entzogenen Vermögensgegenständen, Diss. Münster 2000

Wolfrum, Rüdiger, „Common Heritage of Mankind", in: Rudolf Bernhardt (Hrsg.), EPIL Instalment 11 (1989), S. 65–69

ders., Durchsetzung des humanitären Völkerrechts, in: Dieter Fleck (Hrsg.), Handbuch des humanitären Völkerrechts in bewaffeten Konflikten, München 1994, S. 413–440

ders., The Principle of the Common Heritage of Mankind, ZaöRV 43 (1983), S. 312–338

ders., Reparation for Internationally Wrongful Acts, in: Rudolf Bernhardt (Hrsg.), EPIL Instalment 10 (1987), S. 352–353

ders., The Protection of Cultural Property in armed conflict, in: Israel Yearbook on Human Rights, 32 (2003), S. 305–338, zit.: Wolfrum protection

Woolsey, L. H., „The Forced Transfer of Property in Enemy Occupied Territories", AJIL 37 (1943), S. 282–286

Wortley, B. H., Expropriation in Puplic International Law, Cambridge 1959

Yeide, Nancy H. / Akinsha, Konstantin / Walsh Amy L., The AAM Guide to Provenance Research, Washington 2001

Wyss, Martin Philipp, Kultur als eine Dimension der Völkerrechtsordnung. Vom Kulturgüterschutz zur internationalen kulturellen Kooperation, Zürich 1992

Zerbe, Rodney M., „Immunity from Seizure for Artworks on Loan to United States Museums", Nw. J. Int'l L. & Bus. 6 (1984/1985), 1021–1145

Zimmer, Gerhard, Gewaltsame territorale Veränderungen und ihre völkerrechtliche Legitimation, Berlin 1971

Zimmermann, Andreas, „Pillage" (Kommentar zu Art. 8 Abs. 2 lit. b) (xvi) des ICC-Statuts), in: Otto Triffterer (Hrsg.), Commentary on the Rome Statute of the International Criminal Court, Observers' Notes, Article by Article, Baden-Baden 1999, Art. 8, Rz. 167–178

Zimmermann, Peter / Heller, Robert, Das neue Entschädigungs- und Ausgleichleistungsgesetz – EALG, München 1995

Zitelmann, E., „Der Krieg und die Denkmalpflege", ZfV 10 (1917), S. 1–19

Interviews und Gesprächspartner

Der Verfasser möchte sich bei den hier aufgeführten Personen für ihre Gesprächsbereitschaft, ihren fachkundigen Rat und ihre Unterstützung bedanken:

Thomas Armbruster, Staatsanwalt, Zürich
Leitender RD Jürgen Brieger-Lutter, OFD Berlin
Dr. Kristiane Burchardi, Berlin
Dr. Michael H. Carl, Rechtsanwalt und Solicitor, London
Dr. Jörg Cramer von Clausbruch, Rechtsanwalt, Dresden
Dr. Tobias von Elsner, Kulturhistorisches Museum, Magdeburg
Dr. Michael Franz, Koordinierungsstelle für Kulturgutverluste, Magdeburg
Dr. Ulrike Gauss, Grafische Sammlung der Staatsgalerie Stuttgart
Dr. Herbert Güttler, BKM, Bonn
Dr. Matthias Hartwig, MPI Heidelberg
Dr. Anja Heuß, Historikerin an der OFD Berlin
Peter Heuß, Historiker, Claims Conference Frankfurt
Professor Dr. Burkhard Heß, Direktor am Institut für IPR an der Universität Heidelberg
Dr. Christoff Jenschke, LL.M., Rechtsanwalt, Berlin
Dorothea Kathmann, Justitiarin, SPK Berlin
Harald König, OFD Berlin
Dr. Petra Kuhn, BKM, Berlin
Dr. Astrid Müller-Katzenburg, LL.M., Rechtsanwältin, Berlin
Professor Dr. Julian Nida-Rümelin, Kulturstaatsminister a.D., Göttingen
Professor Norman Palmer, Barrister, University of London
Johannes Rau, Bundespräsident a.D., Wuppertal und Berlin
Katja Lubina, Maastricht
Owen Pell, Ph. D., Attorney-at-Law, New York
Dr. Jürgen Schmidt-Räntsch, BMJ, Berlin
Dr. Beat Schönenberger, Basel
Dr. Ulli Seegers, Artloss Register, Köln
Tim Schröder, Berlin
Dr. Stefanie Tasch, Christie's Berlin
Dr. Gottfried Toman, Hofrat, Finanzprokuratur Wien
Dr. Jost von Trott zu Solz, Rechtsanwalt, Berlin
Dr. Stefan Turner, Saarbrücken
Dr. Thomas von Plehwe, Rechtsanwalt am Bundesgerichtshof, Karlsruhe
Dr. Marc Weber, Rechtsanwalt, Zürich

Register

Bei Fragen zur Produktsicherheit wenden Sie sich bitte an:
If you have any questions regarding product safety,
please contact:

Walter de Gruyter GmbH
Genthiner Straße 13
10785 Berlin
productsafety@degruyterbrill.com